# 大话统计学

溢彩实训版

基于R语言+中文统计工具

陈文贤◎著

清華大學出版社
北 京

## 内容简介

“统计学”是兼具数学计算与图形可视化的课程，也是大数据、运筹学、数据挖掘、数据科学、统计计算、统计学习、机器学习、深度学习和人工智能等技术的基础学科。

目前学习统计学的难点在于先学理论还是先学统计工具。统计学的理论体系庞杂而精密，学习起来枯燥艰辛；而如果从统计工具应用上手，则会有其他问题出现，所有的统计软件(如SPSS)，并非计算机辅助教学(CAI)，它们并非“教你学会统计”，而是应该在“学会了统计”以后，再来用它。针对这个矛盾，本书将从零开始接触统计学，利用自行开发的统计小工具配合理论学习，将其真正应用到工作中，稳步跟进大数据时代。

本书内容前后连贯——从概率到抽样，从描述到推断，从检验到因果。全书思路清晰，用大量图表将内容贯穿到一起。形式上有引言、观念图、流程图、思维导图、阶层图、分类图、关联图、步骤图、流程图，以及因果表、比较表、决策法则表等。

本书因图表和数据可视化的需要，采用彩色印刷，不仅可以更好地展示统计图表细节，更让本书的各类流程图、思维导图等学习图谱更精准易读。

本书专门的配套软件《中文统计》是在Excel(2003—2016版本适用)环境下，安装一个“加载项”，输入统计资料，就可以得到统计结果。另外，本书提供PPT课件和代码。

本书适合所有想掌握统计学的读者，也可以作为高校教材，由于内容较多，教师可自行选择教学内容。



**图书在版编目(CIP)数据**

大话统计学：溢彩实训版：基于R语言+中文统计工具 / 陈文贤著. —北京：清华大学出版社，2022.4

ISBN 978-7-302-59351-5

Ⅰ.①大… Ⅱ.①陈… Ⅲ.①统计学－基本知识 Ⅳ.①C8

中国版本图书馆CIP数据核字(2021)第208962号

**责任编辑**：栾大成
**封面设计**：杨玉兰
**版式设计**：方加青
**责任校对**：徐俊伟
**责任印制**：朱雨萌

**出版发行**：清华大学出版社
**网　　址**：http://www.tup.com.cn，http://www.wqbook.com
**地　　址**：北京清华大学学研大厦A座　　**邮　　编**：100084
**社 总 机**：010-83470000　　**邮　　购**：010-62786544
**投稿与读者服务**：010-62776969，c-service@tup.tsinghua.edu.cn
**质 量 反 馈**：010-62772015，zhiliang@tup.tsinghua.edu.cn
**印 装 者**：北京博海升彩色印刷有限公司
**经　　销**：全国新华书店
**开　　本**：170mm×240mm　　**印　　张**：24.25　　**字　　数**：593千字
**版　　次**：2022年5月第1版　　**印　　次**：2022年5月第1次印刷
**定　　价**：139.00元

---

产品编号：093779-01

Preface

# 前言

百闻不如一见，兵难隃度，臣愿驰至金城，图上方略。

——《汉书·赵充国传》公元前61年

千言不如一图。(One picture is worth a thousand words.)

——F. R. Barnard 1921

没有图画或对话的书，有什么用?(What is the use of a book without pictures or conversations?)

——刘易斯·卡罗《爱丽丝梦游仙境》1865

统计学因为计算机的普及，在教程与教学方法方面有结构性的改变，尤其是有关“数学计算”或“图形显示”的课程。这些教程应该附有应用软件的使用以配合教学。

“统计学”就是有数学计算与图形显示的课程。本书附有《中文统计》软件，在Excel上安装“加载项”操作，还有R语言——以数据分析为主要目的的程序语言。

统计软件并非计算机辅助教学(CAI)，因为它们并非“教你学会统计”，而是你“学会了统计”以后再来用它。有了统计软件以后，大多数的统计问题，只要选择统计功能(菜单)，输入数据，就可以得到答案。虽然R语言没有菜单，但是绘图功能强，又有强大的支持软件包。使用统计软件要注意下列应用：

- 能够判断统计数据应该(适合)用哪一个统计方法(模型)。
- 了解并解释统计方法计算结果(答案)的意义。

学习要有地图，学习地图会告诉你：你在这里(here)，要往那里去(where)，如何去(how)，会得到什么(what)，为什么这样走(why)。其中，here是当前课程，where是目的，how是方法模型，what是答案，why是假定条件(为何适用这个方法)。

1980年Wonnacott统计学第1章开头引用一句话：

“He uses statistics as a drunken man uses lampposts —for support rather than for illumination.”

“人们利用统计，就好像醉汉利用路灯，是为了支撑，而不是照明。”

还有一个醉汉与路灯的故事：

一个醉汉在夜晚的路灯下找东西，有个路人问他在找什么，醉汉说：“钱包”。路人就帮他找，两个人找了很久，但就是找不到。路人问：“你确定是掉在‘这里’吗？”醉汉说：“我不知道掉在‘哪里’。”路人问：“为什么要在‘这里’找？”醉汉说：“因为‘这里’有路灯比较亮。”钱包是答案，路灯是统计模型，‘哪里’是用哪个模型。

利用统计学，要注意是否符合假定条件，不要削足适履，不要因为“这个”方法比较熟悉、比较容易用，就要用它来找答案，结果找到的答案根本不对。

Statisticians， like artists，have the bad habit of falling in love with their models.

——George Box

*统计学者像艺术家，有坏习惯：爱上他们的模型(模特儿)。*

1976年统计学者、时间序列专家George Box说：

*所有的模型都是错误的，但是有些是有用的。*(All models are wrong， but some are useful.)

40多年后的现在，这两句话应该改为：

*所有的模型都是基于错误的。统计学是为了照明。*

本书目标是统计学的航拍机、学习地图和交通工具，可以站在更高的视野，看得广，走得对，跑得快。《大话统计学》不是说大话的统计学，而是让读者可以“大声说话”的统计学。因为图表很多，所以也是“**大画**统计学”，但不是“**漫画**统计学”，而是能让老师和计算机对话“**对话**统计学”。

## 本书特色

1. 本书前后连贯，有前言、总论、结语。最后结语有统计问题分类、统计概念复习。

2. 各章之间先后呼应。例如：从概率到抽样，从描述到推断，从检验到因果。

3. 每章也有连贯，开头有引言、概念图，结尾有流程图、思维导图。

4. 书中有许多阶层图、分类图、关联图、步骤图、流程图，以及因果表、比较表、决策法则表等。

5.《中文统计》软件是在Excel (2016—2019版本适用)环境下，安装一个“加载项”，输入统计数据资料，就可以得到统计结果。《中文统计》软件仅提供给教师和购买本书的读者使用。

6.《中文统计》的功能列表(菜单)，配合本书章节设计。输入原始数据(观测值)，可进行描述或推断统计的计算。如果只有样本容量、样本平均数、方差、比例等数据，有“快速估计”或“快速检验”，可以得到推断结果。

7. 每章有例题、习题，为了节省篇幅，放在互联网供下载。

8. 补充教材，如分组资料描述统计、Bootstrap估计法、非参数统计补充、多因素方差分析、多元回归等，也放在互联网。

9. 因为配合计算机程序，包括Excel函数和R语言，所有的统计公式和计算步骤，都很清楚地一一列举出来。由于强调应用导向，所以多数公式没有证明。

10. 再版增加时间序列的Holt指数平滑ETS模型和Box自回归ARIMA模型。

11. 增加 R 语言应用，可以和《中文统计》对照，加强学习效果。

12. 全彩印刷，可视化与可读化。

《大话统计学》有了地图和交通工具(计算机软件)，就可以快速地到达目的地。但是，如果一路直达目的地，会错过沿途美妙的风光，所以，初学者还是要先走过一趟(通过自己的计算了解过程)，再利用交通工具(计算机)，检查结果的正确性。

衷心感谢清华大学出版社责任编辑栾大成先生及各位编辑同仁的大力支持和协助，使本书能够顺利出版。感谢台湾大学资管所陈静枝教授和彭怀德等多位硕士协助编程《中文统计》。

由于作者的疏失，难免有错误和疏漏之处，恳请各位专家和读者，提出批评和建议，以便修订和改进，谢谢。

陈文贤 谨识

## 《中文统计》安装说明

1. 请扫码下载：文件夹内含有(1)Stats文件夹和(2)Stata.xla加载宏。

2. 将Stats文件夹和Stata.xla加载宏复制到C:\STAT。

3. 开启Excel(2016，2019)：“开始”按钮→“文件”菜单→“Excel选项”按钮→“信任中心”选项→“信任中心设置”按钮→“受信任位置”选项→“添加新位置”按钮→输入：C:\STAT\→“确定”按钮。

4. Excel→“文件”菜单→“选项”按钮→“加载项”选项→“转到(G)”按钮→勾选“分析工具库-VBA”选项→“确定”按钮。

5. Excel→“文件”菜单→“打开”选项→选择“C:\STAT\Stats.xla”→勾选“我已合法取得本书”选项→“确定”按钮。

6. Excel→“加载项”选项→《中文统计》选项→开始使用。

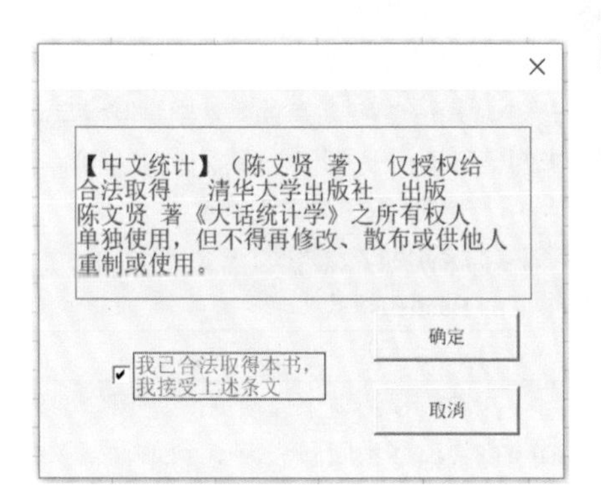

表　《中文统计》软件的菜单

| 主菜单 | 次菜单 | 子菜单 |
| --- | --- | --- |
| 1.描述统计 | 描述统计 | 原始数据，分组数据 |
| | 位置量数 | 四分位数，$Z$分数，百分等级 |
| | 区间尺度统计图 | 直方图，茎叶图，箱线图，多边形图 |
| | 分类尺度统计图 | 饼图，条形图，帕累托图 |
| | 散点图 | |
| 2.时间序列 | 移动平均法，指数平滑法，趋势指数平滑，季节指数，季节因素考虑，预测误差 | |
| 3.统计指数 | 个体指数，简单指数(物价指数)，简单指数(数量指数)，加权指数(3个商品)，加权指数(4个商品)，加权指数(5个商品) | |
| 4.概率理论 | 排列组合，贝叶斯定理，Monty Hall问题，贝叶斯公式计算 | |
| 5.随机变量 | 一个离散型随机变量的统计值，两个离散型随机变量的统计值，多个随机变量的线性组合 | |
| 6.概率分布 | 离散型概率分布 | 二项，泊松，超几何，负二项，几何 |
| | 连续型概率分布 | 正态，指数，卡方，$t$，$F$，对数正态，Weibull |
| | 正态分数qqplot，概率分布查表 | |
| 7.抽样理论 | 随机数产生器，抽样(重置抽样)，中心极限定理 | |
| 8.区间估计(一个总体) | $z$分布：总体均值估计；$t$分布：总体均值估计；$z$分布：总体比例估计；卡方分布：总体方差估计，计算样本量，刀切法(Jackknife方法) | |
| | 快速估计 | $z$估计-均值，$t$估计-均值，总体方差估计，$z$估计-比例值，总体比例值估计 |
| 9.假设检验(一个总体) | $z$检验：总体均值检验；$t$检验：总体均值检验；$z$检验：总体比例检验；卡方检验：总体方差检验，计算样本量 | |
| | 快速检验 | $z$检验-均值，$t$检验-均值，总体方差检验，$z$检验-比例，二项检验-比例 |
| | 计算第二类错误、功效、QC曲线 | 均值检验，比例检验，方差检验 |
| 10.假设检验(两个总体) | $z$检验：两个总体均值之差估计检验；$t$检验：两个总体均值之差(方差相等)；$t$检验：两个总体均值之差(方差不相等)；$t$检验：配对样本总体均值之差；$z$检验：两个总体比例之差；$F$检验：两个总体方差比；McNemar检验：配对样本总体比例差检验 | |
| | 快速检验 | 均值差检验(总体方差已知)，均值差检验(总体方差未知但相等)，均值差检验(总体方差未知且不等)，比例值差检验(比例差=0)，比例值差检验(比例差<>0)，$F$检验-双总体方差检定 |
| 11.方差分析 | 单因素方差分析，多重比较法，双因素方差分析：无重复(无交互作用)，双因素方差分析：有重复(有交互作用)，Baetlett检验 | |
| | 快速检验 | 2总体，3总体，4总体，5总体，6总体，7总体，Hartley |
| 12.相关与回归 | 一元线性回归，一元与多元线性回归，均值预测与个值预测，逆矩阵与行列式相关系数与协方差，Dubin-Watson检验，逐步回归法，多元回归之偏相关系数 | |

续表

| 主菜单 | 次菜单 | 子菜单 |
| --- | --- | --- |
| 13.分类数据分析 | 拟合优度检验，列联表——独立性检验，列联表——独立性检验(原始数据)，卡方检验——正态分布检验，卡方检验——中位数检验 | |
| 14.非参数统计 | 符号检验，Wilcoxon符号秩检验，游程检验，秩和检验，Friedman检验，Kruskal-Wallis检验，Spearman秩相关系数，Lilliefors检验，快速检验与查表，Bootstrap自助法估计，Kendall相关系数 | |

## R 语言安装说明

1. 下载R软件，到 www.r-project.org。

2. 在R 主页左上角 Download下单击 CRAN。

3. CRAN链接，选择一个镜像Mirrors链接地址，如 China 选项下的清华大学 https://mirrors.tuna.tsinghua.edu.cn/CRAN/

4. 选择Download R for Windows [或 Download R for Linux，Download R for (Mac) OS]。

5. 如果选择Download R for Windows，单击 base 基础包。

6. 单击Download R 4.0.3 for Windows，下载执行文件 R-4.0.3-win.exe ，安装 R。

7. 启动R，出现 R 的提示符 >，开始 R的命令内容。

8. R的 # 表示文件批注，程序不会执行。

9. 一行多个表达式可以使用;号隔开，一个表达式可分成多行。

10. “+”表示尚未输入完成，接续上一个命令，可按“Esc”键离开。

11. “↑”键可自动重复上一个命令，如果打错一个命令行，可以按此方法修改。

12. 对象(数据)名称是英文和数字加底线或句点，第一个字符是英文，大小写有差异。

13. 创建对象用 <- 或 = 号，以“( )”括住命令直接显示数据。

14. 文件路径可写成“C:/R/babies.txt”或“C:\\R\\babies.txt”。

15. 下载R 程序包 (packages)，输入“> install.packages("arules")”选择一个镜像链接。

16. 调用已安装的包，输入“> library(arules)”。

17. > if(!require(zoo)){install.packages("zoo")}；library(zoo) # 若尚未下载R 包，则下载并调用。数据的衡量尺度有定比尺度、定距尺度、定序尺度、定类尺度。R 语言是以面向对象为主的程序设计语言，R的数据对象属性有数值(numeric)、整数(integer)、因子(factor)、逻辑(logical)和字符串(character)，数据对象结构有向量(vector)、因子(factor)、矩阵(matrix)、数据框(data.frame)、数组(array)、列表(list)、时间序列(time series)等。

```
> install.packages("zoo")     # 下载并安装R 程序包 zoo
> library(zoo)                # 每次重新执行 R 要调用library载入包
```

```
> if(!require(zoo)){install.packages("zoo")} ; library(zoo)
                              # 若尚未下载R 包,则下载并调用
> search()                    # 了解目前 R 工作空间已调用的 library
> AB <- read.csv("C:/STAT/Chap2_1.csv",header=F)
                              # 读入Excel数据 Chap2_1.csv,命名称为 AB
> str(AB)                     # 查看 AB 的数据结构,输出结果如下:
 'data.frame' :   30 obs. of  1 variable:
 $ V1: int  25 32 35 35 35 36 40 42 44 46 ...
> CD <- as.matrix(AB)         # 将数据框对象 AB 转换为矩阵对象 CD
> AB <- as.data.frame(CD)     # 将矩阵对象CD 转换为数据框对象 AB
> write.csv(AB, file = "C:/ STAT/Chap2_1.csv")
                              # 保存AB 为Excel 数据命名为Chap2_1.csv
> aTSA::MA()                  # 调用包 aTSA 函数 MA
```

R语言的数据对象介绍，请见《大话数据科学》(清华大学出版社，2020年)。

统计学R语言程序包::函数

| 本书章节 | R 语言 程序包::函数 Package::functions |
|---|---|
| 1. 安装加载程序包 | if(!require(qcc)){install.packages("qcc")} ; library(qcc) |
| 2. 描述统计 | stats::summary , mean , median , quantile , IQR , weighted.mean, var, sd<br>matrixStats::weightedMean , weightedMedian , weightedVar<br>spatstat.geom::weighted.quantile; modi::weighted.quantile; pastecs::stat.desc<br>DescTools::PercentRank, PlotQQ, SD; TSA:: skewness, kurtosis<br>EnvStats::geoMean, skewness, kurtosis; e1071:: skewness, kurtosis<br>SparkR::percent_rank; dplyr::percent_rank; fBasics:: skewness, kurtosis<br>graphics::hist, boxplot, pie; plotrix::pie3D; graphics::mosaicplot<br>aplpack::stem.leaf; qcc::pareto.chart; profvis::pause; ggpubr::ggviolin |
| 3. 概率理论 | LaplacesDemon::BayesTheorem; VennDiagram::venn.diagram<br>gtools::permutations; DescTools::CombN (请见C:/R-code/R_Chap3.doc) |
| 4. 随机变量 | discreteRV::RV, P, E, V, SD, SKEW, KURT |
| 5. 概率分布 | stats::dbinom, pbinom, qbinom, rbinom, dnorm, pnorm, qnorm, rnorm, ecdf<br>distr::Binom, Norm, Hyper, Pois, Td, Chisq, Fd, Exp, Geom, Unif<br>fitdistrplus::fitdist(x, "norm"), descdist; MASS::fitdistr (分布拟合) |
| 正态分布检验 | stats::shapiro.test, ks.test, qqnrom; nortest::ad.test, sf.test, cvm.test, lillie.test<br>moments::jarque.test , agostino.test (检验偏度); car::qqPlot |
| 6. 抽样理论 | base::sample<br>ConvergenceConcepts::investigate, generate, law.plot3d |
| 7. 区间估计(一个总体) | stats::binom.test; epitools::binom.exact<br>exactci::binom.exact; boot::boot, boot.ci; PASWR::CIsim (模拟置信区间)<br>DescTools::MeanCI, MedianCI, MeanDiffCI, VarCI |

续表

| 本书章节 | R 语言 程序包::函数 Package::functions |
|---|---|
| 8. 假设检验(一个总体) | stats::t.test, binom.test, prop.test, shapiro.test, sigma.test, power.t.test<br>BSDA::z.test; asbio::one.sample.z, power.z.test; EnvStats::varTest |
| 9. 假设检验(两个总体) | stats::t.test, var.test, prop.test, wilcox.test<br>BSDA::z.test; distributions3::cdf |
| 10. 方差分析 | stats::aov, bartlett.test, shapiro.test, pairwise.t.test, oneway.test (非齐性方差)<br>stats::anova(lm()), TukeyHSD; car::Anova, leveneTest<br>lawstat:: levene.test; multcomp::glht, cld<br>asbio::LSD.test, TukeyCI, ScheffeCI, BonferroniCI, Pairw.test(Y,A,method=) |
| 11. 回归与相关 | stats::lm, predict, cor, cor.test<br>graphics::segments ; magrittr::%>% |
| 12. 分类数据分析 | stats::chisq.test, prop.test, mcnemar.test, fisher.test, mantelhaen.test;<br>stats::pairwise.prop.test, prop.trend.test; lawstat::cmh; vcd::assocstats<br>DescTools::power.chisq.test, Phi, ContCoef, CramerV; rcompanion::CramerV |
| 13. 非参数统计 | stats::kruskal.test, friedman.test, pairwise.wilcox.test, wilcox.test, ks.test<br>rstatix::friedman_test, wilcox_test, sign_test<br>BSDA::SIGN.test; snpar::runs.test; TSA::runs<br>DescTools::RunsTest, SignTest, LillieTest; tseries::runs.test<br>nortest::lillie.test; PairedData::wilcox.test; UsingR::simple.median.test |
| 14. 时间序列 | base & stats::diff, ts, stl, acf, pacf, ar, window, arima, arima.sim<br>stats::Box.test, shapiro.test, decompose, HoltWinters, ARMAacf<br>aTSA::MA, expsmooth, Winters, Holt, pp.test<br>forecast::ma, ses, hw, holt, Arima, auto.arima, forecast, ets, ndiffs<br>astsa::sarima; tseries::adf.test, kpss.test, arma<br>fUnitRoots::unitrootTest, adfTest; urca::ur.kpss, ur.df |
| 15. 统计指数 | IndexNumR::priceIndex, quantityIndex |

## 本书资源下载

本书资源分两组：**自学资源和教师资源**。

- **自学资源**包含：R语言代码、各种数据源、例题和习题、部分习题解答，另外还提供了本书附加电子书，共计223页内容，电子书用来配合图书，无须单独阅读，教材正文相关位置提醒阅读时再去参考。

扫码获取自学资源包：

- 教师资源包含：高清思维导图和可编辑的PPT课件。教师资源便于老师授课，其学习功能已经分散到书中。自学读者或者学生，无须下载。

  - 大话统计学 习题解答
  - 大话统计学 PPT
  - 案例讨论解答
  - XmindPDF

关注“书圈”

注意：教师资源仅提供给“书圈”公众号输入书号下载。

## 本书读者群

本群不定期更新本书勘误表。学习上遇到的困难，本书的错误等问题，都可以在本群讨论。

QQ群：924729834

Contents

# 目录

# 第 1 章 总论

不明于计数，而欲举大事，犹无舟楫而欲经于水险也。

——管仲《管子》

如果你不能测量，你就不能管理。

——戴明(W. E. Deming)和杜拉克(Peter Drucker)

兵法：“一曰度，二曰量，三曰数，四曰称，五曰胜；
地生度，度生量，量生数，数生称，称生胜。”

——《孙子兵法·军形篇》

全书概念图

括号内容表示本书章数

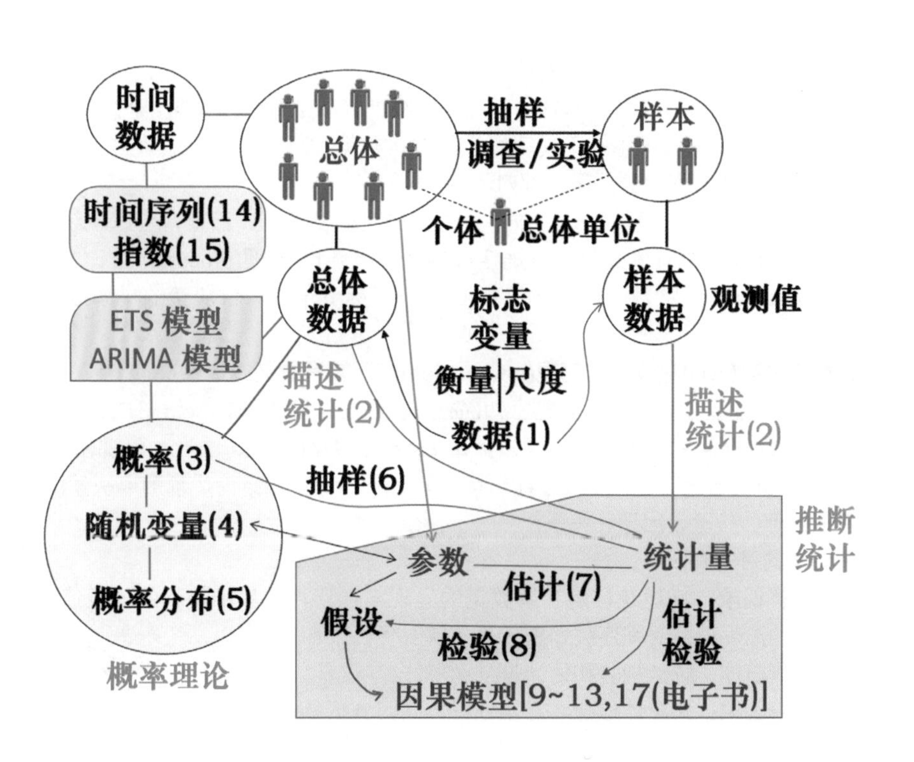

## 1.1 统计是什么

**统计**作为一门科学是从17世纪开始，起源于国情调查，*有政治算数学派*、国势学派以及古典概率学派，近代统计学演进到社会统计学派和数理统计学派。现在，统计应用在各个领域：管理、工程、医学、农业、经济、社会、生物、气象、军事等各学科。

统计一词，包括：统计工作、统计数据和统计学。本书的重点是统计学。

- **统计工作**：统计的实践，应用统计问题，统计设计、搜集、整理、分析。
- **统计数据**：统计工作获得的各种相关数据和信息，没有数据，就没有统计。
- **统计学**：统计理论、分析数据、选择分析模型、了解计算结果、获取信息价值。

应用统计最多的领域是管理，但是文、理、工、商、医、农、政、经、社、法、军等各学科，都是广义的管理。

管理大师杜拉克和质量大师戴明说：“*如果你不能测量，你就不能管理*”(If you can’t measure it，you can’t manage it.)。因为没有测量产生**数据**(data)，就没有管理。有测量过的，才能管理。

上一句话反过来说：“*你管理过的，一定要衡量*”。管理过的衡量是评估绩效，例如：营销广告的绩效、信息系统的绩效、研究发展的绩效、投资的绩效等等。

所以，管理要根据数据进行绩效衡量：是否达到目的？是否产生价值？

测量(measure)→ 数据(data)→ 统计(Statistics)→ 管理 → 衡量(evaluate)→ 绩效

(统计工作)　　(统计资料) (统计学)　　　(统计工作与资料)

人们对于“统计”有好几种看法。有人认为统计是平均数、成数、表格和图形。有人认为统计是处理信息的程序和方法。有人说统计是以部分(样本)推论全体(总体)。还有人认为统计是对付与思考那些不规律发生的样本数据和不确定性的概率事件。也有人称统计是有关决策的科学。这些说法都对。

根据系统理论，一般系统有投入、处理、产出以及目标。因此，可以从统计的**投入**(input：不规律发生的样本数据和不确定性的概率事件)，**处理**(process：推论、程序和方法)，**产出**(output：平均数、成数、图表)，以及**目标**(objective：决策的科学)的观点来看统计。

**数据**或**资料**(data)是投入，**信息**(information)是比较有意义或增加决策价值的产出。

统计学最主要的用途是：叙述已知(抽丝剥茧)与推论未知，以做出决策。统计学包括：(1)收集数据(定义变量、实验或调查)；(2)表达数据(表格、图形、**可视化**)；(3)将数据处理为信息(百分比、平均数)；(4)思考概率问题；(5)获得结论、预测或决策(以样本推论总体之估计、检验、因果、关系)。

统计学的目的有四个：

- **了解现象**：描述统计是了解数据的呈现与性质，如集中趋势的代表值或变异程度的离差值；时间序列和指数是了解变化因素和幅度。
- **推测总体**：统计检验和估计是推测总体。
- **知道因果**：两总体检验、方差分析、回归分析是知道因果。

■ **预测未来**：时间序列是预测未来。

**例题1.1** 是否新的可口可乐味道比较好？(了解现象，推测总体)

在1985年，可口可乐公司宣布，更改他们从1886年以来制造可乐的秘密配方。当新的可口可乐上市，《消费者报导》希望解答下列问题：是否新的可口可乐味道比较受欢迎？它跟对手百事可乐的味道比较又如何？消费者报导的研究人员找来95位同仁，分别尝试三种可乐，而杯子未注明品牌，让他们说出哪一杯味道比较好。结果是：研究人员的百事可乐和新可口可乐的偏好差不多；研究人员对前两者比对旧可口可乐的偏好多出一倍(2比1)。以上结果和新可口可乐刚上市的市场反映不同，市场反而不大能接受新可口可乐，旧可口可乐在很多地区销售量还远大于新可口可乐。

**例题1.2** 每周工作超时，中风风险大增？(知道因果)

2015年8月20日，英国权威医学期刊《刺胳针》(The Lancet)刊登伦敦大学流行病学专业的基维马吉教授根据17份研究调查得出的结论，该研究涵盖528名男性和908名女性、样本追踪平均时长达7.2年，考虑吸烟、饮酒和身体活动程度等因素，研究工作时数与中风风险增加概率的关系。

研究发现，比起每周标准工时(每周工作35到40小时)的人，那些每周工作41到48小时的人中风风险高出10%，每周工作49到54小时的人风险更是大增27%，而每周工作55小时以上的人中风风险增加33%。研究也发现，即使考虑包括年龄、性别和社会地位在内的其他风险因子，长工时也提高罹患冠状动脉心脏疾病的风险达13%。

**例题1.3** 二手烟是否对不吸烟者有害？(知道因果)

1980年，美国加州大学圣地亚哥分校做了一个肺功能试验。这个试验分别检查了200位不吸烟的中年人，他们通常处于不吸烟的环境；以及另外200位不吸烟的中年人，但是20年来，他们经常在吸烟的环境下工作。将这两组人的肺功能同时和吸烟者的肺功能比较。试验结果是：吸二手烟和不吸二手烟的不吸烟者，在肺活量与吐气率两方面无显著差异；但是在肺部的细微呼吸方面，吸二手烟者比不吸二手烟者，肺部有显著的损害。这个研究建议：长期暴露在二手烟的环境，对健康是有害的，会显著降低肺部的细部呼吸的功能。

**例题1.4** 民意调查可靠吗？(推测总体、预测未来)

1936 年，美国总统大选，共和党的蓝登(Landon)对上民主党的罗斯福(Roosevelt)。文学文摘(Literary Digest)根据其读者名册、电话号码簿(当时只有1/4家庭有电话)、汽车注册名单、杂志读者名册和俱乐部会员名单，寄出 1000 万份问卷，回收230万份，预测蓝登以 57∶43胜罗斯福。同时一个叫盖洛普(George Gallup)的年轻人只抽样了5万人，预测罗斯福会赢，盖洛普被嘲笑太天真，因为样本量太少。结果，罗斯福赢了，得票率62%！(文学文摘不久因此破产了，盖洛普则成为专业的民调专家。)时至今日，民意调查的样本量，只要一两千个样本量，就可以推测千万人的总体参数，数万样本可以增加的准确度很少。

1948年，美国总统大选，共和党杜威(Dewey)与民主党杜鲁门(Truman)竞选总统。选举前，盖洛普民意调查(Gallup Pool)显示，共和党的杜威领先。1948年11月3日芝加哥论坛报刊登出一个惊人的标题“杜威击败杜鲁门”。杜鲁门反而拿该报纸造势，争取同情票，结果扭转乾坤，杜鲁门赢得选举，当选总统。但是在1948年11月3日，是否真的是：杜威领先杜鲁门，也无从查证(这就是未知的参数)。

# 1.2 统计学的基本概念

**定义**：**总体**(population)是要研究的数据的全体对象。

例如：我们要研究公司的薪资所得，则全体员工就是总体。

**定义**：对“全部”总体进行调查，称为**总体普查**(population census)。

通常总体普查要花费相当大的人力、时间与金钱。有时要找到全部总体非常困难。在质量管理的检验中，有的是破坏性检验，总体普查以后，全部产品都会报销。

**定义**：总体的基本成分，称为**个体**或**总体单位**(unit)。

个体或单位可能是人、动物或商店等。例如：学生、产品、员工、消费者等。

**定义**：取出总体的“部分”个体，称为**抽样**(sampling)。抽样出来的个体集合，称为**样本**(sample)。

**定义**：样本的数目称为**样本量**或**样本容量**(sample size)。

根据抽样的方法，总体分为有限总体和无限总体，如果总体单位的数目是有限的，每个样本抽出后不放回(不重复)，且样本量和总体单位数目的比例大于10%，则为**有限总体**。

**定义**：**标志**是总体单位的**属性**和**特征**(characteristic)的名称。

标志分为：**不变标志**和**可变标志**。不变标志是总体构成的基础，例如：对两个总体进行检验，分辨两个总体的标志，如性别、地区、处理方法等，是不变标志。可变标志是要进行统计(叙述、概率、推论)的个体的特征。例如：学生的成绩、产品的重量、员工的薪资、消费者购买的品牌、零件是否为良品等。可变标志通称为**变量**。

标志又分为：**质量标志**和**数量标志**，质量标志是定性的标志，数量标志是定量的标志。上述品牌、良品、支持的候选人是质量标志。成绩、重量、薪资是数量标志。图1.1的方差分析检验不同老师的学生成绩的平均数是否相等。老师称为“因素”就是质量标志。不同的老师是因素的“水平”，可视为不同的总体，每个总体的教师是不变标志。“观测值”的名称(学生成绩)就是数量标志。

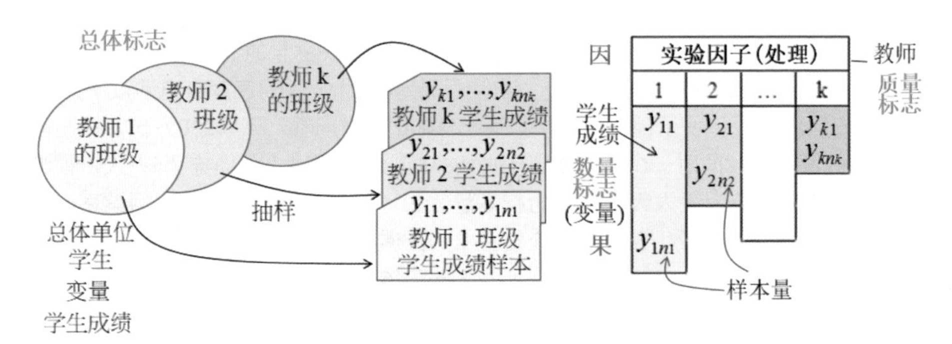


图1.1　质量标志和数量标志

标志有标志名称，如教师、学生成绩；有**标志值**，如教师1、教师2、学生成绩值。

**定义**：**统计指标**(indicator)是：说明总体数量特征的名称及数值，例如国内生产总值、总人口数等。

在第2章描述统计，**量数**(measure)是总体的数量特征也是指标，例如集中趋势量数。

指标又分为：总量指标、相对指标、平均指标和变异指标。完整的指标应具备：时间限制、空间限制、指标名称、统计数值、计量单位等五个构成要素。

**定义：变量**(variable)分为：可变标志和统计指标，前者是总体单位(个体)的变量，后者是总体的变量。

本书的变量，多数是指个体的变量。例如：总体是某一班级(不变标志)的学生，变量是学生的性别、分数、身高等。

变量有**数量**(quantitative)变量和**质量**或**品质**(qualitative)变量。(请见1.7.2节)

**定义：数据**(data)是变量的观测值或计算值。包括：总体的数据和个体的数据。总体的数据经计算产生参数，个体的数据经计算产生统计量。

**定义：**总体变量数据的衡量值，描述总体特征的数值，称为**参数**(parameter)。

统计的参数有：平均数(均值)、方差、标准差、比例等。

**定义：**样本变量数据的衡量值，描述样本特征的数值，称为**统计量**(statistic)。

参数或统计量是：总体或样本的变量数据的一个衡量值，是变量的公式。

如果总体普查是不可行的，则参数是未知的(固定)常数。

统计学主要名词关系表，如图1.2所示。

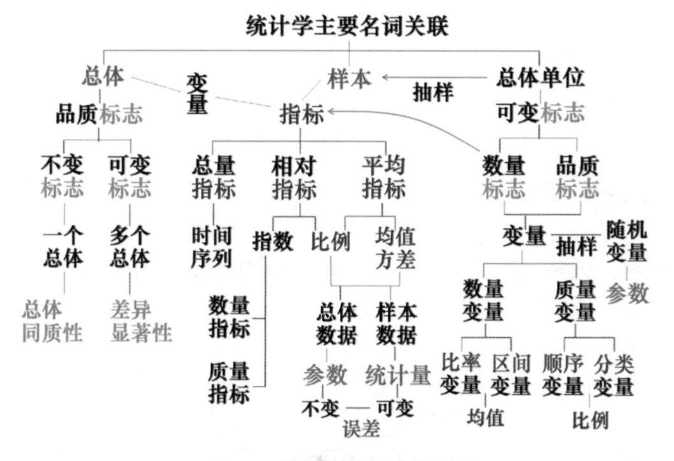


图1.2　统计学主要名词关联

**例题1.5**　大学生英文较差。

2012年，中国台湾学生报考多益(TOEIC)英文测验的平均总成绩是539分，其中大学生平均总成绩是504分，高中生平均总成绩是582分。大陆报考多益测验的学生平均总成绩是747分。中国台湾的大学生输给中国台湾高中生78分，中国台湾的大学生输给大陆学生208分。为什么中国台湾的大学生英文比较差？

因为，中国台湾的大学将多益测验列为毕业门槛，大学生一定要考，报考人数有12.8万人，这是普查中国台湾大学生的英文水平。高中生报考是为考试进大学，英文程度好的才会报考，报考人数只有3.4万人。全球每年报考多益测验的人数达700万，大陆报考人数未知。中国台湾报考多益的高中生不能代表所有高中生总体，大陆报考多益的大学生是否代表所有大陆大学生的总体？

例题1.5说明完整的指标应具备：时间限制(2012年)、空间限制(中国台湾的大学生)、指标名称(平均总成绩)、统计数值(504)、计量单位(分数)等五个构成要素。其实还有一个构成要素就是容量限制：总体容量和样本容量(每年大学生的人数和报考人数)。

常用的参数和统计量的符号如表1.1，更完整的参数和统计量的符号表，在表16.1。

表1.1　总体与样本的符号

| 指标名称 | 总体 参数符号 | 样本 统计量符号 | 计量单位 |
| --- | --- | --- | --- |
| 容量(数目) | $N$ | $n$ | 无单位：整数 |
| (算术)平均数 | $\mu$ | $\bar{x}$ | 定距尺度：$x$的单位 |
| 几何平均数 | $G$ | $G$ | 定比尺度的百分比 |
| 调和平均数 | $H$ | $H$ | 相对单位：速度，单价 |
| 比例 | $\pi$ | $p$ | 无单位：百分比 |
| 方差 | $\sigma^2$ | $s^2$ | 同$x$的单位的平方 |
| 标准差 | $\sigma$ | $s$ | 同$x$的单位 |
| 中位数 | $M_e$ | $M_e$ | 同$x$的单位 |
| 协方差 | $\text{Cov}(X,Y)=\sigma_{XY}$ | $\text{Cov}(x,y)=q_{xy}$ | $x$单位×$y$单位 |
| 相关系数 | $\rho$ | $r$ | 无单位 |
| 指数 | $P$，$Q$ | $P$，$Q$ | 无单位 |

# 1.3 统计学的分类

统计学的内容，分成两大类：**描述统计**(descriptive statistics)与**推断统计**(inference statistics)。描述统计是探讨总体数据的性质或样本数据的性质，是将数据加以组织分析，并且用图形或数值(指标)表达一些现象，描述某些关心的主题，例如：集中代表值、离散程度或分布形态。指数和时间序列归类在描述统计中，主要是将历史数据整理成一个信息(变动比率、趋势值、季节值等指标)。至于时间序列的回归预测，应该属于推断统计的范围。

探讨总体与样本之间性质的另一方向是推断统计：利用样本数据，加上推论或归纳，得到总体未知参数的估计或检验。推断统计是利用概率分布的理论以及估计、检验、预测等方法，利用抽样的有限数据，来归纳或推断总体的一般性质。在工程、医学、管理等领域，或在日常生活，我们都无法掌握完整的信息，来知道事实的全部真相。我们都是利用有限和不完全的信息在做决策与推论。所以推断统计是，以有限的信息，来了解与处理，周遭的不确定事件，或者是已经存在但未知的事实(总体参数)。

在描述统计和推断统计之间，表演串场的角色的是概率理论。概率理论是：总体参数已知，利用演绎或仿真，得出样本或事件(总体的部分集合)的概率，再利用随机变量，定义概率分布函数，于是有抽样统计量的概率分布，然后再应用到推断统计。

统计学分类的关系说明如下：(第6，7章的统计量对应第2章的指标公式。)

- 总体→标志、变量→数据、尺度→指标、参数、表格、图形(第2，15章描述统计)。

■ 总体+已知参数→概率、随机变量、概率分布、抽样→统计量(第3~6章概率理论)。

■ 样本数据→统计量→估计、检验→总体参数或因果关系(第7~13章推断统计)。

另外，统计学又分类为理论统计和应用统计。理论统计是概率理论和数理统计，数理统计学则是讨论应用统计背后的理论基础的学科。应用统计有描述统计和推断统计，是应用在各学科的统计学，例如商业统计、生物统计、农业统计、社会统计等。

图1.3是统计学的内容分类和《中文统计》菜单。

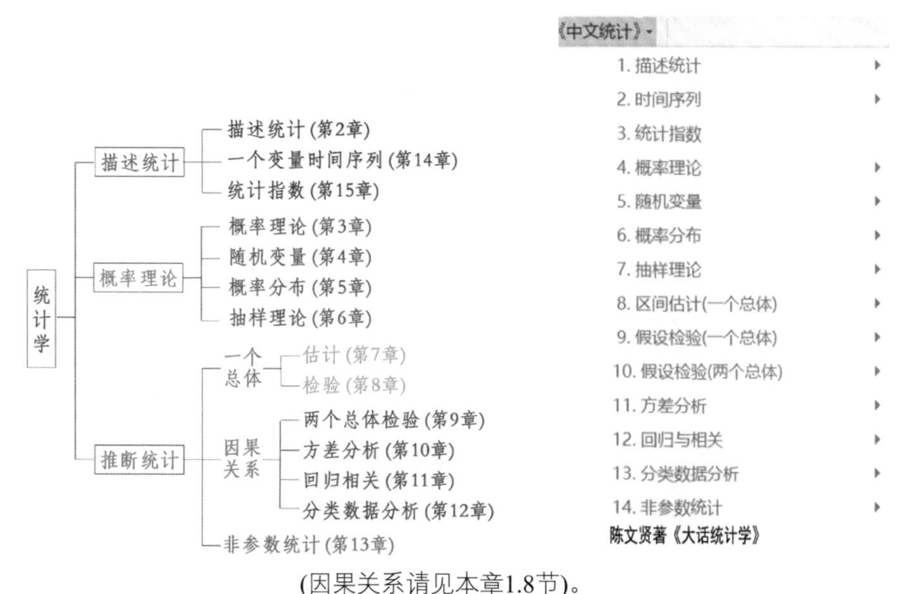


(因果关系请见本章1.8节)。

图1.3 统计学的内容分类和《中文统计》菜单

# 1.4 抽样误差

推断统计主要建立在三个基础之上：(1) 总体参数与样本统计量；(2) 抽样随机性(概率理论)；(3) 抽样误差。总体参数是推断统计的目的(What 要做什么)，概率理论是原因(Why 为什么)，抽样误差是方法(How 如何做)。这是5W1H(What，Why，Who，When，Where，How)中，最重要的三个：Know what，Know why，Know how。

因为抽样数据只是总体数据的一部分，所以抽样数据计算出来的统计值(例如：样本平均数)，与总体数据计算出来的参数值(例如：总体平均)，会不相等，其差异是**误差**。

误差是“样本数据统计值与总体的参数值”的差(绝对值)，误差有：抽样误差和非抽样误差。

**定义：抽样误差**(sampling error)是因为抽样的“随机性”所造成的误差。

抽样误差是不同组的样本有不同的误差，是因**随机性**(random)而产生的误差。衡量抽样误差和下列名词有关：样本标准误、残差、置信度、显著性水平(允许误差的概率)、第一类错误( $p$ 值)。影响抽样误差的因素有：抽样的样本量(样本量越多，抽样误差越小)、抽样的方法(分层抽样或实验设计等方法)、选择的统计量(请见第9章)。推断统计最主要目的是使变异(误差的平方)减小，使检验结果显著。

抽样误差是推断统计的基础：

(1) 描述统计的平均数是：每个变量值和平均数(均值)之差(误差)的平方和最小。

(2) 大数法则：当样本容量越大，抽样均值和总体均值的误差(标准误差)越小。

(3) 区间估计是：置信度是控制“置信区间不包含总体参数”的误差。

(4) 估计的标准误差就是抽样误差，要越小越好，估计才会越准确。

(5) 假设检验的显著是：第一类错误( $p$ 值)不超过显著性水平。

(6) 检验的检验值是统计值与参数值之差除以标准误差，所以，标准误差越小，检验值就越大，才有检验的显著结果。

(7) 回归分析的最小二乘法是：每个变量值和回归预测值之差(残差)的平方和最小。

(8) 方差分析是：总(误差)平方和 = 组间(误差)平方和＋组内(误差)平方和，检验各组的均值是否不相等(显著)，要看是否组间误差越大，组内误差越小。

(9) 分类数据分析是：以样本值和理论值之差(误差)的平方和，检验一个变量的概率，或两个变量的独立性。

抽样误差→ { 估计的标准误差<br>检验的第一类错误<br>方差分析的变异来源<br>回归分析的最小二乘法<br>分类数据的误差平方 } →推断统计的公式(统计量)

**定义：非抽样误差**(non-sampling error)是在抽样过程中，由于人为错误而造成的误差。

非抽样误差是因“人”(研究者或受测者)而产生的误差。非抽样误差包括：

(1) 选择样本**抽样框**(sampling frame)的错误，样本不能代表总体。抽样框是：抽样个体的名册，用来抽选样本的个体，如：电话簿名册、毕业纪念册、会员名单等。

(2) 选择抽样方法的误差，选择抽样方法如：便利抽样——以最方便的方法选择样本，如街头调查、利用学生做实验；还有，自发性响应样本——样本以自动应答的方式取得，如电视电台的来电(call-in)或报纸杂志的来信(write-in)，其回答的样本都是有心人，与例题1.5报考多益的中国台湾高中生相似，都不能代表总体。

(3) 取得数据的误差：问卷设计不好，存在敏感的问题，导致受访者不愿答或故意答错以及回收率低的误差(未回应的误差，邮寄问卷回收率低，大多数都会有问题)。

(4) 量测误差：记录数据的误差(记载错误或笔误)、计算数据的误差(输入错误或计算错误)等。

非抽样误差要在实验与调查的设计上考虑，注意抽样对象是否有代表性，注意问卷的设计，尽量避免这项误差。增加样本量，并不能减少非抽样误差。如例题1.4。

抽样误差是得到样本数据之“后”的差异。非抽样误差是得到样本数据之“前”的错误。**推断统计学是考虑“抽样误差”。统计工作和统计资料，要考虑“非抽样误差”**，如图1.4所示。统计学是“数据进，信息出”(Data in，information out)；如果有非抽样误差，则是“垃圾进，垃圾出”(Garbage in，garbage out)；如果用错统计方法，就是“数据进，垃圾出”(Data in，garbage out)。

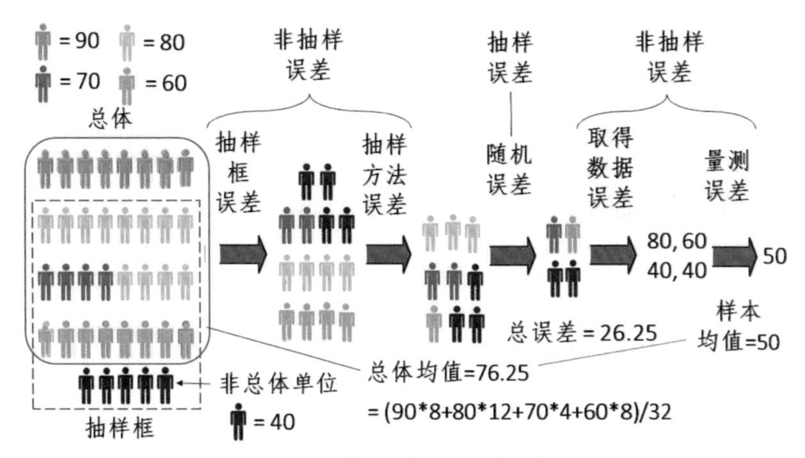


图1.4　抽样误差与非抽样误差

(统计学)方法的一个最大特征是：统计学家深切地认识到误差的存在，并积极地面对可能的误差，而使得经过这套方法所导出的结论，其因误差而产生的暧昧减少。统计学的方法并不能无中生有，但它的确致力于尽量滤去误差，而得到传统方法所不能得到的结论。误差如水，真相若石。水落，所以石出。如果水中原本无石，水落当然也仍然无石。统计方法：围绕着包含了误差的数字，所做的种种精巧的努力。

——赵民德(1999)

以上所说的“误差”是“抽样误差”。本书第16章总复习，“误差”的名词与关联性。

# 1.5 统计数据的收集

要得到样本数据，可以通过实验与调查(包括观察)两种方式。

**定义：实验**(experiment)是对样本，加以控制(control)分组，再进行测量或观察。

例如：医学实验，将病人分成两组或两组以上，利用不同的药物治疗(控制)，再观察其病情。实验数据通常经由方差分析或双总体统计检验，作统计分析。

利用实验进行统计分析，要注意下列几点：

(1)分组时要利用随机性，以尽量消除其他非控制因素。例如：要记录病人吃药后的病情，除了不同药物治疗(控制分组)以外，还有病人的年龄、血型等其他因素，会影响病情。所以随机性是，将病人随机分布到不同的药物治疗分组。

(2)实验分组作统计分析的主要目的是，比较不同组的结果是否有不同。为了使其结果比较客观且有意义，可使受试者不知道自己在哪一组，例如：消费者不知道自己用的是哪一品牌。如果结果是由主观的评定，不是客观的衡量，那么评分者最好也不知道受试者是哪一组，这种方式称作**双盲**(double blind)。例如：病人不知道自己吃的是实验药或维生素片；同时，医生或护士也不知道病人是哪一组。总之，双重隐瞒是为了消除实验中可能的个人感情因素，以避免影响实验结果。双盲实验通常在实验对象为人类时使用，目的是避免实验的对象或进行实验的人员的主观偏向影响实验的结果，通常双盲实验得出的结果会更为严谨。在双盲实验中，受实验的对象及研究人员并不知道哪些对象属于对照组，哪些属于实验组。只有在所有资料都被收集及被分析过之后，研究人员才会知道实验对象所属组别，即为“解盲”。解盲结果，如果主要疗效指标未呈现统计学上“显著”意义，则是“解盲失败”。

实验要注意：随机性分组与双重隐瞒。

**定义**：**调查**(survey)是对总体或样本，不加以控制(control)分组，直接进行访问或观察。例如：市场问卷调查、电话访问、座谈或个人访问等都是调查。调查方式有：自我测验、访问、电话等，必要时先作测试。

# 1.6 变量与数据的衡量尺度

数据衡量是给变量给予一个实数值(观测值)，但是因为变量的性质不同，所以有不同的衡量尺度。以下我们介绍四种衡量尺度。

## 1.6.1 定比尺度或比率尺度

数据之间有“次序”“大小”及“比率”的关系。例如：长度尺度、重量尺度、绝对温度、金钱、面积、体积、时间间隔等。同时可以定义一个原点，即零值 0，零值表示“没有”，没有长度、重量、温度、钱等。

对**定比尺度**(ratio scale)的数据做分析时，可以经过数学运算(＋－×÷)及转换($X_i^2$或 $\log X_i$)等。

定比尺度的数据常用的代表值是平均数。在统计推论中，是估计及检验其算术平均数。使用定比尺度的数据制作统计图时，故意改变尺度比率、故意忽略原点或用二度空间尺度面积表示，都可能造成误解。

## 1.6.2 定距尺度或区间尺度

数据之间有“次序”及“大小”的关系，而没有“比率”的关系。主要是衡量一个数据大于另一个数据多少，而并非其倍数关系。

定距尺度(interval scale)的原点0并非代表“无”(无温度，无智商，无尺寸)。例如：(1)温度尺度(℃或℉)；(2)智商分数；(3)衣服或鞋子的号码。

定距尺度的数据有基本的测量单位，可以计算其数值之加减。定距尺度的数据常用的代表值是平均数。在统计推论中，也是估计及检验其算术平均数。

定距尺度的数据也可以用定序尺度(非参数)的统计方法。定距尺度降低为定序尺度：$n$个数据排列顺序，从小到大，给予 1 到$n$的秩(等级)，若数值相同，其秩(等级)作平均。

### 1.6.3 定序尺度或顺序尺度

数据之间只有“次序”关系，其数值大小并不重要，不能用加法。例如：(1) 考试成绩等级；(2) 门牌号码；(3) 问卷问题同意程度；(4) 学历。

**定序尺度**(ordinal scale)的数据，可以排序后计算，例如计算中位数，无参数统计计算其秩(等级)，检验中位数。定序尺度降低为定类尺度：数据按照各秩(等级)统计出现的频数，不管其顺序秩(等级)。或者合并秩(等级)，计算其频数。例如：成绩 $(A,B,C,D)$ 计算及格不及格，计算(或估计检验)及格的比例。在 R 语言中称为**有序因子**(ordered factor)。

### 1.6.4 定类尺度或分类尺度

数据之间没有任何“次序”“大小”及“比率”的关系，只有“分类”关系。例如：(1)性别数据；(2)颜色数据；(3)电话号码、邮政编码、球员编号、职业编号、地区编号。

**定类尺度**(nominal scale)的数据常用的代表值是众数。在统计推论中是计算总体比例，或在回归分析中当作**虚拟变量**(dummy variable)。R 语言称为**因子**(factor，没有定义有序)。

定比尺度和定距尺度的主要参数是平均数；定序尺度和定类尺度的主要参数是比例。如图1.5所示。定序尺度和定类尺度的变量值可以用任意数字表示。

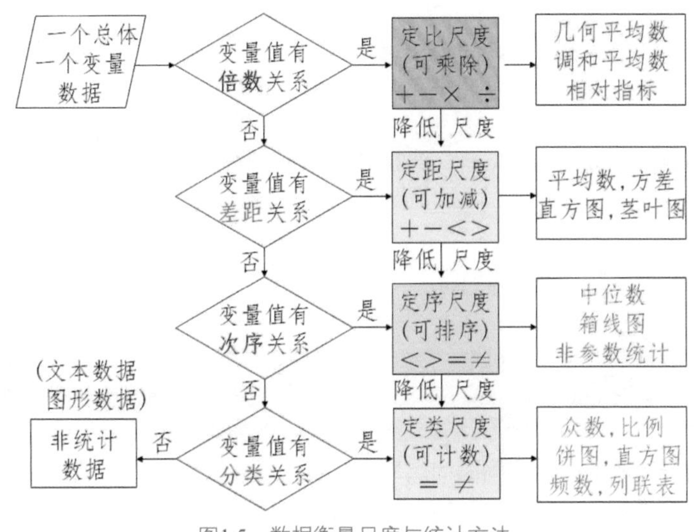


图1.5 数据衡量尺度与统计方法

## 1.7 数据的类型

数据以不同的性质分类，有下列分类方法：

### 1.7.1 连续数据与离散数据

**连续数据**(continuous data)：数据是可以有小数或分数的，定比尺度和定距尺度通常是连续数据。计量值数据相当于连续数据。

**离散数据**(discrete data)：数据是整数，没有小数或分数，定序尺度和定类尺度通常是离散数据；定比尺度也可能是离散数据，例如：生产的个数。计数值数据相当于离散数据。

### 1.7.2 定量数据与定性数据

**定量(数量)数据**(quantitative data)：利用客观标准衡量而得到的数据。例如：产品寿命数据、长度数据。有的书将定量数据定义为数字数据，以数量表示的数据。

**定性(质量)数据**(qualitative data)：利用主观判断而得到的数据，例如：考试成绩等级数据、同意的程度。有的书将定性数据定义为文字数据，描述特性或性质的数据。

### 1.7.3 初级数据与次级数据

**初级数据**(primary data)：数据是由直接观察、调查或实验而得到的原始数据，未经他人的整理或分析，这种数据一定符合搜集数据者的研究目的。初级数据通常是内部数据(internal data)。

**次级数据**或称**二手数据**(secondary data)：数据经过他人的整理或分析，变成频数分布表或某种统计结果。次级数据通常取自政府机构、数据公司、广告公司等。引用次级数据要注意与研究目的是否相符、来源是否可靠以及时效性。描述统计中的分组数据，可以说是次级数据。次级数据通常是外部数据(external data)。例题1.2可以说是次级数据的研究。

### 1.7.4 横断数据与纵向数据

数据来源依据是否与时间相关，通常可分成横截面数据(cross-sectional data)及纵向数据或追踪调查数据(longitudinal data or panel data)。横截面数据是**静态数据**，收集一个时间点的数据，在“同一时间”的单总体、多总体或多变量的数据。纵向数据是**动态数据**，是经过一段时间，收集的“不同时间点”的数据，指数的数据和时间序列数据是纵向数据。只做一次的调查，是横截面数据，实验虽然要经过一段时间，但是如果只记录最后结果的数据，也是横截面数据。

### 1.7.5 数据集合

记录或个案是个体单位的变量集合，记录和变量可以用一个电子表格(worksheet 或 spreadsheet)的形式来显示，如 Excel。所以，本书所用的《中文统计》是建立在Excel上的一个加载项。数据电子表格相当于一个矩阵，行(row)代表记录，列(column)代表变量。

# 1.8 因果关系

在统计学中，我们可以利用两组数据(“两个变量”或“两个总体”)，分析其因果关系或相关性。在两总体的平均数或比例检验中，其“因”是两总体的分类变量，譬如“性别”或“地区”；其“果”是平均数或比例的变量，譬如“成绩”或“候选人得票率”。所以，因果关系的假设检验是：同年龄的“男生和女生”的智商或成绩平均数，是否相等或有显著差异，即“性别”是否影响“智商或成绩”；还有，吸烟与健康是否有确定的因果关系；出生月份是否决定未来的职业、健康与命运。

## 1.8.1 泰坦尼克号因果

对分类数据进行分析的卡方检验，其“因”是两类以上的定类变量，其“果”也是定类变量，譬如：如表1.2所示，1912年泰坦尼克号撞上冰山而沉没，乘客和组员共2223人，死亡1517人，其中不同“性别”(因)的死亡率(果)是否有显著差异？不同“身份(旅客等级或组员)”(因)的“死亡率”(果)，是否有显著差异？该问题在第5章条件概率与第14章分类数据分析回答。

表1.2 泰坦尼克号生死录

| 果＼因 | 头等舱 | | 二等舱 | | 三等舱 | | 组员 | | 总和 | |
|---|---|---|---|---|---|---|---|---|---|---|
| | 男 | 女 | 男 | 女 | 男 | 女 | 男 | 女 | 男 | 女 |
| 存活 | 54 | 145 | 15 | 104 | 69 | 105 | 194 | 20 | 332 | 374 |
| | 199 | | 119 | | 174 | | 214 | | 706 | |
| 死亡 | 119 | 11 | 142 | 24 | 417 | 119 | 682 | 3 | 1360 | 157 |
| | 130 | | 166 | | 536 | | 685 | | 1517 | |
| 总和 | 173 | 156 | 167 | 128 | 486 | 224 | 876 | 23 | 1692 | 531 |
| | 329 | | 285 | | 710 | | 899 | | 2223 | |

通常，第11~14章的原假设是“没有因果关系”，检验结果“拒绝原假设”表示有“显著差异”，所以“有显著差异”表示“有因果关系”。

回归分析就是分析两个变量的因果关系，检验自变量$X$(因)对因变量 $Y$(果)的直线关系是否显著。例如：广告预算对销售额的增加是否显著，信息科技的支出对企业的获利绩效是否显著。

## 1.8.2 基于数据尺度和因果的统计学分类

不同数据尺度检验因果关系的统计方法也有不同。表1.3是从第11章开始到第15章，不同尺度之因果关系的统计方法。

表1.3　不同尺度之因果关系的统计方法

| 因<br>果 | 定类尺度 | | 定序尺度 | 定距尺度 |
|---|---|---|---|---|
| | 2分类 | ≥2分类 | | |
| 定类尺度 | 两个总体比例检验<br>流程检验Run test | 列联表<br>分类数据分析 | | 判别分析<br>Logisticl回归 |
| | 数据科学的贝叶斯分类 | | 数据科学的决策树 | |
| 定序尺度 | 符号检验Sign test<br>Wilcoxon sign rank<br>Wilcoxn rank sum | KW检验<br>Friedman检验 | Spearman检验 | Spearman检验 |
| 定距尺度 | 两个总体平均数检验<br>两个总体变异数检验 | 方差分析 | 时间序列<br>指数 | 散点图，回归分析，相关系数 |

## 1.8.3　基于关系和因果的统计学分类

基于关系和因果的统计学分类，如图1.6所示：

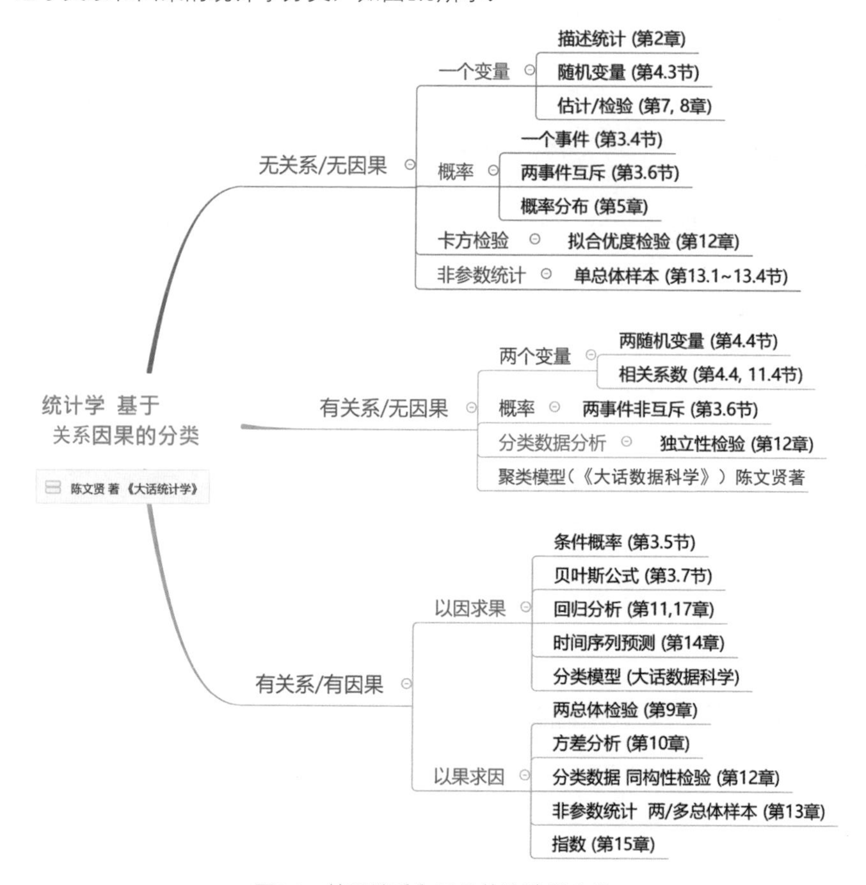


图1.6　基于关系和因果的统计学分类

■ 无关系无因果：一个变量参数的统计估计或检验，一个事件的概率。

■ 有关系无因果：两个变量的相关系数，两事件为非互斥关系。

■ 有关系有因果：

- 以因求果：回归分析的预测有独立变量(因)和依赖变量(果)，一个变量时间序列的自回归预测是前后期数据的因果关系。
- 以果求因：两总体检验、方差分析和分类数据分析。**求因的假设是否显著。**

# 1.9 统计的应用步骤

兵法：“一曰度，二曰量，三曰数，四曰称，五曰胜；地生度，度生量，量生数，数生称，称生胜。”地：分析地形险易情况，度：判断战区战线区域，量：计划部署战场容量，数：决定所需人力数量，称：权衡比较双方优劣，胜：未战已经胜券在握。

——孙子兵法《军法篇》

统计的应用步骤，和兵法不谋而合，如图1.7所示。

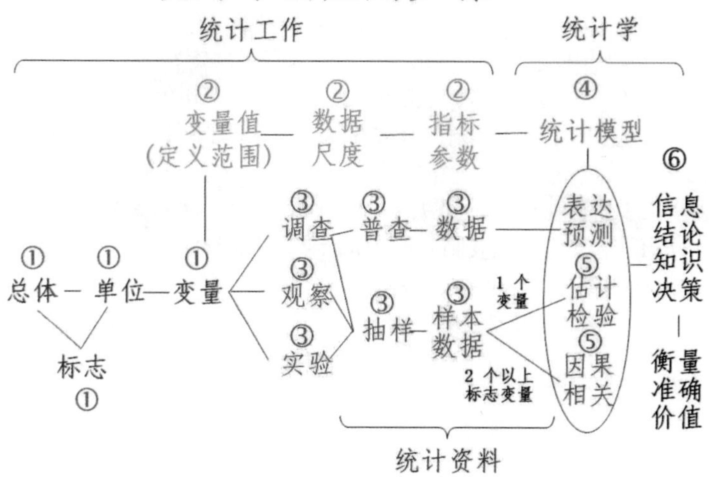


图1.7 统计的应用步骤(数字代表上述步骤)

**统计工作：**

(1) (地)了解问题，定义总体、变量。

总体是什么？有几个总体？(分类总体的标志是什么？)有什么变量？(要衡量总体的什么性质？)有几个变量？是否有两个以上变量的相关或因果关系？

(2) (度)认定变量值的数据尺度，决定指标、参数。

数据的尺度是什么？什么指标？什么参数？描述统计或推断统计？

统计资料：

(3) (量)决定实验、调查、观察或二手数据。

实验是抽样，调查决定普查或抽样。设计实验步骤或调查方式。选择抽样方法，决定样本容量。

(4) (数)收集数据，确定数据特性(符合假定条件如正态)、统计量、统计模型。

辨认(Identify)统计模型，检查假定条件，统计模型的假定条件有：数据尺度、正态分布、抽样独立性、方差条件等。

统计学：

(5) (称)数据分析，普查是描述统计，选择表达的方式。抽样是推断统计，选择统计分析模型。表达方式有：表格、图形或代表值等。计算(Compute)结果。

(6) (胜)得到信息、报告结论或导出决策。

解释(Interpret)结果，得到信息、报告结论、实施决策、衡量决策的结果。

一般统计学教科书的例题或习题的解答步骤，因为通常已有数据，所以只要做第(4)，(5)，(6)步骤。

例题1.6　可乐独卖权利的决策(参考 Keller 2009)。

T大学有30 000名学生，要和P可乐饮料公司签订独卖合约，在校园内只能卖P可乐，学校每年收100万元回馈金，加上P可乐全年销售金额的30%。目前在T大学有3种以上的可乐销售，P可乐每周平均销售20 000罐，但是不知道其他可乐的销售量。一年40周(寒暑假没学生)，所以P可乐在T大学每年销售量是800 000罐。P可乐每罐售价为¥3，每罐成本为¥1。P可乐公司有2周的考虑时间，请问该公司如何做决定？

解答：目前(没有独卖)P可乐每年获利：20 000×(¥3−¥1)×40=¥1 600 000

假设 $\pi$ = P可乐在T大学的市场份额(市占率)，则每年T大学可乐独卖的销售数量为 $X$ = 800 000 ÷ $\pi$ (罐)

P可乐独卖每年的获利：$X$×¥3×0.7−$X$×¥1−¥1 000 000 = ¥1.1$X$ − ¥1 000 000

独卖优势：$A$ = 独卖每年的获利−没有独卖每年的获利 = ¥1.1$X$ − ¥2 600 000

$A$=¥1.1×(800 000÷$\pi$)−¥2 600 000=¥880 000/$\pi$−¥2 600 000

P 可乐在T大学的市场份额与独卖优势如下，市场份额越高，独卖优势越少：

| 市场份额$\pi$ | 0.2 | 0.25 | 0.3 | 0.35 | 0.40 | 0.45 | 0.5 |
|---|---|---|---|---|---|---|---|
| 独卖优势$A$(万) | 180 | 92 | 33 | −8.6 | −40 | −64 | −84 |

当P可乐的市场份额为33.85%，独卖优势为 0，为独卖的损益两平点。如果P 可乐的市场份额越低，和T大学签订独卖合约越有利。因此，P 可乐决定用一周的时间，进行统计推断，推断市场份额。统计学的应用步骤如下：

(1) 总体 = 30 000学生、变量 = 每个学生每周购买可乐的品牌及数量、参数 = T大学每年可乐的销售数量或P 可乐的在T大学的市场份额

(2) 变量有定类尺度(可乐品牌)及计数值数据(可乐数量)。

(3) 决定调查，抽样500个学生，记录每人一周买可乐的品牌及数量。

(4) 每个样本数据如：{CCP}、{PP}、{CCCT}、{PC}、{T}等，P表示P可乐、C表示C可乐、T表示T可乐。计算500个学生中，P、C、R的分别总和，及全部可乐的总和。

(5)“P的总和”除以“全部总和”即为P 可乐的市场份额的估计值，这是点估计，根据这个市场份额的点估计，就可以决定是否和T大学签订独卖合约。如果要检验下列假设，可能要多抽样几次500个学生：

原假设 $H_0: \pi \geqslant 33.85\%$ 不同意独卖合约。

备择假设 $H_1: \pi < 33.85\%$ 同意独卖合约。

(6) 得到决策：是否同意独卖合约。

(7) 进一步考虑因素：这个推论的假定条件是T大学全部可乐的销售量等于P 可乐独卖的销售量。实际上消费者对其他品牌可乐的忠诚度，使得独卖不见得将所有市场份额，都转为P可乐的销售量。例如C可乐爱好者，在独卖后，可能仍然不会买P可乐。因此，“独卖后”P可乐销售数量，不等于P可乐销售数量除以“没有独卖的市场份额”，应该将每年独卖后销售数量打折。

(8) 问题：如果能够推导 $\pi$ 的估计量或统计量的概率分布或方差(标准差)，就可以进行第5步的假设检验推论。决策法则：如果 $\pi$ 的点估计值大于33.85%，则不同意独卖合约。

最后，将统计的应用步骤，再整理如下：

| (Why) | | (Who) | | (Which) | | (Whom) | | (How much) | | (What) | | (How) | | (What) | | (So What) |
|---|---|---|---|---|---|---|---|---|---|---|---|---|---|---|---|---|
| 问题了解 | → | 总体标志 | → | 变量参数 | → | 随机变量 | → | 抽样误差 | → | 统计量估计检验 | → | 模型选择 | → | 样本数据 | → | 结果价值衡量行动 |

# 1.10 统计学与大数据比较

## 1.10.1 统计学和大数据的比较

如表1.4所示。

表1.4 统计学与大数据的比较

<table>
<tr><th></th><th>传统统计学<br>黑板统计学</th><th>现代统计学<br>PC统计学</th><th>大数据<br>数据挖掘，统计学习</th></tr>
<tr><td>目标</td><td colspan="2">估计、检验总体的参数和预测</td><td>数据的关联、聚类规则(关系)，分类、预测规则(因果)</td></tr>
<tr><td>因果关系</td><td colspan="2">检验假设，寻找显著的因果或关系，先设因果假设，再作检验，以因求果，以果求因</td><td>找规则，找相关，找因果，<br>分类、关联、顺序、聚类、预测<br>特征工程，以因求果</td></tr>
<tr><td>数据变量</td><td colspan="2">总体，抽样的样本，<br>变量：定类、定序、定距尺度的数据，结构化数据</td><td>所有数据，样本=总体，<br>变量：定类、定序、定距尺度的数据及文本非结构化数据</td></tr>
<tr><td>样本</td><td colspan="2">样本数据，推论的根据</td><td>训练数据、验证数据、测试数据</td></tr>
<tr><td>来源</td><td colspan="2">市场调查、产品抽查、控制实验</td><td>数据库、数据仓储、网络数据</td></tr>
<tr><td>原理</td><td colspan="2">以样本(小量)的数据，大约1000多个样本即可，利用随机变量抽样误差的理论，达成精确度高的推论</td><td>没有随机变量抽样误差，<br>有训练误差(偏差)、验证误差、<br>测试误差(方差)，过拟合问题</td></tr>
<tr><td>方法</td><td colspan="2">基于概率理论(参数的统计量随机变量)，抽样误差</td><td>基于概率、信息、误差、代数、距离相似、生物等理论</td></tr>
<tr><td>驱动</td><td colspan="2">模型驱动数据</td><td>数据驱动模型</td></tr>
<tr><td>参数</td><td colspan="2">总体参数：均值、方差、比例、回归系数，估计检验的对象。模型的输出参数，参数未知，当作随机变量</td><td>模型的处理参数，P参数，<br>超参数、阈值，<br>机器学习训练的对象</td></tr>
<tr><td>数据预处理</td><td colspan="2">检查数据是否符合假定条件：变量独立、正态分布、方差相等。避免非抽样误差：1.4节、16.2节</td><td>数据可视化，描述统计(summary)<br>数据转换：标准化与正规化<br>数据归约：变量降维</td></tr>
<tr><td rowspan="2">算法</td><td>简单公式，近似正态，人工计算需要查表</td><td>复杂公式如：百分位、偏态、峰态公式等</td><td rowspan="2">模型求解有多个算法，有程序包有的模型算法，当作黑箱，调用机器学习包</td></tr>
<tr><td colspan="2">没有黑箱模型</td></tr>
<tr><td>工具</td><td>概率表、检验临界值表、计算器</td><td>PC统计软件、SPSS、《中文统计》</td><td>大型计算机或分布式处理、R、Python语言、机器学习包(或平台)</td></tr>
</table>

## 1.10.2 数据分析的类型

统计学的目的有：了解现象、推测总体、知道因果、预测未来。数据分析或商业分析的类型有：描述性分析、诊断性分析、预测性分析、规范性分析、自动化分析，如表1.5和图1.8所示。

- 描述性(Descriptive)分析强调"发生了什么？"，了解总体参数、系统的行为。
- 诊断性(Diagnostic)分析强调"为何会发生？"，以果求因。
- 预测性(Predictive)分析说明未来会如何，预测可能发生的事，以因求果。
- 规范性(Prescriptive)分析或"处方式"，说明行动应该如何做，求最适解、最佳决策。
- 自动化(Automating)分析是进行决策自动化，人工智能决策。

统计学是所有分析的基础。

表1.5 数据分析的类型

| 数据分析 | 商业应用 |
|---|---|
| 描述式分析<br>Descriptive analytics | 描述统计　统计指数<br>质量管制　KPI绩效指标 |
| 诊断式分析<br>Diagnostic analytics | 统计估计检验　方差分析　分类数据分析<br>马尔可夫链　排队论　特征选择　关联/聚类分析 |
| 预测式分析<br>Predictive analytics | 回归分析　时间序列　模拟<br>监督式学习　分类/判别　数据/文本/网络挖掘 |
| 规范性分析<br>Prescriptive Analytics | 运筹学　数学规划　网络规划　决策分析<br>存储论　马尔可夫决策过程　模拟　专家系统 |
| 自动化分析<br>Automating analytics | 感知器　图形判别　棋赛游戏　人工智能<br>自动驾驶　金融科技 |

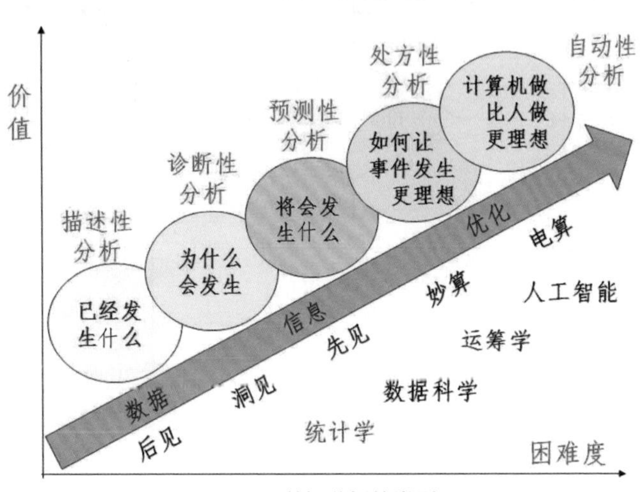


图1.8 数据分析的类型

# 1.11 本书流程图

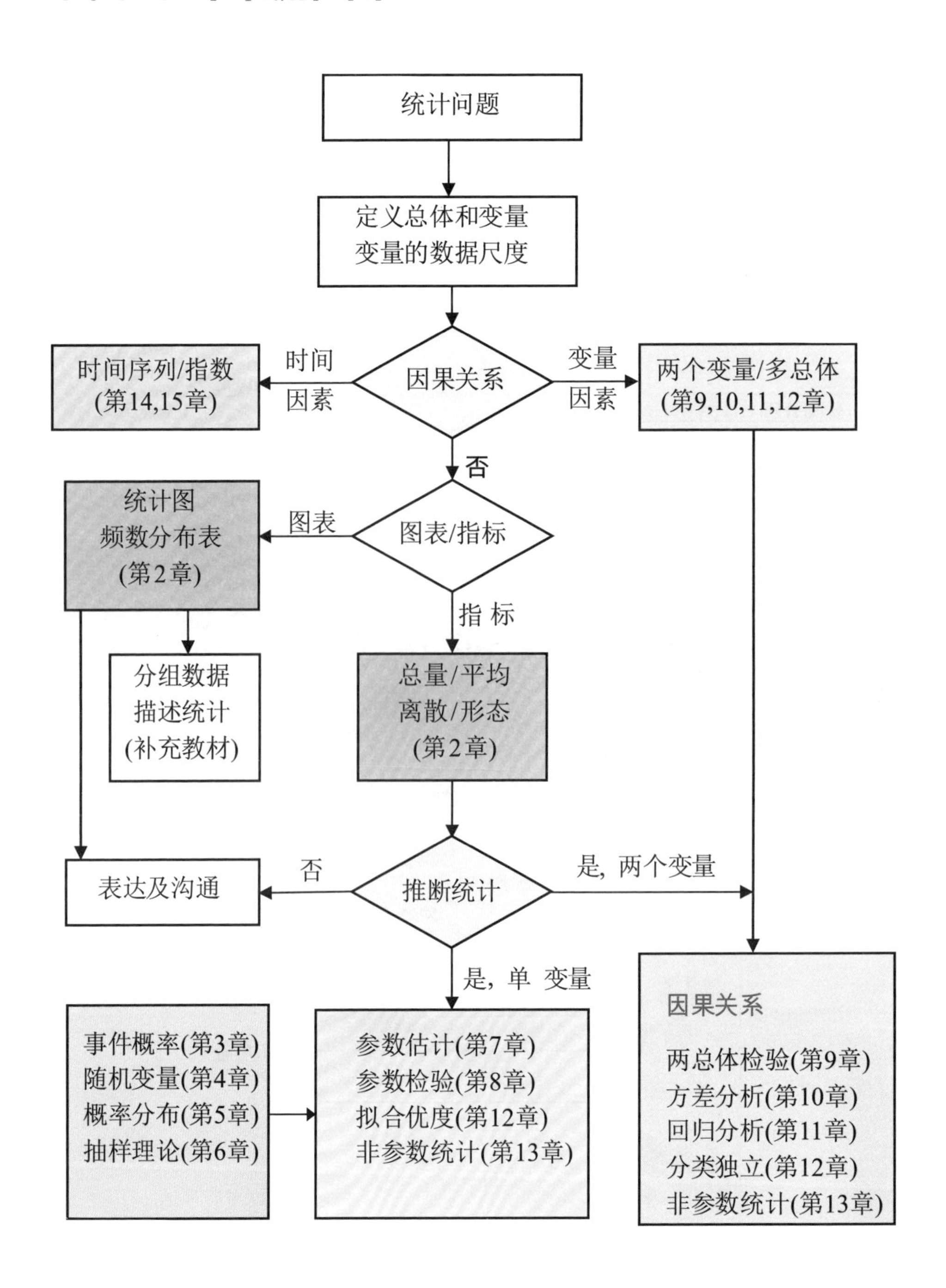

统计问题
定义总体和变量
变量的数据尺度
因果关系
时间
因素
时间序列/指数
(第14,15章)
变量
因素
两个变量/多总体
(第9,10,11,12章)
否
图表/指标
图表
统计图
频数分布表
(第2章)
分组数据
描述统计
(补充教材)
指 标
总量/平均
离散/形态
(第2章)
推断统计
否
表达及沟通
是，两个变量
是，单 变量
事件概率(第3章)
随机变量(第4章)
概率分布(第5章)
抽样理论(第6章)
参数估计(第7章)
参数检验(第8章)
拟合优度(第12章)
非参数统计(第13章)
因果关系
两总体检验(第9章)
方差分析(第10章)
回归分析(第11章)
分类独立(第12章)
非参数统计(第13章)

# 1.12 本章思维导图

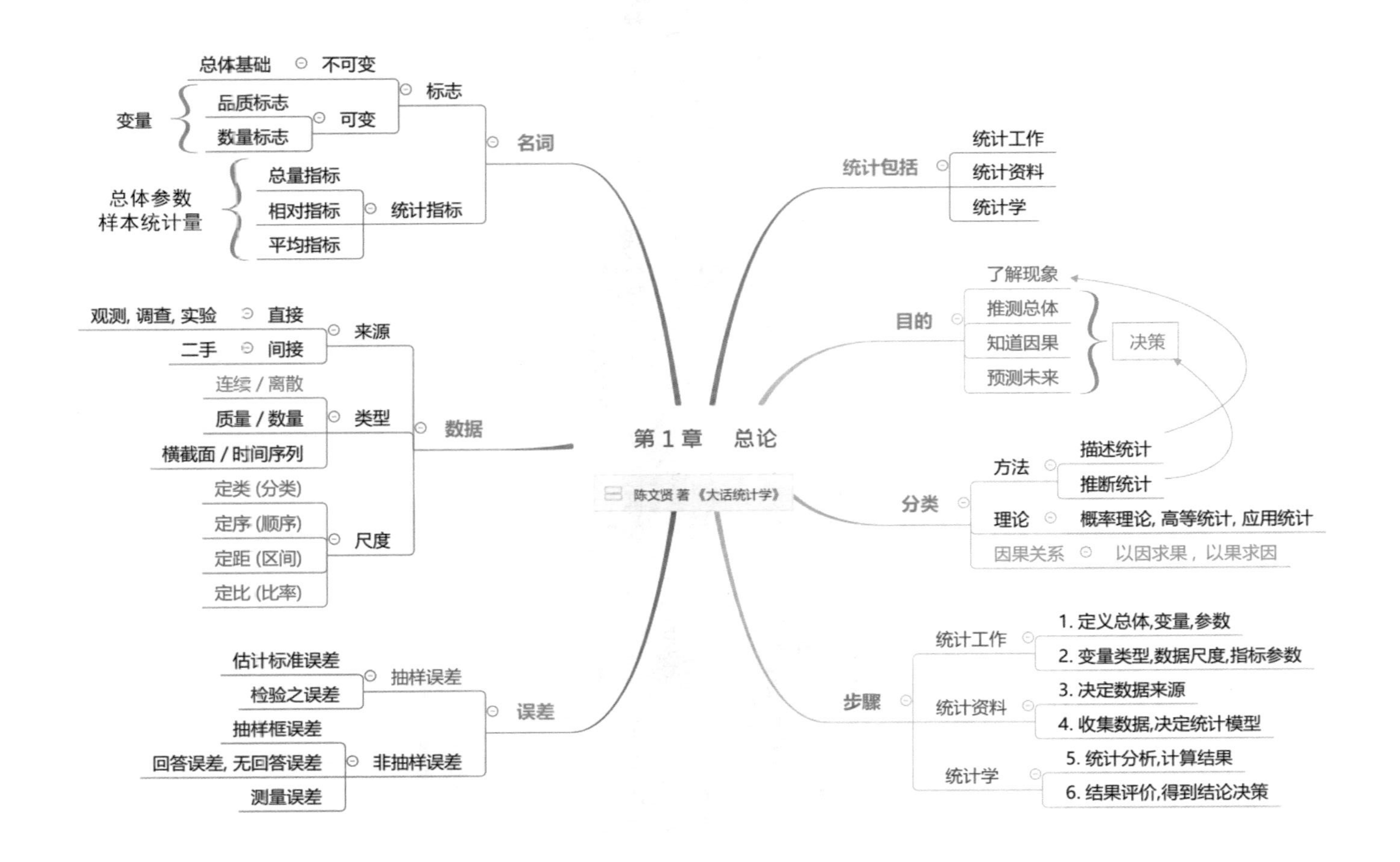
第1章 总论
陈文贤 著《大话统计学》
名词
标志
总体基础
不可变
可变
变量
品质标志
数量标志
统计指标
总体参数
样本统计量
总量指标
相对指标
平均指标
数据
来源
观测，调查，实验
直接
二手
间接
类型
连续 / 离散
质量 / 数量
横截面 / 时间序列
尺度
定类（分类）
定序（顺序）
定距（区间）
定比（比率）
误差
抽样误差
估计标准误差
检验之误差
非抽样误差
抽样框误差
回答误差，无回答误差
测量误差
统计包括
统计工作
统计资料
统计学
目的
了解现象
推测总体
知道因果
预测未来
决策
分类
方法
描述统计
推断统计
理论
概率理论，高等统计，应用统计
因果关系
以因求果，以果求因
步骤
统计工作
1. 定义总体,变量,参数
2. 变量类型,数据尺度,指标参数
统计资料
3. 决定数据来源
4. 收集数据,决定统计模型
统计学
5. 统计分析,计算结果
6. 结果评价,得到结论决策

## 1.13 习题

1. 说明下列数据变量的衡量尺度和数据变量的分类：

(1)公民身份号码；(2)学生的学号；(3)出生星座；(4)年龄；(5)性别；(6)民族；(7)住址；(8)婚姻状态；(9)电话号码；(10)身高；(11)体重；(12)总成绩；(13)智商(IQ)；(14)鞋子的号码；(15)血型；(16)每月房租；(17)文化(教育)程度；(18)是否身心障碍。

2. 理文科技学院的校长想了解在校学生平均上学的交通距离，于是就从全校学生中随机抽样150名学生，调查他们上学的交通距离，经计算后得到平均的交通距离为15公里。请就这个调查回答以下问题：

(1) 请问本调查中的总体是什么？

(2) 请问本调查中的样本是什么？

(3) 请问本调查中的参数是什么？

(4) 请问本调查中的统计量是什么？

(5) 请问15公里为参数或是统计量或都不是？

3. 庙宇的筊杯的形状是一面平、一面凸的，掷筊(跋杯)是用两个筊杯，如果出现一平一凸，称为圣杯，表示神明认同。如果我们宣告：出现圣杯的概率是50%。请问：

(1) 如何进行统计学的应用步骤，测试这个宣告？

(2) 总体是什么？

(3) 样本是什么？

(4) 变量是什么？

(5) 参数是什么？

4. 某大学学生有12 000人，上学期全校每人平均购买5.3本书，每人书本平均花费232元。现在抽样甲班全部学生25人(整体抽样)，上学期平均每人购买8.5本书，每人书本平均花费385元。请问：

(1) 总体是什么？

(2) 样本是什么？

(3) 变量是什么？

(4) 参数是什么？

(5) 统计值是什么？

(6) 对于甲班学生你有什么看法？

(7) 如果甲班学生平均每人购买8.5本书，平均花费1265元。你的看法是什么？

其他习题请下载。

# 第2章 描述统计

巧匠为宫室，为圆必以规，为方必以矩，为平直必以准绳。

——《吕氏春秋·分职》

所以，做人的第一任务，是发现你自己究竟以何种方式来思考最为有效；你究竟是图画式的思考方法呢，还是抽象式的思考方法？做人的第二任务，乃是为了把你所思考的传达出来，你得有传达的工具。你如用语言传达出来，你得会说；你如用图画传达出来，你得会画；你如用舞蹈传达出来，你得会跳；你如用音乐传达出来，你得会唱；你如用数学传达出来，你得会算。

——陈之藩《在春风里·图画式的与逻辑式的》

"The greatest value of a picture is when it forces us to notice what we never expected to see."
图画最大的价值是使我们注意到我们没有预期看到的。

——John Tukey(箱线图发明人)

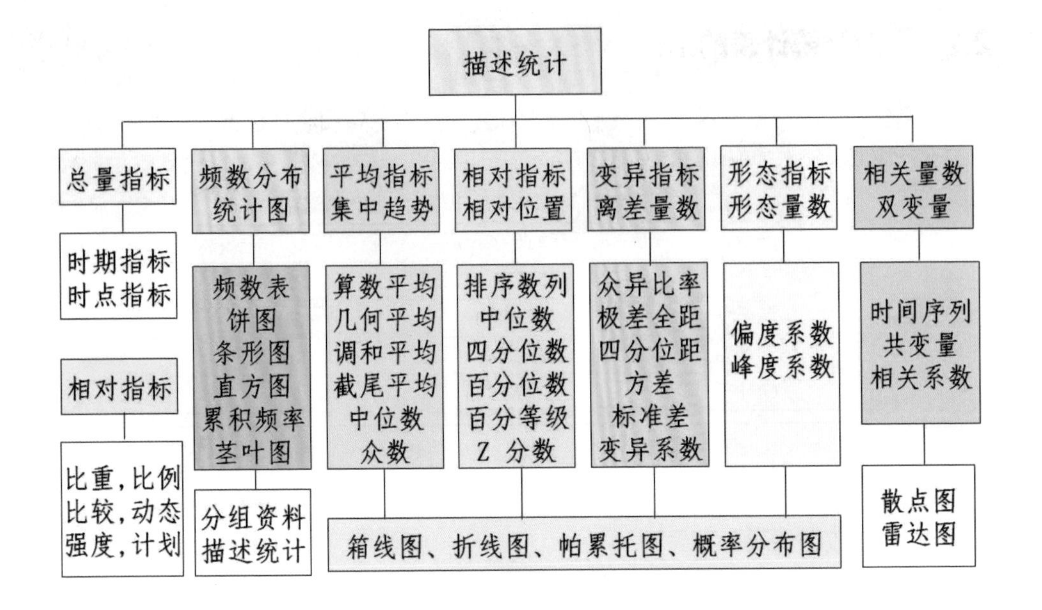

# 2.1 描述统计

**描述统计**是将收集或调查而得到的数据，加以整理或简化，表达成较有意义的信息数值或图形。描述统计描述数据的方法是图表法，指标有：集中趋势量数、离差量数、位置量数、形态量数。离差量数又翻译为离散量数，但是离差量数有“离散”和“差异”的意思，还有这里的“离散”和随机变量形态的“**离散型**”(discerte)意义不同。

集中趋势量数又称作**代表值量数**(representative measures)，最主要的集中趋势量数是(算数)平均数；离差量数是衡量数据的分散变化，最主要的离差量数是方差或标准差。平均数和方差，可以简单地描述总体的分布。

同样的平均数，有人喜欢方差大(风险刺激)，有人喜欢方差小(稳定保守)。例如：股票投资的风险追求者(富贵险中求)或风险规避者(平安是福)；对于居住地区，有人喜爱四季如春(温度方差小)、有人偏好四季分明(温度方差大)。

# 2.2 统计表

## 2.2.1 分类统计表的结构

分类统计表的结构包括：总标题、横行标题、纵栏标题和统计数据，必要时可以在表的下方加上表外附加或附注，如表2.1所示。

表2.1 国家统计局2013年GDP(国内生产总值)

| 产业 | 绝对值(亿元) | 比上年同期增长(%) |
|---|---|---|
| 第一产业 | 56957 | 4.0 |
| 第二产业 | 249684 | 7.8 |
| 第三产业 | 262204 | 8.3 |
| GDP | 568845 | 7.7 |



## 2.2.2 频数分布表

**频数分布**(Frequency distribution)通常是，将数据整理成一个表，有下列三种数据类型：(1)单值分组频数分布表；(2)离散数据频数分布表；(3)连续数据频数分布表。

(1) **单值分组**(single-value grouping)频数分布表，又称作**列举式**(List)分组，适合于定类或定序尺度数据，其统计图不适用直方图，可用条形图，如表2.2所示。

表2.2　分组数据频数分布表

| 组界 | 频数 | 频率 |
|---|---|---|
| 0 | 12 | 0.400 |
| 1 | 6 | 0.200 |
| 2 | 7 | 0.233 |
| 3 | 3 | 0.100 |
| 4 | 2 | 0.067 |
|  | 30 | 1.000 |

(2) **离散型数据**(dascrete data)频数分布表：离散型数据是整数的数据，没有小数或分数，如表2.3所示。

表2.3　离散型数据频数分布表

| 组界 | 组中点 | 频数 | 相对频数 | (向上)累积频数 | 直方图组界 |
|---|---|---|---|---|---|
| 20～29 | 24.5 | 10 | 0.40 | 10 ↓ | 19.5～29.5 |
| 30～39 | 34.5 | 7 | 0.28 | 17 | 29.5～39.5 |
| 40～49 | 44.5 | 4 | 0.16 | 21 | 39.5～49.5 |
| 50～59 | 54.5 | 2 | 0.08 | 23 | 49.5～59.5 |
| 60～69 | 64.5 | 2 | 0.08 | 25 上 | 59.5～69.5 |
|  |  | 25 | 1.00 |  |  |

(3) **连续型数据**(continuous data)频数分布表：连续型数据频数分布表有两种型式：型式一，**下组界**(lower class limit)属于该组，但是**上组界**(upper class limit)不属于该组；型式二，下组界不属于该组，但是上组界属于该组。频数分布表多采用型式一，如表2.4所示。《中文统计》的频数分布表是型式一。

表2.4　连续型数据频数分布表

| 组界 | 组中点 | 频数 |
|---|---|---|
| [20，30) | 25 | 10 |
| [30，40) | 35 | 7 |
| [40，50) | 45 | 4 |
| [50，60) | 55 | 2 |
| [60，70) | 65 | 2 |
|  |  | 25 |

频数分布的制作步骤如下：

1) 将数据按照大小顺序排列。

2) 视数据的衡量尺度或形态，选择频数分布表的型式(离散型、连续型或单值型)。

3) 定出数据的**范围**(range)$R$ = 最大值减最小值，或者为了配合上下限再增大范围。

4) 选择分组的数目 $k$。如果数据的数目是 $n$，建议分组的数目为：$k = 3.3(\log_{10} n) + 1$

例如：$n = 100$，　$k = 3.3(\log_{10} n) + 1 = 3.3(2) + 1 = 7.6$，　$k \approx 8$；

若 $n = 25$，　$k = 3.3(\log_{10} n) + 1 = 3.3(1.4) + 1 = 5.6$，　$k \approx 6$。

5) 计算每组区间的长度，称作**组宽**(class width)或**组距**(class interval)。通常组宽是最

接近 $R/k$，而且较容易计算的数值，如5，10，100。

6) 选出每组的下组界，上组界：使用简单的组界(例如，避免组界为 17.394)。

7) 计算每组的出现**频数**或**次数**(frequencies)：每个数据一定属于一个组，而且只属于一个组，称为归类。再利用划记，如“正”或“卌”的记号，计算频数。

8) 计算每组的**频率**或**相对次数**(relative frequencies)：频数除以数据总数。

9) 必要时，可在频数分布表再加两栏，一栏是第一组到各组的**累积频数**(cumulative frequency)，另一栏是**累积频率**(cumulative relative frequency)。累积频数通常用“向上累积”，往数据大的组累积。

频数分布表注意事项：

- 每组是“互斥”的，没有共同的数据；所有组“涵盖”(完备)全部数据。换句话说，每个数据一定会属于一组，而且只属一组。
- 每组组宽尽量相等，但是如果数据的分布不好，可能会合并某些组，使得组宽不等。在画直方图时，组宽不同要修改频数，请见下一节直方图。
- 最好避免**开放组界**(open-ended class)，即上组界或下组界是无限的。但是如果连续有很多组的频数为0，且数据分布很散，则可能有开放组界。

例题2.1　学生的成绩频数分布表(数据请见例题2.2)。

# 2.3 统计图

统计图包括：直方图、多边形图、累积频率图、饼图、折线图、条形图、茎叶图、箱线图、帕累托图等。大部分图形都是与叙述数据分布有关的。折线图反映时间的变化，直方图和茎叶图都是叙述分组频数分布的图形。统计图要注意适合什么尺度的数据。

## 2.3.1 直方图

**直方图**(histogram)是利用频数分布，将每组频数，以$x$轴为组界，$y$轴为频数或频率，画出长方形的图形，如图2.1所示。

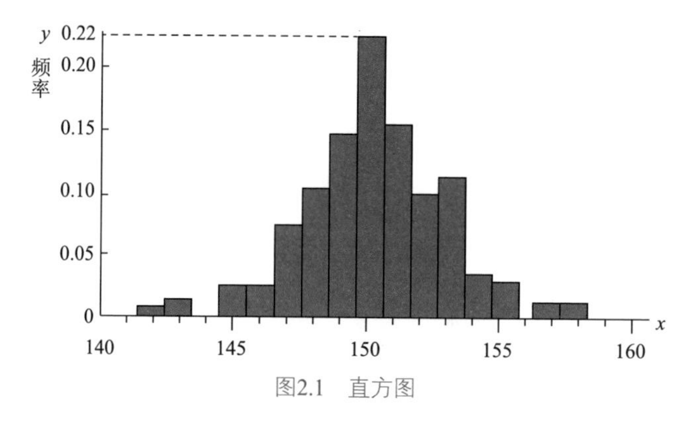


图2.1　直方图

直方图可以大致知道数据是否符合或近似符合正态分布(对称与正态形状)，如图2.2就不符合正态。

如果频数分布表的组宽不相等，要画出直方图，则比较长的组宽的频数和频率要加以修正降低。组宽2倍的频数和频率要除以2；组宽5倍的频数和频率要除以5。

**背对背直方图**(back-to-back histogram)可以比较两组数据的直方图，是一个变量(人口数)两组总体(男女)数据的比较，如图2.2所示。

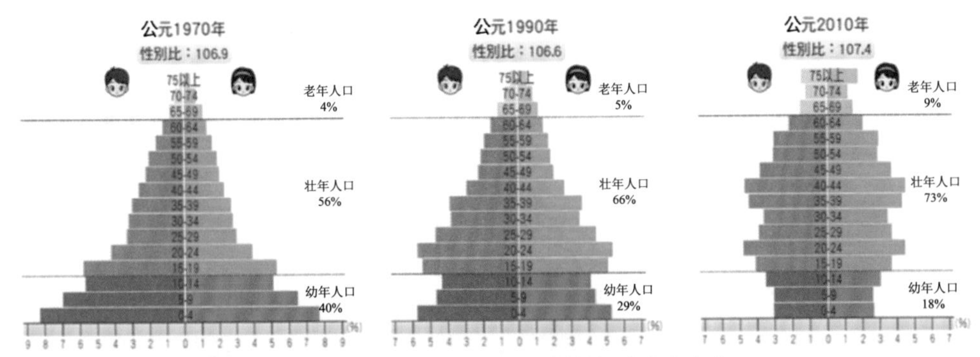


图2.2　中国人口金字塔(年龄和性别的结构)(中文参考书目[20])

**例题2.2**　画出学生的成绩直方图

25，32，35，35，35，36，40，42，44，46，47，48，48，49，50，50，57，58，66，72，78，85，86，87，88，89，91，92，94，95

**例题2.3**　利用不同组距频数分布表，画直方图。

## 2.3.2　多边形图

**多边形图**(polygon)是利用直方图的**组中点**(midpoint)，即每组中点的频数，连接起来，描出多边形的图形。可用于比较两组数据。

多边形图比直方图更容易看出数据分布的形态，例如是否符合正态分布、偏度或峰度等，如图2.3所示。

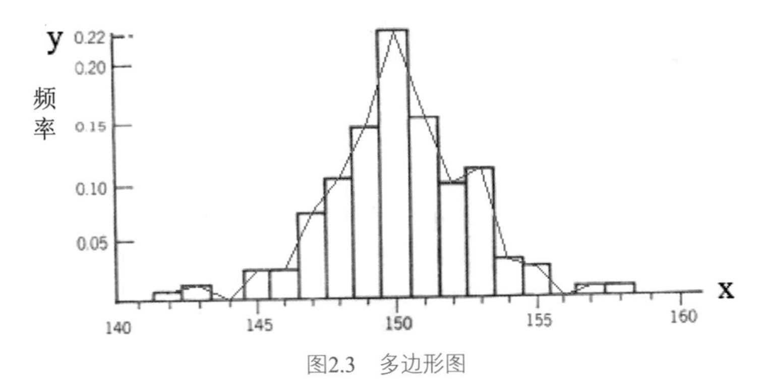


图2.3　多边形图

### 2.3.3 累积频率图

累积频率图、累积频数图或称**肩形图**(Ogive)是利用每组的**上界**(upper limit)，画出累积频率或累积频数。肩形图通常是由左向上累积，像左肩；也有由左向下累积，像右肩。

累积频率图的纵坐标是频率由0到1，在0.5往左画横线，遇到累积频率图的图形，往下画直线，遇到横坐标，即为中位数。如图 2.4的中位数是30。

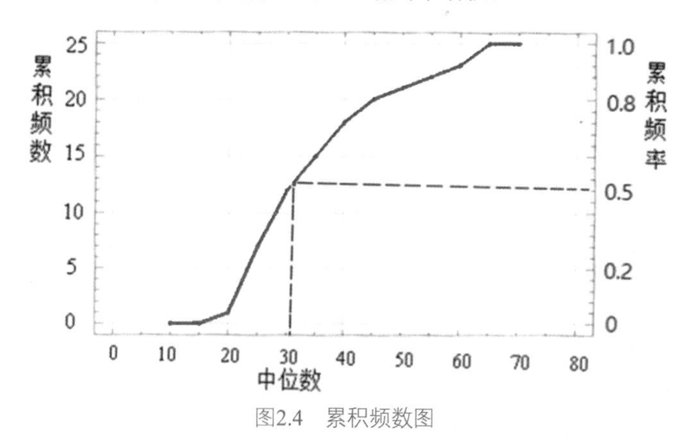


图2.4 累积频数图

### 2.3.4 饼图

**饼图**(Pie chart)适用于定类尺度数据或定序尺度数据的比较(参见图2.5)。

### 2.3.5 条形图

**条形图**(Bar chart)适用于定类尺度数据或离散型时间序列数据的比较。单值分组频数分布表的直方图相当于条形图(参见图2.6)。在Excel中的图形有：条形图和柱形图。

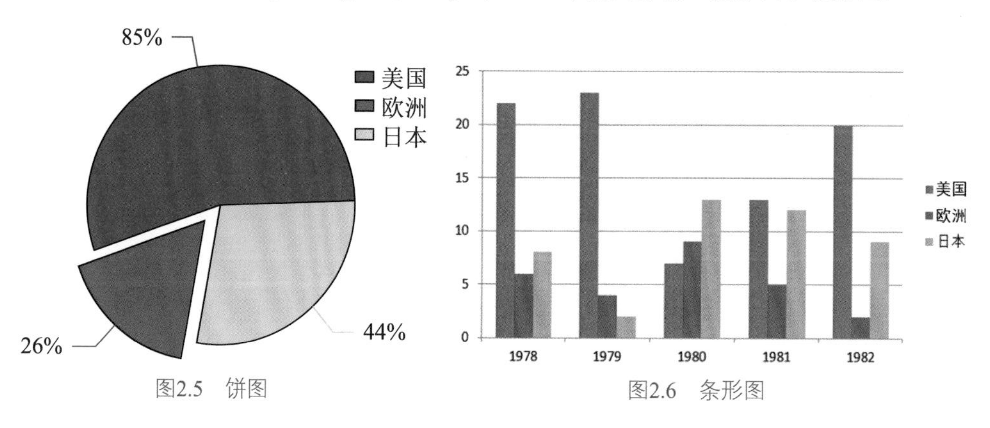


图2.5 饼图

图2.6 条形图

通过两个定类尺度数据或定序尺度的条形图，可以看出其比例是否相同。

**例题2.4**　1978年到1982年汽车销售量如表2.5所示：请计算饼图和条形图。

**表2.5　汽车销售量表**

| 国家＼年 | 1978 | 1979 | 1980 | 1981 | 1982 | 总和 |
|---|---|---|---|---|---|---|
| 美国 | 22 | 23 | 7 | 13 | 20 | 85 |
| 欧洲 | 6 | 4 | 9 | 5 | 2 | 26 |
| 日本 | 8 | 2 | 13 | 12 | 9 | 44 |
| 总和 | 36 | 29 | 29 | 30 | 31 | 155 |

请注意这是单变量(销售量)多总体(国家)的纵向数据(时间序列数据)。表2.5在第5章中被称为一种**列联表**(contingency table)，是两个以上变量或总体的联合频数分布表，一个变量是定序尺度的“年代”，一个变量是定类尺度的“国家地区”。

## 2.3.6　折线图

**折线图**(line chart)适用于**时间序列**(time series)数据的表达，如图2.7所示。

图2.7　上证指数的折线图

## 2.3.7　茎叶图

在直方图中，长方形代表实际数字。**茎叶图**(stem and leaf plot)混合数字与图形，适用于定比尺度和定距尺度的离散数据，如图2.8所示。逆时针旋转90度的茎叶图，可以看作直方图。

| | | |
|---|---|---|
| 6 | 2* | 012234 |
| 10 | 2o | 5679 |
| (5) | 3* | 00233 |
| 10 | 3o | 67 |
| 8 | 4* | 012 |
| 5 | 4o | 8 |
| 4 | 5* | |
| 4 | 5o | 56 |
| 2 | 6* | 14 |

图2.8　学生的成绩茎叶图

## 2.3.8　箱线图

**箱线图**(box-and-whisker plot)或称方盒图(box plots)画出数据的全距、四分位数、中位数等数值、其计算请见下节。多组箱线图(multiple box-and-whisker plot)可以比较几组数据。由箱线图可以看出数据分布的形态：对称型分布、右偏分布、左偏分布。

若 $A=D$ 且 $B=C$，则为对称。

若 $A>D$ 且 $B>C$，则为左偏。

若 $D>A$ 且 $C>B$，则为右偏。

若 $A>D$ 且 $C>B$，则难以判定偏态。

有关左偏、右偏，请见2.8.2节。

**例题2.5**　学生的成绩箱线图，如图2.9所示。

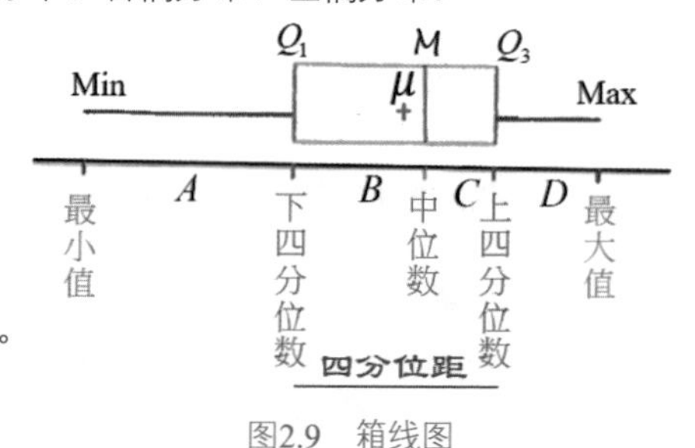


图2.9　箱线图

## 2.3.9　帕累托图

帕累托或称柏拉图(Vifredo Pareto，1848—1923)是意大利经济学家，分析财富的分布，发现少数人(20%)拥有多数的财富(80%)，这就是80/20原则。帕累托图(Perato chart)是按照频数由大到小排列的直方图，其累积频数曲线就是帕累托曲线，如图2.10所示。帕累托图通常应用在质量管理，它是结合直方图与累积频率图，表示由于某些原因造成不良品的频数与累积频率，频数分布是由大到小排列。以累计至 80% 的数据的不良原因为改善对象，因为20% 的原因可能造成 80% 的不良数目。若帕累托曲线近似直线，则贫富差距缩小；若帕累托曲线更弯曲，表示更大的贫富差距，可能是90/10 原则，10% 的产品占有 90% 的营业额。帕累托可应用在物料管理重点管理的ABC分析，A类物料就是数量20%，价值80%。

**例题2.6**　帕累托图。

## 2.3.10　散点图

散点图即两个变量的分布图。如图2.11所示。

**例题2.7**　散点图。

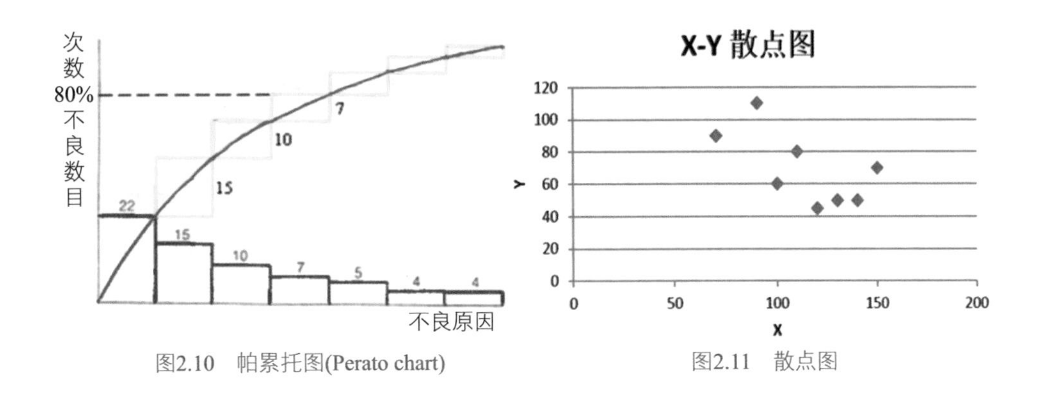


图2.10　帕累托图(Perato chart)　　图2.11　散点图

## 2.3.11　雷达图

表示多个变量或指标的分布图，如图2.12所示。

**例题2.8**　雷达图。

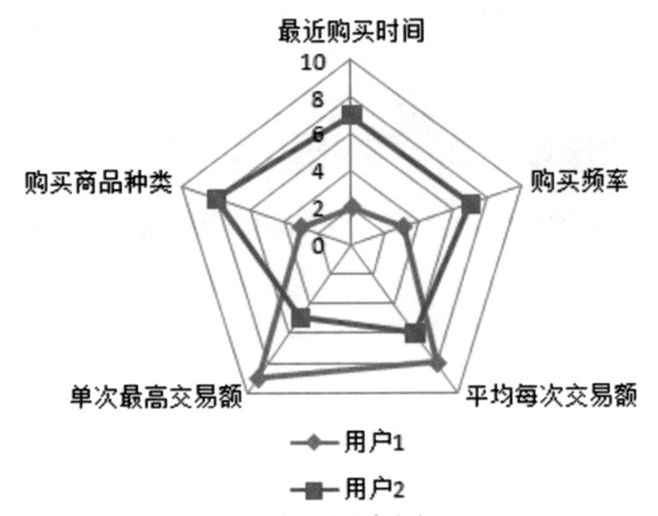


图2.12　雷达图(中文参考书目[19])

## 2.3.12　统计图的应用

利用统计图，要注意“欺骗因素”(lie factor)。所谓欺骗因素是，用二维空间或三维空间来表达统计图，如果只有用一边(一个维度)来表示比率，结果因为二维空间的关系，面积的比率是原来的比率的平方。

例如图2.13，1978年1美元购买力是1958年的0.44美元，但是图形的面积比率是$(0.44)^2 = 0.1936$，从图形上看来，会觉得缩水很多。

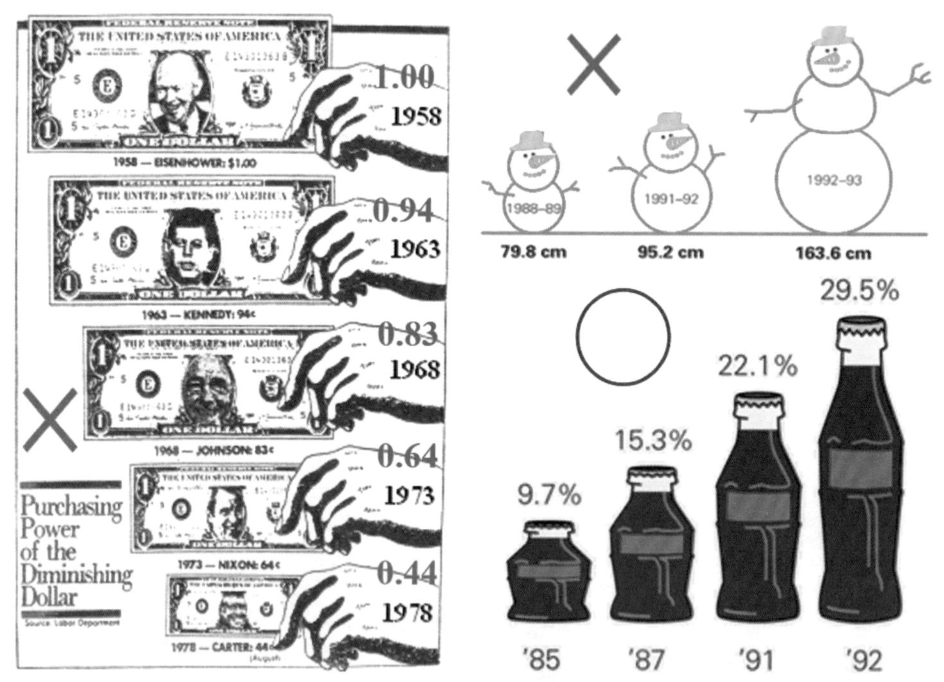

图2.13　统计图的欺骗因素

下雪厚度的统计图也有欺骗因素。可乐报酬率的统计图是可以的，因为其底部是相同的。

Excel的图形如：圆柱图、圆锥图、金字塔图，虽然是2D或3D立体图，但是底部相同，所以没有欺骗因素。

# 2.4 总量指标与相对指标

## 2.4.1 总量指标

总量指标是反映现象在一定时间、地点、和条件下的总数量、总水平、总规模的统计指标，又称为绝对数指标。绝对数指标有两类：

- 时期指标：总体现象在一段时期内达到的规模或水平的绝对数指标。

例如：周销售额、月生产量、季收入、年招募人数。

- 时点指标：总体现象在某一时点的状况的绝对数指标。

例如：周初库存量、月中存款余额、季末员工数、年底人口数。

总量指标是计算相对指标和平均指标的基础。

### 2.4.2 相对指标

相对指标又称为相对数，相对指标有两种：无名数和有名数。**无名数**没有单位，例如：比率、成数；**有名数**有复合单位，子项与母项指标的计量单位同时使用，例如：单位成本(元/千克)、人口密度(人/平方千米)。

**比例**(proportion)和**比率**(ratio)的差别，各家说法不一。本书定义：比例是部分占全部的百分比，也称为成数，总体比例是参数；比率是两部分的对比，可能是分数也可能是倍数，第1章数据衡量尺度的定比尺度，也称为比率尺度。

相对指标有下列6种，如图2.14所示。

- 比重(结构)相对指标(比例，成数，概率，无名数)

$$\text{比重(结构)相对指标}=\frac{\text{总体中某部分数值}}{\text{总体数值}}$$

- 比率相对指标(无名数)

$$\text{比率相对指标}=\frac{\text{总体中某一部分数值}}{\text{总体中另一部分数值}}$$

- 比较相对指标(无名数)

$$\text{比较相对指标}=\frac{\text{某空间的某指标值}}{\text{同期另一空间同类指标值}}$$

- 动态相对指标(指数，发展速度，无名数)

$$\text{动态相对指标}=\frac{\text{报告期水平}}{\text{基期水平}}$$

- 强度相对指标(有名数或无名数如会计学的速动比率)

$$\text{强度相对指标}=\frac{\text{某一总量指标数值}}{\text{另一有联系但性质不同的总量指标数值}}$$

- 计划完成相对指标(无名数)

$$\text{计划完成相对指标}=\frac{\text{实际完成数}}{\text{计划任务数}}$$

**例题2.9** 相对指标。

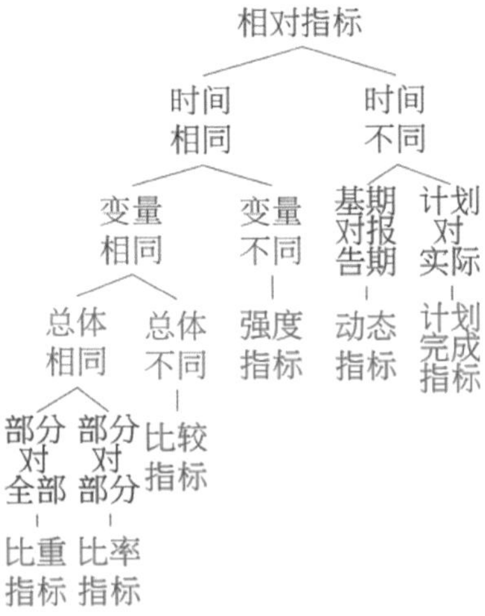

相对指标
时间相同
时间不同
变量相同
变量不同
基期对报告期
计划对实际
总体相同
总体不同
强度指标
动态指标
计划完成指标
部分对全部
部分对部分
比较指标
比重指标
比率指标

图2.14 相对指标

## 2.5 平均指标、集中趋势量数

集中趋势量数是，计算出代表全部数据的数值，例如：平均数、中位数、众数等。我们在下列各节分别说明。

集中趋势量数和相对位置量数的主要功能是：

■ 简化一组数据，将全部数据简化为数个数据。
■ 代表数据的集中程度，表示数据的集中或重心。
■ 比较两组以上的数据，表示两组总体数据的差别。

### 2.5.1 算术平均数

**定义**：总体数据 $x_1,x_2,\cdots,x_N$ 等$N$个数据(区间或定比尺度)，或样本数据 $x_1,x_2,\cdots,x_n$ 等$n$个数据，计算**算术平均数**(arithmetic mean)，简称**平均数**或**均值**(mean)：

(1) 总体平均数 $\mu=\dfrac{x_1+x_2+\cdots+x_N}{N}=\dfrac{\sum_{i=1}^{N}x_i}{N}$。

(2) 样本平均数 $\bar{x}=\dfrac{x_1+x_2+\cdots+x_n}{n}=\dfrac{\sum_{i=1}^{n}x_i}{n}$。

平均数是数据最重要的代表值，是集中趋势的最主要指标，因为它是数据的平衡点。所谓数据的平衡点，就是平均数左边(小于平均数)的数据到平均数的距离之总和，等于平均数右边(大于平均数)的数据到平均数的距离之总和，如图2.15所示。

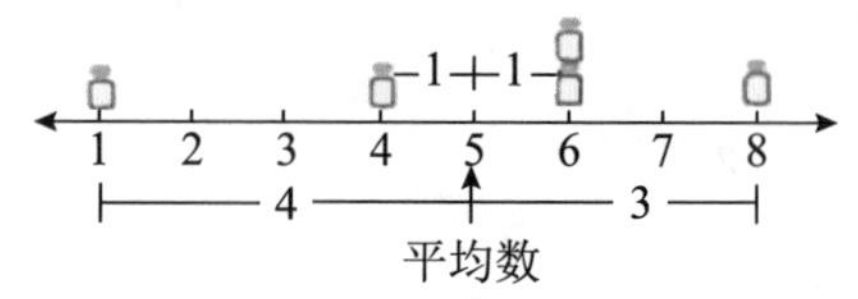

图2.15 数据的平衡点

算术平均数特点如下：

■ 常识性代表值，数值重心。每个数据与平均数之差的总和为0。

$$\sum_{i=1}^{N}(x_i-\mu)=\sum_{i=1}^{n}(x_i-\bar{x})=0$$

■ 推断统计的主角(检测与估计的主要参数)。
■ 比较两组以上的数据。
■ 能进行代数处理，已知数组算术平均数，可以直接计算其总平均数。

例如有$m$组样本数据，每组有 $n_i$ 个数据，平均数 $\bar{x}_i$ ，则总平均数 $\bar{x}$ ：

$$\bar{x}=\frac{n_1\bar{x}_1+n_2\bar{x}_2+\cdots+n_m\bar{x}_m}{n_1+n_2+\cdots+n_m}=\sum_{i=1}^{m}n_i\bar{x}_i\bigg/\sum_{i=1}^{m}n_i$$

■ 代表所有数据，敏感度高(若有一个数据改变，则平均数也会改变)，因为每个数据都用来计算。
■ 各数值与平均数之差的平方和最小，即每个数据到平均数的距离的平方加起来是最小：

$$\sum_{i=1}^{N}(x_i-\mu)^2\leqslant\sum_{i=1}^{N}(x_i-r)^2,\quad \forall r\in R \text{ 或 } \sum_{i=1}^{n}(x_i-\bar{x})^2\leqslant\sum_{i=1}^{n}(x_i-r)^2,\quad \forall r\in R$$

$$\sum(x_i-r)^2=\sum[(x_i-\mu)+(\mu-r)]^2=\sum(x_i-\mu)^2+2\sum(x_i-\mu)(\mu-r)+\sum(\mu-r)^2$$
$$=\sum(x_i-\mu)^2+2(\mu-r)\sum(x_i-\mu)+\sum(\mu-r)^2=\sum(x_i-\mu)^2+n(\mu-r)^2\geqslant\sum(x_i-\mu)^2$$

- 若一组数据(不管是总体或抽样) $x_i$，经过线性转换：$y_i=a+bx_i$，$\forall a,b\in R$

则 $x_i$ 的算数平均数 $\mu_x$ 与 $y_i$ 的算术平均数 $\mu_y$ 的关系：$\mu_y=a+b\mu_x$

- 各平均数的大小关系：算术平均数不小于几何平均数，几何平均数不小于调合平均数。

$$\mu\geqslant\mu_G\geqslant\mu_H \text{ 或 } \bar{x}\geqslant\bar{x}_G\geqslant\bar{x}_H$$

- 算术平均数、几何平均数、调和平均数，各有其适用的数据形态。

例题2.10　学生的成绩平均数。

## 2.5.2　加权平均数

在算术平均数的计算中，我们假设所有的数据有相同的重要性或权重，实际上有的平均数要考虑每个数据的权重，例如大学生每学期的总平均成绩，是以所修各科目的学分数为权重；股票市场的加权指数，是以资本额为权重；企业选择人才、购买计算机设备、确定工厂地点、投资股票、计算绩效指标，要先决定衡量因素及其权重，再根据分数计算加权平均。

**定义**：假设一组样本数据 $x_1,x_2,\cdots,x_n$ 等$n$个数据，其对应权重为 $w_1,w_2,\cdots,w_n$，加权平均数：

$$\bar{x}_w=\frac{w_1x_1+w_2x_2+\cdots+w_nx_n}{w_1+w_2+\cdots+w_n}=\sum_{i=1}^{n}w_ix_i\bigg/\sum_{i=1}^{n}w_i$$

## 2.5.3　几何平均数

**定义**：假设一组数据有 $x_1,x_2,\cdots,x_n$ 等$n$个数据，**几何平均数**(geometric mean)，记作$G$或 $\bar{x}_G,\mu_G$ 定义如下：

$$G=\mu_G=\bar{x}_G=\sqrt[n]{x_1\cdot x_2\cdot\cdots\cdot x_n}=\sqrt[n]{\prod_{i=1}^{n}x_i}$$

计算指数，几何平均是理想公式。几何平均数适用于“动态相对数”(发展速度)的数据(例如：成长率、指数等) $r_i$，其平均成长率为

$$G=\sqrt[n]{(1+r_1)\cdot(1+r_2)\cdot\cdots\cdot(1+r_n)}-1$$

例如：连续两年，第一年成长为2倍(成长率 100%)，第二年成长为8倍(成长率700%)，平均每年成长率为 $\sqrt[2]{(1+1)\times(1+7)}-1=300\%$，而不是平均每年成长率为 $(1+7)/2=400\%$。

几何平均数通常应用在无名数动态相对指标，例如第3章的发展速度。

例题2.11　学生的成绩几何平均数。

## 2.5.4　调和平均数

**定义**：$x_1, x_2, \cdots, x_n$ 等$n$个数据，**调和平均数**(harmonic mean)，记作$H$ 或 $\bar{x}_H, \mu_H$，定义如下：

$$H = \mu_H = \bar{x}_H = \frac{n}{\frac{1}{x_1} + \frac{1}{x_2} + \cdots + \frac{1}{x_n}} = \frac{n}{\sum_{i=1}^{n} \frac{1}{x_i}}$$

调和平均数适用于“强度相对数”的数据，例如：速度(每小时多少公里)、物价(每件多少钱)，而且“各数据的总值相等”(总公里，总价相等)的数值数据求平均。

如果“各数据的总值(标志总量) $M_i$ 不相等”，我们要计算“各单位数据 $x_i$ 平均”，“全部数据总值” $=\sum M_i$。$M_i$ 是加权调和平均数的权数，如表2.6所示。加权调和平均数定义如下：

$$H = \frac{\text{全部数据总值}}{\sum \frac{\text{各数据的总值}}{\text{各单位数据}}} = \frac{\sum M_i}{\sum \frac{M_i}{x_i}}$$

若 $M_i$ 都相等，加权调和平均数等于调和平均数。

调和平均数通常应用在有名数强度相对指标。

加权调和平均数(已知 $x_i$ , $M_i$) 等于加权算术平均数(已知 $x_i$ , $f_i$)，如表2.6。

$$H = \frac{\sum M_i}{\sum \frac{M_i}{x_i}} = \frac{\sum x_i f_i}{\sum f_i} = \bar{x}$$

表2.6　标志总量

| 总体单位$i$ | 变量值$x_i$强度指标(单位成本) | 单位数$f_i$ | 标志总量$M_i$(总额) |
|---|---|---|---|
| 1 | $x_1$ | $f_1$ | $M_1$ |
| 2 | $x_2$ | $f_2$ | $M_2$ |
| $n$ | $x_n$ | $f_n$ | $M_n$ |
| 总和 | $\sum x_i$ | $\sum f_i$ | $\sum M_i$ |
| $x_i \times f_i = M_i$ | | | |

例题2.12　学生的成绩调和平均数。

例题2.13　定期定额投资。

例题2.14　怎么少了100元？

两名男子在卖领带：老王是两条卖100元，老李是三条卖100元。他们决定以合作代替竞争，两人各拿出30条，凑成60条，并且决定每条卖40元，因为“两条100元”加上“三条100元”等于“五条200元”也就是“每条40元”。于是两人合作以每条40元卖掉60条，得到2400元。但是，如果老王以两条100元卖掉30条，可以得到1500元；老李以三条100元卖掉30条，可以得到1000元，总和应该是2500元。请问：怎么少了100元？如果老王拿出30条，老李拿出90条，应如何定价？

**解答**：“两条 100 元”是每条 50 元，“三条 100 元”是每条 33.33 元，其算术平均数每条 41.66 元：$(50 + 33.33)/ 2 = 41.66$。

其调合平均数每条 40 元(五条 200 元)：$2/\{1/50+1/33.33\} = 40$。

如果以“五条 200 元”来卖，则老王应该拿出 24 条(值1200元)；老李应该拿出 36 条(值1200 元)，总值相同。总共 60 条卖得 2400 元，然后各分 1200 元。

如果两人各拿出 30 条，凑成 60 条，则每条应该卖 41.66 元(三条 125 元)，总共得到2500 元，然后老王分 1500 元，老李分 1000 元。

利用算术平均数应注意其“数量相等”(数量不相等，以数量加权)，利用调和平均数应注意其“总值相等”(总值不相等，以总值加权)。

如果老王拿出 30 条，老李拿出 90 条，应用加权平均数定价：

$(50 \times 30 + 33.33 \times 90)/ 120 = 37.5$ (两条 75 元)

请注意：“算术平均数(41.66)大于调和平均数(40)，几何平均数(40.82)则介于两者中间”。

### 2.5.5　中位数

中位数可以是集中趋势量数，也可以是相对位置量数。

**定义**：假设有 $x_1, x_2, \cdots, x_n$ 等 $n$ 个数据，已按照大小，由小到大排列，即 $x_1 \leqslant x_2 \leqslant \cdots \leqslant x_n$。**中位数(median)**，记作 $M_e$，有一半的观察值在 $M_e$ 之前，另有一半的观察值在 $M_e$ 之后。

**定义**：如果以数据的个数来计算中位数，则：

$$M_e = \begin{cases} x_{(n+1)/2} & n\text{是奇数} \\ \dfrac{x_{n/2} + x_{(n/2)+1}}{2} & n\text{是偶数} \end{cases}$$

- 当数据中有极端值的改变，即有非常大或非常小的数值的改变，则平均数会有很敏感的改变，但是中位数则不受影响。例如：一个公司员工的平均薪资所得，如果5个样本有一个年收入数千万的总经理；一个城市的房屋平均成交价格，如果6个样本有一个价值数亿的豪宅；一个班级的学生平均成绩，如果4个样本有一个0分的学生。
- 各数值与中位数之差的绝对值之和为最小。

$$\sum_{i=1}^{n} | x_i - M_e | \leqslant \sum_{i=1}^{n} | x_i - r | \qquad \forall r \in R$$

■ 当数据是定序尺度时，集中趋势不适合以平均数为代表值，应该以中位数为代表值。

**例题2.15** 学生的成绩中位数。

## 2.5.6 众数

**定义**：假设有$x_1,x_2,\cdots,x_n$等$n$个数据，**众数**(mode)记作$M_O$，定义如下：

$$M_O = 出现频数最多的\ x_i\ 值$$

有的数据，有两个众数，称作**双众数**(bimodal)。有两个以上众数，称作**多众数**(multimodal)。如果每个数据都只出现一次或都有相同频数，则称作**无众数**。

**例题2.16** 学生的成绩众数。

## 2.5.7 截尾平均数

有时候，数据的最大几个数和最小的几个数，是异常现象，会影响到平均数的代表性。所以将首尾两端的数据去掉，再取其平均数，称之为**截尾平均数**(Trimmed Mean)。利用裁判评分的比赛，如：体操、选美等，评分可能不客观，所以选择截尾平均数，决定其名次，以避免有一两位评审不公平。

**定义**：假设有$x_1,x_2,\cdots,x_n$等$n$个数据，已按照大小，由小到大排列，即$x_1 \leqslant x_2 \leqslant \cdots \leqslant x_n$，$p\%$**截尾平均数**是首尾各去掉$p\%$再作平均数，记作$\bar{x}_T$：

$$\bar{x}_T = \frac{\sum_{i=k+1}^{n-k} x_i}{n-2k} \quad k = \left\lfloor \frac{pn}{100} \right\rfloor = (\frac{pn}{100}\ 取整数的部分)$$

**定义**：假设有$x_1,x_2,\cdots,x_n$等$n$个数据，已按照大小，由小到大排列，$x_1 \leqslant x_2 \leqslant \cdots \leqslant x_n$。**温瑟平均数**$W$(Winsorized mean)是将下四分位数$Q_1$以下的数，改为$Q_1$；将上四分位数$Q_3$以上的数，改为$Q_3$；再计算这$n$个数据的算术平均数：

$$W = \frac{k(Q_1+Q_3) + \sum_{i=k+1}^{n-k} x_i}{n} \quad k = \left\lfloor \frac{n}{4} \right\rfloor = (\frac{n}{4}\ 取整数的部分)$$

**例题2.17** 学生的成绩温瑟平均数。

**例题2.18** 奥运双人跳水分数的计算，如图2.16所示。

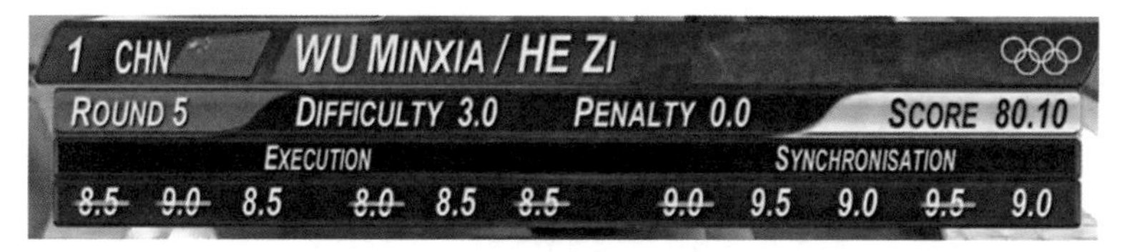


图2.16 奥运双人跳水分数

**解答：**

(1) 执行(EX)六个裁判删除最高最低取中间两位，例：8.5，9.0，8.5，8.0，8.5，8.5。

(2) 同步(SY)五个裁判删除最高最低取中间三位，例：9.0，9.5，9.0，9.5，9.0。

(3) 上述 5 位裁判分数相加， $8.5 + 8.5 + 9.5 + 9.0 + 9.0 = 44.5$。

(4) 分数乘以 3/5(因为传统只有3个裁判分数)，$44 \times 3/5 = 26.7$。

(5) 再乘以困难度，$26.7 \times 3 = 80.10$。

# 2.6 相对位置量数

相对位置量数有百分位数、十分位数、四分位数、中位数，后三者是百分位数的特例。相对位置量数是箱线图的主要描述统计值。

## 2.6.1 百分位数

**百分位数**(percentiles)是将数据切成100份，再计算其相对位置，如果数据没有100个，进行近似的切割。切割的方法有两种：一种是按照数据的数目来切割，一种是按照数据的排序后的间距来切割，这个间距不是数据的实际值的差距，例如：第5个数据和第6个数据也许数值相等，但是间距还是算 1。

**百分等级或百分比排名**(percentile rank，**函数名** percentrank)是计算一个数值 $x$ 在一群 $n$ 个数据 $x_1,x_2,\cdots,x_n$ 中，位于多少百分位数。例如：一个学生考高考、GRE的分数，在所有考生的分数是多少百分等级。百分等级是由小到大的次序，“1-百分等级”才是分数为前百分之几。

假设 $x_1,x_2,\cdots,x_n$ 等$n$个数据，已由小到大排列。

百分位数：如果数据分布 $X$，输入 $k$，求 $P_k$，使 $P(X \leqslant P_k) = k/100$。

百分等级：如果数据分布$X$，输入 $x$，求 $P(X \leqslant x)$。

百分位数和百分等级是互为反函数。概率符号请见第6，7章。

**定义**：假设有 $x_1,x_2,\cdots,x_n$ 等 $n$ 个数据，已按照大小，由小到大排列，即 $x_1 \leqslant x_2 \leqslant \cdots \leqslant x_n$。第$k$ 个**百分位数**(percentiles)，记作 $P_k$，是有 $k\%$ 的观察值小于 $P_k$，而有 $(100-k)\%$ 的观察值大于 $P_k$。(这个定义不完全精确，因为加上 $P_k$，超过100%)

计算百分位数有许多公式，以下我们介绍三种，可以只选一种：

■ 以数据间距，计算百分位数 $P_k$，Excel公式Percentile.INC(array，$k$)， $0 \leq k \leq 1$

如果以数据的间距来计算百分位数 $P_k$， $n$ 是数据的数目，则：

(1) $k^* = \left\lfloor 1 + \frac{nk}{100} - \frac{k}{100} \right\rfloor$ 是等于或小于 $1 + \frac{nk}{100} - \frac{k}{100}$ 的最大整数，

$$r = 1 + \frac{nk}{100} - \frac{k}{100} - k^*$$

(2) $P_k = x_{k*} + r(x_{k*+1} - x_{k*})$，

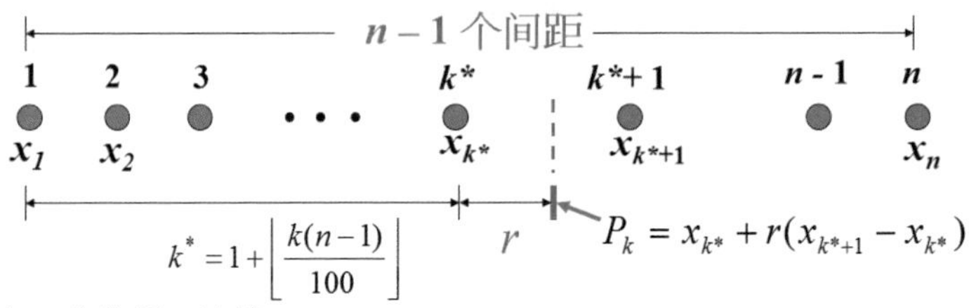


例如：有50个数据，计算 $P_{30}$，

$$k* = \lfloor 50 \times (0.3) + 1 - 0.3 \rfloor = \lfloor 15.7 \rfloor = 15, \quad r = 15.7 - 15 = 0.7$$

$$P_{30} = x_{15} + 0.7(x_{16} - x_{15})$$

(3)**百分等级**：输入 $x$，Excel使用的公式Percentrank.INC(array，$x$)

找出最大的 $k$ 使 $x_k \leqslant x$，令 $m = k + \frac{x - x_k}{x_{k+1} - x_k} - 1$，$x$的百分等级 $p = m \times \frac{100}{(n-1)}$

■ 以数据个数，计算百分位数，Excel公式Percentile.EXC(array，$k$)，$0 \leqq k \leqq 1$：

(1) $k* = \left\lfloor \frac{nk+k}{100} \right\rfloor$ 是等于或小于 $\frac{nk+k}{100}$ 的最大整数，

$$r = \frac{nk+k}{100} - k*$$

(2) $P_k = x_{k*} + r(x_{k*+1} - x_{k*})$

n + 1 个数据
1 2 3 … k* k*+ 1 n - 1 n
$x_1$ $x_2$ $x_{k*}$ $P_k$ $x_{k*+1}$ $x_n$

$k* = \left\lfloor \frac{nk+k}{100} \right\rfloor$ r $P_k = x_{k*} + r(x_{k*+1} - x_{k*})$

例如：有50个数据，计算 $P_{30}$，

$$k* = \left\lfloor \frac{nk+k}{100} \right\rfloor = \left\lfloor \frac{50 \times 30 + 30}{100} \right\rfloor = \lfloor 15.3 \rfloor = 15, \quad r = 15.3 - 15 = 0.3$$

$$P_{30} = x_{15} + 0.3(x_{16} - x_{15})$$

(3)百分等级：输入 $x$，Excel使用的公式Percentrank.EXC(array，$x$)

找出最大的 $k$ 使 $x_k \leqslant x$，令 $m = k + \frac{x - x_k}{x_{k+1} - x_k}$，则 $x$的百分等级 $p = m \times \frac{100}{(n+1)}$

■ 计算百分位数 $P_k$ 的近似公式

$$P_k = \begin{cases} x_{\left\lfloor \frac{nk}{100} \right\rfloor + 1} & 若 \ \frac{nk}{100} \ 不是整数 \\ \dfrac{x_{\frac{nk}{100}} + x_{\frac{nk}{100}+1}}{2} & 若 \ \frac{nk}{100} \ 是整数 \end{cases}$$

例如：有50个数据，计算 $P_{30}$ 和 $P_{85}$，

$$P_{30}\ :\ \frac{nk}{100}=\frac{50\times 30}{100}=15\ \text{是整数，所以}\ P_{30}=\frac{x_{15}+x_{16}}{2}=x_{15}+0.5(x_{16}-x_{15})$$

$$P_{85}\ :\ \frac{nk}{100}=\frac{50\times 85}{100}=42.5\ \text{不是整数，所以}\ P_{85}=x_{43}$$

例题2.19 学生的成绩百分位数和百分等级。

## 2.6.2 四分位数

四分位数是将数据分成四等份，可以用在箱线图中，表示数据集散的程度。下四分位数 $Q_1$ 即第25个百分位数，中位数即第50个百分位数，上四分位数 $Q_3$ 即第75个百分位数。

**定义：** 假设有 $x_1,x_2,\cdots,x_n$ 等 $n$ 个数据，已按照大小，由小到大排列，即 $x_1\leqslant x_2\leqslant\cdots\leqslant x_n$。**四分位数**(quartiles)，记作 $Q_i$，$i$=1，2，3，是至少有 $i/4$ 的观察值在 $Q_i$ 之前，有 $(4-i)/4$ 的观察值在 $Q_i$ 之后。

$$Q_1=P_{25},\ Q_2=P_{50}=M_e,\ Q_3=P_{75}$$

四分位数公式Excel 2010同样有 Quartile.INC(间距)和 Quartile.EXC(个数)。

以数据间距计算 Quartile.INC(array,0)= Percentile.INC(array,0)= min，

Quartile.INC(array,1)= Percentile.INC(array,0.25)= $Q_1$，

Quartile.INC(array,2)= Percentile.INC(array,0.5)= $Q_2=M_e$，

Quartile.INC(array,3)= Percentile.INC(array,0.75)= $Q_3$，

Quartile.INC(array,4)= Percentile.INC(array,1)= max。

以数据个数计算Quartile.EXC(array,0)= Percentile.EXC(array,0)= min，

Quartile.EXC(array,1)= Percentile.EXC(array,0.25)= $Q_1$，

Quartile.EXC(array,2)= Percentile.EXC(array,0.5)= $Q_2=M_e$，

Quartile.EXC(array,3)= Percentile.EXC(array,0.75)= $Q_3$，

Quartile.EXC(array,4)= Percentile.EXC(array,1)= max。

例题2.20 学生的成绩四分位数。

集中趋势量数与相对位置量数的优缺点如表2.7所示。

表2.7 集中趋势量数与相对位置量数的优缺点比较

| 代表值 | 优点 | 缺点 |
|---|---|---|
| 算术平均数 | 1. 常识性代表值，数值重心<br>2. 推断统计的主角<br>3. 能列出公式，进行代数处理，数组算术平均数计算总平均<br>4. 代表所有数据，敏感度高，因为每个数据值都参与计算<br>5. 数值与平均数之差的平方和最小<br>6. 数据经线性转换后，平均数可转换 | 1. 若有极端值，则代表性较差<br>2. 若有偏态，代表性较差(偏态表示有一边是长尾巴，可能有极端值) |

续表

| 代表值 | 优点 | 缺点 |
|---|---|---|
| 中位数 | 1. 代表资料的中间值(制作箱线图)<br>2. 能用于有极端值的资料<br>3. 适用于有偏态的资料<br>4. 能作无母数统计(适合顺序尺度数据)<br>5. 数值与中位数之差绝对值之和最小 | 1. 不能作代数处理<br>2. 代表性较差，敏感度低<br>3. 不能作有参数统计推论<br>4. 数据要先排序 |
| 众数 | 1. 代表最多数的资料<br>2. 容易了解(较适合分类尺度资料)<br>3. 能用于有极端值的资料<br>4. 适用于有偏态的资料<br>5. 适用于分类或顺序尺度数据 | 1. 可能不存在或不只存在一个<br>2. 代表性差，敏感度低<br>3. 不能作统计推论<br>4. 数据不集中，则无意义<br>5. 不适合连续型资料 |
| 几何平均数 | 1. 适合比率性(如成长率)资料(无名数相对指标)<br>2. 代表所有数据，敏感度高<br>3. 能列出公式，进行代数处理，数组几何平均数计算总平均 | 1. 不适合一般数据(绝对数)<br>2. 资料不能有0 或负数<br>3. 只适合比率尺度资料<br>4. 不能作推断统计 |
| 调和平均数 | 1. 适合有单位的数值数据 (有名数相对指标)<br>例如：速率、物价数据<br>2. 代表所有数据，敏感度高<br>3. 能列出公式，进行代数处理 | 1. 不适合一般数据<br>2. 资料不能有0 或负数<br>3. 只适合比率尺度资料<br>4. 不能作推断统计 |
| 四分位数 | 1. 计算四分位距 (制作箱线图)<br>2. 作为资料的分界点 | 同中位数 |
| 百分位数 | 作为资料的分界点 | 同四分位数 |
| 截尾平均数 | 适用于有极端大小值的资料 | 不代表所有数据 |

# 2.7 离差量数

**离差量数**(measures of variability)表示数据偏离变化的分布情况。离差量数可以让我们知道代表值的信赖度，如果离差值越小，则代表值的代表性越大。离差值越大，则代表值的代表性越小，可能是风险过大，可能是质量不稳定，可能是分布不平均。在本章开头，我们说：有人喜欢方差大追求风险刺激，有人喜欢方差小希望稳定保守，那是在个人生活或理财领域。在企业管理领域，多数是要求离差值越小越好，使产品质量一致或降低投资风险。

离差值有：异众比率、极差、四分位差、方差、标准差、平均差、相对离差。离差值越大，集中趋势量数(平均指标代表值)的代表性就越差；离差值越小，集中趋势量数(平均指标代表值)的代表性就越强。

### 2.7.1 异众比率

定类数据的离差值是**异众比率**(variation rate)，非众数组的频数之和占总频数的比率称为异众比率 $V_r$：

$$V_r = \frac{\sum f_i - f_{M_o}}{\sum f_i} = 1 - \frac{f_{M_o}}{\sum f_i}$$

$\sum f_i$ = 变量值的总频数，$f_{M_o}$ = 众数组的频数。

**例题2.21** 例题2.4的异众比率。

### 2.7.2 极差与四分位差

定序数据的离差值是全距和四分位差，全距是全部数据的范围，即最大值和最小值之差。四分位差是中间一半数据的范围，即下四分位数和上四分位数之差。

**定义**：假设有 $x_1, x_2, \cdots, x_n$ 等$n$ 个总体或样本数据，已按照大小，由小到大排列，即 $x_1 \leqslant x_2 \leqslant \cdots \leqslant x_n$。令下四分位数和上四分位数分别为 $Q_1$ 和 $Q_3$。则**极差**或**全距**(range)$R$ 和**四分位差**或**四分位距**(interquartile range)$Q$：

$$R = x_n - x_1 \quad Q = Q_3 - Q_1$$

抽样全距会受样本数目影响，样本数目越大，样本全距会越大。如果数据呈正态分布，则标准差大概是全距的四分之一。

**例题2.22** 学生成绩的极差与四分位差。

### 2.7.3 方差与标准差

定距数据的离差值是方差与标准差。

**定义**：假设有 $x_1, x_2, \cdots, x_n$ 等$n$ 个数据，分两种情况来定义**方差**(variance)：

(1) 这群数据是总体的全部数据，则方差：

$$\sigma^2 = \frac{\sum_{i=1}^{N}(x_i-\mu)^2}{N} = \frac{\sum_{i=1}^{N}x_i^2 - 2\mu\sum_{i=1}^{N}x_i + \sum_{i=1}^{N}\mu^2}{N} = \frac{\sum_{i=1}^{N}x_i^2}{N} - \mu^2 = \frac{\sum_{i=1}^{N}x_i^2}{N} - \frac{\left(\sum_{i=1}^{N}x_i\right)^2}{N^2}$$

(2) 这群数据是样本数据，则方差：

$$s^2 = \frac{\sum_{i=1}^{n}(x_i-\bar{x})^2}{n-1} = \frac{\sum_{i=1}^{n}x_i^2 - n\bar{x}^2}{n-1} = \frac{\sum_{i=1}^{n}x_i^2}{n-1} - \frac{\left(\sum_{i=1}^{n}x_i\right)^2}{n(n-1)}$$

方差是各变量值与均值的离差平方的平均数。离差 = 变量值−均值。

方差 = Σ(变量值−均值)的平方 / 自由度 = 离“差”平“方”的平“均”数 = 均方差。

“方差”实际上应该是“均方差”，“方差”被当作“均方差”的简称。

请注意，为什么样本数据的方差公式的分母要用 $n-1$？因为样本数据方差的分母若用 $n$，则会低估总体方差 $\sigma^2$ 以及与自由度不符(请见第9章)。

**平均平方差**(mean squared deviation)是各数值与样本平均数之差的平方和之平均，记作 MSD。

$$\mathrm{MSD}=\frac{\sum_{i=1}^{n}(x_i-\bar{x})^2}{n}$$

方差的单位是原来数据的单位(例如：公分、公斤)的平方，所以标准差与平均数有相同的单位，就可以做加减运算，例如：$\mu\pm 2\sigma$。

**定义**：方差的正平方根，称为**标准差**(standard deviation)。

(1)数据是总体的全部数据，则标准差：

$$\sigma=\sqrt{\frac{\sum_{i=1}^{N}(x_i-\mu)^2}{N}}=\sqrt{\frac{\sum_{i=1}^{N}x_i^2}{N}-\mu^2}$$

(2)数据是样本数据，则标准差：

$$s=\sqrt{\frac{\sum_{i=1}^{n}(x_i-\bar{x})^2}{n-1}}=\sqrt{\frac{\sum_{i=1}^{n}x_i^2-n\bar{x}^2}{n-1}}$$

标准差与方差特点是：

■ 配合算术平均的离差值，方差越小，平均数代表性越高。

■ 推断统计的主要参数。

■ 能将数据标准化(分子分母单位相同)，变成平均数为 0，方差为 1 的无单位数值：

$z_i=\dfrac{x_i-\mu}{\sigma}$ 称为Z**分数**或**标准分数**，即 $x_i$和平均数 $\mu$ 距离是 $|z_i|$ 个标准差 $\sigma$。

$|x_i-\mu|=|z_i|\sigma$，如果是样本数据，用 $\bar{x}$ 代替 $\mu$。

Z分数越高表示 $x_i$ 数据排序越高，Z分数越低(负数)表示 $x_i$ 数据排序越低。

**例题2.23** 见下载资料。

■ 能进行代数处理，计算数组标准差之总和。例如“相同”总体数据分成 $m$ 组，每组 $n_i$ 个数据，总数 $N=\sum_{i=1}^{m}n_i$。每组平均数 $\mu_i$，每组方差 $\sigma_i^2$，则总平均数 $\mu$，总方差 $\sigma^2$：

$$\mu=\frac{\sum_{i=1}^{m}n_i\mu_i}{N},\qquad \sigma^2=\frac{\sum_{i=1}^{m}n_i[\sigma_i^2+(\mu_i-\mu)^2]}{N}$$

$m$ 组样本数据，来自“相同”总体(相同平均数及方差)，每组 $n_i$ 数据，总数 $n=\sum_{i=1}^{m}n_i$。每组平均数 $\bar{x}_i$，每组方差 $s_i^2$，则总平均数 $\bar{x}$，总方差 $s^2$：

$$\bar{x}=\frac{\sum_{i=1}^{m}n_i\bar{x}_i}{n},\qquad s^2=\frac{\sum_{i=1}^{m}[(n_i-1)s_i^2+n_i(\bar{x}_i-\bar{x})^2]}{n-1}$$

如果两(或$m$)组独立抽样的样本数据，来自两($m$)个“不同”总体(平均数可能不同)，但两$(m)$个总体“方差相同”(11.3节)，则两$(m)$组样本数据，可合并计算其共同的方差。每组样本容量 $n_i$，每组样本方差 $s_i^2$，合并方差 $s_{\text{pool}}^2$(或记作 $s_{\text{p}}^2$)。请见11.4节及12.3节 $\text{MS}_E$ 公式：

$$s_{\text{pool}}^2=\frac{(n_1-1)s_1^2+(n_2-1)s_2^2}{(n_1-1)+(n_2-1)} \text{ 或 } s_{\text{p}}^2=\frac{\sum_{i=1}^{m}(n_i-1)s_i^2}{n-m}$$

- 代表所有数据，敏感度高，因为每个数据值参与计算。
- 可以代入切比雪夫不等式(请见2.8.4节)。
- 方差为各数值与任何常数之差的平均平方和最小。

$$\sigma^2=\frac{\sum(x_i-\mu)^2}{N}\leqslant\frac{\sum(x_i-r)^2}{N}, \qquad \forall r\in R$$

- 若一组数据(总体或抽样)$x_i$，经过线性转换：$y_i=a+bx_i$，$a$和$b$是实数。

则 $x_i$ 的方差 $\sigma_x^2$ 与 $y_i$ 的方差 $\sigma_y^2$ 的关系为：$\sigma_y^2=b^2\sigma_x^2$ 或 $s_y^2=b^2s_x^2$。

- 如果数据呈正态分布，则标准差大概是全距的四分之一：$s=R/4$。
- 如果 $\sigma=0$ 或 $s=0$，则所有数据都为相同值。

例题2.24　学生的成绩方差和标准差。

### 2.7.4 平均差

每个观测值和代表值之差，称为**离差**(deviation)。以平均数为中心的离差称为**离均差**(deviation about the mean)，以中位数为中心的离差称为**离中差**(deviation about the median)。离均差有正数也有负数，离均差全部加起来等于0：

$$\sum_{i=1}^{n}(x_i-\mu)=\sum_{i=1}^{n}(x_i-\bar{x})=0$$

所以我们计算离差值的测定，除了平方和，就是取绝对值，但是绝对值不能做代数运算，如上述方差特点的第4、8点，也不能做统计推论。

定义：假设有 $x_1,x_2,\cdots,x_n$ 等$n$个数据，**平均差**(mean deviation)是各数值与平均数(或中位数)之差的绝对值之平均。

以平均数为中心的平均差或称为**平均离均差**(mean deviation about the man)：

$$\text{MD}_\mu=\sum_{i=1}^{n}|x_i-\mu|/n$$

样本数据**平均绝对差**(mean absolute deviation)：

$$\text{MAD}=\sum_{i=1}^{n}|x_i-\bar{x}|/n$$

以中位数为中心的平均差或称为**平均离中差**(mean deviation about the meation)：

$$\text{MD}_{M_e}=\sum_{i=1}^{n}|x_i-M_e|/n$$

$$\text{MD}_{M_e}=\sum_{i=1}^{n}|x_i-M_e|/n\leqslant\sum_{i=1}^{n}|x_i-r|/n, \qquad \forall r\in R$$

虽然以中位数计算之平均差 $\mathrm{MD}_{M_e}$ 为最小，但是通常使用平均离均差 $\mathrm{MD}_{\mu}$(总体数据)或平均绝对差(样本数据) MAD 。

例题2.25　学生的成绩平均差。

### 2.7.5　相对离差

上述全距、四分位差、标准差、平均差等离差衡量都与原数据有相同的单位，所以称为“绝对离差”(方差的单位为平方)。如果数据的衡量尺度、单位、而且平均数都相同，则可以用绝对离差加以比较。

如果数据的衡量尺度不同、单位不同或平均数不同，则要用相对离差来比较。相对离差是绝对离差除以代表值(平均数)，是无单位的数值。使用相对离差时，原始数据最好是正数，否则平均数接近 0 或为负数，则相对离差无意义。相对离差有：变异系数、平均差系数、全距系数、四分位差系数。

(1) **变异系数**(variation coefficient)VC。

$$\mathrm{VC}=\frac{\sigma}{\mu} \text{ 或 } \mathrm{VC}=\frac{s}{x}$$

使用变异系数，要注意每个数据必须为正数，或几乎都是正数。

(2) **平均差系数**(mean deviation coefficient)MC。

$$\mathrm{MC}=\frac{\mathrm{MD}_{\mu}}{\mu} \text{或} \mathrm{MC}=\frac{\mathrm{MD}_{M}}{M_e}$$

(3) **全距系数**(range coefficient)RC。

$$\mathrm{RC}=\frac{x_{\max}-x_{\min}}{x_{\max}+x_{\min}}=\frac{x_n-x_1}{x_n+x_1}$$

(4) **四分距系数**(interquartile range coeffieient)QC。

$$\mathrm{QC}=\frac{Q_3-Q_1}{Q_3+Q_1}$$

例题2.26　学生的成绩相对离差。

## 2.8 形态量数

### 2.8.1　三阶距与四阶距

三阶距与四阶距是计算偏度系数和峰度系数的必要衡量值。

**定义**：假设有 $x_1,x_2,\cdots,x_n$ 等$n$ 个数据，定义**三阶距**(third moment)：

(1) 总体数据，则**三阶原点距** $M_3'$，**三阶中心距** $M_3$：

$$M_3' = \frac{\sum_{i=1}^{N} x_i^3}{N}$$

$$M_3 = \frac{\sum_{i=1}^{N} (x_i - \mu)^3}{N} = \frac{\sum x_i^3 - 3\mu \sum x_i^2 + 3\mu^2 \sum x_i - N\mu^3}{N}$$

(2) 样本数据，则**三阶原点距** $m_3'$，**三阶中心距** $m_3$：

$$m_3' = \frac{\sum_{i=1}^{n} x_i^3}{n-1}$$

$$m_3 = \frac{\sum_{i=1}^{n} (x_i - \overline{x})^3}{n-1} = \frac{\sum x_i^3 - 3\overline{x} \sum x_i^2 + 3\overline{x}^2 \sum x_i - n\overline{x}^3}{n-1}$$

**定义**：数据 $x_1, x_2, \cdots, x_n$，定义**四阶距**(fourth moment)：

(1) 总体数据，**四阶原点距** $M_4' = \frac{\sum_{i=1}^{N} x_i^4}{N}$，**四阶中心距** $M_4 = \frac{\sum_{i=1}^{N} (x_i - \mu)^4}{N}$。

(2) 样本数据，**四阶原点距** $m_4' = \frac{\sum_{i=1}^{n} x_i^4}{n-1}$，**四阶中心距** $m_4 = \frac{\sum_{i=1}^{n} (x_i - \overline{x})^4}{n-1}$。

**一阶原点距** $M_1' = \mu$，**一阶中心距** $M_3 = 0$；

**二阶原点距** $M_1' = \sum x^2 / N$，**二阶中心距** $M_3 = \sigma^2$。

**例题2.27** 学生的成绩三阶距与四阶距。

## 2.8.2 偏度

**偏度**(skewness)表示数据分布“对称”的情况，有三种情形：**对称型**(symmetrical)、**右偏型**(skewed right)和**左偏型**(skewed left)，如图2.17所示。对称型是平均数，中位数，众数都在相同点。右偏型是高峰(众数)在左，平均数在右；如果是单峰型态：众数小于中位数，中位数小于平均数。左偏型是高峰(众数)在右，平均数在左；如果是单峰型态：平均数小于中位数，中位数小于众数。

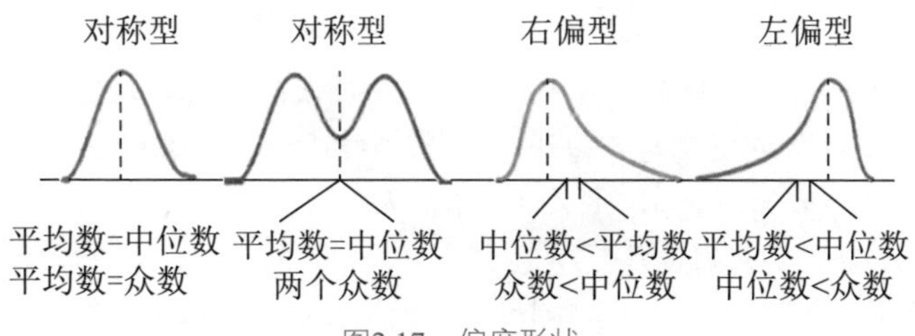


图2.17 偏度形状

左偏型是：左边的尾巴较长(较斜)，右边数据的概率较高；

右偏型是：右边的尾巴较长(较斜)，左边的数据概率较高。

所以左偏型较正确的翻译应该是“左斜型”；右偏型较正确的翻译应该是“右斜型”。

**定义**：假设有$x_1,x_2,\cdots,x_n$等$n$个数据，

若偏度系数等于0，则为**对称型**；

若偏度系数大于0，则为**右偏型**：$M_O < M_d < \mu$；

若偏度系数小于0，则为**左偏型**：$\mu < M_d < M_O$。

以下有几个方法来定义偏度系数SK：

这群数据是总体数据或样本数据，则：

(1)皮尔生偏度指数：$\mathrm{SK}=\dfrac{3(\mu-M_d)}{\sigma}$ 或 $\mathrm{SK}=\dfrac{3(\bar{x}-M_d)}{s}$。

(2)利用三阶距，计算偏度系数：$\mathrm{SK}=\dfrac{M_3}{\sigma^3}$ 或 $\mathrm{SK}=\dfrac{m_3}{s^3}$。

(3) Excel 的公式，计算偏度系数：$\mathrm{SK}=\dfrac{nM_3}{(n-2)\sigma^3}$ 或 $\mathrm{SK}=\dfrac{nm_3}{(n-2)s^3}$。

**例题2.28** 学生的成绩偏度。

## 2.8.3 峰度

**峰度**(Kurtosis)表示数据分布的情况，有三种情形：**正态峰形**(mesokurtic)，**尖峰形**(leptokurtic)，**平峰形**(platykurtic)。如果有相同的标准差，正态峰形是像正态曲线；平峰形的峰顶像扁平形状，有短尾巴；尖峰形的峰顶像高尖形状，有长或厚的尾巴，如图2.18所示。

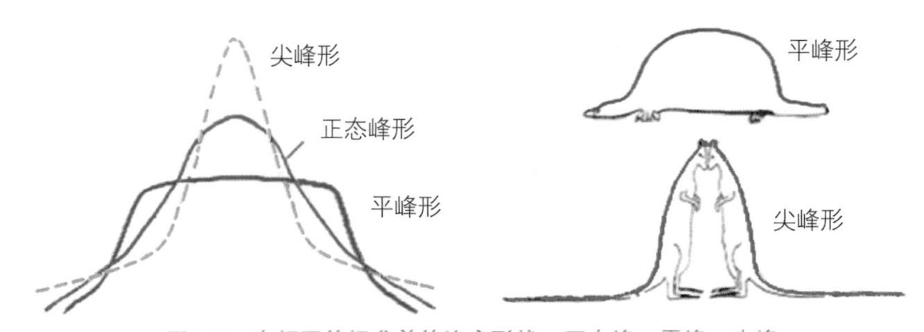


图2.18 有相同的标准差的峰度形状：正态峰、平峰、尖峰

长方形的均匀分布为平峰形的代表，四阶距峰度系数为1.8；指数分布为尖峰形的代表，四阶距峰度系数为9；正态分布是正态峰形，四阶距峰度系数为3。

**定义**：假设数据$x_1,x_2,\cdots,x_n$，定义峰度系数$K$：

- 利用四阶距，计算峰度系数：

$$\text{总体数据 } K=\frac{M_4}{\sigma^4} \qquad \text{样本数据 } K=\frac{m_4}{s^4}$$

若峰度系数等于3，则为正态峰形；

若峰度系数大于3，则为尖峰形；

若峰度系数小于3，则为平峰形。

均匀分布的峰度是1.8，是标准的平峰形；指数分布的峰度是9，是标准的尖峰形。

■ 利用Excel 的公式，计算峰度系数：

$$样本数据\ K=\frac{n(n+1)m_4}{(n-2)(n-3)s^4}-\frac{3(n-1)^2}{(n-2)(n-3)},\qquad s\neq 0,\ n\geqslant 4$$

若峰度系数等于0，则为正态峰形；

若峰度系数大于0，则为尖峰形；

若峰度系数小于0，则为平峰形。

离差指标与形态指标的优缺点比较。

**表 2.6　离差指标与形态指标的优缺点比较**

| 离差指标 | 优点 | 缺点 |
| --- | --- | --- |
| 方差 | 1. 配合算术平均的离差值<br>2. 推断统计的主要工具<br>3. 方差小者，则平均数代表性高<br>4. 能列出公式，进行代数处理，数组标准差计算合并总方差<br>5. 代表所有数据，敏感度高<br>6. 各数值与任何常数之差的平方和最小<br>7. 数据经线性转换后，方差可转换 | 1. 若有极端值，则离差值不好<br>2. 有偏态，则离差值不好。<br>3. 难以以图像视觉表示<br>4. 计算较烦<br>5. 单位(长度，重量)影响较大 |
| 标准差 | 1. 图像视觉表示(在图形上画标准差)<br>2. 能装饰数据标准化 | 同方差 |
| 异众比率 | 1. 适合定类尺度数据的离差衡量<br>2. 也可以用在定序或定距尺度数据 | 如果连续型数据没有众数或众数的频数很小，虽然数据很集中，但异众比率很大 |
| 全距 | 1. 计算很简单，容易了解<br>2. 可用图像表示(箱线图)<br>3. 如果数据呈正态分布，则标准差大概是全距的四分之一<br>4. 在质量管理图，代替标准差之估计 | 1. 若有极端值，则结果差异大<br>2. 抽样全距受样本数影响<br>3. 没有代表值作配合<br>4. 中间值改变，敏感度低，无法知道中间数据的差异 |
| 四分位距 | 1. 配合中位数的离差值<br>2. 可用图像表示(箱线图)<br>3. 适合较偏态的资料 | 1. 计算较全距麻烦<br>2. 两端值改变，敏感度低<br>3. 数据数目少时，无意义 |
| 平均差 | 1. 配合算术平均或中位数<br>2. 代表所有数据，敏感度高<br>3. 以中位数计算的平均差为最小<br>4.较标准差更适合有极端值之情况 | 1. 不能作代数处理<br>2.不能用于推断统计 |

续表

| 离差指标 | 优点 | 缺点 |
| --- | --- | --- |
| 相对离差 | 1. 单位不同的数据的差异比较<br>2. 单位相同但平均数不同的数据的差异比较 | 1. 不能用于推断统计<br>2. 平均数不能为0或负数 |
| 偏度系数 | 1. 单峰分配表示偏态形状<br>2. 判别数据是否对称(常态) | 1. 不适合多峰分配<br>2. 小样本不准确 |
| 峰度系数 | 1. 单峰分配表示峰态形状<br>2. 判别数据是否常态 | 1. 不适合多峰分配<br>2. 小样本不准确 |

例题2.29 学生成绩的峰度。

### 2.8.4 切比雪夫定理

切比雪夫定理(Chebychef theorem)也可说明数据分布的一个特性，适合所有的母体数据或样本数据，也不限定数据分布的形态。

定理：假设有 $x_1, x_2, \cdots, x_n$ 等$n$个数据，其平均数和标准差分别为 $\mu$ 和 $\sigma$，则数据在 $(\mu - k\sigma, \mu + k\sigma)$ 区间的概率大于 $1-(1/k^2)$，当 $k>1$。具体概率如表2.7所示。

表2.7 切比雪夫定理和经验法则(正态分布概率)

| $k$ | 区间 | 观测值落在该区间的概率 | |
| --- | --- | --- | --- |
| | | 切比雪夫定理 | 正态分布概率 |
| 1.0 | $[\mu-\sigma, \mu+\sigma]$ | $\geqslant 0$ | 0.6826 |
| 1.5 | $[\mu-1.5\sigma, \mu+1.5\sigma]$ | $\geqslant 5/9 = 0.5556$ | 0.7062 |
| 2.0 | $[\mu-2\sigma, \mu+2\sigma]$ | $\geqslant 3/4 = 0.75$ | 0.9544 |
| 2.5 | $[\mu-2.5\sigma, \mu+2.5\sigma]$ | $\geqslant 21/25 = 0.84$ | 0.9876 |
| 3.0 | $[\mu-3\sigma, \mu+3\sigma]$ | $\geqslant 8/9 = 0.8889$ | 0.9974 |
| 3.5 | $[\mu-3.5\sigma, \mu+3.5\sigma]$ | $\geqslant 45/49 = 0.9184$ | 0.9978 |

例题2.30 见下载资料。

# 2.9 《中文统计》应用

## 2.9.1 描述统计—原始数据(例题2.2)

如图2.19所示。

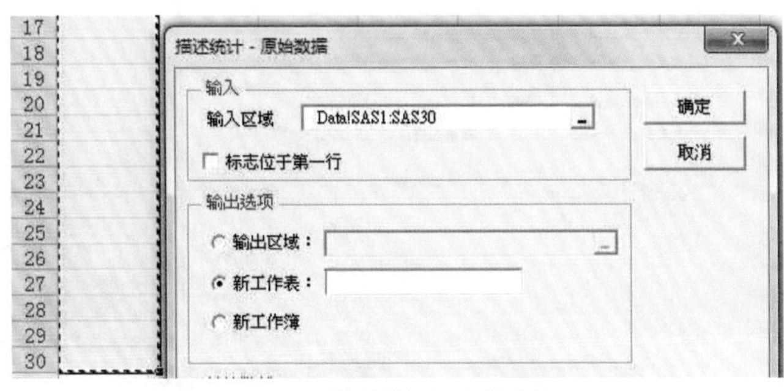


图2.19　描述统计—原始数据

(1)输入区域：输入A1:A30，或用鼠标选取，在A1按住左键，往下拉到A30。(2)“标志位于是在第一行”不勾选。(3)输出范围：输入单元格位置 C1或选新工作表(可以不输入名称，有预设名称)。(4)计算数值可用默认值或修改。(5)按“确定”按钮。

“描述统计”的结果如图2.20所示。

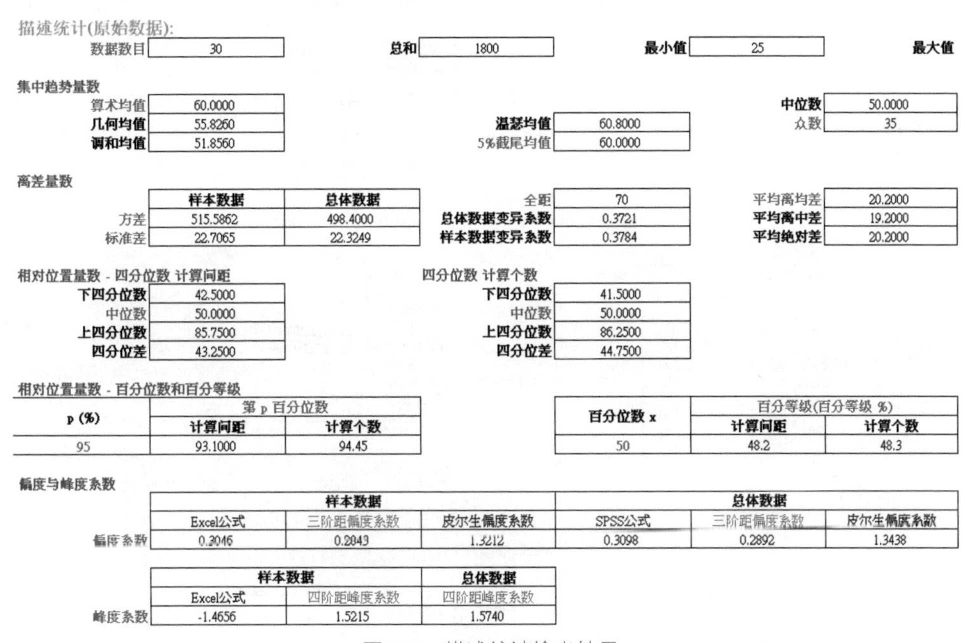

描述统计(原始数据):

| 数据数目 | 30 | 总和 | 1800 | 最小值 | 25 | 最大值 |  |
|---|---|---|---|---|---|---|---|

集中趋势量数

| 算术均值 | 60.0000 |  |  | 中位数 | 50.0000 |
|---|---|---|---|---|---|
| 几何均值 | 55.8260 | 温瑟均值 | 60.8000 | 众数 | 35 |
| 调和均值 | 51.8560 | 5%截尾均值 | 60.0000 |  |  |

离差量数

|  | 样本数据 | 总体数据 |  |  |  |  |
|---|---|---|---|---|---|---|
|  |  |  | 全距 | 70 | 平均离均差 | 20.2000 |
| 方差 | 515.5862 | 498.4000 | 总体数据变异系数 | 0.3721 | 平均离中差 | 19.2000 |
| 标准差 | 22.7065 | 22.3249 | 样本数据变异系数 | 0.3784 | 平均绝对差 | 20.2000 |

| 相对位置量数 - 四分位数 计算间距 |  | 四分位数 计算个数 |  |
|---|---|---|---|
| 下四分位数 | 42.5000 | 下四分位数 | 41.5000 |
| 中位数 | 50.0000 | 中位数 | 50.0000 |
| 上四分位数 | 85.7500 | 上四分位数 | 86.2500 |
| 四分位差 | 43.2500 | 四分位差 | 44.7500 |

相对位置量数 - 百分位数和百分等级

| p (%) | 第 p 百分位数 |  |
|---|---|---|
|  | 计算间距 | 计算个数 |
| 95 | 93.1000 | 94.45 |

| 百分位数 x | 百分等级(百分等级 %) |  |
|---|---|---|
|  | 计算间距 | 计算个数 |
| 50 | 48.2 | 48.3 |

偏度与峰度系数

|  | 样本数据 |  |  | 总体数据 |  |  |
|---|---|---|---|---|---|---|
|  | Excel公式 | 三阶距偏度系数 | 皮尔生偏度系数 | SPSS公式 | 三阶距偏度系数 | 皮尔生偏度系数 |
| 偏度系数 | 0.3046 | 0.2843 | 1.3212 | 0.3098 | 0.2892 | 1.3438 |

|  | 样本数据 |  | 总体数据 |
|---|---|---|---|
|  | Excel公式 | 四阶距峰度系数 | 四阶距峰度系数 |
| 峰度系数 | -1.4656 | 1.5215 | 1.5740 |

图2.20　描述统计输出结果

## 2.9.2 直方图(例题2.2)

如图2.21所示。

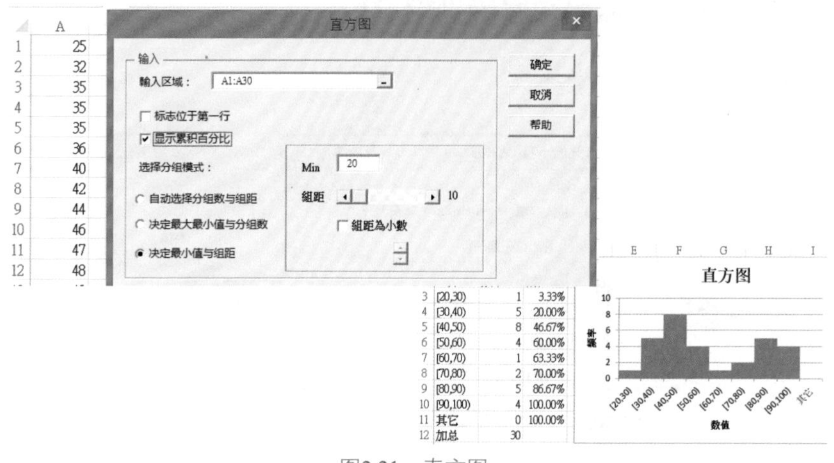


图2.21 直方图

## 2.9.3 描述统计—分组数据(例题2.2直方图的分组)

分组数据的描述统计，其计算方法及公式，在下载的资源仓中，如图2.22所示。

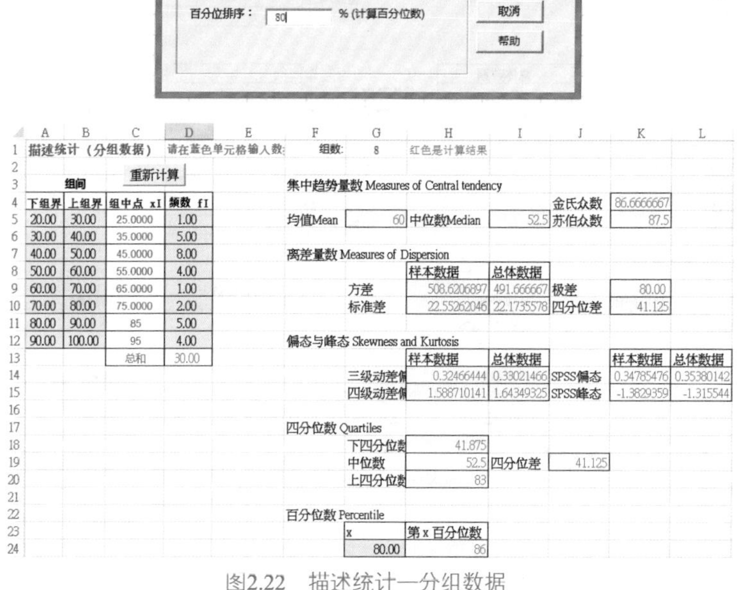


图2.22 描述统计—分组数据

## 2.9.4 条形图(例题2.4)

如图2.23所示。

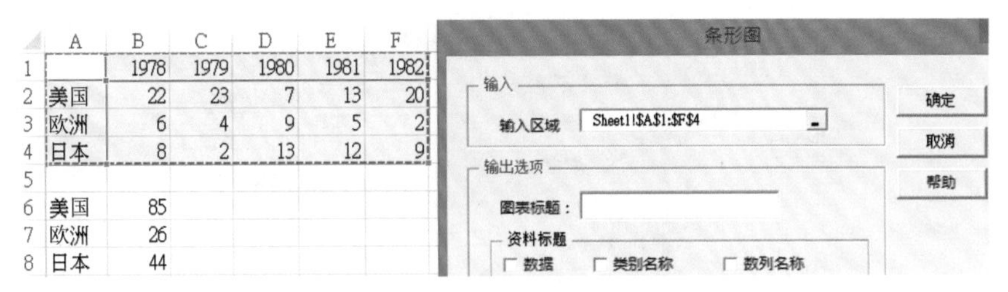


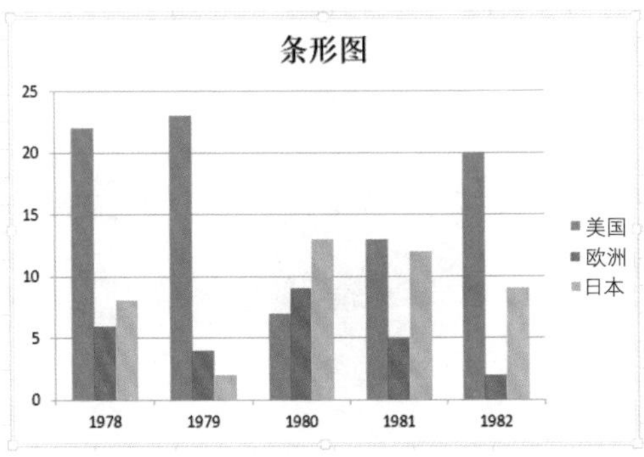


图2.23 条形图

## 2.9.5 箱线图(例题2.5)

如图2.24所示。

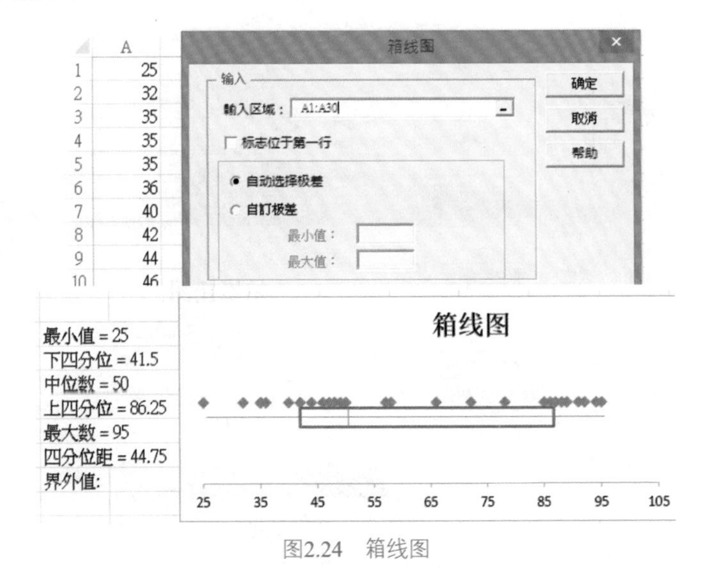


图2.24 箱线图

## 2.9.6 饼图(例题2.6)

如图2.25所示。

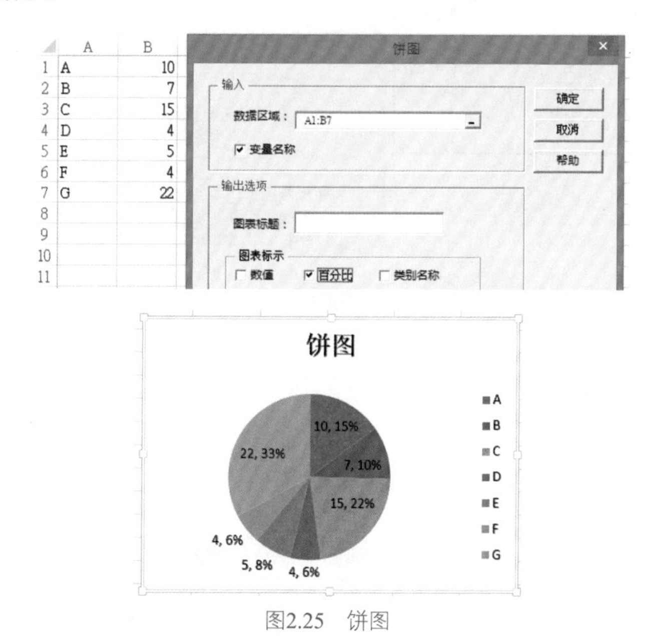


图2.25 饼图

## 2.9.7 帕累托图(例题2.6)

如图2.26所示。

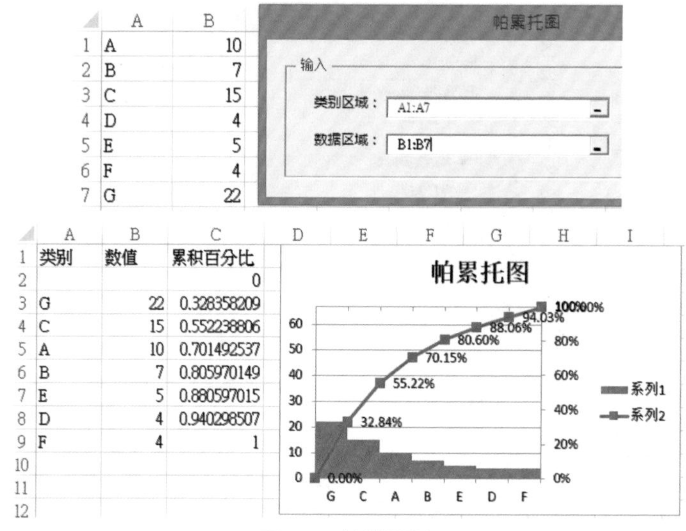


图2.26 帕累托图

# 2.10 R 语言应用

```
> # R例2.1
> if(!require(dplyr)){install.packages("dplyr")} ; library(dplyr)
> x = read.csv("C:/1Stat/StatData/Chap2_1.csv",header=F); str(x)
                                          # 读入 Chap2_1.csv
> x1 <- x[,1] ; str(x1)                   # x 的第1列数据(也只有一列)
> summary(x)
V1
Min. :25.0
1st Qu.:42.5
Median :50.0
Mean :60.0
3rd Qu.:85.8
Max. :95.0
> summary(x1)
Min. 1st Qu. Median Mean 3rd Qu. Max.
25.0 42.5 50.0 60.0 85.8 95.0
> n <- length(x1); n                      # 数据数目
[1] 30
> mean(x1)                                # 平均数
[1] 60
> mean(x1,trim=0.1)                       # 截尾平均
[1] 59.46
> median(x1)                              # 中位数
[1] 50
> prod(x1)^(1/length(x1))                 # 几何平均
[1] 55.83
> x2 <- 1/x1 ; length(x2)/sum(x2)         # 调和平均
[1] 51.86
> tab <- table(x1); names(which.max(tab)); names(tab)[max(tab)==tab]
                                          # 众数
[1] "35"
> mode <- function(x){uniqx <- unique(x)
uniqx[which.max(tabulate(match(x,uniqx)))] } ; mode(x1)
                                          # 众数
[1] 35
> summary(x1)                             # 摘要统计
```

```
Min. 1st Qu. Median Mean 3rd Qu. Max.
25.0 42.5 50.0 60.0 85.8 95.0
> quantile(x1,probs=c(0.05,0.2,0.95)) #5%,20%,95%百分位数
5% 20% 95%
33.35 39.20 93.10
> quantile(x1,probs=c(0.25,0.75))     # 下四分位数,上四分位数
25% 75%
42.50 85.75
> if(!require(dplyr)){install.packages("dplyr")} ; library(dplyr)
> percent_rank(x1)                    # x1 的百分位排序
> var(x1)                             # 样本方差
[1] 515.6
> sd(x1)                              # 样本标准差
[1] 22.71
> var.pop = function(x)var(x)*(length(x)-1)/length(x); var.pop(x1)
                                      # 总体方差
[1] 498.4
> sd.pop = function(x) sqrt(var. pop(x)); sd.pop(x1)
                                      # 总体标准差
[1] 22.32
> if(!require(e1071)){install.packages("e1071")} ; library(e1071)
> moment(x1,order=3,center=TRUE)      # 三阶中心距
[1] 3217
> moment(x1,order=4,center=TRUE)      # 四阶中心距
[1] 390989
> skew.p <- function(x) mean((x-mean(x))^3)/sd.pop(x)^3 ; skew.pop(x1)
                                      # 总体偏度
[1] 0.2892
> skew <- function(x) mean((x-mean(x))^3)/sd(x)^3 *(n/(n-1)); skew(x1)
                                      # 样本偏度
[1] 0.2843
> kurt.p <- function(x) mean((x-mean(x))^4)/sd.pop(x)^4 ; kurt.pop(x1)
                                      # 总体峰度
[1] 1.574
> kurt <- function(x) mean((x-mean(x))^4)/sd(x)^4*(n/(n-1)); kurt(x1)
                                      # 样本峰度
[1] 1.522
> if(!require(profvis)){install.packages("profvis")} ; library(profvis)
> if(!require(aplpack)){install.packages("aplpack")} ; library(aplpack)
> if(!require(ggplot2)){install.packages("ggplot2")} ; library(ggplot2)
```

```
> if(!require(graphics)){install.packages("graphics")};library(graphics)
> if(!require(lattice)){install.packages("lattice")} ;library (lattice)
> if(!require(RColorBrewer)){install.packages("RColorBrewer")};library
(RColorBrewer)
> if(!require(qcc)){install.packages("qcc")} ; library(qcc)
> x = read.csv("C:/1Stat/StatData/Chap2_1.csv",header=F)
                                        # 读入 Chap2_1.csv
> x1 <- x[,1]                           # x 的第1列数据(也只有一列)
> boxplot(x1,col="yellow",main=paste("例题2.1 箱线图"))# 箱线图
> plot(ecdf(x1),main=paste("例题2.1 累积概率函数"),col.hor='#3971FF',col.
points='#3971FF')
> bound <- hist(x1,right=TRUE,plot=FALSE )$breaks
> plot(bound,ecdf(x1)(bound),type="l",main = "例题2.1 累积频率图",ylab= "频
率",xlab= "分数",col="red",lwd=3)    # 累积频率图
> stem.leaf(x1,style="bare")    # 茎叶图
> class <- hist(x1,right=TRUE,freq=FALSE,col="green")
> class <- hist(x1,right=F,freq=F,col="yellow",main="例题2.1直方图",xlab=
"人数")
> class <- hist(x1,right=T,freq=F,col="yellow",main="例题2.1多边形图",xlab=
"人数")
> middles <- class$mid ; mlon <- length(middles); densities <-
class$density
> segments(middles[1:mlon-1],densities[1:mlon-1],middles[2:mlon],densities
[2:mlon],col=rgb(0.4196078,0.4196078,0.1372549,0.9),lwd=3,main=paste("例题2.1 多
边形图"))
> x2 = read.csv("C:/1Stat/StatData/Chap2_4_1.csv",header=T)
                                        # 读入 Chap2_4_1.csv
> table(x2); col2 = c("red","yellow","blue")
年度
国家 1978 1979 1980 1981 1982
EURO 6 4 9 5 2
JAPN 8 2 13 12 9
USA 22 23 7 13 20
> barplot(table(x2),bes=T,col=col2,legend.text = T,args.legend = list(x =
"top",inset = c(- 0.15,0)),main=paste("例题2.4 条形图"))
                                        # 两个定类变量条形图
> col1 = c("red","yellow","blue","sandybrown","olivedrab","purple","green",
"orange")
> x = read.csv("C:/1Stat/StatData/Chap2_6.csv",header=T)
# 读入 Chap2_6.csv
```

```
> barplot(table(x$Rank),col=col1,main=paste("例题2.6 条形图"))
> pareto.chart(table(x$Rank),main= "例题2.6 帕累托图",ylab = "频率",ylab2 =
"累积百分比",cumperc = seq(0,100,by = 25),col = col1,plot = TRUE) # 帕累托图
Pareto chart analysis for table(x$Rank)
Frequency Cum.Freq. Percentage Cum.Percent.
G 22.00 22.00 32.84 32.84
C 15.00 37.00 22.39 55.22
A 10.00 47.00 14.93 70.15
B 7.00 54.00 10.45 80.60
E 5.00 59.00 7.46 88.06
D 4.00 63.00 5.97 94.03
F 4.00 67.00 5.97 100.00
> col <- brewer.pal(8,"Pastel2")
> pie(table(x$Rank),col=col1,main=paste("例题2.6 饼图")) # 饼图
```

运行效果如图2.27所示。

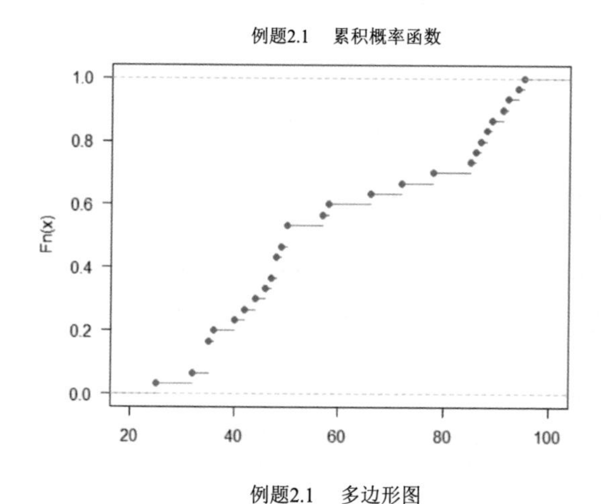


例题2.1 多边形图

Density

图2.27 对应2.9节的运行效果

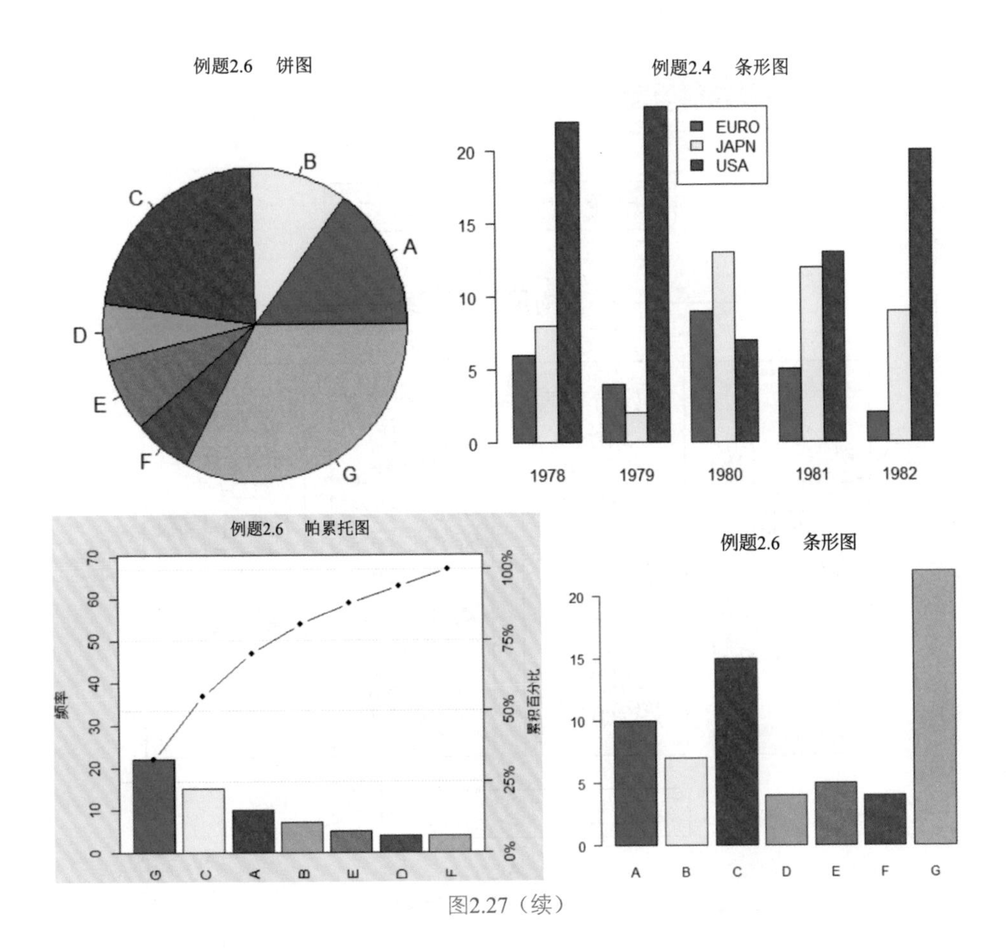
例题2.6 饼图
B
C
A
D
E
F
G
例题2.4 条形图
EURO
JAPN
USA
20
15
10
5
0
1978
1979
1980
1981
1982
例题2.6 帕累托图
70
60
50
40
30
20
10
0
频率
100%
75%
50%
25%
0%
累积百分比
G
C
A
B
E
D
F
例题2.6 条形图
20
15
10
5
0
A
B
C
D
E
F
G

图2.27（续）

# 2.11 本章流程图

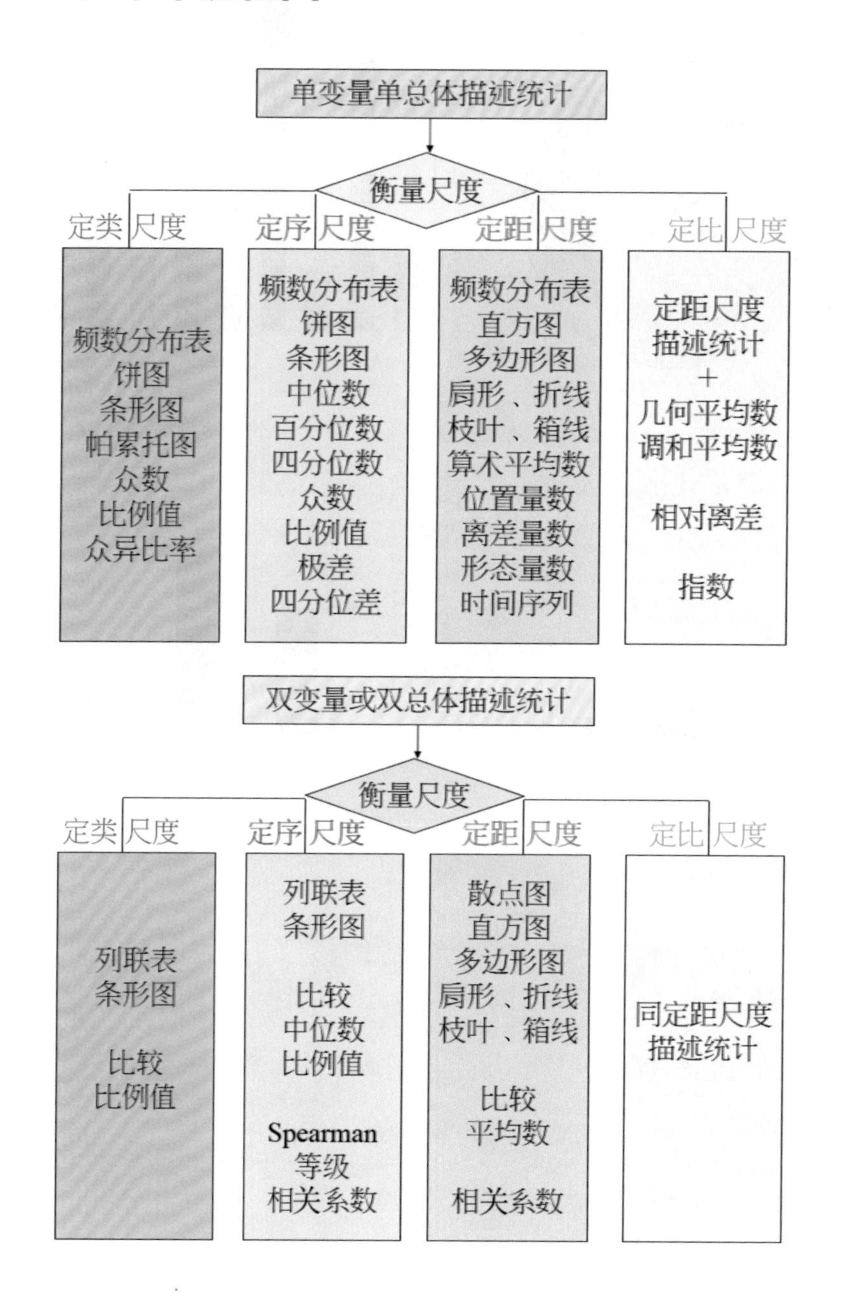

单变量单总体描述统计
衡量尺度
定类尺度
定序尺度
定距尺度
定比尺度
频数分布表
饼图
条形图
帕累托图
众数
比例值
众异比率
频数分布表
饼图
条形图
中位数
百分位数
四分位数
众数
比例值
极差
四分位差
频数分布表
直方图
多边形图
扇形、折线
枝叶、箱线
算术平均数
位置量数
离差量数
形态量数
时间序列
定距尺度
描述统计
+
几何平均数
调和平均数
相对离差
指数
双变量或双总体描述统计
衡量尺度
定类尺度
定序尺度
定距尺度
定比尺度
列联表
条形图
比较
比例值
列联表
条形图
比较
中位数
比例值
Spearman
等级
相关系数
散点图
直方图
多边形图
扇形、折线
枝叶、箱线
比较
平均数
相关系数
同定距尺度
描述统计

## 2.12 本章思维导图

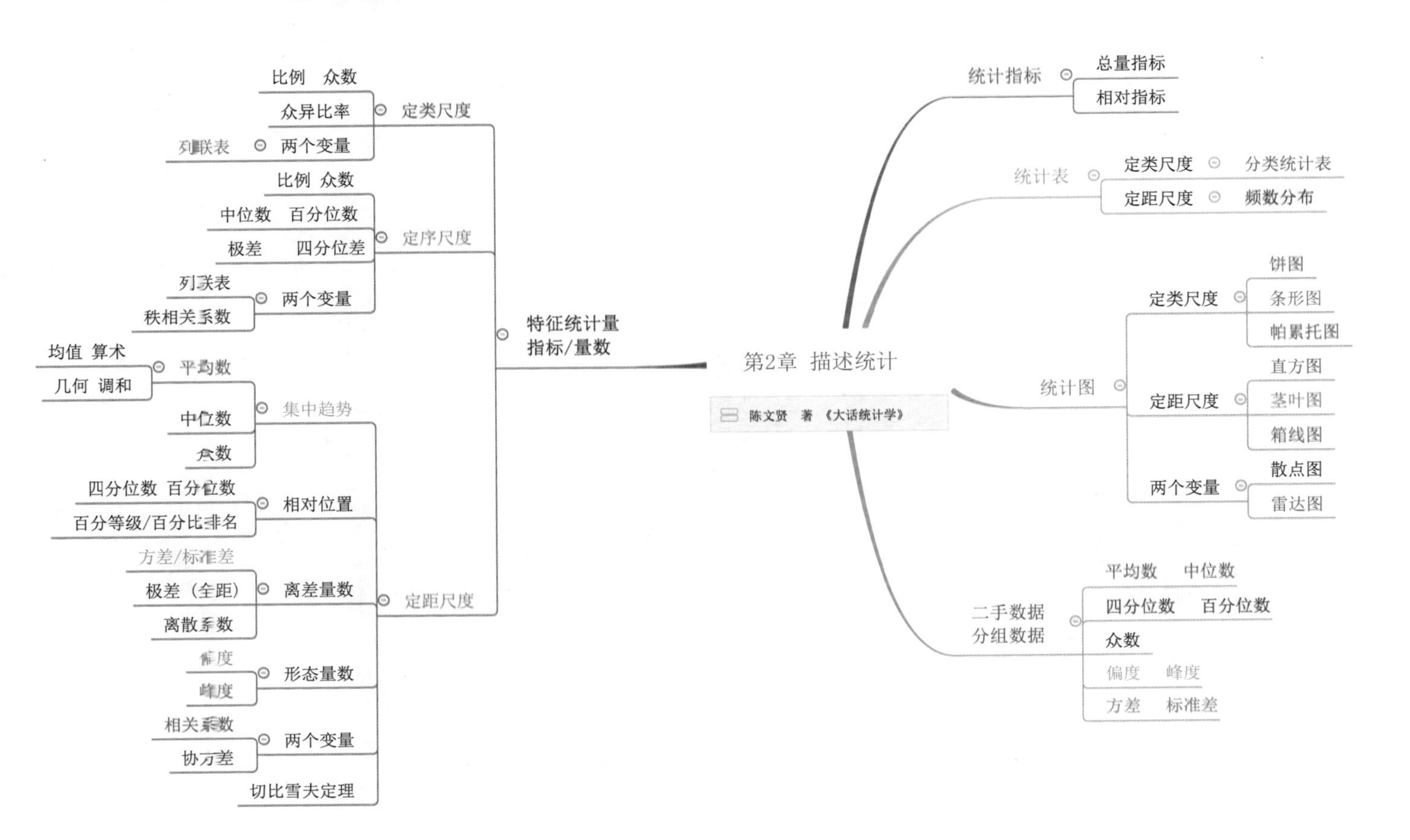

第2章 描述统计
陈文贤 著《大话统计学》
特征统计量
指标/量数
定类尺度
比例 众数
众异比率
两个变量
列联表
定序尺度
比例 众数
中位数 百分位数
极差 四分位差
两个变量
列联表
秩相关系数
定距尺度
集中趋势
平均数
均值 算术
几何 调和
中位数
众数
相对位置
四分位数 百分位数
百分等级/百分比排名
离差量数
方差/标准差
极差（全距）
离散系数
形态量数
偏度
峰度
两个变量
相关系数
协方差
切比雪夫定理
统计指标
总量指标
相对指标
统计表
定类尺度
分类统计表
定距尺度
频数分布
统计图
定类尺度
饼图
条形图
帕累托图
定距尺度
直方图
茎叶图
箱线图
两个变量
散点图
雷达图
二手数据
分组数据
平均数 中位数
四分位数 百分位数
众数
偏度 峰度
方差 标准差

## 2.13 习题

1. 某校抽取学生50人，分成甲、乙两组，甲组学生20人，其平均分数为78分，标准差为8分；乙组学生30人，其平均分数为72分，标准差为10分，试求全部样本50人的平均成绩及标准差。

2. 某轮胎制造公司，最近30 天中，每天生产的数量分别如下：

79，93，86，100，92，88，80，85，93，88，78，95，101，99，86，87，79，84，76，71，109，85，79，89，110，97，93，79，86，88。

(1) 建立频数分布表与直方图。

(2) 画出各种可能的统计图。

(3) 计算各种代表值与离差值。

3. 抽样50位公务员的年龄：

31，43，56，23，49，42，33，61，44，28，48，38，44，35，40，64，52，42，47，39，53，27，36，35，20，30，44，55，22，50，41，34，60，43，27，49，37，43，36，41，63，51，43，48，40，52，28，35，36，21。

(1) 计算各种代表值与离差值。

(2) 请计算：标准差，偏度系数，峰度系数，说明偏度和峰度情况。

(3) 请分成5组，建构这50位公务员的年龄直方图。

(4) 绘出：箱线图。根据箱线图，说明这些资料的偏度。

(5) 建立频数分布表，画出直方图。(建议分为7组)

根据直方图，说明这些资料是：左偏？ 右偏？ 对称？ 为什么？

(6) 请以10位数为茎、个位数为叶，画出茎叶图。

(7) 请计算95%的最高年龄与最低年龄。

(8) 找出这50位公务员年龄95%百分位数。

(9) 公务员年龄为55的百分等级。排名在由大到小排序的前百分之几？

其他习题请下载。

# 第3章 概率理论

孔明叹曰：“谋事在人，成事在天。不可强也！”

——罗贯中《三国演义》

上帝不掷骰子。God does not play dice!

——Albert Einstein 爱因斯坦

如来说某某(验前概率)，即非某某(似然概率)，是名某某(验后概率)。

——《金刚经》

我们何其幸运，无法确知自己生活在什么样的世界。

We’re extremely fortunate not to know precisely the kind of world we live in.

——W. Szymborska 辛波丝卡

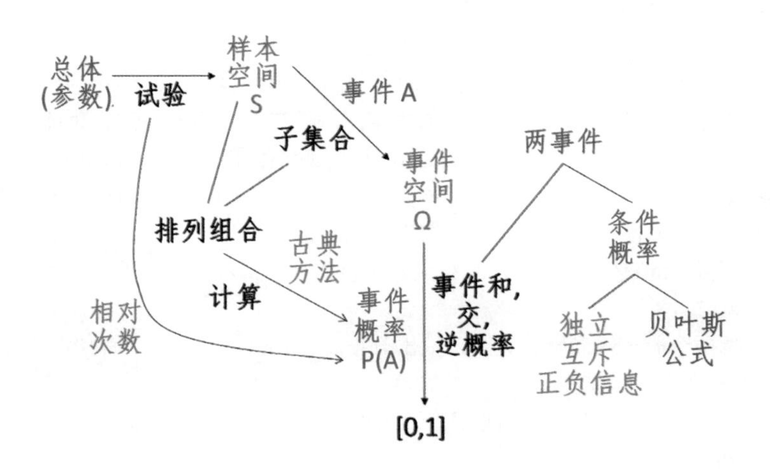

# 3.1 试验与样本空间

我们面对环境(无法掌控)的变化，有六种现象：

(1) **确定**(certain)现象：变量只有一个结果，而且确定会发生，不应该称为“变”量。表达式：一个变量 $x=a$(方差为 0)；两变量(完全相关)，圆面积公式 $S=\pi r^2$。

(2) **循环**(cyclic)现象：有多种结果，每隔一段时间，有一种结果会确定发生。

(3) **随机**(stochastic)现象：有多种可能的结果，但只有一种结果会发生，知道各种结果发生的概率。统计学主要是假定随机现象。

(4) **模糊**(fuzzy)现象：有多种可能的结果，只有一种结果会发生，不知道各种结果发生的概率，只知道模糊可能。

(5) **不确定**(uncertain)现象：有多种结果，只有一种结果会发生，不知道各种结果的可能。

(6) **混乱或混沌**(chaos)现象：不知道有哪些结果，当然不知道各种结果的可能性。

以学生考试为例，考选择题(单选题，考题是学生无法掌控的)，如果一个好学生知道答案，这是确定现象。如果学生知道老师的答案顺序(老师为了改题方便)，这是循环现象。如果学生不知道确定答案，先删去不可能的答案，再选择概率最大或最有可能的答案，这是随机现象或模糊现象。至于不确定现象，有个笑话：一个学生考试，完全不知道选择题的答案，他用铅笔刻上1，2，3，4，因为不知道概率或可能性，所以假定概率相等，于是滚动铅笔回答选择题，很快写完答案，他就睡上一觉，醒来考试还没完，他再次滚动起铅笔。老师问他：“你在做什么？”他回答：“我在检查答案。”如果老师考问答题，学生完全不会，这是混乱现象。

爱因斯坦说：“上帝不掷骰子”，并不是说上帝不赌博或不准赌博，而是说上帝没有概率或不确定性。因为祂想要什么就有什么结果，所以其结果是确定的。而且上帝可以控制一切因素，例如掷一个骰子，如果手掌握的位置、力道、方向、距离、高度、角度、温度、气压、情绪等所有的因素都相同，那么掷出骰子的结果会相同(确定结果)。但是，自然界或者人类社会，有许多我们不知道或无法控制的因素，造成了概率或不确定的结果。例如台风的预测、或者新产品需求量的预测。

**定义**：**试验**(trial)是一个过程，其结果是可能的几种情况之一，但是在试验前，不能事先预知结果。

例如：掷两个骰子；52张扑克牌，抽出五张牌；100件产品(其中有10件不良品)，抽出5件；抽出一个学生的成绩；调查一个顾客等候结账的时间。

**定义**：一个试验结果的每种可能情况，称作一个**基本结果**(elementary outcome)，或称作**样本点**(sample point)。

100件产品(其中有10件不良品)，抽出5件的试验，样本点是100件取出5件的组合；抽出一个班级学生的统计学成绩的试验，样本点是0分到100分。

**例题3.1** 掷一个硬币(正反两面)，出现第一个正面，则停止。我们用 $H$ 表示正面(head)，$T$ 表示反面(tail)。样本点：$\{H\}$、$\{TH\}$、$\{TTH\}$、$\{TTTH\}$、$\{TTTTH\}$……

**定义**：一个试验的“所有”样本点的集合，称为该试验的**样本空间**(sample space)，记作 $S$。

**定义**：一个试验的“部分”样本点的集合，也就是样本空间的部分集合，则称为该试验的**事件**(event)。

事件是试验结果的一个叙述。例如：掷两个骰子(试验)，出现两个都是相同点数的情况(叙述)，为一个事件 $A$：$A = \{(1,1), (2,2), (3,3), (4,4), (5,5), (6,6)\}$。

**定义**：一个样本空间“所有”事件的集合，称为**事件空间**(event space)，记作 $\Omega$。

$\Omega$ 的符号在有些统计学书中，定义为样本空间。

**定义**：不包含任何样本点的“空集合”，则称为该试验的**空事件**(null event)，记作 $\varphi$。

$S$ = 一定会发生(必然)的事件，$\varphi$ = 一定不会发生(不可能)的事件。

样本空间 $S = \{$所有样本点$\}$，事件空间 $\Omega = \{S, \varphi,$ 所有的事件$\}$。

如果样本空间 $S$ 有 $n$个样本点，则事件空间 $\Omega$ 可能有 $2^n$ 个事件。

**定义**：只包含“一个”样本点的集合，则称为该试验的**基本事件**或**简单事件**。

事件$A$ 与$B$ 的**和**(并)，记作 $A \cup B$ 或 $A+B$，本书采用前者符号。

事件$A$ 与$B$ 的**交**(积)，记作 $A \cap B$ 或 $AB$，本书采用前者符号。

事件$A$ 的**逆事件**或对立事件，记作 $\overline{A}$。

事件$A$ 与$B$ 的**差**，记作 $A-B$ 或 $A \cap \overline{B}$。

有了集合的定义，则事件之间的关系，可以用集合论的**范氏图**(Venn diagram)来表示，如图3.1所示。

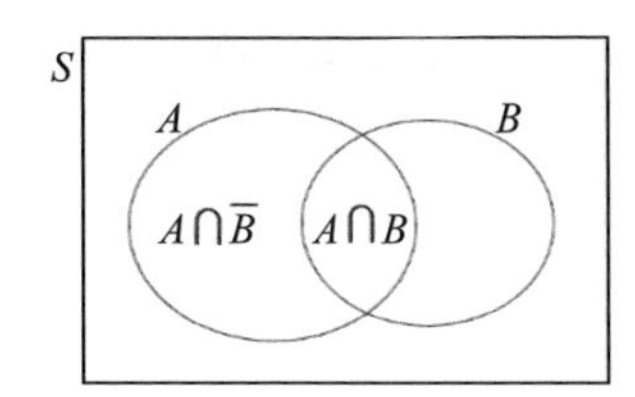

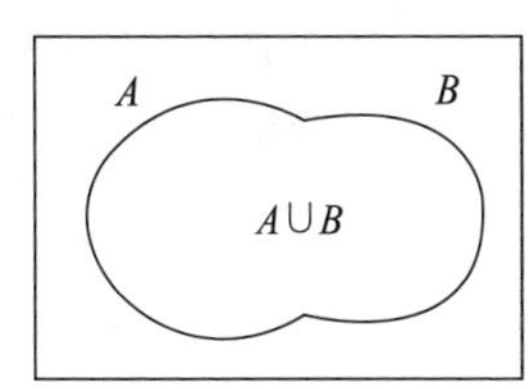

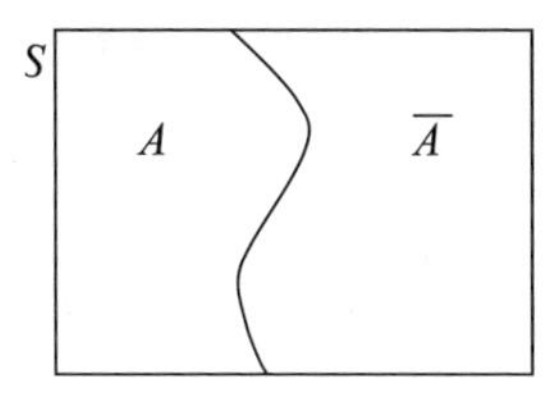


图3.1　事件的交、和与逆事件

**定理**：事件的交、和、差的交换定律、结合定律、分配定律。

交换定律　$A \cap B = B \cap A, \quad A \cup B = B \cup A$

结合定律　$(A \cap B) \cap C = A \cap (B \cap C) = A \cap B \cap C,$

$$(A \cup B) \cup C = A \cup (B \cup C) = A \cup B \cup C$$

分配定律　$A \cap (B \cup C) = (A \cap B) \cup (A \cap C), \quad A \cap (\bigcup_{i=1}^{n} B_i) = \bigcup_{i=1}^{n} (A \cap B_i)$

$$A \cup (B \cap C) = (A \cup B) \cap (A \cup C), \quad A \cup (\bigcap_{i=1}^{n} B_i) = \bigcap_{i=1}^{n} (A \cup B_i)$$

德·摩根定律　$\overline{(A \cup B)} = \overline{A} \cap \overline{B}, \quad \overline{(\bigcup_{i=1}^{n} A_i)} = \bigcap_{i=1}^{n} \overline{A_i}$

$$\overline{(A \cap B)} = \overline{A} \cup \overline{B}, \quad \overline{(\bigcap_{i=1}^{n} A_i)} = \bigcup_{i=1}^{n} \overline{A_i}$$

**例题3.2**　见下载资料。

# 3.2 事件概率

探讨总体与样本之间的性质，分成两个方向，如图3.2所示。

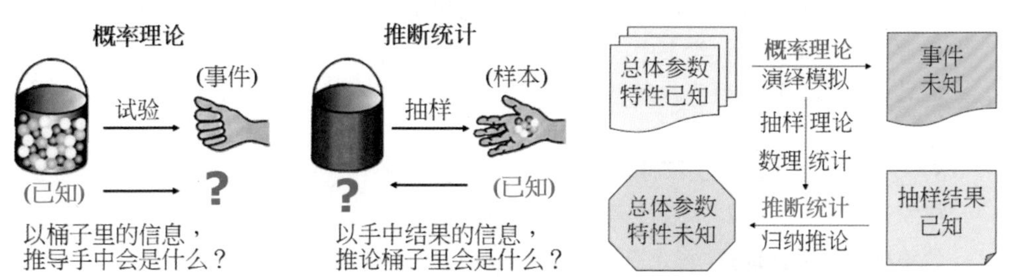


图3.2　概率和(推断)统计的不同(参考：MIT Open Courses)

一个方向是概率理论：总体已知，利用演绎(数学逻辑推导)或仿真(很多次试验)，得出样本或事件(总体的部分集合)的概率。例如：桶里有三个黄球，两个白球，四个红球(已知)，不重复抽样三个球(试验)，计算三个球颜色不同(事件)的概率。例如：进入超级市场的顾客(总体)，有60%(总体参数)会买一样以上的物体，另外40%的顾客不买东西(比例已知)，现在进来10个顾客(抽样或试验)，结果都不买东西(事件)的概率是多少。

另一个方向是推断统计：样本已知，推断总体的参数。(第7章以后)

**定义**：如果试验结果，出现某一事件所包含的样本点，则称此**事件发生**。$P(A)$为事件$A$发生的概率，简称事件$A$的**概率**(probability of event $A$)。

$$P:\Omega \to \quad [0,1]$$

要计算事件$A$的概率$P(A)$，利用下列三个公理：

**公理1**：任何事件$A$：　$0 \leqslant P(A) \leqslant 1$。

**公理2**：$P(S)=1$。

**公理3**：若事件$A$和$B$是互斥，$A \cap B = \varphi$，则$P(A \cup B) = P(A) + P(B)$。

根据上述公理，可以证明下列定理：(证明省略)

**定理**：$P(\varphi)=0$。

**定理**：$P(\overline{A}) = 1 - P(A)$，　$P(A) = 1 - P(\overline{A})$。

$P$(至少出现一次)= $P$(出现1次)+ $P$(出现2次)+ $P$(出现3次)+ $P$(出现4次)+…

利用逆事件的概率计算：$P$(至少出现一次)= 1 – $P$(都没有出现)。

**定理**：假设样本空间$S$有$n$个事件$E_1, E_2, \cdots, E_n$。$E_i$和$E_j$是互斥：$E_i \cap E_j = \varphi$，$\forall i \neq j$。

若$A = \bigcup_{i=1}^{n} E_i$，则$P(A) = \sum_{i=1}^{n} P(E_i)$。

所以，事件$A$的概率$P(A)$是，由其中样本点的概率加起来的。

**定理**：假设$E_i$是样本空间$S$的所有样本点且$P(E_i) = \dfrac{1}{N}$，$i = 1, \cdots, N$。

若$A = \bigcup_{i=1}^{n} E_i$，则$P(A) = \dfrac{n}{N}$。

在3.3节，我们会利用排列组合的公式计算上述的 $n$ 和 $N$。

**定理**：若事件$A$、$B$ 为同一样本空间的事件，则

$$P(A\cup B)=P(A)+P(B)-P(A\cap B)$$

**定义**：事件$A$与$B$为同一试验的事件，若 $A\cap B=\varphi$，则称事件$A$和$B$为**互斥事件**(mutually exclusive)。

**定义**：样本空间 $S$有$n$ 个事件 $A_1,A_2,\cdots,A_n$。若$A_i$ 和$A_j$ 是互斥，$A_i\cap A_j=\varphi,\ \forall i\neq j$ 且 $\bigcup_{i=1}^{n} A_i=S$，则称 $\{A_1,A_2,\cdots,A_n\}$ 为$S$的一个**完备事件组**(exhaustive events)或**分割**(partition)，如图3.3所示。

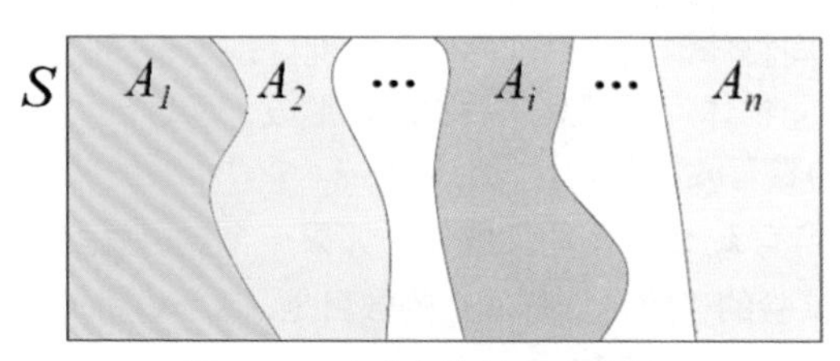


图3.3　一个完备事件组或分割

$\{A,\bar{A}\}$ 是一个完备事件组或分割。

有的样本空间，可以按照两种不同性质来分割(每一类分别有各种事件)，例如：样本空间是一个班级的学生，可以利用其体重与血型两种性质分类(体重有小于 50 公斤等事件，血型有A型等事件)。将这两种性质，分别作为行和列的表格，称作**列联表**(contingency table)。在列联表中的每一格表格，填入其样本点的数目，如图3.4所示。

| | | 性质1（分割1）完备事件组 | | | | |
|---|---|---|---|---|---|---|
| | | $A_1$ | $A_2$ | … | $A_r$ | |
| 性质2（分割2）完备事件组 | $B_1$ | $\#(A_1\cap B_1)$ | $\#(A_2\cap B_1)$ | … | $\#(A_r\cap B_1)$ | $\#(B_1)$ |
| | $B_2$ | $\#(A_1\cap B_2)$ | $\#(A_2\cap B_2)$ | … | $\#(A_r\cap B_2)$ | $\#(B_2)$ |
| | ⋮ | ⋮ | ⋮ | ⋱ | ⋮ | ⋮ |
| | $B_S$ | $\#(A_1\cap B_s)$ | $\#(A_2\cap B_s)$ | … | $\#(A_r\cap B_s)$ | $\#(B_s)$ |
| | | $\#(A_1)$ | $\#(A_2)$ | … | $\#(A_r)$ | $\#(\Omega)=N$ |

图3.4　列联表

$\#(A)$表示事件 $A$的基本结果(样本点)的数目。

从列联表中，计算事件的概率。例如

$$P(A_1)=\frac{\#(A_1)}{N},\ P(A_1\cap B_1)=\frac{\#(A_1\cap B_1)}{N}$$

**例题3.3和例题3.4**　见下载资料。

# 3.3 排列组合的公式

排列组合的公式，可以计算样本空间的样本点的数目，以及事件中的样本点的数目。然后两者相除，就是事件的概率。

排列组合的公式，注意下列四点：

(1)物体是否**分群或分组**：物体有没有分类、分群或分组，每群取出不同数目。

(2)物体是否**相同或不同**：同色球(红球或黑球)是相同物体，人是不同物体。

(3)取出后是否**放回(重复)**：取 $r>1$ 个物体，取出一个后，是否放回再取下一个。

(4)结果是否有**次序**：有次序为排列，没有计算次序为组合，请见以下定义。

**定义**：若有$r$个不同物体，其先后次序不同，而区别为不同的样本点称为**排列**。

**定义**：若有$r$个不同物体，不管其先后次序，形成一个集合，称为**组合**。

**定理**：**(乘法公式)**若有$m$ 群物体，第1 群有 $k_1$ 个“不同”物体，第2 群有 $k_2$个“不同”物体，…，第$m$ 群有 $k_m$ 个“不同”物体。如果一个试验是，从$m$ 个群中，每一群取出一件物体，则这个试验的“组合”样本点的数目是：$k_1 \times k_2 \times \cdots \times k_m$ 。

乘法公式称为“基本计数原则”。

**定理**：**(排列公式)**若一个试验是，从一群 $n$个“不同”物体，取出$r$个“排列”，取出后“不放回”，则这个试验的“排列”样本点的数目，记作 $P_r^n$：

$$P_r^n = \frac{n!}{(n-r)!}$$

**定理**：**(组合公式)**若一个试验是，从一群$n$个“不同”物体，取出$r$个“组合”，取出后“不放回”，则这个试验的“组合”样本点的数目，记作 $C_r^n$ 或 $\binom{n}{r}$：

$$C_r^n = \binom{n}{r} = \frac{n!}{r!(n-r)!}$$

**定理**：**(多项公式，相同物体排列公式)**若一个试验是 $n$ 个物体排列，其中有 $n_1$ 个“相同”的第一类物体，有 $n_2$个“相同”的第二类物体，以此类推，有 $n_k$ 个“相同”的第 $k$ 类物体，$n_1+n_2+\cdots+n_k=n$，则这个试验的“排列”样本点的数目是：

$$\binom{n}{n_1,n_2,\cdots,n_k} = \frac{n!}{n_1!n_2!\cdots n_k!}$$

组合公式是：排列(不同物体)变组合；相同物体排列(多项)公式是：组合(相同物体)变排列。其步骤互逆，两个公式结果相同。

$$C_r^n = \binom{n}{r} = \frac{n!}{r!(n-r)!} = \binom{n}{r,n-r} = \binom{n}{n-r} = C_{n-r}^n$$

数学公式的**二项系数**和**多项系数**(multinomial)，是利用组合公式和多项列公式：

(1) 二项系数(binomial coefficient)：$(x+y)^n = \sum_{k=0}^{n} \binom{n}{k} x^k y^{n-k} = \sum_{k=0}^{n} \binom{n}{k,n-k} x^k y^{n-k}$。

(2) 多项系数：$(x_1+x_2+\ldots+x_k)^n=\sum_{n_1+n_2+\ldots+n_k=n}\binom{n}{n_1,n_2,\ldots,n_m}x_1^{n_1}x_2^{n_2}\ldots x_k^{n_k}$。

**定理：(超几何公式)**若物体分成 $k$ 类，第1类有 $n_1$ 个“不同”物体，第2类有 $n_2$ 个“不同”物体，……，第$k$ 类有 $n_k$ 个“不同”物体。一个试验是，从第1类 $n_1$ 个“不同”物体，取出 $r_1$ 个，从第2类 $n_2$ 个“不同”物体，取出 $r_2$ 个，……，从第$k$类 $n_k$ 个“不同”物体，取出 $r_k$ 个，取出后“都不放回”，取出的物体做“组合”。则这个试验的样本点的数目是：

$$C_{r_1}^{n_1}C_{r_2}^{n_2}\cdots C_{r_k}^{n_k}=\binom{n_1}{r_1}\binom{n_2}{r_2}\cdots\binom{n_k}{r_k}=\frac{n_1!n_2!\cdots n_k!}{r_1!r_2!\cdots r_k!(n_1-r_1)!(n_2-r_2)!\cdots(n_k-r_k)!}$$

超几何公式是利用乘法定律与组合公式。

排列组合公式如表3.1所示。

表3.1　排列组合的公式

| | 只有一类(组) | | 有多类(组) | |
|---|---|---|---|---|
| | 不同物品$n$个取出$r$个 | | 每类不同物品 | 每类相同物品 |
| | 不放回 | 放回(重复) | 不放回 | 不放回 |
| 排列 | $P_r^n$ | 重复排列 $n^r$ | × | 多项公式 |
| 组合 | $C_r^n$ | 重复组合 $C_r^{n+r-1}$ | 超几何公式 | × |

组合公式的性质，如图3.5所示。

(1) $C_r^n\times r!=P_r^n$，$C_r^n=\dfrac{P_r^n}{r!}$。

(2) $C_r^n=C_{n-r}^n$　(左右对称)。

(3) $C_0^n+C_1^n+C_2^n+\cdots+C_n^n=2^n$。

(4) $C_r^n+C_{r+1}^n=C_{r+1}^{n+1}$。

1
1 1
1 2 1
1 3 3 1
1 4 6 4 1
1 5 10 10 5 1
1 6 15 20 15 6 1

$C_0^3$　$C_0^5$　$\sum=2^3=8$　$C_r^5=\binom{5}{r}$　$C_r^n=C_{n-r}^n$　$C_2^6=C_4^6$　$C_3^5+C_4^5=C_4^6$

图3.5　组合公式的性质

**例题3.5　乘法公式。**

一套音响需要三个部分：收音机，CD唱盘，喇叭；录音机可有可无。现在有10种收音机，8种CD，5种喇叭，3种录音机。请问：音响的组合结果有几种选择？

**解答：**音响的组合结果的选择有：$10\times8\times5\times(3+1)=1600$。

**例题3.6　排列公式。**

一个学会有30个会员，现在要选出1个会长，1 个副会长，1 个秘书长，1个财务长。请问：可能的选举结果有几种？

**解答：**可能的选举结果有：$P_4^{30}=\dfrac{30!}{26!}=30\times29\times28\times27=657\ 720$。

**例题3.7　组合公式。**

一个学会有30 个会员，现在要选出 6个会员当作委员会委员。请问：委员会的组成方式有几种？如果有主任委员，则可能的选举结果有几种？

**解答**：委员会的组成方式有： $C_6^{30}=\binom{30}{6}=\frac{30!}{6!24!}=\frac{30\cdot 29\cdot 28\cdot 27\cdot 26\cdot 25}{6\cdot 5\cdot 4\cdot 3\cdot 2\cdot 1}=593\ 775$ 。

如果有主任委员，则可能的选举结果有 593775 × 6 = 3 562 650。

**例题3.8　多项公式。**

STATISTIC的9个字母排列成的字(不管有没意义)有多少个？

**解答**： $\binom{9}{3,2,2,1,1}=\frac{9!}{3!2!2!1!1!}=\frac{9\times 8\times 7\times 6\times 5\times 4\times 3\times 2\times 1}{1\times 2\times 3\times 2\times 2\times 1\times 1}=9\times 8\times 7\times 6\times 5=15\ 120$ 。

**例题3.9　多项公式。**

一个班级有12个学生，教授决定要给2个“A”，2个“B”，5个“C”，3个“D”。请问：12 个人可能的分数有几种？

**解答**： $\binom{12}{2,2,5,3}=\frac{12!}{2!2!5!3!}=\frac{12\times 11\times 10\times 9\times 8\times 7\times 6}{2\times 2\times 3\times 2\times 1}=12\times 11\times 10\times 9\times 2\times 7=166\ 320$ 。

**例题3.10　超几何公式。**

一个班级的篮球选手有10 个学生 ，其中有6个男生，4个女生。现在要选出5个选手，一定要有3男2女。请问：球队的组成方式有几种？

**解答**：球队的组成方式有： $C_3^6\cdot C_2^4=\binom{6}{3}\cdot\binom{4}{2}=\frac{6!}{3!(6-3)!}\times\frac{4!}{2!(4-2)!}=120$ 。

**例题3.11　重复组合。**

有四种水果：苹果、橘子、梨子、香蕉，可重复取出 12 个，请问有多少可能的选择？

**解答**： $n=4$ ， $r=12$ ， $n+r-1=15$

$$\binom{n+r-1}{r}=\binom{15}{12}=\binom{15}{3}=\frac{15\times 14\times 13}{1\times 2\times 3}=455$$

1到15 个取出 3 个为间隔是一种可能的选择，例如取 3，11，12 为间隔：

1，2，③，4，5，6，7，8，9，10，⑪，⑫，13，14，15 表示 2个苹果、7个橘子、0个梨子、3个香蕉。

**例题3.12　重复排列。**

一个骰子掷出两次，请问样本点有多少可能？

**解答**：一个骰子有六面，样本点有6 × 6 = 36，这是重复排列。如果用重复组合，则有 $C_2^{6+2-1}=C_2^7=21$ ，但是样本点的概率不等，{1，1}的概率是1/36，{1，2}的概率是2/36。

因此，重复组合不适用于，下述古典方法的事件概率计算。

# 3.4 事件概率的计算

如果样本空间很简单，可以列出其样本点，事件$A$的概率$P(A)$的计算，还有下列三种方式：古典方法或逻辑推导、相对次数或模拟仿真、主观判断。前两者(逻辑推导和相对次数)计算出的概率，称作客观概率；主观判断得到的概率，称作主观概率。

## 3.4.1 古典方法

古典方法是用逻辑推导出来的概率又称为古典概率或先天概率。通常，逻辑推导要利用到排列组合的公式。假设每个样本点的概率相同：

$$P(A)= \text{事件}A\text{ 的样本点的数目} \div \text{样本空间的样本点的数目}$$

$$P(A)= \text{事件}A\text{ 的样本点的数目} \times \text{样本点的概率}$$

以上，事件$A$的样本点的数目以及样本空间的样本点的数目是利用(排列组合)公式计算而不是列出样本点。

如果分母用排列公式(有排列次序)，则分子也要用排列公式。如果分母用组合公式(不考虑次序)，则分子也要用组合公式。

**例题3.13** 一个袋子中有10 个球：5 个红球，3 个白球，2 个绿球。取出4 个球，每次取出一球后不放回。请问4 球中，各色球都有($A$)之概率 $P(A)$。

**解答**：样本空间的样本点的数目 = $C_4^{10}$，利用超几何公式：

$$P(A)=\frac{\binom{5}{2}\times\binom{3}{1}\times\binom{2}{1}}{\binom{10}{4}}+\frac{\binom{5}{1}\times\binom{3}{2}\times\binom{2}{1}}{\binom{10}{4}}+\frac{\binom{5}{1}\times\binom{3}{1}\times\binom{2}{2}}{\binom{10}{4}}=\frac{1}{2}$$

分母(组合公式)和分子(超几何公式)都把每个颜色的球，当作“不同”物体。

## 3.4.2 相对次数

假设事件$A$ 是一个试验的事件，若该试验重复$N$ 次，而事件$A$ 出现 $n$次，则事件$A$ 的概率 $P(A)=\frac{n}{N}$。

**例题3.14** 袋子中：5红球，3白球，2绿球。取出4个球不放回，请问各色球都有的概率。

**解答**：利用模拟，实际用袋子装10 个色球，或用计算机仿真。100 次试验，出现不同色球的情况如表3.2所示，有星号(*)者，表示各色球都有的事件。根据100次模拟试验的结果：

$$P(A)=\frac{24+20+10}{100}=0.54$$

如图3.6所示。

表 3.2 模拟(仿真)频数

| 事件 | | | 模拟(仿真)出现频数 |
|---|---|---|---|
| 红色 | 白色 | 绿色 | |
| 4 | 0 | 0 | 1 |
| 3 | 1 | 0 | 11 |
| 3 | 0 | 1 | 6 |
| 2 | 2 | 0 | 13 |
| 2 | 1 | 1 | 24* |
| 2 | 0 | 2 | 7 |
| 1 | 3 | 0 | 4 |
| 1 | 2 | 1 | 20* |
| 1 | 1 | 2 | 10* |
| 0 | 3 | 1 | 2 |
| 0 | 2 | 2 | 2 |
| 模拟(仿真)次数 | | | 100 |

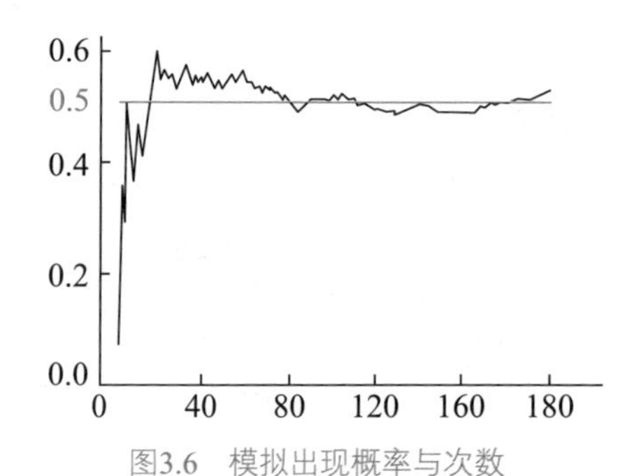

图3.6 模拟出现概率与次数

**大数法则**(Law of large number)：重复试验相当多次后($N$足够大)，相对次数的概率会近似古典方法或逻辑推导的概率。

因为计算机的快速计算，利用计算机jnb或仿真(simulation)，使$N$相当大，可以很方便地计算相对次数。

## 3.4.3 主观判断

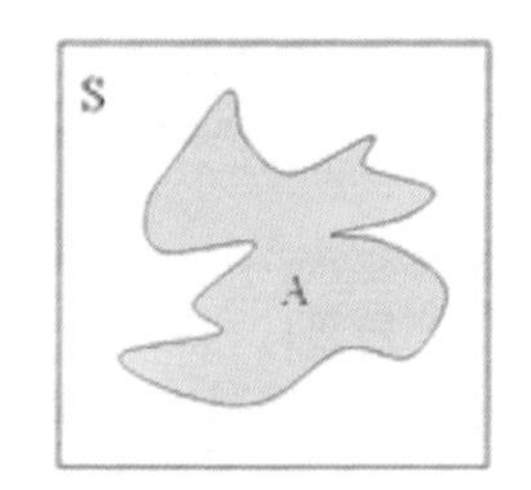

图3.7 例题3.15

如果试验的样本点太复杂无法用逻辑推导，而且仿真试验有困难，则事件$A$的概率 $P(A)$的计算，可能要借助某人或某些人的经验和直觉，利用主观的判断。

**例题3.15** 如图3.7所示，若正方形 S 的面积是 1，则 A 的面积是多少？请分别用逻辑推导、相对次数、主观判断来估计。

**解答：**

(1) 逻辑推导(微积分)：将 S 分成 10×10 = 100 个正方形格子，计算 A 占有多少格子。用 20×20=400个格子，会更准确。

(2) 逻辑推导(物理学)：用一块厚纸板，剪下 S 称其重量，再剪下 A称其重量，比较两者重量。

(3) 相对次数：放大图形，对 S 随机投掷100 个飞镖，假设所有镖都落在 S，计算有多少飞镖落在A区域。

(4) 主观判断：目测法。

# 3.5 条件概率

**条件概率**(conditional probability)$P(A|B)$是，在事件$B$ 确定发生的情况下，事件$A$发生的概率。条件概率是缩小样本空间，以事件$B$为样本空间，计算事件 $A \cap B$ 的概率。条件概率主要应用在判断两个事件的独立或相依，或修正事件发生后条件概率的计算，如图3.8所示。

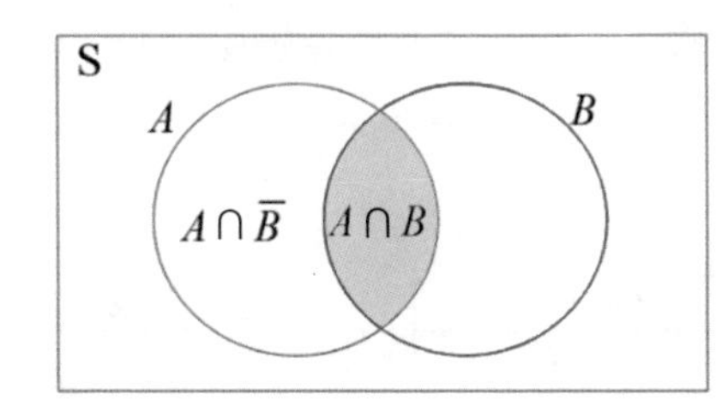


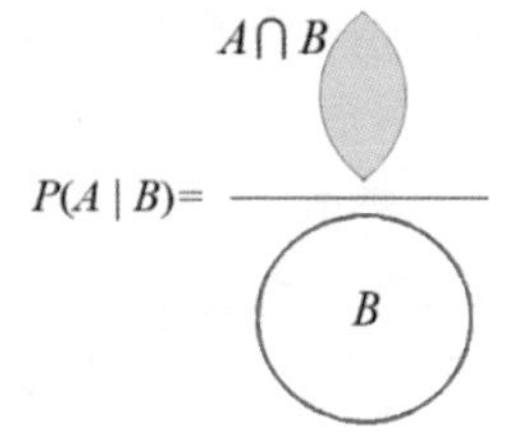


图3.8 条件概率集合表示图

**定义**：若事件$A$ 与$B$ 为同一试验的事件，且 $P(B)\neq 0$，则**条件概率** $P(A \mid B)=\dfrac{P(A \cap B)}{P(B)}$

同理，若 $P(A)\neq 0$，则 $P(B \mid A)=\dfrac{P(A \cap B)}{P(A)}$。

## 3.5.1 正信息、负信息与无信息

有时候对于某些要研究的主题事件$A$，在已经知道**部分信息**(partial information)，例如事件$B$情况下，研究该主题事件$A$的概率，即为条件概率$P(A|B)$。

若$P(A|B)> P(A)$，或 $P(A \cap B) > P(A)P(B)$，则事件$B$带给事件$A$是**正信息**(positive information)，**有用情报**，于是已知$B$事件，可以增加$A$事件的投资(赌注)。

若$P(A|B)< P(A)$，或 $P(A \cap B) < P(A)P(B)$，则事件$B$带给事件$A$是**负信息**(negative information)，于是已知$B$事件，应该减少$A$事件的投资(赌注)。

若$P(A|B)= P(A)$，则事件$B$带给事件$A$是**无信息**(no information)，无信息是无关信息，没有关系的信息，也就是两个事件$A$与$B$是**独立的**(Independent)。已知$B$事件发生，不影响$A$事件发生的概率。

若事件$A$与$B$为互斥事件 $A \cap B=\varphi$，则$P(A|B)= 0 < P(A)$，事件$B$带给事件$A$是(完全)负

信息，有了$B$事件就没有$A$事件(不可能发生)，同理，有了$A$就没有$B$。已知$B$事件发生，应该停止$A$事件的投资(赌注)。

在**数据挖掘**(data mining)的购物篮分析，可以用条件概率检查，买什么东西的顾客，会再买什么东西。例如买尿片的顾客，会买啤酒，$P(B$买啤酒 $|$ $A$买尿片$)> P(B$买啤酒$)$。在赌场赌21点，利用算牌的方法(10点以上大牌或2~6点的小牌)，如果剩下未出的牌，大牌很多(事件$B$)，庄家爆牌(事件$A$)的概率变大，就下大赌注。

表 1.2 的泰坦尼克号存活资料，$S$ = 船上所有人员，$A$ = 存活人员，$B$ = 头等舱旅客，$C$= 二等舱旅客，$D$ = 三等舱旅客，$E$ = 船员组员，所有人员存活率 $P(A)$= 0.32，头等舱旅客存活率 $P(A|B)$= 0.60，二等舱旅客存活率$P(A|C)$= 0.41，三等舱旅客存活率 $P(A|D)$= 0.24，船员组员存活率 $P(A|E)$= 0.24。所以，头等舱旅客、二等舱旅客对存活事件是正信息。三等舱旅客、船员组员对存活事件是负信息。

**定理**：若$P(A|B)> P(A)$，则 $P(B|A)> P(B)$。即：若事件 $B$ 带给事件$A$ 的是正信息，则事件 $A$ 带给事件$B$ 的也是正信息。

**定理**：若$P(A|B)< P(A)$，则 $P(B|A)< P(B)$。即：若事件 $B$ 带给事件$A$ 的是负信息，则事件 $A$ 带给事件$B$的也是负信息。

若$A$(公司利空消息)对$B$(买进股票)是负信息，则$A$对$B$的逆事件 $\bar{B}$ 是正信息。

$A, \bar{A}, B, \bar{B}$ 的关系如图3.9所示，事件独立的关系请见下一节。每个表格有4(2×2)组事件，只要一组关系确定，另外三组关系也可以确定。

| (1) | $B$ | $\bar{B}$ |
|---|---|---|
| $A$ | 正 | 负 |
| $\bar{A}$ | 负 | 正 |

| (2) | $B$ | $\bar{B}$ |
|---|---|---|
| $A$ | 负 | 正 |
| $\bar{A}$ | 正 | 负 |

| (3) | $B$ | $\bar{B}$ |
|---|---|---|
| $A$ | 独立 | 独立 |
| $\bar{A}$ | 独立 | 独立 |

图3.9　$A, \bar{A}, B, \bar{B}$ 事件的关系

**例题3.16和例题3.17**　见下载资料。

**例题3.18**　已经知道掷出两个骰子都是黑色(2，3，5，6)(事件$A$)，则点数和为12(事件$B$)之概率$P(B|A)$是多少？你押注“点数和12”，要不要加码？

**解答：**

**表3.3　骰子点数分布表**

| | | 两个骰子点数和$B_j$ | | | | | | | | | | | |
|---|---|---|---|---|---|---|---|---|---|---|---|---|---|
| | | 2 | 3 | 4 | 5 | 6 | 7 | 8 | 9 | 10 | 11 | 12 | $\#(A_j)$ |
| 骰子颜色 $A_i$ | 2红｛1，4｝ | 1 | 0 | 0 | 2 | 0 | 0 | 1 | 0 | 0 | 0 | 0 | 4 |
| | 1红1黑 | 0 | 2 | 2 | 0 | 4 | 4 | 0 | 2 | 2 | 0 | 0 | 16 |
| | 2黑｛2，3，5，6｝ | 0 | 0 | 1 | 2 | 1 | 2 | 4 | 2 | 1 | 2 | 1 | 16 |
| | $\#(B_i)$ | 1 | 2 | 3 | 4 | 5 | 6 | 5 | 4 | 3 | 2 | 1 | 36 |

如表3.3所示，$P(B)=\dfrac{\#(B)}{\#(S)}=\dfrac{1}{36}$，$P(B\mid A)=\dfrac{\#(A\cap B)}{\#(A)}=\dfrac{1}{16}$，$P(B|A)> P(B)$，则 $A$ 给$B$ 是正信息。

**定理**：若事件 $A$、$B$、$C$、$A_i$ 为同一样本空间的事件，则

(1) 加法律(事件和的概率) $P(A \cup B) = P(A) + P(B) - P(A \cap B)$

$$P(A_1 \cup A_2 \cup \cdots \cup A_n) = \sum_{i=1}^{n} P(A_i) - \sum_{i<j} P(A_i \cap A_j) + \sum_{i<j<k} P(A_i \cap A_j \cap A_k) - \sum_{i<j<k<l} P(A_i \cap A_j \cap A_k \cap A_l) + \cdots + (-1)^{n+1} P(A_1 \cap A_2 \cap \cdots \cap A_n)$$

$$P(A \cup B \cup C) = P(A) + P(B) + P(C) - P(A \cap B) - P(A \cap C) - P(B \cap C) + P(A \cap B \cap C)$$

(2) 乘法律(事件交的概率) $P(A \cap B) = P(A \mid B)P(B) = P(B \mid A)P(A)$

若 $P(A_1 \cap A_2 \cap \cdots \cap A_{n-1}) > 0$，则

$$P(A \cap B \cap C) = P(A)P(B \mid A)P(C \mid A \cap B) = P(B)P(C \mid B)P(A \mid B \cap C) = P(C)P(A \mid C)P(B \mid A \cap C)$$

$$P(A_1 \cap A_2 \cap \cdots \cap A_n) = P(A_1)P(A_2 \mid A_1)P(A_3 \mid A_1 \cap A_2)P(A_4 \mid A_1 \cap A_2 \cap A_3) \cdots P(A_n \mid A_1 \cap A_2 \cap \cdots \cap A_{n-1})$$

**例题3.19　我们来交易吧 Let's Make A Deal (Monty Hall 问题)**

1963 年开始，美国电视游戏节目(主持人 Monty Hall)：有三个门，其中一个门后面有一辆汽车，两个门后有只羊。你选一个门，暂时不打开。主持人打开一个有羊的门，主持人问你："要不要换门？"请问：这时你换或不换？得到汽车的概率各多少？

**解答：**

(1) 选择"换门"策略

如果 $L_1$ 表示第一次选择是错误(羊)，$W_1$ 表示第一次选择是正确(车)；

$L_2$ 表示第二次选择(交换)是错误，$W_2$ 表示第二次选择(交换)是正确。

赢汽车的概率 $P(W_2)= P(L_1 \cap W_2)+P(W_1 \cap W_2)= P(L_1 \cap W_2)$

$= P(W_2 \mid L_1)P(L_1)= 1 \times (2/3)= 2/3$

$L_1$, $P(L_1)=2/3$：
- $L_2$, $P(L_2 \mid L_1)=0$ → $P(L_1 \,\&\, L_2)=0$
- $W_2$, $P(W_2 \mid L_1)=1$ → $P(L_1 \,\&\, W_2)=2/3$

$W_1$, $P(W_1)=1/3$：
- $L_2$, $P(L_2 \mid W_1)=1$ → $P(W_1 \,\&\, L_2)=1/3$
- $W_2$, $P(W_2 \mid W_1)=0$ → $P(W_1 \,\&\, W_2)=0$

(2)选择"不换"策略

如果 $L_1$ 表示第一次选择是错误(羊)，$W_1$ 表示第一次选择是正确(车)；

$L_2$ 表示第二次选择(不换)是错误，$W_2$ 表示第二次选择(不换)是正确。

赢汽车的概率 $P(W_2)= P(L_1 \cap W_2)+P(W_1 \cap W_2)$

$= P(W_1 \cap W_2)= P(W_2 \mid W_1)P(W_1)= 1 \times (1/3)= 1/3$

$L_1$, $P(L_1)=2/3$：
- $L_2$, $P(L_2 \mid L_1)=1$ → $P(L_1 \,\&\, L_2)=2/3$
- $W_2$, $P(W_2 \mid L_1)=0$ → $P(L_1 \,\&\, W_2)=0$

$W_1$, $P(W_1)=1/3$：
- $L_2$, $P(L_2 \mid W_1)=0$ → $P(W_1 \,\&\, L_2)=0$
- $W_2$, $P(W_2 \mid W_1)=1$ → $P(W_1 \,\&\, W_2)=1/3$

简单地说，**选择换门**，原来得到"车子"的(1/3概率)变成得到"羊"，原来得到"羊"的(2/3概率)变成得到"车子"。所以，选择换门，得到"车子"的概率是2/3。

# 3.6 独立事件与互斥事件

**定义**：事件$A$与$B$为同一试验的事件，若$A \cap B = \varphi$，则称事件$A$和$B$为**互斥事件**(mutually exclusive)。

互斥事件是：两个事件的交集为空集合 $\varphi$，所以 $P(A \cap B) = 0$。

**定义**：若事件 $A_1, A_2, \cdots, A_n$ 为$n$个事件，对于任何两个事件：$A_i \cap A_j = \varphi, \quad i \neq j$。

则称事件 $A_1, A_2, \cdots, A_n$ 为**互斥事件**。

互斥事件是任何两个以上事件交集是空集合，即是两两互斥。

**定理**：若事件$A$和$B$为互斥事件，则 $P(A \cup B) = P(A) + P(B)$

**定义**：事件$A$与$B$为同一试验的事件，若下列两条件之一成立：

(1) $P(A|B) = P(A)$；

(2) $P(B|A) = P(B)$。

则称事件$A$和$B$为**独立事件**(independent events)。

独立事件是：一个事件发生的概率，不影响另一个事件发生的概率。

**定理**：若且唯若事件$A$和$B$为独立事件，则 $P(A \cap B) = P(A)P(B)$。

**定理**：若事件$A$和$B$为独立事件，则$A$和$\overline{B}$为独立事件、$\overline{A}$和$B$为独立事件、$\overline{A}$和$\overline{B}$为独立事件。

上述4(2×2)组事件，只要一组独立，另外三组也会是独立。由此推广，($m$×$n$)组事件的列联表，如果列联表有($m$−1)×($n$−1)组事件独立，则所有组也会是独立。这就是所谓“自由度”，如图3.10所示。(请见第12章)

| 列联表 | $B$ | $\overline{B}$ |
|---|---|---|
| $A$ | 独立 | 独立 |
| $\overline{A}$ | 独立 | 独立 |

| 列联表 | $B_1$ | $B_2$ |
|---|---|---|
| $A_1$ | 独立 | 独立 |
| $A_2$ | 独立 | 独立 |
| $A_3$ | 独立 | 独立 |

图3.10　列联表的独立

**例题3.20**　甲公司的100个员工，性别与婚姻状况的列联表，如表3.4所示。

$A_1$ =男性员工，$A_2$ =女性员工，

$B_1$ =单身员工，$B_2$ =已婚员工，$B_3$ =鳏寡员工，$B_4$ =离婚员工

**表3.4　性别与婚姻状况的列联表**

| | | 性质2(婚姻状态) | | | | |
|---|---|---|---|---|---|---|
| | | 单身$B_1$ | 已婚$B_2$ | 鳏寡$B_3$ | 离婚$B_4$ | 总共 |
| 性质1(性别) | 男性$A_1$ | 17 | 20 | 1 | 2 | 40 |
| | 女性$A_2$ | 25 | 29 | 3 | 3 | 60 |
| | 总共 | 42 | 49 | 4 | 5 | 100 |

(1) $A_1$ 与 $A_2$ 是否独立事件？

(2) $A_1$ 与 $B_2$ 是否独立事件？

(3) $A_2$ 与 $B_4$ 是否独立事件？

**解答**：(1) $A_1$ 与 $A_2$ 是互斥事件，且 $P(A_1)>0$, $P(A_2)>0$，所以不是独立事件。

(2) $P(A_1|B_2)=\dfrac{P(A_1\cap B_2)}{P(B_2)}=\dfrac{20/100}{49/100}\neq P(A_1)=\dfrac{40}{100}$，$A_1$ 与 $B_2$ 不是独立事件。

(3) $P(A_2|B_4)=\dfrac{P(A_2\cap B_4)}{P(B_4)}=\dfrac{3/100}{5/100}=P(A_2)=\dfrac{60}{100}$，$A_2$ 与 $B_4$ 是独立事件。

如表3.5所示。

如果 $\#(A)$=事件$A$ 的样本点数目，$\#(S)$= 样本空间 $S$的样本点数目。

若$A$和 $B$ 是列联表的事件 $\#(A\cap B)\#(S)=\#(A)\#(B)$，则$A$和 $B$是独立。

若$A$和 $B$ 是列联表的事件 $\#(A\cap B)\#(S)>\#(A)\#(B)$，则$A$和 $B$是正信息。

若$A$和 $B$ 是列联表的事件 $\#(A\cap B)\#(S)<\#(A)\#(B)$，则$A$和 $B$是负信息。

在第14章检验列联表独立，$\#(A\cap B)$ 的理论值就是 $\#(A)\#(B)/\#(S)$ 。

**表3.5　性别与婚姻状态列联表**

| | | 性质2(婚姻状态) | | | | |
|---|---|---|---|---|---|---|
| | | 单身$B_1$ | 已婚$B_2$ | 鳏寡$B_3$ | 离婚$B_4$ | 总共 |
| 性质1(性别) | 男性$A_1$ | 17(正面) | 20(正面) | 1(负面) | 2(独立) | 40 |
| | 女性$A_2$ | 25(负面) | 29(负面) | 3(正面) | 3(独立) | 60 |
| | 总共 | 42 | 49 | 4 | 5 | 100 |

**定理**：若 $P(B|A)=P(B|\bar{A})$，则A和B为独立事件。

证明：$P(B|A)=P(B|\bar{A})\Rightarrow P(A\cap B)/P(A)=P(\bar{A}\cap B)/P(\bar{A})=[P(B)-P(A\cap B)]/[1-P(A)]$

$\Rightarrow P(A\cap B)[1-P(A)]=P(A)[P(B)-P(A\cap B)]\Rightarrow P(A\cap B)-P(A)P(A\cap B)=P(A)$

$P(B)-P(A)P(A\cap B)$

$\Rightarrow P(A\cap B)=P(A)P(B)$

事件$A$和$B$只有三种情况：(1)独立事件；(2)互斥事件；(3)非独立事件且非互斥事件。

如果 $P(A)>0$，$P(B)>0$，且$A$，$B$是独立事件，则 $P(A\cap B)=P(A)P(B)>0$，所以$A$，$B$不是互斥事件。

如果$P(A)>0$，$P(B)>0$，且$A$，$B$是互斥事件，则 $P(A|B)=P(A\cap B)/P(B)=0\neq P(A)$，所以$A$，$B$不是独立事件。

因此，如果 $P(A)>0$，$P(B)>0$，$A$，$B$是独立事件，就不可能是互斥事件；如果$A$，$B$是互斥事件，就不可能是独立事件。

**例题3.21**

如图3.11 的集合图的关系，$A$，$B$两个事件，从互斥 $A\cap B=\varphi$ 开始；若 $A\cap B$ 不为空集合但很小，互为负信息；$A\cap B$ 越大，成为独立 $[A:S=(A\cap B):B]$；然后 $A\cap B$ 更大，互为正信息；最后是 $A\subseteq B$ 或 $B\subseteq A$：若 $A\subseteq B$，则 $P(A|B)=P(A)/P(B)>P(A)$；若 $B\subseteq A$，则 $P(A|B)=1$。所以，两事件的交 $A\cap B$ 越大，越是互为正信息；两事件的交

$A \cap B$越小，越是互为负信息；两事件互斥，$P(A|B)=0$，当然互为负信息。

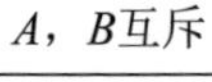


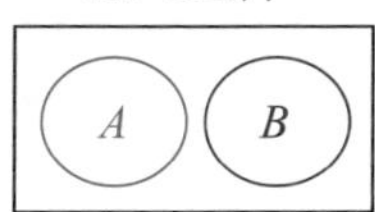


A，B互为负面信息

A，B非互斥非独立

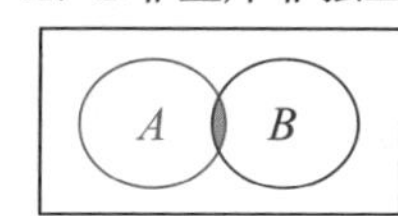


A，B互为负面信息

A，B独立

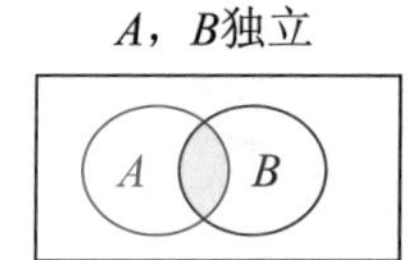


A，B互为无信息

A，B非互斥非独立

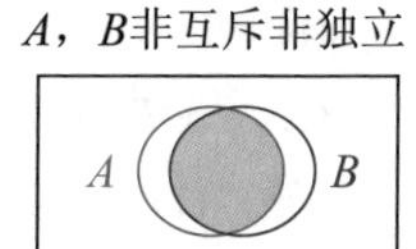


A，B互为正面信息

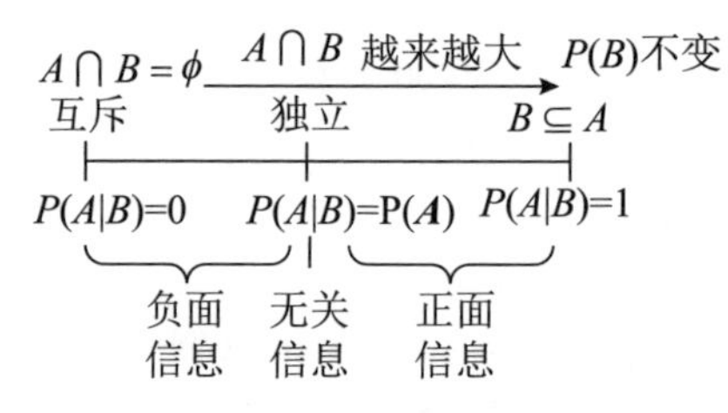


图3.11　两事件的互斥、独立和信息的关系

**定义**：若事件 $A_1,A_2,\cdots,A_n$ 为$n$个事件，对于其中任何$k$个事件：

$$P(A_{i_1} \cap A_{i_2} \cap \cdots \cap A_{i_k}) = P(A_{i_1}) \times P(A_{i_2}) \times \cdots \times P(A_{i_k}), \qquad k=2,\cdots,n$$

则称事件 $A_1,A_2,\cdots,A_n$ 为**相互独立事件**(mutually independent)。

若事件$A$，$B$和$C$为相互独立事件，则 $P(A \cap B)=P(A)P(B)$，$P(A \cap C)=P(A)P(C)$，$P(B \cap C)=P(B)P(C)$，$P(A \cap B \cap C)=P(A)P(B)P(C)$，$P(A|B \cap C)=P(A)$。

**定义**：若事件 $A_1,A_2,\cdots,A_n$ 为$n$个事件，对于其中任何两个事件：

$$P(A_i \cap A_j)=P(A_i) \times P(A_j), \qquad i \neq j$$

则称事件 $A_1,A_2,\cdots,A_n$ 为**两两独立事件**(pairwise mutually independent)。

相互独立事件，一定是两两独立。但是两两独立事件，不一定是相互独立。

如图3.12所示，事件 $A_1,A_2,\cdots,A_n$ 有四种情况：(1)互斥事件；(2)非两两独立且非互斥事件；(3)相互独立事件；(4)两两独立但非相互独立事件。

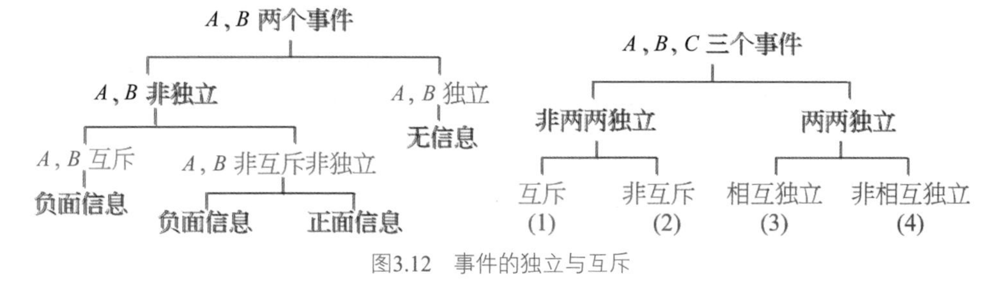


图3.12　事件的独立与互斥

# 3.7 贝叶斯公式

**贝叶斯定理**(Bayes' theorem)通常用在，将**验前概率**(prior probability)修改为**验后概**

率(posterior probability)。如果将事件 $A$ 称为本质，将事件 $B$ 称为表象(或称为证据)。已知本质的概率(验前概率)，和从本质看表象的条件概率(或称为**似然概率**likelihood probability)，则要计算从表象看本质的条件概率(验后概率)。例如：有病(癌症)是本质，检验结果阳性是表象，已知癌症的概率(验前概率)，和癌症的检验结果是阳性的条件概率(或称为似然概率)，贝叶斯公式则要计算，检验结果阳性会是癌症的概率(验后概率)，如图3.13所示。

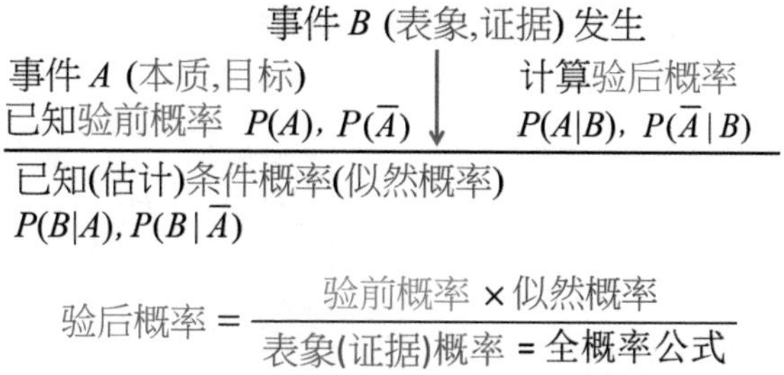

事件 $B$ (表象,证据) 发生

事件 $A$ (本质,目标)
已知验前概率 $P(A)$, $P(\bar{A})$

计算验后概率
$P(A|B)$, $P(\bar{A}|B)$

已知(估计)条件概率(似然概率)
$P(B|A), P(B|\bar{A})$

$$验后概率 = \frac{验前概率 \times 似然概率}{表象(证据)概率 = 全概率公式}$$

图3.13　贝叶斯公式应用概念图

**定理**：若事件$A$ 与$B$ 为同一试验的事件，则

$$P(B) = P(A \cap B) + P(\bar{A} \cap B) = P(A \cap B) + P(B - A)$$

$$P(B) = P(B|A)P(A) + P(B|\bar{A})P(\bar{A})$$

**定理**：**全概率公式**(total probability theorem)：若事件 $A_1, A_2, \cdots, A_n$ 为一个完备事件组，则

$$P(B) = \sum_{i=1}^{n} P(B \cap A_i) = \sum_{i=1}^{n} P(B|A_i)P(A_i)$$

**定理**：**贝叶斯公式**：若事件$A$ 与$B$ 为同一样本空间的事件，且 $P(B) \neq 0$，则

$$P(A|B) = \frac{P(B|A)P(A)}{P(B|A)P(A) + P(B|\bar{A})P(\bar{A})}$$

贝叶斯公式最重要的是区别哪个事件是本质，哪个事件是表象。例如：有肺病(本质)的验前概率，与抽烟(表象)得肺病的验后概率。表象只有正($B$)或负($\bar{B}$)两个结果，本质可以有多个互斥的可能 $\{A_1, A_2, \cdots, A_k\}$。

例如：有三台生产设备(本质)的生产比率(验前概率)，每台生产次品(表象)率(条件概率)，则次品(表象)是由某台生产设备生产的概率(验后概率)。

贝叶斯公式的一般形式如下：

**定理**：若 $\{A_1, A_2, \cdots, A_k\}$ 为$S$的一个完备事件组，即 $A_i \cap A_j = \varphi$，$i \neq j$，且$B$ 为另一事件，$P(B) \neq 0$，则

$$P(A_i|B) = \frac{P(B|A_i)P(A_i)}{\sum_{j=1}^{k} P(B|A_j)P(A_j)} \qquad i = 1, 2, \cdots, k$$

可以从表3.6和表3.7检查 $A_i$ 和 $B_i$，是独立、正信息或负信息。

表3.6 贝叶斯公式的计算步骤

| 列联表 | 表象 | | 验前概率 已知 | | |
|---|---|---|---|---|---|
| | $B$ | $\bar{B}$ | $P(A_i)$ | $P(B\mid A_i)$ | $P(\bar{B}\mid A_i)$ |
| 本 $A_1$ | ⑦=①×③ | ⑨=①×⑤ | ① | ③ | ⑤=1−③ |
| 质 $A_2$ | ⑧=②×④ | ⑩=②×⑥ | ② | ④ | ⑥=1−④ |
| $P(B_i)$ | ⑪=⑦+⑧ | ⑫=⑨+⑩ | 1 | | |
| $P(A_1\mid B_i)$ | ⑬=⑦/⑪ | ⑮=⑨/⑫ | 验后概率 | | |
| $P(A_2\mid B_i)$ | ⑭=⑧/⑪ | ⑯=⑩/⑫ | | | |

表3.7 贝叶斯公式的计算步骤

| 列联表 | 表象 | | 验前概率 已知 | | |
|---|---|---|---|---|---|
| | $B$ | $\bar{B}$ | $P(A_i)$ | $P(B\mid A_i)$ | $P(\bar{B}\mid A_i)$ |
| 本 $A_1$ | ⑩=①×④ | ⑬=①×⑦ | ① | ④ | ⑦=1−④ |
| 质 $A_2$ | ⑪=②×⑤ | ⑭=②×⑧ | ② | ⑤ | ⑧=1−⑤ |
| $A_3$ | ⑫=③×⑥ | ⑮=③×⑨ | ③ | ⑥ | ⑨=1−⑥ |
| $P(B_i)$ | ⑯=⑩+⑪+⑫ | θ=⑬+⑭+⑮ | 1 | | |
| $P(A_1\mid B_i)$ | ⑩/⑯ | ⑬/θ | 验后概率 | | |
| $P(A_2\mid B_i)$ | ⑪/⑯ | ⑭/θ | | | |
| $P(A_3\mid B_i)$ | ⑫/⑯ | ⑮/θ | | | |

**例题3.22** 老王想买一辆中古的C 车，市场调查统计，中古C 车有30% 是引擎有毛病的车。他请一位专家试车。根据这位专家的过去记录，如果是一部问题车，这位专家有90% 的概率发现它有问题，但是有10% 会误认为它是没问题。如果是一部好车，这位专家有80% 的概率会认为没问题，但是有20%会误认为有问题。

(1) 如果这位专家试车以后，认为没问题，那么这车子是好车的概率是多少？

(2) 如果这位专家试车以后，认为有问题，那么这车子是问题车的概率是多少？

买到好车的事前概率，与试车以后没有问题而是好车的事后概率如图3.14所示。

试车后专家认为没问题 (表象)

| 好车(本质)<br>已知验前概率<br>$P$(好车), $P$(问题车) | 计算验后概率<br>$P$(好车 \| 没问题) |
|---|---|
| 估计 $P$(没问题 \| 好车)<br>$P$(没问题 \|问题车) | $P$(问题车 \| 有问题) |

图3.14 贝叶斯公式应用

**解答：** 令$A$ = 这车子是好车，$\bar{A}$ = 这车子不是好车。

令$B$ = 专家认为没问题，$\bar{B}$ = 专家认为有毛病。

事前(试车前)概率： $P(A)=0.7,\ P(\bar{A})=0.3$

$$P(B\mid A)=0.8,\ P(\bar{B}\mid A)=0.2,\ P(B\mid \bar{A})=0.1,\ P(\bar{B}\mid \bar{A})=0.9$$

全概率公式：

$$P(B)=P(B\mid A)P(A)+P(B\mid \bar{A})P(\bar{A})=(0.8)(0.7)+(0.1)(0.3)=0.59$$

因为$P(B|A) \geqslant P(B)$，$A$和$B$互为正信息，所以：

$$P(A|B)=\frac{P(B|A)P(A)}{P(B|A)P(A)+P(B|\bar{A})P(\bar{A})}=\frac{(0.8)(0.7)}{(0.8)(0.7)+(0.1)(0.3)}=0.95$$

$$P(\bar{A}|\bar{B})=\frac{P(\bar{B}|\bar{A})P(\bar{A})}{P(\bar{B}|\bar{A})P(\bar{A})+P(\bar{B}|A)P(A)}=\frac{(0.9)(0.3)}{(0.9)(0.3)+(0.2)(0.7)}=0.66$$

如表3.8，结论是：如果专家认为没问题，则好车的概率，从0.7升到0.95(正信息)。如果专家认为有毛病，则问题车的概率，从0.3升到0.66(正信息)。

表 3.8　事前概率占事后概率

| 专家认 \ 实际是 | 没问题 | 有问题 | 已知 | | |
|---|---|---|---|---|---|
| | $B_1$ | $B_2$ | $P(A_i)$ | $P(B_1 \mid A_i)$ | $P(B_2 \mid A_i)$ |
| 好车　$A_1$ | 0.56 | 0.14 | 0.7 | 0.8 | 0.2 |
| 问题车　$A_2$ | 0.03 | 0.27 | 0.3 | 0.1 | 0.9 |
| $P(B_i)$ | 0.59 | 0.41 | 1 | | |
| $P(A_1 \mid B_i)$ | 0.95 | 0.34 | | | |
| $P(A_2 \mid B_i)$ | 0.05 | 0.66 | | | |

上述结果，请对照图3.8(1)的情况。

**例题3.23**　全概率公式、概率公理、列联表、事件独立、事件正负信息。

# 3.8 《中文统计》应用

## 3.8.1 Monty Hall 问题(例题3.19)

换门游戏：请选择一个门 → 选择要不要换 → 结果是赢或输 → 累积概率。

模拟：“换门” 100 次模拟的累积概率或“不换”100 次模拟的累积概率，如图3.15所示。

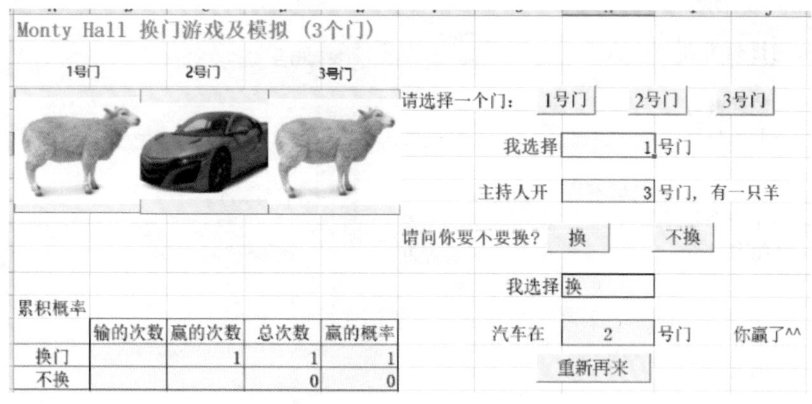


图3.15　换门游戏及模拟

## 3.8.2 贝叶斯定理(例题3.20)

如图3.16所示。

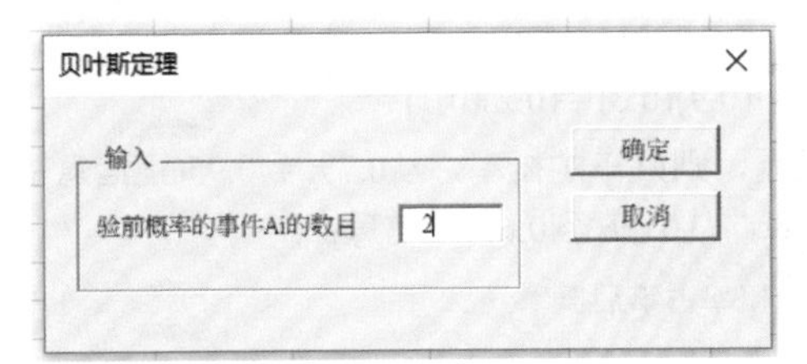


| 贝叶斯定理 | | | | |
|---|---|---|---|---|
| 事件数目 | 2 | | 重新计算 | |
| | | | | |
| 事件 | 验前概率 | 条件概率 | 交集概率 | 验后概率 |
| Ai | P(Ai) | P(B\|Ai) | P(Ai∩B) | P(Ai\|B) |
| A1 | 0.7 | 0.8 | 0.56 | 0.949153 |
| A2 | 0.3 | 0.1 | 0.03 | 0.050847 |
| Total | 1 | P(B)= | 0.59 | |

图3.16　贝叶斯定理的应用

## 3.8.3 贝叶斯公式计算

如图3.17所示。

| 贝叶斯公式计算(Bayesian rule) | | | | | | |
|---|---|---|---|---|---|---|
| 请在浅蓝色单元格填入数据 | | | | | | |
| | | | | | | |
| | | 表象 | | 验前概率 | | |
| | | B1 | B2 | P(Ai) | P(B1\|Ai) | P(B2\|Ai) |
| 本质 | A1 | 0.0625 | 0 | 0.06 | 1.00 | 0 |
| | A2 | 0.0625 | 0.5 | 0.56 | 0.11 | 0.888889 |
| | A3 | 0.125 | 0.25 | 0.38 | 0.33 | 0.666667 |
| 全概率公式 | P(Bi) | 0.25 | 0.75 | | | |
| 验后概率 | P(A1\|Bi) | 0.25 | 0 | | | |
| | P(A2\|Bi) | 0.25 | 0.666667 | | | |
| | P(A3\|Bi) | 0.5 | 0.333333 | | | |

图3.17　贝叶斯公式计算

## 3.8.4 排列组合

如图3.18所示。

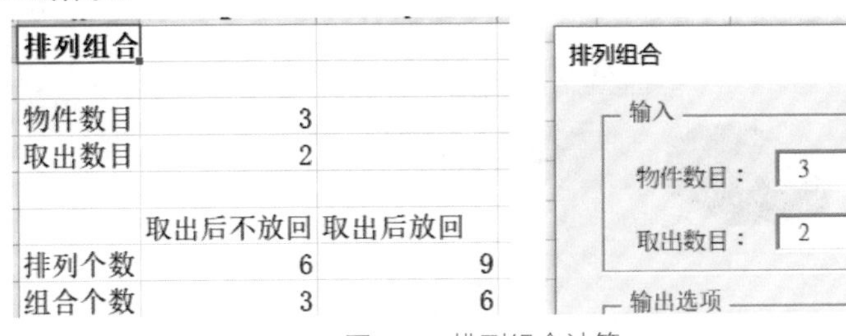

| 排列组合 | | |
|---|---|---|
| | | |
| 物件数目 | 3 | |
| 取出数目 | 2 | |
| | | |
| | 取出后不放回 | 取出后放回 |
| 排列个数 | 6 | 9 |
| 组合个数 | 3 | 6 |



图3.18　排列组合计算

# 3.9 R语言应用

```
> if(!require(LaplacesDemon)){install.packages("LaplacesDemon")} ;
library(LaplacesDemon)
> # 例题3.20
> PrA <- c(0.7,0.3)          # 验前概率
> PrBA <- c(0.8,0.1)         # 条件概率 似然概率
> BayesTheorem(PrA,PrBA)     # 验后概率
[1] 0.9492 0.0508
> # 例题3.21
> PrA <- c(1/16,9/16,6/16) # 验前概率
> PrBA <- c(1,1/9,1/3)       # 条件概率 似然概率
> BayesTheorem(PrA,PrBA)     # 验后概率
[1] 0.25 0.25 0.50
> if(!require(gtools)){install.packages("gtools")} ; library(gtools)
> x <- c('red','blue','green')
> pR <- permutations(n=3,r=2,v=x,repeats.allowed=T)
> nrow(pR)                   # 排列组合 P(3,2)取出后放回
[1] 9
> pW <- permutations(n=3,r=2,v=x)
> nrow(pW)                   # 排列 P(3,2)取出后不放回
[1] 6
> cW <- choose(n=3,k=2); cW # 组合 C(3,2)取出后不放回
[1] 3
> cR <- function(n,r){return(factorial(n+r-1)/
(factorial(r)*factorial(n-1)))}
> cR(3,2)                    # 组合 C(3,2)取出后放回
[1] 6
```

# 3.10 本章流程图

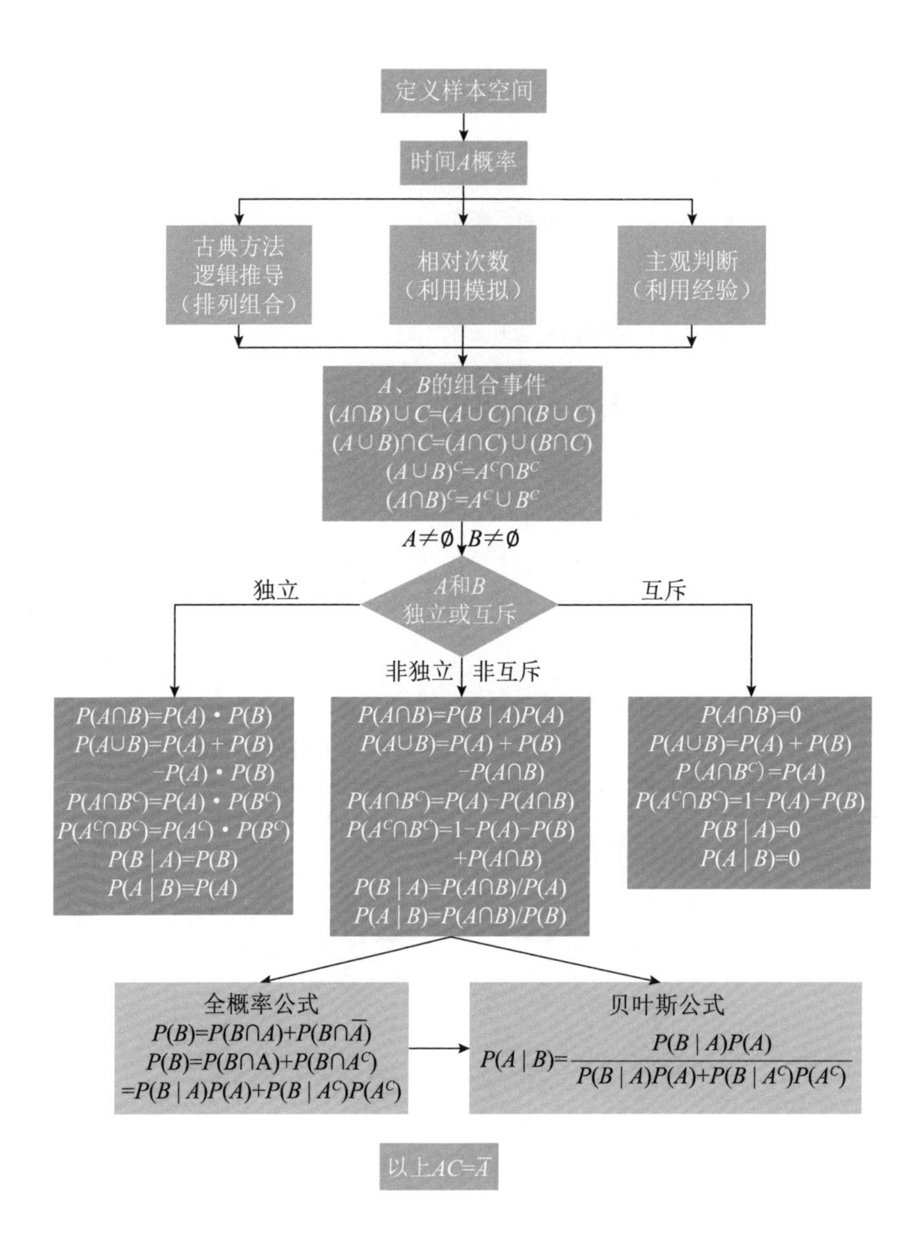

定义样本空间
时间A概率
古典方法
逻辑推导
（排列组合）
相对次数
（利用模拟）
主观判断
（利用经验）
A、B的组合事件
(A∩B)∪C=(A∪C)∩(B∪C)
(A∪B)∩C=(A∩C)∪(B∩C)
(A∪B)^C=A^C∩B^C
(A∩B)^C=A^C∪B^C
A≠∅ B≠∅
A和B
独立或互斥
独立
互斥
非独立 非互斥
P(A∩B)=P(A)・P(B)
P(A∪B)=P(A)+P(B)
−P(A)・P(B)
P(A∩B^C)=P(A)・P(B^C)
P(A^C∩B^C)=P(A^C)・P(B^C)
P(B|A)=P(B)
P(A|B)=P(A)
P(A∩B)=P(B|A)P(A)
P(A∪B)=P(A)+P(B)
−P(A∩B)
P(A∩B^C)=P(A)−P(A∩B)
P(A^C∩B^C)=1−P(A)−P(B)
+P(A∩B)
P(B|A)=P(A∩B)/P(A)
P(A|B)=P(A∩B)/P(B)
P(A∩B)=0
P(A∪B)=P(A)+P(B)
P(A∩B^C)=P(A)
P(A^C∩B^C)=1−P(A)−P(B)
P(B|A)=0
P(A|B)=0
全概率公式
P(B)=P(B∩A)+P(B∩Ā)
P(B)=P(B∩A)+P(B∩A^C)
=P(B|A)P(A)+P(B|A^C)P(A^C)
贝叶斯公式
P(A|B)=P(B|A)P(A) / [P(B|A)P(A)+P(B|A^C)P(A^C)]
以上A^C=Ā

# 3.11 本章思维导图

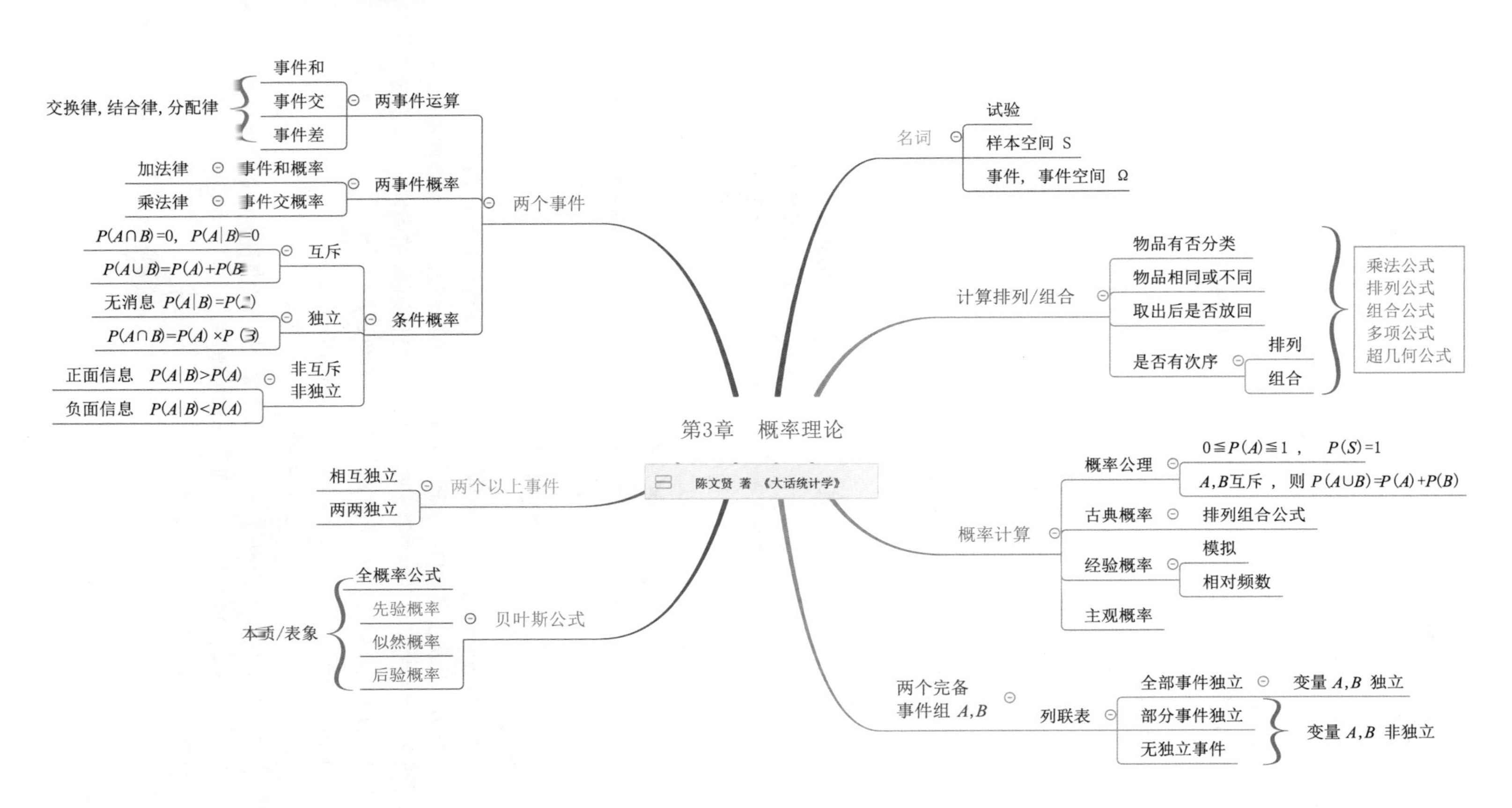

第3章 概率理论
陈文贤 著 《大话统计学》
两个事件
两事件运算
事件和
事件交
事件差
交换律，结合律，分配律
两事件概率
加法律
事件和概率
乘法律
事件交概率
条件概率
互斥
$P(A\cap B)=0$，$P(A|B)=0$
$P(A\cup B)=P(A)+P(B$
独立
无消息 $P(A|B)=P($
$P(A\cap B)=P(A)\times P$
非互斥
非独立
正面信息 $P(A|B)>P(A)$
负面信息 $P(A|B)<P(A)$
两个以上事件
相互独立
两两独立
贝叶斯公式
全概率公式
先验概率
似然概率
后验概率
本质/表象
名词
试验
样本空间 S
事件，事件空间 Ω
计算排列/组合
物品有否分类
物品相同或不同
取出后是否放回
是否有次序
排列
组合
乘法公式
排列公式
组合公式
多项公式
超几何公式
概率计算
概率公理
$0\leq P(A)\leq 1$，$P(S)=1$
$A,B$互斥，则 $P(A\cup B)=P(A)+P(B)$
古典概率
排列组合公式
经验概率
模拟
相对频数
主观概率
两个完备事件组 $A,B$
列联表
全部事件独立
变量 $A,B$ 独立
部分事件独立
无独立事件
变量 $A,B$ 非独立

# 3.12 习题

1. 令$A$，$B$为样本空间$S$中的两个事件，若 $P(B)=0.3$，$P(A\cap B)=0.12$，$P(\bar{A}\cap\bar{B})=0.42$，计算：

(1)$P(A)$

(2)$P(A\cap\bar{B})$

(3)$A$和 $B$ 是否为独立事件？为什么？

(4)$P(A|B)$

(5)$A$，$B$，$\bar{A}$，$\bar{B}$ 是否为互斥事件？为什么？

2. 从一副扑克牌52 张中取5 张，试求下列样本点数目：

(1)若每张取出后不放回，5 张有排列顺序。

(2)若每张取出后不放回，5 张没有排列顺序。

(3)若每张取出后放回，5 张有排列顺序。

(4)若每张取出后放回，5 张没有排列顺序。

3. 从一副标准扑克牌中选取五张，试求下列概率？

(1)一对(one pair)的概率？

(2)两对(two pairs)的概率？

(3)三条(three of a kind)的概率？

(4)顺子(straight)的概率？

(5)同花(flush)的概率？

(6)葫芦(full house)的概率？

(7)四条(four of a kind)的概率？

(8)同花顺(straight flush)的概率？

4. 某工厂有四部机器生产相同产品，已知甲机器产量为乙机器的二倍，乙为丙的二倍，丙为丁的二倍，且甲、乙、丙及丁各有5%、4%、3%、2% 的不良品，今随机抽取一件，发现其为不良品，试问此一产品为甲机器所生产的概率为多少?

5. 某甲在其上班公司的一份年度报告中称: 该公司60 名新员工中，会游泳的35 人，会开汽车的24 人，会使用计算机的25 人，会游泳又会开车的12 人，会游泳又会使用计算机的10人，会开车又会使用计算机的8 人，三者皆会的7 人。 这份报告呈上后，某甲被上司判定工作不力，为何?

6. 某公司鼓励员工空闲时多做运动，为了增购运动器材，调查所有员工对于运动的偏好，有60% 的员工喜欢打乒乓球，有50%的员工喜欢打羽毛球，两者都喜欢的占30%，设$E$ 为员工喜欢打乒乓球的事件，$F$ 为员工喜欢打羽毛球的事件，问下列概率值为多少？

(1) $P(E)$　　(2) $P(F)$　　(3) $P(E\cap F)$

(4) $P(E\cup F)$　　(5) $P(F\mid E)$　　(6) $P(E\mid F)$

(7)员工打乒乓球的偏好与打羽毛球的偏好是否独立？

7. 某一数学系有12 个成员，5位为高年级，7 位为低年级，如果要从其中任意选 4 人参加会议，试求4 人当中高年级多于低年级的概率。

其他习题请下载。

# 第4章 随机变量概述

随：元亨利贞，无咎。

——《易经第十七卦随卦》

随，《说文》：“从也。”《广雅·释诂》：“随，顺也。”

山水之法，在乎随机应变。

——元·陶宗仪《南村辍耕录》

兵以正合，以奇胜，善之者出奇无穷，奇正还相生。

——司马迁《史记》

总体(参数) —试验→ 样本空间 $S$ —随机变量 $X$→ 实数 $R$

总体(参数) —试验→ 样本空间 $S$ —随机变量 $X$ / 双随机变量 / 随机变量 $Y$→ 实数 $R$

总体(参数) —$n$ 次试验 ($n$ 次抽样)→ 样本空间 $S\times\cdots\times S$ —随机变量 $X_1,X_2,\cdots,X_n$ 随机抽样→ 实数 $R^n$ → 统计量(第6章)

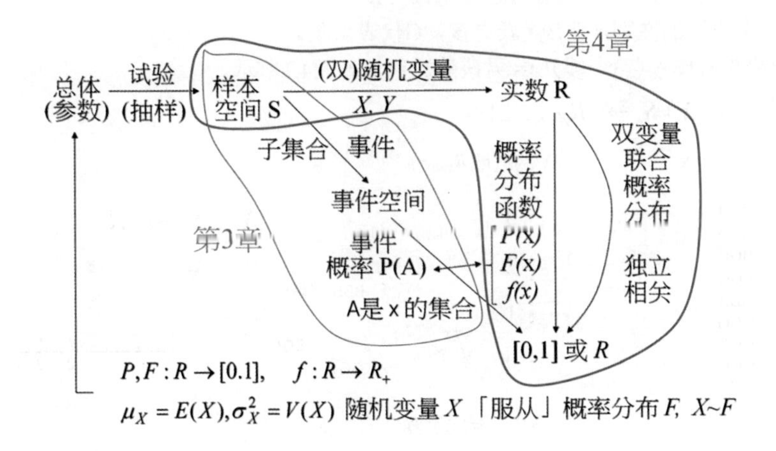

# 4.1 随机变量概述

样本空间的样本点，通常是用文字(如：员工姓名)，符号(如：骰子)或数字(如：产品编号)等来表示。但是，在处理事件的概率上，用文字或符号表达样本点的集合(即事件)，就比较麻烦。同时，我们对数值的结果(如平均数等)比较有兴趣，所以要定义一个将样本空间对应到实数的函数，称作随机变量。

每个随机变量会有对应的概率函数、期望(均值)、方差、偏态系数、峰态系数等。

随机变量是将“样本点”转换成“实数”，配合概率的运算，利用抽样的随机变量，可计算或推断均值、方差等总体的特征(第4，5，6章)。两个随机变量，代表一个总体的两个变量，或两个总体的同一个变量，可以做因果关系的差异、关系和独立的推断(第7，8，9，10章)。

**定义**：**随机变量**(random variable)是，一个将样本空间$S$对应到实数 $R$ 的函数，通常记作$X$。从本章开始，我们用英文字母大写如$X$、$Y$等表示随机变量；用英文字母小写如$x$、$y$等表示实数。 $X:S \to R$

一个样本空间的随机变量，是配合要统计的主题(例如：产品重量或产品是否合格：合格为 1、不合格为 0)，将样本点(例如：产品)对应到实数值。

所以，同一样本空间，不同的统计主题，有不同的随机变量。

随机变量 $X$ 的值域(range)，记作 $R_X$。

$$R_X = \{X(E_i) \mid E_i \in S\}$$

**定义**：若随机变量$X$ 的值域 $R_X$是有限或可数的无限(countable infinite，如1，2，3，…)，则称$X$为**离散型或间断型**(discrete)随机变量。

**定义**：若随机变量$X$ 的值域 $R_X$是包括一个实数区间(interval，如：[0，6]，或[0，∞)等)，则称$X$ 为**连续型**(continuous)随机变量。

$R_X$ 除了离散型(间断型)或连续型，还有衡量尺度(比率、区间、顺序、名目)，另外还有单位(长度、重量、金钱、分数、等级、个数等)。因此，随机变量可以做数学运算、排序、归类、函数等。以下是随机变量的举例：

(1) 三个小孩的性别，令B代表男孩，G代表女孩。

随机变量$X$(样本点3个婴儿)= 男孩的数目，如图4.1所示。

$$X:S \to R_X$$

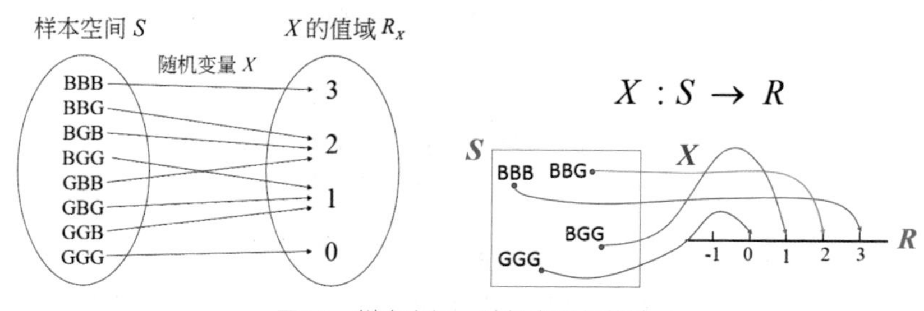


图4.1　样本空间、随机变量与值域

(2) 掷两个骰子，我们知道有36 个样本点。定义样本点 $E_{ij}$ 为第1 个骰子出现 $i$ 点，第2 个骰子出现 $j$ 点，$i$，$j = 1,2,3,4,5,6$。

如果要计算两个骰子的点数和的概率，则随机变量 $X$:

$X\left(E_{ij}\right)=i+j$，$R_X=\{2,3,4,5,6,7,8,9,10,11,12\}$

如果要计算两个骰子的点数差的概率，则随机变量 $Y$:

$Y\left(E_{ij}\right)=|i-j|$，$R_X=\{0,1,2,3,4,5\}$

(3) 掷两个硬币，我们知道有4 个样本点。定义 H 为人头，T 为反面，样本空间为{HH，HT，TH，TT}。如果要计算出现人头的数目的概率，则随机变量 $X$:

$X(\text{HH})=2$，$X(\text{HT})=1$，$X(\text{TH})=1$，$X(\text{TT})=0$，$R_X=\{0,1,2\}$

(4) 100 个学生，代表100 个样本点。定义样本点 $A_i$ 为第 i 个学生，$i=1,2,\cdots,100$。如果要计算男女学生性别的比例，则随机变量$X$:

$X(A_i)=$ 第 $i$ 个学生的性别，$R_X=\{1,2\}$

若 $A_i$ 是男性，则 $X(A_i)=1$；若 $A_i$ 是女性，则 $X(A_i)=2$。

如果要计算学生分数的分布，则随机变量$X$:

$X(A_i)=$ 第 $i$ 个学生的总成绩，$R_X=[0,100]$ (0 ～ 100分)

如果要计算学生身高的平均数，则随机变量$X$:

$X(A_i)=$ 第 $i$ 个学生的身高，$R_X=[150,200]$(150 ～ 200cm)

(5) 100 件产品，已知有20 件故障品。抽出2件产品，则样本点有 $C_2^{100}=4950$ 个。如果要计算出现故障品的概率，则随机变量$X$:

$X=$ 两件产品中故障的数目，$R_X=\{0,1,2\}$

# 4.2 概率分布函数与概率密度函数

因为样本空间的事件，有一个概率函数(见4.4 概率的计算)，所以在随机变量的值域(即实数)，也可以定义一个概率函数如下：

$$P: R_X \to [0,1]$$

随机变量 $X$ 的值域是概率函数 $P$ 的定义域。

$P(r)=P(X=r)=P(\{\text{事件点 } E_i \mid X(E_i)=r\})$

同理 $P(X>r)=P(\{\text{事件点 } E_i \mid X(E_i)>r\})$

**定义**：若$X$ 是离散型随机变量，则$X$ 的**概率分布函数**(probability distribution function，p.d.f.)，或称为$X$ 的**概率质量函数**(probability mass function，p.m.f.)，记作$P(X=x)$，简记 $P(x)$，$P(x)=P(X=x)=P(\{\text{事件点 } E_i \mid X(E_i)=x\})$，满足下列条件：

(1) $0 \leqslant P(x)=P(X=x) \leqslant 1$

(2) $\sum_x P(x)=1$

(3) $P(c \leqslant X \leqslant d)=\sum_{x=c}^{d} P(x)$

**定义**：若$X$是连续型随机变量，其值域为区间$[a, b]$，则$X$的**概率密度函数**(probability density function，p.d.f.)，记作$f_X(x)$，或简记$f(x)$，满足下列条件：

(1) $f(x) \geqslant 0, \quad a \leqslant x \leqslant b$ (注意：$f(x)$有可能大于1)

(2) $\int_a^b f(x)\mathrm{d}x = 1$

(3) $P(c \leqslant x \leqslant d) = \int_c^d f(x)\mathrm{d}x, \quad a \leqslant c < d \leqslant b$

注意：以上虽然都简称p.d.f.，但是要分辨其是离散型或连续型。

若$X$是连续型随机变量，则任何 $c \in R$：$P(X = c) = \int_c^c f(x)\mathrm{d}x = 0$

所以，连续型随机变量在任何一点的概率为0。

但是只要加上一点距离，则$f(c)$还是代表随机变量在该点附近的概率。概率密度好比人口密度，在任何一点的概率(人口数)为0，但是要有一段区间(一块面积)才有概率(人口)。

$$P(c - \frac{\epsilon}{2} \leqslant x \leqslant c + \frac{\epsilon}{2}) = \int_{c-\frac{\epsilon}{2}}^{c+\frac{\epsilon}{2}} f(x)\mathrm{d}x \approx \epsilon f(c)$$

若$X$是连续型随机变量，则任何 $c,d \in R$，$c < d$，如图4.2所示：

$$P(c \leqslant x \leqslant d) = P(c < x \leqslant d) = P(c \leqslant x < d) = P(c < x < d)$$

但是离散型随机变量，上述式子，不一定成立。

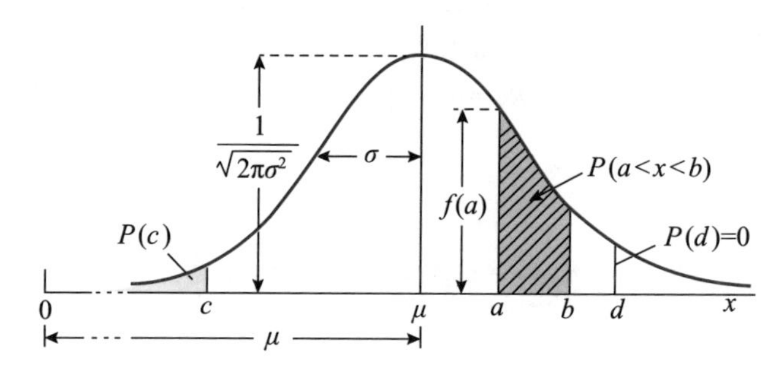


图4.2　正态分布的概率密度图

**定义**：若$X$是离散型随机变量，则$X$的**累积分布函数**(cumulative distribution function，c.d.f.)为$F(X=x)$，简记$F(x)$。

$$F(x) = F(X = x) = P(X \leqslant x) = \sum_{i \leqslant x} P(X = i)$$

**定义**：若$X$是连续型随机变量，则$X$的**累积分布函数**(cumulative distribution function，c.d.f.)为$F(X=x)$，简记$F(x)$。

$$F(x) = F(X = x) = P(X \leqslant x) = \int_{-\infty}^{x} f(y)\mathrm{d}y$$

$$\forall \ a < b \Rightarrow F(a) \leqslant F(b)$$

$$P(X > x) = 1 - P(X \leqslant x) = 1 - F(x)$$

性质：若$X$是离散型随机变量，则$F(x)$是阶梯型上升函数，如图4.3所示。

$$\frac{\mathrm{d}}{\mathrm{d}x}F(x)=f(x)$$

$$P(X\geqslant x)=P(X>x)=1-P(X\leqslant x)=1-F(x)$$

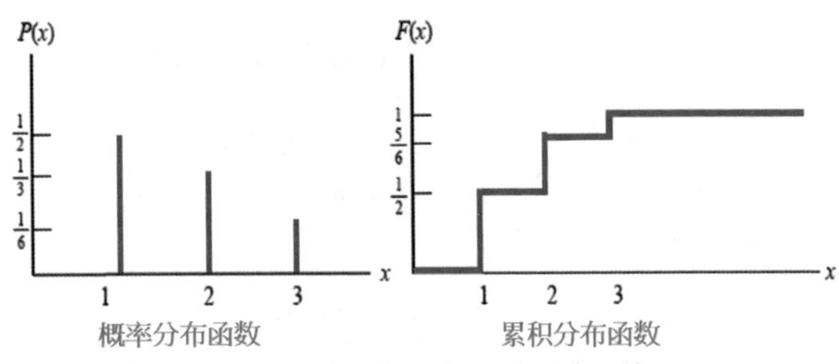


图4.3　概率分布函数与累积分布函数

性质：若$X$是连续型随机变量，则$F(x)$是连续型上升函数，如图4.4所示。$\forall\ a<b\ \Rightarrow\ F(a)\leqslant F(b)$。

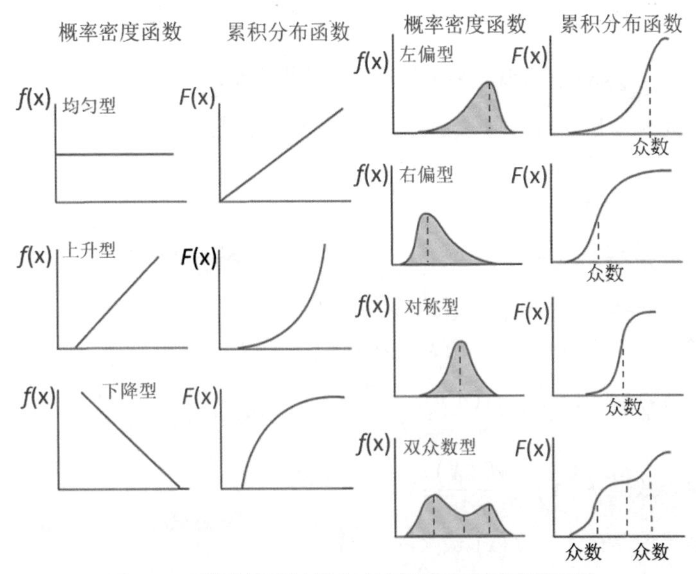


图4.4　几种连续型的概率密度函数和累积密度函数

**例题4.1和例题4.2**　见下载资料。

# 4.3 期望与方差

随机变量的**期望**、**期望值**(expected value)或**平均数**是随机变量的长期出现值的平均。

**定义**：若$X$是离散型随机变量，其值域$R_X=\{x_1,x_2,\cdots,x_k\}$，则$X$的**期望**(expected value)或**平均数(均值)**(mean)，记作$E(X)$或$\mu$；$X$的方差(variance)，记作$V(X)$或$\sigma^2$。

$$\mu=E(X)=\sum_{i=1}^{k}x_iP(x_i)$$

$$\sigma^2=V(X)=E[(X-\mu)^2]=\sum_{i=1}^{k}(x_i-\mu)^2P(x_i)=E(X^2)-\mu^2$$

**定义**：若$X$是连续型随机变量，其概率密度函数为$f(x)$，则$X$的**期望**(expected value)或**平均数**(mean)，记作$E(X)$或$\mu$；$X$的**方差**(variance)，记作$V(X)$或$\sigma^2$，国内有些统计学书，记作$D(X)$。

$$\mu=E(X)=\int_{-\infty}^{\infty}xf(x)\mathrm{d}x$$

$$\sigma^2=V(X)=E[(X-\mu)^2]=\int_{-\infty}^{\infty}(x-\mu)^2f(x)\mathrm{d}x=E(X^2)-\mu^2$$

**定义**：若$X$是随机变量，g($X$)是$X$的一个函数，则

$E[g(X)]=\sum_{i=1}^{k}g(x_i)P(x_i)$，若$X$是离散型随机变量。

$E[g(X)]=\int_{-\infty}^{\infty}g(x)f(x)\mathrm{d}x$，若$X$是连续型随机变量。

**定义**：若$X$是随机变量，则以下是随机变量$X$的**特征数**：

$X$的期望是$E(X)=\mu$；

$X$的方差是$V(X)=\sigma^2=\mu_2$；

$X$的标准差是$\sigma_X=\sqrt{\sigma^2}$；

$X$的三阶中心距是$M_3(X)=E[(X-\mu)^3]=\mu_3$；

$X$的四阶中心距是$M_4(X)=E[(X-\mu)^4]=\mu_4$；

$X$的偏度系数是$S(X)=\dfrac{M_3(X)}{\sigma^3}$；

$X$的峰度系数是$K(X)=\dfrac{M_4(X)}{\sigma^4}$；

$X$的众数是使$P(x_i)$或$f(x)$最大的$x_i$或$x$；

如果$X$是连续型，则$X$的中位数是使$\int_{-\infty}^{x}f(t)\mathrm{d}t=\dfrac{1}{2}$的$x$。

我们将在下一章介绍随机变量的一些常用的概率分布时，尽量列出它们的期望、方差、众数、偏度系数、峰度系数等特征数，如图4.5是离散型随机变量的一些特征数。

**定理**：若$X$是随机变量，$a$与$b$是实数常数，则

(1) $E(a)=a$。

(2) $E(bX)=bE(X)$。

(3) $E(a+bX)=a+bE(X)$。

(4) $V(a)=0$。

(5) $V(bX)=b^2V(X)$。

(6) $V(a+bX)=b^2V(X)$。

(7) $\sigma_{bX}=|b|\sigma_X$。

(8) $\sigma_{a+bX}=|b|\sigma_X$。

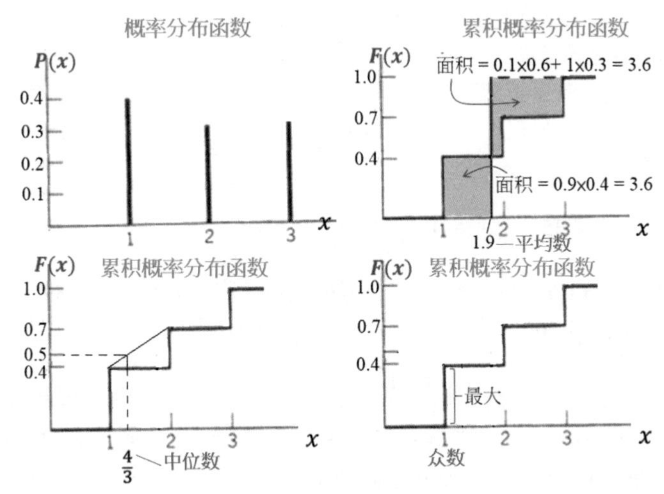


图4.5　离散型累积概率分布

例题4.3　掷一个骰子，随机变量$X$是骰子出现的点数。

计算随机变量$X$的期望值与方差。

**解答：** $P(1)=P(2)=P(3)=P(4)=P(5)=P(6)=\frac{1}{6}$

$$E(X)=1\left(\frac{1}{6}\right)+2\left(\frac{1}{6}\right)+3\left(\frac{1}{6}\right)+4\left(\frac{1}{6}\right)+5\left(\frac{1}{6}\right)+6\left(\frac{1}{6}\right)=3.5$$

$$E(X^2)=1\left(\frac{1}{6}\right)+2^2\left(\frac{1}{6}\right)+3^2\left(\frac{1}{6}\right)+4^2\left(\frac{1}{6}\right)+5^2\left(\frac{1}{6}\right)+6^2\left(\frac{1}{6}\right)=\frac{91}{6}$$

$$V(X)=E(X^2)-\mu^2=\frac{91}{6}-(3.5)^2=\frac{35}{12}$$

如图4.6所示，是概率分布函数的形态与其对应的累积分布函数的形态。

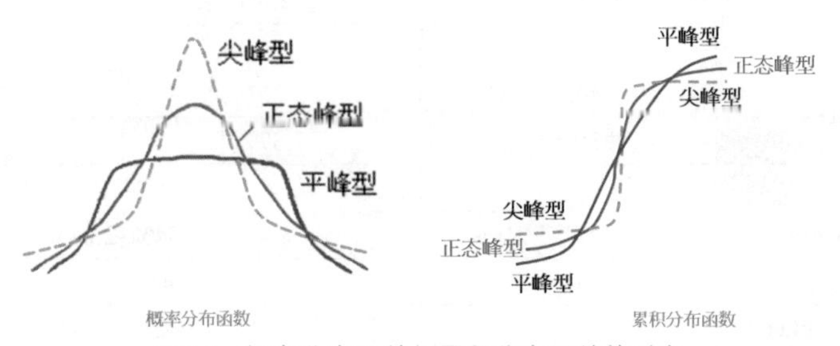


图4.6　概率分布函数与累积分布函数的形态

**例题4.4　竞价的期望值。**

**例题4.5　赌场优势。**

赌场优势(House advantage，House Edge)是在赌场的每一项赌博游戏中，玩家押注一单位，其“玩家期望的负数”，以百分比计算。赌场优势 = 玩家期望的负数 = 赌场的期望。通常玩家的期望是负的，负负得正，赌场优势是正的，赌场优势越大，对玩家越不公平。长期来看，玩家永远是输的，赌场永远是赢的。请计算赌场里，轮盘(Roulette)和百家乐(Baccarat)的赌场优势。

**解答：**美式轮盘(请见第5章习题29题)有38个格子(1~36及0，00)，有9种押注策略，押注1个号码到押注18个号码，每个押注策略是一个随机变量。如果只押一个号码，赔35倍。玩家的期望是：

$$35\times\frac{1}{38}+(-1)\times\frac{37}{38}=-\frac{2}{38}=-0.0526=-5.26\%$$

所以，赌场优势是 5.26%。除了押5个号码(赔6倍)的赌场优势是7.89%，其他8种押注策略的赌场优势都是 5.26%。但是方差就不相同，押注号码越少，赔的倍数越大，方差(风险)也越大。

百家乐使用6或8副扑克牌，规则比较复杂，有3种押注策略：庄家(banker)、闲家(player)、和局(tie)，其概率计算无法用逻辑推导，而用模拟方法。用8副牌：庄家赢概率45.86%、闲家赢概率44.62%、和局赢概率9.52%。押庄家赢赔0.95倍、押闲家赢赔1倍、押和局赢赔8倍。押庄或押闲，出现和局，不输不赢。所以，押庄家赢的赌场优势是 1.053%：

$$0.95\times0.4586+(-1)\times0.4462+0\times0.0952=-0.01053=-1.053\%$$

我们将常见的赌博游戏的赌场优势，列表如表4.1。

表4.1　赌博游戏的赌场优势

| 赌博游戏 | 押注策略 | 赌场优势 | |
|---|---|---|---|
| 百家乐 Baccarat | | 8副牌 | 1副牌 |
| | 押庄家(赔0.95) | 1.05% | 1.01% |
| | 押闲家(赔1) | 1.24% | 1.28% |
| | 押和局(赔8) | 14.32% | 15.76% |
| 21点 Blackjack | | 6副牌 | 1副牌 |
| | 基本策略 | 0.5% | 0.2% |
| | 平均玩家 | 2% | < 2% |
| | 算牌玩家 | -1.0% | — |
| 轮盘 Roulette | | 有两个0 | 只有1个0 |
| | 除了押5个号码 | 5.26% | 2.76% |
| | 押5个号码 | 7.89% | — |
| Keno | | 27% | |
| 牌九Pai Gow | | 2.54%~2.84% | |
| 吃角子老虎Slot | | 4%~15% | |
| 计算机扑克Poker | | 2.32%~3.37% | |

百家乐的8副(扑克)牌比6副牌或1副牌，提高押庄家赢的赌场优势，但是降低押闲家与押和局的赌场优势。21点的基本策略是一个表，可以上网查。21点的6副牌比1副牌，提高了赌场优势，但是使玩家可以“算牌”，当剩下来的牌，大牌的数目多时，庄家爆牌概率高，玩家就下大赌注，可以使玩家的期望更大，不只是1%。

赌博产业的三大原则：

- 诚实：出象(牌)的“随机性”，是概率问题，双方没有诈欺或出牌给特定人。
- 公平：游戏规则→赌场优势(越小越公平)→统计学→赌场数学。
- 履约：双方依约付(赔)款，没有赖账，愿赌服输。

保险产业的三大原则：

- 诚实：保险人出事的“随机性”，纯属意外(意料之外)，保险人没有诈欺。
- 公平：保费赔偿的计算→精算学(利用很多统计学)→保险数学。
- 履约：双方依约付(赔)款。

# 4.4 双随机变量

有时候，统计学要研究两个变量之间的关系。例如：一个人“身高”与“体重”的关系；一个公司一个季度“广告支出”与“销售额”的关系；企业“信息科技投资”与“获利率”的关系。

当一个试验，包含两个以上随机变量，其统计分析，称之为**多变量分析**(multivariate analysis)。双随机变量的两个随机变量，要有相同的样本空间。

例如：抽出一个人(这是一个试验)，包括“身高”与“体重”两个随机变量；抽出一个公司一个季财度务报表(这是一个试验)，有“季广告支出”与“季销售额”两个随机变量；掷两个骰子，有“点数和”与“点数差”两个随机变量。以下我们介绍**双随机变量**(bivariate)。

**定义**：若$X$和$Y$是离散型随机变量，则$X$，$Y$的**联合概率分布函数**(joint probability distribution function)为$P(X=x,Y=y)$，简记$P(x,y)$，满足：

(1) $P(x,y)=P(X=x,Y=y)=P(\{X=x\}\cap\{Y=y\}),\qquad 0\leqslant P(x,y)\leqslant 0$

(2) $\sum_x\sum_y P(x,y)=1$

(3) $P(a\leqslant X\leqslant b,c\leqslant Y\leqslant d)=\sum_{x=a}^{b}\sum_{y=c}^{d}P(x,y)$

若$X$，$Y$是离散型随机变量，则$X$，$Y$的联合概率分布函数，可以用矩阵表(二分类列联表)来表示。

**例题4.6** 如果有3个红球，4个白球，5个黄球。随机抽出3个球，抽出后不放回。令$X=$抽出3个球中，红球的数目；$Y=$抽出3个球中，白球的数目。计算联合概率密度函数$P(i,j)=P(X=i,Y=j)$。

**解答**：$P(0,0)=C_3^5/C_3^{12}=10/220\quad P(0,1)=C_1^4C_2^5/C_3^{12}=40/220$

$$P(0,2)=C_2^4C_1^5/C_3^{12}=30/220 \quad P(0,3)=C_3^4/C_3^{12}=4/220$$

$$P(1,0)=C_1^3C_2^5/C_3^{12}=30/220 \quad P(1,1)=C_1^3C_1^4C_1^5/C_3^{12}=60/220$$

$$P(1,2)=C_1^3C_2^4/C_3^{12}=18/220 \quad P(2,0)=C_2^3C_1^5/C_3^{12}=15/220$$

$$P(2,1)=C_2^3C_1^4/C_3^{12}=12/220 \quad P(3,0)=C_3^3/C_3^{12}=1/220$$

如表4.2所示。

表4.2　二分类列联表

| | | 变量Y | | | | |
|---|---|---|---|---|---|---|
| | | 0 | 1 | 2 | 3 | $P_X(x)$ |
| 变量$X$ | 0 | 10/220 | 40/220 | 30/220 | 4/220 | 84/220 |
| | 1 | 30/220 | 60/220 | 18/220 | 0 | 108/220 |
| | 2 | 15/220 | 12/220 | 0 | 0 | 27/220 |
| | 3 | 1/220 | 0 | 0 | 0 | 1/220 |
| | $P_Y(y)$ | 56/220 | 112/220 | 48/220 | 4/220 | 1 |

**定义**：若$X$，$Y$是连续型随机变量，则$X$，$Y$的**联合概率密度函数**( joint probability density function)，记作$f_{XY}(x,y)$，或简记$f(x,y)$，满足下列条件：

(1) $f(x,y)>0$

(2) $\int_{-\infty}^{\infty}\int_{-\infty}^{\infty} f(x,y)\mathrm{d}x\mathrm{d}y=1$

(3) $P(a\leqslant X\leqslant b,c\leqslant Y\leqslant d)=\int_a^b\int_c^d f(x,y)\mathrm{d}y\mathrm{d}x$

联合概率分布函数与联合概率密度函数如图4.7所示。

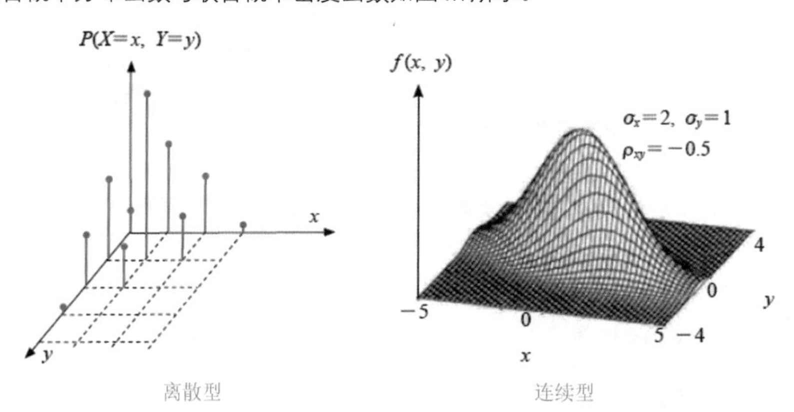


图4.7　联合概率分布函数与联合概率密度函数

**定义**：若$X$，$Y$是双随机变量，则$X$，$Y$的**联合累积概率函数**(joint cumulative probability function)，记$F_{XY}(x,y)$，或简记$F(x,y)$：

$$F(x,y)=P(X\leqslant x,Y\leqslant y)=\sum_{i\leqslant x}\sum_{j\leqslant y}P(i,j)=\int_{s\leqslant x}\int_{t\leqslant y} f(s,t)\mathrm{d}t\mathrm{d}s$$

**性质**：若$X$，$Y$是双随机变量，则$X$，$Y$的联合累积概率函数有下列性质：

$$\frac{\partial^2}{\partial x \partial y}F(x,y)=f(x,y)$$

$$P(a\leqslant X\leqslant b,c\leqslant Y\leqslant d)=F(b,d)+F(a,c)-F(a,d)-F(b,c)$$

联合累积概率函数如图4.8所示。

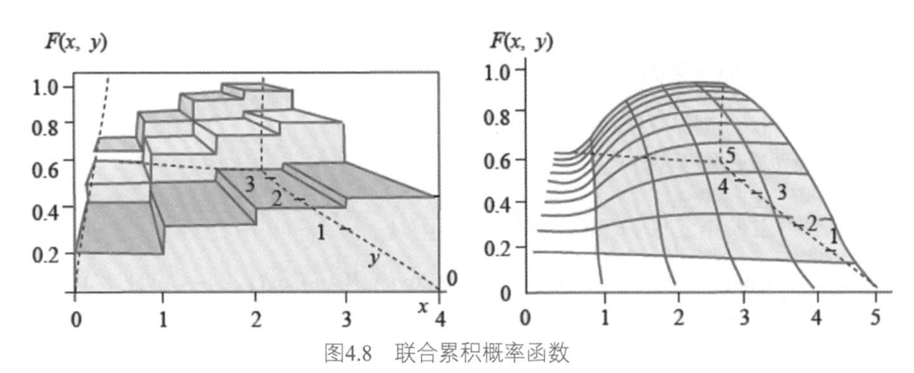


图4.8 联合累积概率函数

**定义**：若$X$，$Y$是随机变量，则$X$和$Y$的**边缘概率函数**(marginal probability function)：离散型$P_X(x)$，$P_Y(y)$或连续型$f_X(x)$，$f_Y(y)$：

$P_X(x)=\sum_y P(x,y)$，$P_Y(y)=\sum_x P(x,y)$，若$X$，$Y$是离散型随机变量；

$f_X(x)=\int_{-\infty}^{\infty}f(x,y)\mathrm{d}y$，$f_Y(y)=\int_{-\infty}^{\infty}f(x,y)\mathrm{d}x$，若$X$，$Y$是连续型随机变量。

**定义**：$X$，$Y$是双随机变量，若所有的$x$，$y$皆满足：

$P(x,y)=P_X(x)P_Y(y)$，若$X$，$Y$是离散型随机变量；

$f(x,y)=f_X(x)f_Y(y)$，若$X$，$Y$是连续型随机变量。

则$X$与$Y$是**独立的**(independent)。

$X$与$Y$是独立的，意思是不管$Y$出现什么结果，都不影响$X$出现结果的概率。

**定理**：$X$，$Y$是独立双随机变量，则任何$a$，$b$：

$P(X\leqslant a,Y\leqslant b)=P\{X\leqslant a\}P\{Y\leqslant b\}$，　　$F(a,b)=F_X(a)F_Y(b)$。

**定义**：若$X$，$Y$是双随机变量，$g(X,Y)$是$X$，$Y$的一个函数，则$g(X,Y)$的期望

$E[g(X,Y)]=\sum_x\sum_y g(x,y)P(x,y)$，若$X$，$Y$是离散型随机变量；

$E[g(X,Y)]=\int_{-\infty}^{+\infty}\int_{-\infty}^{+\infty}g(x,y)f(x,y)\mathrm{d}y\mathrm{d}x$，若$X$，$Y$是连续型随机变量。

**定义**：若$X$，$Y$是双随机变量，则$X$，$Y$的**协方差**(covariance) $\mathrm{Cov}(X,Y)$：

$$\mathrm{Cov}(X,Y)=\sigma_{XY}=E[(X-\mu_X)(Y-\mu_Y)]=E(XY)-E(X)E(Y)$$

如果$X$，$Y$是离散(间断)型随机变数，则：

$$\mathrm{Cov}(X,Y)=\sigma_{XY}=\sum_x\sum_y(x-\mu_X)(y-\mu_Y)P(x,y)=\sum_x\sum_y xyP(x,y)-\mu_X\mu_Y$$

**定理**：若$X$，$Y$，$Z$是三个相同样本空间的随机变量，$a,b,c$是实数常数，则：

(1) $E(a+bX)=a+bE(X)$。

(2) $V(a+bX)=b^2V(X)$。

(3) $E(aX+bY)=aE(X)+bE(Y)$。

(4) $V(aX+bY)=a^2V(X)+b^2V(Y)+2ab\text{Cov}(X,Y)$。

(5) $\text{Cov}(X,X)=V(X)$。

(6) $V(X\pm Y)=V(X)+V(Y)\pm 2\text{Cov}(X,Y)$。

(7) $\text{Cov}(X,Y)=\text{Cov}(Y,X)$。

(8) $\text{Cov}(a+bX,c+dY)=bd\text{Cov}(X,Y)$。

(9) $\text{Cov}(a,Y)=0,\ \ \forall a\in R$。

(10) $\text{Cov}(X+Z,Y)=\text{Cov}(X,Y)+\text{Cov}(Z,Y)$。

(11) $\text{Cov}(\sum_{i=1}^{n}a_iX_i,\sum_{j=1}^{m}b_jY_j)=\sum_{i=1}^{n}\sum_{j=1}^{m}a_ib_j\text{Cov}(X_i,Y_j)$ 。

例：$\text{Cov}(X+Y,Z-W)=\text{Cov}(X,Z)-\text{Cov}(X,W)+\text{Cov}(Y,Z)-\text{Cov}(Y,W)$。

(12) $V(aX+bY+cZ)=$

$a^2V(X)+b^2V(Y)+c^2V(Z)+2ab\text{Cov}(X,Y)+2ac\text{Cov}(X,Z)+2bc\text{Cov}(Y,Z)$。

(13) $V(\sum_{i=1}^{k}a_iX_i)=\sum_{i=1}^{k}a_i^2V(X_i)+\sum_{i\neq j}a_ia_j\text{Cov}(X_i,X_j)=\sum_{i=1}^{k}a_i^2V(X_i)+2\sum_{i=1}^{k}\sum_{j=i+1}^{k}a_ia_j\text{Cov}(X_i,X_j)$

$$=(a_1\sigma_1,\ \cdots\ ,a_k\sigma_k)\begin{pmatrix}1 & \cdots & \rho_{1k}\\ \vdots & \ddots & \vdots\\ \rho_{k1} & \cdots & 1\end{pmatrix}\begin{pmatrix}a_1\sigma_1\\ \vdots\\ a_k\sigma_k\end{pmatrix}$$。

(14) 若$X$，$Y$是独立，则 $V(XY)=[E(X)]^2V(Y)+[E(Y)]^2V(X)+V(X)V(Y)$。

**定义**：若$X$，$Y$是双随机变量，则$X$，$Y$的**相关系数**(correlation coefficient)：

$$\rho_{XY}=corr(X,Y)=\frac{\text{Cov}(X,Y)}{\sqrt{V(X)V(Y)}}=\frac{\sigma_{XY}}{\sigma_X\sigma_Y}$$

$\text{Cov}(X,Y)$的单位是$X$的单位乘以$Y$的单位，所以协方差的数值大小，会受到$X$与$Y$的单位之影响。例如：$X$=身高，$Y$=体重，$X$单位改米(m)为公分(cm)，Y单位改千克(kg)为克(g)，$\text{Cov}(X,Y)$会相差10万倍。相关系数是没有单位的数值，比较适合衡量双随机变量的相关性。如果相关系数大于 0，则两个随机变量是正相关；如果相关系数小于 0，则两个随机变量是负相关。

用数据来计算协方差和相关系数，公式如下：

总体数据计算协方差：

$$\sigma_{XY}=\frac{1}{N}\sum_{i=1}^{N}(x_i-\mu_x)(y_i-\mu_y)$$

样本数据计算协方差：

$$S_{XY}=\frac{1}{n-1}\sum_{i=1}^{n}(x_i-\bar{x})(y_i-\bar{y})=\frac{1}{n-1}\left(\sum x_iy_i-\frac{\sum x_i\sum y_i}{n}\right)$$

样本数据计算相关系数：

$$r=\frac{\sum(x_i-\bar{x})(y_i-\bar{y})}{\sqrt{(\sum(x_i-\bar{x})^2)(\sum(y_i-\bar{y})^2)}}$$

**定理**：若$X$，$Y$是双随机变量，则$X$，$Y$的相关系数$\rho_{XY}$：

(1) $-1\leqslant\rho_{XY}\leqslant+1$。

(2) $|\rho_{XY}|=1$ 若且唯若存在 a 和 $b\neq0$，使 $P(Y=a+bX)=1$。

若 $\rho_{XY}=1$，则 $b<0$；若 $\rho_{XY}=-1$，则 $b>0$。

(3) $\rho_{XY}$ 只是衡量随机变量 $X$，$Y$ 的“线性”关系。

**定理**：若$X$，$Y$是独立的双随机变量，则 $\mathrm{Cov}(X,Y)=0,\ \rho_{XY}=0$。

以上逆定理并不成立。即若 $\mathrm{Cov}(X,Y)=0$，但$X$，$Y$不一定是独立的。因为 $\rho_{XY}=0$，只是表示 $X$ 与 $Y$ 完全没有“线性”相关，并非完全没有相关。例如：$X$与$Z$是独立的连续均匀分布定义在 $[-1,+1]$ 的双随机变量，$E(X)=E(Z)=0,\ E(X^3)=0$，令 $Y=X^2+Z$，所以$X$，$Y$不是独立的，但是：

$$\mathrm{Cov}(X,Y)=E(XY)-E(X)E(Y)=E[X(X^2+Z)]=E(X^3)+E(X)E(Z)=0$$

相关系数的推论统计请见第13章相关分析。随机变量相关的分类如图4.9所示。

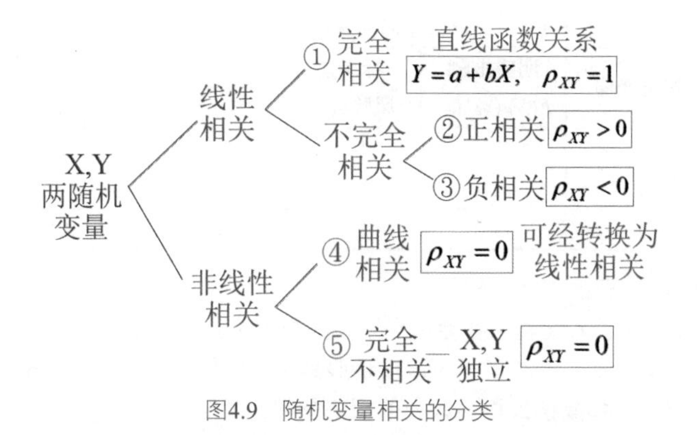


图4.9　随机变量相关的分类

**例题4.7**　随机变量$X$，$Y$的联合概率密度函数如表4.3所示。

**表4.3　随机变量$X$，$Y$的联合概率密度函数**

| | | 变量$Y$ | | | | |
|---|---|---|---|---|---|---|
| | | 1 | 2 | 3 | 4 | $P_X(x)$ |
| 变量$X$ | 1 | 0.12 | 0.03 | 0.06 | 0.09 | 0.30 |
| | 2 | 0.20 | 0.05 | 0.10 | 0.15 | 0.50 |
| | 3 | 0.08 | 0.02 | 0.04 | 0.06 | 0.20 |
| | $P_Y(y)$ | 0.40 | 0.10 | 0.20 | 0.30 | 1 |

证明随机变量$X$，$Y$是独立的。

**解答**：

表4.4　随机变量$X$，$Y$的联合概率密度函数

| | | 变量$Y$ | | | | |
|---|---|---|---|---|---|---|
| | | 1 | 2 | 3 | 4 | $P_X(x)$ |
| 变量$X$ | 1 | (0.3)(0.4)=0.12 | (0.3)(0.1)=0.03 | (0.3)(0.2)=0.06 | (0.3)(0.3)=0.09 | 0.30 |
| | 2 | (0.5)(0.4)=0.20 | (0.5)(0.1)=0.05 | (0.5)(0.2)=0.10 | (0.5)(0.3)=0.15 | 0.50 |
| | 3 | (0.2)(0.4)=0.08 | (0.2)(0.1)=0.02 | (0.2)(0.2)=0.04 | (0.2)(0.3)=0.06 | 0.20 |
| | $P_Y(y)$ | 0.40 | 0.10 | 0.20 | 0.30 | 1 |

如表4.4所示，所以随机变量$X$，$Y$是独立的。

如果随机变量$X$，$Y$是独立的，则变量$X$与变量$Y$的联合概率分布的矩阵表(列联表)，每列是成比例的，每行也是成比例的。(0.12:0.2:0.08)=(0.03:0.05:0.02)=(0.06:0.1:0.04)

事件的独立只是某行和某列是独立的，例如：$\{X=2\}$和$\{Y=3\}$是独立的。

**例题4.8—例题4.12**　见下载资料。

**例题4.13**　投资组合。

假设你有100万资金，可以投资下列A、B、C三种股票，各种股票的报酬率是一个随机变量，已知这三种股票的期望报酬(期望值)、风险(标准差)及相关系数如表4.5所示：

表4.5　三种股票的期望报酬、风险相关系数

| 股票 | 随机变量 | 期望报酬 $E(X)$ (%/年) | 标准差 风险$\sigma$(%) | 相关系数 | | |
|---|---|---|---|---|---|---|
| | | | | A | B | C |
| A | $X$ | 9.1 | 16.5 | — | −0.22 | 0.13 |
| B | $Y$ | 12.1 | 15.8 | −0.22 | — | 0.41 |
| C | $Z$ | 11.2 | 13.9 | 0.13 | 0.41 | — |

请问投资的组合应该如何分配？

**解答**：一般理性或风险避免者会选择期望报酬越大，风险越小。我们注意股票A，其期望报酬最小，风险最大。本来不应该投资股票A，但是股票A和股票B的相关系数为负数(例如国内航空公司和高铁公司，获利的相关系数为负数)。

所以我们的投资组合$W$分配到股票A和股票B：$W=fX+(1-f)Y,\qquad 0\leqslant f\leqslant 1$

$E(W)$=9.1$f$+1+2.1(1−$f$)

$V(W)=16.5^2f^2+15.8^2(1-f)^2+2f(1-f)(16.5)(15.8)(-0.22)$

$$\sigma_W=\sqrt{272.25f^2+249.64(1-f)^2+2f(1-f)(16.5)(15.8)(-0.22)}$$

| $f$ | 0 | 0.1 | 0.2 | 0.3 | 0.4 | 0.5 | 0.6 | 0.7 | 0.8 | 0.9 | 1.0 |
|---|---|---|---|---|---|---|---|---|---|---|---|
| $E(W)$ | 12.1 | 11.8 | 11.5 | 11.2 | 10.9 | 10.6 | 10.3 | 10.0 | 9.7 | 9.4 | 9.1 |
| $\sigma_W$ | 15.8 | 13.95 | 12.34 | 11.08 | 10.29 | 10.08 | 10.51 | 11.47 | 12.88 | 14.58 | 16.5 |

将投资组合$W$的期望报酬和风险画出如图4.10所示，我们注意到投资组合$f$=0.2：20%股票A和80%股票B，期望报酬和风险都比股票C好。

期望报酬与风险
期望报酬 (%)
风险 (标准差) (%)
投资组合 f<0.5
f=0
股票 B
投资组合 X
f=0.5
股票 C
f=1
股票 A
投资组合 f>0.5
期望报酬小于股票 C
风险大于股票 C

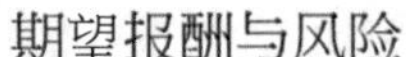

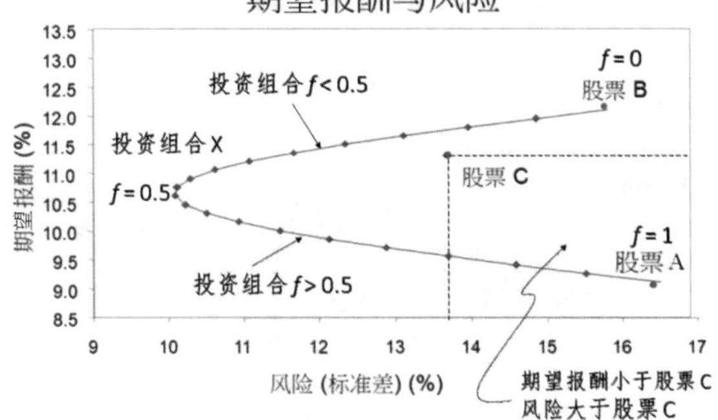

图4.10　投资组合的期望报酬和标准差

当 $0 \leqslant f \leqslant 0.5$，投资组合 $W = fX + (1-f)Y$ 都是可以考虑的。

如果考虑股票A和股票 C，作为投资组合，是否有更大的期望报酬和更小的风险？

投资组合的期望值与方差：

(1) 若 $W = w_1 X_1 + w_2 X_2$ 是股票 $X_1, X_2$ 的投资组合，$w_1, w_2$ 是投资比重。

则 期望值 $E(W) = w_1 E(X_1) + w_2 E(X_2)$

方差 $V(W) = w_1^2 V(X_1) + w_2^2 V(X_2) + 2w_1 w_2 \mathrm{Cov}(X_1, X_2)$

(2)若 $W = \sum_{i=1}^{k} w_i X_i$ 是股票 $X_1, \cdots, X_k$ 的投资组合，$w_1, \cdots, w_k$ 是投资比重。

则 期望值 $E(W) = \sum_{i=1}^{k} w_i E(X_i)$

方差 $V(W) = \sum_{i=1}^{k} w_i^2 V(X_i) + 2\sum_{i=1}^{k} \sum_{j=i+1}^{k} w_i w_j \mathrm{Cov}(X_i, X_j)$

# 4.5 《中文统计》应用

## 4.5.1 一个离散型随机变量的统计值(例题4.4)

例题4.4的《中文统计》应用实现如图4.11所示。

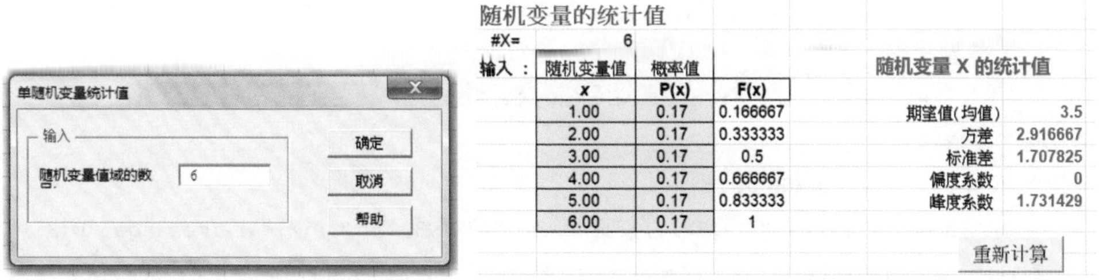

单随机变量统计值
输入
随机变量值域的数目
6
确定
取消
帮助
随机变量的统计值
#X= 6
输入：随机变量值 概率值
x P(x) F(x)
1.00 0.17 0.166667
2.00 0.17 0.333333
3.00 0.17 0.5
4.00 0.17 0.666667
5.00 0.17 0.833333
6.00 0.17 1
随机变量 X 的统计值
期望值(均值) 3.5
方差 2.916667
标准差 1.707825
偏度系数 0
峰度系数 1.731429
重新计算

图4.11　一个离散型随机变量的统计值

## 4.5.2 两个离散型随机变量的统计值(例题4.12)

例题4.12的《中文统计》应用实现如图4.12所示。

| 双随机变量的统计值 | | (#X,#Y)= | 4 | 3 | |
|---|---|---|---|---|---|
| 输入数据: | | 浅蓝色储存格输入数据 ， 浅黄色储存格是计算结果 | | | |
| | | Y (输入Y 随机变量值) | | | |
| 可输入次数或概率 | 30.00 | 40.00 | 50.00 | 边际总和 | 重新计算 |
| 输入X值 0.00 | 0.01 | 0.02 | 0.05 | 0.08 | |
| 1.00 | 0.03 | 0.06 | 0.10 | 0.19 | |
| 2.00 | 0.18 | 0.21 | 0.15 | 0.54 | |
| 3.00 | 0.07 | 0.08 | 0.04 | 0.19 | |
| 边际总和 | 0.29 | 0.37 | 0.34 | 1.00 | |
| E(X) | 1.84 | V(X) | 0.6744 | | |
| E(Y) | 40.5 | V(Y) | 62.75 | | |
| E(XY) | 72.8 | | | | |
| Cov(X,Y) | -1.72 | | | | |
| ρXY | -0.2644 | | | | |

图4.12　两个离散型随机变量的统计值

# 4.6 R 语言应用

```
> if(!require(devtools)){install.packages("devtools")} ; library(devtools)
> install_github("erichare/discreteRV"); library(discreteRV)
> # 例题4.3
> X <- RV(1:6,rep(1/6,6)); probs(X)
1 2 3 4 5 6
0.1667 0.1667 0.1667 0.1667 0.1667 0.1667
> message(" P(X>3)= " ,P(X>3)); message(" X 的期望值 Mean = " ,E(X)); message
(" X 的方差 Variance = " ,V(X)); message(" X 的标准差 SD = " ,SD(X));message(" X 的
偏度系数 = " ,SKEW(X)); message(" X 的峰度系数 = " ,KURT(X))
P(X>3)= 0.5
X 的期望值 Mean = 3.5
X 的方差 Variance = 2.91666666666667
X 的标准差 SD = 1.70782512765993
X 的偏度系数 = 0
X 的峰度系数 = 1.73142857142857
> # 习题4.6
> X1 <- RV(c(0,1,2,3,4),odds = c(20,40,30,5,5)); probs(X1)
0 1 2 3 4
0.20 0.40 0.30 0.05 0.05
> message("P(X1>1)= ",P(X1>1)); message("P(X1<3) = ",P(X1<3));message("E(X1)=
",E(X1));message("V(X1)=",V(X1));message("SKEW(X1)=",SKEW(X1)); message("KURT(X1)= ",
KURT(X1))
```

```
P(X1>1)= 0.4
P(X1<3)  = 0.9
E(X1)= 1.35
V(X1)= 1.0275
SKEW(X1)= 0.699210187708974
KURT(X1)= 3.37220949437903
```

## 4.7 本章流程图

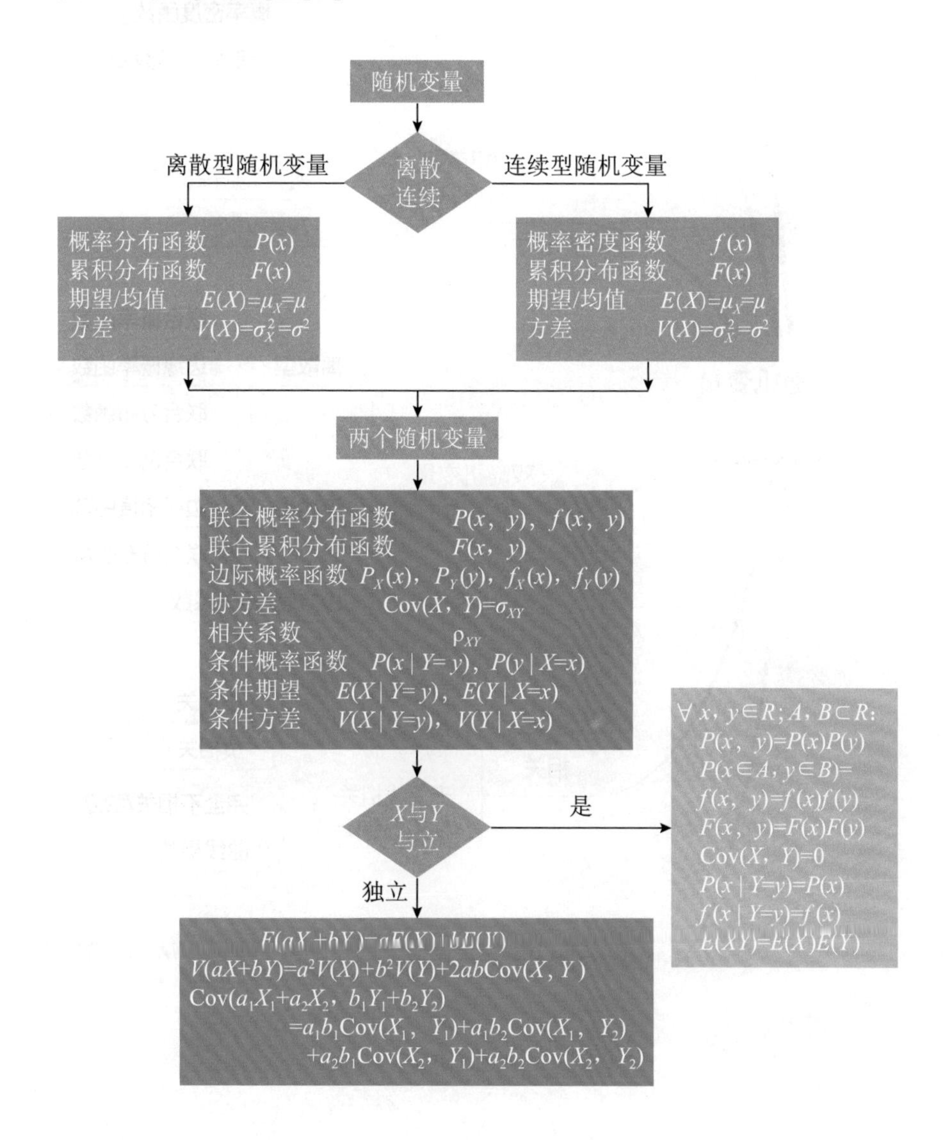

# 4.8 本章思维导图

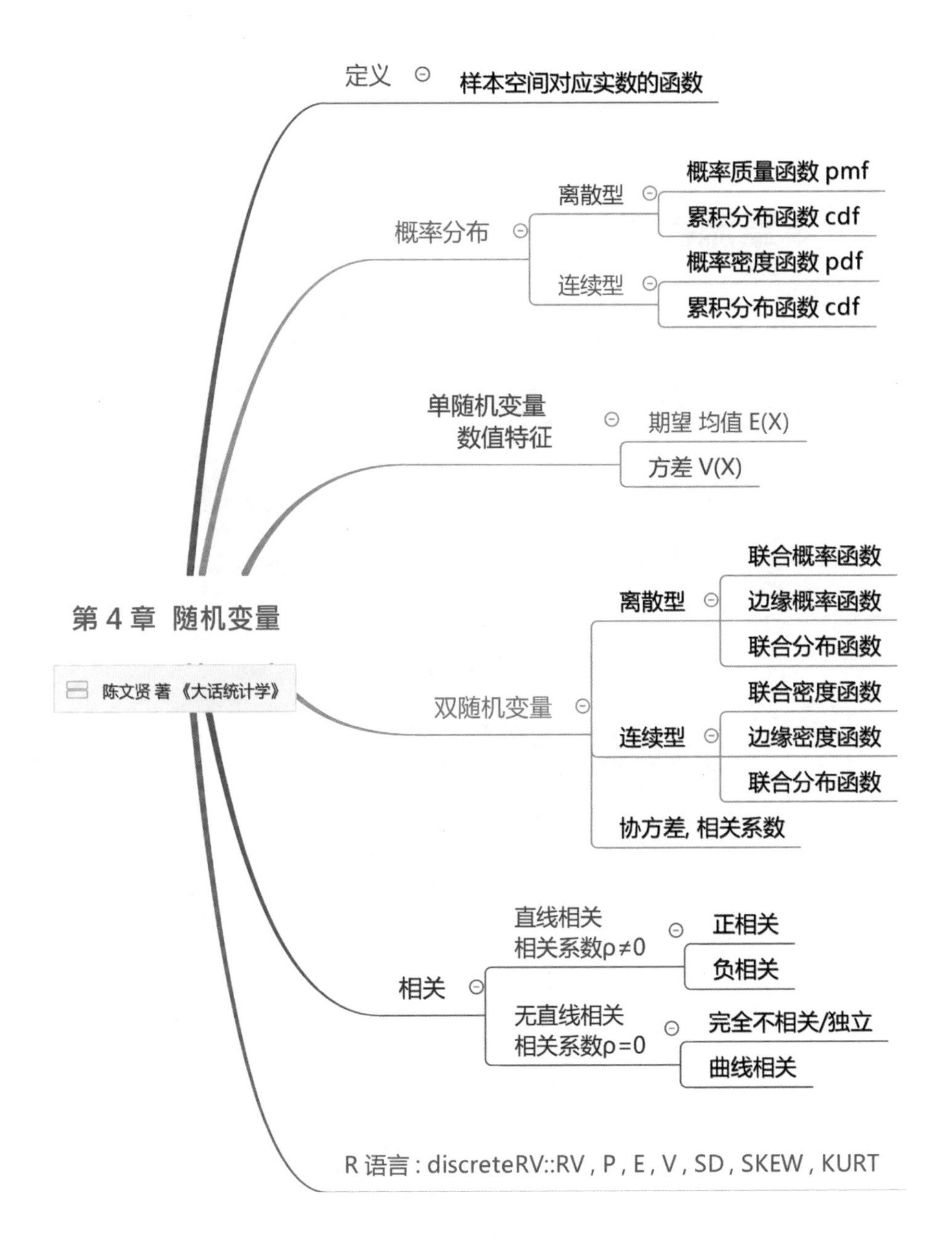

第 4 章 随机变量
陈文贤 著《大话统计学》
定义
样本空间对应实数的函数
概率分布
离散型
概率质量函数 pmf
累积分布函数 cdf
连续型
概率密度函数 pdf
累积分布函数 cdf
单随机变量
数值特征
期望 均值 E(X)
方差 V(X)
双随机变量
离散型
联合概率函数
边缘概率函数
联合分布函数
连续型
联合密度函数
边缘密度函数
联合分布函数
协方差, 相关系数
相关
直线相关
相关系数ρ≠0
正相关
负相关
无直线相关
相关系数ρ=0
完全不相关/独立
曲线相关
R 语言 : discreteRV::RV , P , E , V , SD , SKEW , KURT

# 4.9 习题

1. 下列 变数中，哪些是离散随机变数？哪些是连续随机变量？

$X$：一批产品所含不良产品数。

$Y$：一辆汽车由北京到天津行驶高速公路的耗油量。

$Z$：一位保险推销员一个月内所销售的保险单数。

$U$：某一天一个超级市场的营业额。

$V$：台北地区每天总耗电量。

2. 从一个包含四颗红球和两颗白球的箱子中，顺序取出三颗球，然后观察白球的数目。试求此随机变量的概率分配、平均数、及标准差，如果：

(1) 每取出一球后立即放回箱中，再取下一球。(重复抽样)

(2) 取出来的球不再放回。(不重复抽样)

3. 随机变量 $X$，期望值 $E(X)=0.6$，其概率分布是：

$$f(x)=\begin{cases} a+bx^2 & 0\leqslant x\leqslant 1 \\ 0 & \text{其他} \end{cases}$$

计算$a$ 与 $b$。

4. 如果$E(X)=2$且 $E(X^2)=8$，计算：

(1) $E[(2+4X)^2]$

(2) $E[X^2+(X+1)^2]$

5. 如果 $P(X=i)=p_i$，$p_1+p_2+p_3=1$，$E(X)=2$

(1) $p_1,p_2,p_3$是什么值，使 $V(X)$为最小？

(2) $p_1,p_2,p_3$是什么值，使 $V(X)$为最大？

(3) $p_1,p_2,p_3$是什么值，使 $V(X)=0.4$？

6. 设随机变量X 的离散概率分配如下表：

| $x$ | 0 | 1 | 2 | 3 | 4 |
|---|---|---|---|---|---|
| 概率$P(x)$ | 0.2 | 0.4 | 0.3 | 0.05 | 0.05 |

(1)计算 $P(X>1)$，$P(1<X<3)$。

(2) 计算 $E(X)$，$V(X)$。

(3)设$Y=(X-3)(X-3)$，求Y 的概率分布。

(4)由$Y$的概率分布，求$E(Y)$与$V(Y)$。

其他习题请下载。

# 第5章 概率分布

故兵无常势，水无常形，能因敌变化而取胜，谓之神。
故五行无常胜，四时无常位，日有短长，月有死生。

——《孙子兵法·虚实篇》

人法地，地法天，天法道，道法自然。

——老子《道德经》

夫心术之动远矣，文情之变深矣，源奥而派生，根盛而颖峻。

——刘勰《文心雕龙》

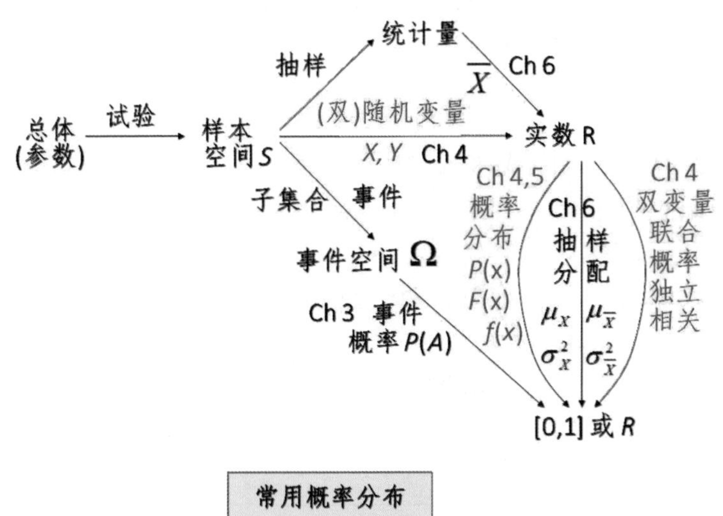


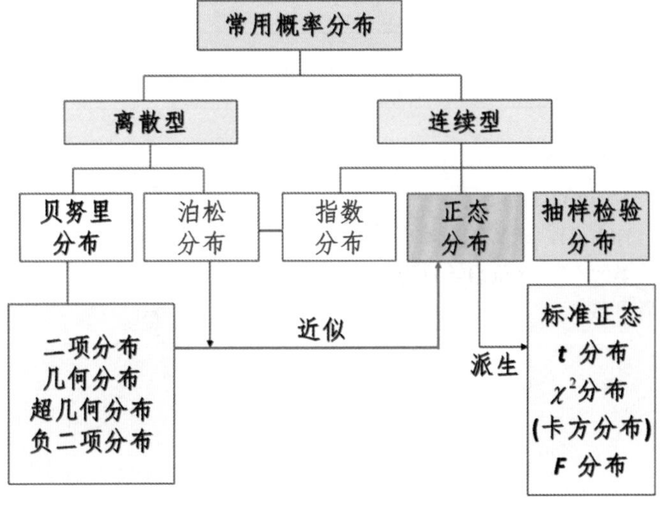

# 5.1 离散型随机变量的概率分布

在上一章我们提到：每个随机变量会有对应的概率函数、期望值、方差、偏度系数、峰度系数等。期望值、方差、偏度系数、峰度系数等，我们称为特征值。

随机变量 $X$ 对应的概率分布函数 $F$，称为随机变量**服从**该概率分布，**记作** $X \sim F$。

除了任意离散型概率分布，每个概率分布函数有一个或一个以上的“参数”，决定这个概率分布函数的这些特征值。参数是确定值，在本章及下一章是已知值，在第9章以后是未知值。

以下我们要介绍的离散型随机变量的概率分布函数有：任意离散型概率分布，离散均匀概率分布(discrete uniform distribution)，伯努利分布(bernoulli distribution)，二项分布(binomial distribution)，泊松分布(poisson distribution)，超几何分布(hyper geometry distribution)，几何分布(geometry distribution)，负二项分布(negative binomial distribution)。

## 5.1.1 任意离散型概率分布

任意离散型概率分布，通常是用表格表示概率分布函数，如图5.1所示。

| 实数值 $x$ | 概率值 $P(x)$ |
|---|---|
| 1 | 0.2 |
| 2 | 0.3 |
| 3 | 0.4 |
| 4 | 0.1 |

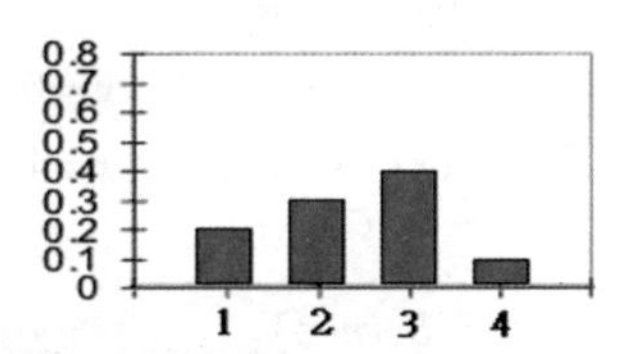


图5.1 任意离散型概率分布

任意离散型概率分布没有直接的公式，表达其均值与方差等特征值，只有代入定义。

## 5.1.2 离散均匀概率分布

**离散均匀分布**(discrete uniform distribution)是随机变量每个实数，如果概率不等于0，则有相同的概率，如图5.2所示。

### 1. 特殊型式的概率分布函数

概率分布在 1 到 $N$ 之间的整数，有相同的概率。

(1) 概率分布函数 $P(x)=\dfrac{1}{N}$, $x=1,2,\cdots,N$.

(2) 参数 = $N$(正整数)。

(3) 均值 $E(X)=\dfrac{N+1}{2}$。

(4) 方差 $V(X)=\dfrac{N^2-1}{12}$。

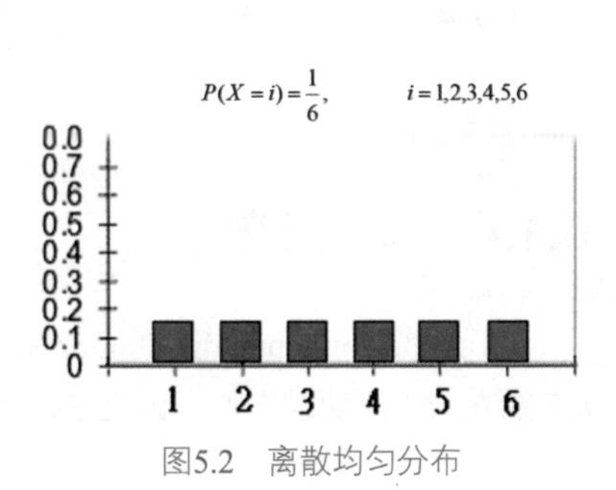


图5.2 离散均匀分布

(5) 偏度系数 $S(X)=0$ (对称型)。

(6) 峰度系数 $K(X)=\frac{3}{5}\left(3-\frac{4}{N^2-1}\right)<\frac{9}{5}$ (平峰型)。

**2. 一般型式的均匀概率分布函数**

概率分布在 $[a，b]$ 之间的整数，每隔 $c$ 距离有相同的概率。

(1) 概率分布函数 $P(x)=\frac{c}{b-a+c}, x=a,a+c,a+2c\cdots,b$ 。

(2) 离散均匀概率分布记作 $DU(a,b,c)$ 。

(3) 参数 = $a,b,c$ 都是正整数， $b=kc$， $k=[(b-a+c)/c]-1$ 。

(4) 均值 $E(X)=\frac{a+b}{2}$ 。

(5) 方差 $V(X)=\frac{(b-a+c)^2-c^2}{12}$ 。

## 5.1.3 伯努利分布

**伯努利分布**(bernoulli distribution)或称**两点分布**，0-1**分布**的随机变量是：一次“成功或失败”试验，失败的变量值为 0，成功的变量值为 1，成功率为 $p$(以后在估计或检验中称为“总体比例”)，如图5.3所示。

(1) 概率分布函数 $P(x)=\begin{cases}1-p & x=0\\ p & x=1\\ 0 & 其他\end{cases}$ 。

(2) 伯努利分布记作 $Bern(p)$ 。

(3) 参数 = $p, 0\leqslant p\leqslant 1$ ，通常令 $q=1-p$ 。

(4) 均值 $E(X)=p$。

(5) 方差 $V(X)=p(1-p)=pq$。

(6) 众数 $M(X)=p$ 取其四舍五入。

(7) 偏度系数 $S(X)=\frac{1-2p}{\sqrt{p(1-p)}}$ 。

若 $p<0.5$，则是右偏型；若 $p>0.5$，则是左偏型。

(8) 峰度系数 $K(X)=3+\frac{1-6p+6p^2}{p(1-p)}$ ，

若 $p=0.5$，则 $K(X)=1$为平峰型；若 $p$越接近 0 或 1，则越变成为尖峰型。

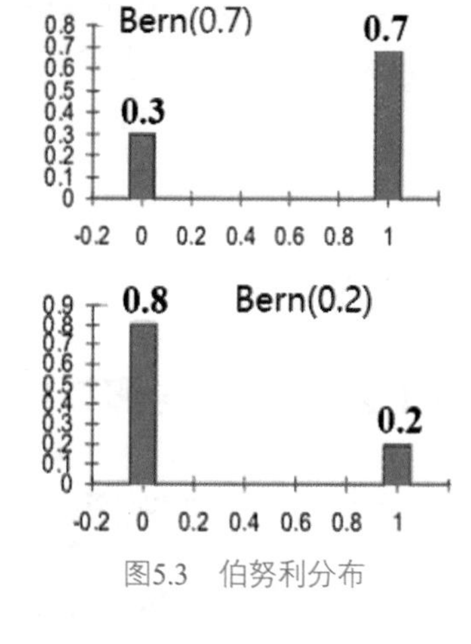

图5.3　伯努利分布

## 5.1.4 二项分布

**二项分布**(binomial distribution)是 $n$个独立伯努利分布 $Bern(p)$ 之和。随机变量 $X$是：$n$次独立的“成功或失败”试验中，成功的次数。若 $Y_i\sim Bern(p)$，且 $Y_i$是独立的，则：

$X = \sum Y_i \sim B(n,p)$，如图5.4所示。

(1) 概率分布函数 $P(x) = \binom{n}{x} p^x (1-p)^{n-x}, \qquad x = 0,1,2,\cdots,n$。

(2) 二项分布记作 $B(n,p)$。

(3) 参数 = $n, p$, $\quad 0 \leqslant p \leqslant 1$，$n$ 为大于 1 的正整数，通常令 $q = 1-p$。

(4) 均值 $E(X) = np$。

(5) 方差 $V(X) = np(1-p) = npq$。

(6) 众数 $M(X) = np$ 取其四舍五入。

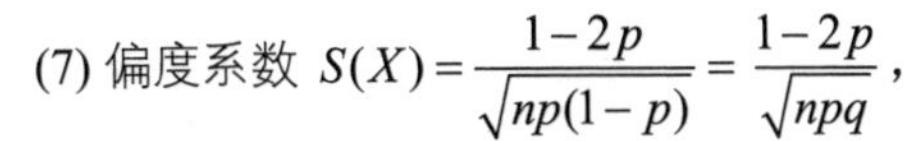

(7) 偏度系数 $S(X) = \dfrac{1-2p}{\sqrt{np(1-p)}} = \dfrac{1-2p}{\sqrt{npq}}$，

若 $p < 0.5$，则是右偏型；

若 $p > 0.5$，则是左偏型；

若 $p$ 越接近 0.5，则越对称；

若 $p$ 越接近 0 或 1，则右偏或左偏越明显。

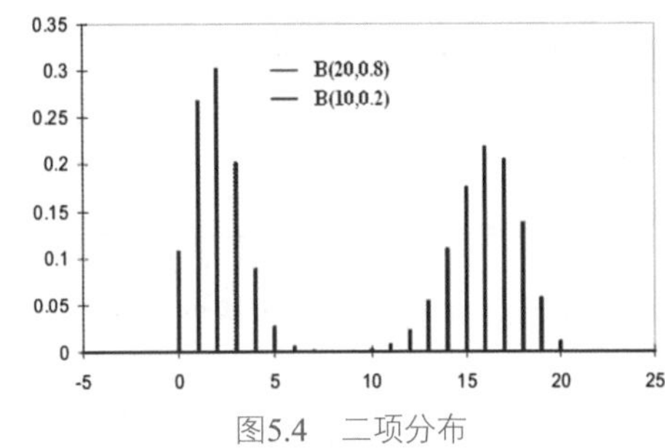

图5.4　二项分布

(8) 峰度系数 $K(X) = 3 + \dfrac{1-6p+6p^2}{np(1-p)} = 3 + \dfrac{1-6pq}{npq}$，

若 $p = 0.5$，则为平峰型。若 $pq > 1/6$，即 $p$ 越接近 0.5，则越成为平峰型。若 $pq < 1/6$，即若 $p$ 越接近 0 或 1，则越成为尖峰型。但是 $n$ 越大，则越接近正态型。

(9) 相同参数 $p$ 的独立二项分布是可加性，即若 $X \sim B(n，p)$，$Y \sim B(n，p)$，且 $X$ 和 $Y$ 为独立，则 $X+Y \sim B(n+m，p)$。

(10) 当二项分布 $n \to \infty,\ p \to 0$ 且 $np$ 为常数，则可以利用泊松分布求其近似值，泊松分布参数：$\lambda = np$。即 $B(n,p) \to \text{Pois}(np)$。

(11) 若二项分布 $n \to \infty$ 且 $np > 5,\ n(1-p) > 5$，则可以利用正态分布求其近似值，正态分布参数：$\mu = np,\ \sigma^2 = np(1-p) = npq$。即 $B(n,p) \to N(np, npq)$。

(12) 二项分布各项概率为二项式 $(p+q)^n$ 的展开各项。其系数 $C_x^n$ 是帕斯卡尔三角形的系数。请见 5.3节排列组合的组合公式。

## 5.1.5　泊松分布

**泊松分布**(poisson distribution)适用于“单位时间”内、“单位长度”或“单位面积”中，出现的次数，如图5.5所示。例如：

- 一年内某医院(或城市)，癌症死亡人数。
- 一周内工厂，机器故障次数。
- 一天内某超市，进入顾客的人数。
- 一小时内，打进电话的次数。
- 一页书内，错字的数目。
- 森林中一平方千米内，动物的数目。
- 每100米的街上，餐厅的数目。

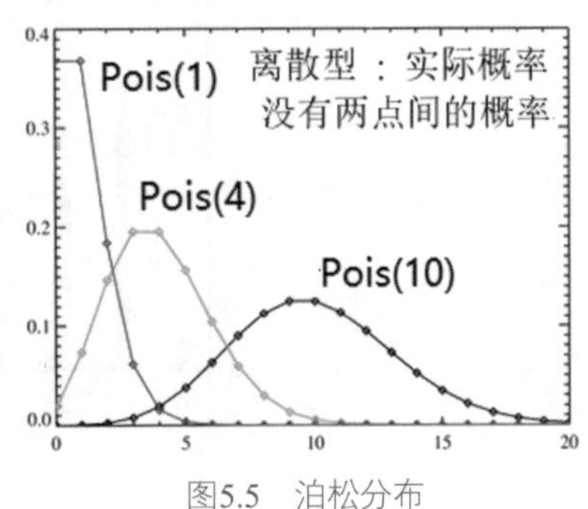

图5.5　泊松分布

(1) 概率分布函数$P(x)=\frac{\lambda^x e^{-\lambda}}{x!}$,　　$x=0,1,2,3,\cdots,\infty$。

(2) 泊松分布记作 $\mathrm{Pois}(\lambda)$。

(3) 参数 = $\lambda>0$。

(4) 均值 $E(X)=\lambda$。

(5) 方差 $V(X)=\lambda$。

(6) 众数 $M(X)=\lambda$ 附近的整数。

(7) 偏度系数 $S(X)=\frac{1}{\sqrt{\lambda}}>0$ (右偏型)。

(8) 峰度系数 $K(X)=3+\frac{1}{\lambda}$ (尖峰型)。

(9) 独立的泊松分布是线性可加性，即若 $X\sim\mathrm{Pois}(\lambda_1)$，$Y\sim\mathrm{Pois}(\lambda_2)$，且$X$和$Y$独立，则 $aX+bY\sim Pois(a\lambda_1+b\lambda_2)$。

(10) 若单位时间(例如一小时)内到达的人数是泊松分布，则相邻到达者的间隔时间(两个人到达的距离时间)是指数分布。

(11) 若单位时间(例如一小时)内到达的人数 $X$是泊松分布$X\sim\mathrm{Pois}(\lambda)$，则任何t 时间(例如 3小时)内到达的人数$Y$是泊松分布 $Y\sim\mathrm{Pois}(\lambda t)$(例如$X\sim\mathrm{Pois}(3\lambda)$))。

(12) 若泊松分布 $\lambda>5$，则可以利用正态分布求其近似值，正态分布的参数：$\mu=\lambda,\sigma^2=\lambda$。即$\mathrm{Pois}(\lambda)\to N(\lambda,\lambda)$。

(13) 若二项分布 $n\to\infty,p\to 0$，则可以利用泊松分布求其近似值，泊松分布参数：$\lambda=np$。即$B(n,p)\to\mathrm{Pois}(np)$。

## 5.1.6 超几何分布

**超几何分布**(hypergeometry distribution)是：“有限总体”数目 $N$，其中成功的个数为 $N_1$，以“不返回式”抽出 $n$ 个，$x$为 $n$ 次中成功的数目。注意：第一次试验成功率为$N_1/N$，因为抽出后不放回，所以每次抽出成功的概率不同，如图5.6所示。

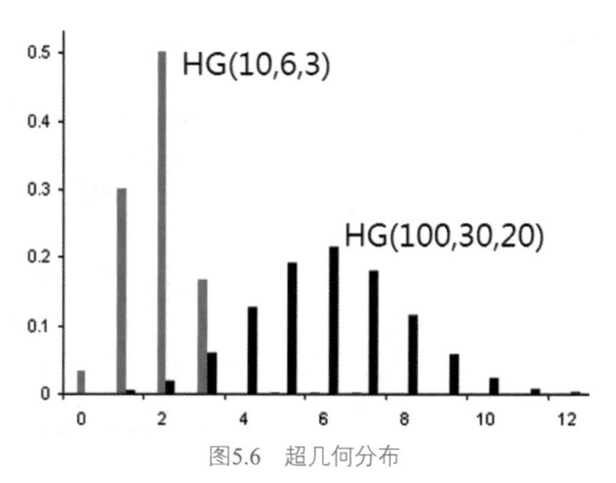


图5.6　超几何分布

(1) 概率分布函数 $P(x)=\dfrac{\dbinom{N_1}{x}\dbinom{N-N_1}{n-x}}{\dbinom{N}{n}}$，$x=\max\{n-N+N_1,0\},\cdots,\min\{N_1,n\}$。

(2) 超几何分布记作 $\mathrm{HG}(N,N_1,n)$。

(3) 参数 = $N,N_1,n$ 都是正整数。

(4) 均值 $E(X)=\dfrac{nN_1}{N}$。

(5) 方差 $V(X)=n\left(\dfrac{N_1}{N}\right)\left(1-\dfrac{N_1}{N}\right)\left(\dfrac{N-n}{N-1}\right)$(对照第8章有限总体不返回抽样)。

(6) 众数 $M(X)=\dfrac{(n+1)(N_1+1)}{N+2}$。

(7) 偏度系数 $S(X)=\dfrac{(N-2N_1)(N-2n)\sqrt{N-1}}{(N-2)\sqrt{nN_1(N-N_1)(N-n)}}$。

(8) 峰度系数

$$K(X)=\frac{N^2(N-1)\{N(N+1)-6n(N-n)+3\dfrac{N_1}{N^2}(N-N_1)[N^2(n-2)-Nn^2+6n(N-n)]\}}{(N-2)(N-3)nN_1(N-N_1)(N-n)}。$$

(9) 若超几何分布 $N>10n$，则可以利用二项分布求其近似值：

$$\mathrm{HG}(N,N_1,n)\to B(n,N_1/N)$$

## 5.1.7 几何分布

几何分布(geometry distribution)是：每次伯努利试验的成功率为 $p$，$P(x)$ 为 $x+1$ 次独立试验，“前面 $x$ 次是失败，而第 $x+1$ 次试验刚好是成功”的概率，如图5.7所示。

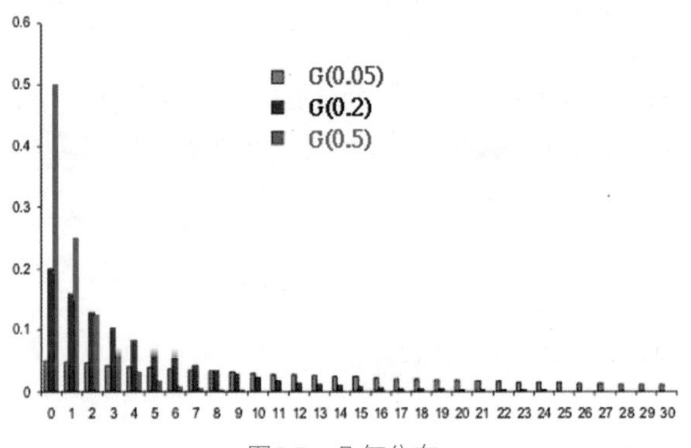

图5.7　几何分布

(1) 概率分布函数 $P(x)=p(1-p)^x$，$x=0,1,2,3,\cdots,\infty$，如表5.1所示。

表5.1　几何分布的概率分布

| $x$ | 0 | 1 | 2 | 3 | 4 | 5 | … |
|---|---|---|---|---|---|---|---|
| $P(x)$ | $p$ | $pq$ | $pq^2$ | $pq^3$ | $pq^4$ | $pq^5$ | … |

(2) 几何分布记作 $p$。

(3) 参数 = $p$,　$0\leqslant p\leqslant 1$ ，令 $q=1-p$ 。

(4) 均值 $E(X)=\dfrac{q}{p}$ 。

(5) 方差 $V(X)=\dfrac{q}{p^2}$ 。

(6) 偏度系数 $S(X)=\dfrac{1+q}{\sqrt{q}}>0$ (右偏型)。

(7) 峰度系数 $K(X)=3+\dfrac{p^2+6q}{q}$ (尖峰型)。

(8) 几何分布的各项概率值是几何级数：$p, pq, pq^2, pq^3,\cdots$ ，故称几何分布。

$$
\begin{aligned}
E(X) &= 0\times p+1\times pq+2\times pq^2+3\times pq^3+4\times pq^4+\cdots = pq+2pq^2+3pq^3+4pq^4+\cdots \\
&=(pq+pq^2+pq^3+pq^4+\cdots)+(pq^2+pq^3+pq^4+\cdots)+(pq^3+pq^4+\cdots)+(pq^4+\cdots) \\
&=\frac{pq}{1-q}+\frac{pq^2}{1-q}+\frac{pq^3}{1-q}+\frac{pq^4}{1-q}+\cdots=q+q^2+q^3+q^4+\cdots=\frac{q}{1-q}=\frac{q}{p}
\end{aligned}
$$

(9) 独立的几何分布相加以后是负二项分布，即：

若 $X_i\sim G(p),\ i=1,\cdots,n$ ，且 $X_i$ 为独立，则 $Y=\sum_{i=1}^{n} X_i\sim \mathrm{NB}(n,p)$ 。

(10) 几何分布是离散型概率分布中唯一具有“**无记忆性质**”(memoryless property)的分布。无记忆性质的意义是：不管过去 t 时间内事件是否发生，从现在开始 s 时间内发生事件的概率和过去无关。例如：不管过去 2 小时有 100 个客人也好，有 500 个客人也好，从现在起 1 小时内有 50 个客人的概率，都是一样。无记忆性的数学定义：

$P(X>s+t\,|\,X>t)=P(X>s)$ 对所有的 $s$，$t=0,1,2,\cdots$ 均成立。

(11) 几何分布有的定义是：每次伯努利试验的成功率为 $p$，$P(x)$为 $x$ 次独立试验，“前面 $x$-1 次是失败，而第 $x$ 次试验刚好是成功”的概率，如表5.2所示。

表5.2　几何分布概率分布

| $x$ | 1 | 2 | 3 | 4 | 5 | 6 | … |
|---|---|---|---|---|---|---|---|
| $P(x)$ | $p$ | $pq$ | $pq^2$ | $pq^3$ | $pq^4$ | $pq^5$ | … |

概率分布函数 $P(x)=p(1-p)^{x-1}$，$x=1,2,\cdots,\infty$ 。

均值 $E(X)=1/p$ 。

方差 $V(X)=q/p^2$ 。

例题5.1　圣彼得堡悖论。

圣彼得堡悖论(St. Petersburg paradox)是决策论中的一个矛盾的悖论，1713年由尼古拉·伯努利(Nicolaus I Bernoulli)提出。1738年，其堂弟丹尼尔·伯努利(Daniel Bernoulli)

在圣彼得堡学院出版论文集，以效用理论来解答这个问题。他们都是伯努利分布的雅各布・伯努利(Jakob I. Bernoulli)的侄子。

圣彼得堡悖论是一个赌局：掷一个公正的硬币，若第一次掷出正面，你就赚2元，赌局结束。若第一次掷出反面，那就要再掷一次，若第二次掷的是正面，你赚4元，赌局结束。若第二次掷出反面，那就要掷第三次，若第三次掷的是正面，你赚8元，赌局结束。若第四次掷的是正面，你赚16元，如此类推，如表5.3所示。问题是，你最多肯付多少钱参加这个赌局？

**解答**：概率分布函数

期望 $E(X)=2\times\frac{1}{2}+4\times\frac{1}{4}+8\times\frac{1}{8}+16\times\frac{1}{16}+32\times\frac{1}{32}+\cdots=1+1+1+1+1+\cdots=\infty$

期望是无限大，表示你可以几千亿的钱来赌这个赌局，这就是悖论的地方。

方差 $V(X)=\sum(x-\infty)^2P(x)=\sum\infty^2P(x)=\infty$

通常做决策是，选择期望值最大，方差最小。圣彼得堡悖论是期望值是无限大，方差也是无限大，这就是矛盾的地方。另外，就是用期望效用理论来解释。

表5.3 圣彼得堡悖沦概率分布

| $x$ | 2 | 4 | 8 | 16 | 32 | 64 | … |
|---|---|---|---|---|---|---|---|
| $P(x)$ | 1/2 | 1/4 | 1/8 | 1/16 | 1/32 | 1/64 | … |

## 5.1.8 负二项分布

**负二项分布**(negative binomial distribution)是：每次试验的成功率为 $p$，到成功$k$次时即终止的独立伯努利试验中，失败次数$x$的分布。$P(x)$为 $x+k$ 次独立试验，“有 $k$ 次成功，$x$ 次失败，而第 $x+k$ 次试验刚好是成功”的概率，如图5.8所示。例如，连续掷一个硬币，在第三次($k$=3)出现前，出现 $x$ 次反面的次数之概率。

(1) 概率分布函数 $P(x)=\binom{x+k-1}{x}p^k(1-p)^x\ x=0,1,2,\cdots$。

(2) 负二项分布记作 NB($k$，$p$)。

(3) 参数$=p$，$q=1-p$，$k$为 正整数。

(4) 均值 $E(X)=\frac{kq}{p}$。

(5) 方差 $V(X)=\frac{kq}{p^2}$。

(6) 偏度系数$S(X)=\frac{1+q}{\sqrt{kq}}>0$(右偏型)。

(7) 峰度系数 $K(X)=3+\frac{p^2+6q}{kq}$。

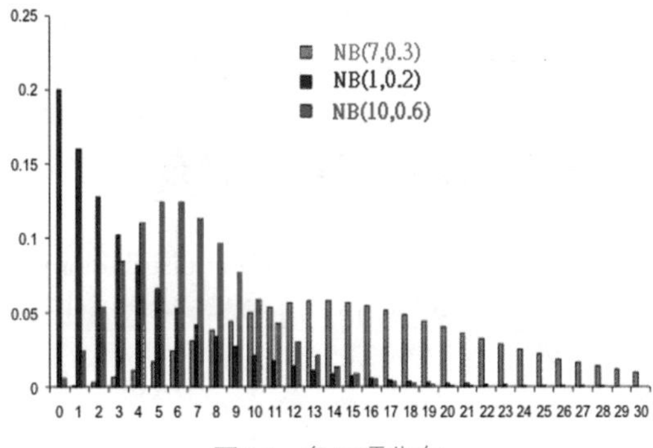

图5.8 负二项分布

(8) 当 $k=1$，则负二项分布为几何分布。

(9) 独立的几何分布相加以后是负二项分布：

若 $X_i \sim G(p),\ i=1,2,\cdots,n$，且 $X_i$ 为独立，则 $Y=X_1+X_2+\cdots+X_n \sim \mathrm{NB}(n,p)$。

例题5.2　推销员问题。

推销员在 1 个家庭推销吸尘器成功的概率为 0.2，请问：

(1) 他每天拜访 6 家，只有1家成功的概率？平均每天推销成功的数目？

(2) 公司规定一天要推销成功 1 家，他今天刚好拜访 3 家就完成任务的概率？平均每天推销的家庭数目？

(3) 公司规定一天要推销成功 2 家，他今天只要拜访 5 家以下就完成任务的概率？平均每天推销的家庭数目？

(4) 如果一个公寓有10家，只有2 家会成功，但是他不知道是哪两家，今天拜访 5 家，找到两家成功的概率？

**解答：**

(1) $X \sim B(6,0.2)$，计算 $P(X=1)=C_1^6(0.2)^1(0.8)^5=0.3932$，$E(X)=1.2$

(2) 成功前失败的数目 $X \sim G(0.2)$，计算 $P(X=2)=(0.2)(0.8)^2=0.128$

$E(X)=0.8/0.2=4$，要再加上最后成功的一家，平均每天推销5家。

(3) 完成前失败的数目 $X \sim \mathrm{NB}(2,0.2)$，计算 $P(X \leqslant 3)=P(0)+P(1)+P(2)+P(3)$

$$=(0.2)^2+\binom{2}{1}(0.2)^2(0.8)+\binom{3}{2}(0.2)^2(0.8)^2+\binom{4}{3}(0.2)^2(0.8)^3=0.2627$$

$E(X)=(2\times0.8)/0.2=8$，再加上成功的2家，平均每天推销10家。

(4) $X \sim \mathrm{HG}(10,2,5)$，计算 $P(X=2)=\dfrac{C_2^2C_3^8}{C_5^{10}}=\dfrac{56}{252}$

# 5.2 连续型随机变量的概率分布

以下介绍的连续型随机变量的概率密度函数有：连续均匀概率分布、正态分布、指数分布、$t$分布、卡方分布、$F$分布。至于对数正态分布、贝他分布、伽玛分布、三角形分布、魏布分布等，与以上概率分布的关联性，我们放在随书光盘，仅供参考。

## 5.2.1 连续均匀概率分布

连续均匀概率分布(uniform distribution)是在一个实数区间 $[a,b]$ 有相等的概率密度函数，如图5.9所示。

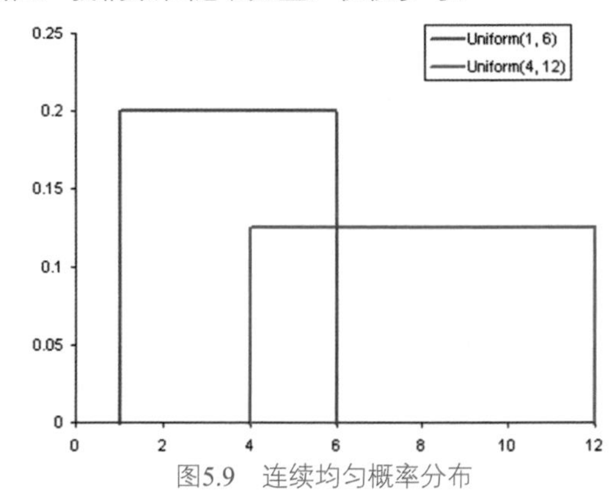

图5.9　连续均匀概率分布

(1) 概率密度函数

$f(x)=\dfrac{1}{b-a}, a \leqslant x \leqslant b$。

(2) 连续均匀概率分布记作 $U(a,b)$。

(3) 参数 $=a,b$。

(4) 均值 $E(X)=(a+b)/2$。

(5) 方差 $V(X)=(b-a)^2/12$。

(6) 偏度系数 $S(X)=0$(对称型)。

(7) 峰度系数 $K(X)=1.8$(平峰型，常数和 $a$，$b$ 无关)。

(8) 利用连续均匀概率分布 $U(0，1)$，可以模拟出其他各种概率分布的随机变量值。

## 5.2.2 正态分布

**正态分布**(normal distribution)是统计学最常用的概率分布，也是推论统计的主角，如图5.10所示。

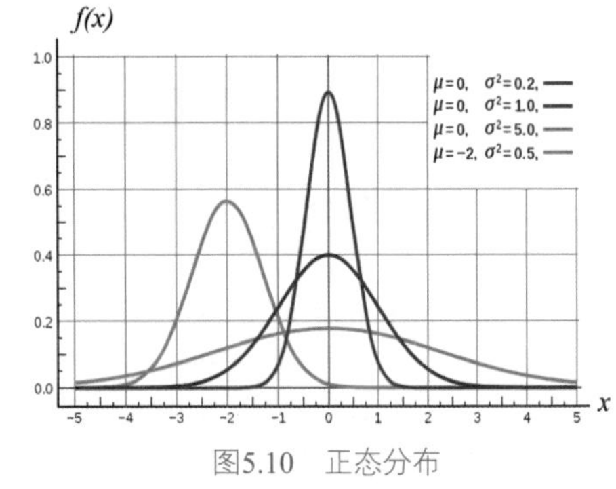

图5.10　正态分布

(1) 概率密度函数

$$f(x)=\frac{1}{\sqrt{2\pi}\sigma}e^{-\frac{(x-\mu)^2}{2\sigma^2}},-\infty<x<\infty$$。

(2) 正态分布记作 $N(\mu,\sigma^2)$。

(3) 参数 = $\mu\in R,\ \sigma>0$。

(4) 均值 $E(X)=\mu$。

(5) 方差 $V(X)=\sigma^2$。

(6) 众数 $M(X)=\mu$。

(7) 偏度系数 $S(X)=0$。

(8) 峰度系数 $K(X)=3$(正态峰，常数和 $\sigma^2$ 无关)。

(9) 独立的正态分布是线性可加性，即若 $X\sim N(\mu_1,\sigma_1^2)$, $Y\sim N(\mu_2,\sigma_2^2)$，且 $X$ 和 $Y$ 独立，则 $aX+bY\sim N(a\mu_1+b\mu_2,a^2\sigma_1^2+b^2\sigma_2^2)$。

(10) 以下是正态分布在几个重要区间的概率：

- 正态分布在 $\mu\pm0.6745\sigma$ 的概率为 0.5。
- 正态分布在 $\mu\pm1.000\sigma$ 的概率为 0.6827。
- 正态分布在 $\mu\pm1.6450\sigma$ 的概率为 0.9。
- 正态分布在 $\mu\pm1.9600\sigma$ 的概率为 0.95。
- 正态分布在 $\mu\pm2.0000\sigma$ 的概率为 0.9544。
- 正态分布在 $\mu\pm2.3260\sigma$ 的概率为 0.98。
- 正态分布在 $\mu\pm2.5760\sigma$ 的概率为 0.99。
- 正态分布在 $\mu\pm3.0000\sigma$ 的概率为 0.9973。

(11) 正态分布曲线的反曲点在 $\mu\pm\sigma$。

(12) 正态分布 $X\sim N(\mu,\sigma^2)$，则 $Z=\dfrac{X-\mu}{\sigma}\sim N(0,1)$，$N(0,1)$是**标准正态分布**。

$z_\alpha$ 是$N(0,1)$的 $(1-\alpha)\times100$ 百分位数，是统计估计与检验的一个重要符号，如图5.11和图5.12所示。

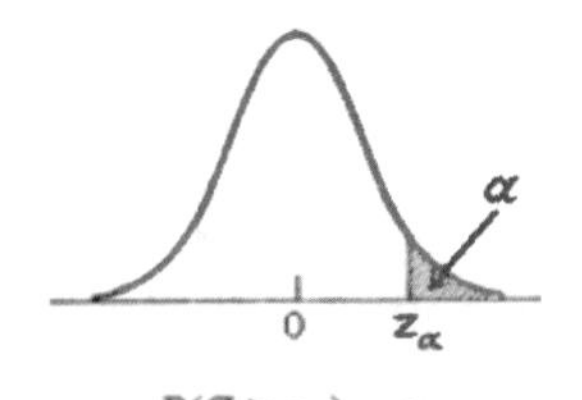


图5.11 $z_\alpha$的定义(1)

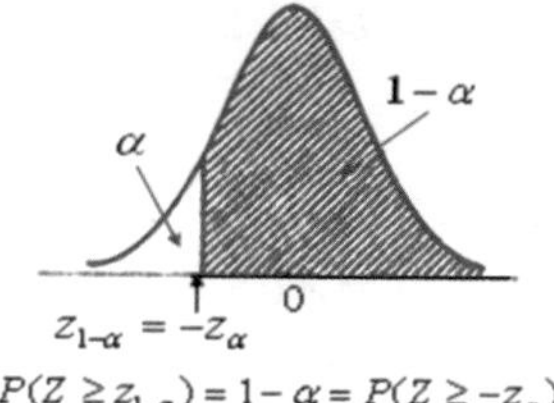


图5.12 $z_\alpha$的定义(2)

有的统计学书定义 $P(Z<z_\alpha)=1-\alpha$。

$P(Z>z_\alpha)=\alpha,\quad \alpha\in(0,1)$

$z_{0.05}=1.645,\ z_{0.025}=1.96,\ z_{0.01}=2.33$，$z_{0.05}$ 是标准正态分布的95百分位数。

(13) 二项分布与泊松分布都可以利用正态分布，计算其近似的概率。

(14) 一般正态分布 $N(\mu，\sigma^2)$ $k$的百分位数 $P_k$，计算 $P_k=\mu+z_{1-k/100}\times\sigma$。

## 5.2.3 指数分布

**指数分布**(exponential distribution)通常适用在两个相邻发生事件的时间，如图5.13所示。例如：

- 某超市顾客到达的间隔时间。
- 工厂机器故障的间隔时间。
- 打进电话的间隔时间。

(1) 概率密度函数

$f(x)=\lambda e^{-\lambda x},\ x>0$。

(2) 指数分布记作 $\mathrm{Exp}(\lambda)$。

(3) 参数 = $\lambda>0$。

(4) 均值 $E(V)=1/\lambda$。

(5) 方差 $V(V)=1/\lambda^2$。

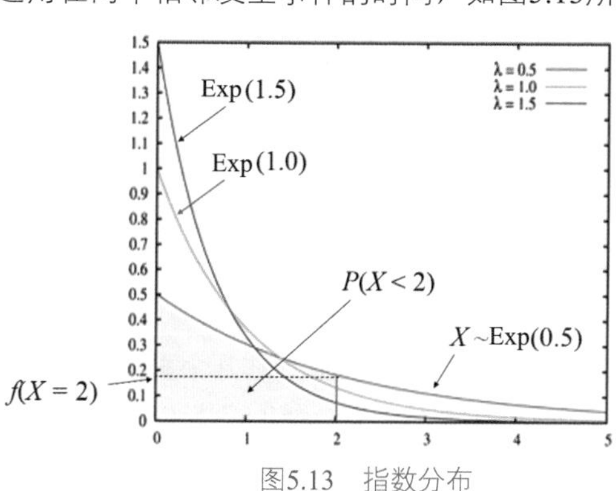


图5.13 指数分布

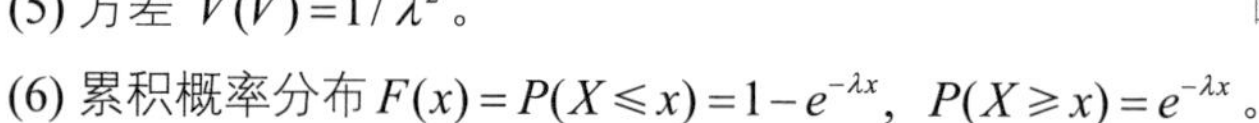
(6) 累积概率分布 $F(x)=P(X\leqslant x)=1-e^{-\lambda x}$，$P(X\geqslant x)=e^{-\lambda x}$。

(7) 偏度系数 $S(X)=2$ (非常右偏型，常数与概率分布的参数 $\lambda$ 无关)。

(8) 峰度系数 $K(X)=9$ (非常尖峰型，常数与概率分布的参数 $\lambda$ 无关)。

(9) 指数分布是连续型概率分布中唯一具有“无记忆性质”(memoryless property)的分布。无记忆性质的意义是：不管过去 $t$ 时间内发生的事件如何，从现在开始 $s$ 时间内发生事件的概率和过去无关。例如：不管过去 2 小时都没有到达者也好，或是过去5小时都没有到达者也好，从现在起 1 小时后才有到达者的概率，都是一样，和过去无关。以下是无记忆性的数学定义：

$P(X>s+t\,|\,X>t)=P(X>s)$ 对所有的 $s$，$t\geqslant0$ 均成立。

(10)若 $X\sim\mathrm{Exp}(\lambda)$，则 $cX$也是指数分布，参数 $\lambda/c$，$cX\sim\mathrm{Exp}(\lambda/c)$。

(11)若单位时间(例如一小时)内到达的人数是泊松分布 $\mathrm{Pois}(\lambda)$，则相邻到达者的间隔时间(前后两个人到达的距离时间)是指数分布 $\mathrm{Exp}(\lambda)$。

## 5.2.4 *t*分布

*t*分布(*t* distribution)运用在：当总体方差 $\sigma^2$ 未知时，总体均值的区间估计和检验，如图5.14所示。

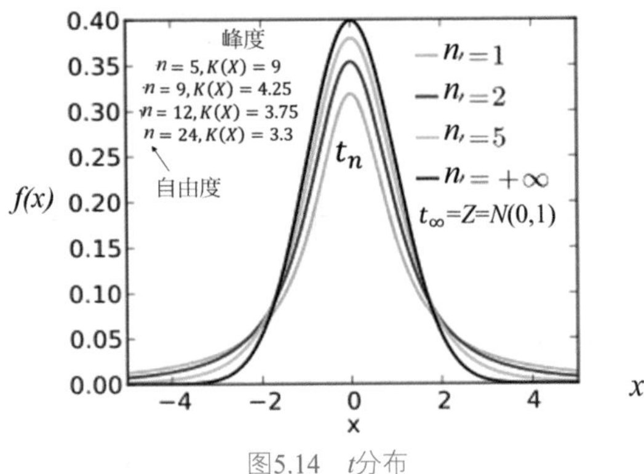


图5.14　*t*分布

(1) 概率密度函数 $f(x)=\dfrac{1}{\sqrt{n\pi}}\dfrac{\Gamma\left(\dfrac{n+1}{2}\right)}{\Gamma\left(\dfrac{n}{2}\right)}\left(1+\dfrac{x^2}{n}\right)^{-\left(\frac{n+1}{2}\right)},-\infty<x<+\infty$。

(2) 伽玛函数(Gamma function) $\Gamma(\alpha)=\int_0^\infty e^{-y}y^{\alpha-1}\mathrm{d}y$。

(3) 参数 $=n$ 正整数，称为*t*分布的自由度，记作 $t(n)$。

(4) 均值 $E(X)=0$。

(5) 方差 $V(X)=\dfrac{n}{n-2}$，$n>2$。

(6) 众数 $M(X)=0$。

(7) 偏度系数 $S(X)=0$。

(8) 峰度系数 $K(X)=\dfrac{3(n-2)}{n-4}>3$。

($n>4$，尖峰型)虽然 $t(1),\cdots,t(4)$,

没有峰度系数，但 $t(1)$ 分布中间尖窄，两边尾巴厚长，尖峰型。

(9) 若 $Z\sim N(0,1)$，$X\sim\chi^2(n)$，

则 $T=\dfrac{Z}{\sqrt{X/n}}\sim t(n)$

($X=Z_1^2+Z_2^2+\cdots+Z_n^2\sim\chi^2(n)$，所以用抽样标准差，做均值的区间估计和检验，*t* 检验就是根据这个性质。)

(10) 若 $X\sim t(n)$，定义 $t_\alpha(n)$，使 $P(X>t_\alpha(n))=\alpha$，如图5.15所示。例如：

$\alpha=0.01,\ n=20,\ t_\alpha(n)=1.325$。

符号 $t(n)$ 代表随机变量概率分布，

符号 $t_\alpha(n)$ 代表实数值。

(11)若 $X$ 为 $t$ 分布，即 $X \sim t(n)$，

则 $X^2 \sim F(1,n)$，即 $X^2$ 是 $F$ 分布。

(12) $(t_{\alpha/2}(n))^2 = F_\alpha(1,n)$， $t_{1-\alpha}(n) = -t_\alpha(n)$

(13)当 $n \to \infty$，则 $t(n) \to Z = N(0,1)$。

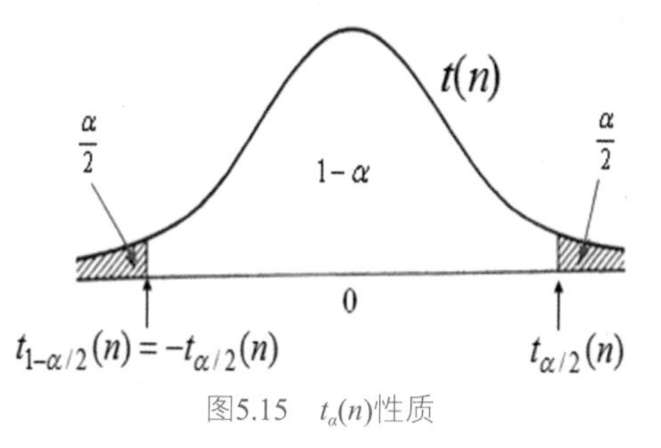


图5.15 $t_\alpha(n)$性质

## 5.2.5 卡方分布

卡方分布(chi-square distribution)通常运用在：总体方差 $\sigma^2$ 的估计和检验、分类数据卡方检验，以及非参数统计的KW检验，如图5.16所示。

(1)概率密度函数 $f(x) = \dfrac{x^{(n-2)/2}\exp(-x/2)}{2^{n/2}\Gamma(n/2)}, x > 0$。

(2)参数 =$n$ 正整数，称为卡方分布的自由度。

(3)随机变数 $X$ 为自由度 $n$ 的卡方分布，记作 $X \sim \chi^2(n)$。

(4)均值 $E(X) = n$。

(5)方差 $V(X) = 2n$。

(6)众数 $M(X) = n-2$。

(7)偏度系数 $S(X) = \sqrt{8/n} > 0$，

右偏型，$n$ 越大越近似对称型。

(8)峰度系数 $K(X) = 3 + (12/n) > 3$，

尖峰型，$n$ 越大越近似正态峰。

(9)若 $Z_1, Z_2, \cdots, Z_n$ 为独立标准正态分布，

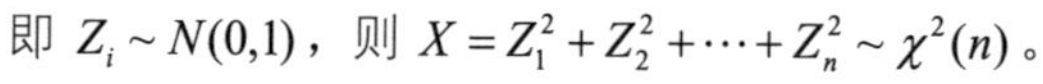

即 $Z_i \sim N(0,1)$，则 $X = Z_1^2 + Z_2^2 + \cdots + Z_n^2 \sim \chi^2(n)$。

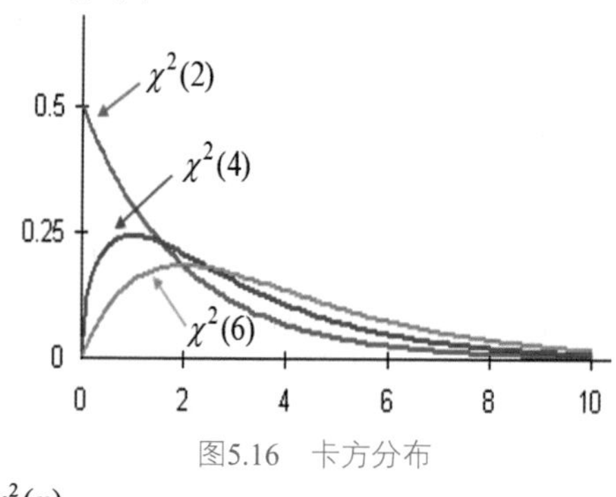


图5.16 卡方分布

(10)独立的卡方分布是可加性，即若 $X \sim \chi^2(n)$, $Y \sim \chi^2(m)$，且 $X$ 和 $Y$ 为独立，

则 $X + Y \sim \chi^2(n+m)$。

(11)若 $X \sim \chi^2(n)$，定义 $\chi^2_\alpha(n)$，

使 $P(X > \chi^2_\alpha(n)) = \alpha$，如图5.17所示。

例如： $\alpha = 0.05$, $n = 10$, $\chi^2_{\alpha,n} = 18.307$。

(利用查表或《中文统计》)

**请注意**：符号 $\chi^2(n)$ 代表随机变量概率分布，

符号 $\chi^2_\alpha(n)$ 代表实数值。

(12) $\chi^2_\alpha(1) = (z_{\alpha/2})^2$。

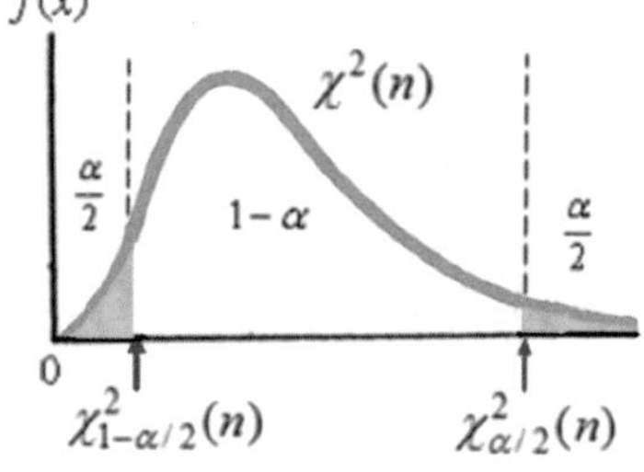


图5.17 $\chi^2_\alpha(n)$的定义

## 5.2.6 *F* 分布

*F* 分布(*F* distribution)通常运用在：两个总体方差比 $\sigma_1^2/\sigma_2^2$ 的区间估计和检验、方差分析、回归分析以及伯努利分布总体比例值小样本之区间估计(见补充教材)，如图5.18所示。

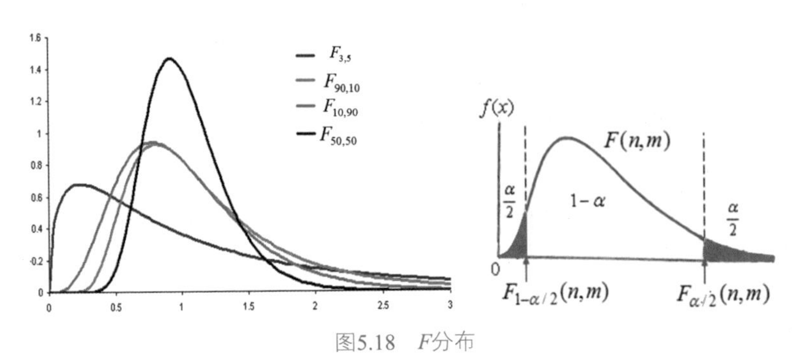


图5.18 *F*分布

(1)概率密度函数 $f(x)=\dfrac{\Gamma\left(\dfrac{n+m}{2}\right)n^{\frac{n}{2}}m^{\frac{m}{2}}x^{\frac{n-2}{2}}}{\Gamma\left(\dfrac{n}{2}\right)\Gamma\left(\dfrac{m}{2}\right)(m+nx)^{\frac{n+m}{2}}}, x>0$ 。

(2)*F*分布记作 $F(n,m)$ 。

(3)参数= $n$，$m$ 正整数，为*F*分布的自由度，$n$ 是分子的自由度，$m$ 是分母的自由度。

(4)均值 $E(X)=\dfrac{m}{m-2}, m>2$ 。

(5)方差 $V(X)=\dfrac{2m^2(m+n-2)}{n(m-2)^2(m-4)}$， $m>4$ 。

(6)众数 $M(X)=\dfrac{m(n-2)}{n(m+2)}$ 。

(7)偏度 $S(X)=\dfrac{(2n+m-2)\sqrt{8(m-4)}}{(m-6)\sqrt{n^2+nm-2n}}$， $m>6$ 。

(8)峰度 $K(X)=3+\dfrac{12[(m-2)^2(m-4)+n(n+m-2)(5m-22)]}{n(m-6)(m-8)(n+m-2)}$， $m>8$ (尖峰型)。

(9)若*X*, *Y*分别为自由度*n*, *m*的卡方分布，$X\sim\chi^2(n)$, $Y\sim\chi^2(m)$，则 $F=\dfrac{X/n}{Y/m}\sim F(n,m)$ 。

(10)若 $X\sim F(n,m)$，定义 $F_\alpha(n,m)$，使 $P(X>F_\alpha(n,m))=\alpha$ 。

**注意**：符号 $F(n,m)$ 代表随机变量概率分布，符号 $F_\alpha(n,m)$ 代表实数值。

**例题5.3** 在某海湾的钓鱼旺季中，根据当地报纸体育版的报道，钓鱼者平均每小时可钓到两条鱼。如果钓得的鱼数为泊松(Poisson)分布的随机变量，则下列概率是多少：

(1) 一小时之内钓到三条或三条以上的鱼的概率？

(2) 半小时之内至少钓到三条鱼的概率？

(3) 4小时之内钩到大于 10 条鱼的概率？

(4) 2小时以上没钓到鱼的概率？

(5) 已经有 1 小时没钓到鱼，则接下来一小时仍没钓到鱼的概率？

(6) 已经有 5 小时没钓到鱼，则接下来一小时仍没钓到鱼的概率？

**解答：**

(1) 一小时内钓到鱼数目 $X \sim \text{Pois}(2)$，计算 $P(X \geqslant 3) = 1-0.6767$。

(2) 半小时内钓到鱼数目 $X \sim \text{Pois}(1)$，计算 $P(X \geqslant 3) = 1-0.9197$。

(3) 4小时内钓到鱼数目 $X \sim \text{Pois}(8)$，计算 $P(X > 10) = 1-0.8159$。

(4) 钓到鱼的间隔时间 $T \sim \text{EXP}(2)$，计算 $P(T > 2) = e^{(-2)\times 2} = e^{(-4)} = 0.018316$。

(5) $T \sim \text{EXP}(2)$，计算 $P(T > 2 \mid T > 1) = e^{-4} / e^{-2} = e^{-2} = P(T > 1) = 0.135335$。

(6) $T \sim \text{EXP}(2)$，计算 $P(T > 6 \mid T > 5) = e^{-12} / e^{-10} = e^{-2} = P(T > 1) = 0.135335$。

指数分布满足“无记忆性质”。

# 5.3 正态分布概率的计算

正态分布概率的计算，要转换成标准正态分布，利用标准正态分布表，查出其概率。

## 5.3.1 标准正态分布

标准正态分布(standard normal distribution)是均值为 0，标准差为 1 的正态分布，记作 $N$(0，1)，以 $Z$ 当作标准正态分布的随机变量。

标准正态分布概率表是统计学上最重要的一个表。我们可以用《中文统计》，或在附表 A.1 的标准正态分布概率表查找 $P(Z \geqslant z)$，其中 $z$ 是大于 0的实数。表的左边是小数第 1 位，表的上方是小数第 2 位，例如：$z = 1.23$, $P(Z \geqslant 1.23)$，在表的左边查 1.2，在上方查 0.03，两者交会点 0.109，所以 $P(Z \geqslant 1.23) = 0.109$。如图5.19所示。

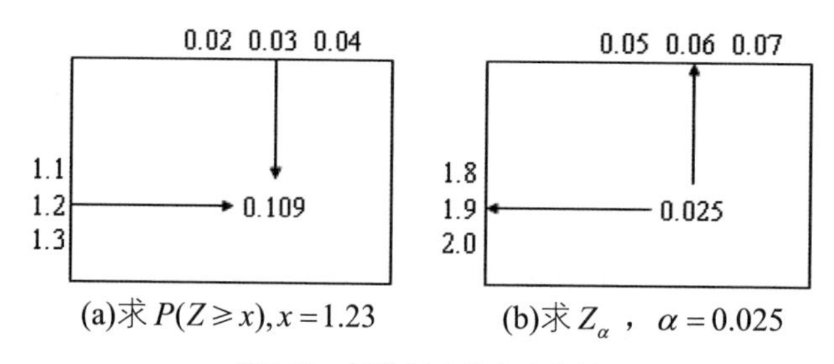


(a)求 $P(Z \geqslant x), x = 1.23$　(b)求 $Z_\alpha$，$\alpha = 0.025$

图5.19　标准正态分布查表法

另外，我们要知道 $z$ 是多少，使 $P(Z \geqslant z) = a$，其中 $a$ 已知。例如：$a = 0.025$，在附表 A.1中，找到 0.025，往外推出得到 $z = 1.96$。

### 5.3.2 一般正态分布

一般正态分布的概率计算，要经过标准化转换，变成标准正态分布。$X$ 是正态分布，其均值 $\mu$，标准差 $\sigma$，$X \sim N(\mu,\sigma^2)$。求 $P(X \geqslant x)$，标准化转换如下，如图5.20所示。

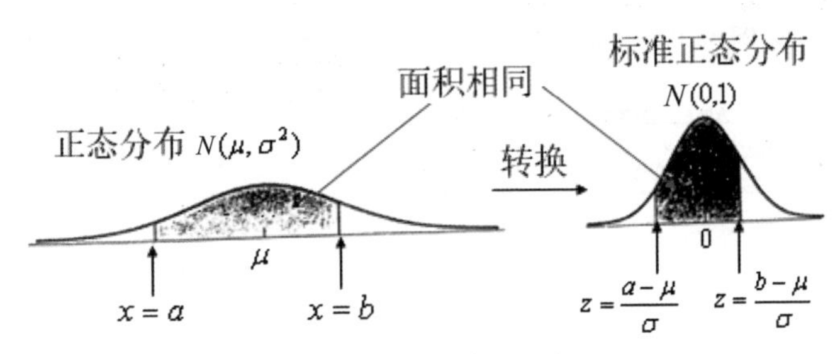


图5.20　转换前后，面积相同

标准正态分布 $Z=\dfrac{X-\mu}{\sigma}$；标准分数 $z=\dfrac{x-\mu}{\sigma}$。

### 5.3.3 利用正态分布求二项分布的概率

利用正态分布求二项分布的概率，假设条件与步骤：

(1) 若二项分布 $B(n,p)$, $np>5$, $n(1-p)>5$，则可利用正态分布求其近似值。

(2) 利用正态分布 $N(\mu,\sigma^2)$, $\mu=np$, $\sigma=\sqrt{np(1-p)}$。

(3) 因为二项分布是离散型，正态分布是连续型，所以计算区间概率，要修正其上下限，下限减 0.5，上限加 0.5。这个步骤称为**连续性修正**(continuity correction)。

例如：$X \sim B(n,p)$ 是二项分布，$Y \sim N(np,np(1-p))$

求 $P(3 \leqslant X \leqslant 8) \cong P(2.5 \leqslant Y \leqslant 8.5)$

求 $P(0<X<6)=P(1 \leqslant X \leqslant 5) \cong P(0.5 \leqslant Y \leqslant 5.5)$

求 $P(X=5) \cong P(4.5 \leqslant Y \leqslant 5.5)$

如果 $n$很大，而使 $\sqrt{np(1-p)}$ 也很大，则可以不必做连续性修正。

**例题5.4—例题5.12**　见下载资料。

## 5.4 《中文统计》应用

### 5.4.1 离散型概率分布——二项分布(例题5.2)

在浅绿色的单元格输入数据，离开单元格，单击“重新计算”。如图5.21和图5.22所示。

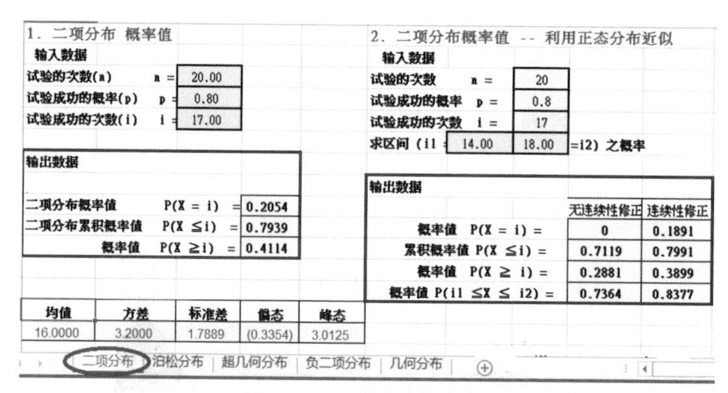

图5.21　二项分布概率值

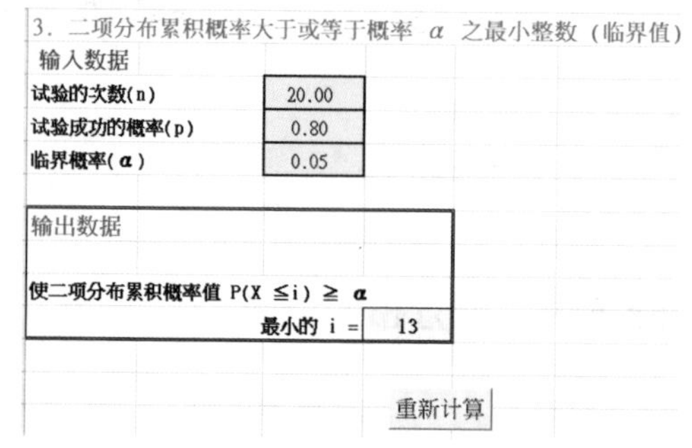

图5.22　二项分布的临界值

## 5.4.2　连续型概率分布——正态分布(例题5.4)

例题5.4的《中文统计》应用实况如图5.23和图5.24所示。

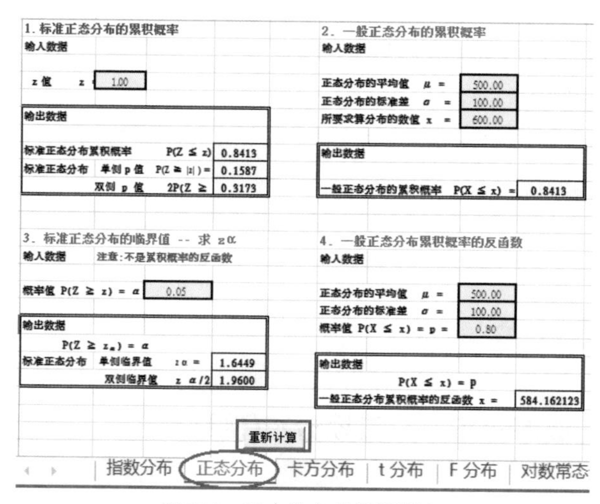

图5.23　正态分布的累积概率

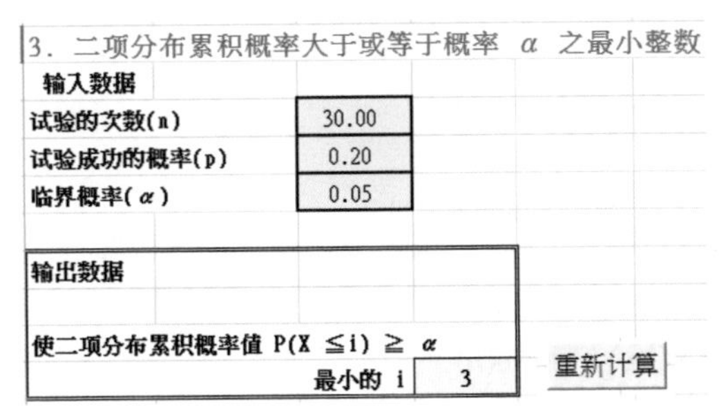

3. 二项分布累积概率大于或等于概率 α 之最小整数

| 输入数据 | |
|---|---|
| 试验的次数(n) | 30.00 |
| 试验成功的概率(p) | 0.20 |
| 临界概率(α) | 0.05 |

| 输出数据 | |
|---|---|
| 使二项分布累积概率值 P(X ≤i) ≥ α | |
| 最小的 i | 3 |

重新计算

图5.24　二项分布累积概率

## 5.4.3　连续型概率分布——卡方分布(例题5.5)

例题5.5的《中文统计》应用实现如图5.25所示。

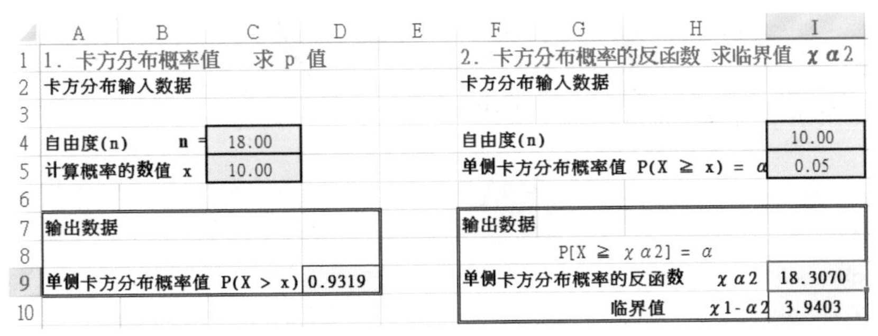

1. 卡方分布概率值　求 p 值

| 卡方分布输入数据 | |
|---|---|
| 自由度(n)　n = | 18.00 |
| 计算概率的数值　x | 10.00 |

| 输出数据 | |
|---|---|
| 单侧卡方分布概率值 P(X > x) | 0.9319 |

2. 卡方分布概率的反函数 求临界值 χα2

| 卡方分布输入数据 | |
|---|---|
| 自由度(n) | 10.00 |
| 单侧卡方分布概率值 P(X ≥ x) = α | 0.05 |

| 输出数据 P[X ≥ χα2] = α | |
|---|---|
| 单侧卡方分布概率的反函数　χα2 | 18.3070 |
| 临界值　χ1-α2 | 3.9403 |

图5.25　卡方分布的概率值

## 5.4.4　连续型概率分布——*t*分布(例题5.6)

例题5.6的《中文统计》应用实现如图5.26所示。

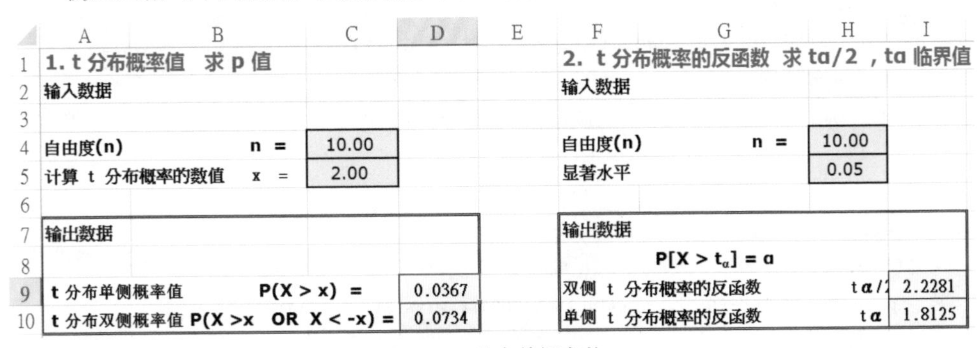

1. t 分布概率值　求 p 值

| 输入数据 | |
|---|---|
| 自由度(n)　n = | 10.00 |
| 计算 t 分布概率的数值　x = | 2.00 |

| 输出数据 | |
|---|---|
| t 分布单侧概率值　P(X > x) = | 0.0367 |
| t 分布双侧概率值 P(X >x　OR　X < -x) = | 0.0734 |

2. t 分布概率的反函数 求 tα/2 ，tα 临界值

| 输入数据 | |
|---|---|
| 自由度(n)　n = | 10.00 |
| 显著水平 | 0.05 |

| 输出数据 P[X > tα] = α | |
|---|---|
| 双侧 t 分布概率的反函数　tα/2 | 2.2281 |
| 单侧 t 分布概率的反函数　tα | 1.8125 |

图5.26　*t*分布的概率值

# 5.5 R 语言应用

密度函数$f(x)$或质量函数$P(x)$= dnorm($x$)
分布函数$F(x)$= pnorm($x$)
分位数函数$F^{-1}(\alpha)$= qnorm($\alpha$)=$z(1-\alpha)$
随机数生成函数RNG($n$)= rnorm($n$)
如图5.27和图5.28所示。

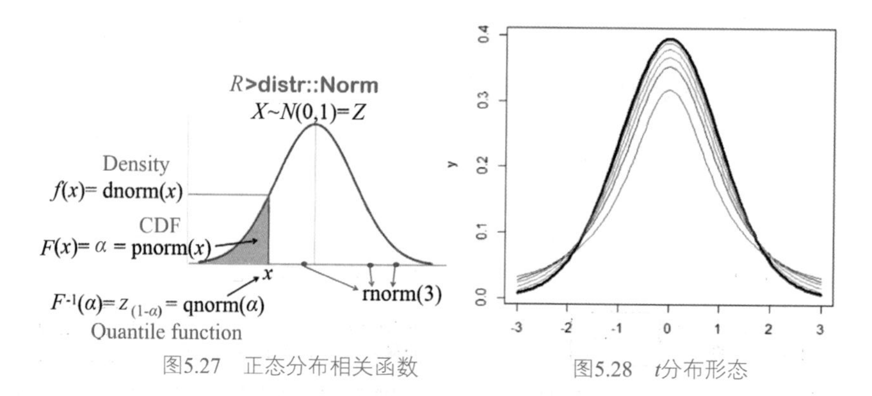


图5.27　正态分布相关函数

图5.28　$t$分布形态

```
> # X~B(20,0.8)
> dbinom(17,20,0.8) # P(X=17)
[1] 0.2053641
> pbinom(17,20,0.8) # P(X≤17)
[1] 0.7939153
> pbinom(17,20,0.8,lower.tail = TRUE) # P(X≤17)
[1] 0.7939153
> pbinom(17,20,0.8,lower.tail = FALSE) # P(X>17)
[1] 0.2060847
> pbinom(16,20,0.8,lower.tail = FALSE) # P(X>16)
[1] 0.4114489
> qbinom(0.05,20,0.8)# F-1(0.05),P(X<=13)=0.05
[1] 13
> # Y~N(16,17.889)
> pnorm(17,16,1.7889)# P(Y≤17)
[1] 0.7119201
> pnorm(18,16,1.7889)- pnorm(14,16,1.7889)# P(Y≤18)- P(Y≤14)
[1] 0.7364353
> pnorm(17.5,16,1.7889)- pnorm(16.5,16,1.7889)# P(Y≤17.5)- P(Y≤16.5)
[1] 0.1890562
```

```
> pnorm(17,16,1.7889,lower.tail = FALSE)          # P(Y>17)= P(X ≥17)
[1] 0.2880799
> pnorm(16.5,16,1.7889,lower.tail = FALSE)        # P(Y>16.5)
[1] 0.38993
> pnorm(1)
[1] 0.8413447
> qnorm(0.05)
[1] -1.644854
> pnorm(600,500,100)
[1] 0.8413447
> qnorm(0.8,500,100)
[1] 584.1621
> # Y~ChiSq(10)
> pchisq(10,18,lower.tail = FALSE)
[1] 0.9319064
> qchisq(0.05,10)
[1] 3.940299
> qchisq(0.05,10,lower.tail = FALSE)
[1] 18.30704
> # Y~t(10)
> pt(2,10)
[1] 0.963306
> pt(2,10,lower.tail = FALSE)
[1] 0.03669402
> qt(0.05,10,lower.tail = FALSE)
[1] 1.812461
> qt(0.025,10,lower.tail = FALSE)
[1] 2.228139
> # Y~N(0,1)
> curve(dnorm(x),xlim = c(-3.5,3.5),ylab = "Density",main = "1ulStandard
Normal Density Function")
> curve(pnorm(x),xlim = c(-3.5,3.5),ylab = "Probability",
main = "Standard Normal Cumulative Distribution Function")
> # Y~t(5)
> curve(dt(x,5),xlim = c(-3.5,3.5),ylab = "Density",main = "t Density
Function")
> curve(dt(x,df = 30),from = -3,to = 3,lwd = 3,ylab = "y",main = " t 分布
pdf")
> curve(dt(x,df = 1),-3,3,add = T,col= "red")
> curve(dt(x,df = 2),-3,3,add = T,col= "navy")
```

```
> curve(dt(x,df = 3),-3,3,add = T,col= "tan4")
> curve(dt(x,df = 5),-3,3,add = T,col= "slateblue")
> curve(dt(x,df = 10),-3,3,add = T,col= "orangered")
```

R语言的概率分布函数定义如表5.4所示。

表5.4　R语言的概率分布函数定义

| 分布 | 函数$d$，$p$，$q$，$r$定义与参数 | 期望值与方差 |
|---|---|---|
| 二项分布 | dbinom($x$，size=$m$，prob=$\alpha$) | $m\alpha$，$m\alpha$（$1-\alpha$） |
| 泊松分布 | dpois($x$，lambda=$\lambda$) | $\lambda$，$\lambda$ |
| 几何分布 | dgeom($x$，prob=$\alpha$) | $1/\alpha$，（$1-\alpha$）$\alpha^2$ |
| 超几何分布 | dhyper($x$，size=$m$，$n$=$n$，$k$=$k$) | $Nm/N$，$nm(N-n)(N-n)/(N-1)N^2$ |
| 负二项分布 | dnbinom($x$，$m$=$m$，prob=$\alpha$) | $M(1-\alpha)/\alpha$，$M(1-\alpha)/\alpha^2$ |
| 正态分布 | dnorm($x$，mean=$\mu$，sd=$\sigma$) | $\mu$，$\sigma^2$ |
| $t$分布 | dt($x$，df=$m$) | 0，$m/(m-2)$ |
| 卡方分布 | dchisq($x$，df=$k$) | $k$，$2k$ |
| $F$分布 | df($x$，dfl=$m$，df2=$n$) | $n(m+\lambda)/(m(n-2)$ |
| 指数分布 | dexp($x$，rate=$\lambda$) | $1\lambda$，$1/\lambda^2$ |
| 均匀分布 | dunif($x$，minf=$a$，max=$b$) | $(a+b)/2$，$(b-a)^2/12$ |
| 贝塔分布 | dbeta($x$，$\alpha$，$\beta$，$\lambda$) | |
| 柯西分布 | dcauchy($x$，df=$k$，ncp=$\lambda$) | |
| 伽马分布 | dgama($x$，$\alpha$，$\beta$) | $\alpha\beta$，$\alpha\beta^2$ |
| 对数正态分布 | dlnorm($x$，$\mu$，$\sigma$) | Exp[$\mu+\sigma/2$] |
| 逻辑分布 | dlogis($x$，$\mu$，scale=$s$) | $\mu$，$\pi^2 s^2/3$ |
| 威布尔分布 | dweibull($x$，$\lambda$，scale=$k$) | $\lambda\Gamma(1+1/k)$，$\lambda 2\Gamma(1+2/k-\mu^2)$ |

# 5.6 本章流程图

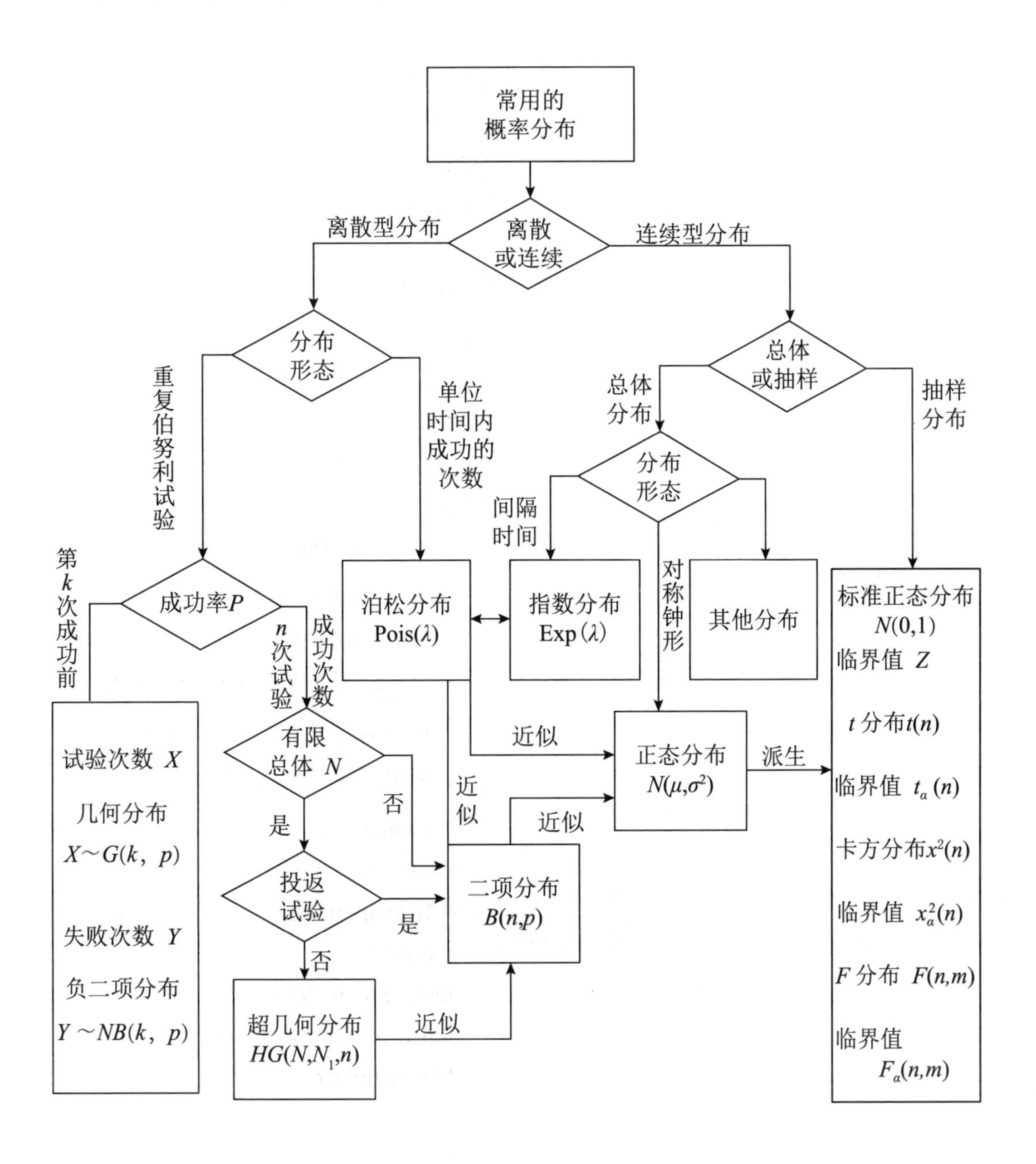

常用的
概率分布
离散
或连续
离散型分布
连续型分布
分布
形态
重复伯努利试验
单位时间内成功的次数
总体
或抽样
总体
分布
抽样
分布
分布
形态
间隔
时间
对称钟形
第k次成功前
成功率P
n次试验
成功次数
泊松分布
Pois(λ)
指数分布
Exp(λ)
其他分布
标准正态分布
N(0,1)
临界值 Z
t分布t(n)
临界值 tα(n)
卡方分布x2(n)
临界值 x2α(n)
F分布 F(n,m)
临界值
Fα(n,m)
试验次数 X
几何分布
X~G(k，p)
失败次数 Y
负二项分布
Y ~NB(k，p)
有限
总体 N
否
是
近似
近似
近似
正态分布
N(μ,σ2)
派生
投返
试验
是
否
二项分布
B(n,p)
超几何分布
HG(N,N1,n)
近似

# 5.7 本章思维导图

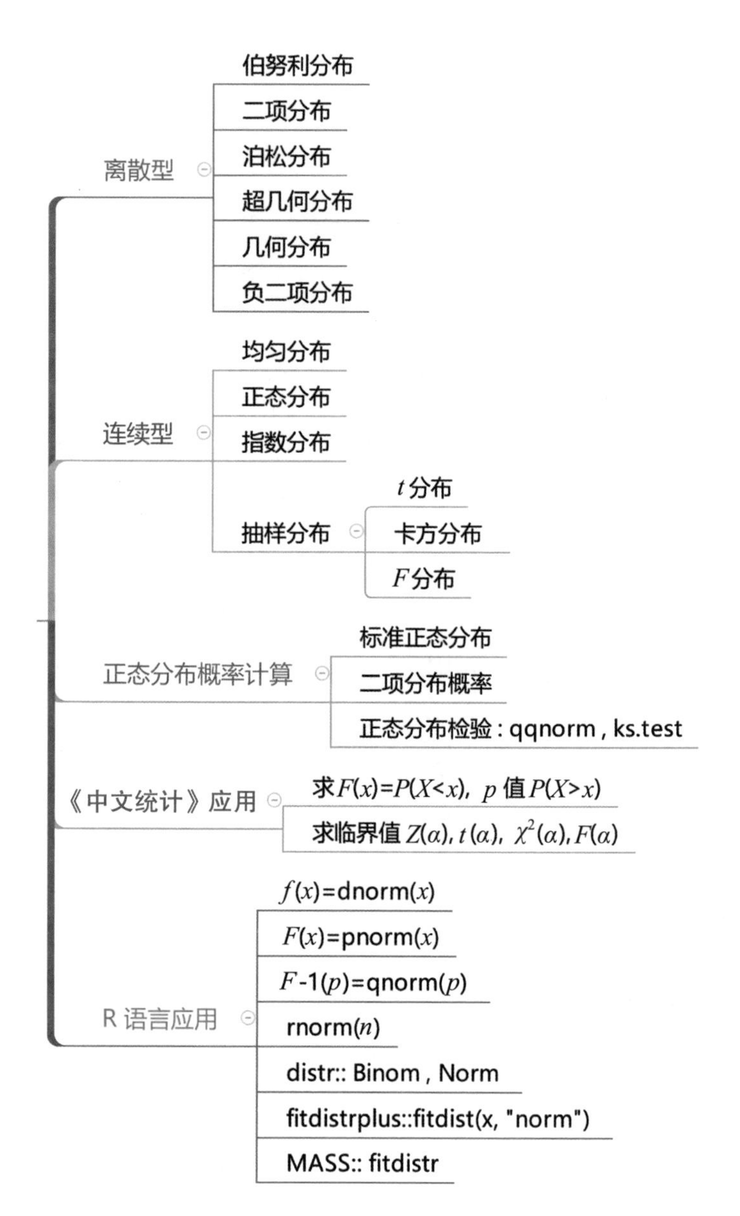

第 5 章 概率分布
陈文贤 著《大话统计学》
离散型
伯努利分布
二项分布
泊松分布
超几何分布
几何分布
负二项分布
连续型
均匀分布
正态分布
指数分布
抽样分布
t 分布
卡方分布
F 分布
正态分布概率计算
标准正态分布
二项分布概率
正态分布检验：qqnorm，ks.test
《中文统计》应用
求 F(x)=P(X<x)，p 值 P(X>x)
求临界值 Z(α)，t(α)，χ2(α)，F(α)
R 语言应用
f(x)=dnorm(x)
F(x)=pnorm(x)
F-1(p)=qnorm(p)
rnorm(n)
distr:: Binom，Norm
fitdistrplus::fitdist(x, "norm")
MASS:: fitdistr

# 5.8 习题

1. 公交车到达时间为 10:00a.m. 到 10:30a.m. 的连续均匀分配。

(1) 公交车在 10:10a.m. 以后到达的概率？

(2) 公交车在 10:20a.m. 以前到达的概率？

(3) 等到 10:15a.m. 还没有公交车，则至少再等 10 分钟的概率？

2. 是非题以投掷铜板方式来作答，若正面则答“是”，若反面则答“否”。是非题共有100题，每题1分。请问：至少有60分的概率为多少？

3. 一个骰子投掷 180次，记录出现的点数，则下列概率为何？

(1) 6点出现20次的概率？

(2) 奇数点出现40次以下的概率？

(3) 3的倍数点出现至少50次的概率？

其他习题请下载。

# 第6章 抽样理论

任凭弱水三千，我只取一瓢饮。

——曹雪芹《红楼梦》

“数大”就(便)是美。

——徐志摩《西湖记》

以小致大，谓之“抛砖引玉”。

——《幼学琼林·卷三·珍宝类》

总体(参数) $\xrightarrow[(n\text{ 次抽样})]{n\text{ 次试验}}$ 样本空间 $S\times\cdots\times S$ $\xrightarrow[X_1,X_2,\cdots,X_n]{\text{随机变量}}$ 实数 $R^n$ $\longrightarrow$ 统计量(第6章)

随机抽样

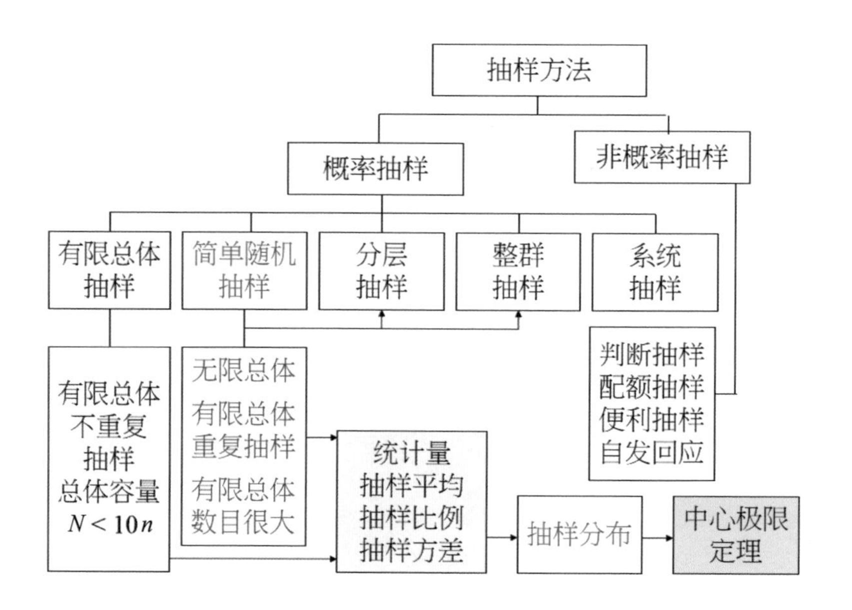

# 6.1 随机抽样

抽样是统计学的一个重要步骤。为了收集资料，除了现成的二手资料，不管是调查数据(问卷调查、电话访问、选举的出口民调、产品抽验、路边访谈等)，或者是实验数据、观察数据的收集，都需要抽样。

本章除了介绍抽样方法，也说明抽样统计量的概率分布、期望值、方差，可以对照第2章叙述统计的一些量数，也是以后各章推论统计的基础。

**定义：有限总体**(finite population)是指总体的样本点的数目是有限个。

**定义：无限总体**(infinite population)是指总体的样本点的数目是无限多。

若总体的随机变量为 $X$，每次抽样是一个随机变量 $X_i$，其结果是实数 $x_i$。以下我们用 $X_i$ 代表抽样的随机变量，$x_i$ 代表抽样的实际值(抽样值)。

**定义：**总体是有限总体，如果每次抽样每个样本点的概率均等，而且每次抽样后，样本又放回总体，称为**重复抽样**(sampling with replacement)；如果每次抽样每个样本点的概率均等，但是每次抽样后，样本不放回总体，称为**不重复抽样**(sampling without replacement)。

**定义：**若$n$次抽样 $X_1,X_2,\cdots,X_n$，满足下列条件，则称为**非常简单随机抽样**(very simple random sample，VSRS)，简称**随机抽样**(random sample)。

- $X_1,X_2,\cdots,X_n$ 为独立。
- $X_1,X_2,\cdots,X_n$ 的概率分布与总体随机变量 $X$ 的概率分布相同。

**定义：**如果总体是有限总体，每次抽样为“不重复式抽样”，则$n$次抽样 $X_1,X_2,\cdots,X_n$ 不独立，$X_1,X_2,\cdots,X_n$ 的概率分布不相同。这种抽样称为**有限总体随机抽样**(finite population random sample)。

以下三种情况是(非常简单)随机抽样：

- 如果总体是无限总体，每次抽样每个样本点的概率均等，则为随机抽样。
- 如果总体是有限总体，每次抽样为“重复抽样”，则为随机抽样。
- 如果总体数目 $N$大于样本量很多($N>10n$)，有限总体随机抽样近似随机抽样。

我们进行统计推论都是以“随机抽样”为主。

统计推论的主要目的是了解总体随机变量的概率分布。因为总体随机变量的概率分布是尚未完全定义的，或者说总体随机变量并不清楚其分布情形。有可能只知道其概率分布(例如只知道是正态分布或泊松分布)，但是参数未知；也有可能连其概率分布都不知道，只知道是连续型或离散型。

我们假设总体是正态分布或近似正态分布(利用中心极限定理)去做统计推论，称作“有参数推论”(parametric inference)。如果没有假设总体随机变量的概率分布，所做统计推论，称作“非参数推论”(nonparametric inference)。

本章是有参数统计的前身，就是先假设总体分布(例如正态分布)，然后推导出“抽样统计量”的概率分布。第9章开始，就根据这些抽样统计量的概率分布，定出估计与检验的推论法则。所以本章是在类似图1.1总体特性(分布)已知的情况下，演绎抽样统计量的分布。

例题6.1　见下载资料。

# 6.2 统计量

**定义**：$X_1,X_2,\cdots,X_n$ 为一个随机抽样，若 $f(X_1,X_2,\cdots,X_n)$ 为一个 $X_1,X_2,\cdots,X_n$ 的函数，而不包括总体分布的未知参数，则 $f(X_1,X_2,\cdots,X_n)$ 称作一个**统计量**(statistic)。

例如：$f(X_1,X_2,\cdots,X_n)=\dfrac{\text{Min}\quad X_i+\text{Max}\quad X_i}{2}$，即 $X_i$ 的最小值与最大值的平均是一个统计量。例如：$f(X_1,X_2,\cdots,X_n)=\sum\limits_{X_i<0}\text{rank}|X_i|$，$\text{rank}|X_i|$ 是 $X_i$ 的绝对值的排序，取其原来是负的 $X_i$ 的排序相加，是一个统计量，用在非参数统计。

**定义**：统计量 $\overline{X}=\dfrac{X_1+X_2+\cdots+X_n}{n}$，称作**抽样平均**(sample mean)。

统计量 $(w_1X_1+w_2X_2+\cdots+w_nX_n)/\sum w_i$，称作**加权抽样平均**(sample mean)。

**定义**：统计量 $S^2=\dfrac{\sum\limits_{i=1}^{n}(X_i-\overline{X})^2}{n-1}$，称作**抽样方差**(sample variance)。

请将 $S^2$ 当作一个随机变量的符号，而不要当作$S$的平方。

**定义**：统计量 $S=\sqrt{\dfrac{\sum\limits_{i=1}^{n}(X_i-\overline{X})^2}{n-1}}$，称作**抽样标准差**(sample standard deviation)。

统计量是一个随机变量，如果代入抽样值，就成为统计值，是一个实数。

“统计量”与“统计值”，针对某个总体参数，就是第9章的“估计量”与“估计值”。

在本章主要讨论的是“抽样平均”与“抽样方差”，这两个统计量的概率分布。

# 6.3 抽样平均与抽样方差的概率分布

## 6.3.1 抽样平均的期望值与方差

**定理**：若总体随机变量$X$的概率分布为任何概率分布，$X_i$ 是抽样的随机变量，期望值 $E(X_i)=\mu$，方差 $V(X_i)=\sigma^2$，样本量为$n$，则：

$$E(\overline{X})=\frac{\sum\limits_{i=1}^{n}E(X_i)}{n}=\frac{n\mu}{n}=\mu$$

$$V(\overline{X})=\frac{1}{n^2}\sum_{i=1}^{n}V(X_i)=\frac{n\sigma^2}{n^2}=\frac{\sigma^2}{n}$$

随机抽样的抽样平均 $\overline{X}$ 的概率分布的期望值为 $\mu$，方差为 $\sigma^2/n$。

每个随机抽样和总体有相同的分布。因为平均的结果，当样本量越大，“抽样平均”的数据会越“集中”在平均数，方差是 $\sigma^2/n$，这就是**大数法则**(law of large number)：当抽样数目越多，抽样平均会越集中在总体平均数，第3.4.2节的相对次数是相同道理。当移动平均期数越大，时间数列的“移动平均”曲线会较原始数列曲线更“平滑”(消除激烈的变动，见第3 章)。

**定理**：若总体为有限，总体的数目是 $N$，概率分布的期望值为 $\mu$，方差为 $\sigma^2$，样本量为$n$，则有限总体随机抽样(不重复抽样)的平均 $\overline{X}$ 的概率分布的期望值为 $\mu$，方差为 $\dfrac{\sigma^2}{n}\left(\dfrac{N-n}{N-1}\right)$。

如果 $n=N$，即抽样数目等于总体数目，因为不重复抽样，所以样本集合为总体，抽样平均的方差为 0，即抽样平均值等于总体平均。

如果$N$ 比$n$大很多，如 $N>100n$，则 $\dfrac{N-n}{N-1}\approx 1.00$，所以有限总体不重复抽样等于随机抽样。

## 6.3.2 抽样方差的期望值

**定理**：若抽样方差 $S^2=\dfrac{\sum_{i=1}^{n}(X_i-\overline{X})^2}{n-1}$，则 $E(S^2)=\sigma^2$。

**证明**：$(n-1)S^2=\sum_{i=1}^{n}(X_i-\overline{X})^2=\sum_{i=1}^{n}X_i^2-2\overline{X}\sum_{i=1}^{n}X_i+\sum_{i=1}^{n}\overline{X}^2=\sum_{i=1}^{n}X_i^2-n\overline{X}^2$

$$E[(n-1)S^2]=nE[X_i^2]-nE[\overline{X}^2]$$

$$E[X_i^2]=\mu^2+\sigma^2\text{，}\quad E[\overline{X}^2]=\mu^2+\sigma^2/n$$

$$E[(n-1)S^2]=(n-1)\sigma^2$$

$$E(S^2)=\sigma^2$$

所以，随机抽样的抽样方差 $S^2$ 的概率分布的期望值为 $\sigma^2$。

## 6.3.3 抽样平均与抽样方差的概率分布

**定理**：$X_1,X_2,\cdots,X_n$ 为一个随机抽样，总体是正态分布，平均数为$\mu$，方差为$\sigma^2$，即$X_i$是独立且$X_i\sim N(\mu,\sigma^2)$，则：

(1) $\overline{X}$ 与 $S^2$ 独立。

(2) $\overline{X}$ 是正态分布，平均数为$\mu$，方差 $\sigma^2/n$：$\overline{X}\sim N(\mu,\sigma^2/n)$。

(3) $\dfrac{(n-1)S^2}{\sigma^2}$是卡方分布，自由度 $n-1$：$\dfrac{(n-1)S^2}{\sigma^2}\sim\chi^2(n-1)$。

(4) $\dfrac{\overline{X}-\mu}{S/\sqrt{n}}$ 是$t$分布，自由度$n-1$：$\dfrac{\overline{X}-\mu}{S/\sqrt{n}}\sim t(n-1)$。

所以：$E(S^2)=\sigma^2$，　$V(S^2)=2\sigma^4/(n-1)$。

例题6.2　假如总体有5 个资料：76，78，79，81，86。计算抽样平均 $\overline{X}$ 的概率分布。

(1) 抽样数目 $n=2$，有限总体随机抽样(不重复抽样)。

(2) 抽样数目 $n=2$，随机抽样(重复抽样)。

(3) 抽样数目 $n=4$，有限总体随机抽样(不重复抽样)。

**解答**：总体数据 {76，78，79，81，86} 的平均数 $\mu$，标准差 $\sigma$：$\mu=80$，$\sigma=3.406$。

(1) 抽样数目 $n=2$，有限总体随机抽样(抽样后不重复)。可能的随机抽样为 $C_2^5$=10种：

{76，78，$\bar{x}=77.0$}，{76，79，$\bar{x}=77.5$}，{76，81，$\bar{x}=78.5$}，{76，86，$\bar{x}=81.0$}，{78，79，$\bar{x}=78.5$}，{78，81，$\bar{x}=79.5$}，{78，86，$\bar{x}=82.0$}，{79，81，$\bar{x}=80.5$}，{79，86，$\bar{x}=82.5$}，{81，86，$\bar{x}=83.5$}。抽样平均 $\overline{X}$ 的概率分布如表6.1所示。

表6.1　抽样平均 $\overline{X}$ 的概率分布

| 抽样平均 $\overline{X}$ | 概率 $P(\bar{x})$ | $\bar{x}P(\bar{x})$ | $\bar{x}^2P(\bar{x})$ |
|---|---|---|---|
| 77.0 | 0.1 | 7.70 | 592.900 |
| 77.5 | 0.1 | 7.75 | 600.625 |
| 78.5 | 0.2 | 15.70 | 1232.450 |
| 79.5 | 0.1 | 7.95 | 632.025 |
| 80.0 | 0.1 | 8.00 | 640.000 |
| 81.0 | 0.1 | 8.10 | 656.100 |
| 82.0 | 0.1 | 8.10 | 672.400 |
| 82.5 | 0.1 | 8.25 | 680.625 |
| 83.5 | 0.1 | 8.35 | 697.225 |
| 总和 Σ | 1.0 | 80.00 | 6404.350 |

抽样平均 $\overline{X}$ 的期望值 $\mu_{\overline{X}}$，标准差 $\sigma_{\overline{X}}$：$\mu_{\overline{X}}=80$，

$$\sigma_{\overline{X}}=\sqrt{\sum \bar{x}^2 P(\bar{x})-(\mu_{\overline{X}})^2}=\sqrt{6404.35-6400}=2.086$$

$$\sigma_{\overline{X}}=\frac{\sigma}{\sqrt{n}}\sqrt{\frac{N-n}{N-1}}=\frac{3.406}{\sqrt{2}}\sqrt{\frac{5-2}{5-1}}=2.086$$

(2)抽样数目 $n=2$，随机抽样(重复抽样)，所有可能的随机抽样有 $5^2=25$ 种：

{76，76，$\bar{x}=76.0$}，{76，78，$\bar{x}=77.0$}，{76，79，$\bar{x}=77.5$}，{76，81，$\bar{x}=78.5$}，{76，86，$\bar{x}=81.0$}，{78，76，$\bar{x}=77.0$}，{78，78，$\bar{x}=78.0$}，{78，79，$\bar{x}=78.5$}，{78，81，$\bar{x}=79.5$}，{78，86，$\bar{x}=82.0$}，{79，76，$\bar{x}=77.5$}，{79，78，$\bar{x}=78.5$}，{79，79，$\bar{x}=79.0$}，{79，81，$\bar{x}=80.0$}，{79，86，$\bar{x}=82.5$}，{81，76，$\bar{x}=78.5$}，{81，78，$\bar{x}=79.5$}，{81，79，$\bar{x}=80.0$}，{81，81，$\bar{x}=81.0$}，{81，86，$\bar{x}=83.5$}，{86，76，$\bar{x}=81.0$}，{86，78，$\bar{x}=82.0$}，{86，79，$\bar{x}=82.5$}，{86，81，$\bar{x}=83.5$}，{86，86，$\bar{x}=86.0$}。

抽样平均 $\overline{X}$ 的期望值$\mu_{\bar{X}}$，标准差 $\sigma_{\bar{X}}$：

$$\mu_{\bar{X}}=80\text{，}\quad \sigma_{\bar{X}}=\sqrt{\sum \bar{x}^2P(\bar{x})-(\mu_{\bar{X}})^2}=\sqrt{6405.8-6400}=2.408$$

$$\sigma_{\bar{X}}=\sigma/\sqrt{n}=3.406/\sqrt{2}=2.408$$

抽样平均 $\overline{X}$ 的概率分布如表6.2所示。

表6.2　抽样平均 $\overline{X}$ 的概率分布

| 抽样平均 $\overline{X}$ | 概率 $P(\bar{x})$ | $\bar{x}P(\bar{x})$ | $\bar{x}^2P(\bar{x})$ |
|---|---|---|---|
| 76.0 | 0.04 | 3.04 | 231.04 |
| 77.0 | 0.08 | 6.16 | 474.32 |
| 77.5 | 0.08 | 6.20 | 480.50 |
| 78.0 | 0.04 | 3.12 | 243.36 |
| 78.5 | 0.16 | 12.56 | 985.96 |
| 79.0 | 0.04 | 3.16 | 249.64 |
| 79.5 | 0.08 | 6.36 | 505.62 |
| 80.0 | 0.08 | 6.40 | 512.00 |
| 81.0 | 0.12 | 9.72 | 787.32 |
| 82.0 | 0.08 | 6.56 | 537.92 |
| 82.5 | 0.08 | 6.60 | 544.50 |
| 83.5 | 0.08 | 6.68 | 557.78 |
| 86.0 | 0.04 | 3.44 | 295.84 |
| Σ | 1.0 | 80.00 | 6405.80 |

(3) 抽样数目 $n=4$，有限总体随机抽样(不重复抽样)，可能的随机抽样为5 种：

{76，78，79，81，$\bar{x}=78.50$}，{76，78，79，86，$\bar{x}=79.75$}，{76，78，81，86，$\bar{x}=80.25$}，{76，79，81，86，$\bar{x}=80.50$}，{78，79，81，86，$\bar{x}=81.00$}。

抽样平均 $\overline{X}$ 的概率分布如表6.3所示。

表6.3　抽样平均 $\overline{X}$ 的概率分布

| 抽样平均 $\overline{X}$ | 概率 $P(\bar{x})$ $P\left(\bar{x}\right)$ | $\bar{x}P(\bar{x})$ | $\bar{x}^2P(\bar{x})$ |
|---|---|---|---|
| 78.50 | 0.2 | 15.70 | 1232.45 |
| 79.75 | 0.2 | 15.95 | 1272.01 |
| 80.25 | 0.2 | 16.05 | 1288.01 |
| 80.50 | 0.2 | 16.10 | 1296.05 |
| 81.00 | 0.2 | 16.20 | 1312.20 |
| Σ | 1.0 | 80.00 | 6400.725 |

抽样平均 $\overline{X}$ 的期望值 $\mu_{\bar{X}}$，标准差 $\sigma_{\bar{X}}$：

$$\mu_{\bar{X}}=80，\quad \sigma_{\bar{X}}=\sqrt{\sum \bar{x}^2 P(\bar{x})-(\mu_{\bar{X}})^2}=\sqrt{6400.725-6400}=0.85$$

$$\sigma_{\bar{X}}=\frac{\sigma}{\sqrt{n}}\sqrt{\frac{N-n}{N-1}}=\frac{3.406}{\sqrt{2}}\sqrt{\frac{5-4}{5-1}}=0.85$$

# 6.4 中心极限定理

**中心极限定理**(central limit theorem)是：如果总体概率分布不是正态分布，期望值为 $\mu$，方差为 $\sigma^2$。若样本量相当大，则抽样平均 $\overline{X}$ 的概率分布会近似正态分布，期望值为 $\mu$，方差为 $\sigma^2/n$。

**定理**：$X_1,X_2,\cdots,X_n$ 为一个随机抽样，总体是任何概率分布，平均数为 $\mu$，方差为 $\sigma^2$。

当抽样数目 $n\to\infty$，则 $\bar{X}\approx N\left(\mu,\frac{\sigma^2}{n}\right)$。

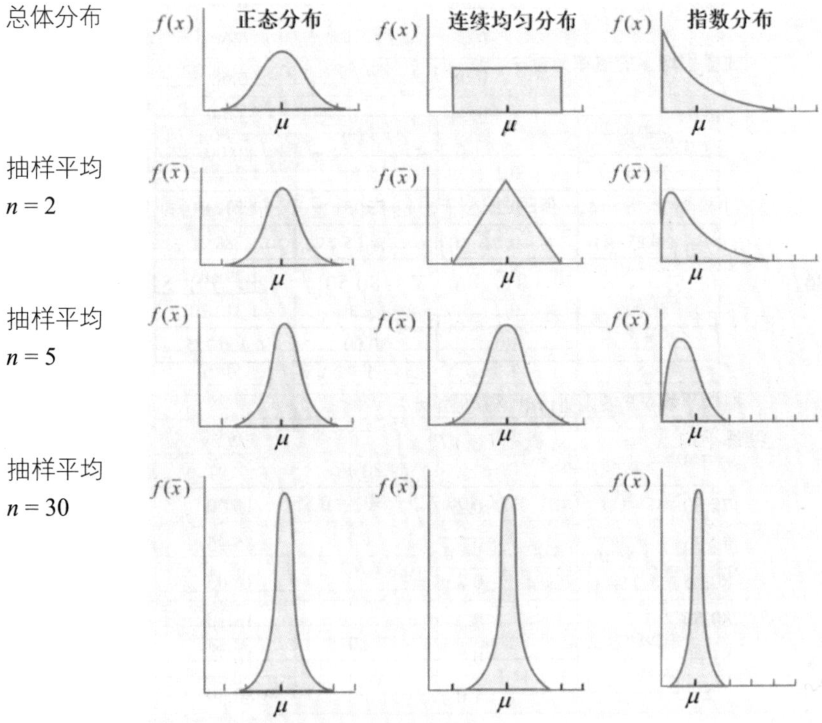

总体分布　正态分布　连续均匀分布　指数分布

抽样平均 $n=2$

抽样平均 $n=5$

抽样平均 $n=30$

图6.1　中心极限定理

依照中心极限定理，样本量 $n$相当大，则抽样平均趋近正态分布，如图6.1所示，但是$n$要大到什么程度，这要看总体的概率分布。如果总体概率分布是对称的，则$n$不必要很大，大于25以上即可。如果总体概率分布是非常左偏或右偏，则 $n$要很大，可能大于100以上，一般都以$n \geqslant 30$ 为准则。

若总体概率分布服从伯努利分布，$X_i \sim Bern(0.6)$。

当抽样数目$n = 3$，抽样平均$\bar{X}$的分布如下：

$$P(\bar{x}) = \begin{cases} (0.4)^3 = 0.064 & \bar{x} = 0 \\ 3(0.4)^2(0.6) = 0.288 & \bar{x} = 1/3 \\ 3(0.4)(0.6)^2 = 0.432 & \bar{x} = 2/3 \\ (0.6)^3 = 0.216 & \bar{x} = 1 \end{cases}$$

**例题6.3** 中心极限定理，如图6.2所示。

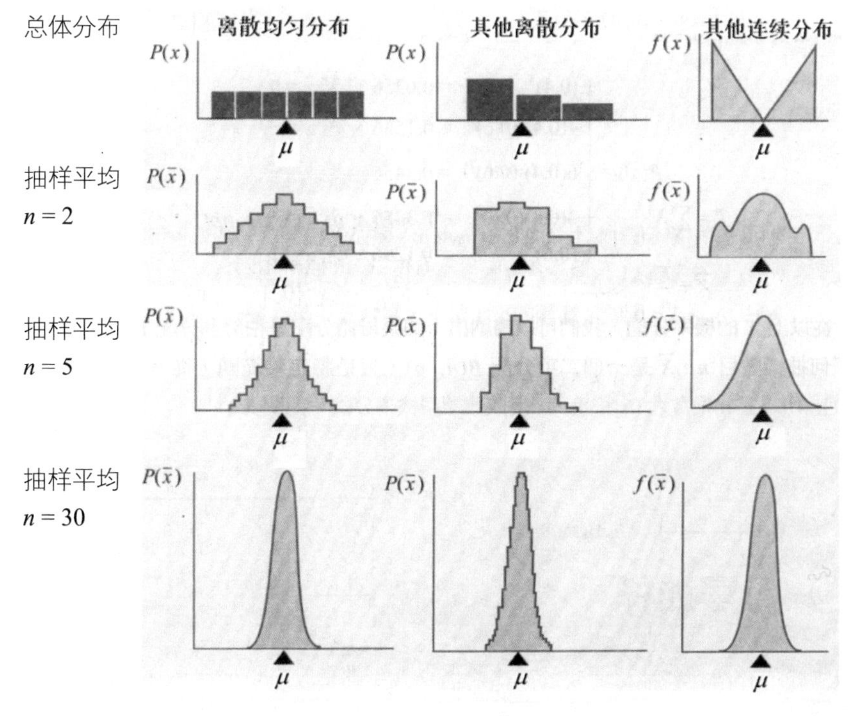


图6.2 中心极限定理

当抽样数目$n = 4$，抽样平均$\bar{X}$的分布如下：

$$P(\bar{x}) = \begin{cases} (0.4)^4 = 0.0256 & \bar{x} = 0 \\ 4(0.4)^3(0.6) = 0.1536 & \bar{x} = 1/4 \\ 6(0.4)^2(0.6)^2 = 0.3456 & \bar{x} = 2/4 \\ 4(0.4)(0.6)^3 = 0.3456 & \bar{x} = 3/4 \\ (0.6)^4 = 0.1296 & \bar{x} = 1 \end{cases}$$

如果总体分布是伯努利分布 Bern($\pi$)，则对任何抽样数目$n$，$\bar{X}$是一个二项分布$B(n,\pi)$，只是将定义范围，从0到$n$，缩到 [0，1]。所以当n相当大($n$>30)，$\bar{X}$变成连续型概率分布。实际上$n\bar{X}$是离散型二项分布，所以利用正态分布来作近似，求概率值时，要注意**连续性修正**，即计算$P(\bar{X}\geqslant a)$ 改为$P(\bar{X}\geqslant a-0.5)$ 我们知道，如果$np$>5且$n(1-p)$>5则二项分布趋近正态分布。

$$n\overline{X}\sim B(n,\pi)\cong N(n\pi,n\pi(1-\pi))\text{，En}\overline{X}=n\pi\text{，E}(\overline{X})=\pi$$

$$V(n\overline{X})=n^2V(\overline{X})=n\pi(1-\pi),\ V(\overline{X})=\frac{\pi(1-\pi)}{n}\text{，所以：}\bar{X}\cong N\left(\pi,\frac{\pi(1-\pi)}{n}\right)$$

总体是伯努利分布，比例或成功率为$\pi$，随机抽样(VSRS)样本量为$n$，$X_i$值为1或0，代表第$i$个样本是成功或失败，则成功的总数为 $T=\sum X_i$，抽样平均 $\overline{X}=\overline{P}=T/n$ 称为**样本比例**(sample proportion)。根据中心极限定理当$n\to\infty$，$\overline{P}\approx N\left(\pi,\frac{\pi(1-\pi)}{n}\right)$，如图6.3所示。

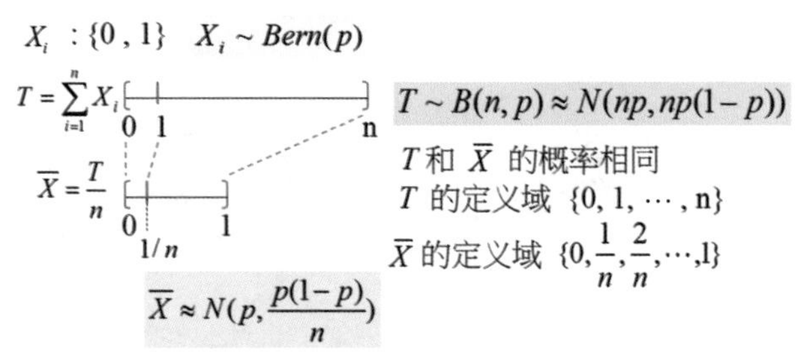


图6.3 中心极限定理的样本比例

# 6.5 分层抽样

以下我们介绍几种抽样方法，而这些抽样方法都是以随机抽样为基础。

如果总体可以区分为几个组成**层**(stratum)。例如：以地区分层(每个目标市场为一层，每个选区为一层)；以职业分层(每个职业团体为一层)；以产业分层(每个产业为一层)等等。

这里的“分层”是平行的层，不是上下的阶层。

**分层抽样**又称**类型抽样**(stratified sampling)是在每一层中，按照比例，随机抽样找出一些个体，组成一个样本。分层抽样的进行步骤如下：

(1) 总体中的个体依其性质、位置、种类、等级、结构等，分成$k$层。

(2) 决定抽样的个数$n$。

(3) 决定每层的抽样数目$n_i$。可利用比例方式，例如总体总数$N$，第$i$层总体数目为

$Ni$，则第$i$层的抽样数目为 $n_i$：$n_i = n(N_i / N)$。如果第$i$层的标准差已知为 $\sigma_i$，则第 $i$ 层的抽样数目 $n_i$ 为：$n_i = n(N_i\sigma_i / \sum N_i\sigma_i)$。

(4)在每一层，利用随机抽样抽出 $n_i$ 个样本点。

(5)如果要估计总体平均数，计算每一层的样本平均数 $\bar{x}_i$，所以总体平均数的估计值$\bar{x}$：

$$\bar{x} = \left(\frac{N_1}{N}\right)\bar{x}_1 + \left(\frac{N_2}{N}\right)\bar{x}_2 + \cdots + \left(\frac{N_k}{N}\right)\bar{x}_k$$

(6) 计算每一层的样本方差 $S_i^2$，估计量 $\bar{X}$ 的标准差$S_{\bar{X}}$：

$$S_{\bar{X}} = \sqrt{\left(\frac{N_1 - n_1}{N_1 - 1}\right)\left(\frac{N_1}{N}\right)^2 \frac{S_1^2}{n_1} + \left(\frac{N_2 - n_2}{N_2 - 1}\right)\left(\frac{N_2}{N}\right)^2 \frac{S_2^2}{n_2} + \cdots + \left(\frac{N_k - n_k}{N_k - 1}\right)\left(\frac{N_k}{N}\right)^2 \frac{S_k^2}{n_k}}$$

# 6.6 整群抽样

如果总体有许多组别，称为**群**(cluster)，而每组中包含的个体性质差不多，每个集合可以代表全部总体。例如：产品每12件打成一包为一组。**整群抽样**(cluster sampling)是以随机抽样抽出一组或多组。然后将这一组或多组的所有个体全部或部分，当作样本数据。整群抽样的进行步骤如下：

(1) 总体中的个体分成 $N$ 组(集合)。

(2) 决定抽样的组数$m$；如果抽出的集合不要普查，则决定每个抽样出来的组中要再抽样的个数$k$。

(3) 以组为原始单位，进行随机抽样抽出 $m$个组。

(4) 在每一抽样出来的组中，利用随机抽样抽出 $k$个样本点。

(5) 如果要估计总体平均数，计算每一组的样本平均数$\bar{x}_i$，所以总体平均数的估计量$\bar{x}$：

$$\bar{x} = \frac{\bar{x}_1 + \bar{x}_2 + \cdots + \bar{x}_m}{m}$$

(6) 估计量$\bar{X}$的标准差$S_{\bar{X}}$：

$$S_{\bar{X}} = \sqrt{\frac{(N-m)\sum(\bar{x}_i - \bar{x})^2}{Nm(m-1)}}$$

分层抽样是层与层之间是异质个体(即不同性质分类的个体)，而在同一层之内是同质个体，如图6.4所示。整群抽样是组与组之间是同质个体(即没有分类的个体)，而在同一层之内可能存在异质个体，如图6.5所示。

盖洛普(Gallup)民意调查，在美国大选年的抽样是利用多阶段的整群抽样。首先将美国分成东西南北四区(regions)(分层)，每区利用简单随机抽样抽出几个城市(towns)，每个城市分成数区(wards)，利用简单随机抽样抽出几区，每区分成数里(precincts)，利用简单随机抽样抽出几里，最后利用简单随机抽样抽出几个家庭，再进行访问调查。

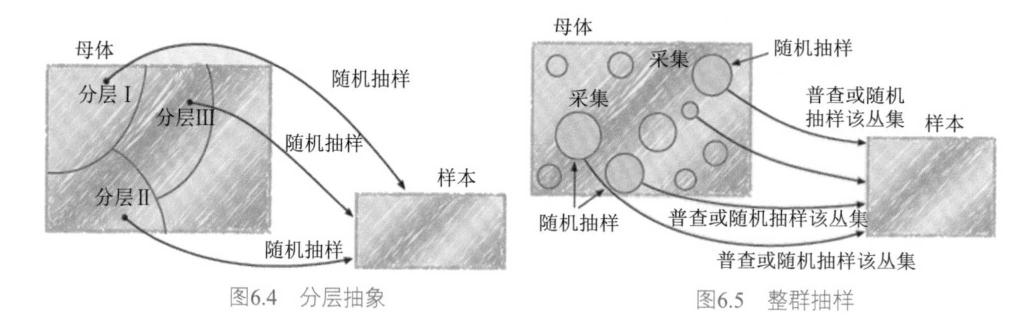


图6.4　分层抽象　　　图6.5　整群抽样

# 6.7 系统抽样

**系统抽样**(system sampling)是将总体中的个体依序编号或排列，然后按照一个固定间隔，每隔若干号抽出一个样本点，组成一个样本。系统抽样的进行步骤如下：

(1) 将总体中的个体随机排列。总体的容量为$N$。

(2) 决定抽样的个数$n$。将已排列的总体，分成$n$个间隔，$k=N/n$是间隔的长度。

(3) 在第一个间隔，利用随机抽样抽出一个样本点，当作起点。

(4) 从起点算起，每隔$k$个单位，取出一个样本，最后共有$n$个样本点，组成样本。

(5) 如果要估计总体平均数，计算 $n$个样本 $x_i$ 的样本平均数：

$$\bar{x}=\frac{\sum x_i}{n}=\frac{x_1+x_2+\cdots+x_n}{n}$$

(6) 计算$n$个样本的样本方差 $S_i^2$，估计量 $\bar{X}$ 的标准差 $S_{\bar{X}}$：

$$S_{\bar{X}}=\sqrt{\frac{\sum S_i^2}{n}[1+(n-1)\rho]}$$

总体中每对资料的相关系数 $\rho$ ，当总体是随机排列 $\rho=0$ 。但是 $\rho$ 是未知，上述公式无法计算。Yates建议使用下列公式：

$$S_{\bar{X}}=\sqrt{\frac{\sum_{i=1}^{n-1}(x_{i+1}-x_i)^2}{2n(n-1)}}$$

除了以上抽样方法以外，还有其他抽样方法，例如：**判断抽样**(judgment sampling)是利用专家的判断，选择样本(如：物价指数、股价指数)。

# 6.8 《中文统计》应用

## 6.8.1 抽样(例题6.2)

例题6.2的《中文统计》应用实现如图6.6所示。

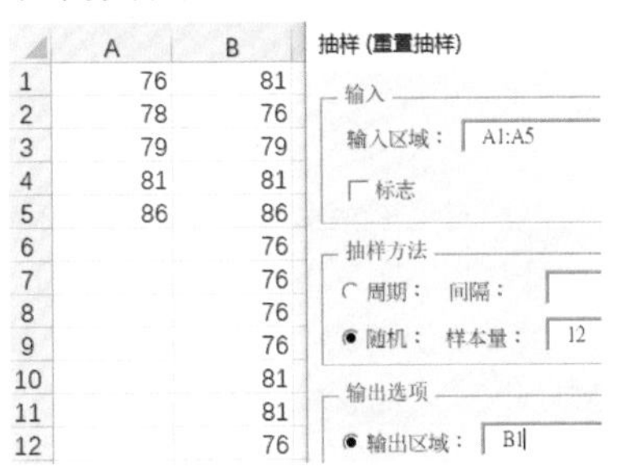


图6.6　随机抽样

## 6.8.2 中心极限定理(例题6.3)

例题6.3的《中文统计》应用实现如图6.7和图6.8所示。

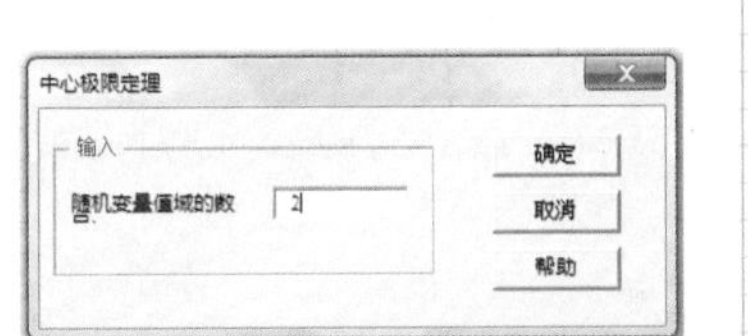


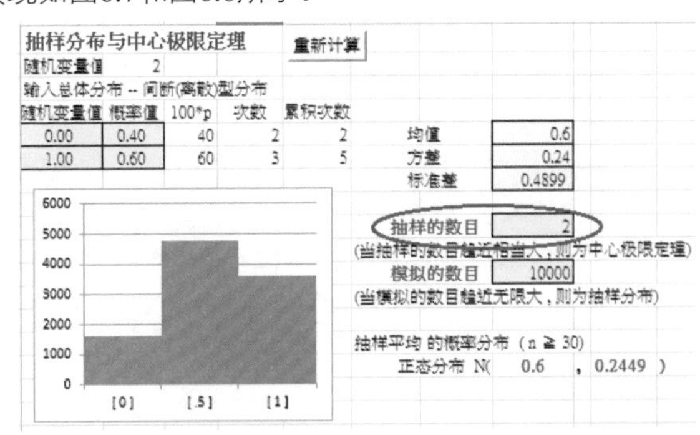


图6.7　抽样分布与中心极限定理

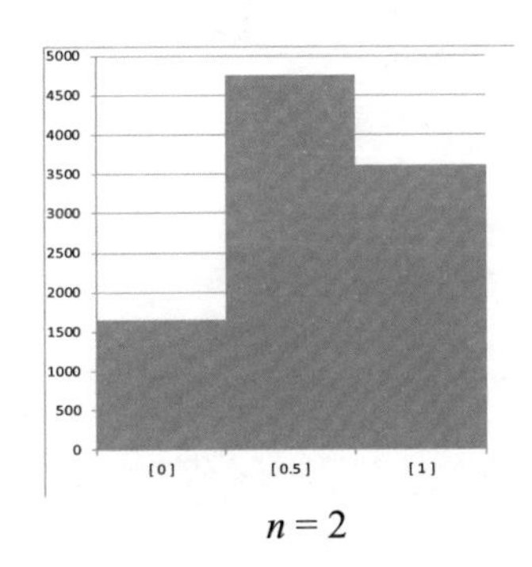

$n=2$

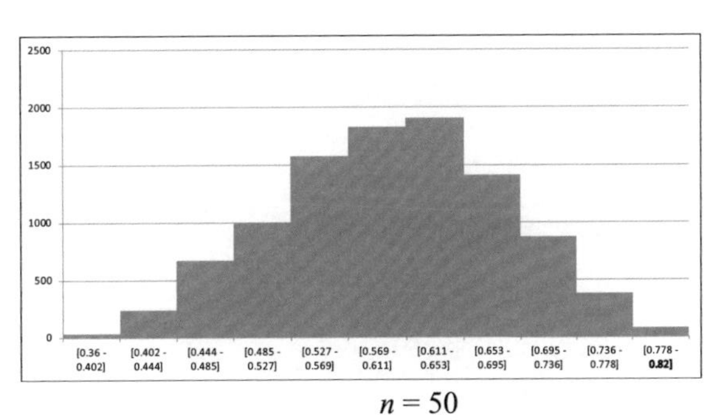

$n=50$

图6.8　抽样分布与中心极限定理

# 6.9 R 语言应用

```
> set.seed(100)
> X <- c(76,78,79,81,86)                         # 例题6.2
> sample(X,10,replace = T)                       # 重置抽样
[1] 78 79 76 78 81 81 78 79 78 86
> sample(X,3)                                    # 不重置抽样
[1] 81 79 86
> data(iris); str(data) # 鸢尾花数据,数据框格式,150个样本,5个变量
> select<-sample(150,60); iris[select,] # 抽样 60 个样本
> # 3.4.2 节 事件概率的计算 - 相对次数
> # 例题3.16 两个骰子 点数和是 7 的概率 = 6 / 36
> mean(replicate(10000,{D2<-sample(x = 1:6,size=2,replace=T);sum
(D2)==7}))
[1] 0.1662
> # 两个骰子 都是红色 {1} 或 {4} 的概率 = 4 / 36
> mean(replicate(10000,{D2<-sample(x = 1:6,size = 2,replace = TRUE);((D2
[1]==1)+(D2[1]==4))*((D2[2]==1)+(D2[2]==4))}))#
[1] 0.1114
> # 两个骰子 第一个是红色{1,4} ,第二个是黑色{2,3,5,6}的概率 = 8/36
> mean(replicate(10000,{D2<-sample(x = 1:6,size = 2,replace = TRUE);((D2
[1]==1)+(D2[1]==4))*((D2[2]==2)+(D2[2]==3)+(D2[2]==5)+(D2[2]==6))}))
[1] 0.2289
> # 抽样25人,当中没有两人相同生日的概率(重复10000次抽样)
> mean(replicate(n=10000,anyDuplicated(sample(x=1:365,size=25,replace
=T)))==0)
[1] 0.4275
```

# 6.10 本章流程图

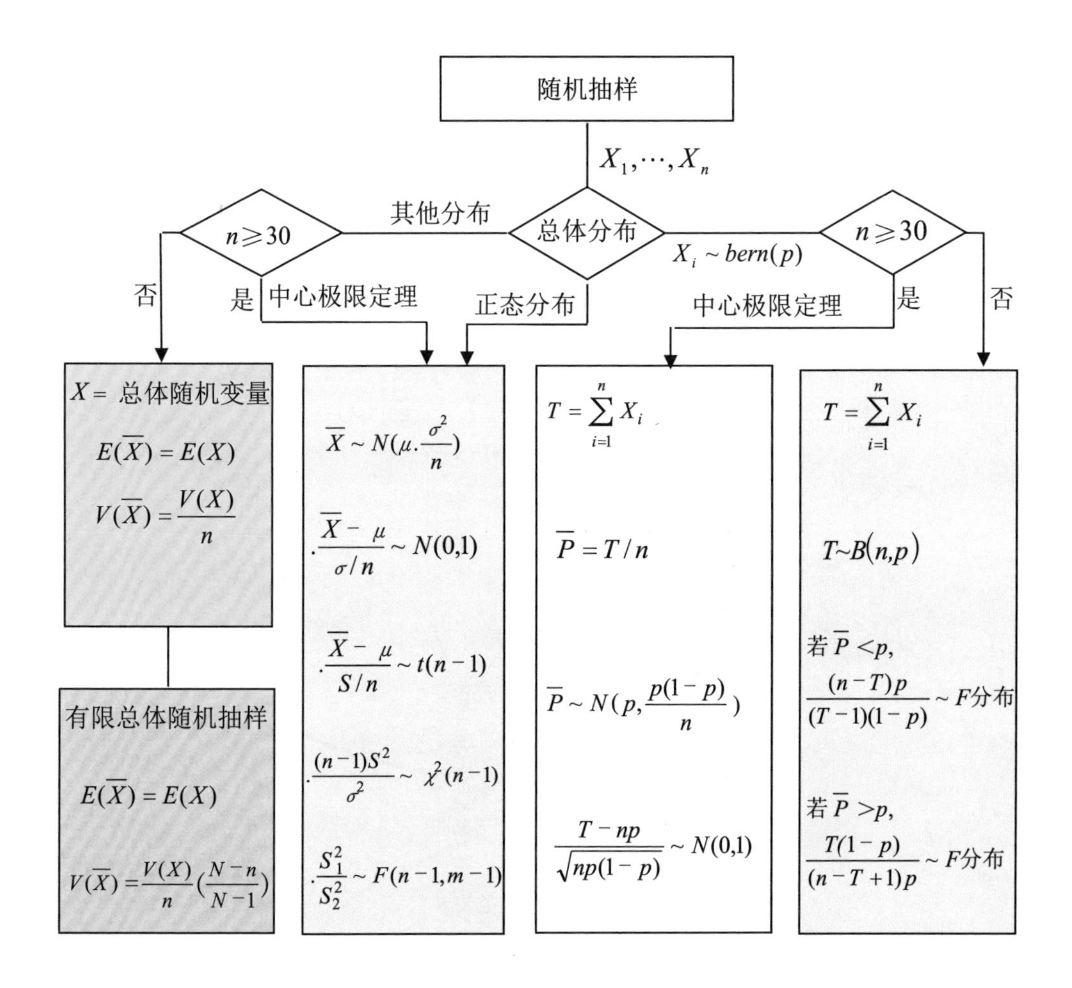

随机抽样
$X_1,\cdots,X_n$
总体分布
其他分布
$n\geqslant 30$
$X_i \sim bern(p)$
$n\geqslant 30$
否
是
中心极限定理
正态分布
中心极限定理
是
否
$X=$ 总体随机变量
$E(\overline{X})=E(X)$
$V(\overline{X})=\frac{V(X)}{n}$
有限总体随机抽样
$E(\overline{X})=E(X)$
$V(\overline{X})=\frac{V(X)}{n}(\frac{N-n}{N-1})$
$\overline{X}\sim N(\mu.\frac{\sigma^2}{n})$
$\frac{\overline{X}-\mu}{\sigma/n}\sim N(0,1)$
$\frac{\overline{X}-\mu}{S/n}\sim t(n-1)$
$\frac{(n-1)S^2}{\sigma^2}\sim \chi^2(n-1)$
$\frac{S_1^2}{S_2^2}\sim F(n-1,m-1)$
$T=\sum_{i=1}^{n}X_i$
$\overline{P}=T/n$
$\overline{P}\sim N(p,\frac{p(1-p)}{n})$
$\frac{T-np}{\sqrt{np(1-p)}}\sim N(0,1)$
$T=\sum_{i=1}^{n}X_i$
$T\sim B(n,p)$
若 $\overline{P}<p$,
$\frac{(n-T)p}{(T-1)(1-p)}\sim F$分布
若 $\overline{P}>p$,
$\frac{T(1-p)}{(n-T+1)p}\sim F$分布

# 6.11 本章思维导图

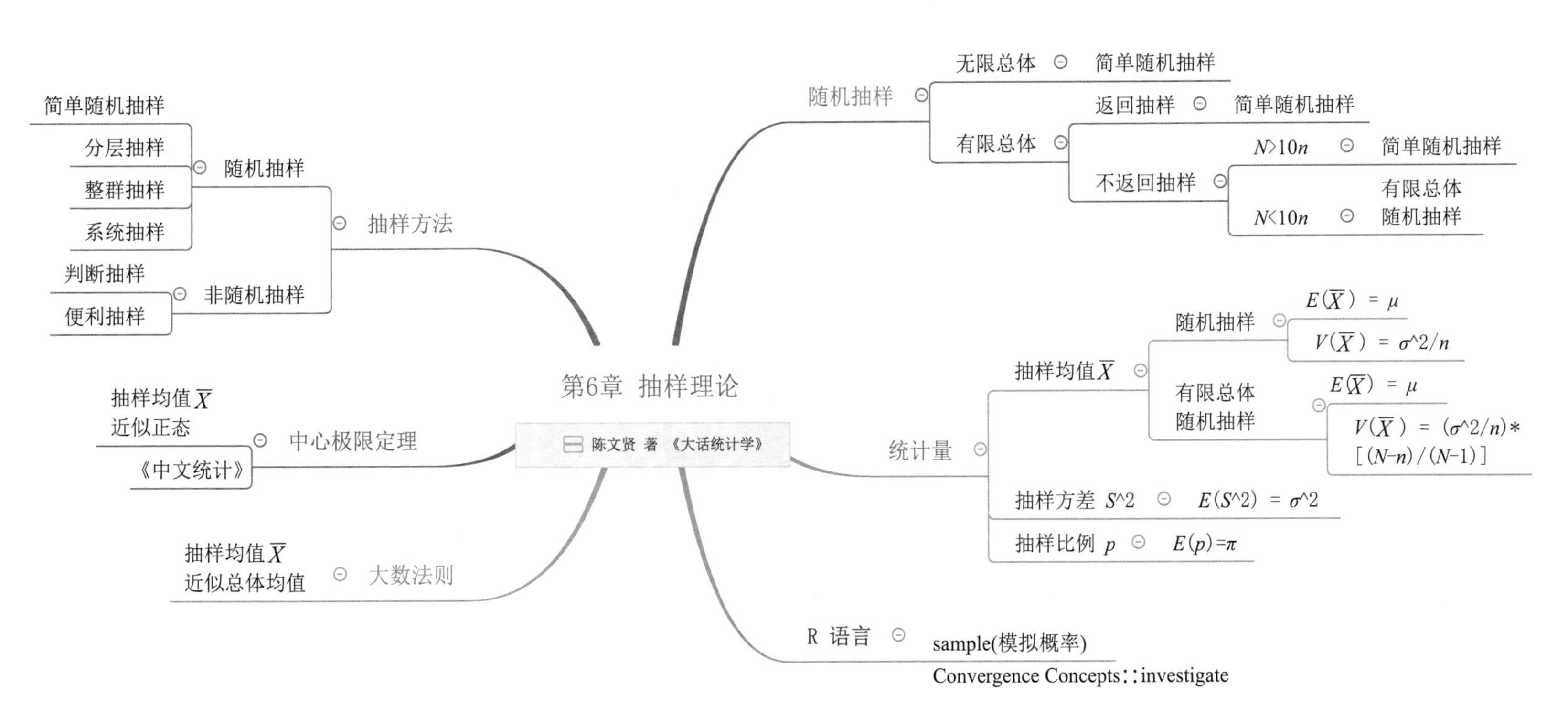
第6章 抽样理论
陈文贤 著 《大话统计学》
抽样方法
随机抽样
简单随机抽样
分层抽样
整群抽样
系统抽样
非随机抽样
判断抽样
便利抽样
中心极限定理
抽样均值$\overline{X}$
近似正态
《中文统计》
大数法则
抽样均值$\overline{X}$
近似总体均值
随机抽样
无限总体
简单随机抽样
有限总体
返回抽样
简单随机抽样
不返回抽样
N>10n
简单随机抽样
N<10n
有限总体
随机抽样
统计量
抽样均值$\overline{X}$
随机抽样
$E(\overline{X}) = \mu$
$V(\overline{X}) = \sigma$^2/n
有限总体
随机抽样
$E(\overline{X}) = \mu$
$V(\overline{X})$ = ($\sigma$^2/n)*[(N-n)/(N-1)]
抽样方差 S^2
E(S^2) = $\sigma$^2
抽样比例 p
E(p)=$\pi$
R 语言
sample(模拟概率)
Convergence Concepts::investigate

# 6.12 习题

1. 假设某大学某系学生每月看电影次数之概率分布如表6.4所示。

表6.4 学生看电影次数概率分布

| 数目 | 概率P(x) |
|---|---|
| 0 | 0.5 |
| 1 | 0.4 |
| 2 | 0.1 |

(1) 随机抽样$n=2$，试求 $\bar{X}$ 之概率分布、平均数与标准差。

(2) 如果总体只有20人，当$n=2$时，试求“有限总体抽样平均” $\bar{X}$ 之概率分布、平均数与标准差。

2. 假设总体为正态分布，平均数为80，标准差为10，有一随机抽样之样本数 $n=9$：

(1) $\bar{X}$ 之分布为何？这是正确的或近似的？求 $\bar{X}$ 的平均数与标准差。

(2) 求 $\bar{X}$ 在76至84间之概率为多少？

3. 一个骰子掷60 次，计算其60次的总和 $T$

(1) $T$期望值与变异数是多少？

(2) $P(T \leqslant 200)$ 是多少？

4. 假设学生完成上课登记所花时间平均数为94分钟，标准差为10分钟，今有81位学生随机的样本：

(1) 求 $\bar{X}$ 的平均数与标准差。

(2) $\bar{X}$ 的分配有何特性？

(3) $P(\bar{X}>96)$

(4) $P(92.3<\bar{X}<96)$

(5) $P(\bar{X}<95)$

5. 假设某堆行李平均重量为55磅，标准差为7磅。如果随机抽取40件行李为样本，样本平均重量 $\bar{X}$ 位于54至56磅间的概率为多少？

其他习题请下载。

# 第7章 统计估计

欲观千岁，则数今日；欲知亿万，则审一二。——荀子《非相篇》

子乃规规然而求之以察，索之以辩，是直用管窥天，用锥指地也，不亦小乎！——《庄子·秋水篇》

不遇盘根错节，无以别利器，此乃吾立功之秋也。——司马光《资治通鉴》

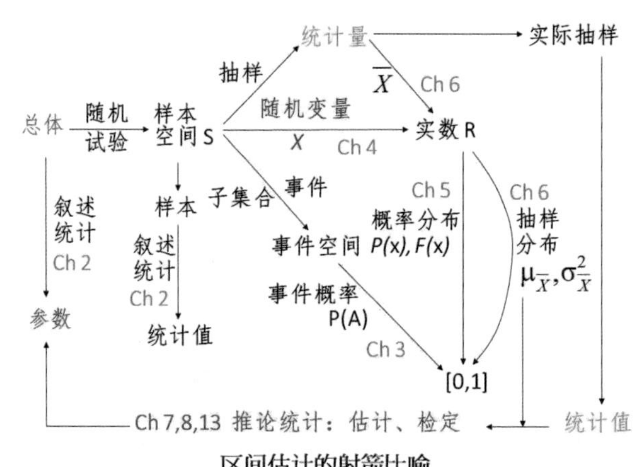


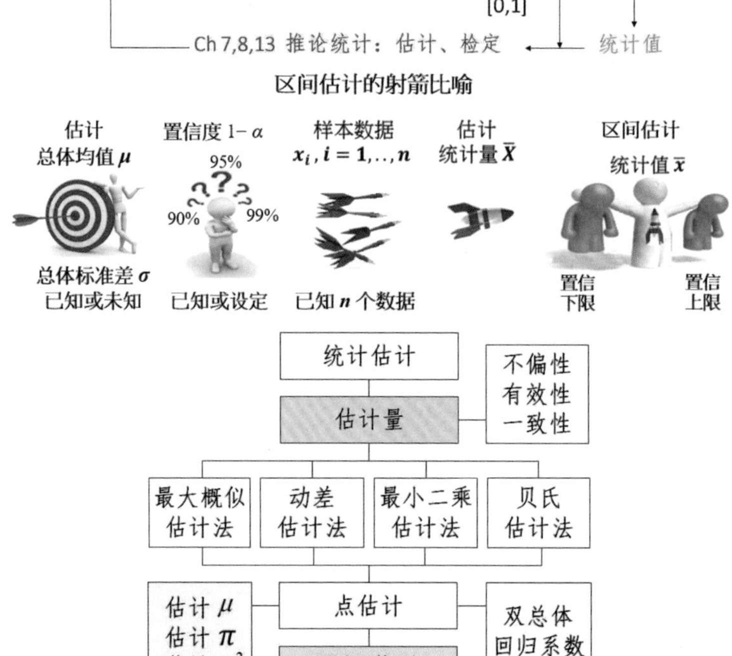

# 7.1 估计量

统计估计有：**点估计**(point estimate)和**区间估计**(interval estimate)，都需要估计量。

**定义**：假设$X_1,X_2,\cdots,X_n$为$n$个抽样随机变量，总体参数的一个**估计量**(estimator)，是这$n$个抽样随机变量的函数$f(X_1,X_2,\cdots,X_n)$，但这个函数中不包括未知参数。

估计量不是唯一的，一个参数会有很多估计量

例如：$\overline{X}=\dfrac{(X_1+X_2+\cdots+X_n)}{n}$是总体平均数$\mu$的一个估计量。

例如：$\sigma$未知，$\dfrac{(X_1+X_2+\cdots+X_n+\sigma)}{n}$不是总体平均数$\mu$的估计量。

例如：$\mu$未知，$\dfrac{\sum(X_i-\mu)^2}{n}$不是总体方差 $\sigma^2$ 的估计量。但 $\dfrac{\sum(X_i-\overline{X})^2}{n-1}$是 $\sigma^2$ 的估计量。

估计量是一个统计量(随机变量)，只是估计量有其估计对象，即某个总体参数。通常将参数 $\theta$ 的估计量记作 $\hat{\theta}$。在本章中，有时也用$U$，$V$，$W$代表同一参数的不同估计量。

**定义**：假设$x_1,x_2,\cdots,x_n$为$n$个抽样值，一个总体参数的估计量值，简称**估计值**(estimate)，是这$n$个样本随机值的函数值$f(x_1,x_2,\cdots,x_n)$，估计值即为**点估计**。

例如：$\bar{x}=\dfrac{(x_1+x_2+\cdots+x_n)}{n}$ 是一个估计值。

估计量是随机变量，应该有其抽样分布、期望值与方差，主要是理论统计的证明。估计值是一个实数值，因不同的抽样结果，而有不同的值，主要是应用统计的计算结果。

总体参数的估计量不是唯一的，如何选择其估计量，就要考虑估计量的无偏性、有效性与一致性。

**定义**：一个总体参数的估计量的期望值，与参数值之间的差距，称为该估计量的**偏误**(bias)。如果一个估计量的期望值，等于参数值，即其偏误为零，则称该估计量为**无偏估计量**(unbiased estimator)，如图7.1所示。

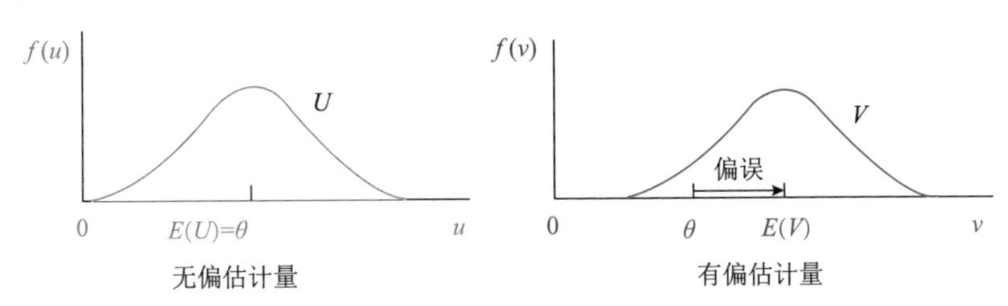


图7.1 有偏估计量与无偏估计量

**定义**：一个估计量$U$的**均方误**(mean squared error)，记作MSE($U$)：

MSE($U$)= $E$(估计量－参数)$^2$ = 估计量减参数的平方的期望值

=(估计量的方差)+(估计量的偏误)$^2$

通常利用MSE来比较两个估计量 $U$，$W$的**效率**(efficiency)。MSE越小，效率越大。

(有的教科书效率定义为 $\frac{V(W)}{V(U)}$，只考虑无偏估计量的方差，没有考虑偏误)。

若估计量$U$比估计量$V$的效率 $\frac{\text{MSE}(W)}{\text{MSE}(U)}>1$，则估计量$U$比估计量$W$好(有效)。

偏误小称为“准度”，方差小称为“精度”，合起来称为“精准度”。图7.2是估计量的有效性之比较。

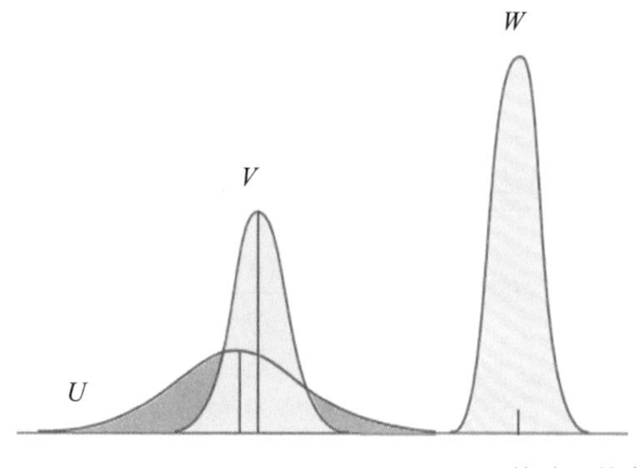


图7.2　估计量的有效性之比较

如果一个估计量，当样本量越大，它的概率越集中在估计参数上，称为一致性。换言之，当样本量越大，估计值和参数的误差越小，其数学定义为：

**定义**：若 $\hat{\theta}$ 为 $\theta$的估计量，对任何实数 $\delta>0$， $\lim_{n\to\infty}P\{|\hat{\theta}-\theta|<\delta\}=1$ ，则 $\hat{\theta}$ 为 $\theta$的**一致性估计量**(consistentestimator)。

**定义**：若 $\hat{\theta}$ 为 $\theta$的估计量， $\lim_{n\to\infty}E(\hat{\theta})=\theta$，则 $\hat{\theta}$ 为 $\theta$的**近似无偏估计量**(asymptoticallyunbiasedestimator)。

**定理**：若 $\hat{\theta}$ 为 $\theta$的一致性估计量，则 $\hat{\theta}$ 为 $\theta$的近似无偏估计量。

**定理**：若 $\hat{\theta}$ 为 $\theta$的一个估计量， $\lim_{n\to\infty}\text{MSE}(\hat{\theta})=0$ ，则 $\hat{\theta}$ 为 $\theta$的一致性估计量。

一致性估计量是，当抽样数目(样本量)越多，则估计量和参数的误差越小。

参数的点估计量的求法有：最大概似法、动差法、贝氏法、最小二乘法。

# 7.2 正态分布平均数与方差的点估计

## 7.2.1　正态分布平均数的点估计

假设 $X_1,X_2,\cdots,X_n$ 为$n$个抽样随机变量， $X_i\sim N(\mu,\sigma^2)$ 。总体平均数 $\mu$ 的点估计，其估计量通常用抽样平均 $\overline{X}$ ：

$$\overline{X}=\frac{X_1+X_2+\cdots+X_n}{n}\sim N(\mu,\frac{\sigma^2}{n})$$

**定义**：一个统计量的标准差，称为该统计量的**标准误差**(estimated standard error)。

抽样平均 $\overline{X}$ 的标准误差是 $\sigma/\sqrt{n}$ 。

若 $X_i$ 的标准差(即总体标准差) $\sigma$ 未知，则估计量 $\overline{X}$ 的标准差还是 $\sigma/\sqrt{n}$ ，但是不能算出，要代入抽样标准差$s$。抽样平均 $\overline{X}$ 的标准误差是： $s/\sqrt{n}$ 。

### 7.2.2 正态分布方差的点估计

假设 $X_1,X_2,\cdots,X_n$ 为正态分布的抽样随机变量，总体方差的点估计是估计量 $S^2$：

$$S^2=\frac{\sum_{i=1}^n(X_i-\overline{X})^2}{n-1}$$

总体标准差的点估计是估计量$S$：

$$S=\sqrt{\frac{\sum_{i=1}^n(X_i-\overline{X})^2}{n-1}}$$

估计量 $S^2$ 是方差 $\sigma^2$ 的无偏估计量。

抽样方差 $S^2$ 的标准差是： $\sqrt{2}\sigma^2/\sqrt{n-1}$ ，但是，很少称为抽样方差 $S^2$ 的标准误差。

## 7.3 总体平均数的区间估计

区间估计是，利用抽样数据，决定一个区间，该区间为某参数可能落入的范围，即以区间形式估计参数值的大小。

**定义**：假设 $X_1,X_2,\cdots,X_n$ 为$n$个抽样随机变量。令 $A=f(X_1,X_2,\cdots,X_n)$ 为一个抽样估计量， $B=g(X_1,X_2,\cdots,X_n)$ 为另一个抽样估计量。若 $P(A\leqslant\theta\leqslant B)=1-\alpha$， $\theta$ 为总体参数，则称 $[A,B]$ 为 $\theta$ 的 $1-\alpha$ **置信区间**(confidence interval)。 $1-\alpha$ 称为**置信度**或置信系数(confidence coefficient)。$A$为**置信下限**，$B$为**置信上限**。

实际上，置信区间是将随机抽样值代入 $[A,B]$。所以，参数是常数，是固定的，但是未知的。置信区间是变动的，不同的抽样结果，产生不同的置信区间。

通常置信区间是：估计值(样本统计值)两边各加一个常数。方差 $\sigma^2$ 的置信区间，并非估计值 $s^2$ 加减一个半径$E$，而是除以两个常数。

如果 $\sigma$未知，则以样本标准差 $s$ 代替 $\sigma$，这样会降低置信区间的置信度。所以为了保持置信度，要放宽置信区间，于是用较大的$t$值 $t_{\alpha/2}$ 代替 $z_{\alpha/2}$，如表7.1所示。

在固定的置信度之下，置信区间的长度越小越好，表示估计较可信。

- 当样本容量越大，置信区间的长度就越小。

- 当总体标准差越大，置信区间的长度就越大。
- 当置信度越大，置信区间的长度就越大。

表7.1　平均数的区间估计

| 条件一 | 条件二 | 条件三 | 置信区间 |
|---|---|---|---|
| $X_i$为正态分布 | $\sigma$已知 | 有限总体 $N>20n$ 或无限总体 | $\left[\bar{x}-z_{\alpha/2}\frac{\sigma}{\sqrt{n}},\ \bar{x}+z_{\alpha/2}\frac{\sigma}{\sqrt{n}}\right]$ |
| | | 有限总体 $N<20n$ | $\left[\bar{x}-z_{\alpha/2}\frac{\sigma}{\sqrt{n}}\sqrt{\frac{N-n}{N-1}},\ \bar{x}+z_{\alpha/2}\frac{\sigma}{\sqrt{n}}\sqrt{\frac{N-n}{N-1}}\right]$ |
| | $\sigma$未知 | 有限总体 $N>20n$ 或无限总体 | $\left[\bar{x}-t_{\alpha/2}(n-1)\frac{s}{\sqrt{n}},\ \bar{x}+t_{\alpha/2}(n-1)\frac{s}{\sqrt{n}}\right]$ |
| | | 有限总体 $N<20n$ | $\left[\bar{x}-t_{\alpha/2}(n-1)\frac{s}{\sqrt{n}}\sqrt{\frac{N-n}{N-1}},\ \bar{x}+t_{\alpha/2}(n-1)\frac{s}{\sqrt{n}}\sqrt{\frac{N-n}{N-1}}\right]$ |
| $X_i$非正态分布 | $\sigma$已知 | $n<30$ | 不能用$Z$或$t$分布作区间估计，用非参数统计 |
| | | $n>30$ | $\left[\bar{x}-z_{\alpha/2}\frac{\sigma}{\sqrt{n}},\ \bar{x}+z_{\alpha/2}\frac{\sigma}{\sqrt{n}}\right]$ |
| | $\sigma$未知 | $n<30$ | 不能用$Z$或$t$分布作区间估计，用非参数统计 |
| | | $30<n<100$ | $\left[\bar{x}-t_{\alpha/2}(n-1)\frac{s}{\sqrt{n}},\ \bar{x}+t_{\alpha/2}(n-1)\frac{s}{\sqrt{n}}\right]$ |
| | | $n\geqslant 100$ | $\left[\bar{x}-z_{\alpha/2}\frac{s}{\sqrt{n}},\ \bar{x}+z_{\alpha/2}\frac{s}{\sqrt{n}}\right]$ |

置信区间长度$L$，样本容量$n$，置信度$1-\alpha$，标准差$\sigma$ (s)，四个变量的关系，如果其中两个固定，另外两个变量正负相关，如图7.3所示。负相关是一个变量变大，另一个变量变小。

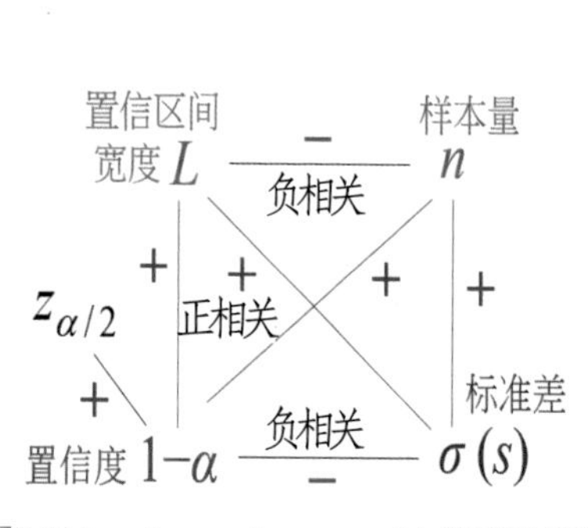


图7.3(a)　$L$，$n$，$1-\alpha$，$\sigma$ (s) 两两关系图

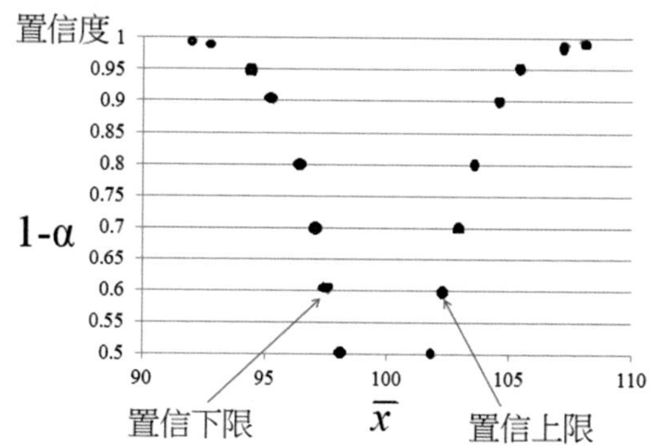


图7.3(b)　置信度与置信区间长度的关系

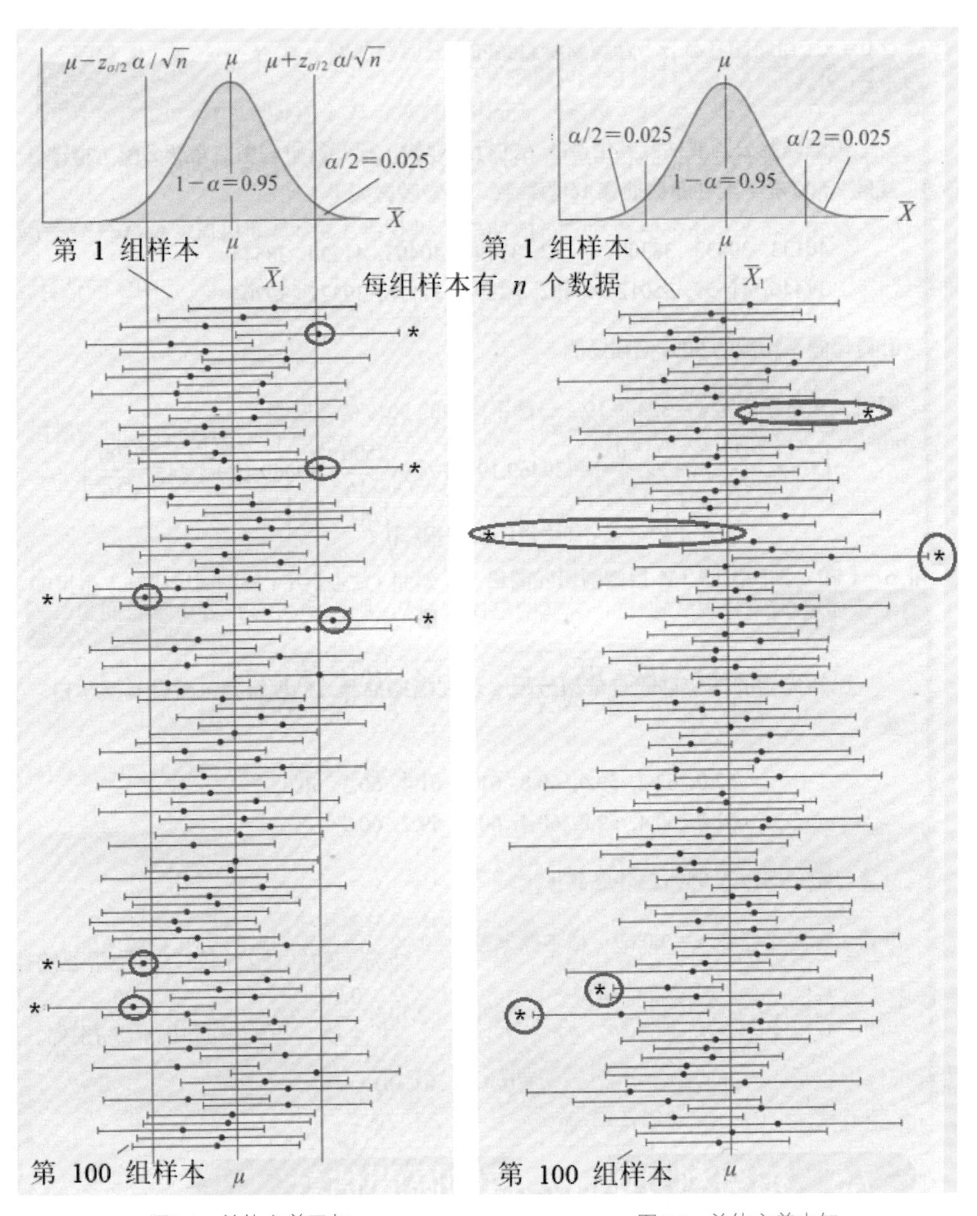


图7.4　总体方差已知

图7.5　总体方差未知

图7.4以相同的样本数计算100个95%置信区间，有6个置信区间不含总体均值。(有 *)请注意：每个置信区间的长度相同。

图7.5以相同的样本数计算100个95%置信区间，有5个置信区间不含总体均值。(有 *)请注意：每个置信区间的长度不同。

因为参数 $\mu$ 是未知常数(不变的数)，$\bar{x}$ 是变量(不同的样本组，有不同的 $\bar{x}$)，置信区间 $[A,B]$ 是变动的。所以，$[A,B]$ 为 $\mu$ 的95% 置信区间，不能说 $\mu$ 有 95% 的概率在置信区间 $[A,B]$，而应该说置信区间 $[A,B]$ 有95% 包括 $\mu$。

# 7.4 总体比例的区间估计

我们在统计的应用上，经常要预先估计总体的比例，例如：①全部大学生的吸烟比例②一批产品的不良率③全台北市的接种率。

假设$X_1,X_2,\cdots,X_n$为$n$个伯努利分布的抽样随机变量，$x_i$为其随机值，$x_i=0$代表第$i$次抽样或$x_i=1$，令 $t=\sum_{i=1}^{n}x_i$为$n$次抽样中成功的次数，$p=\frac{t}{n}$，则总体比例π 的区间估计，计算如下：

$n$为大样本，即$t=np\geqslant 5$且$n-t=n(1-p)\geqslant 5$，则利用标准正态分布：

$p$是近似正态分布 $p\sim N(\pi,\frac{\pi(1-\pi)}{n})$，所以：总体比例$\pi$的$1-\alpha$置信区间为：

$$\left[p-z_{\alpha/2}\sqrt{\frac{p(1-p)}{n}},\ p+z_{\alpha/2}\sqrt{\frac{p(1-p)}{n}}\right]$$

有限总体随机(不投返式)抽样，总体的总体数目$N$，则比例π 的$1-\alpha$置信区间为：

$$\left[p-z_{\alpha/2}\sqrt{\frac{p(1-p)}{n}}\sqrt{\frac{N-n}{N-1}},\ p+z_{\alpha/2}\sqrt{\frac{p(1-p)}{n}}\sqrt{\frac{N-n}{N-1}}\right]$$

# 7.5 总体方差的区间估计

如果要了解或控制总体的变化程度，就需要总体方差的估计。例如在质量管理的控制图中，方差是一个主要的推估对象。

**定理**：假设$X_1,X_2,\cdots,X_n$为$n$个正态分布的抽样随机变量，平均数$\mu$和标准差$\sigma$未知，$s$为其抽样标准差。

总体方差 $\sigma^2$ 的$1-\alpha$置信区间为：

$$\left[\frac{s^2(n-1)}{\chi^2_{\alpha/2}(n-1)},\ \frac{s^2(n-1)}{\chi^2_{1-\alpha/2}(n-1)}\right]$$

总体标准差 $\sigma$ 的$1-\alpha$置信区间为：

$$\left[\sqrt{\frac{s^2(n-1)}{\chi^2_{\alpha/2}(n-1)}},\ \sqrt{\frac{s^2(n-1)}{\chi^2_{1-\alpha/2}(n-1)}}\right]$$

例题7.1—例题7.4　见下载资料。

# 7.6 抽样的样本量

我们在抽样之前要决定抽样的样本数目，在统计估计和检验，样本的数目都是已知数。但是，到底多少样本是适当的或最佳的？一个考虑是从成本来评估，抽样总成本包括抽样误差的成本和收集样本的成本。根据抽样理论，样本数目越大，抽样误差越小$(\sigma/\sqrt{n})$，再加上实际抽样多数是不返回抽样(有限抽样因子$(N-n)/(N-1)$)，所以误差会更小。样本数目越大，收集抽样成本越大。因此，会有一个最低的抽样总成本，其对应的样本量即为最佳样本量，如图7.6所示。收集抽样的成本是直线函数，而且容易估计，问题是抽样误差的成本很难估计，更难列出其函数式子。所以，要计算最佳样本量是有困难的，以下我们用置信区间的信息意义(置信区间的长度)，来计算抽样的样本数目。

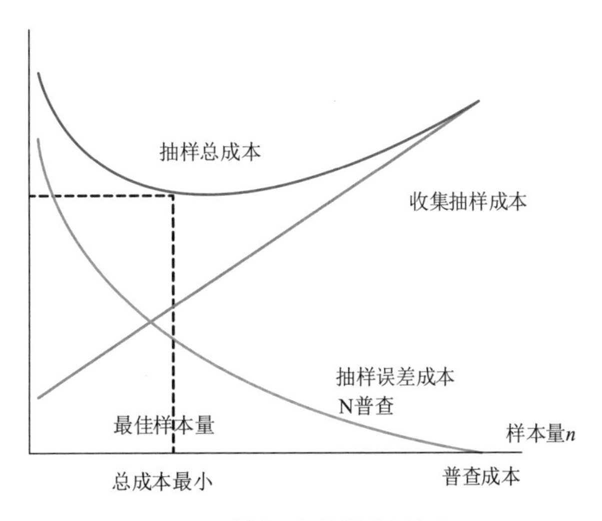


图7.6　样本量与抽样成本关系

本章前几节置信区间都是已知：样本量$n$，置信度$1-\alpha$，求置信区间的长度$L$。但是置信区间的长度越大(范畴越大)，越是一个模糊的信息。例如：灯泡的寿命95%置信区间是 $1000\pm600$ 小时，这是无意义的。现在有可能反过来，已知置信度与置信区间的长度，求样本量$n$。换言之，我们要固定一个置信区间的长度(例如：平均数在±20之内，比例在±1%之间)，于是在某个置信水平(例如：95%)之下，应该抽样多少。

## 7.6.1　估计总体平均数的抽样样本量

(1) 如果总体标准差$\sigma$已知，$1-\alpha$置信区间的长度$L$(区间全长，有的公式取置信区间的半径，置信区间为$p\pm E$)确定，则样本量$n$是：

$$n=\left[\frac{2z_{\alpha/2}\sigma}{L}\right]^2 \text{或} n=\left[\frac{z_{\alpha/2}\sigma}{E}\right]^2$$

(2) 如果总体标准差$\sigma$未知，$1-\alpha$置信区间的长度$L$(区间全长，有的公式取置信区间的半径，置信区间为$p\pm E$)确定，$L=2E$，以历史资料或过去经验估计标准差$s$。或者随机抽样30个样本，计算样本标准差$s$。如果数据呈正态分布，则可以用全矩除以4概略估计$s$。

$$n=\left[\frac{2z_{\alpha/2}s}{L}\right]^2 \text{或} n=\left[\frac{z_{\alpha/2}s}{E}\right]^2$$

上述公式按照精确计算，$z_{\alpha/2}$ 应该用 $t_{\alpha/2}$，但是其自由度又牵涉到样本量，而且$n$ = 30，$t_{\alpha/2}$ 近似 $z_{\alpha/2}$，所以还是用$Z$分布。

如果$n$大于30，则再抽样 $n-30$ 个样本，然后利用$n$个样本做估计。

如果$n$小于30，则不必再抽样，利用原有的30个样本做估计。

(3) 如果是“有限总体随机抽样”，总体数目是$N$，标准差 $\sigma$ 已知，$1-\alpha$ 置信区间的长度$L$，则样本量$n$是：

$$n=\frac{4z_{\alpha/2}^2\sigma^2 N}{(N-1)L^2+4\sigma^2 z_{\alpha/2}^2} \text{ 或 } n=\frac{z_{\alpha/2}^2\sigma^2 N}{(N-1)E^2+\sigma^2 z_{\alpha/2}^2}$$

## 7.6.2 估计总体比例的抽样样本量

(1) 如总体比例$\pi$已知(实际上是不可能的，因为 π 是要估计的参数)，$1-\alpha$ 置信区间的长度$L$(区间全长，有的公式取置信区间的半径)确定，则样本量$n$是：

$$n=\left[\frac{2z_{\alpha/2}}{L}\right]^2 p(1-p)$$

(2) 如总体比例$\pi$未知，$1-\alpha$ 置信区间的长度$L$确定，则随机抽样30个样本做事前检验，计算样本比例 $p$。则样本量$n$是：

$$n=\left[\frac{2z_{\alpha/2}}{L}\right]^2 p(1-p)$$

如果$n$大于30，则再抽样 $n$-30个样本。

如果$n$小于30，则不必再抽样，利用原有的30个样本。

(3)如总体比例 $\pi$未知，而不想做事前检验，取$\pi(1-\pi)$ 的最大值1/4。$1-\alpha$ 置信区间的长度 $L$确定，则样本量$n$是：

$$n=\left[\frac{z_{\alpha/2}}{L}\right]^2$$

(4)如果是“有限总体随机抽样”，总体数目是$N$，$1-\alpha$ 置信区间的长度$L$，则样本量$n$是：

$$n=\frac{4z_{\alpha/2}^2\hat{p}(1-\hat{p})N}{(N-1)L^2+4\hat{p}(\hat{p}-1)z_{\alpha/2}^2}$$

以上结果告诉我们，要检验总体比例(例如：总统直接民选，某候选人的得票率)，要使预测的置信区间有99%的置信度，置信区间的差距只有5%(置信区间为 $p\pm 2.5\%$)，那么不管总体有多大(1000万人也好，1亿人也好)，我们只要抽样2663人。

盖洛普民意调查(Gallup poll)常用的样本量是1823人。

当然，先决条件是，抽样没有非抽样误差，也就是：样本的来源没有偏向某一特别阶层，被抽样的受访者没有违心之答等等。

例题7.5 见下载资料。

# 7.7 标准误差

标准误差(standard error)是估计量(例如 $\bar{X}$)的方差[例如 $V(\bar{X})=\sigma^2/n$]的估计值(例如 $s^2/n$)的开方(例如 $\sqrt{s^2/n}$)，如表7.2所示。

表7.2　区间估计总表

| 计估 | 数参 | 量计估 | 配分率概 | 差误准标 |
|---|---|---|---|---|
| 单总体平均数（$\sigma^2$已知） | $\mu$ | $\bar{X}$ | $Z$ | $\frac{\sigma}{\sqrt{n}}$ |
| 单总体平均数（$\sigma^2$未知） | $\mu$ | $\bar{X}$ | $t(n-1)$ | $\frac{s}{\sqrt{n}}$ |
| 单总体比例 | $\pi$ | $p$ | $Z$ | $\sqrt{\frac{p(1-p)}{n}}$ |
| 单总体方差 | $\sigma^2$ | $s^2$ | $\chi^2(n-1)$ | × |
| 双总体平均数（$\sigma_1^2$, $\sigma_2^2$已知） | $\mu_1-\mu_2$ | $\bar{X}_1-\bar{X}_2$ | $Z$ | $\sqrt{\frac{\sigma_1^2}{n_1}+\frac{\sigma_2^2}{n_2}}$ |
| 双总体平均数（$\sigma_1^2$, $\sigma_2^2$未知，相等） | $\mu_1-\mu_2$ | $\bar{X}_1-\bar{X}_2$ | $t(n-2)$ $n=n_1+n_2$ | $s_p\sqrt{\frac{1}{n_1}+\frac{1}{n_2}}$ |
| 双总体平均数（$\sigma_1^2$, $\sigma_2^2$未知，不等） | $\mu_1-\mu_2$ | $\bar{X}_1-\bar{X}_2$ | $t(v)$ | $\sqrt{\frac{s_1^2}{n_1}+\frac{s_2^2}{n_2}}$ |
| 双总体比例 | $\pi_1-\pi_2$ | $p_1-p_2$ | $Z$ | $\sqrt{\frac{p_1(1-p_1)}{n_1}+\frac{p_2(1-p_2)}{n_2}}$ |
| 双总体方差 | $\frac{\sigma_1^2}{\sigma_2^2}$ | $\frac{s_1^2}{s_2^2}$ | $F(n_1,n_2)$ | × |
| 一因素ANOVA | 请见表10.1 | | | |
| 二因素ANOVA | 请见表10.2 | | | |
| 回归与相关 | 请见表11.3 | | | |

参数的 $1-\alpha$ 置信区间为：

[点估计±(估计量机率分配)$_{\alpha/2}$ ×(标准误差)]

参数的检验值 =(统计值 – 参数) / 标准误差(第 10 章)

标准差和标准误差的差别，标准误差是推断统计(估计和检验)的基础：

总体分布 $X_i$，总体方差 $V(X_i)=\sigma^2$，总体标准差 $\sigma$

→ 总体均值 $\mu$ 的估计量(抽样平均) $\bar{X}$，标准误差 $V(\bar{X})=\sigma^2/n$

样本数据 $x_i$，样本方差 $s^2=\sum(x_i-\bar{x})^2/(n-1)$，样本标准差 $s$

→ 标准误差是估计量的标准差 $s/\sqrt{n}$ (标准误差越小，推断结论越好)。

# 7.8 《中文统计》应用

## 7.8.1 t 分布估计(例题7.2)

例题7.2的《中文统计》应用实现如图7.7和图7.8所示。

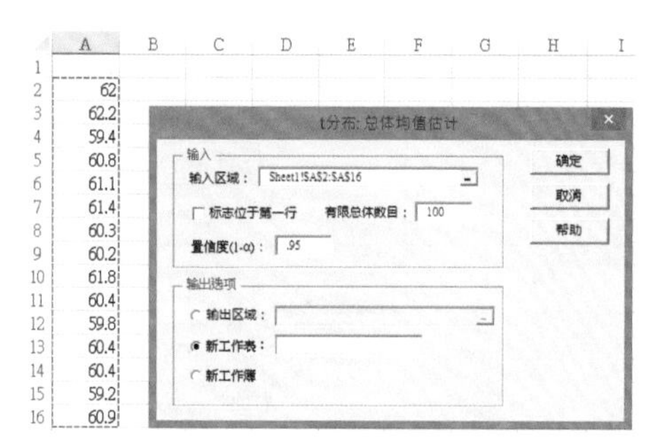

图7.7 t分布估计的输入数据

|  | A | B | C | D | E | F | G |
|---|---|---|---|---|---|---|---|
| 1 | t 分布：总体均值估计 | | | | | | |
| 2 | | | | | | | |
| 3 | | | 样本 1 | | | | |
| 4 | 置信度(1-α) | | 0.95 | | | | |
| 5 | 样本量 | | 15 | | | | |
| 6 | 样本均值 | | 60.68667 | | | | |
| 7 | 样本标准差 | | 0.89751 | | | | |
| 8 | | | | | 有限总体的数目 | | 100 |
| 9 | 置信区间下界 | | 60.18964 | | 置信区间下界 | | 60.22612 |
| 10 | 置信区间上界 | | 61.18369 | | 置信区间上界 | | 61.14721 |

图7.8 t分布估计输出

## 7.8.2 快速估计(例题7.3)

例题7.3的《中文统计》应用实现如图7.9所示。

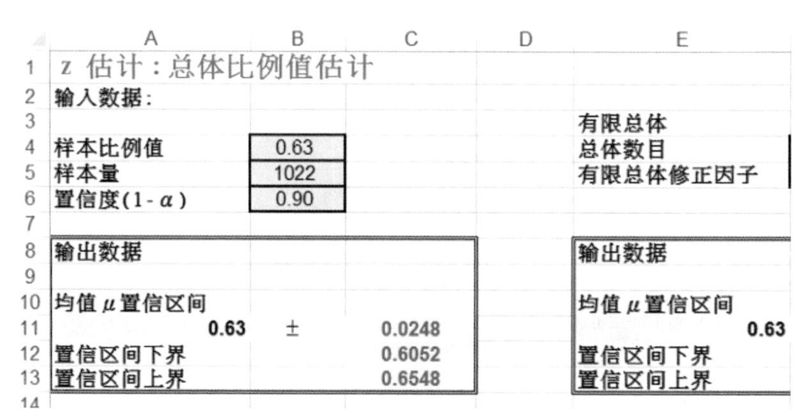

|  | A | B | C | D | E |
|---|---|---|---|---|---|
| 1 | z 估计：总体比例值估计 | | | | |
| 2 | 输入数据: | | | | |
| 3 | | | | | 有限总体 |
| 4 | 样本比例值 | 0.63 | | | 总体数目 |
| 5 | 样本量 | 1022 | | | 有限总体修正因子 |
| 6 | 置信度(1-α) | 0.90 | | | |
| 7 | | | | | |
| 8 | 输出数据 | | | | 输出数据 |
| 9 | | | | | |
| 10 | 均值μ置信区间 | | | | 均值μ置信区间 |
| 11 | 0.63 | ± | 0.0248 | | 0.63 |
| 12 | 置信区间下界 | | 0.6052 | | 置信区间下界 |
| 13 | 置信区间上界 | | 0.6548 | | 置信区间上界 |
| 14 | | | | | |

图7.9 z估计：总体比例值估计

## 7.8.3 《中文统计》统计估计的功能地图

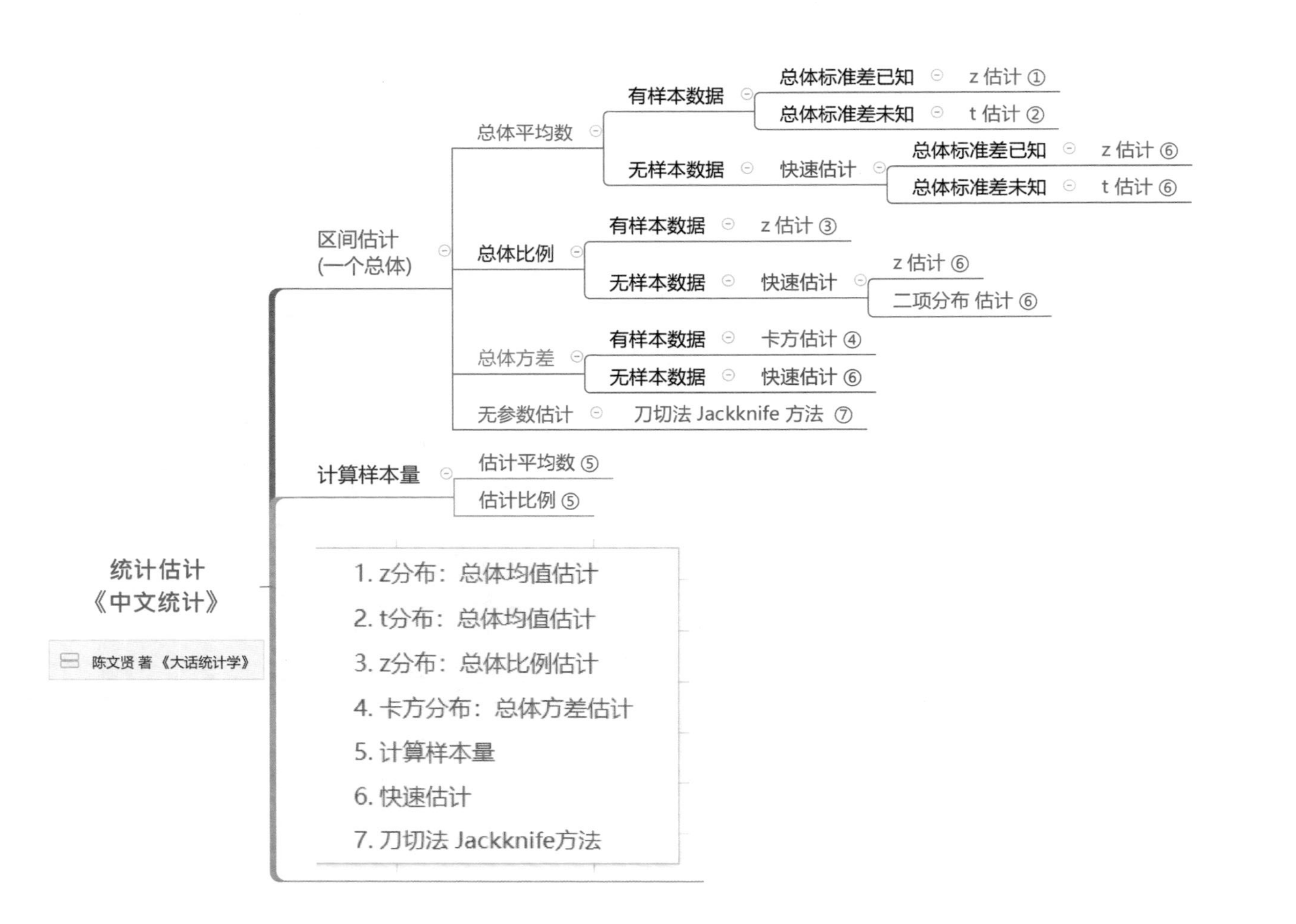

# 7.9 R 语言应用

```
> if(!require(DescToolvs)){install.packages("DescTools")} ; library(DescTools)
> if(!require(dplyr)){install.packages("dplyr")} ; library(dplyr)
> if(!require(boot)){install.packages("boot")} ; library(boot)
> m <- 50; n <- 20     # m 组样本数据(m个置信区间),n = 每组数据样本量
> pi <- .6 ; p = rbinom(m,n,pi)/n
                       # pi = 总体比例π ,p = 样本比例(m 组)
> alpha <- 0.10 ; za <- qnorm(1-alpha/2) # alpha = 置信水平α ,za = z(α/2)
> SE = sqrt(p*(1-p)/n) # 总体比例的标准误差
> sum(p - za*SE < pi & pi < p + za* SE)
                       # m个置信区间中有总体比例pi(π)的数目
[1] 44
> matplot(rbind(p - za*SE,p + za*SE),rbind(1:m,1:m),type="l",
lty=1,xlab= "总体比例 pi(π)的置信区间",ylab= "50个置信区间" )
                       # 如图7.10所示
> abline(v=pi)         # 总体比例 pi=0.6
> x = read.csv("C:/1Stat/StatData/Chap7_2.csv",header=T)
                       # 读入 Chap7_2.csv
> x1 <- x[,1] ; n <- length(x1); n       # 数据数目
[1] 15
> t.test(x1,conf.levele=0.95)$conf.int  # 区间估计
[1] 60.19 61.18
> t.test(x1,conf.levele=0.95)           # t 检验
One Sample t-test
data: x1
t = 262,df = 14,p-value <2e-16
alternative hypothesis: true mean is not equal to 0
95 percent confidence interval:
60.19 61.18
> x <- c(3,1.8,2.5,2.1,2.7,1.9,1.5,1.7,2,1.6)
> bootmean <- function(x,ind)mean(x[ind])
> boot1 <- boot(x,bootmean,R=999,stype="i",sim="ordinary")
# 自助法置信区间
> boot.ci(boot1,conf = 0.95,type = c("norm","basic","perc","bca"))
BOOTSTRAP CONFIDENCE INTERVAL CALCULATIONS
Level Normal Basic
95% ( 1.779, 2.374 ) ( 1.750, 2.340 )
```

```
Level Percentile BCa
95% ( 1.820, 2.410 ) ( 1.830, 2.435 )
> Varb <- function(x,ind)var(x[ind])
> bootVar <- boot(x,Varb,R=999,stype="i",sim="ordinary")
# 自助法方差置信区间
> boot.ci(bootVar,conf = 0.95,type = c("norm","basic","perc","bca"))
BOOTSTRAP CONFIDENCE INTERVAL CALCULATIONS
Level Percentile BCa
95% ( 0.0538, 0.3849 ) ( 0.1332, 0.4490 )
> Md <- function(x,ind)median(x[ind])
> bootMd <- boot(x,Md,R=999,stype="i",sim="ordinary")
#自助法中位数置信区间
> boot.ci(bootMd,conf = 0.95,type = c("norm","basic","perc","bca"))
BOOTSTRAP CONFIDENCE INTERVAL CALCULATIONS
Level Normal Basic
95% ( 1.520, 2.317 ) ( 1.400, 2.250 )
Level Percentile BCa
95% ( 1.65, 2.50 ) ( 1.65, 2.30 )
> x <- c(3,1.8,2.5,2.1,2.7,1.9,1.5,1.7,2,1.6)
> m1 <- qbinom(0.025,length(x),0.5); m2 <- qbinom(1-0.025,length(x),0.5)
> median.ci <- c(sort(x[m1]),sort(x[m2+1])); median.ci
#中位数置信区间
[1] 1.8 2.0
> if(!require(epitools)){install.packages("epitools")} ; library(epitools)
> binom.approx(141,226)
x n proportion lower upper conf.level
1 141 226 0.6239 0.5607 0.687 0.95
> binom.exact(x=141,n=226,conf.level = 0.95)
x n proportion lower upper conf.level
1 141 226 0.6239 0.5572 0.6873 0.95
> binom.test(x=141,n=226,conf.level = 0.95)$conf
[1] 0.5572 0.6873
> binom.test(x=141,n=226)$conf # 比例置信区间
[1] 0.5572 0.6873
> x <- c(14.816,14.863,14.814,14.998,14.965,14.824,14.884,14.838,14.916,
15.021,14.874,14.856,14.860,14.772,14.980,14.919)
> VarCI(x,conf.level=0.9)        # 自助法方差置信区间
var lwr.ci upr.ci
0.005285 0.003172 0.010919
> sqrt(VarCI(x,conf.level=0.9))# 自助法方差置信区间
```

```
var lwr.ci upr.ci
0.07270 0.05632 0.10449
```

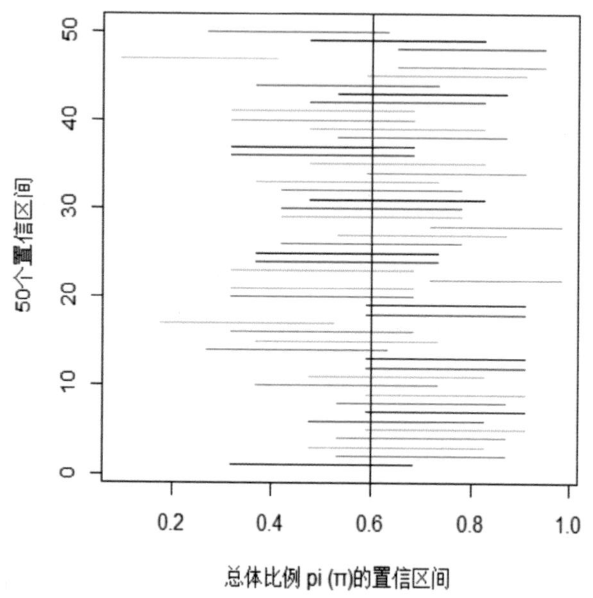

图7.10 代码输出结果

# 7.10 本章流程图

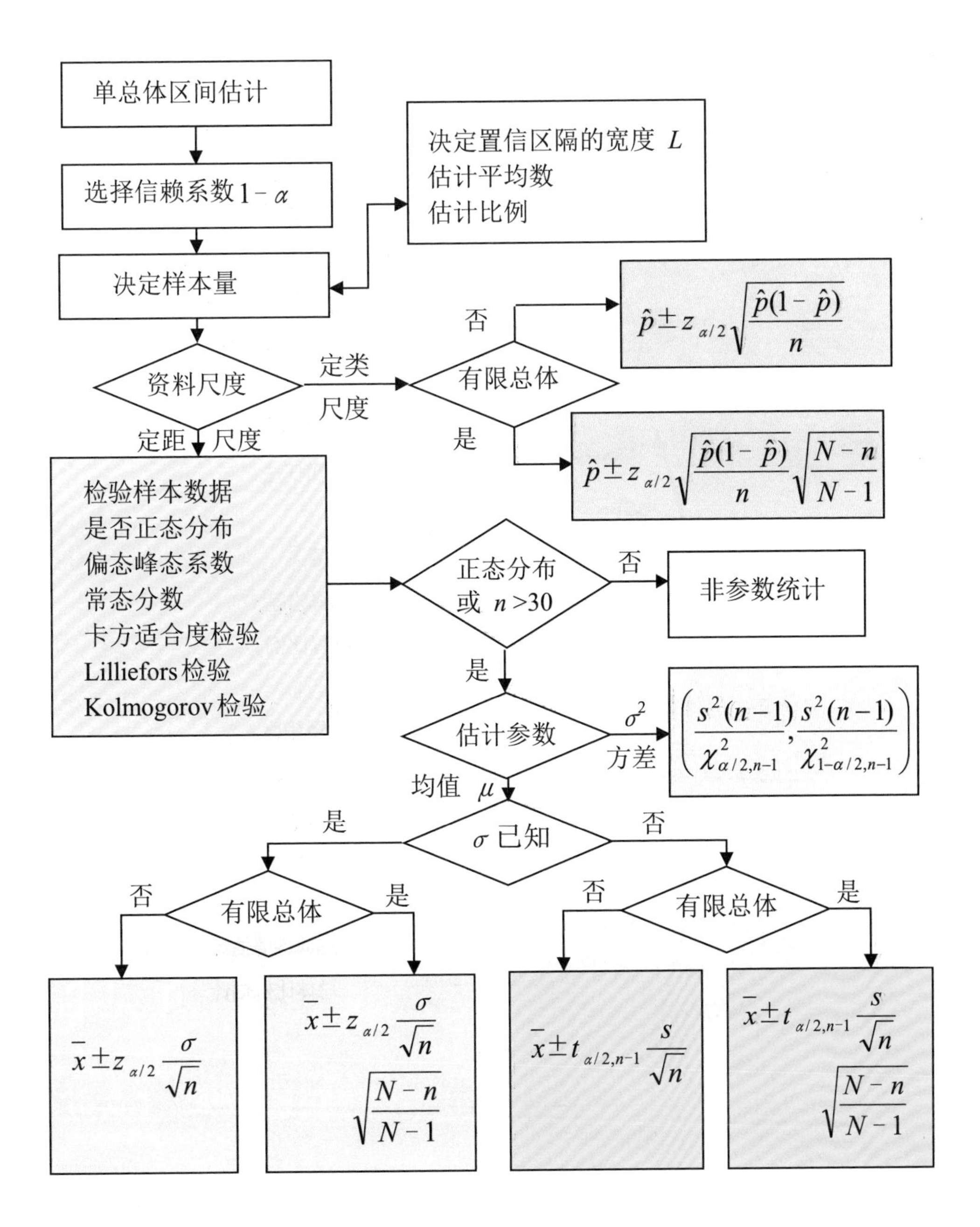

单总体区间估计
选择信赖系数 $1-\alpha$
决定置信区隔的宽度 $L$
估计平均数
估计比例
决定样本量
资料尺度
定类
尺度
有限总体
否
$\hat{p} \pm z_{\alpha/2}\sqrt{\frac{\hat{p}(1-\hat{p})}{n}}$
是
$\hat{p} \pm z_{\alpha/2}\sqrt{\frac{\hat{p}(1-\hat{p})}{n}}\sqrt{\frac{N-n}{N-1}}$
定距
尺度
检验样本数据
是否正态分布
偏态峰态系数
常态分数
卡方适合度检验
Lilliefors检验
Kolmogorov检验
正态分布
或 $n>30$
否
非参数统计
是
估计参数
$\sigma^2$
方差
$\left(\frac{s^2(n-1)}{\chi^2_{\alpha/2,n-1}}, \frac{s^2(n-1)}{\chi^2_{1-\alpha/2,n-1}}\right)$
均值 $\mu$
$\sigma$ 已知
是
否
有限总体
否
是
有限总体
否
是
$\bar{x} \pm z_{\alpha/2}\frac{\sigma}{\sqrt{n}}$
$\bar{x} \pm z_{\alpha/2}\frac{\sigma}{\sqrt{n}}\sqrt{\frac{N-n}{N-1}}$
$\bar{x} \pm t_{\alpha/2,n-1}\frac{s}{\sqrt{n}}$
$\bar{x} \pm t_{\alpha/2,n-1}\frac{s}{\sqrt{n}}\sqrt{\frac{N-n}{N-1}}$

# 7.11 本章思维导图

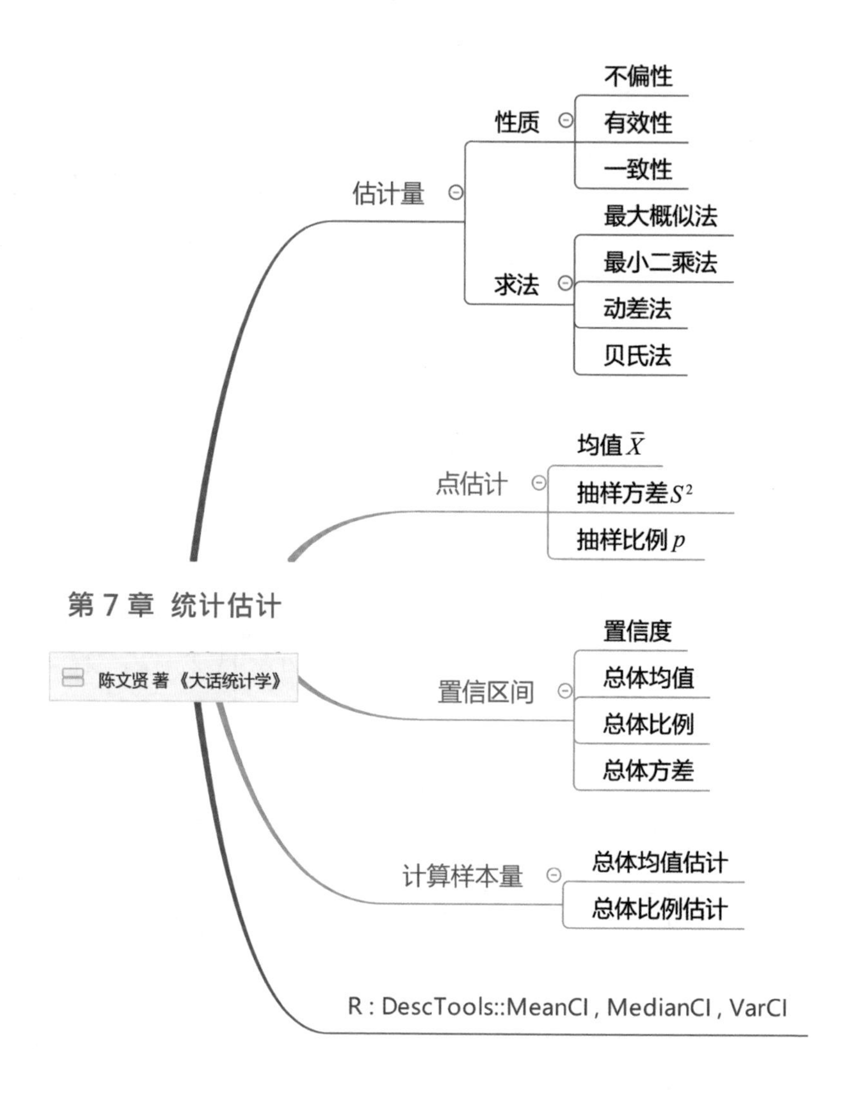

第 7 章 统计估计
陈文贤 著《大话统计学》
估计量
性质
不偏性
有效性
一致性
求法
最大概似法
最小二乘法
动差法
贝氏法
点估计
均值 $\bar{X}$
抽样方差 $S^2$
抽样比例 $p$
置信区间
置信度
总体均值
总体比例
总体方差
计算样本量
总体均值估计
总体比例估计
R : DescTools::MeanCI , MedianCI , VarCI

# 7.12 习题

1. 随机抽样30个GRE成绩，平均分数1082分，标准差108，决定下列参数的95%及99%置信区间。

(1) 总体平均数。

(2) 总体标准差。

2. 为了决定某个团体的平均教育水平，抽样50人，平均教育年数是11.4 年，标准差3.2年。计算总体平均数95%及98%的置信区间。

3. 研究人员要知道某地区每家庭平均收入的置信区间，置信区间半径为100元，置信度为95%，若总体标准差为500元，抽样样本量应为多少？

4. 民意调查抽样1022位市民，他们对市长的支持的比率为63%，计算这位市长受支持比例的90%置信区间？

其他习题请下载。

# 第8章 统计检验

无用之辩，不急之察，弃而不治。

——《荀子·天论篇》

二论各有所见，故是非曲直，未有所定。

——汉·王充《论衡》

上之不明，因生辩也。

——韩非子

"Your assumptions are your windows on the world. Scrub them off every once in a while, or the light won't come in."

—— Isaac Asimo 1920-1992

你的假定是你在世界的窗户，每过一段时间要擦拭一下，不然光线进不来。

——艾萨克·艾西莫夫

## 假设检验的射箭比喻

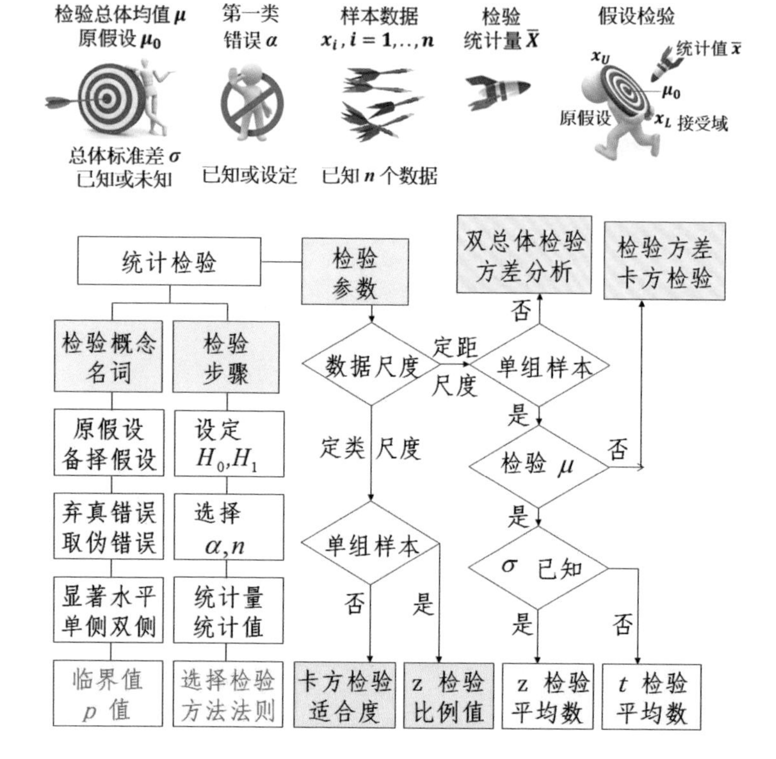

# 8.1 假设检验

**假定**(assumption)：使用统计方法或模型，数据需要符合的条件，例如：总体是正态分布或两总体的方差相等。

**假设**(hypothesis)：想要验证的有关总体特征值(参数)的叙述，例如：总体不良率小于2%或两总体的平均数相等。

**假设检验**(hypothesis testing)是，先对总体参数做一个叙述，称作**统计假设**(hypothesis)，然后利用抽样试验的样本数据，来判断这个假设是否成立。

统计假设是一个对总体参数的假想答案，实际上是“真”或“伪”，我们事先不知道，因为参数是未知的常数(固定数)。所以，我们只能用样本数据去决定是否“接受”或“拒绝”统计假设，而这个决定可能是错误的，这是统计检验的“误差”。

**定义**：假设检验的第一个假设，称为**原假设**(null hypothesis)或零假设，记作$H_0$。原假设的相反假设，称为**备择假设**(alternate hypothesis)或对立假设，记作$H_1$。

例如对总体参数$\theta$，平均数$\mu$，或比例$\pi$，假设有三种形态：

**双侧检验**：$\begin{cases} H_0:\theta=\theta_0 \\ H_1:\theta\neq\theta_0 \end{cases}$ $\begin{cases} H_0:\mu=\mu_0 \\ H_1:\mu\neq\mu_0 \end{cases}$ $\begin{cases} H_0:\pi=\pi_0 \\ H_1:\pi\neq\pi_0 \end{cases}$

**左侧检验**：$\begin{cases} H_0:\theta\geqslant\theta_0 \\ H_1:\theta<\theta_0 \end{cases}$ $\begin{cases} H_0:\mu\geqslant\mu_0 \\ H_1:\mu<\mu_0 \end{cases}$ $\begin{cases} H_0:\pi\geqslant\pi_0 \\ H_1:\pi<\pi_0 \end{cases}$

**右侧检验**：$\begin{cases} H_0:\theta\leqslant\theta_0 \\ H_1:\theta>\theta_0 \end{cases}$ $\begin{cases} H_0:\mu\leqslant\mu_0 \\ H_1:\mu>\mu_0 \end{cases}$ $\begin{cases} H_0:\pi\leqslant\pi_0 \\ H_1:\pi>\pi_0 \end{cases}$

原假设一定有等式($=,\leqslant,\geqslant$)，而且以后做检验依据的统计量，是以原假设的等式，推导检验法则，有些统计学的教科书，三种检验(双侧、左侧、右侧)的原假设，都定义为 $H_0:\theta=\theta_0$。

**定义**：假设检验会有一个**决策法则**(decision rule)，当样本数据计算结果在某个范围，则 **拒绝**(reject)原假设；否则，**接受**(accept)，较传统或严谨的说法是**不拒绝**(do not reject)原假设。

**定义**：假设检验可能会有决策错误，当原假设$H_0$实际上是真的，但是根据样本数据计算结果，却拒绝原假设，这种错误称为**第一类错误**(type I error)或**弃真错误**。我们以$\alpha$表示“第一类错误的概率”(简称第一类错误)：

$\alpha=P\{$拒绝$H_0\mid H_0$为真$\}$ = 拒绝“对的$H_0$”的概率 = “弃真错误”的概率

**定义**：当备择假设$H_1$ 实际上是真的，但是根据样本数据计算结果，却接受原假设，这种错误称为**第二类错误**(type Ⅱ error)或**取伪错误**。我们以$\beta$表示“第二类错误的概率”(简称第二类错误)：

$\beta=P\{$接受$H_0\mid H_1$为真$\}$ = 接受“错的$H_0$”的概率=“取伪错误”的概率

第一类错误$\alpha$是检验的一个重要指标，称作假设检验的**显著性水平**(significance level)。

显著性水平是第一类错误的上限。

推断统计的统计检验，多数希望得到“显著”的结果，就是拒绝原假设。

(1) 总体参数检验：拒绝原假设 → 显著结果 → 总体参数不等于假(预)设值→ 不符合$H_0$。

(2) 两个总体参数检验：拒绝原假设 → 显著结果 → 两个总体参数有不相等。

(3) 两个以上总体定距变量参数检验：拒绝原假设 → 显著结果 → 各总体存在差异。

(4) 两个以上定距变量检验：拒绝原假设 → 显著结果 → 变量有(线性)相关。

(5) 一个定类变量检验：拒绝原假设 → 显著结果 → 总体不符合某个概率分布。

(6) 两个定类变量检验：拒绝原假设 → 显著结果 → 变量不是独立。

以上(2)、(3)、(4)、(6)的显著结果，表示总体的分类(因)，有因果关系的显著影响。

如表8.1，显著的结果，不是大好就大坏，所以要降低大坏(第一类错误)的概率 $\alpha$，或者说控制第一类错误的概率 $\alpha$ 在可接受的程度(通常是0.05)以下。

表8.1　假设检验的错误关系

| | 实际 | |
|---|---|---|
| 检验结果 | $H_0$ 为真 | $H_1$ 为真 |
| 无法拒绝 $H_0$<br>接受 $H_0$ | 正确决策<br>但非幸运，因为检验结果<br>不显著，可能要有新$H_0$。<br>概率 = $1-\alpha$= 置信度<br>= $P$(接受$H_0$ \| $H_0$为真) | 第二类错误(取伪错误)<br>错误但非致命，<br>风险或误差概率无法控制。<br>概率 = $P$(第二类错误)= $\beta$<br>= $P$(接受$H_0$ \| $H_1$为真) |
| 拒绝 $H_0$<br>接受 $H_1$<br>(显著) | 第一类错误(弃真错误)<br>错误且后果非常严重，<br>所以要控制这个错误概率。<br>概率上限 = $\alpha$ = 显著性水平<br>= $P$(拒绝$H_0$ \| $H_0$为真) | 正确决策<br>很幸运，可以说服对方<br>或公布结果(显著)。<br>概率 = $1-\beta$ = 检验力<br>= $P$(拒绝 $H_0$ \| $H_1$为真) |

## 8.1.1　根据第一类错误决定原假设

如果已经选择要检验的参数，那么建立原假设有三种型态：双侧检验，左侧检验，右侧检验。双侧检验比较没有争议，有问题的是：左侧检验或右侧检验到底选哪一个？因为第一类错误 $\alpha$ 是可以控制的，所以我们要根据第一类错误 $\alpha$ 来决定原假设的型态。考虑下述四种情况：

(1) 想要拒绝的假设，当作原假设；或者想要调查或研究的假设，当作备择假设：

先假设 $H_0$ 成立，再去拒绝它 ⇒ 让对方心服。

例如：你对成功率(比例) $\pi$ 的看法是：大于0.6，而我的看法是小于0.6。我要拒绝你的看法，所以我检验$H_0$: $\pi \geq 0.6$ 。这样一来，如果检验结果是：拒绝$H_0$，则我可以说检验误差只有 $\alpha$。我们对“拒绝原假设”的信心越强，则 $\alpha$ 可以设定越小。

(2) 拒绝后错误成本较高的假设，当作原假设：

避免第一类错误 $\alpha$ 造成更大损失 ⇒ 使自己心安。

如果“第一类错误的成本”越高，则 $\alpha$ 可以设定越小。

例如：检验产品某一规格(如：重量，长度)的平均数是：大于100或小于100。如果实际上平均数是小于100，而我们却宣布大于100，则要负担很大的赔偿和诉讼成本；反之，如果实际上平均数是大于100，而我们却宣布小于100，则损失很小。所以，原假设是：$H_0: \mu \leqslant 100$。

$\alpha = P\{$宣布 $\mu > 100 \mid$ 实际上 $\mu \leqslant 100\}$。

$\beta = P\{$宣布 $\mu \leqslant 100 \mid$ 实际上 $\mu > 100\}$。

(3) 为了表示因果关系是否显著，因素(两总体、方差分析、回归)的影响结果是否有差异，当然含“等号”的是原假设(双侧检验)。如果问题是检验总体参数“大于、小于”是否“显著”，则其相反的叙述为原假设。

例如：检验产品某一规格(如：重量，长度)的标准差大于10是否显著？原假设是：$H_0: \sigma^2 \leqslant 100$。

(4) 有些教科书是按照样本数据的结果，来建立原假设的型态。例如：样本数据是 $\bar{x} < \mu 0$，则原假设是$H_0: \mu \geqslant \mu_0$，因为如果原假设是$H_0: \mu \leqslant \mu_0$，则根本不必计算检验法则，直接就可以得到结论：接受$H_0$(见检验步骤)。这种说法是以考试的观点来建立原假设。我们建议还是以要控制的第一类错误 $\alpha$ 来建立原假设。

### 8.1.2 第一类错误例子

(1)质量管理，总体(整批零件)不良率($\pi$)小于等3%，才整批通过，检验$H_0: \pi \leqslant 3\%$。

- 第一类错误 $\alpha$：实际上是整批不良率小于等于3%，但是抽样检验后却不通过，称为生产者风险(producer’ s risk)。
- 第二类错误 $\beta$：实际上是整批不良率大于3%，但是抽样检验后却通过，称为消费者风险(consumer’ s risk)。

你觉得哪一个错误比较严重？如果 $\alpha$ 是消费者风险，则原假设是什么？

(2) 美国大学教授联谊会，抗议升正教授平均年数是15年，校方主管为了拒绝这种说法，抽样检验$H_0: \mu \geqslant 15$。

- 第一类错误 $\alpha$：实际平均年数大于15 年，却拒绝它。
- 第二类错误 $\beta$：实际平均年数小于15 年，却承认大于15年。

(3) 法院判决被告，如果以不冤枉无辜为优先原则，$H_0$：被告无罪，$H_1$：被告有罪。

- 第一类错误 $\alpha$：实际上被告无罪，但是却判定有罪，这是“冤狱”。
- 第二类错误 $\beta$：实际上被告有罪，但是却无罪释放，这是“纵放”。

## 8.2 计算第一类错误与第二类错误

假设检验平均数$\mu$，下列检验三种形态：$H_0^{\mathrm{I}}$，$H_0^{II}$，$H_0^{\mathrm{III}}$。

双侧检验：$\begin{cases} H_0^{\mathrm{I}}: \mu = \mu_0 \\ H_1^{\mathrm{I}}: \mu \neq \mu_0 \end{cases}$ 左侧检验：$\begin{cases} H_0^{\mathrm{II}}: \mu \geqslant \mu_0 \\ H_1^{\mathrm{II}}: \mu < \mu_0 \end{cases}$ 右侧检验：$\begin{cases} H_0^{\mathrm{III}}: \mu \leqslant \mu_0 \\ H_1^{\mathrm{III}}: \mu > \mu_0 \end{cases}$

**定义**：拒绝域法(或称临界值法)的决策法则是：接受$H_0$的区域，称作**接受域**(acceptance region)。接受域以外的区域称作**拒绝域**(rejection region)，是拒绝$H_0$如图8.1所示。

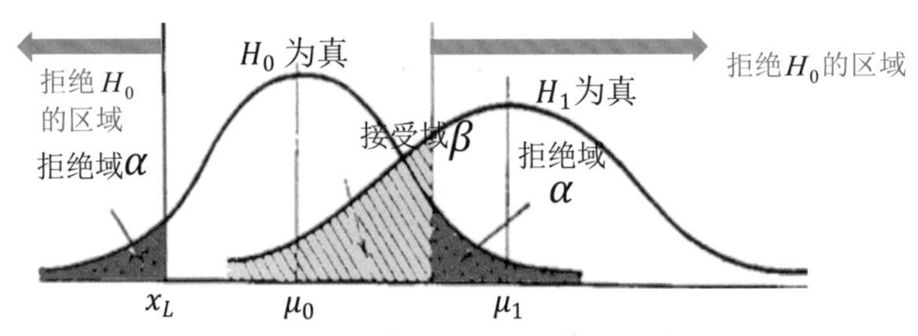

双侧检验的第一类错误与第二类错误

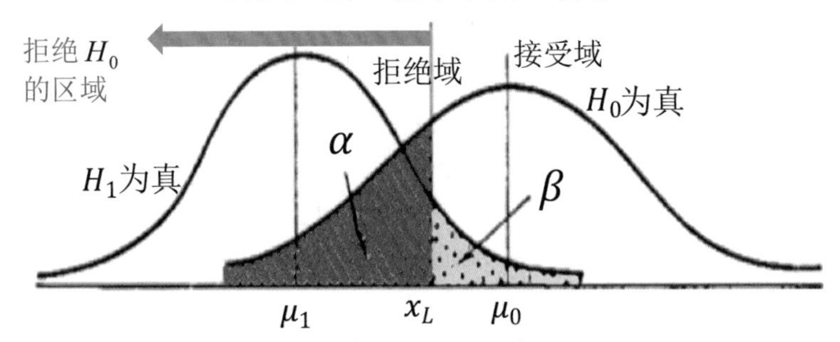

左侧检验的第一类错误与第二类错误

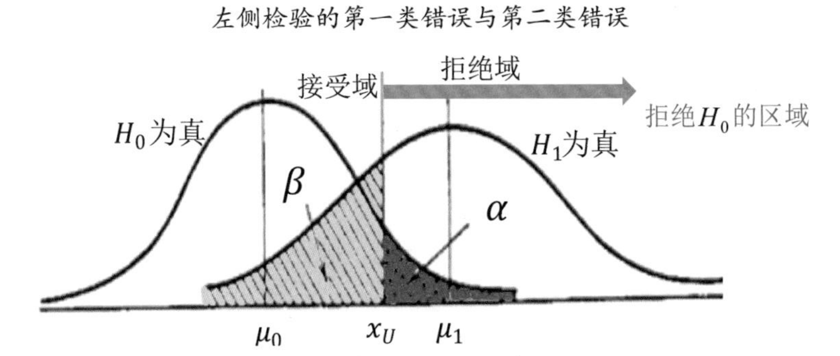

右侧检验的第一类错误与第二类错误

图8.1　三种检验形态的第一类错误与第二类错误

**定义**：

$H_0^{\mathrm{I}}$——拒绝$H_0$的区域$(-\infty, x_{\mathrm{L}}) \cup (x_{\mathrm{U}}, +\infty)$，在$\mu_0$的两侧，称为**双侧检验**(two-tailed test)。

$H_0^{\mathrm{II}}$——拒绝$H_0$的区域$(-\infty, x_{\mathrm{L}})$，在$\mu_0$的左侧，称为**左侧检验**(left-tailed test)。

$H_0^{\mathrm{III}}$——拒绝$H_0$的区域$(x_{\mathrm{U}}, +\infty)$，在$\mu_0$的右侧，称为**右侧检验**(right-tailed test)。

拒绝域有的又称为弃却域。上述之决策法则：$x_{\mathrm{L}}, x_{\mathrm{U}}$ 称为**临界值**(critical values)。

接受域一定包括，原假设中的区域。例如：双侧检验的接受域 $\{\mu_0\} \subseteq (x_{\mathrm{L}}, x_{\mathrm{U}})$，

$x_L, x_U$ 在 $\mu_0$ 两边；左侧检验的接受域 $(\mu_0,\infty)\subseteq(x_L,\infty)$，$x_L$ 在 $\mu_0$ 左边，$x_L\leqslant\mu_0$；右侧检验的接受域 $(-\infty,\mu_0)\subseteq(-\infty,x_U)$，$x_U$ 在 $\mu_0$ 右边，$\mu_0\leqslant x_U$。

## 8.2.1 计算第一类错误 $\alpha$的步骤

(1)已知决策法则$x_L$和/或$x_U$与要检验参数的统计量(例如：$\mu$的统计量是$\overline{X}$)。

(2)决定 $\overline{X}$ 的分布，假设总体分布是正态 $N\left(\mu_0,\sigma^2\right)$(这是原假设)，则：

$$\overline{X}\sim N\left(\mu_0,\frac{\sigma^2}{n}\right)$$

如果 $\sigma$ 已知，$\dfrac{\bar{X}-\mu_0}{\sigma/\sqrt{n}}\sim N(0,1)$；如果$\sigma$未知，则代入样本标准差$S$，$\dfrac{\bar{X}-\mu_0}{S/\sqrt{n}}\sim t_{n-1}$。

(3) $H_0^{\mathrm{I}}:\alpha=1-P\left(x_L\leqslant\bar{X}\leqslant x_U\right)$，$H_0^{\mathrm{II}}:\alpha=P\left(\bar{X}\leqslant x_L\right)$，$H_0^{\mathrm{III}}:\alpha=P\left(\bar{X}\geqslant x_U\right)$。

**例题8.1** 见下载资料。

## 8.2.2 计算第二类错误$\beta$的步骤

(1) 已知决策法则$x_L$和/或$x_U$。

(2) 已知$H_1$成立时，实际总体平均数$\mu$值：$\mu_1\neq\mu_0$。

(3) 决定$\overline{X}$的分布，备择假设为真，总体分布是正态 $N\left(\mu_1,\sigma^2\right)$，则 $\overline{X}\sim N\left(\mu_1,\sigma^2/n\right)$

如果$\sigma$已知，$\dfrac{\bar{X}-\mu_1}{\sigma/\sqrt{n}}\sim N(0,1)$；如果$\sigma$未知，则代入样本标准差$S$，$\dfrac{\bar{X}-\mu_1}{s/\sqrt{n}}\sim t_{n-1}$。

(4) $H_0^{\mathrm{I}}:\beta=P\left(x_L\leqslant\bar{X}\leqslant x_U\right)$，$H_0^{\mathrm{II}}:\beta=P\left(\bar{X}\geqslant x_L\right)$，$H_0^{\mathrm{III}}:\beta=P\left(\bar{X}\leqslant x_U\right)$。

结论：接受域加大，则第一类错误$\alpha$减小，第二类错误$\beta$增加。

**例题8.2 计算第二类错误。(见网络资源)**

从以上步骤可以看出，计算第一类错误与第二类错误的差别是：计算第二类错误时，总体参数的实际值要已知。但事实上这是不可能的，因为要检验的总体参数是未知的。但是，计算第二类错误$\beta$的目的是，要了解$\beta$在不同的参数值的变化，即检验力和OC曲线。

所以我们定出决策法则，可以控制第一类错误，但不能控制第二类错误。因此：

拒绝$H_0$是**强决策**(strong decision)；接受$H_0$是**弱决策**(weak decision)，因为没有足够的证据来拒绝它。拒绝$H_0$，尤其是双侧检验，通常称为“**显著**”。

**定义**：假设检验在各种不同参数值$\theta\in H_0$之下的第一类错误：

$$\alpha(\theta)=P\left(\text{拒绝 } H_0\,|\,\theta\in H_0\right),\qquad \alpha=\max_{\theta\in H_0}\alpha(\theta)$$

**定义**：假设检验在各种不同参数值$\theta\in H_1$之下的第二类错误：

$$\beta(\theta)=P\left(\text{接受 } H_0\,|\,\theta\in H_1\right)$$

**定义**：假设检验的**检验力函数**(power function)是，在各种不同参数值$\theta$之下，拒绝$H_0$

的概率，记作PF($\theta$)。**检验力**(power)= PF($\theta$)= $P$(拒绝$H_0$ |$\theta$)

$$\mathrm{PF}(\theta)=\gamma(\theta)=\begin{cases}\alpha(\theta) & \theta\in H_0\\ 1-\beta(\theta) & \theta\in H_1\end{cases}$$

因为 $\alpha$ 是固定的， $\alpha(\theta)<\alpha$ ， $\forall\theta\in H_0$，所以检验力函数主要是看$1-\beta(\theta)$，如图8.2所示。

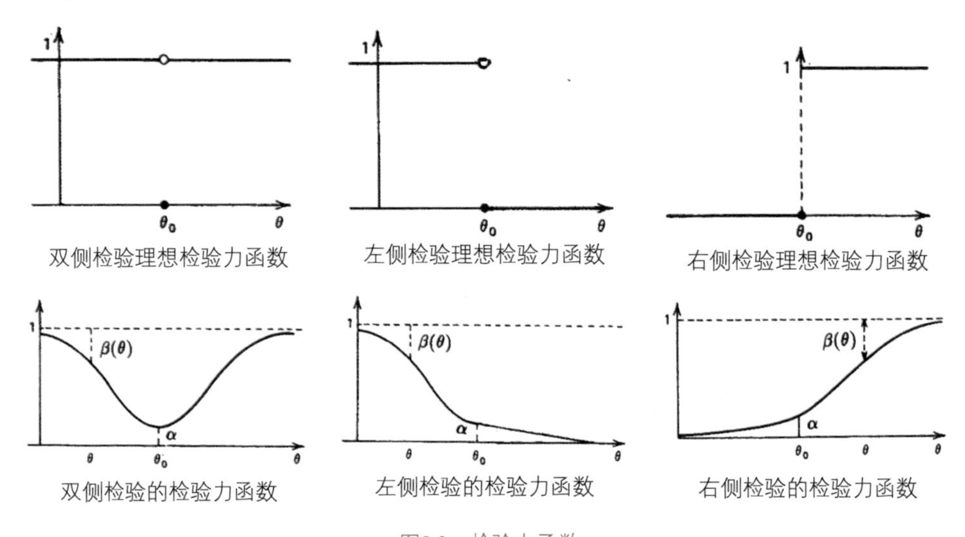


图8.2 检验力函数

检验力函数曲线越陡，则 $\alpha(\theta)$ 与 $\beta(\theta)$ 越小，检验力越好。

**定义**：假设检验的**作业特性曲线**(operating characteristic curve，简称OC曲线)是，在各种不同参数值$\theta$之下，接受$H_0$的概率，记作OC($\theta$)，如图8.3所示。 OC($\theta$)= $P$(接受$H_0$ |$\theta$)：

$$\mathrm{OC}(\theta)=\begin{cases}1-\alpha(\theta) & \theta\in H_0\\ \beta(\theta) & \theta\in H_1\end{cases}$$

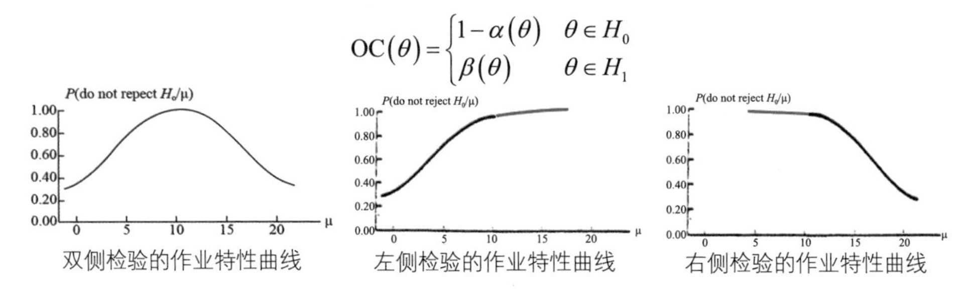


图8.3 作业特性曲线

**例题8.3** 见下载资料。

以下是关于第一类错误与第二类错误的几个重要观念：

- 根据决策法则与统计量(如 $\overline{X}$ )的分布，可以计算第一类错误 $\alpha$ 。
- 计算第二类错误 $\beta$，除了要已知决策法则与统计量的分布，还要知道总体的备择假设的实际参数值。
- 如果接受$H_0$的区域愈大，则 $\alpha$ 越小。

- 如果样本量不变，决策法则改变，使第一类错误$\alpha$越小，则第二类错误$\beta$越大；如果样本量不变，决策法则改变，使第二类错误$\beta$越小，则第一类错误$\alpha$越大。
- 要使第一类错误与第二类错误同时降低，唯一方法是：增加样本的数目。
- 若备择假设$H_1$为真，备择假设的参数值$\mu_1$(真实的$\mu$)愈接近$\mu_0$(假设的$\mu$)，则第二类错误$\beta$愈大。
- 样本量、第一类错误、接受域长度是可以控制的变量(请见 8.4节)，第二类错误无法控制。

# 8.3 假设检验的步骤与方法

假设检验的步骤如图8.4所示：

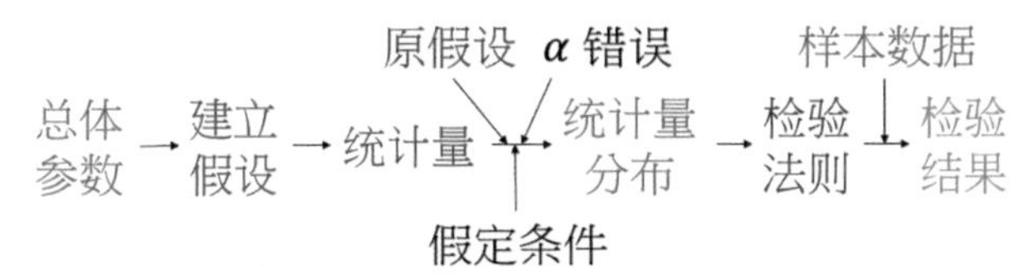


图8.4　假设检验的步骤

(1) 了解问题，选出要检验的总体未知参数(例如：$\mu$)。

(2) 建立原假设与备择假设。

(3) 决定第一类错误(显著性水平)$\alpha$，选择样本量$n$。

(4) 选择统计量(例如：$\overline{X}$)。

(5) 利用原假设成立，导出统计量的分布。

(6) 进行抽样，抽样数据代入统计量，得到抽样统计值(例如：$\bar{x}$)。

(7) 如果抽样统计值符合原假设，则接受原假设，因为接受域一定包括原假设。

例如：检验$H_0:\mu\geqslant 100$，而$\bar{x}=105>100$，则接受原假设。

例如：检验$H_0:\pi\leqslant 0.2$，而$p=0.18<0.2$，则接受原假设。

例如：检验$H_0:\mu_1\leqslant\mu_2$，而$\bar{x}_1<\bar{x}_2$，则接受原假设。

(8) 检验方法：

- **拒绝域法**(classical method)或**临界值法**(critical value)：计算决策法则即临界值，决定拒绝域及接受域，如果抽样统计值在拒绝域，则拒绝$H_0$。
- **检验值法**(test statistic method)：计算检验值，如果检验值在拒绝域，则拒绝$H_0$。
- ***p*值法**(*p*-valued method)：计算$p$值，如果$p$值小于$\alpha$，则拒绝$H_0$。
- **置信区间法**(confidence interval method)：计算总体参数的$1-\alpha$置信区间，如果假定值($\mu_0$)不在置信区间，则拒绝$H_0$。

(9) 得到检验结果：接受$H_0$或拒绝$H_0$。

以上四种方法，检验结果都相同，拒绝域法与置信区间法的决策法则，都是一个实数区间，只是拒绝域法是以检验假设值(如：$\mu_0$)为中心；置信区间法是以抽样统计值(如：$\bar{x}$)为中心，四种方法的比较如表8.2所示。

**表8.2　总体平均数检验方法的比较**

| 检验方法 | 计算和判定 | 优缺点 |
|---|---|---|
| **拒绝域法（临界值法）** | 用$\mu_0$，$x$，$\sigma$，$n$<br>计算临界值$x_L$，$x_U$<br>→$\bar{x}$和临界值比较 | 可以检验不同的样本组　$\bar{x}$<br>第一类和第二类错误的概念<br>判定法则有双侧、左右侧检验 |
| **检验值法** | 用$\mu_0$，$\bar{x}$，$\sigma$，$n$<br>计算$z^*$，$t^*$值<br>→$z^*$，$t^*$值和$z_{\alpha/2}$，$t_{\alpha/2}$比较 | 标准化计算<br>判定法则有双侧、左右侧检验<br>判定法则较简单 |
| ***p*值法** | 用$z^*$值<br>计算$p$值<br>→$p$值和$\alpha$比较 | 可以检验不同的$\alpha$<br>了解第一类错误的程度<br>判定法则最简单(不分单双尾)<br>概率查表困难(最好用计算机) |
| **置信区间法** | 用$\bar{x}$，$\alpha$，$\sigma$，$n$<br>计算置信区间<br>→$\mu_0$和置信区间比较 | 同时有估计和检验<br>可以检验不同$\mu_0$<br>检验比例值$p$可能矛盾<br>卡方、无母数检验不适用 |

$p$值$=P\{$拒绝$H_0 \mid H_0$为真，且以抽样统计值为决策法则临界值$\}$。

$p$值是在原假设$H_0$为真的情况之下，以抽样统计值为决策法则的第一类错误。

**$p$值是这个样本数据，因为抽样误差，造成拒绝$H_0$的错误判断的概率。**

显著性水平$\alpha$是第一类错误的上限。所以$p$值小于显著性水平$\alpha$，表示以抽样统计值来拒绝原假设$H_0$的误差很小，于是我们可以拒绝$H_0$。如果$p$值大于显著性水平$\alpha$，表示以抽样统计值来拒绝原假设$H_0$的误差较大，于是我们不能拒绝$H_0$。$p$值越低，越可以拒绝$H_0$。

如图8.5所示，当$p$值$<0.01$，称为非常显著；当$0.01<p$值$<0.05$，称为强显著；当$0.05<p$值$<0.1$，称为弱显著；当$p$值$>0.1$，称为不显著。

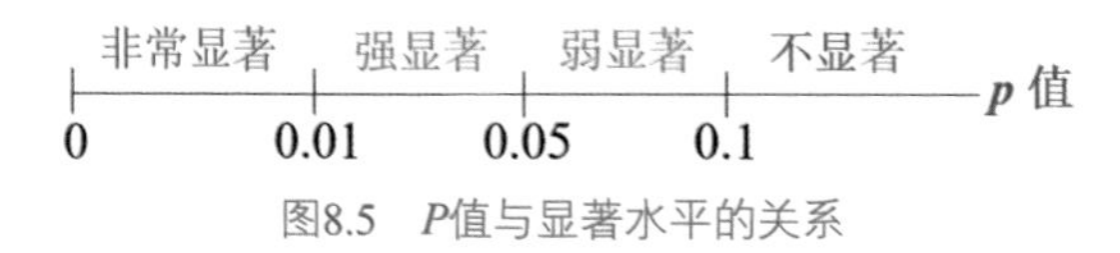


图8.5　$P$值与显著水平的关系

拒绝域法的缺点是：不同的$\alpha$会导致不同的决策，例如：$\alpha=5\%$，接受$H_0$；$\alpha=10\%$，拒绝$H_0$。这样会使人无所适从。如果用$p$值，则可以告诉你：$p$值是接近5%(如：5.5%)或是接近10%(如：9.7%)，那么就比较容易做决策。换言之，如果显著性水平$\alpha$改变，则拒绝域法要重新计算决策法则临界值。如果$\alpha=0.1$，拒绝域法不知道检验结果是：非常显著、强显著或弱显著。

检验值是统计量($\bar{x}$)和参数($\mu$)之差，有几个标准误差。

# 8.4 假设检验的样本量

要计算假设检验的样本量，必须先知道：第一类错误 $\alpha$，第二类错误 $\beta$，总体标准差，以及总体的备择假设实际参数值。

## 8.4.1 总体均值检验的样本量

以右侧检验为例：$\begin{cases} H_0^{\text{III}} \mu \leqslant \mu_0 \\ H_1^{\text{III}} \mu > \mu_0 \end{cases}$。

假设总体是正态分布，标准差 $\sigma$ 已知，第一类错误 $\alpha$，第二类错误 $\beta$，总体的备择假设实际参数值 $\mu_1$。

临界值 $x_{\text{U}} = \mu_0 + z_\alpha \dfrac{\sigma}{\sqrt{n}} = \mu_1 - z_\beta \dfrac{\sigma}{\sqrt{n}}$，　$n = \dfrac{(z_\alpha + z_\beta)^2 \sigma^2}{(\mu_0 - \mu_1)^2}$。

双侧检验的样本量：$n = \dfrac{\left(z_{\alpha/2} + z_\beta\right)^2 \sigma^2}{(\mu_0 - \mu_1)^2}$。

左侧与右侧检验的样本量：$n = \dfrac{(z_\alpha + z_\beta)^2 \sigma^2}{(\mu_0 - \mu_1)^2}$。

所以 $z_\beta = \sqrt{\dfrac{n(\mu_0 - \mu_1)^2}{\sigma^2}} - z_\alpha$。

双侧检验接受域的长度 $L = 2\ z_\alpha \dfrac{\sigma}{\sqrt{n}}$。

$\alpha \downarrow \ \Leftrightarrow \ z_\alpha \uparrow$ ，$\alpha \uparrow \ \Leftrightarrow \ z_\alpha \downarrow$ ，$\beta \downarrow \ \Leftrightarrow \ z_\beta \uparrow$

从上述式子可以导出图8.6和图8.7(“＋”表示两者有正相关，同时增加或同时减少。“－”表示两者有负相关，一个增加则另一个减少。)。

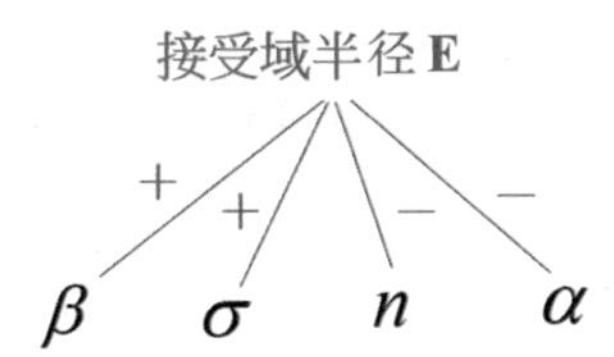


图8.6　均值检验的接受域半径与第一类错误、第二类错误、总体标准差、样本量的关系

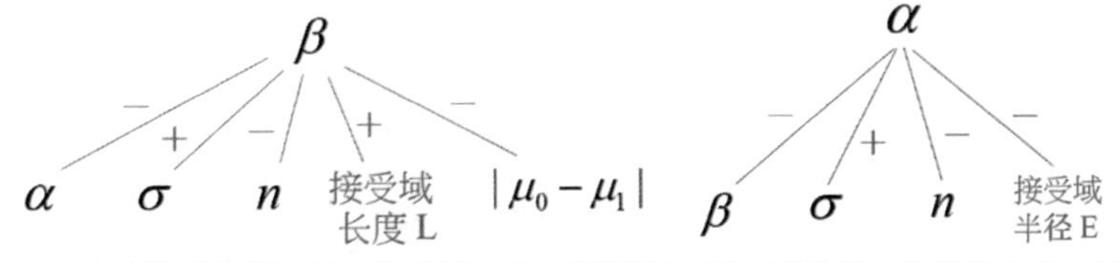


图8.7　均值检验的样本量、接受域、第一类错误、第二类错误、总体标准差之关系

### 8.4.2　总体比例检验的样本量

总体比例检验：$\begin{cases} H_0^{\mathrm{I}}: p = p_0 \\ H_1^{\mathrm{I}}: p \neq p_0 \end{cases}$。

假设第一类错误 $\alpha$，第二类错误 $\beta$，总体的备择假设实际比例 $p_1$。

双侧检验的样本量：$n = \dfrac{\left(z_{\alpha/2}\sqrt{p_0(1-p_0)} + z_\beta\sqrt{p_1(1-p_1)}\right)^2}{(p_0 - p_1)^2}$。

左侧检验与右侧检验的样本量：$n = \dfrac{(z_\alpha\sqrt{p_0(1-p_0)} + z_\beta\sqrt{p_1(1-p_1)})^2}{(p_0 - p_1)^2}$。

## 8.5 总体平均数检验(方差已知)

**假定条件：**

- 总体随机变量$X$为正态分布。$H_0$为真，$X \sim N\left(\mu_0, \sigma^2\right)$(若总体不是正态，则样本量$n > 30$)。
- 总体的标准差 $\sigma$ 已知，$\overline{X} \sim N\left(\mu_0, \dfrac{\sigma^2}{n}\right)$。
- $n$ 为样本的数目，$\bar{x}$ 为样本平均数。

总体平均数检验如表8.3所示。

表8.3　总体平均数检验

| 决策法则 | 双侧检验 $\begin{cases} H_0: \mu = \mu_0 \\ H_1: \mu \neq \mu_0 \end{cases}$ | 左侧检验 $\begin{cases} H_0: \mu \geqslant \mu_0 \\ H_1: \mu < \mu_0 \end{cases}$ | 右侧检验 $\begin{cases} H_0: \mu \leqslant \mu_0 \\ H_1: \mu > \mu_0 \end{cases}$ |
| --- | --- | --- | --- |
| 拒绝域法 | $x_{\mathrm{L}} = \mu_0 - z_{\alpha/2}\dfrac{\sigma}{\sqrt{n}}$<br>$x_{\mathrm{U}} = \mu_0 + z_{\alpha/2}\dfrac{\sigma}{\sqrt{n}}$<br>若 $\bar{x} \leqslant x_{\mathrm{L}}$ 或 $\bar{x} \geqslant x_{\mathrm{U}}$，则拒绝 $H_0$ | $x_{\mathrm{L}} = \mu_0 - z_\alpha\dfrac{\sigma}{\sqrt{n}}$<br>若 $\bar{x} \leqslant x_{\mathrm{L}}$，则拒绝 $H_0$ | $x_{\mathrm{U}} = \mu_0 + z_\alpha\dfrac{\sigma}{\sqrt{n}}$<br>若 $\bar{x} \geqslant x_{\mathrm{U}}$，则拒绝 $H_0$ |
| 检验值法 | $z^* = \dfrac{\bar{x} - \mu_0}{\sigma/\sqrt{n}}$<br>若 $\left\lvert z^*\right\rvert \geqslant z_{\alpha/2}$，则拒绝 $H_0$ | $z^* = \dfrac{\bar{x} - \mu_0}{\sigma/\sqrt{n}}$<br>若 $z^* \leqslant -z_\alpha$，则拒绝 $H_0$ | $z^* = \dfrac{\bar{x} - \mu_0}{\sigma/\sqrt{n}}$<br>若 $z^* \geqslant z_\alpha$，则拒绝 $H_0$ |
| $p$值法 | $p$值$=2P\left(Z \geqslant \left\lvert z^*\right\rvert\right)$<br>若$p$值$< \alpha$，则拒绝 $H_0$ | $p$值$=P\left(Z \leqslant z^*\right)$<br>若$p$值$< \alpha$，则拒绝 $H_0$ | $p$值$=P\left(Z \geqslant z^*\right)$<br>若$p$值$< \alpha$，则拒绝 $H_0$ |

续表

| 决策法则 | 双侧检验 $\begin{cases}H_0:\mu=\mu_0\\H_1:\mu\neq\mu_0\end{cases}$ | 左侧检验 $\begin{cases}H_0:\mu\geqslant\mu_0\\H_1:\mu<\mu_0\end{cases}$ | 右侧检验 $\begin{cases}H_0:\mu\leqslant\mu_0\\H_1:\mu>\mu_0\end{cases}$ |
|---|---|---|---|
| 置信区间法 | $\bar{x}_L=\bar{x}-z_{\alpha/2}\frac{\sigma}{\sqrt{n}}$<br>$\bar{x}_U=\bar{x}+z_{\alpha/2}\frac{\sigma}{\sqrt{n}}$<br>若 $\mu_0\leqslant\bar{x}_L$ 或 $\mu_0\geqslant\bar{x}_U$，则拒绝 $H_0$ | $\bar{x}_U=\bar{x}+z_{\alpha}\frac{\sigma}{\sqrt{n}}$<br>若 $\mu_0\geqslant\bar{x}_U$，则拒绝 $H_0$ | $\bar{x}_L=\bar{x}-z_{\alpha}\frac{\sigma}{\sqrt{n}}$<br>若 $\mu_0\leqslant\bar{x}_L$，则拒绝 $H_0$ |

**例题8.4和例题8.5** 见下载资料。

# 8.6 总体平均数检验(方差未知)

**假定条件：**

- 总体为正态分布。$H_0$ 为真，$X\sim N\left(\mu_0,\sigma^2\right)$(总体不是正态，样本量$n>30$)。
- 总体的标准差 $\sigma$ 未知，$\frac{\overline{X}-\mu_0}{S/\sqrt{n}}\sim t(n-1)$。
- $n$为样本的数目，$\bar{x}$为样本平均数，$s$为样本标准差。

总体平均数检验，在方差未知的情况下的方法如表8.4所示。

**表8.4 总体平均数检验，方差未知**

| 决策法则 | 双侧检验 $\begin{cases}H_0:\mu=\mu_0\\H_1:\mu\neq\mu_0\end{cases}$ | 左侧检验 $\begin{cases}H_0:\mu\geqslant\mu_0\\H_1:\mu<\mu_0\end{cases}$ | 右侧检验 $\begin{cases}H_0:\mu\leqslant\mu_0\\H_1:\mu>\mu_0\end{cases}$ |
|---|---|---|---|
| 拒绝域法 | $x_L=\mu_0-t_{\alpha/2}(n-1)\frac{s}{\sqrt{n}}$<br>$x_U=\mu_0+t_{\alpha/2}(n-1)\frac{s}{\sqrt{n}}$<br>若 $\bar{x}\leqslant x_L$ 或 $\bar{x}\geqslant x_U$，则拒绝$H_0$ | $x_L=\mu_0-t_{\alpha}(n-1)\frac{s}{\sqrt{n}}$<br>若 $\bar{x}\leqslant x_L$，则拒绝$H_0$ | $x_U=\mu_0+t_{\alpha}(n-1)\frac{s}{\sqrt{n}}$<br>若 $\bar{x}\geqslant x_U$，则拒绝$H_0$ |
| 检验值法 | $t^*=\frac{\bar{x}-\mu_0}{s/\sqrt{n}}$<br>若$\left\|t^*\right\|\geqslant t_{\alpha/2}(n-1)$，则拒绝$H_0$ | $t^*=\frac{\bar{x}-\mu_0}{s/\sqrt{n}}$<br>若 $t^*\leqslant -t_{\alpha}(n-1)$，则拒绝$H_0$ | $t^*=\frac{\bar{x}-\mu_0}{s/\sqrt{n}}$<br>若 $t^*\geqslant t_{\alpha}(n-1)$，则拒绝$H_0$ |
| $p$值法 | $p$值$=2P\left(t(n-1)\geqslant\left\|t^*\right\|\right)$<br>若$p$值$<\alpha$，则拒绝$H_0$ | $p$值$=P\left(t(n-1)\leqslant t^*\right)$<br>若$p$值$<\alpha$，则拒绝$H_0$ | $p$值$=P\left(t(n-1)\geqslant t^*\right)$<br>若$p$值$<\alpha$，则拒绝$H_0$ |

续表

| 决策法则 | 双侧检验 $\begin{cases}H_0:\mu=\mu_0\\H_1:\mu\neq\mu_0\end{cases}$ | 左侧检验 $\begin{cases}H_0:\mu\geqslant\mu_0\\H_1:\mu<\mu_0\end{cases}$ | 右侧检验 $\begin{cases}H_0:\mu\leqslant\mu_0\\H_1:\mu>\mu_0\end{cases}$ |
|---|---|---|---|
| 置信区间法 | $\bar{x}_L=\bar{x}-t_{\alpha/2}(n-1)\frac{s}{\sqrt{n}}$ <br> $\bar{x}_U=\bar{x}+t_{\alpha/2}(n-1)\frac{s}{\sqrt{n}}$ <br> 若 $\mu_0\leqslant\bar{x}_L$ 或 $\mu_0\geqslant\bar{x}_U$，则拒绝$H_0$ | $\bar{x}_U=\bar{x}+t_{\alpha}(n-1)\frac{s}{\sqrt{n}}$ <br> 若 $\mu_0\geqslant\bar{x}_U$，则拒绝$H_0$ | $\bar{x}_L=\bar{x}-t_{\alpha}(n-1)\frac{s}{\sqrt{n}}$ <br> 若 $\mu_0\leqslant\bar{x}_L$，则拒绝$H_0$ |

例题8.6　见下载资料。

# 8.7 总体比例检验

假定条件：

- 总体$X$为伯努利分布$X\sim Bern(\pi_0)$，$\pi$是成功率，$\pi_0$是原假设的成功率。
- $n$是抽样的数目，$T$是抽样的成功次数，$p=T/n$是样本的成功率。
- 大样本，$n\pi_0>5$且$n(1-\pi_0)>5$。
- 统计量为$p=\frac{T}{n}$，若$n$相当大，则$p$近似正态分布：$p\sim N\left(\pi_0,\frac{\pi_0(1-\pi_0)}{n}\right)$
- $t$是实际抽样的成功次数，$p=t/n$是实际抽样的成功率(统计值)。

检验法如表8.5所示，其中，因为拒绝域法利用$\pi_0$，计算上下限；置信区间法利用$p$，计算上下限，两者半径不同，有可能造成不一致的结果。例如拒绝域法结论是接受$H_0$，置信区间法结论是拒绝$H_0$。因为$p$落在接受域，但是$\pi_0$不在置信区间。

表8.5　总体比例检验

| 决策法则 | 双侧检验 $\begin{cases}H_0:\pi=\pi_0\\H_1:\pi\neq\pi_0\end{cases}$ | 左侧检验 $\begin{cases}H_0:\pi\geqslant\pi_0\\H_1:\pi<\pi_0\end{cases}$ | 右侧检验 $\begin{cases}H_0:\pi\leqslant\pi_0\\H_1:\pi>\pi_0\end{cases}$ |
|---|---|---|---|
| 拒绝域法 | $p_L=\pi_0-z_{\alpha/2}\sqrt{\frac{\pi_0(1-\pi_0)}{n}}$ <br> $p_U=\pi_0+z_{\alpha/2}\sqrt{\frac{\pi_0(1-\pi_0)}{n}}$ <br> 若$p\leqslant p_L$或$p\geqslant p_U$ 则拒绝$H_0$ | $p_L=\pi_0-z_{\alpha}\sqrt{\frac{\pi_0(1-\pi_0)}{n}}$ <br> 若$p\leqslant p_L$，则拒绝$H_0$ | $p_U=\pi_0+z_{\alpha}\sqrt{\frac{\pi_0(1-\pi_0)}{n}}$ <br> 若$p\geqslant p_U$，则拒绝$H_0$ |

续表

| 决策法则 | 双侧检验 $\begin{cases}H_0:\pi=\pi_0\\H_1:\pi\neq\pi_0\end{cases}$ | 左侧检验 $\begin{cases}H_0:\pi\geqslant\pi_0\\H_1:\pi<\pi_0\end{cases}$ | 右侧检验 $\begin{cases}H_0:\pi\leqslant\pi_0\\H_1:\pi>\pi_0\end{cases}$ |
|---|---|---|---|
| 检验值法 | $z^*=\dfrac{p-\pi_0}{\sqrt{\pi_0(1-\pi_0)/n}}$<br>若$\lvert z^*\rvert\geqslant z_{\alpha/2}$，则拒绝$H_0$ | $z^*=\dfrac{p-\pi_0}{\sqrt{\pi_0(1-\pi_0)/n}}$<br>若$z^*\leqslant -z_\alpha$，则拒绝$H_0$ | $z^*=\dfrac{p-\pi_0}{\sqrt{\pi_0(1-\pi_0)/n}}$<br>若$z^*\geqslant z_\alpha$，则拒绝$H_0$ |
| $p$值法 | $p$值$=2P(Z\geqslant\lvert z^*\rvert)$<br>若$p$值$<\alpha$，则拒绝$H_0$ | $p$值$=P(Z\leqslant z^*)$<br>若$p$值$<\alpha$，则拒绝$H_0$ | $p$值$=P(Z\geqslant z^*)$<br>若$p$值$<\alpha$，则拒绝$H_0$ |
| 置信区间法 | $\bar{p}_L=p-z_{\alpha/2}\sqrt{\dfrac{p(1-p)}{n}}$<br>$\bar{p}_U=p+z_{\alpha/2}\sqrt{\dfrac{p(1-p)}{n}}$<br>若 $\pi_0\leqslant\bar{p}_L$ 或 $\pi_0\geqslant\bar{p}_U$，则拒绝$H_0$ | $\bar{p}_U=p+z_\alpha\sqrt{\dfrac{p(1-p)}{n}}$<br>若 $\pi_0\geqslant\bar{p}_U$，则拒绝$H_0$ | $\bar{p}_L=p-z_\alpha\sqrt{\dfrac{p(1-p)}{n}}$<br>若 $\pi_0\leqslant\bar{p}_L$，则拒绝$H_0$ |

请注意：$P$ 和 $P$ 值不要搞混，$P$ 是样本比例，$p$ 值是检验的概率。

例题8.7　见下载资料。

# 8.8 总体方差检验

**假定条件：**

- 总体为正态分布。
- 总体的标准差未知。
- $n$为样本的数目，$s$为样本标准差。

总体方差检验的方法如表8.6所示。

表8.6　总体方差检验

| 决策法则 | 双侧检验 $\begin{cases}H_0:\sigma^2=\sigma_0^2\\H_1:\sigma^2\neq\sigma_0^2\end{cases}$ | 左侧检验 $\begin{cases}H_0:\sigma^2\geqslant\sigma_0^2\\H_1:\sigma^2<\sigma_0^2\end{cases}$ | 右侧检验 $\begin{cases}H_0:\sigma^2\leqslant\sigma_0^2\\H_1:\sigma^2>\sigma_0^2\end{cases}$ |
|---|---|---|---|
| 拒法 | $s_L^2=\dfrac{\sigma_0^2\chi^2_{1-\frac{\alpha}{2},n-1}}{n-1}$，$s_U^2=\dfrac{\sigma_0^2\chi^2_{\frac{\alpha}{2},n-1}}{n-1}$<br>若$s^2\leqslant s_L^2$或$s^2\geqslant s_U^2$，则拒绝$H_0$ | $s_L^2=\dfrac{\sigma_0^2\chi^2_{1-\alpha,n-1}}{n-1}$<br>若$s^2\leqslant s_L^2$，则拒绝$H_0$ | $s_U^2=\dfrac{\sigma_0^2\chi^2_{\alpha,n-1}}{n-1}$<br>若$s^2\geqslant s_U^2$，则拒绝$H_0$ |

续表

| 决策法则 | 双侧检验 $\begin{cases}H_0:\sigma^2=\sigma_0^2\\H_1:\sigma^2\neq\sigma_0^2\end{cases}$ | 左侧检验 $\begin{cases}H_0:\sigma^2\geqslant\sigma_0^2\\H_1:\sigma^2<\sigma_0^2\end{cases}$ | 右侧检验 $\begin{cases}H_0:\sigma^2\leqslant\sigma_0^2\\H_1:\sigma^2>\sigma_0^2\end{cases}$ |
| --- | --- | --- | --- |
| 检验值法 | $\chi_*^2=\dfrac{(n-1)s^2}{\sigma_0^2}$<br>若 $\chi_*^2\leqslant\chi_{1-\alpha/2}(n-1)$，<br>或 $\chi_*^2\geqslant\chi_{\alpha/2}(n-1)$，<br>则拒绝$H_0$ | $\chi_*^2=\dfrac{(n-1)s^2}{\sigma_0^2}$<br>若 $\chi_*^2\leqslant\chi_{1-\alpha,n-1}$，<br>则拒绝$H_0$ | $\chi_*^2=\dfrac{(n-1)s^2}{\sigma_0^2}$<br>若 $\chi_*^2\geqslant\chi_{\alpha,n-1}$，<br>则拒绝$H_0$ |
| $p$值法 | $p$值 =<br>$2\min\left\{P\left(\chi_{n-1}^2\leqslant\chi_*^2\right),P\left(\chi_{n-1}^2\geqslant\chi_*^2\right)\right\}$<br>若$p$值$<\alpha$，则拒绝$H_0$ | $p$值= $P\left(\chi_{n-1}^2\leqslant\chi_*^2\right)$<br>若$p$值$<\alpha$，则拒绝$H_0$ | $p$值= $P\left(\chi_{n-1}^2\geqslant\chi_*^2\right)$<br>若$p$值$<\alpha$，则拒绝$H_0$ |
| 置信区间法 | $\bar{s}_{\mathrm{L}}^2=\dfrac{s^2(n-1)}{\chi_{\frac{\alpha}{2},n-1}^2}$，$\bar{s}_{\mathrm{U}}^2=\dfrac{s^2(n-1)}{\chi_{1-\frac{\alpha}{2},n-1}^2}$<br>若 $\sigma_0^2\leqslant\bar{s}_{\mathrm{L}}^2$ 或 $\sigma_0^2\geqslant\bar{s}_{\mathrm{U}}^2$，则拒绝$H_0$ | $\bar{s}_{\mathrm{U}}^2=\dfrac{s^2(n-1)}{\chi_{1-\alpha,n-1}^2}$<br>若 $\sigma_0^2\geqslant\bar{s}_{\mathrm{U}}^2$，则拒绝$H_0$ | $\bar{s}_{\mathrm{L}}^2=\dfrac{s^2(n-1)}{\chi_{\alpha,n-1}^2}$<br>若 $\sigma_0^2\leqslant\bar{s}_{\mathrm{L}}^2$，则拒绝$H_0$ |

例题8.8　见下载资料。

# 8.9 《中文统计》应用

## 8.9.1　$t$ 检验总体均值检验(例题8.5)

例题8.5的《中文统计》应用实现如图8.8所示。

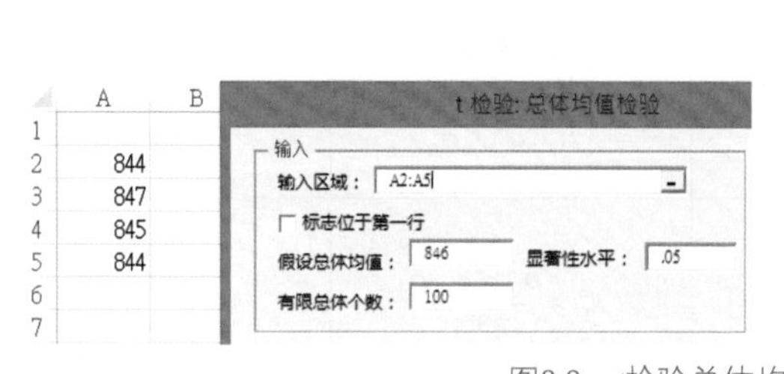


|  | A | B | C | D | E | F | G |
| --- | --- | --- | --- | --- | --- | --- | --- |
| 1 | t 检验：总体均值检验 |  |  |  |  |  |  |
| 2 |  |  |  |  |  |  |  |
| 3 |  |  | 样本 1 |  |  |  |  |
| 4 | 显著性水平 |  | 0.05 |  |  |  |  |
| 5 | 假设总体均值 |  | 846 |  |  |  |  |
| 6 | 样本量 |  | 4 |  |  |  |  |
| 7 | 样本均值 |  | 845 |  |  |  |  |
| 8 | 样本标准差 |  | 1.414214 |  | 有限总体的数目 |  | 100 |
| 9 | t 检验值 |  | -1.41421 |  | z 检验值 |  | -1.43614 |
| 10 |  |  |  |  |  |  |  |
| 11 | 单侧检验 |  |  |  | 单侧检验 |  |  |
| 12 | p 值 |  | 0.126108 |  | p 值 |  | 0.123242 |
| 13 | t 临界值 |  | -2.35336 |  | t 临界值 |  | -2.35336 |
| 14 |  |  |  |  |  |  |  |
| 15 | 双侧检验 |  |  |  | 双侧检验 |  |  |
| 16 | p 值 |  | 0.252215 |  | p 值 |  | 0.246484 |
| 17 | t 临界值 |  | ± 3.182446 |  | t 临界值 |  | ± 3.182446 |

图8.8　$t$检验总体均值检验

## 8.9.2 计算第二类误差，检验力，OC曲线：均值检验

如图8.9所示。

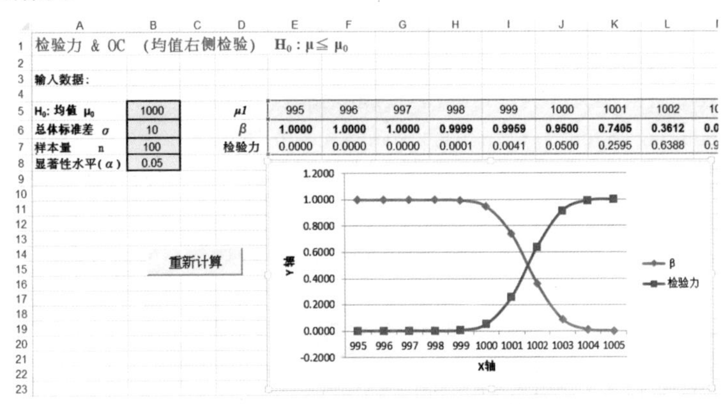


图8.9　检验力、OC曲线(均值右侧检验)

## 8.9.3 《中文统计》统计检验的功能地图

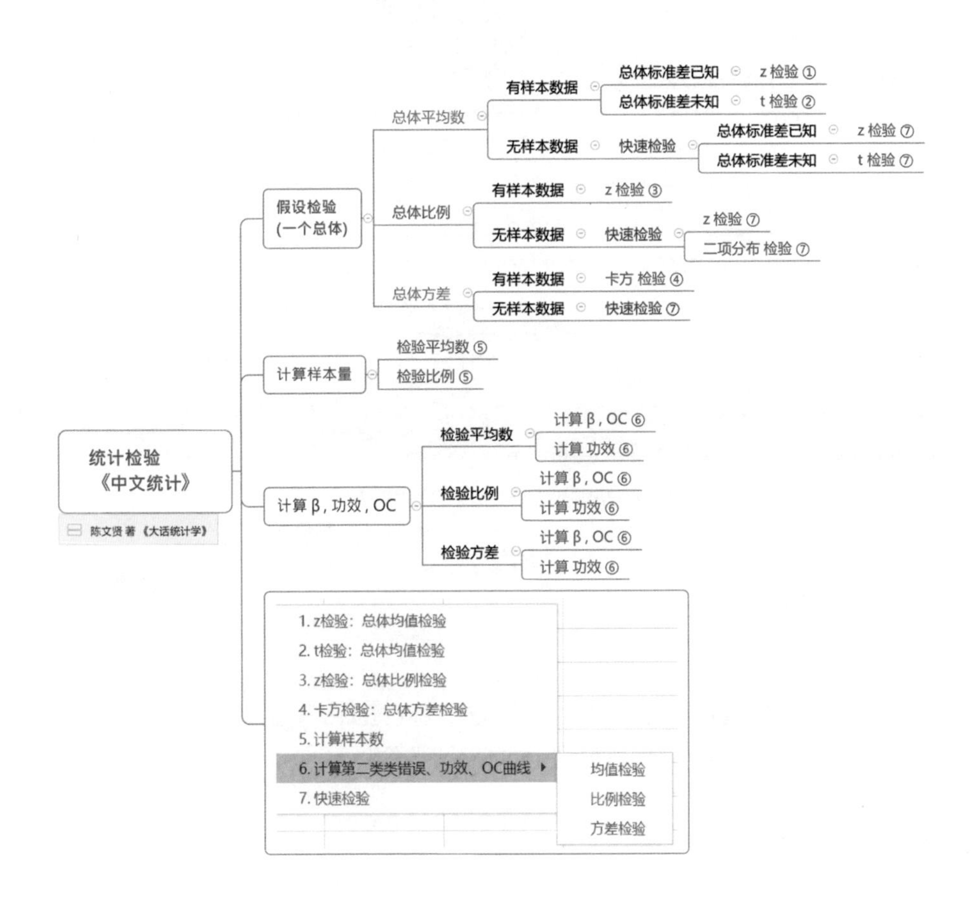

# 8.10 R 语言应用

```
> # Chap8 R 语言
> if(!require(BSDA))install.packages("BSDA"); library(BSDA)
> if(!require(devtools)){install.packages("devtools")}; library(devtools)
> if(!require(ggpubr)){install.packages("ggpubr")} ; library(ggpubr)
> if(!require(EnvStats))install.packages("EnvStats"); library(EnvStats)
> x1 <- c(155,143,146,147,142,145,145,152,144,147,155,148,149,147,149,
146,144,152,155,147,153,152,145,144,145,154,148,148,155,148,146,145,142,148,
146,151) # 例题8.4
> z.test(x1,mu=150,sigma.x=3.88)# z 检验 x1 均值 = 150
One-sample z-Test
data: x1
z = -3.0928,p-value = 0.001983
> varTest(x1,sigma.squared = 15)# 卡方检验 x1 方差 = 15
Chi-Squared Test on Variance
data: x1
Chi-Squared = 35.067,df = 35,p-value = 0.9301
> x2 <- c(844,847,845,844)       # 例题8.5
> t.test(x2,mu = 846)            # t 检验 x2 均值 = 846
One Sample t-test
data: x2
t = -1.4142,df = 3,p-value = 0.2522
> x3 <- c(7.8,6.6,6.5,7.4,7.3,7.,6.4,7.1,6.7,7.6,6.8)
> shapiro.test(x3)               # 检验 x3 是正态分布
Shapiro-Wilk normality test
data: x3
W = 0.95681,p-value = 0.7314
> ggqqplot(x3,ylab="x",ggtheme=theme_minimal(),col="blue") # QQ plot
> res <- t.test(x3,mu=7,alternative="greater")
                                 # 右侧 t 检验 x2 均值 = 7
> res ; res$conf.int ; res$estimate ; res$p.value
One Sample t-test
data: x3
t = 0.12986,df = 10,p-value = .4496
> varTest(x3,alternative = "two.sided",conf.level = 0.95,
sigma.squared = 0.2,data.name = NULL)# 卡方检验 x3 方差 = 0.2
> # 例题8.6 Chap8_6
```

```
> binom.test(x=79,n=400,p = 0.25,alternative = "greater")
                                        # 二项检验比例
Exact binomial test
data: 79 and 400
number of successes = 79,number of trials = 400,p-value = 0.9944
> prop.test(x=79,n=400,p = 0.25,alternative="two.sided",correct=T)
1-sample proportions test with continuity correction
data: 79 out of 400,null probability 0.25
X-squared = 5.6033,df = 1,p-value = 0.01793
> res <- prop.test(x=79,n=400,p=0.25,correct=F,alternative="less")
> res ; res$conf.int              # Z检验比例 与 比例值置信区间
1-sample proportions test without continuity correction
data: 79 out of 400,null probability 0.25
X-squared = 5.88,df = 1,p-value = 0.007657
```

代码输出图形如图8.10所示。

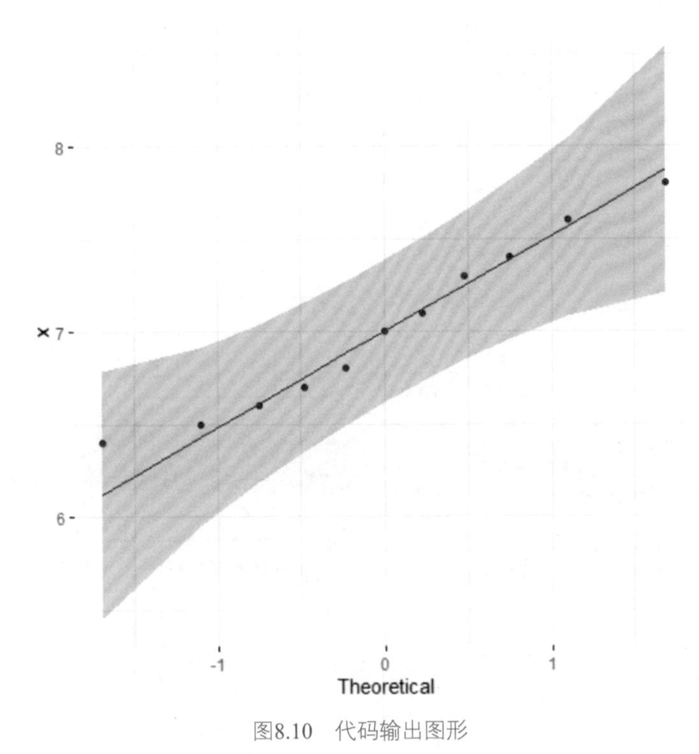


图8.10　代码输出图形

# 8.11 本章流程图

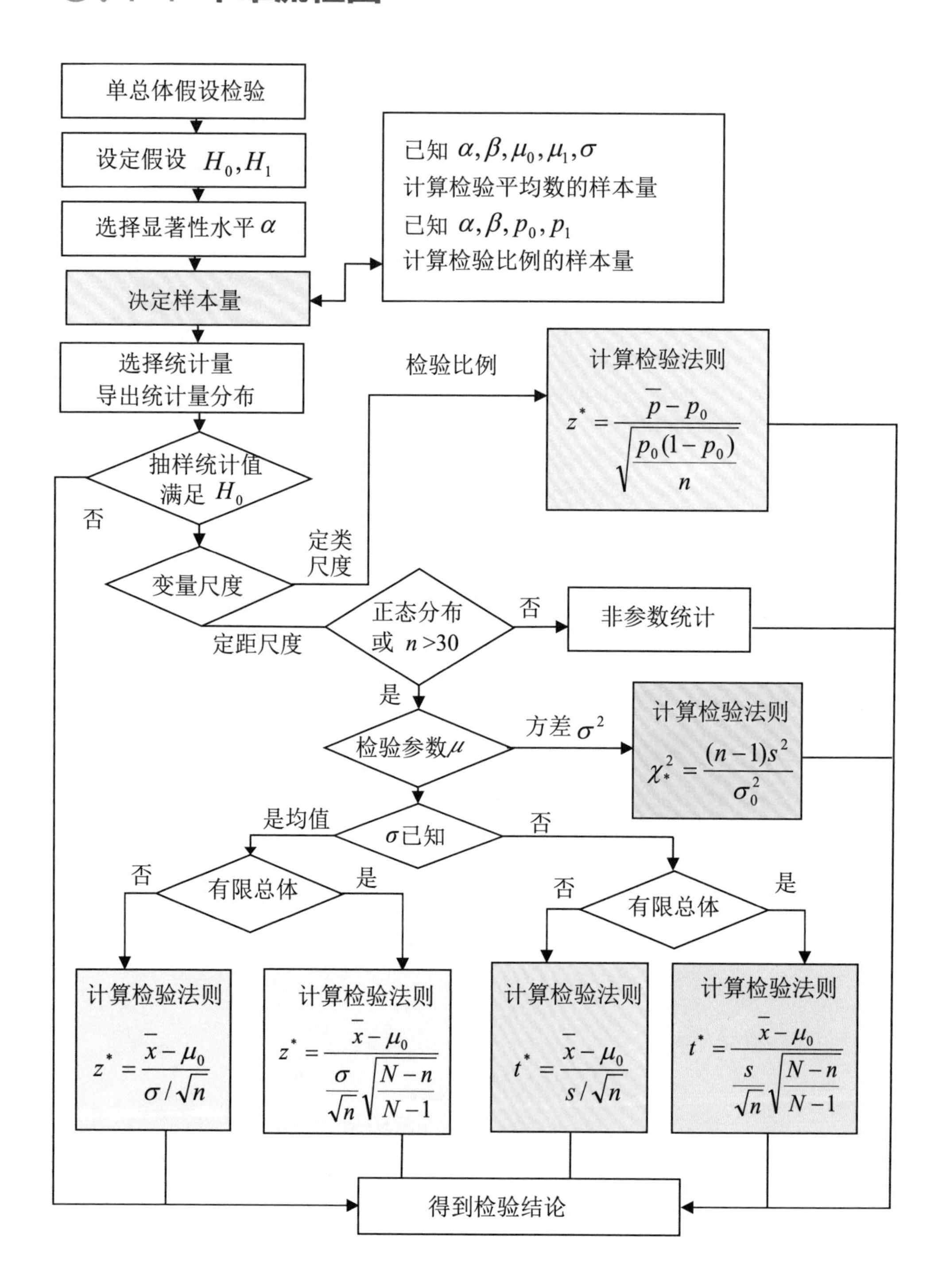
单总体假设检验
设定假设 $H_0,H_1$
选择显著性水平 $\alpha$
决定样本量
已知 $\alpha,\beta,\mu_0,\mu_1,\sigma$
计算检验平均数的样本量
已知 $\alpha,\beta,p_0,p_1$
计算检验比例的样本量
选择统计量
导出统计量分布
抽样统计值满足 $H_0$
否
变量尺度
定类尺度
检验比例
计算检验法则
$z^*=\frac{\bar{p}-p_0}{\sqrt{\frac{p_0(1-p_0)}{n}}}$
定距尺度
正态分布或 $n>30$
否
非参数统计
是
检验参数 $\mu$
方差 $\sigma^2$
计算检验法则
$\chi_*^2=\frac{(n-1)s^2}{\sigma_0^2}$
是均值
$\sigma$已知
否
有限总体
否
是
计算检验法则
$z^*=\frac{\bar{x}-\mu_0}{\sigma/\sqrt{n}}$
计算检验法则
$z^*=\frac{\bar{x}-\mu_0}{\frac{\sigma}{\sqrt{n}}\sqrt{\frac{N-n}{N-1}}}$
有限总体
否
是
计算检验法则
$t^*=\frac{\bar{x}-\mu_0}{s/\sqrt{n}}$
计算检验法则
$t^*=\frac{\bar{x}-\mu_0}{\frac{s}{\sqrt{n}}\sqrt{\frac{N-n}{N-1}}}$
得到检验结论

# 8.12 本章思维导图

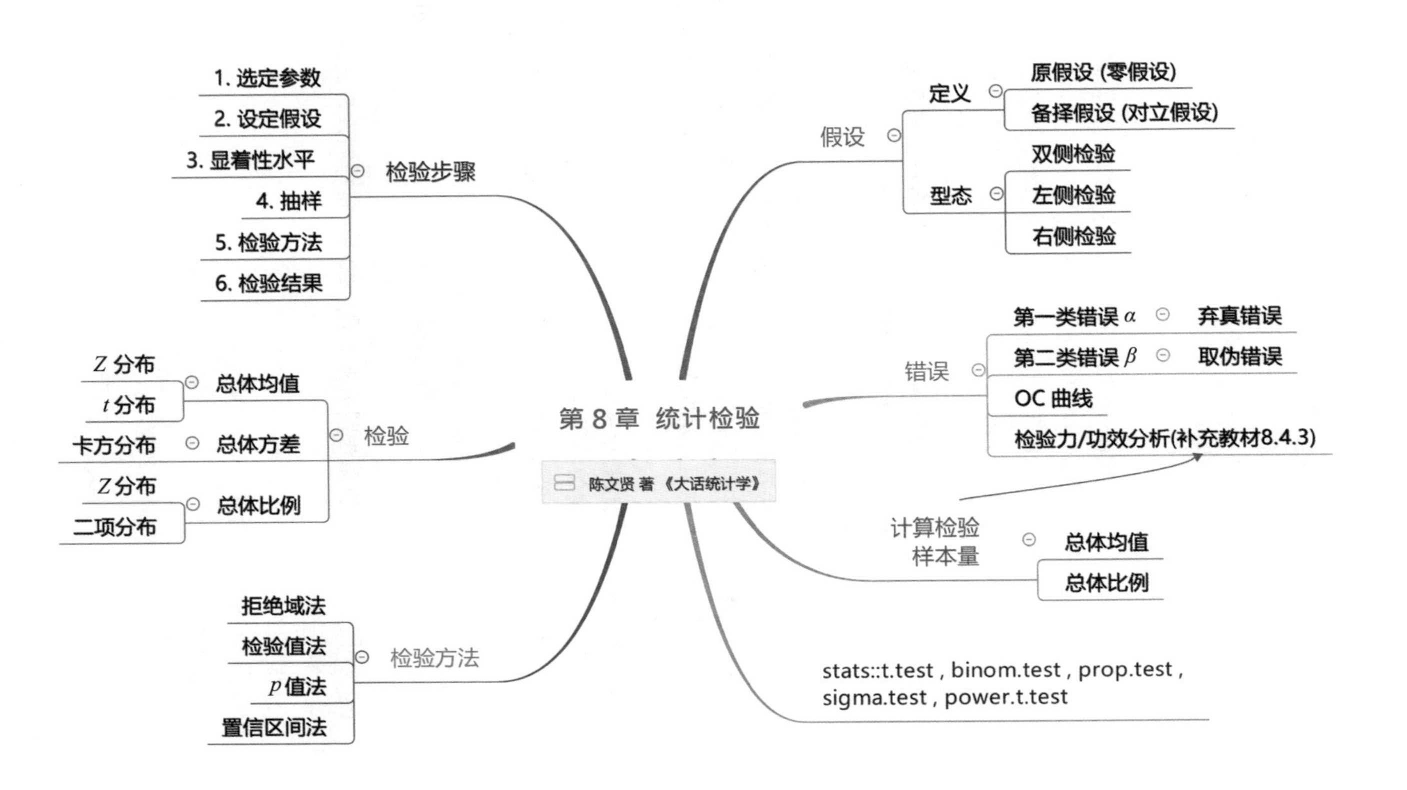
第 8 章 统计检验
陈文贤 著《大话统计学》
检验步骤
1. 选定参数
2. 设定假设
3. 显着性水平
4. 抽样
5. 检验方法
6. 检验结果
检验
总体均值
Z 分布
t 分布
总体方差
卡方分布
总体比例
Z 分布
二项分布
检验方法
拒绝域法
检验值法
p 值法
置信区间法
假设
定义
原假设 (零假设)
备择假设 (对立假设)
型态
双侧检验
左侧检验
右侧检验
错误
第一类错误 α
弃真错误
第二类错误 β
取伪错误
OC 曲线
检验力/功效分析(补充教材8.4.3)
计算检验样本量
总体均值
总体比例
stats::t.test , binom.test , prop.test ,
sigma.test , power.t.test

## 8.13 习题

1. 在多少显著水平下可以拒绝原假设：$H_0:\mu=35$

若 $\bar{x}$=37.4，$s=6.9$，$n$=60，其备择假设为：

(1) $H_A:\mu>35$

(2) $H_A:\mu\neq 35$

(3) $H_A:\mu<35$

2. 民政局报告指出在结婚一年后有30%以上的夫妇会上离婚法庭。一位怀疑这结论的统计学家发现，在随机抽样400对结婚至少一年以上的夫妻，108对在第一年婚姻中会上离婚法庭。在显著性水平0.01下，你对民政局的报告有何结论？

3. 一家广告商希望证明在所有收看电视的家庭中，至少有18%的家庭收看“我是学生”节目。1143家收看电视的样本，其中有227家收看这个节目。广告客户希望结果必须在显著性水平0.01之下，否则就取消合同。试问广告客户应该怎么做？

4. 从总体中抽取200个灯泡为样本，其中有4个是瑕疵品，

这个结果是否可表示在显著性水平0.05下，$H_0:\pi\geqslant 0.05$？

在多少显著性水平以下可以接受$H_0$?

5. 美国法律规定，法官选择陪审团，应该在合格名单中随机取出。现有一名法官在过去选出的700名陪审团中只有15%是女士，但是在合格名单中女士占29%。

(1) 如果要检验这位法官对女性陪审员是否公平，写出原假设与备择假设。

(2) 计算$p$值。

(3) 如果 $\alpha$=0.05，则检验结果如何？

6. 质量管制人员希望每批零件的不良率在10%以下，考虑到运送成本、寻找新供货商的成本、新供货商的评价等因素，所以第一类错误为生产者风险。

(1) 写出原假设与备择假设。

(2) 如果抽样100件，$\alpha$=0.09，决策法则是什么？

(3) 如果抽样10件，决策法则临界值是$p$ = 20%，则 $\alpha$ 是多少(分别用二项及常态计算)。

(4) 如果抽样10件，决策法则临界值是$p$=20%，备择假设是真的，不良率是30%，则第二类错误是多少？

(5) 根据(2)的决策法则，画出OC曲线。

(6) 根据(3)的决策法则，画出OC曲线。

其他习题请下载。

# 第9章 两个总体估计检验

欲穷千里目，更上一层楼。

—— 王之涣《登鹳雀楼》

人群分而物异产，来往贸迁以成宇宙。若各居而老死，何藉有群类哉？

—— 宋应星《天工开物》

今有人于此，少见黑曰黑，多见黑曰白，则必以此人为不知白黑之辨矣。

——《墨子 非攻》

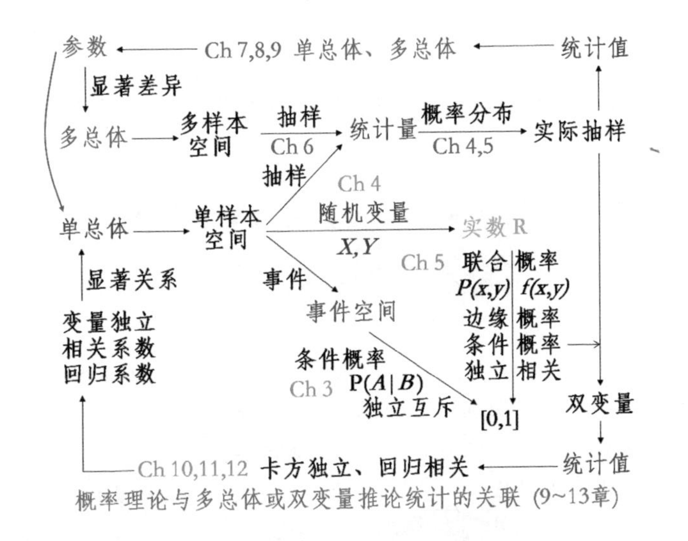

概率理论与多总体或双变量推论统计的关联（9~13章）

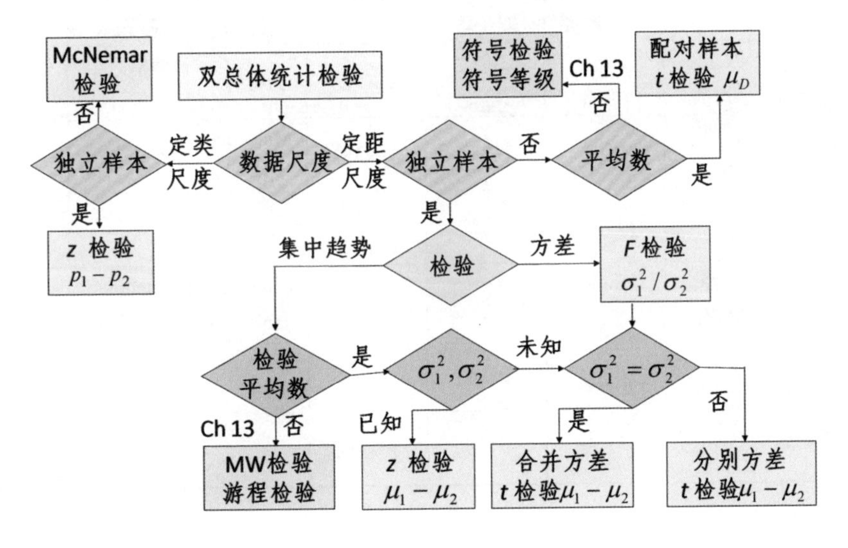

# 9.1 因果与相关

我们在第一章提到因果关系，从本章开始，多数的统计方法，都是有因果或相关的分析。双总体统计检验，就是检验两个总体的参数(如：平均数，方差，比例)是否相等，或者相差一个常数。其因果关系中，区分两个总体的变量，例如：性别、地区、时间、处理方法等，就是“因”；样本的观测或检验数据，就是“果”。其假设检验就是，这个“因”对于“果”的影响是否显著(显著是备择假设成立，因素有影响，总体均值不相等)？所谓A/B检验(A/B test)，例如：A是实验组吃标靶药，B是对照组(控制组)吃维他命，检验药物是否有效果(显著)。A/B检验在网页设计中，检验两个网页设计，对浏览者的点击率是否有差异。

要注意这两组样本是独立或配对的。所谓两组样本是配对，这两组样本在各总体是随机抽样，但是两组样本之间却有关，换句话说，第一组样本的某个抽样和第二组样本的某个抽样有关，而且两组样本量相等。例如：第一组样本是父亲的身高，第二组样本是儿子的身高。如果是独立样本，则是比较两代的平均身高；如果是配对样本，则第一组样本有一个父亲，第二组样本就一定有他的儿子，要比较的是父亲跟儿子之间的差异。

配对或“配对”样本的样本之间的“有关”，不是“变量”因果之间的“相关”，而是实验设计的“样本”关联。例如上述父子身高平均数的比较，上下代是“因”，身高是“果”，父子配对是“实验设计”。方差分析的“区组”设计就是配对设计，扩大到两总体以上。

表9.1是对表1.4增加了独立与配对样本，这个表的流程图请见本章流程图。

表9.1　统计检验的因果关系

<table>
<tr><th rowspan="3" colspan="2">因果关系<br>独立或<br>相关<br>统计方法</th><th colspan="5">一个变量(果)</th><th rowspan="3">多个<br>变量<br>因果</th></tr>
<tr><th rowspan="2">单母体<br>无因果<br>关系</th><th colspan="4">另一个分类的独立变量(因)</th></tr>
<tr><th>独立<br>双母体</th><th>独立<br>多母体</th><th>配对<br>双样本</th><th>区组<br>多样本</th></tr>
<tr><td rowspan="3">有<br>参数<br>统计</td><td>检验<br>平均数</td><td>$Z$检验<br>$t$检验</td><td>$Z$检验<br>$t$检验</td><td>ANOVA</td><td>$t$检验</td><td>随机区组<br>设计</td><td rowspan="3">回归<br>相关<br>分析<br><br>多变量<br>分析</td></tr>
<tr><td>二项<br>比例值</td><td>$Z$检验</td><td>$Z$检验</td><td>$\chi^2$检验</td><td>McNemar<br>检验</td><td></td></tr>
<tr><td>检验<br>方差</td><td>$\chi^2$检验</td><td>$F$检验</td><td>Hartley<br>Barlett</td><td></td><td></td></tr>
<tr><td rowspan="3">非<br>参数<br>统计</td><td>检验<br>平均数</td><td>Sign<br>检验</td><td>$\chi^2$检验<br>Run检验</td><td>KW检验</td><td>Signed<br>rank sum</td><td>Friedman<br>检验</td><td rowspan="3">Spearman<br>相关系数</td></tr>
<tr><td>二项<br>比例值</td><td>二项<br>$F$检验</td><td>超几何</td><td></td><td></td><td></td></tr>
<tr><td>多项<br>比例值</td><td>$\chi^2$检验</td><td>$\chi^2$检验</td><td>$\chi^2$检验</td><td></td><td></td></tr>
</table>

# 9.2 两个总体参数的区间估计

两个总体的参数区间估计，包括平均数差与比例差的区间估计。

## 9.2.1 两正态总体平均数差的区间估计

我们在统计的应用上，会比较两个总体的平均数，例如：①比较甲班与乙班的平均分数；②比较实验组与观察组的平均生产数量；③比较制造业与服务业的劳工平均月薪。

假定两个总体均为正态分布，分别为 $N(\mu_1,\sigma_1^2)$ 与 $N(\mu_2,\sigma_2^2)$，或样本量大于等于 30。为了估计其平均数差 $\mu_1-\mu_2$，分别从第一个总体抽样 $n_1$ 个样本，得到样本平均数 $\bar{x}_1$，样本方差 $s_1^2$；从第二个总体抽样 $n_2$ 个样本，得到样本平均数 $\bar{x}_2$，样本方差 $s_2^2$。

现在分成几种情况，来说明平均数差 $\mu_1-\mu_2$ 的置信区间估计：

(1) **两组样本为独立抽样，总体方差 $\sigma_1^2$ 及 $\sigma_2^2$ 已知。**

则平均数差 $\mu_1-\mu_2$ 的 $1-\alpha$ 置信区间为：

$$(\bar{x}_1-\bar{x}_2)-z_{\alpha/2}\sqrt{\frac{\sigma_1^2}{n_1}+\frac{\sigma_2^2}{n_2}}\leqslant \mu_1-\mu_2\leqslant(\bar{x}_1-\bar{x}_2)+z_{\alpha/2}\sqrt{\frac{\sigma_1^2}{n_1}+\frac{\sigma_2^2}{n_2}}$$

如果置信区间的长度为$L$，而第一个总体的抽样成本为每个样本 $c_1$，第二个总体的抽样成本为每个样本 $c_2$。则两个总体的抽样数目 $n_1$，$n_2$ 为：

$$n_1=4\left(\sigma_1^2+\sigma_1\sigma_2\sqrt{\frac{c_2}{c_1}}\right)\left(\frac{z_{\alpha/2}}{L}\right)^2,\quad n_2=4\left(\sigma_2^2+\sigma_1\sigma_2\sqrt{\frac{c_1}{c_2}}\right)\left(\frac{z_{\alpha/2}}{L}\right)^2$$

如果总体标准差 $\sigma_1$ 与 $\sigma_2$ 未知，则上述样本量公式，可用预先抽样的样本标准差 $s_1$ 与 $s_2$ 代入。

如果是“不重复式抽样”(抽样后不放回)，第一个总体的总体数目 $N_1$，抽样数目为 $n_1$，第二个总体的总体数目 $N_2$，抽样数目为 $n_2$，则：

$$V(\overline{X}_1-\overline{X}_2)=\frac{N_1-n_1}{N_1-1}\times\frac{\sigma_1^2}{n_1}+\frac{N_2-n_2}{N_2-1}\times\frac{\sigma_2^2}{n_2}$$

平均数差 $\mu_1-\mu_2$ 的 $1-\alpha$ 置信区间的上下限为：$(\bar{x}_1-\bar{x}_2)\pm z_{\alpha/2}\sqrt{V(\overline{X}_1-\overline{X}_2)}$，即：

$$(\bar{x}_1-\bar{x}_2)\pm z_{\alpha/2}\sqrt{\frac{(N_1-n_1)\sigma_1^2}{(N_1-1)n_1}+\frac{(N_2-n_2)\sigma_2^2}{(N_2-1)n_2}}$$

总体方差 $\sigma_1^2$ 及 $\sigma_2^2$ 未知，则两总体平均数差的区间估计又分成两种情形计算。

(2) **两组样本为独立抽样，总体方差 $\sigma_1^2$ 及 $\sigma_2^2$ 未知，但是相等。**

则平均数差 $\mu_1-\mu_2$ 的 $1-\alpha$ 置信区间为，将 $\bar{x}_1$，$\bar{x}_2$ 代入下列式子：

$$(\bar{x}_1-\bar{x}_2)-t_{\alpha/2}(\nu)s_p\sqrt{\frac{1}{n_1}+\frac{1}{n_2}}\leqslant \mu_1-\mu_2\leqslant(\bar{x}_1-\bar{x}_2)+t_{\alpha/2}(\nu)s_p\sqrt{\frac{1}{n_1}+\frac{1}{n_2}}$$

合并方差 $s_p^2=\dfrac{(n_1-1)s_1^2+(n_2-1)s_2^2}{n_1+n_2-2}$ ，$t$分布自由度 $\nu=n_1+n_2-2$

**(3) 两组样本为独立抽样，总体方差 $\sigma_1^2$ 及 $\sigma_2^2$ 未知，但是不相等。**

则平均数差 $\mu_1-\mu_2$ 的 $1-\alpha$ 置信区间为，将 $\bar{x}_1$，$\bar{x}_2$ 代入下列式子：

$$(\bar{x}_1-\bar{x}_2)-t_{\alpha/2}(\nu)\sqrt{\frac{s_1^2}{n_1}+\frac{s_2^2}{n_2}}\leqslant\mu_1-\mu_2\leqslant(\bar{x}_1-\bar{x}_2)+t_{\alpha/2}(\nu)\sqrt{\frac{s_1^2}{n_1}+\frac{s_2^2}{n_2}}$$

$$t\text{分布自由度}\quad \nu=\frac{\left(s_1^2/n_1+s_2^2/n_2\right)^2}{\dfrac{(s_1^2/n_1)^2}{n_1-1}+\dfrac{(s_2^2/n_2)^2}{n_2-1}}$$

**(4) 两组样本为配对样本。**

两组样本是配对，而且有配对的关系。第一组样本从第一个总体随机抽样，第二组样本和第一组样本有：时间上配对关系(如一前一后)，血缘上配对关系(如父子兄弟)等配对的关系。例如：

- 同一个人的减肥前与减肥后的重量，减肥计划是因、重量是果、同一人是配对设计，消除个人因素；
- 同一个人操作A机器与B机器的生产量，机器是因、产量是果、同一人是配对设计，消除个人因素；
- 同一个家庭的父与子的身高，上下代是因、身高是果、同一家庭是配对设计，消除家庭因素；
- 同一个体质(血型、年龄、过敏反应)的甲、乙两种药品的效果，药品是因、效果是果、同一体质是配对设计，消除体质因素；
- 同一个班级(或智商)的两个学生考试的成绩；同班级两个人分别考两个考试，考试是因、成绩是果、同一班级是配对设计，消除班级(不同老师或学习气氛)因素。

置信区间的估计如下：

令第一个总体的样本数据为 $x_{1i}$，第二个总体的样本数据为 $x_{2i}$。两组样本数据的样本量一定相等，样本量为 $n$。

计算 $d_i=x_{1i}-x_{2i}$， $\bar{x}_d=\dfrac{\sum d_i}{n}=\bar{x}_1-\bar{x}_2$， $s_d^2=\dfrac{\sum(d_i-\bar{x}_d)^2}{n-1}$

平均数差 $\mu_1-\mu_2$ 的 $1-\alpha$ 置信区间为，将 $\bar{x}_d$，$s_d=\sqrt{s_d^2}$ 代入下列式子：

$$\bar{x}_d-t_{\alpha/2}(n-1)\frac{s_d}{\sqrt{n}}\leqslant\mu_1-\mu_2\leqslant\bar{x}_d+t_{\alpha/2}(n-1)\frac{s_d}{\sqrt{n}}$$

配对样本(例如：随机选出五个人比较上下两学期成绩)的置信区间，比起独立样本(例如：随机选出五个人的上学期成绩，另外随机选出五个人的下学期成绩)的置信区间，在相同的信赖度之下，应该是前者(配对样本)较小。

配对样本会使自由度减半(从 $2n-2$ 变成 $n-1$)，损失自由度，浪费样本量，使 $t_{\alpha/2}$ 变大，增加置信区间的长度。但是因为配对样本可以消除许多外在的影响变量，例如：将学生性别、智商、班级等外在变量除去后，配对样本只是单纯比较上下学期不同教材的学习程度。配对样本使方差减小，即 $s_d < s_p$， $s_p = \sqrt{V(X_1)+V(X_2)}$ 是独立样本 $X_1 - X_2$ 的标准差； $s_d = \sqrt{V(X_1 - X_2)}$ 是配对样本 $X_1 - X_2$ 的标准差。

$$V(X_1 - X_2) = V(X_1) + V(X_2) - 2\text{Cov}(X_1, X_2) \text{ , } \text{Cov}(X_1, X_2) > 0$$

配对样本方差的减小抵得过自由度的损失。配对样本虽然自由度损失，但可以消除许多外在的变量，所以其置信区间的长度应该比独立样本的置信区间小。

### 9.2.2 两个总体比例差的区间估计

我们在统计的应用上，会比较两个总体的比例，例如：①比较甲班与乙班的及格比例；②比较实验组与观察组的不良率；③比较制造业与服务业的劳工投票率。

假定两个总体均为伯努利分布，分别为 $\text{Ber}(\pi_1)$ 与 $\text{Ber}(\pi_2)$ 。为了估计其比例(成功率)差 $\pi_1 - \pi_2$ ，分别从第一个总体抽样 $n_1$ 个样本，其中样本成功数目 $t_1$ ，样本比例(成功率) $p_1 = t_1 / n_1$ ；从第二个总体抽样 $n_2$ 个样本，其中样本成功数目 $t_2$ ，样本比例(成功率) $p_2 = t_2 / n_2$ 。

假定两组样本为独立抽样，比例差 $\pi_1 - \pi_2$ 的 $1-\alpha$ 置信区间为：

$$(p_1 - p_2) \pm z_{\alpha/2}\sqrt{\frac{p_1(1-p_1)}{n_1} + \frac{p_2(1-p_2)}{n_2}}$$

如果是“不重复式抽样”(抽样后不放回)，第一个总体的总体数目 $N_1$ ，抽样数目为 $n_1$ ，第二个总体的总体数目 $N_2$ ，抽样数目为 $n_2$ ，则比例差 $p_1 - p_2$ 的 $1-\alpha$ 置信区间为：

$$(p_1 - p_2) \pm z_{\alpha/2}\sqrt{\frac{N_1 - n_1}{N_1 - 1} \times \frac{p_1(1-p_1)}{n_1} + \frac{N_2 - n_2}{N_2 - 1} \times \frac{p_2(1-p_2)}{n_2}}$$

有关上述置信区间的例题，请见下列检验法则的置信区间法。

### 9.2.3 两个总体方差比的区间估计

两个总体方差比的区间估计的假定条件：

- 两组样本是独立，而且分别从两个总体随机抽样。
- 两个总体均为正态分布(或样本量大于等于 30)。
- 标准差未知(当然未知，才要估计)。
- $n_1, n_2$ 为样本量， $s_1$， $s_2$ 为样本标准差。

$\dfrac{\sigma_1^2}{\sigma_2^2}$ 的 $1-\alpha$ 置信区间：

置信区间下限 $\overline{s}_{\text{L}}^2 = \dfrac{s_1^2}{s_2^2} F_{1-\alpha/2}(n_2 - 1, n_1 - 1)$

置信区间上限 $\overline{s}_{\text{U}}^2 = \dfrac{s_1^2}{s_2^2} F_{\alpha/2}(n_2 - 1, n_1 - 1)$

# 9.3 两个总体平均数检验，方差已知

如果总体方差已知，两个总体平均数检验的假定条件如图9.1所示：

- 两组样本是独立，而且分别从两个总体随机抽样。
- 两个总体均为正态分布(或样本量均大于等于30，$n_1 \geqslant 30,\ n_2 \geqslant 30$)。
- 两总体的标准差 $\sigma_1, \sigma_2$ 都已知。
- $n_1, n_2$ 为样本量，$\bar{x}_1$，$\bar{x}_2$ 为样本平均数。

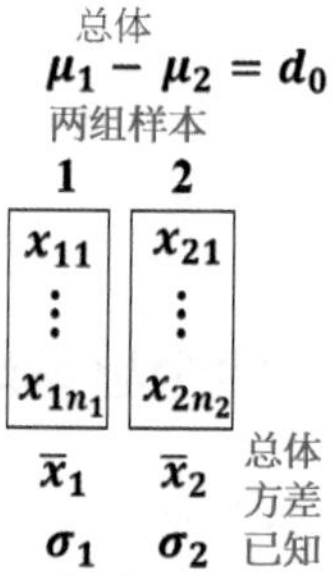

检验法则如表9.2所示。

总体
$\mu_1 - \mu_2 = d_0$
两组样本
1 2
$x_{11}$ ⋮ $x_{1n_1}$ $x_{21}$ ⋮ $x_{2n_2}$
$\bar{x}_1$ $\bar{x}_2$
$\sigma_1$ $\sigma_2$ 总体方差已知

图 9.1 两个总体平均数检验，方差已知

表9.2 两个总体平均数检验，方差已知

| 决策法则 | 双侧检验<br>$\begin{cases}H_0: \mu_1 - \mu_2 = d_0 \\ H_1: \mu_1 - \mu_2 \neq d_0\end{cases}$ | 左侧检验<br>$\begin{cases}H_0: \mu_1 - \mu_2 \geqslant d_0 \\ H_1: \mu_1 - \mu_2 < d_0\end{cases}$ | 右侧检验<br>$\begin{cases}H_0: \mu_1 - \mu_2 \leqslant d_0 \\ H_1: \mu_1 - \mu_2 > d_0\end{cases}$ |
|---|---|---|---|
| 拒绝域法 | $x_L = d_0 - z_{\alpha/2}\sqrt{\frac{\sigma_1^2}{n_1} + \frac{\sigma_2^2}{n_2}}$<br>$x_U = d_0 + z_{\alpha/2}\sqrt{\frac{\sigma_1^2}{n_1} + \frac{\sigma_2^2}{n_2}}$<br>若 $\bar{x}_1 - \bar{x}_2 \leqslant x_L$ 或 $\bar{x}_1 - \bar{x}_2 \geqslant x_U$，则拒绝 $H_0$ | $x_L = d_0 - z_\alpha\sqrt{\frac{\sigma_1^2}{n_1} + \frac{\sigma_2^2}{n_2}}$<br>若 $\bar{x}_1 - \bar{x}_2 \leqslant x_L$，则拒绝 $H_0$ | $x_U = d_0 + z_\alpha\sqrt{\frac{\sigma_1^2}{n_1} + \frac{\sigma_2^2}{n_2}}$<br>若 $\bar{x}_1 - \bar{x}_2 \geqslant x_U$，则拒绝 $H_0$ |
| 检验值法 | $z^* = \frac{\bar{x}_1 - \bar{x}_2 - d_0}{\sqrt{(\sigma_1^2/n_1) + (\sigma_2^2/n_2)}}$<br>若 $\lvert z^*\rvert \geqslant z_{\alpha/2}$，则拒绝 $H_0$ | $z^* = \frac{\bar{x}_1 - \bar{x}_2 - d_0}{\sqrt{(\sigma_1^2/n_1) + (\sigma_2^2/n_2)}}$<br>若 $z^* \leqslant -z_\alpha$，则拒绝 $H_0$ | $z^* = \frac{\bar{x}_1 - \bar{x}_2 - d_0}{\sqrt{(\sigma_1^2/n_1) + (\sigma_2^2/n_2)}}$<br>若 $z^* \geqslant z_\alpha$，则拒绝 $H_0$ |
| $p$值法 | $p$值$=2P(Z \geqslant \lvert z^*\rvert)$<br>若$p$值$<\alpha$，则拒绝 $H_0$ | $p$值$=P(Z \leqslant z^*)$<br>若$p$值$<\alpha$，则拒绝 $H_0$ | $p$值$=P(Z \geqslant z^*)$<br>若$p$值$<\alpha$，则拒绝 $H_0$ |
| 置信区间法 | $\bar{x}_L = \bar{x}_1 - \bar{x}_2 - z_{\alpha/2}\sqrt{\frac{\sigma_1^2}{n_1} + \frac{\sigma_2^2}{n_2}}$<br>$\bar{x}_U = \bar{x}_1 - \bar{x}_2 + z_{\alpha/2}\sqrt{\frac{\sigma_1^2}{n_1} + \frac{\sigma_2^2}{n_2}}$<br>若 $d_0 \leqslant \bar{x}_L$ 或 $d_0 \geqslant \bar{x}_U$，则拒绝 $H_0$ | $\bar{x}_U = \bar{x}_1 - \bar{x}_2 + z_\alpha\sqrt{\frac{\sigma_1^2}{n_1} + \frac{\sigma_2^2}{n_2}}$<br>若 $d_0 \geqslant \bar{x}_U$，则拒绝 $H_0$ | $\bar{x}_L = \bar{x}_1 - \bar{x}_2 - z_\alpha\sqrt{\frac{\sigma_1^2}{n_1} + \frac{\sigma_2^2}{n_2}}$<br>若 $d_0 \leqslant \bar{x}_L$，则拒绝 $H_0$ |

例题9.1和例题9.2 见下载资料。

# 9.4 两个总体平均数检验，方差未知但相等

总体方差未知但相等，两个总体平均数检验的假定条件如图9.2所示：

- 两组样本是独立，而且分别从两个总体随机抽样。
- 两个总体均为正态分布(或样本量大于等于 30)。
- 两总体的标准差未知但相等。
- $n_1, n_2$ 为样本量，$\bar{x}_1$，$\bar{x}_2$ 为样本平均数，$s_1$，$s_2$ 为样本标准差。

检验法则如表9.3所示。

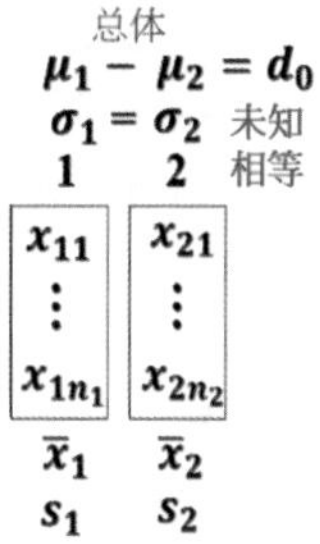

总体

$\mu_1 - \mu_2 = d_0$

$\sigma_1 = \sigma_2$ 未知相等

| 1 | 2 |
|---|---|
| $x_{11}$ | $x_{21}$ |
| $\vdots$ | $\vdots$ |
| $x_{1n_1}$ | $x_{2n_2}$ |
| $\bar{x}_1$ | $\bar{x}_2$ |
| $s_1$ | $s_2$ |

图 9.2　两个总体平均数检验，方差未知但相等

表9.3　检验法则

| 决策法则 | 双侧检验<br>$\begin{cases} H_0: \mu_1 - \mu_2 = d_0 \\ H_1: \mu_1 - \mu_2 \neq d_0 \end{cases}$ | 左侧检验<br>$\begin{cases} H_0: \mu_1 - \mu_2 \geqslant d_0 \\ H_1: \mu_1 - \mu_2 < d_0 \end{cases}$ | 右侧检验<br>$\begin{cases} H_0: \mu_1 - \mu_2 \leqslant d_0 \\ H_1: \mu_1 - \mu_2 > d_0 \end{cases}$ |
|---|---|---|---|
| 拒绝域法 | $x_L = d_0 - t_{\alpha/2}(\nu) s_p \sqrt{\frac{1}{n_1} + \frac{1}{n_2}}$<br>$x_U = d_0 + t_{\alpha/2}(\nu) s_p \sqrt{\frac{1}{n_1} + \frac{1}{n_2}}$<br>$\nu = n_1 + n_2 - 2$<br>$s_p = \sqrt{\frac{(n_1-1)s_1^2 + (n_2-1)s_2^2}{n_1 + n_2 - 2}}$<br>若 $\bar{x}_1 - \bar{x}_2 \leqslant x_L$ 或 $\bar{x}_1 - \bar{x}_2 \geqslant x_U$，则拒绝 $H_0$ | $x_L = d_0 - t_{\alpha}(\nu) s_p \sqrt{\frac{1}{n_1} + \frac{1}{n_2}}$<br>$\nu = n_1 + n_2 - 2$<br>$s_p = \sqrt{\frac{(n_1-1)s_1^2 + (n_2-1)s_2^2}{n_1 + n_2 - 2}}$<br>若 $\bar{x}_1 - \bar{x}_2 \leqslant x_L$，则拒绝 $H_0$ | $x_U = d_0 + t_{\alpha}(\nu) s_p \sqrt{\frac{1}{n_1} + \frac{1}{n_2}}$<br>$\nu = n_1 + n_2 - 2$<br>$s_p = \sqrt{\frac{(n_1-1)s_1^2 + (n_2-1)s_2^2}{n_1 + n_2 - 2}}$<br>若 $\bar{x}_1 - \bar{x}_2 \geqslant x_U$，则拒绝 $H_0$ |
| 检验值法 | $t^* = \frac{\bar{x}_1 - \bar{x}_2 - d_0}{s_p \sqrt{(1/n_1) + (1/n_2)}}$<br>若 $\lvert t^* \rvert \geqslant t_{\alpha/2}(\nu)$，则拒绝 $H_0$ | $t^* = \frac{\bar{x}_1 - \bar{x}_2 - d_0}{s_p \sqrt{(1/n_1) + (1/n_2)}}$<br>若 $t^* \leqslant -t_{\alpha}(\nu)$，则拒绝 $H_0$ | $t^* = \frac{\bar{x}_1 - \bar{x}_2 - d_0}{s_p \sqrt{(1/n_1) + (1/n_2)}}$<br>若 $t^* \geqslant t_{\alpha}(\nu)$，则拒绝 $H_0$ |
| $p$值法 | $p$值$= 2P(t(\nu) \geqslant \lvert t^* \rvert)$<br>若$p$值$< \alpha$，则拒绝 $H_0$ | $p$值$= P(t(\nu) \leqslant t^*)$<br>若$p$值$< \alpha$，则拒绝 $H_0$ | $p$值$= P(t(\nu) \geqslant t^*)$<br>若$p$值$< \alpha$，则拒绝 $H_0$ |
| 置信区间法 | $\bar{x}_d = \bar{x}_1 - \bar{x}_2$<br>$\bar{x}_L = \bar{x}_d - t_{\alpha/2}(\nu) s_p \sqrt{\frac{1}{n_1} + \frac{1}{n_2}}$<br>$\bar{x}_U = \bar{x}_d + t_{\alpha/2}(\nu) s_p \sqrt{\frac{1}{n_1} + \frac{1}{n_2}}$<br>若 $d_0 \leqslant \bar{x}_L$ 或 $d_0 \geqslant \bar{x}_U$，则拒绝 $H_0$ | $\bar{x}_d = \bar{x}_1 - \bar{x}_2$<br>$\bar{x}_U = \bar{x}_d + t_{\alpha}(\nu) s_p \sqrt{\frac{1}{n_1} + \frac{1}{n_2}}$ 若 $d_0 \geqslant \bar{x}_U$，则拒绝 $H_0$ | $\bar{x}_d = \bar{x}_1 - \bar{x}_2$<br>$\bar{x}_L = \bar{x}_d - t_{\alpha}(\nu) s_p \sqrt{\frac{1}{n_1} + \frac{1}{n_2}}$<br>若 $d_0 \leqslant \bar{x}_L$，则拒绝 $H_0$ |

**例题9.3**　见下载资料。

# 9.5 两个总体平均数检验，方差未知且不等

总体方差未知且不等，两个总体平均数检验的假定条件如图9.3所示：

- 两组样本是独立的，而且分别从两个总体随机抽样。
- 两个总体均为正态分布(或样本量大于等于30)。
- 两总体的标准差未知且不等。
- $n_1, n_2$ 为样本量，$\bar{x}_1$，$\bar{x}_2$ 为样本平均数，$s_1$，$s_2$ 为样本标准差。

检验法则如表9.4所示。

总体

$\mu_1 - \mu_2 = d_0$

$\sigma_1 \neq \sigma_2$ 未知不等

1 2

$x_{11}$ ⋮ $x_{1n_1}$ | $x_{21}$ ⋮ $x_{2n_2}$

$\bar{x}_1$ $\bar{x}_2$

$s_1$ $s_2$

图 9.3 两个总体平均数检验，方差未知且不等

表9.4 检验法则

| 决策法则 | 双侧检验 $\begin{cases}H_0: \mu_1-\mu_2=d_0 \\ H_1: \mu_1-\mu_2\neq d_0\end{cases}$ | 左侧检验 $\begin{cases}H_0: \mu_1-\mu_2\geq d_0 \\ H_1: \mu_1-\mu_2< d_0\end{cases}$ | 右侧检验 $\begin{cases}H_0: \mu_1-\mu_2\leq d_0 \\ H_1: \mu_1-\mu_2> d_0\end{cases}$ |
|---|---|---|---|
| 拒绝域法 | $x_{\mathrm{L}} = d_0 - t_{\alpha/2}(\nu)\sqrt{\frac{s_1^2}{n_1}+\frac{s_2^2}{n_2}}$ $x_{\mathrm{U}} = d_0 + t_{\alpha/2}(\nu)\sqrt{\frac{s_1^2}{n_1}+\frac{s_2^2}{n_2}}$ $\nu = \frac{\left(s_1^2/n_1+s_2^2/n_2\right)^2}{\frac{(s_1^2/n_1)^2}{n_1-1}+\frac{(s_2^2/n_2)^2}{n_2-1}}$ 若 $\bar{x}_1-\bar{x}_2 \leqslant x_{\mathrm{L}}$ 或 $\bar{x}_1-\bar{x}_2 \geqslant x_{\mathrm{U}}$，则拒绝 $H_0$ | $x_{\mathrm{L}} = d_0 - t_{\alpha}(\nu)\sqrt{\frac{s_1^2}{n_1}+\frac{s_2^2}{n_2}}$ $\nu = \frac{\left(s_1^2/n_1+s_2^2/n_2\right)^2}{\frac{(s_1^2/n_1)^2}{n_1-1}+\frac{(s_2^2/n_2)^2}{n_2-1}}$ 若 $\bar{x}_1-\bar{x}_2 \leqslant x_{\mathrm{L}}$，则拒绝 $H_0$ | $x_{\mathrm{U}} = d_0 + t_{\alpha}(\nu)\sqrt{\frac{s_1^2}{n_1}+\frac{s_2^2}{n_2}}$ $\nu = \frac{\left(s_1^2/n_1+s_2^2/n_2\right)^2}{\frac{(s_1^2/n_1)^2}{n_1-1}+\frac{(s_2^2/n_2)^2}{n_2-1}}$ 若 $\bar{x}_1-\bar{x}_2 \geqslant x_{\mathrm{U}}$，则拒绝 $H_0$ |
| 检验值法 | $t^* = \frac{\bar{x}_1-\bar{x}_2-d_0}{\sqrt{(s_1^2/n_1)+(s_2^2/n_2)}}$ 若 $\lvert t^*\rvert \geqslant t_{\alpha/2}(\nu)$，则拒绝 $H_0$ | $t^* = \frac{\bar{x}_1-\bar{x}_2-d_0}{\sqrt{(s_1^2/n_1)+(s_2^2/n_2)}}$ 若 $t^* \leqslant -t_{\alpha}(\nu)$，则拒绝 $H_0$ | $t^* = \frac{\bar{x}_1-\bar{x}_2-d_0}{\sqrt{(s_1^2/n_1)+(s_2^2/n_2)}}$ 若 $t^* \geqslant t_{\alpha}(\nu)$，则拒绝 $H_0$ |
| $p$值法 | $p$值$=2P\left(t(\nu)\geqslant \lvert t^*\rvert\right)$ 若$p$值$<\alpha$，则拒绝 $H_0$ | $p$值$=P\left(t(\nu)\leqslant t^*\right)$ 若$p$值$<\alpha$，则拒绝 $H_0$ | $p$值$=P\left(t(\nu)\geqslant t^*\right)$ 若$p$值$<\alpha$，则拒绝 $H_0$ |
| 置信区间法 | $\bar{x}_{\mathrm{L}} = \bar{x}_1-\bar{x}_2 - t_{\alpha/2}(\nu)\sqrt{\frac{s_1^2}{n_1}+\frac{s_2^2}{n_2}}$ $\bar{x}_{\mathrm{U}} = \bar{x}_1-\bar{x}_2 + t_{\alpha/2}(\nu)\sqrt{\frac{s_1^2}{n_1}+\frac{s_2^2}{n_2}}$ 若 $d_0 \leqslant \bar{x}_{\mathrm{L}}$ 或 $d_0 \geqslant \bar{x}_{\mathrm{U}}$，则拒绝 $H_0$ | $\bar{x}_{\mathrm{U}} = \bar{x}_1-\bar{x}_2 + t_{\alpha}(\nu)\sqrt{\frac{s_1^2}{n_1}+\frac{s_2^2}{n_2}}$ 若 $d_0 \geqslant \bar{x}_{\mathrm{U}}$，则拒绝 $H_0$ | $\bar{x}_{\mathrm{L}} = \bar{x}_1-\bar{x}_2 - t_{\alpha}(\nu)\sqrt{\frac{s_1^2}{n_1}+\frac{s_2^2}{n_2}}$ 若 $d_0 \leqslant \bar{x}_{\mathrm{L}}$，则拒绝 $H_0$ |

例题9.4 见下载资料。

# 9.6 两个总体平均数检验，样本是配对样本

样本是配对数据，两个总体平均数检验的假定条件如图9.4所示：

- 两组样本是“总体内”独立抽样，“总体间”配对抽样。

$\{x_{1i}, i=1,\ldots,n\}$ 是独立抽样，$x_{1i}$ 和 $x_{2i}$ 是配对抽样，$i=1,\ldots,n$，$d_i = x_{1i} - x_{2i}, i=1,\ldots,n$，$\bar{d} = \bar{x}_1 - \bar{x}_2$ 是 $d_i$ 的平均数，$s_d$ 是 $d_i$ 的标准差。两组样本量 $n$ 相等。

- 样本观察值之差 $d_i$ 为正态分布(或样本量大于等于30)。
- 两总体标准差未知。

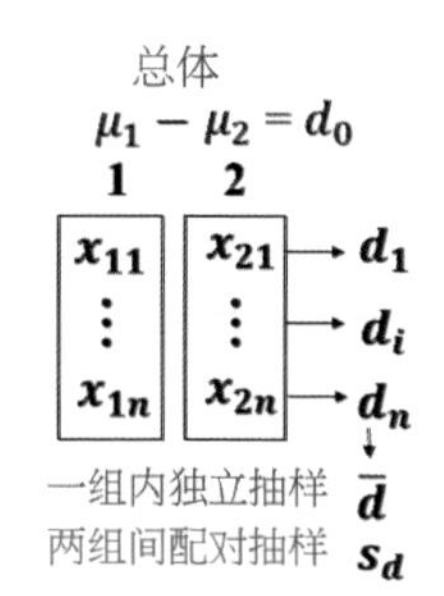


图 9.4　两个总体平均数检验，样本是配对样本

检验法则如表9.5所示。

表9.5　两个总体平均数检验，样本是配对数据

| 决策法则 | 双侧检验 $\begin{cases} H_0: \mu_1-\mu_2=d_0 \\ H_1: \mu_1-\mu_2\neq d_0 \end{cases}$ | 左侧检验 $\begin{cases} H_0: \mu_1-\mu_2\geq d_0 \\ H_1: \mu_1-\mu_2< d_0 \end{cases}$ | 右侧检验 $\begin{cases} H_0: \mu_1-\mu_2\leq d_0 \\ H_1: \mu_1-\mu_2> d_0 \end{cases}$ |
|---|---|---|---|
| 拒绝域法 | $x_L = d_0 - t_{\alpha/2}(n-1)\frac{s_d}{\sqrt{n}}$<br>$x_U = d_0 + t_{\alpha/2}(n-1)\frac{s_d}{\sqrt{n}}$<br>若 $\bar{x}_1 - \bar{x}_2 \leqslant x_L$ 或 $\bar{x}_1 - \bar{x}_2 \geqslant x_U$，则拒绝 $H_0$ | $x_L = d_0 - t_{\alpha}(n-1)\frac{s_d}{\sqrt{n}}$<br>若 $\bar{x}_1 - \bar{x}_2 \leqslant x_L$，则拒绝 $H_0$ | $x_U = d_0 + t_{\alpha}(n-1)\frac{s_d}{\sqrt{n}}$<br>若 $\bar{x}_1 - \bar{x}_2 \geqslant x_U$，则拒绝 $H_0$ |
| 检验值法 | $t^* = \frac{\bar{x}_1 - \bar{x}_2 - d_0}{s_d/\sqrt{n}}$<br>若 $\lvert t^*\rvert \geqslant t_{\alpha/2}(n-1)$，则拒绝 $H_0$ | $t^* = \frac{\bar{x}_1 - \bar{x}_2 - d_0}{s_d/\sqrt{n}}$<br>若 $t^* \leqslant -t_{\alpha}(n-1)$，则拒绝 $H_0$ | $t^* = \frac{\bar{x}_1 - \bar{x}_2 - d_0}{s_d/\sqrt{n}}$<br>若 $t^* \geqslant t_{\alpha}(n-1)$，则拒绝 $H_0$ |
| $p$值法 | $p$值$=2P(t(\nu)\geqslant\lvert t^*\rvert)$<br>若$p$值$<\alpha$，则拒绝 $H_0$ | $p$值$=P(t(\nu)\leqslant t^*)$<br>若$p$值$<\alpha$，则拒绝 $H_0$ | $p$值$=P(t(\nu)\geqslant t^*)$<br>若$p$值$<\alpha$，则拒绝 $H_0$ |
| 置信区间法 | $\bar{x}_d = \bar{x}_1 - \bar{x}_2$<br>$\bar{x}_L = \bar{d} - t_{\alpha/2}(n-1)\frac{s_d}{\sqrt{n}}$<br>$\bar{x}_U = \bar{d} + t_{\alpha/2}(n-1)\frac{s_d}{\sqrt{n}}$<br>若 $d_0 \leqslant \bar{x}_L$ 或 $d_0 \geqslant \bar{x}_U$，则拒绝 $H_0$ | $\bar{x}_d = \bar{x}_1 - \bar{x}_2$<br>$\bar{x}_U = \bar{d} + t_{\alpha}(n-1)\frac{s_d}{\sqrt{n}}$<br>若 $d_0 \geqslant \bar{x}_U$，则拒绝 $H_0$ | $\bar{x}_d = \bar{x}_1 - \bar{x}_2$<br>$\bar{x}_L = \bar{d} - t_{\alpha}(n-1)\frac{s_d}{\sqrt{n}}$<br>若 $d_0 \leqslant \bar{x}_L$，则拒绝 $H_0$ |

**例题9.5和例题9.6**　见下载资料。

# 9.7 两个总体方差检验

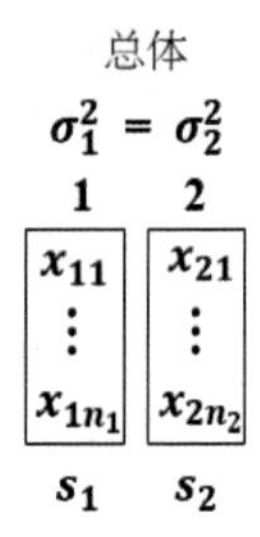

图 9.5　两个总体方差检验

两个总体方差检验的假定条件如图9.5所示：

- 两组样本是独立的，而且分别从两个总体随机抽样。
- 两个总体均为正态分布(或样本量大于等于 30)。
- 标准差未知。
- $n_1$，$n_2$ 为样本量，$s_1$，$s_2$ 为样本标准差。

检验法则如表9.6所示。

表9.6　两个总体方差检验

| 决策法则 | 双侧检验 $\begin{cases}H_0:\sigma_1^2=\sigma_2^2\\H_1:\sigma_1^2\neq\sigma_2^2\end{cases}$ | 左侧检验 $\begin{cases}H_0:\sigma_1^2\geqslant\sigma_2^2\\H_1:\sigma_1^2<\sigma_2^2\end{cases}$ | 右侧检验 $\begin{cases}H_0:\sigma_1^2\leqslant\sigma_2^2\\H_1:\sigma_1^2>\sigma_2^2\end{cases}$ |
| --- | --- | --- | --- |
| 拒绝域法 | $s_L^2=F_{1-\alpha/2}(n_1-1,n_2-1)$<br>$s_U^2=F_{\alpha/2}(n_1-1,n_2-1)$<br>若 $\frac{s_1^2}{s_2^2}\leqslant s_L^2$ 或 $\frac{s_1^2}{s_2^2}\geqslant s_U^2$，<br>则拒绝 $H_0$ | $s_L^2=F_{1-\alpha}(n_1-1,n_2-1)$<br>若 $\frac{s_1^2}{s_2^2}\leqslant s_L^2$，则拒绝 $H_0$ | $s_U^2=F_{\alpha}(n_1-1,n_2-1)$<br>若 $\frac{s_1^2}{s_2^2}\geqslant s_U^2$，则拒绝 $H_0$ |
| 检验值法 | $f^*=\frac{s_1^2}{s_2^2}$<br>若 $f^*\leqslant F_{1-\alpha/2}(n_1-1,n_2-1)$，<br>或 $f^*\geqslant F_{\alpha/2}(n_1-1,n_2-1)$<br>则拒绝 $H_0$ | $f^*=\frac{s_1^2}{s_2^2}$<br>若 $f^*\leqslant F_{1-\alpha}(n_1-1,n_2-1)$，<br>则拒绝 $H_0$ | $f^*=\frac{s_1^2}{s_2^2}$<br>若 $f^*\geqslant F_{\alpha}(n_1-1,n_2-1)$，<br>则拒绝 $H_0$ |
| $p$值法 | $p$值=<br>$2\min\{P(F(n_1-1,n_2-1)\leqslant f^*),$<br>$P(F(n_1-1,n_2-1)\geqslant f^*)\}$<br>若$p$值$<\alpha$，则拒绝 $H_0$ | $p$值=<br>$P(F(n_1-1,n_2-1)\leqslant f^*)$<br>若$p$值$<\alpha$，则拒绝 $H_0$ | $p$值=<br>$P(F(n_1-1,n_2-1)\geqslant f^*)\}$<br>若$p$值$<\alpha$，则拒绝 $H_0$ |
| 置信区间法 | $\bar{s}_L^2=\frac{s_1^2}{s_2^2}F_{1-\alpha/2}(n_2-1,n_1-1)$<br>$\bar{s}_U^2=\frac{s_1^2}{s_2^2}F_{\alpha/2}(n_2-1,n_1-1)$<br>若 $1\leqslant\bar{s}_L^2$ 或 $1\geqslant\bar{s}_U^2$，<br>则拒绝 $H_0$ | $\bar{s}_U^2=\frac{s_1^2}{s_2^2}F_{\alpha}(n_2-1,n_1-1)$<br>若 $1\geqslant\bar{s}_U^2$，则拒绝 $H_0$ | $\bar{s}_L^2=\frac{s_1^2}{s_2^2}F_{1-\alpha}(n_2-1,n_1-1)$<br>若 $1\leqslant\bar{s}_L^2$，则拒绝 $H_0$ |

**例题9.7**　见下载资料。

# 9.8 两个总体比例检验

利用正态分布，两个总体比例检验的假定条件如图9.6所示：

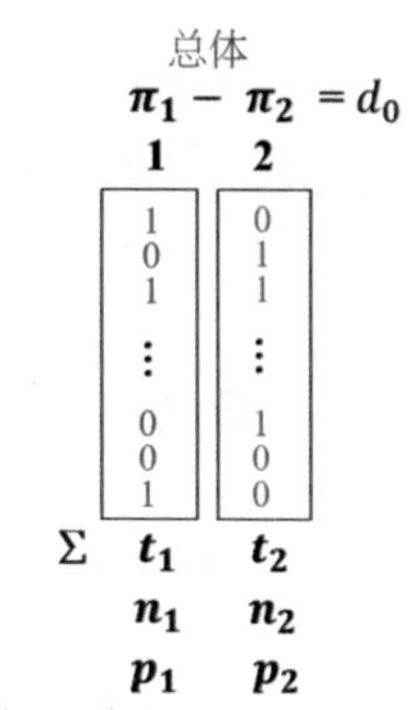

图 9.6　两个总体比例检验

- 两个总体为伯努利分布，$\pi_1$，$\pi_2$ 是两总体的成功率(比例)，$d_0$是假设的两总体成功率之差。
- 两组样本是独立，而且分别从两个总体随机抽样。
- $n_1$，$n_2$分别是两总体抽样的数目(样本容量)，$t_1$，$t_2$ 分别是抽样的成功次数，$p_1 = t_1 / n_1$，$p_2 = t_2 / n_2$分别是抽样的成功率。
- $n_1, n_2$为大样本：$n_1 p_1 > 5$，$n_1(1-p_1) > 5$ ，且 $n_2 p_2 > 5$，$n_2(1-p_2) > 5$ 。
- $p_1 - p_2$ 近似正态分布，$p_1 - p_2 \sim N(d_0, \sigma^2_{p_1-p_2})$ (检验法则是根据$H_0$成立)。
- 若$d_0 = 0$，则 $s_{p_1-p_2} = \sqrt{\left(\dfrac{n_1p_1 + n_2p_2}{n_1 + n_2}\right)\left(1 - \dfrac{n_1p_1 + n_2p_2}{n_1 + n_2}\right)\left(\dfrac{1}{n_1} + \dfrac{1}{n_2}\right)}$。
- 若$d_0 \neq 0$，则 $s_{p_1-p_2} = \sqrt{\left(\dfrac{p_1(1-p_1)}{n_1}\right) + \left(\dfrac{p_2(1-p_2)}{n_2}\right)}$。

检验法则如表9.8所示。

**表9.8　利用正态分布，两个总体比例检验**

| 决策法则 | 双侧检验 $\begin{cases} H_0: \pi_1 - \pi_2 = d_0 \\ H_1: \pi_1 - \pi_2 \neq d_0 \end{cases}$ | 左侧检验 $\begin{cases} H_0: \pi_1 - \pi_2 \geqslant d_0 \\ H_1: \pi_1 - \pi_2 < d_0 \end{cases}$ | 右侧检验 $\begin{cases} H_0: \pi_1 - \pi_2 \leqslant d_0 \\ H_1: \pi_1 - \pi_2 > d_0 \end{cases}$ |
|---|---|---|---|
| 拒绝域法 | $p_L = d_0 - z_{\alpha/2} s_{p_1-p_2}$<br>$p_U = d_0 + z_{\alpha/2} s_{p_1-p_2}$<br>若$p_1 - p_2 \leqslant p_L$或$p_1 - p_2 \geqslant p_U$，则拒绝$H_0$ | $p_L = d_0 - z_\alpha s_{p_1-p_2}$<br>若$p_1 - p_2 \leqslant p_L$，则拒绝$H_0$ | $p_U = d_0 + z_\alpha s_{p_1-p_2}$<br>若$p_1 - p_2 \geqslant p_U$，则拒绝$H_0$ |
| 检验值法 | $z^* = \dfrac{p_1 - p_2 - d_0}{s_{p_1-p_2}}$<br>若$\lvert z^* \rvert \geqslant z_{\alpha/2}$，则拒绝$H_0$ | $z^* = \dfrac{p_1 - p_2 - d_0}{s_{p_1-p_2}}$<br>若$z^* \leqslant -z_\alpha$，则拒绝$H_0$ | $z^* = \dfrac{p_1 - p_2 - d_0}{s_{p_1-p_2}}$<br>若$z^* \geqslant z_\alpha$，则拒绝$H_0$ |
| $p$值法 | $p$值$=2P(Z \geqslant \lvert z^* \rvert)$<br>若$p$值$<\alpha$，则拒绝$H_0$ | $p$值$=P(Z \leqslant z^*)$<br>若$p$值$<\alpha$，则拒绝$H_0$ | $p$值$=P(Z \geqslant z^*)$<br>若$p$值$<\alpha$，则拒绝$H_0$ |

请注意：当$d_0 = 0$或$d_0 \neq 0$，计算置信区间不相同的，因为检验法则是根据$H_0$成

立，但是在9.2.2节计算置信区间不考虑 $d_0 = 0$，为了避免混淆，不列置信区间法。

例题9.8　见下载资料。

# 9.9 《中文统计》应用

## 9.9.1 两个总体匹配样本均值$t$检验(例题9.6)

例题9.6的《中文统计》应用实现如图9.7和图9.8所示。

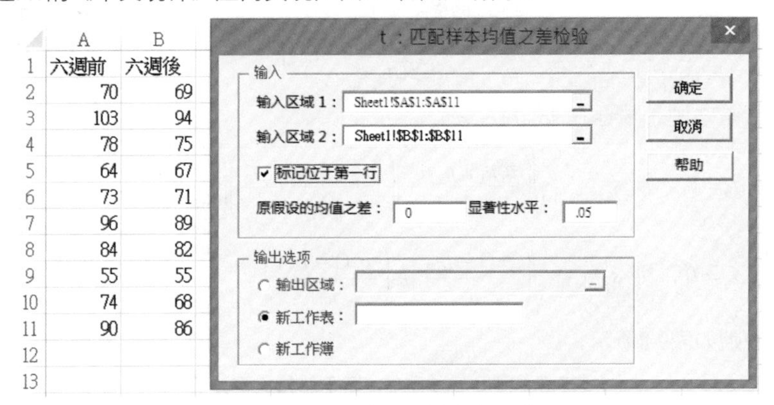

| | A | B |
|---|---|---|
| 1 | 六週前 | 六週後 |
| 2 | 70 | 69 |
| 3 | 103 | 94 |
| 4 | 78 | 75 |
| 5 | 64 | 67 |
| 6 | 73 | 71 |
| 7 | 96 | 89 |
| 8 | 84 | 82 |
| 9 | 55 | 55 |
| 10 | 74 | 68 |
| 11 | 90 | 86 |
| 12 | | |
| 13 | | |



图 9.7　两个总体匹配样本均值$t$检验

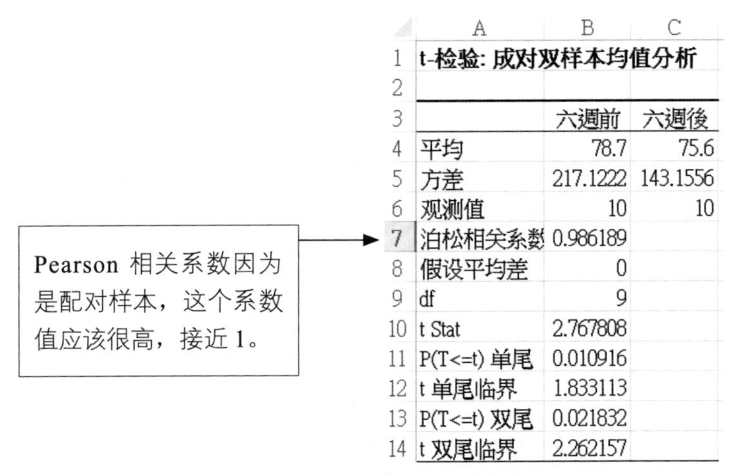

| | A | B | C |
|---|---|---|---|
| 1 | t-检验: 成对双样本均值分析 | | |
| 2 | | | |
| 3 | | 六週前 | 六週後 |
| 4 | 平均 | 78.7 | 75.6 |
| 5 | 方差 | 217.1222 | 143.1556 |
| 6 | 观测值 | 10 | 10 |
| 7 | 泊松相关系数 | 0.986189 | |
| 8 | 假设平均差 | 0 | |
| 9 | df | 9 | |
| 10 | t Stat | 2.767808 | |
| 11 | P(T<=t) 单尾 | 0.010916 | |
| 12 | t 单尾临界 | 1.833113 | |
| 13 | P(T<=t) 双尾 | 0.021832 | |
| 14 | t 双尾临界 | 2.262157 | |



图 9.8　双样本均值分析统计参数

## 9.9.2 快速估计与检验(例题9.7，9.8)

例题9.7和例题9.8的《中文统计》应用实现如图9.9和图9.10所示。

平均数差检验，总体方差已知 | 平均数差检验，总体方差未知但相等 | 平均数差检验，总体方差未知且不等

比例值差检验(假设比例值差等于 0) | 比例值差检验(假设比例值差不等于 0) | F检验-双总体方差检定

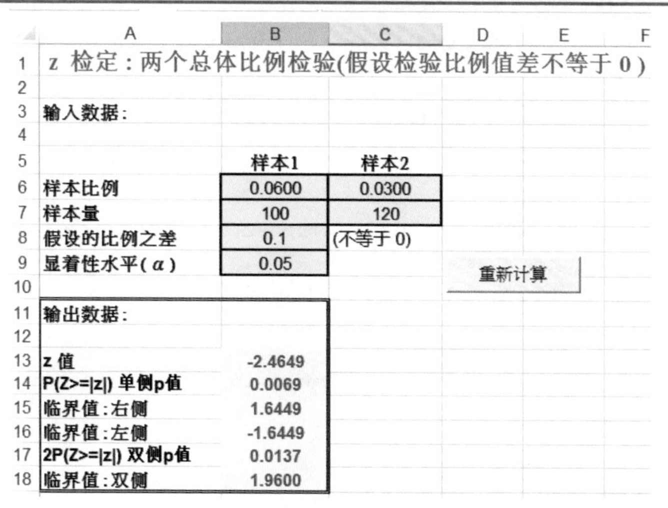

z 检定：两个总体比例检验(假设检验比例值差不等于 0)

输入数据：

| | 样本1 | 样本2 |
|---|---|---|
| 样本比例 | 0.0600 | 0.0300 |
| 样本量 | 100 | 120 |
| 假设的比例之差 | 0.1 | (不等于 0) |
| 显着性水平(α) | 0.05 | |

重新计算

| 输出数据： | |
|---|---|
| z 值 | -2.4649 |
| P(Z>=\|z\|) 单侧p值 | 0.0069 |
| 临界值：右侧 | 1.6449 |
| 临界值：左侧 | -1.6449 |
| 2P(Z>=\|z\|) 双侧p值 | 0.0137 |
| 临界值：双侧 | 1.9600 |

图9.9　两个总体比例检验

F 检验：两个总体方差检定

输入数据：

| | 样本1 | 样本2 |
|---|---|---|
| 样本方差 | 0.0324 | 0.0100 |
| 样本量 | 21 | 25 |
| 显著性水平(α) | 0.05 | |

| 输出数据：(利用表9.6) | |
|---|---|
| F 值(f*) | 3.2400 |
| P(F>=f*) 单侧p值 | 0.0035 |
| 临界值：右侧 | 2.0267 |
| 临界值：左侧 | 0.4802 |
| 2P(F>=f*) 双侧p值 | 0.0069 |
| 临界值：双侧 | 0.4154 |
| | 2.3273 |

| 输出数据：(利用表9.7) | | | |
|---|---|---|---|
| | 双侧检定 | 左侧检定 | 右侧检定 |
| | H0：σ1 = σ2 | H0：σ1 ≧ σ2 | H0：σ1 ≦ σ2 |
| F 值(f*) | 3.2400 | 0.3086 | 3.2400 |
| 临界值 | 2.3273 | 2.0825 | 2.0267 |
| p 值 | 0.0069 | 0.9965 | 0.0035 |
| 决策法则 | 若 F 值(f*) > 临界值，则拒绝 H0 | | |

重新计算

图9.10　两个总体方差检验

# 9.10 R 语言应用

```
> if(!require(BSDA)){install.packages("BSDA")} ; library(BSDA)
> if(!require(profvis)){install.packages("profvis")} ; library(profvis)
> if(!require(ggplot2)){install.packages("ggplot2")} ; library(ggplot2)
> if(!require(distributions3)){install.packages("distributions3")}; library
(distributions3)
> if(!require(car)){install.packages("car")} ; library(car)
> x <- c(7.8,6.6,6.5,7.4,7.3,7.,6.4,7.1,6.7,7.6,6.8)
> y <- c(4.5,5.4,6.1,6.1,5.4,5.,4.1,5.5)
> z.test(x,sigma.x=0.5,y,sigma.y=0.5,mu=2)# z 检验 x - y 均值 = 2
Two-sample z-Test
data: x and y
z = -1.0516,p-value = 0.293
alternative hypothesis: true difference in means is not equal to 2
95 percent confidence interval:
1.300323 2.211040
sample estimates:
mean of x mean of y
7.018182 5.262500
> ttest = t.test(x,y,var.equal = T)
                         # t 检验 x - y 均值 = 0 ,x,y 方差相等
> ttest = t.test(x,y,var.equal = F)
                         # t 检验 x - y 均值 = 0 ,x,y 方差不相等
> # 例题9.3
> x1 <- c(86,59.7,68.6,98.6,87.7,69,80,78.1,69.8,77.2)
> x2 <- c(51.4,76.7,73.7,66.2,65.5,49.7,65.8,62.1,75.8,62,72,55,79.7,
65.4,73.3)
> qqnorm(x1); qqline(x1); pause(10)
                         # x1 的 QQ plot 观察正态分布
> qqnorm(x2); qqline(x2); pause(10)
                         # x2 的 QQ plot 观察正态分布
> test <- data.frame(score = c(x1,x2),class = c(rep("x1",length(x1)),rep
("x2",length(x2))))      # x1 ,x2 盒须图
> ggplot(test,aes(x = class,y = score,color = class))+ geom_
boxplot()+geom_jitter()+ scale_color_brewer(type = "qual",palette = 2)+
theme_minimal()theme(legend.position = "none")
> # z 检验 x - y 均值 = 0
```

```
> z.test(x1,sigma.x=12,x2,sigma.y =10,mu=0)
Two-sample z-Test
data: x1 and x2
z = 2.4365,p-value = 0.01483
95 percent confidence interval:
2.187405 20.179262
sample estimates:
mean of x mean of y
77.47000 66.28667
> mu <- 0 ; v1 <- 144 ; v2 <- 100
> n1 <- length(x1); n2 <- length(x2)
> z_stat <-(mean(x1)- mean(x2)- mu)/ sqrt(v1 / n1 + v2 / n2); z_stat
[1] 2.436539
> Z <- Normal(0,1)        # Z ~N(0,1)标准正态分布
> 1 - cdf(Z,abs(z_stat))+ cdf(Z,-abs(z_stat))
                          # 计算双侧检验 p 值
[1] 0.01482857
> cdf(Z,- abs(z_stat)) # P(Z < - abs(z_stat))# 左侧检验 p 值
[1] 0.007414286
> res <- var.test(x1,x2); res # F检验 x1 ,x2 方差相等
F test to compare two variances
data: x1 and x2
F = 1.5271,num df = 9,denom df = 14,p-value = 0.4607
alternative hypothesis: true ratio of variances is not equal to 1
95 percent confidence interval:
0.4758359 5.7998541
> t.test(x1,x2,var.equal=T,alternative="greater")
                              # t检验 x1-x2均值=0,x1,x1方差相等
Two Sample t-test
data: x1 and x2
t = 2.7198,df = 23,p-value = 0.006108
alternative hypothesis: true difference in means is greater than 0
95 percent confidence interval:
4.136318 Inf
> # 例题9.6
> y1 <- c(70,103,78,64,73,96,84,55,74,90)
> y2 <- c(69,94,75,67,71,89,82,55,68,86)
> res <- var.test(y1,y2); res # F检验 y1 ,y2 方差相等
F test to compare two variances
data: y1 and y2
```

```
F = 1.5167,num df = 9,denom df = 9,p-value = 0.5448
alternative hypothesis: true ratio of variances is not equal to 1
> t.test(y1,y2,paired=T,alternative="greater")
                                    # 配对样本 t 检验 y1 - y2 均值
Paired t-test
data: y1 and y2
t = 2.7678,df = 9,p-value = 0.01092
alternative hypothesis: true difference in means is greater than 0
95 percent confidence interval:
1.046877 Inf
```

代码输出图形如图9.11所示。

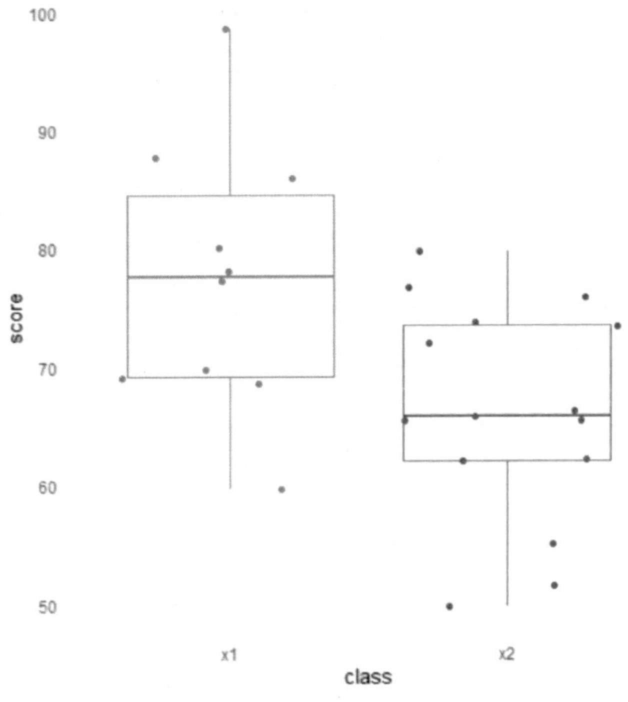


图 9.11　代码输出图形

# 9.11 本章流程图

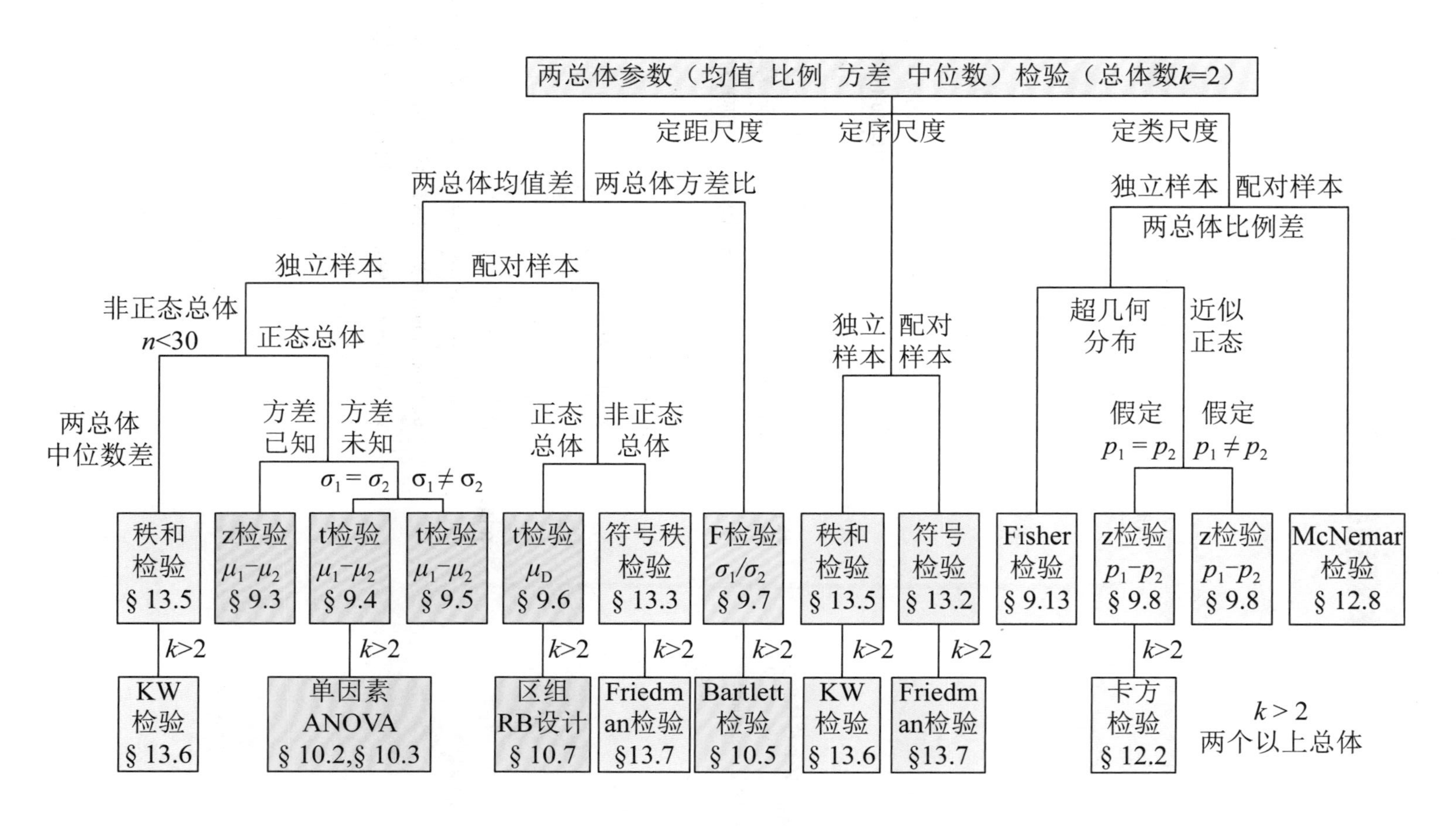

两总体参数（均值 比例 方差 中位数）检验（总体数k=2）
定距尺度
定序尺度
定类尺度
两总体均值差
两总体方差比
独立样本
配对样本
两总体比例差
独立样本
配对样本
非正态总体
n<30
正态总体
两总体
中位数差
方差
已知
方差
未知
σ1 = σ2
σ1 ≠ σ2
正态
总体
非正态
总体
独立
样本
配对
样本
超几何
分布
近似
正态
假定
p1 = p2
假定
p1 ≠ p2
秩和
检验
§ 13.5
z检验
μ1−μ2
§ 9.3
t检验
μ1−μ2
§ 9.4
t检验
μ1−μ2
§ 9.5
t检验
μD
§ 9.6
符号秩
检验
§ 13.3
F检验
σ1/σ2
§ 9.7
秩和
检验
§ 13.5
符号
检验
§ 13.2
Fisher
检验
§ 9.13
z检验
p1−p2
§ 9.8
z检验
p1−p2
§ 9.8
McNemar
检验
§ 12.8
k>2
KW
检验
§ 13.6
单因素
ANOVA
§ 10.2,§ 10.3
区组
RB设计
§ 10.7
Friedm
an检验
§13.7
Bartlett
检验
§ 10.5
KW
检验
§ 13.6
Friedm
an检验
§13.7
卡方
检验
§ 12.2
k > 2
两个以上总体

# 9.12 本章思维导图

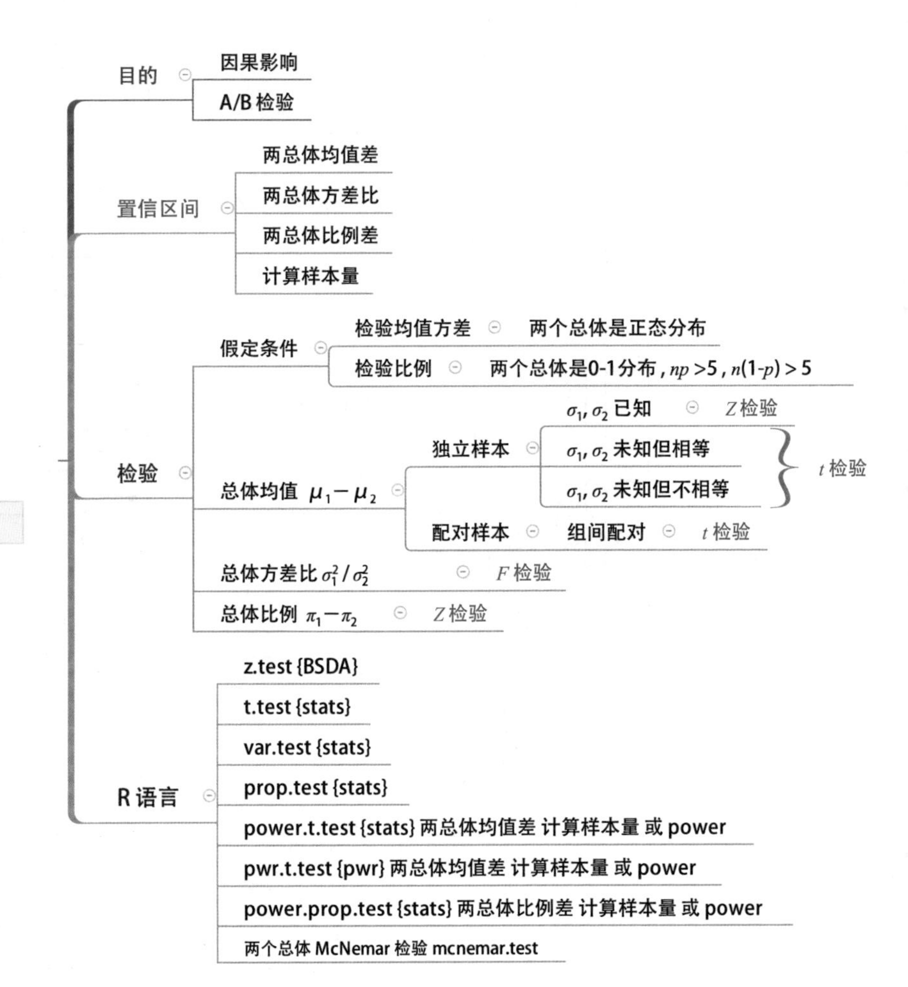

第9章 两个总体检验
陈文贤 著《大话统计学》
目的
因果影响
A/B 检验
置信区间
两总体均值差
两总体方差比
两总体比例差
计算样本量
检验
假定条件
检验均值方差
两个总体是正态分布
检验比例
两个总体是0-1分布，$np>5$，$n(1-p)>5$
总体均值 $\mu_1-\mu_2$
独立样本
$\sigma_1, \sigma_2$ 已知
$Z$ 检验
$\sigma_1, \sigma_2$ 未知但相等
$\sigma_1, \sigma_2$ 未知但不相等
$t$ 检验
配对样本
组间配对
$t$ 检验
总体方差比 $\sigma_1^2/\sigma_2^2$
$F$ 检验
总体比例 $\pi_1-\pi_2$
$Z$ 检验
R 语言
z.test {BSDA}
t.test {stats}
var.test {stats}
prop.test {stats}
power.t.test {stats} 两总体均值差 计算样本量 或 power
pwr.t.test {pwr} 两总体均值差 计算样本量 或 power
power.prop.test {stats} 两总体比例差 计算样本量 或 power
两个总体 McNemar 检验 mcnemar.test

# 9.13 习题

1. 下面的统计量为取自两个不同总体的独立样本：

样本 1：$n_1 = 60$，$\bar{x}_1 = 136$，$s_1^2 = 86$

样本 2：$n_2 = 60$，$\bar{x}_2 = 112$，$s_2^2 = 137$

(1)求 $\mu_1 - \mu_2$ 的 98% 置信区间。

(2) $\alpha = 0.02$，检验 $H_0: \mu_1 - \mu_2 = 20$，$H_1: \mu_1 - \mu_2 \neq 20$。

(3) $\alpha = 0.05$，检验 $H_0: \mu_1 - \mu_2 \leqslant 20$，$H_1: \mu_1 - \mu_2 > 20$。

在多少显著性水平下可以拒绝原假设。

2. 一项医药调查，对感染肺尘病的天竺鼠做比较两种药效的研究，第一种药的试验结果是44 只天竺鼠中有 17 只死亡；另一种药的试验结果是52 只天竺鼠中死了24只。若显著性水平是0.01，你能对这两种药效的差异做出结论吗？

3. 测试一种退热剂替代阿司匹林的可行性，将九只被实验的动物放在不寻常的高温之下，然后给它们吃这种退热剂。表9.9为服用前后的温度比较，试用99% 的置信区间，判断此药为有效的假设是否正确。

表9.9　退热剂的退热效果

| 服用前 | 107.2 | 111.4 | 109.3 | 106.5 | 113.7 | 108.4 | 107.7 | 111.9 | 109.3 |
|---|---|---|---|---|---|---|---|---|---|
| 服用后 | 106.1 | 111.7 | 105.4 | 107.2 | 109.8 | 108.8 | 106.9 | 109.6 | 110.5 |

4. 比较两种训练课程，随机选取20工人中10个工人接受课程 A，其余的工人接受课程B。上完训练课程后，对所有受训的工人测验其完成技能工作的时间，所得数据如表9.10：

表9.10　两种训练课程效果

| 课程A: | 15 | 20 | 11 | 23 | 16 | 21 | 18 | 16 | 27 | 24 |
|---|---|---|---|---|---|---|---|---|---|---|
| 课程B: | 23 | 31 | 13 | 19 | 23 | 17 | 28 | 26 | 25 | 28 |

(1) 是否显示接受课程A 的工人，平均完成此项工作的时间，小于接受课程B 的工人？

(2) 说明对总体所作的任何假设。

(3) 两课程完成工作时间的总体的平均差的95% 置信区间 。

5. 某大学商学院的学生必修统计课，该学院开出两班统计课，从每班修课学生中各随机抽样40名，得到以下的期末分数：第一班样本平均数为76分、标准差为8分；第二班样本平均数为71分、标准差为7.5分，假设期末分数为正态分布(总分为100分)，请根据这两个样本回答以下的问题。

(1) 这两班的统计课期末分数是否相同？请用5%的显著性水平检验。

(2) 请计算两班统计课期末分数差检验的$p$ 值。

(3) 请用95%的置信区间，检验这两班的统计课期末分数是否相同？

其他习题请下载。

# 第10章 方差分析

于诸果中、应说何果，何因所得。

——佛经《俱舍论·卷六》

是仁义用于古，不用于今也，故曰：“世异则事异”。
是干戚用于古，不用于今也，故曰：“事异则备变”。

——《韩非子·五蠹》

致知在格物，物格而后知至。

——《礼记·大学》

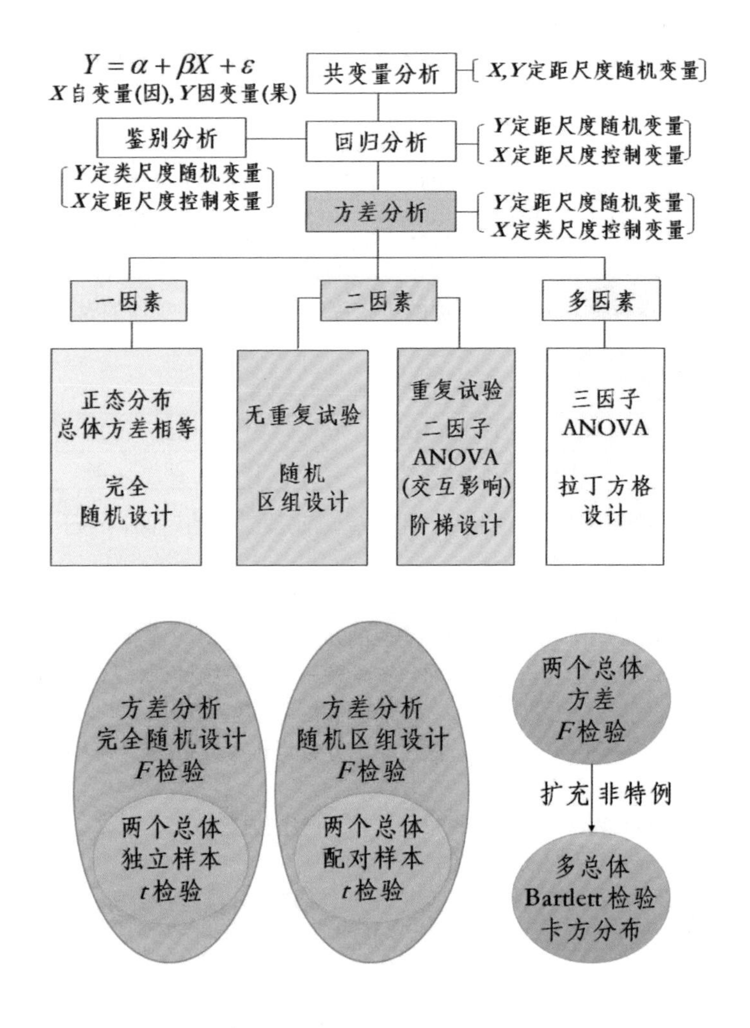

# 10.1 方差分析介绍

**方差分析**(Analysis of variance，ANOVA)是计算方差，用以比较两个以上总体的“平均数”是否全部相等。方差分析其实是将前一章，“两个总体平均数检验，方差未知但相等”，扩展到两个以上的总体。

方差分析是：检验同一因素或多因素的数种处理(可视为数个总体)的平均数，是否相等；或者不同因素之间是否有交互影响。

**因素**(factor)是质量标志，是定类变量或定序变量，其分类的标志值，称为**水平**(level)。

因素有**实验因素**(experiment factor)与**观察因素**(observation factor)，每个因素有不同的水平，不同因素的特定水平组合，为一个**处理**(treatment)或**区组**(block)。

实验因素的水平组合为“处理”，我们能够加以控制或指派，可以随意给样本任何水平或处理。例如：某个样本(某个人或动物)可以用A种药物，也可以用B种药物。此外，实验的“方式”(对产品重量的影响)，样本的“颜色”(对销售量的影响)，班级的“人数”(对升学率的影响)，教学的“老师”(对教学效果的影响)，可以算是实验因素。

观察因素的水平为“区组”，我们不能加以控制，不能随意给样本任何其他区组。例如：样本的“血型”，某个样本(某个人)的血型是A型，我们不能指定他是B型。此外，非温室实验的“天气”(对产品产量的影响)，样本的“性向”(对学生成绩的影响)，家庭的“人数”(对家庭总收入的影响)，可以算是观察因素。例如：同一个工人(区组)操作三台机器(处理)的时间或产量(观测值)。

方差分析ANOVA有：单因素ANOVA，双因素ANOVA，三因素ANOVA等。ANOVA和实验设计有密切的关系。ANOVA也是因果关系，“因”是因素，“果”是反应变量(response variable)观测值，或者观测值的平均数。

单因素ANOVA的实验设计是**完全随机设计**(complete randomized design)，假设单因素有 $k$ 个水平即 $k$ 个处理，每个处理有 $n_i$ 个样本，总共有 $N=n_1+n_2+\cdots+n_k$ 个样本，然后随机选 $n_1$ 个样本指定第一个处理，随机选 $n_2$ 个样本指定第二个处理，以此类推，最后随机选 $n_k$ 个样本指定第 $k$ 个处理，然后记录其反应变量观测值。当处理数目等于 2 时，“完全随机设计”相当于“双总体独立样本平均数检验(方差未知但相等)”。

**随机区组设计**(randomized block design)含两个因素，一个是实验因素，一个是观察因素。观察因素的区组数目是 $a$，实验因素的处理数目是 $k$。当处理数目等于 2 时，“随机区组设计”相当于“双总体匹配样本平均数检验”。因为双总体匹配样本可以消除一些外在因素影响，所以随机区组设计也可以消除一些外在因素影响。因为同一区组代表相关的样本，例如同一个人经历两种处理，所以“随机区组设计”与“双总体匹配样本”一样，可以将一些外在的变量消除掉。

单因素方差分析中，因素的每个水平或处理，是一个总体。多因素方差分析中，不同因素的水平组合，(甲因素水平A加乙因素水平B)，是一个总体。

方差分析是检验这些总体的“均值”，是否有显著的差异？因素的影响是否显著？

方差分析ANOVA的假定条件是：

- 总体反应变量的观测值是正态分布或近似正态分布。

- 样本是独立抽样(各总体之内样本独立，总体之间样本也独立)。
- 总体反应变量的标准差未知但相等。

方差分析是根据“方差”(变异的总和)的分解，检验总体的“均值”，如图10.1所示。

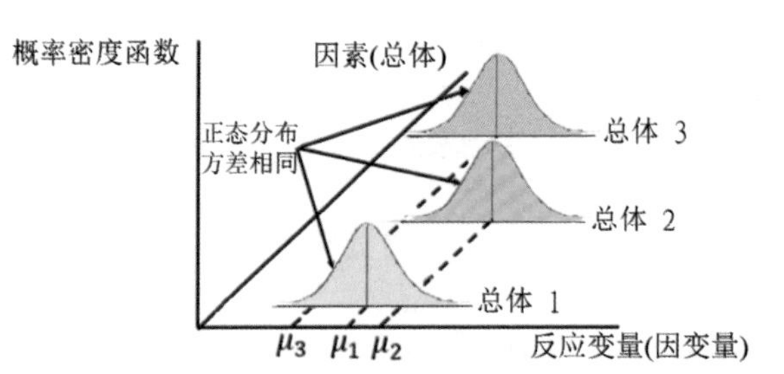


图10.1 方差分析之假定条件

方差分析主要是根据总体之间(组间)的变异和总体之内(组内)的变异，检验总体均值是否相等。如果组间变异大，组内变异小，则总体均值有显著不相等。

三个总体的组内变异大，组间变异和图10.2(b)相同，方差分析检验结果，三个总体的均值，**没有显著不相等**。

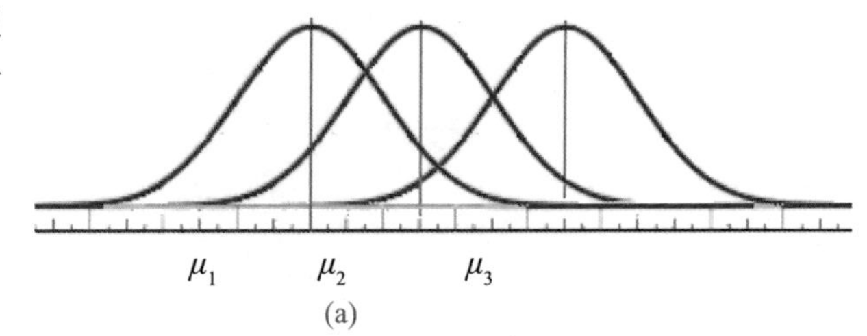


(a)

三个总体的组内变异小，组间变异和图10.2(a)相同，所以方差分析检验结果，三个总体的均值**有显著不相等**。当然要计算统计量 $F$，$F$= 组间方差/组内方差，$F$越大，显著性越高。

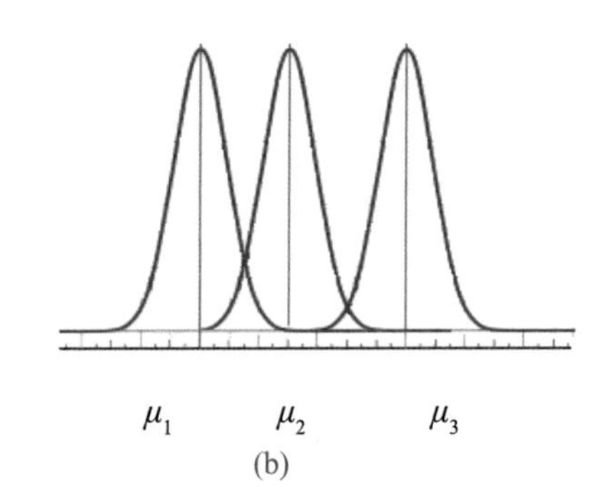


(b)

图10.2 方差分析是根据方差(变异)，检验多个总体的均值

# 10.2 单因素方差分析，样本量相等

单因素ANOVA的实验设计是完全随机设计(complete randomized design)，有关符号及

名词定义说明如下：

$Y_{ij}, y_{ij}$ = 第$i$个处理的第$j$个样本的反应变量及观测值。

$\mu_i$ = 第$i$个处理的总体均值(未知参数)。

$\alpha_i$ = 第$i$个处理的效应(未知参数)。

$\sigma^2$ = 每个处理的相同方差(未知参数)。

$\mu$ = 所有处理的总均值(未知参数)。

$\varepsilon_{ij}$ = 第$i$个处理的第$j$个样本的误差(随机变量)。

| 总体 (实验因素/处理) | | | |
|---|---|---|---|
| 1 | 2 | …… | $a$ |
| $y_{11}$ | $y_{21}$ | …… | $y_{a1}$ |
| ⋮ | ⋮ | ⋮ | ⋮ |
| $y_{1n}$ | $y_{2n}$ | …… | $y_{an}$ |

图10.3　单因素方差分析的总体

单因素方差分析，样本量相等，数学模型如下：

$Y_{ij} = \mu_i + \varepsilon_{ij} = \mu + \alpha_i + \varepsilon_{ij}$　$i = 1, \ldots, a$；　$j = 1, \ldots, n$。

上述 $i$ 是因素中的第 $i$ 种处理(一共有 $a$ 个处理)，$j$ 是该 $i$ 处理(该总体)的第 $j$ 个样本(每个处理有 $n$ 个样本)，如图10.3所示。

下列是模型的假定条件：

- $\varepsilon_{ij}$ 为互相独立(independent)，正态分布，平均数为 0，且有相同的方差：$\varepsilon_{ij} \sim N(0, \sigma^2)$　　$\forall i, j$ (互相独立是：同一处理和不同处理的样本都是独立)。
- $Y_{ij}$ 为互相独立，正态分布，平均数为 $\mu_i$，且有相同的方差：$Y_{ij} \sim N(\mu_i, \sigma^2)$ 或 $Y_{ij} \sim N(\mu + \alpha_i, \sigma^2)$ $\forall i = 1, \cdots, a;\ j = 1, \cdots, n$。
- $\sum_{i=1}^{a} \alpha_i = 0$ ( $a-1$ 个自由参数，所以处理之间的自由度为 $a-1$ )。
- 检验 $H_0: \mu_1 = \mu_2 = \cdots = \mu_a$，　$H_1: H_0$ 不成立(处理之中有不相等的平均数)。

或者检验 $H_0: \alpha_1 = \alpha_2 = \cdots = \alpha_a = 0$,　$H_1: H_0$ 不成立(处理因素效应是有显著)。

进行方差分析，定义符号及名词：

$\bar{y}_i$ = 第$i$个处理的样本观测值之平均数 = $\sum_{j=1}^{n} y_{ij} / n$。

$\bar{\bar{y}}$ = 所有处理的样本观测值之总平均数 = $\sum_{i=1}^{a} \sum_{j=1}^{n} y_{ij} / an$。

差异 = 观测值与总平均数之差异 $= y_{ij} - \bar{\bar{y}}$。

处理间差异 = 处理的平均数与总平均数之差异 $= \bar{y}_i - \bar{\bar{y}}$。

处理内差异 = 观测值与所属处理的平均数之差异，随机误差或称残差 $= y_{ij} - \bar{y}_i$。

$SS_T$ = “总变异”，是总差异平方和，表示不同处理之间的变异 $= \sum_{i,j} (y_{ij} - \bar{\bar{y}})^2$。

$SS_A$ = “组间变异”，是处理间差异平方和，表示不同处理之间的变异 $= \sum_{i,j} (\bar{y}_i - \bar{\bar{y}})^2$。

$SS_E$ = “组内变异”，是处理内差异平方和，残差平方和或误差平方和 = $\sum_{i,j} (y_{ij} - \bar{y}_i)^2$。

“变异”(variation)是“离差(deviation)的平方和”，“方差”(variance)是“变异除以自由度”或称“平均平方和”(mean square)(简称“均方”)。

下列公式说明“变异”的关系：

$$\sum_i\sum_j(y_{ij}-\bar{\bar{y}})^2=\sum_i\sum_j(\bar{y}_i-\bar{\bar{y}})^2+\sum_i\sum_j(y_{ij}-\bar{y}_i)^2$$

$$\Downarrow \qquad\qquad \Downarrow \qquad\qquad \Downarrow$$

$$\mathrm{SS_T}= \qquad \mathrm{SS_A} \qquad + \qquad \mathrm{SS_E}$$

总变异 $\mathrm{SS_T}$ = 处理之间变异 $\mathrm{SS_A}$ + 处理之内变异 $\mathrm{SS_E}$。

当 $\mathrm{SS_A}$ 越大，$\mathrm{SS_E}$ 越小，表示总变异来源主要是处理之间，则越能拒绝 $H_0$。当 $\mathrm{SS_A}$ 越小，$\mathrm{SS_E}$ 越大，表示总变异来源主要是误差，则越不能拒绝 $H_0$。但是要大到什么程度或小到什么程度，需要一个比值来检验。

方差分析是以“方差”的差异，来检验数个总体的“均值”是否相等。

$$\mathrm{MS_A}=\frac{\mathrm{SS_A}}{a-1}=\frac{n\sum_{i=1}^{a}(\bar{y}_i-\bar{\bar{y}})^2}{a-1}$$

$$\mathrm{MS_E}=\frac{\mathrm{SS_E}}{a(n-1)}=\frac{\sum_{i=1}^{a}\sum_{j=1}^{n}(y_{ij}-\bar{y}_i)^2}{a(n-1)}$$

如果上述公式 $y_{ij}$ 改为 $Y_{ij}$，则 $\mathrm{MS_A}$、$\mathrm{MS_E}$ 是随机变量。

$\mathrm{MS_A}$、$\mathrm{MS_E}$ 是 $\sigma^2$ 的无偏估计量。

$\mathrm{MS_A}$ 会高估 $\sigma^2$，但是在原假设 $H_0$ 成立的条件下( $\alpha_i=0$ )，$E(\mathrm{MS_A})=\sigma^2$。

$$\frac{(a-1)\mathrm{MS_A}}{\sigma^2}\sim\chi^2(a-1),\qquad \frac{(an-a)\mathrm{MS_E}}{\sigma^2}\sim\chi^2(an-a)$$

$$\Rightarrow\quad F=\frac{\mathrm{MS_A}}{\mathrm{MS_E}}=\frac{\dfrac{(a-1)\mathrm{MS_A}/\sigma^2}{a-1}}{\dfrac{(an-a)\mathrm{MS_E}/\sigma^2}{an-a}}\sim F(a-1,an-a)$$

所以ANOVA是利用 $F$ 检验，表10.1是单因素方差分析，样本量相等，方差分析表。

表10.1　方差分析表

| 变异来源 | 平方和 | 自由度 | 均方 | $F$ 比值 |
|---|---|---|---|---|
| 处理之间(因素) | $\mathrm{SS_A}=n\sum_{i=1}^{a}(\bar{y}_i-\bar{\bar{y}})^2$ | $a-1$ | $\mathrm{MS_A}=\frac{\mathrm{SS_A}}{a-1}$ | $F=\frac{\mathrm{MS_A}}{\mathrm{MS_E}}$ |
| 处理之内(误差) | $\mathrm{SS_E}=\sum_{i=1}^{a}\sum_{j=1}^{n}(y_{ij}-\bar{y}_i)^2$ | $a(n-1)$ | $\mathrm{MS_E}=\frac{\mathrm{SS_E}}{a(n-1)}$ | |
| 总和 | $\mathrm{SS_T}=\sum_{i=1}^{a}\sum_{j=1}^{n}(y_{ij}-\bar{\bar{y}})^2$ | an−1 | | |

若 $F\geqslant F_\alpha(a-1,a(n-1))$，则拒绝 $H_0$。

**注意**：(1) 如果已知各处理的样本方差 $s_i^2$，则 $SS_E = \sum_{i=1}^{a}(n-1)s_i^2$。

合并方差 $s_p^2$ 是 $\sigma^2$ 的估计值 $s_p^2 = \dfrac{\sum(n-1)s_i^2}{an-a} = MS_E = \hat{\sigma}^2$。

(2) 若已知各处理的样本均值 $\bar{y}_i$ 和样本方差 $s_i^2$，则可用《中文统计》—“方差分析”—“快速检验”进行检验。

(3) ANOVA表没有 $MS_T$，即使有，但是 $MS_A + MS_E \neq MS_T$。

**例题10.1** 为了比较四种中文输入法(编号：甲，乙，丙，丁)的输入速度。针对每种输入法，随机选出五个人，输入同一篇文章。以下是两次实验的输入时间观测值(分钟)。

实验设计 A
甲：17，24，39，42，43
乙：28，32，44，50，61
丙：41，45，48，54，57
丁：22，29，30，34，40

实验设计 B
甲：2，24，39，42，58
乙：13，32，44，50，76
丙：26，45，48，54，72
丁：7，29，30，34，55

检验这四种输入法的输入时间没有差异，显著水平是0.05，问检验的结果如何？

**解答**：令 $\mu_1, \mu_2, \mu_3, \mu_4$ 是甲乙丙丁四种输入法的平均时间。

检验 $H_0: \mu_1 = \mu_2 = \mu_3 = \mu_4$，$H_1: H_0$ 不成立。

计算：$\bar{y}_1 = 33$，$\bar{y}_2 = 43$，$\bar{y}_3 = 49$，$\bar{y}_4 = 31$，$\bar{\bar{y}} = 39$。

实验设计 A 和 B 的处理甲乙丙丁(以1，2，3，4为代号)各组平均和总平均都相等，但是方差不相等。

$\bar{y}_1 = 33$，$\bar{y}_2 = 43$，$\bar{y}_3 = 49$，$\bar{y}_4 = 31$，$\bar{\bar{y}} = 39$

所以实验设计 A 和 B 的 $SS_A$ 相同

$$SS_A = n\sum_{i=1}^{a}(\bar{y}_i - \bar{\bar{y}})^2 = 5\times[(33-39)^2 + (43-39)^2 + (49-39)^2 + (31-39)^2] = 1080$$

实验设计 A 的各组方差 $s_1^2 = 138.5$，$s_2^2 = 180$，$s_3^2 = 42.5$，$s_4^2 = 44$，

$$SS_E = \sum_{i=1}^{4}(n-1)s_i^2 = 4\times(138.5 + 180 + 42.5 + 44) = 1620$$

实验设计 B 的各组方差 $s_1^2 = 446$，$s_2^2 = 540$，$s_3^2 = 275$，$s_4^2 = 291.5$，

$$SS_E = \sum_{i=1}^{4}(n-1)s_i^2 = 4\times(446 + 540 + 275 + 291.5) = 6210$$

实验设计A的方差分析表如表10.2所示。

表10.2 实验设计A的方差分析表

| 变异来源 | 平方和 | 自由度 | 均方 | $F$ 比值 |
|---|---|---|---|---|
| 组间 | $SS_A = 1080$ | 3 | $MS_A = 360$ | $F = 3.56$ |
| 组内 | $SS_E = 1620$ | 16 | $MS_E = 101.25$ | |
| 总和 | $SS_T = 2700$ | 19 | | |

因为 $F = 3.56 \geqslant F_{0.05}(3,16) = 3.239$，所以拒绝 $H_0$。

实验设计B的方差分析表如表10.3所示。

表10.3　实验设计 B 的方差分析表

| 变异来源 | 平方和 | 自由度 | 均方 | *F* 比值 |
|---|---|---|---|---|
| 组间 | $SS_A = 1080$ | 3 | $MS_A = 360$ | $F = 0.9275$ |
| 组内 | $SS_E = 6210$ | 16 | $MS_E = 388.125$ | |
| 总和 | $SS_T = 7290$ | 19 | | |

因为 $F = 0.9275 \leqslant F_{0.05}(3,16) = 3.239$，所以无法拒绝 $H_0$。

实验设计 A 和 B 的处理甲乙丙丁各组平均和总平均都相等，所以组间变异 $SS_A$ 相等，但是实验设计 A的各组方差较小，所以组内变异 $SS_E$ 小，因此结论是甲乙丙丁各组均值存在差异，如图10.4（a）所示。实验设计 B的各组方差较大，所以组内变异 $SS_E$ 大，因此结论是甲乙丙丁各组均值不存在差异，如图10.4（b）所示。

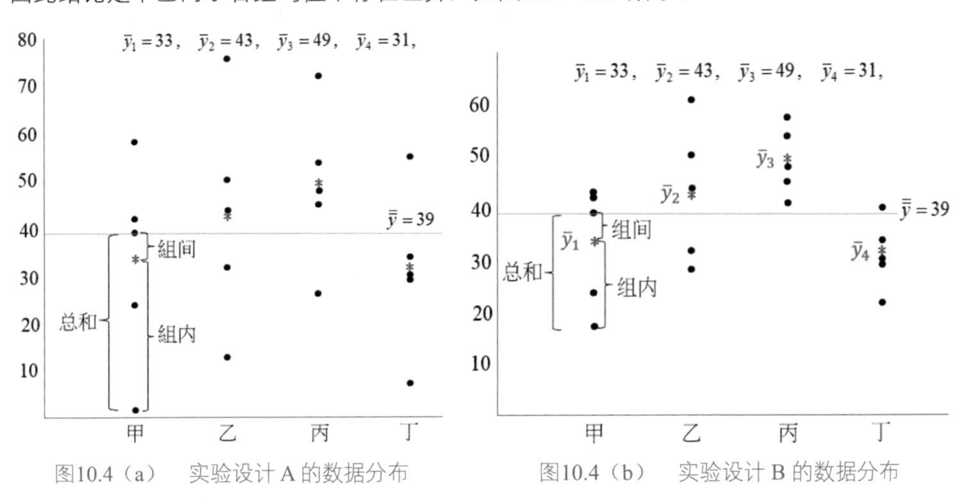

图10.4（a）　实验设计 A 的数据分布　　图10.4（b）　实验设计 B 的数据分布

# 10.3 单因素方差分析，样本量不等

单因素方差分析，样本量不等，数学模型如下：

$$Y_{ij} = \mu_i + \varepsilon_{ij} = \mu + \alpha_i + \varepsilon_{ij} \quad i = 1,\ldots,a; \quad j = 1,\ldots,n_i$$

上述 $i$ 是因素中的第 $i$ 种处理(一共有 $a$ 个处理)，$j$ 是该 $i$ 处理(该总体)的第 $j$ 个抽样(第 $i$ 个处理有 $n_i$ 个抽样)，如图10.5所示。

下列是模型的假定条件：

- $\varepsilon_{ij}$ 互相独立，正态分布，平均数为 0，且有相同的方差，$\varepsilon_{ij} \sim N(0,\sigma^2)$。

- $Y_{ij}$ 互相独立，正态分布，平均数为 $\mu_i$，且有相同的方差，$Y_{ij} \sim N(\mu_i, \sigma^2)$。
- $\sum_{i=1}^{a} \alpha_i = 0$。
- 检验 $H_0: \mu_1 = \mu_2 = \cdots = \mu_a$。

$H_1: H_0$ 不成立(处理之中有不相等的平均数)。

方差分析表如表10.4所示。

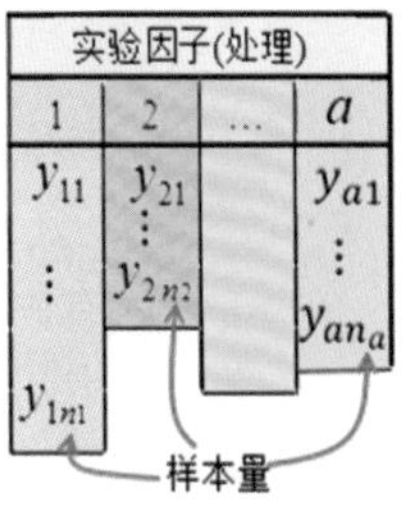


图 10.5　单因素方差分析样本量不等

表10.4　方差分析表

| 变异来源 | 平方和 | 自由度 | 平均平方和 | F 比值 |
|---|---|---|---|---|
| 组间 | $SS_A = \sum_{i=1}^{a} n_i(\bar{y}_i - \bar{\bar{y}})^2$ | $a-1$ | $MS_A = \frac{SS_A}{a-1}$ | $F = \frac{MS_A}{MS_E}$ |
| 组内 | $SS_E = \sum_{i=1}^{a}\sum_{j=1}^{n_i}(y_{ij} - \bar{y}_i)^2$ | $N-a$ | $MS_E = \frac{SS_E}{N-a}$ | |
| 总和 | $SS_T = \sum_{i=1}^{a}\sum_{j=1}^{n_i}(y_{ij} - \bar{y}_{..})^2$ | $N-1$ | | |

若 $F \geqslant F_\alpha(a-1, N-a)$，则拒绝 $H_0$。

**注意：**如果已知各处理的样本方差 $s_i^2$，则 $SS_E = \sum_{i=1}^{a}(n_i - 1)s_i^2$。

合并方差 $s_p^2$ 是 $\sigma^2$ 的估计值 $s_p^2 = \frac{\sum (n_i - 1)s_i^2}{N-a} = MS_E = \hat{\sigma}^2$。

例题10.2和例题10.3　见下载资料包。

# 10.4 多重比较法

**多重比较法**(multiple comparison)是用在方差分析以后，发现平均数有显著差异，再找出每两个平均数做比较，找出平均数大小的顺序。

多重比较法是将“每对”平均数做比较，利用置信区间，检验每对平均数是否相等。

如果有三个总体(处理)，其平均数分别为 $\mu_1$，$\mu_2$，$\mu_3$，利用双总体*t*检验，分别比较三对平均数 $\mu_1 - \mu_2$，$\mu_1 - \mu_3$，$\mu_2 - \mu_3$，分别有第一类错误 $\alpha$。如果三个*t*检验独立(事实上不是，因为检验中的样本数据有重复，例如总体1的样本数据用在检验 $\mu_1 - \mu_2$ 及 $\mu_1 - \mu_3$)，则三个*t*检验中至少有一次第一类错误的概率是：

$$1-P(\text{三个都没有第一类错误}) = 1-(0.95)^3 = 1-0.86 = 0.14$$

三个$t$检验至少有一个拒绝 $H_0:\mu_i-\mu_j$ 的第一类错误有 0.14 。

拒绝 $H_0:\mu_1=\mu_2=\cdots=\mu_n \Leftrightarrow$ 至少否定一个 $H_0:\mu_i-\mu_j=0$ 。

所以三组 $\mu_i-\mu_j$ 分别用$t$检验，则第一类错误的概率提高。

多重比较法有许多不同的计算方式，其检验功效不同。有几种多重比较法，控制不同程度的第一类错误。检验功效越高(第二类错误越低)，其第一类错误也越高。多重比较法增加置信区间的长度，即增加接受域，所以第一类错误减小，第二类错误增加。这里介绍 Fisher 多重比较法，其他多重比较法，请见补充教材。

Fisher比较法的置信区间等于单独比较两个平均数的置信区间，所以置信区间最小，接受域最小，第一类错误最大。$N$是全部样本的数目，$a$是处理(水平)的数目。

若 $\left|\bar{y}_i-\bar{y}_j\right|\geqslant t_{\alpha/2,N-a}\sqrt{\dfrac{\mathrm{MS_E}}{n_i}+\dfrac{\mathrm{MS_E}}{n_j}}$ ，则接受 $H_1:\mu_i\neq\mu_j$ 。

**例题10.4** 例题10.1实验设计 A 四种中文输入法的抽样平均数如下：

$\bar{y}_1=33$，$\bar{y}_2=43$，$\bar{y}_3=49$，$\bar{y}_4=31$

检验下列 $C_2^4=6$ 个假设：

$$H_0^1:\mu_1=\mu_2\quad H_0^2:\mu_1=\mu_3\quad H_0^3:\mu_1=\mu_4$$

$$H_0^4:\mu_2=\mu_3\quad H_0^5:\mu_2=\mu_4\quad H_0^6:\mu_3=\mu_4$$

$$t_{\frac{\alpha}{2},a(n-1)}\sqrt{\frac{2\mathrm{MS_E}}{n}}=t_{0.025,16}\sqrt{\frac{2(101.25)}{5}}=13.5$$

四种中文输入法的抽样平均数，由小到大排列如表10.5所示。

表10.5　四种中文输入法的抽样平均数

| | | $\bar{y}_1$ | $\bar{y}_2$ | $\bar{y}_3$ |
|---|---|---|---|---|
| | | 33 | 43 | 49 |
| $\bar{y}_4$ | 31 | 2 | 12 | 18* |
| $\bar{y}_1$ | 33 | | 10 | 16* |
| $\bar{y}_2$ | 43 | | | 6 |

上述 * 表示有显著差异(> 13.5)，即拒绝：$H_0^2:\mu_1=\mu_3$ 和 $H_0^6:\mu_3=\mu_4$ 。

# 10.5 检验方差是否相等

方差分析的假定条件之一是：各总体(处理)的方差相等。$F$ 检验对这个条件是稳健的(robust)，所谓稳健的模型是即使假定条件(assumption)不符，但是解答还可以适用于原来问题，ANOVA的总体方差稍有不等，而检验结果仍然可信。尤其是，当样本量相等时，方差分析检验更是稳健的。不过如果害怕方差相差很大，就应该对方差相等作检验：

$$H_0:\sigma_1^{\,2}=\sigma_2^{\,2}=\cdots=\sigma_k^{\,2}$$

检验的方法有几种，我们介绍Bartlett检验法，假定 $X_i \sim N(\mu_i,\sigma_i^2)$。

从第$i$个总体随机抽样 $n_i$ 个样本。总样本量 $N=\sum_{i=1}^{k} n_i$。

计算每个总体的样本方差 $s_i^2$， $i=1,\cdots,k$

$$s_i^{\,2}=\frac{\sum_{j=1}^{n_i}(x_{ij}-\bar{x}_{i.})^2}{n_i-1}$$

$$s^2=\frac{\sum_{i=1}^{k}\sum_{j=1}^{n_i}(x_{ij}-\bar{x}_{i.})^2}{N-k}=\frac{\sum_{i=1}^{k}(n_i-1)s_i^{\,2}}{N-k}$$

$$C=1+\frac{1}{3(k-1)}\left[\sum_{i=1}^{k}\frac{1}{n_i-1}-\frac{1}{N-k}\right]$$

$$B=\frac{1}{C}\left[(N-k)\log_e s^2-\sum_{i=1}^{k}(n_i-1)\log_e s_i^{\,2}\right]$$

$$B=\frac{\log_e 10}{C}\left[(N-k)\log_{10} s^2-\sum_{i=1}^{k}(n_i-1)\log_{10} s_i^{\,2}\right]\quad \log_e 10=2.3026$$

当 $B>\chi^2_{\alpha,k-1}$，则 拒绝 $H_0$。

**例题10.5** 四种中文输入法的抽样方差：$s_1^{\,2}=138.5$， $s_2^{\,2}=180$， $s_3^{\,2}=42.5$， $s_4^{\,2}=44$。

检验：$H_0{:}\sigma_1^{\,2}=\sigma_2^{\,2}=\sigma_3^{\,2}=\sigma_4^{\,2}$，如果显著水平是0.05，问检验的结果如何？

**解答：** Bartlett 检验法

$$s^2=\frac{\sum_{i=1}^{k}(n_i-1)s_i^{\,2}}{N-k}=101.25,\quad C=1+\frac{1}{3(k-1)}\left[\sum_{i=1}^{k}\frac{1}{n_i-1}-\frac{1}{N-k}\right]=\frac{53}{48}$$

$$B=\frac{48}{53}\left[16\log_e 101.25-\sum_{i=1}^{k}4\log_e s_i^{\,2}\right]=2.945$$

$B=2.945<x^2_{0.05,3}=7.81$，所以接受 $H_0$。

# 10.6 参数估计

单因素方差分析，参数的点估计及区间估计如表10.6所示。

表10.6　单因素方差分析参数

| 参数 | 符号 | 点估计 | 标准误差 |
|---|---|---|---|
| 方差 | $\sigma^2$ | $MS_E$ | |
| 总平均数 | $\mu$ | $\bar{\bar{y}}$ | $\sqrt{\frac{MS_E}{N}}$ |
| 第$i$处理平均数 | $\mu_i=\mu+\alpha_i$ | $\bar{y}_i$ | $\sqrt{\frac{MS_E}{n_i}}$ |
| 第$i$处理效应 | $\alpha_i$ | $\bar{y}_i-\bar{\bar{y}}$ | $\sqrt{MS_E\left(\frac{N-n_i}{n_iN}\right)}$ |
| 处理平均数差 | $\mu_i-\mu_j$ | $\bar{y}_i-\bar{y}_j$ | $\sqrt{\frac{MS_E}{n_i}+\frac{MS_E}{n_j}}$ |

参数的 $1-\alpha$ 置信区间为：[点估计 ± $t_{\alpha/2}(N-a)\times$(标准误差)]

例题10.6　见下载文件包。

# 10.7 双因素方差分析，无交互作用

随机区组设计是用双因素方差分析，每格样本量为 1 的模型检验。在 Excel 或《中文统计》的菜单为“双因素方差分析：无重复试验”。

双因素方差分析，A×B 设计，每格样本量为 1，观测数据如表10.7所示。

表10.7　双因素方差分析的观测数据

| | | 因素B | | | | |
|---|---|---|---|---|---|---|
| | | 1 | 2 | … | b | |
| 因子A | 1 | $y_{11}$ | $y_{12}$ | … | $y_{1b}$ | $T_{1.}$ |
| | 2 | $y_{21}$ | $y_{22}$ | … | $y_{2b}$ | $T_{2.}$ |
| | ⋮ | ⋮ | ⋮ | ⋱ | ⋮ | ⋮ |
| | A | $y_{a1}$ | $y_{a2}$ | … | $y_{ab}$ | $T_{a.}$ |
| | | $T_{.1}$ | $T_{.2}$ | … | $T_{.b}$ | $T_{..}$ |

数学模型如下：

$$Y_{ij}=\mu+\alpha_i+\beta_j+\varepsilon_{ij}\quad i=1,\cdots,a;\quad j=1,\cdots,b$$

上述 $i$ 是单因素中的第 $i$ 种处理(共有 $a$ 个处理)，$j$ 是双因素中的第 $j$ 种处理(共有 $b$ 个处理)。随机区组设计有一个因素是区组因素。

假定条件：

- $\varepsilon_{ij}$ 互相独立，正态分布，平均数为 0，且有相同的方差，$\varepsilon_{ij} \sim N(0,\sigma^2)$ 。
- $\alpha_i$ 是因素 A 的第 $i$ 处理的效应，是未知参数，$\sum_{i=1}^{a}\alpha_i = 0$ 。
- $\beta_j$ 是因素 B 的第 $j$ 处理的效应，是未知参数，$\sum_{j=1}^{b}\beta_j = 0$ 。
- $Y_{ij}$ 为互相独立的正态分布，平均数为 $\mu+\alpha_i+\beta_j$，且有相同的方差 $\sigma^2$(未知参数)，$Y_{ij} \sim N(\mu+\alpha_i+\beta_j,\sigma^2)$ 。
- 检验 $H_0^1:\alpha_1=\alpha_2=\cdots=\alpha_a$，　$H_1^1:H_0^1$ 不成立，因素A效应显著。
- 检验 $H_0^2:\beta_1=\beta_2=\cdots=\beta_b$，　$H_1^2:H_0^2$ 不成立，因素B效应显著。

ANOVA利用 $F$检验。

方差分析表如表10.8所示：

表10.8　方差分析表

| 变异来源 | 平方和 | 自由度 | 平均平方和 | $F$ 比值 |
|---|---|---|---|---|
| 因素 A | $SS_A = b\sum_{i=1}^{a}(\bar{y}_{i.}-\bar{\bar{y}})^2$ | $a-1$ | $MS_A = \frac{SS_A}{a-1}$ | $F_1 = \frac{MS_A}{MS_E}$ |
| 因素 B | $SS_B = a\sum_{j=1}^{b}(\bar{y}_{.j}-\bar{\bar{y}})^2$ | $b-1$ | $MS_B = \frac{SS_B}{b-1}$ | $F_2 = \frac{MS_B}{MS_E}$ |
| 误差 | $SS_E = \sum_{i=1}^{a}\sum_{j=1}^{b}(y_{ij}-\bar{y}_{i.}-\bar{y}_{.j}+\bar{y}_{..})^2$ | $(a-1)\times(b-1)$ | $MS_E = \frac{SS_E}{(a-1)(b-1)}$ | |
| 总和 | $SS_T = \sum_{i=1}^{a}\sum_{j=1}^{b}(y_{ij}-\bar{\bar{y}})^2$ | $ab-1$ | | |

若 $F_1 \geqslant F_\alpha[a-1,(a-1)(b-1)]$，则拒绝 $H_0^1$。若 $F_2 \geqslant F_\alpha[(b-1,(a-1)(b-1)]$，则拒绝 $H_0^2$。

双因素方差分析，无重复试验，参数的点估计及区间估计如表10.9所示：

表10.9　双因素方差分析，无重复试验

| 参数 | 点估计 | 标准误差 |
|---|---|---|
| 方差 $\sigma^2$ | $MS_E$ | |
| 总平均数 | $\bar{\bar{y}}$ | $\sqrt{MS_E/ab}$ |
| 因素A第$i$处理平均数 | $\bar{y}_{i.}$ | $\sqrt{MS_E/b}$ |
| 因素B第$j$处理平均数 | $\bar{y}_{.j}$ | $\sqrt{MS_E/a}$ |

参数的 $1-\alpha$ 置信区间为：

$$[点估计 \pm t_{\alpha/2}[(a-1)(b-1)]\times(标准误差)]$$

**例题10.7** 表10.10是10个参加减肥计划者，6周前与6周后的体重(单位公斤)：

表10.10 体重数据

| 六周前 | 70 | 103 | 78 | 64 | 73 | 96 | 84 | 55 | 74 | 90 |
|---|---|---|---|---|---|---|---|---|---|---|
| 六周后 | 69 | 94 | 75 | 67 | 71 | 89 | 82 | 55 | 68 | 86 |

检验原假设：减肥计划在六周内对体重没有影响，$H_0:\mu_1-\mu_2=0$。

如果检验的显著水平是0.05，问检验的结果如何？

**解答：** 如果用单因子方差分析，则方差分析表如表10.11所示。

表10.11 单因子方差分析表

| 变异来源 | 自由度 | 平方和 | 平均平方和 | $F$比值 |
|---|---|---|---|---|
| 处理之间 | 1 | $SS_A=48.05$ | $MS_A=48.05$ | $F=0.267$ |
| 误差 | 18 | $SS_E=3242.5$ | $MS_E=180.14$ | |
| 总和 Total | 19 | $SS_T=3290.55$ | | |

因为 $F=0.267<F_{0.05}(1,18)=4.414$，所以接受 $H_0$，处理(减肥计划)效应是不显著的。

**注意：** $F$值是双总体"独立样本"检验的 $t^*$ 值的平方。(比较例题11.5)

如果用随机区组设计二因子方差分析，则方差分析表如表10.12所示。

表10.12 二因子方差分析表

| 变异来源 | 自由度 | 平方和 | 平均平方和 | $F$比值 |
|---|---|---|---|---|
| 处理因素 | 1 | $SS_A=48.05$ | $MS_A=48.05$ | $F_1=7.66$ |
| 区组因素 | 9 | $SS_B=3186.05$ | $MS_B=354.01$ | $F_2=56.44$ |
| 误差 | 9 | $SS_E=56.45$ | $MS_E=6.27$ | |
| 总和 Total | 19 | $SS_T=3290.55$ | | |

因为 $F_1=7.66>F_{0.05}(1,9)=5.117$，所以拒绝 $H_0^1$。处理(减肥计划)效应是显著的。

因为 $F_2=56.44>F_{0.05}(9,9)=3.179$，所以拒绝 $H_0^2$。区组(个人)效应是显著的。

**注意：** $F_1$ 值是双总体"相依样本"检验的 $t^*$ 值的平方。(比较例题11.6)

方差分析是将总变异分解为：因素A可解释的变异SSA $=SS_A$ 和误差(因素A不可解释)的变异SSE(A)，当前者比较大(如何比较？)，则因素A的影响效应是显著的。如果再加入因素B，则将原来误差的变异SSE(A)再分解为：SS(B) $=SS_B$ 和SSE(A，B)，这样检验因素A和B的影响效应是显著的可能性就提高了，如图10.6所示。

方差分析是回归分析的一个特例，所以上述观念可以扩展到回归分析，如图10.7所示。

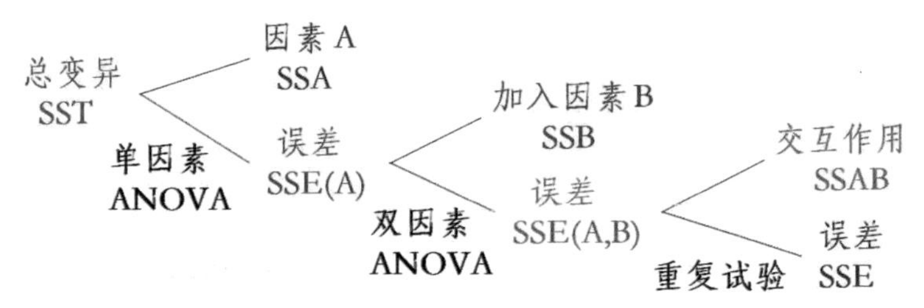


图10.6　方差分析增加因素，分解变异来源

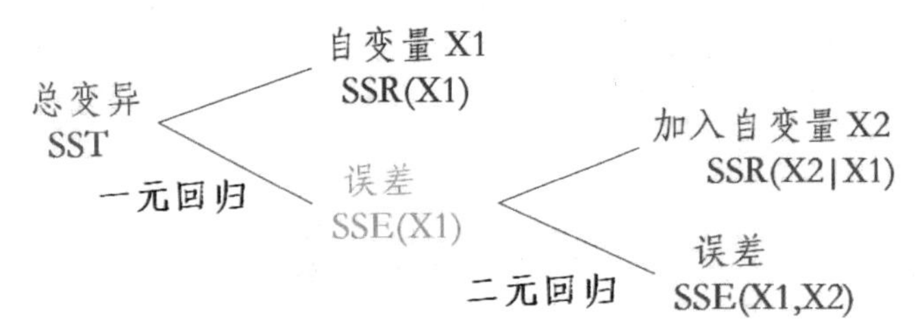


图10.7　回归分析增加自变量，分解变异来源(请见下载资源包　多元回归)

# 10.8 《中文统计》应用

## 10.8.1　单因素方差分析(例题10.3)

例题10.3的《中文统计》应用实现如图10.8所示。

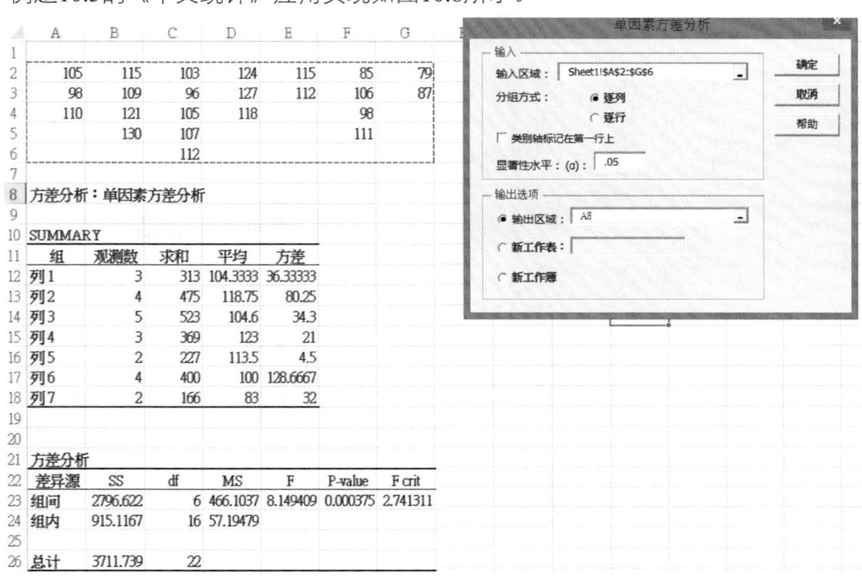

| A | B | C | D | E | F | G |
|---|---|---|---|---|---|---|
| 105 | 115 | 103 | 124 | 115 | 85 | 79 |
| 98 | 109 | 96 | 127 | 112 | 106 | 87 |
| 110 | 121 | 105 | 118 | | 98 | |
| | 130 | 107 | | | 111 | |
| | | 112 | | | | |

方差分析：单因素方差分析

SUMMARY

| 组 | 观测数 | 求和 | 平均 | 方差 |
|---|---|---|---|---|
| 列1 | 3 | 313 | 104.3333 | 36.33333 |
| 列2 | 4 | 475 | 118.75 | 80.25 |
| 列3 | 5 | 523 | 104.6 | 34.3 |
| 列4 | 3 | 369 | 123 | 21 |
| 列5 | 2 | 227 | 113.5 | 4.5 |
| 列6 | 4 | 400 | 100 | 128.6667 |
| 列7 | 2 | 166 | 83 | 32 |

方差分析

| 差异源 | SS | df | MS | F | P-value | F crit |
|---|---|---|---|---|---|---|
| 组间 | 2796.622 | 6 | 466.1037 | 8.149409 | 0.000375 | 2.741311 |
| 组内 | 915.1167 | 16 | 57.19479 | | | |
| 总计 | 3711.739 | 22 | | | | |



图10.8　单因素方差分析

## 10.8.2 方差分析快速检验

如图10.9所示。

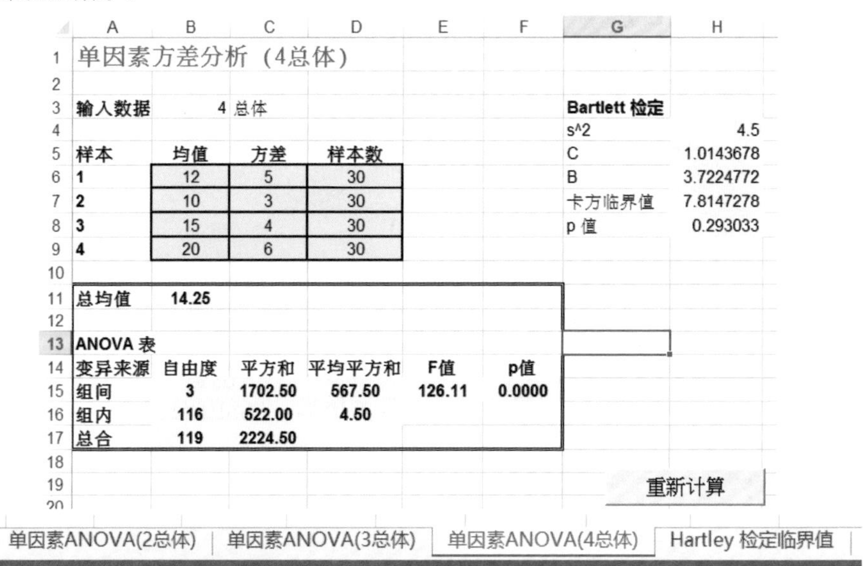


图10.9　方差分析快速检验

## 10.8.3 双因素方差分析: 无重复(例题10.9)

例题10.9的《中文统计》应用实现如图10.10和图10.11所示。

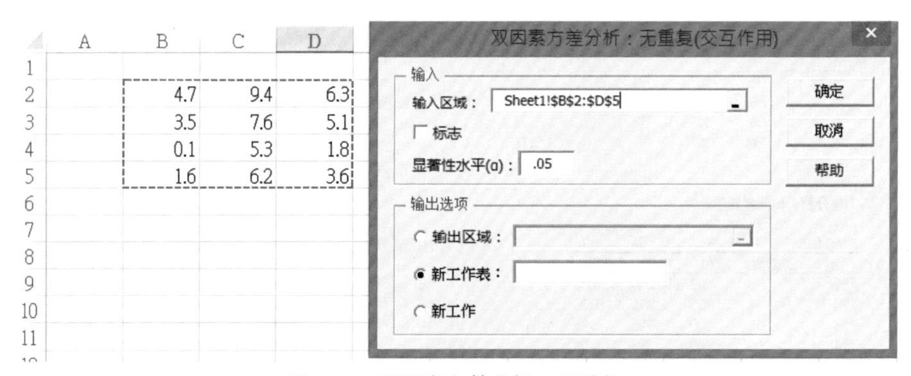


图10.10　双因素方差分析：无重复

| | A | B | C | D | E |
|---|---|---|---|---|---|
| 1 | 方差分析：无重复双因素分析 | | | | |
| 2 | | | | | |
| 3 | UMMAR' | 观测数 | 求和 | 平均 | 方差 |
| 4 | 行 1 | 3 | 20.4 | 6.8 | 5.71 |
| 5 | 行 2 | 3 | 16.2 | 5.4 | 4.27 |
| 6 | 行 3 | 3 | 7.2 | 2.4 | 7.03 |
| 7 | 行 4 | 3 | 11.4 | 3.8 | 5.32 |
| 8 | | | | | |
| 9 | 列 1 | 4 | 9.9 | 2.475 | 4.135833 |
| 10 | 列 2 | 4 | 28.5 | 7.125 | 3.195833 |
| 11 | 列 3 | 4 | 16.8 | 4.2 | 3.78 |

| | | | | | | | |
|---|---|---|---|---|---|---|---|
| 14 | 方差分析 | | | | | | |
| 15 | 差异源 | SS | df | MS | F | P-value | F crit |
| 16 | 行 | 32.88 | 3 | 10.96 | 144.5275 | 5.53E-06 | 4.757063 |
| 17 | 列 | 44.205 | 2 | 22.1025 | 291.4615 | 1.06E-06 | 5.143253 |
| 18 | 误差 | 0.455 | 6 | 0.075833 | | | |
| 19 | | | | | | | |
| 20 | 总计 | 77.54 | 11 | | | | |

图10.11　双因素方差分析计算结果

# 10.9 R 语言应用

```
> # R例10.3
> if(!require(ggpubr)){install.packages("ggpubr")} ; library(ggpubr)
> if(!require(car)){install.packages("car")} ; library(car)
> if(!require(lawstat)){install.packages("lawstat")} ; library(lawstat)
> # par(mfrow=c(1,1))
> X <- list(T1=c(105,98,110),T2=c(115,109,121,130),T3=c(103,96,105,107,
112),T4=c(124,127,118),T5=c(115,112),T6=c(85,106,98,111),T7=c(79,87)); X
> times <- stack(X)$values ; treat<- stack(X)$ind ; tapply(times,treat,summary)
> plot(times~ treat ,col=c("red","green","blue","orange","purple","grey",
"yellow"))
> Aov <- aov(times~ treat); summary(Aov)
Df Sum Sq Mean Sq F value Pr(>F)
treat 6 2796.6 466.1 8.149 0.000375 ***
Residuals 16 915.1 57.2
> model <- lm(times~ treat); anova(model); summary(model)
Analysis of Variance Table
```

```
Response: times
Df Sum Sq Mean Sq F value Pr(>F)
treat 6 2796.62 466.10 8.1494 0.0003749 ***
Residuals 16 915.12 57.19
Coefficients:
Estimate Std. Error t value Pr(>|t|)
(Intercept) 104.3333 4.3663 23.895 6.06e-14 ***
treatT2 14.4167 5.7761 2.496 0.02387 *
treatT3 0.2667 5.5230 0.048 0.96209
treatT4 18.6667 6.1749 3.023 0.00808 **
treatT5 9.1667 6.9038 1.328 0.20289
treatT6 -4.3333 5.7761 -0.750 0.46402
treatT7 -21.3333 6.9038 -3.090 0.00702 **
> par(mfrow=c(2,2))
> plot(model,col.smooth="red")
> bartlett.test(times~ treat) # 检验方差相等(假定正态分布)
Bartlett test of homogeneity of variances
data: times by treat
Bartlett' s K-squared = 3.8146,df = 6,p-value = 0.7017
> levene.test(times,treat) # 检验方差相等(非正态分布)
Modified robust Brown-Forsythe Levene-type test based on the
absolute deviations from the median
data: times
Test Statistic = 1.0403,p-value = 0.436
> pairwise.t.test(times,treat,p.adjust="bonf")
                              # Bonferroni多重比较检验
Pairwise comparisons using t tests with pooled SD
data: times and treat
T1 T2 T3 T4 T5 T6
T2 0.50127 - - - - -
T3 1.00000 0.27577 - - - -
T4 0.16973 1.00000 0.08881 - - -
T5 1.00000 1.00000 1.00000 1.00000 - -
T6 1.00000 0.06142 1.00000 0.02251 1.00000 -
T7 0.14751 0.00110 0.07467 0.00058 0.02022 0.40979
P value adjustment method: bonferroni
> leveneTest(times,treat)  # 检验方差相等(非正态分布)
Levene' s Test for Homogeneity of Variance(center = median)
Df F value Pr(>F)
```

```
group 6 1.0403 0.436
16
> # R例10.1
> data <- read.csv("C:/1Stat/StatData/Chap10_1A.csv",header=T)
                                    # 读入 Chap10_1.csv
> ggboxplot(data,x = "Treat",y = "Time",color = "Treat",palette = c("red",
"blue","orange","purple"),ylab = "Time",xlab = "Treat")
> ggline(data,x = "Treat",y = "Time",add = c("mean_se","jitter"),ylab =
"Time",xlab ="Treat",color = "Treat",palette = c("red","blue","orange",
"purple"))
> model.aov <- aov(Time ~ Treat,data = data) # 方差分析
> summary(model.aov)
Df Sum Sq Mean Sq F value Pr(>F)
Treat 3 1080 360.0 3.556 0.0382 *
Residuals 16 1620 101.3
Signif. codes: 0 '***' 0.001 '**' 0.01 '*' 0.05 '.' 0.1 ' ' 1
> plot(model.aov,2)             # 残差的正态 QQ plot
> data <- read.csv("C:/1Stat/StatData/Chap10_1B.csv",header=T)
                                    # 读入 Chap10_1B.csv
> ggboxplot(data,x = "Treat",y = "Time",color = "Treat",palette = c("red",
"blue","orange","purple"),ylab = "Time",xlab = "Treat")
> ggline(data,x = "Treat",y = "Time",add = c("mean_se","jitter"),ylab =
"Time",xlab ="Treat",color = "Treat",palette = c("red","blue","orange",
"purple"))
> model.aov <- aov(Time ~ Treat,data = data)# 方差分析
> summary(model.aov)
Df Sum Sq Mean Sq F value Pr(>F)
Treat 3 1080 360.0 0.928 0.45
Residuals 16 6210 388.1
> plot(model.aov,2)             # QQ test
> Aov <- aov(Time~Treat,data = data)
> THSD <- TukeyHSD(Aov); THSD # Tukey 多重检验
> par(mfrow=c(1,1)); par(las=1)
> plot(THSD)
> residual <- residuals(object = model.aov)
> shapiro.test(x = residual)  # Shapiro-Wilk test 残差正态检验
Shapiro-Wilk normality test
data: residual
W = 0.95639,p-value = 0.4746
```

代码输出图形如图10.12所示。

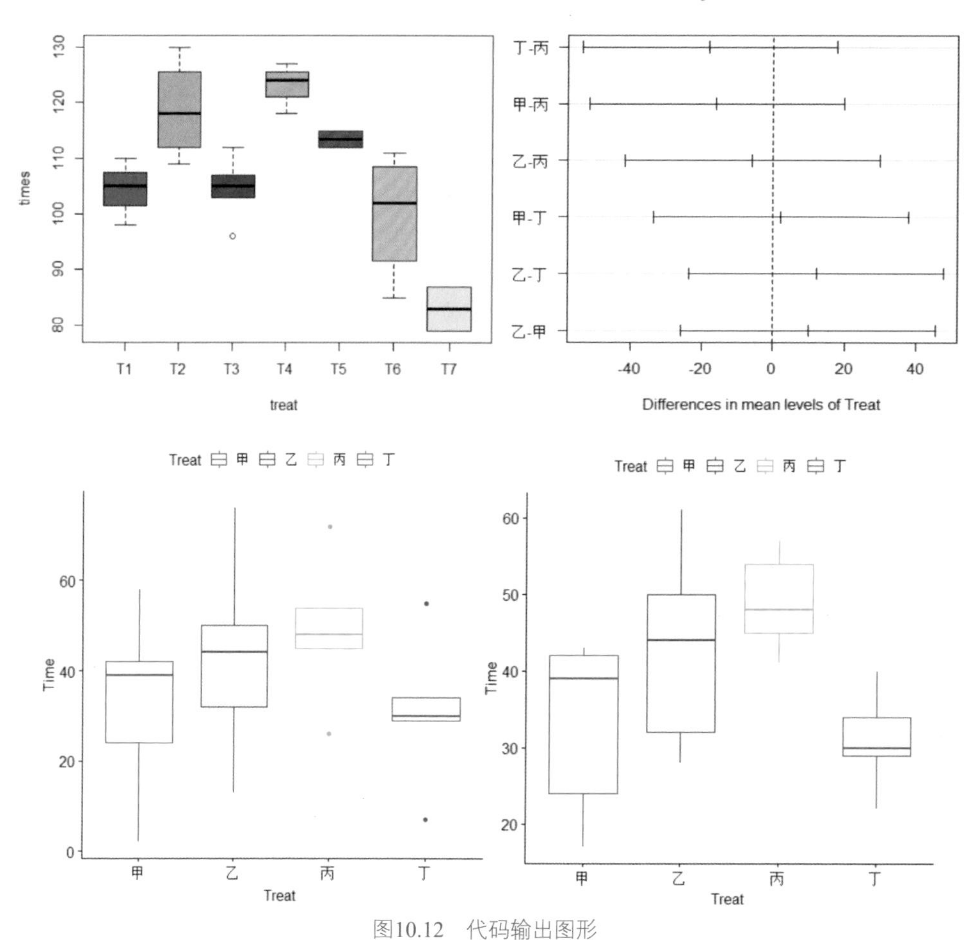


图10.12　代码输出图形

# 10.10 本章流程图

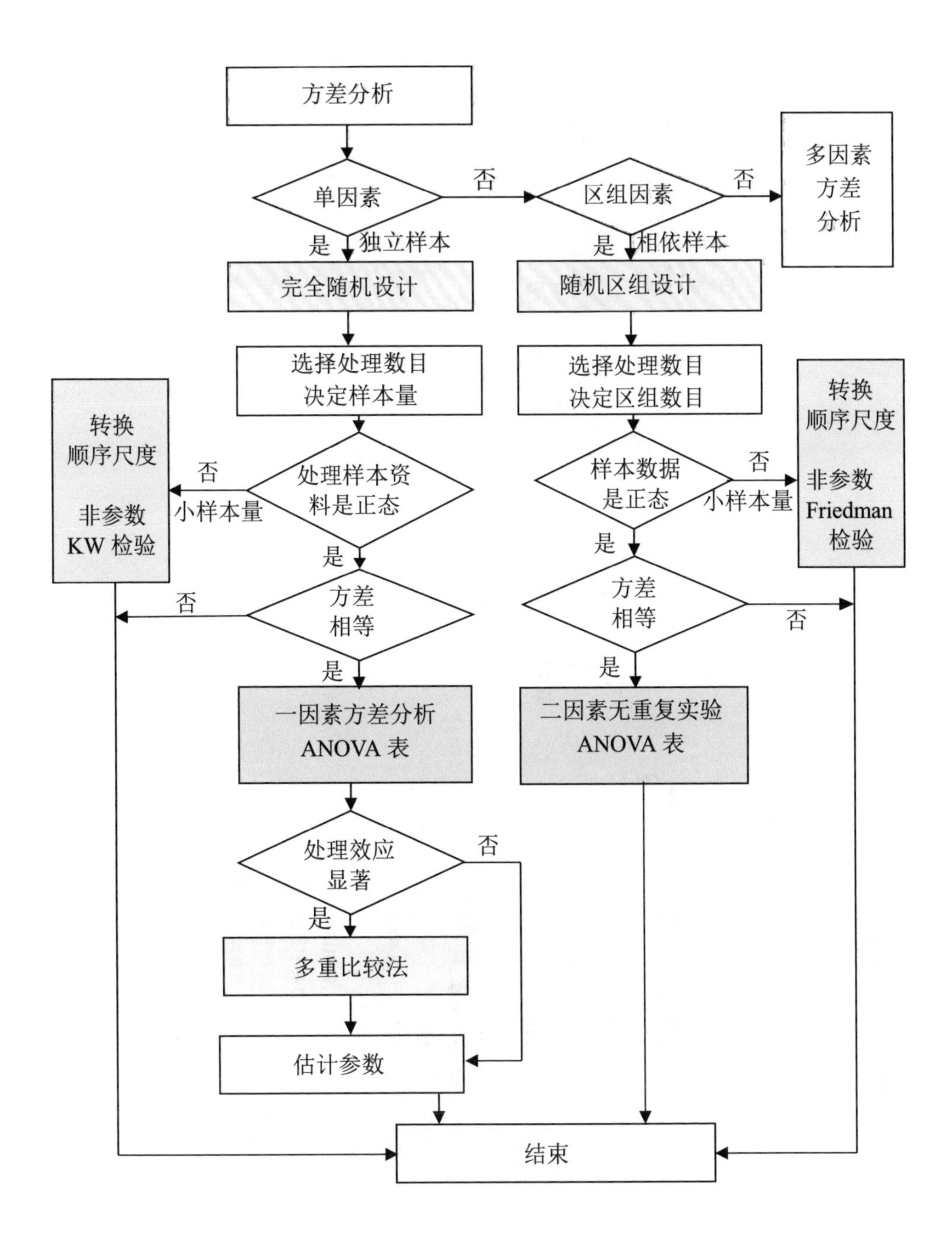

方差分析
单因素
否
区组因素
否
多因素
方差
分析
是
独立样本
是
相依样本
完全随机设计
随机区组设计
选择处理数目
决定样本量
选择处理数目
决定区组数目
转换
顺序尺度
非参数
KW 检验
否
小样本量
处理样本资
料是正态
样本数据
是正态
否
小样本量
转换
顺序尺度
非参数
Friedman
检验
是
是
否
方差
相等
方差
相等
否
是
是
一因素方差分析
ANOVA 表
二因素无重复实验
ANOVA 表
处理效应
显著
否
是
多重比较法
估计参数
结束

## 10.11 本章思维导图

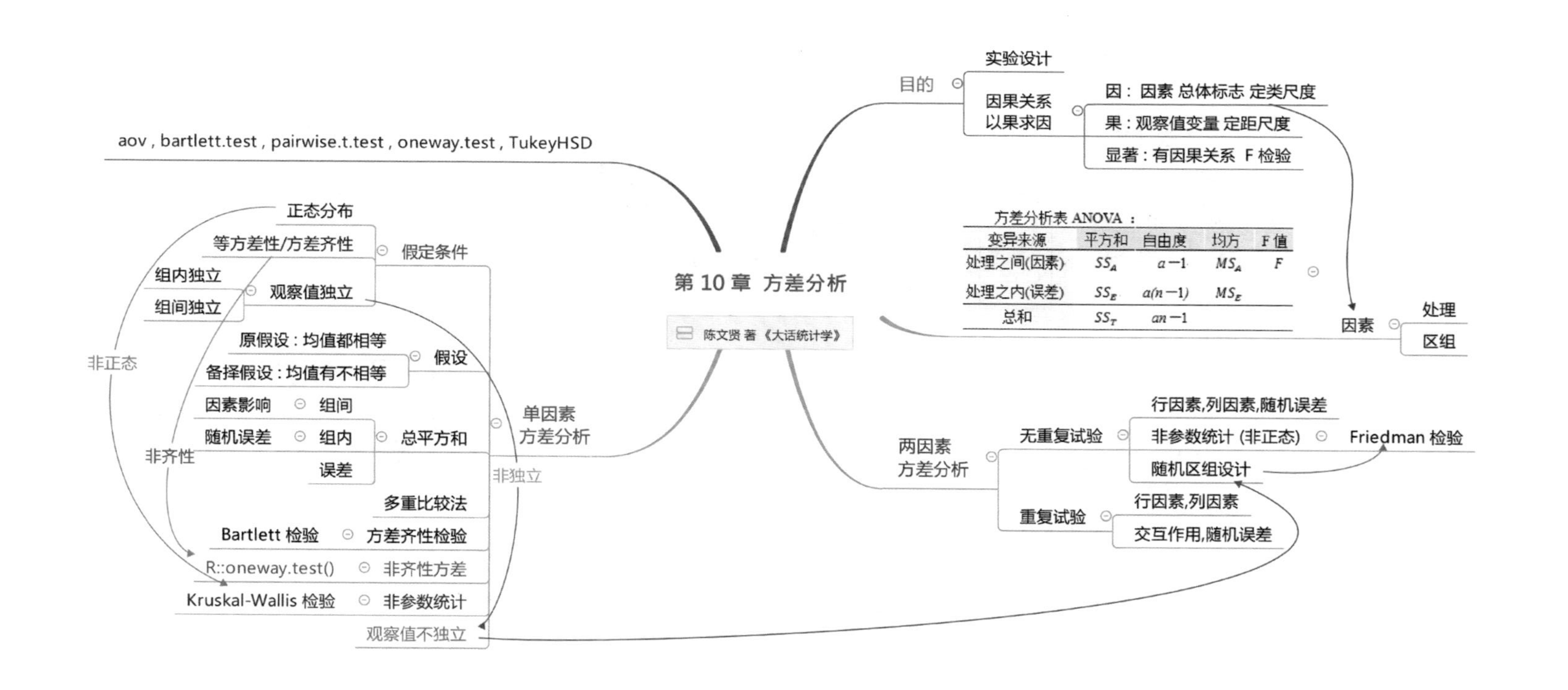
第 10 章 方差分析
陈文贤 著《大话统计学》
目的
实验设计
因果关系
以果求因
因：因素 总体标志 定类尺度
果：观察值变量 定距尺度
显著：有因果关系 F 检验
方差分析表 ANOVA ：
变异来源 平方和 自由度 均方 F 值
处理之间(因素) $SS_A$ $a-1$ $MS_A$ $F$
处理之内(误差) $SS_E$ $a(n-1)$ $MS_E$
总和 $SS_T$ $an-1$
因素
处理
区组
两因素
方差分析
无重复试验
行因素,列因素,随机误差
非参数统计（非正态）
随机区组设计
Friedman 检验
重复试验
行因素,列因素
交互作用,随机误差
aov，bartlett.test，pairwise.t.test，oneway.test，TukeyHSD
单因素
方差分析
假定条件
正态分布
等方差性/方差齐性
观察值独立
组内独立
组间独立
假设
原假设：均值都相等
备择假设：均值有不相等
总平方和
组间
组内
误差
因素影响
随机误差
多重比较法
方差齐性检验
Bartlett 检验
非齐性方差
R::oneway.test()
非参数统计
Kruskal-Wallis 检验
观察值不独立
非正态
非齐性
非独立

# 10.12 习题

1. 比较三种设计系统，效能如表10.13所示。

表10.13　三种设计系统的效能数据

| A | 147 | 188 | 162 | 144 | 157 | 179 | 165 | 180 | |
|---|---|---|---|---|---|---|---|---|---|
| B | 143 | 161 | 167 | 145 | 173 | 160 | 154 | | |
| C | 173 | 152 | 194 | 186 | 166 | 194 | 178 | 192 | 186 |

(1) 建立变异数分析表，检验不同系统平均效能是否有差异。( $\alpha = 0.05$ )

(2) 若有差异，利用多重比较法，决定其差异。

(3) 计算每个系统的平均效能的 95% 置信区间。

(4) 检验变异数是否相等。

2. 比较四家公司，每家抽样 30人，考试成绩如表10.14所示。

表10.14　考试成绩数据

| 公司A | $\bar{x}_1 = 57.8$ | $s_1 = 14.3$ |
|---|---|---|
| 公司B | $\bar{x}_2 = 62.3$ | $s_2 = 19.4$ |
| 公司C | $\bar{x}_3 = 58.4$ | $s_3 = 16.5$ |
| 公司D | $\bar{x}_4 = 48.9$ | $s_4 = 12.6$ |

(1) 建立变异数分析表，检验不同公司平均成绩是否有差异。( $\alpha = 0.05$ )

(2) 若有差异，利用多重比较法，决定其差异。

(3) 计算每个公司的平均成绩的 95% 置信区间。

(4) 检验变异数是否相等。

3.某食品检验公司发展出4种新的方法，可以从5种食物(牛肉、鸡肉、猪肉、蛋与牛奶)中检验出细菌的含量，为比较4种新的检验方法适用的食物状况，因此用这4种新的检验方法检验5种受污染的食物，得到每种检验方法下每种食物细菌的含量如表10.15所示。

表10.15　4种检验方法的细菌含量

| 食物 | 检验方法 1 | 检验方法 2 | 检验方法 3 | 检验方法 4 |
|---|---|---|---|---|
| 牛肉 | 47 | 53 | 36 | 68 |
| 鸡肉 | 53 | 61 | 48 | 75 |
| 猪肉 | 68 | 85 | 55 | 45 |
| 蛋 | 25 | 24 | 20 | 27 |
| 牛奶 | 44 | 48 | 38 | 46 |

假设每种检验方法每种食物细菌的含量为正态分布且变异数相等，请根据这个样本回答以下的问题。

请用5%的显著水平检验4种检验方法下每种食物细菌的含量是否相同?

其他习题请下载。

# 第11章 回归与相关分析

今据因果同时。若小乘说因果者，即转因以成果，因灭始果成。

——《华严一乘十玄门探玄》

有关系，就没关系；没关系，就有关系。

——顺口溜

有关系(检验结果是显著)，就没关系；没关系(不显著)，就要再找关系。

我们晓得万事都互相效力。

——《圣经·罗马书》

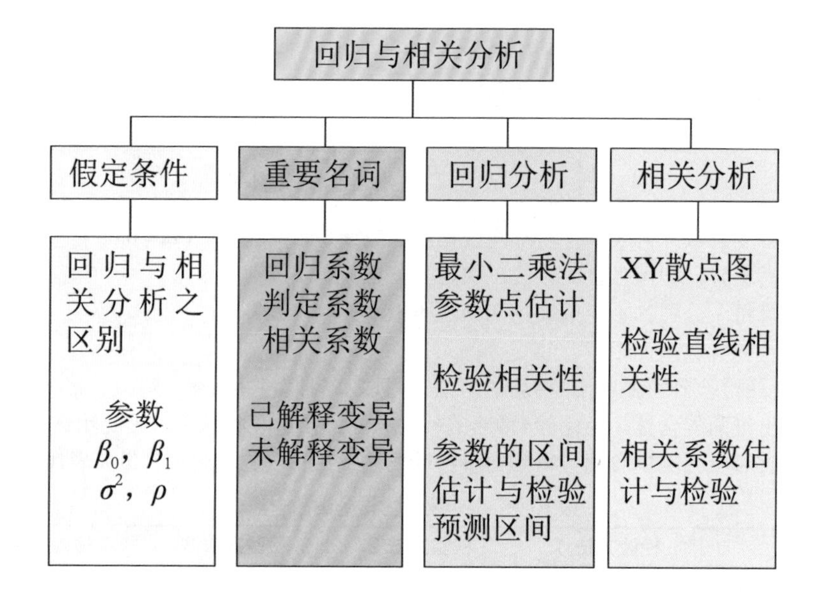

# 11.1 回归与相关分析的区别

**一元回归**(simple regression)与**相关分析**(correlation analysis)都是：探讨两个以上变量之间的“直线”关系。一元回归分析的主要目的是，探讨两个变量之间是否有直线的关系，并利用这个关系，来做预测。一元回归又称**简单回归**。

一元回归分析有两个变量，变量*X*与变量*Y*，通常我们将变量X 称作**自变量**或**独立变量**(independent variable)，将变量Y 称作**因变量**或**依赖变量**(dependent variable)。*X*是因，*Y*是果，一元回归分析要事先预设因果关系。所谓“一元”是只有一个自变量。“多元”是有两个以上自变量。

回归这名词出自Sir Francis Galton 爵士(1822-1911)，他是著名的遗传学者，他研究父亲和儿子的身高，发现：父亲身高较平均数高的下一代比上一代矮，父亲身高较平均数矮的下一代比上一代高，他称这个现象为“回归平凡”(regression towards mediocrity)。以回归分析的术语来说：父亲身高是自变量*x*，儿子身高是因变量*y*，回归直线的斜率(参数$\beta_1$)小于 1，如图11.1所示。(如果回归直线的斜率大于 1，则是高者恒高，矮者恒矮。)

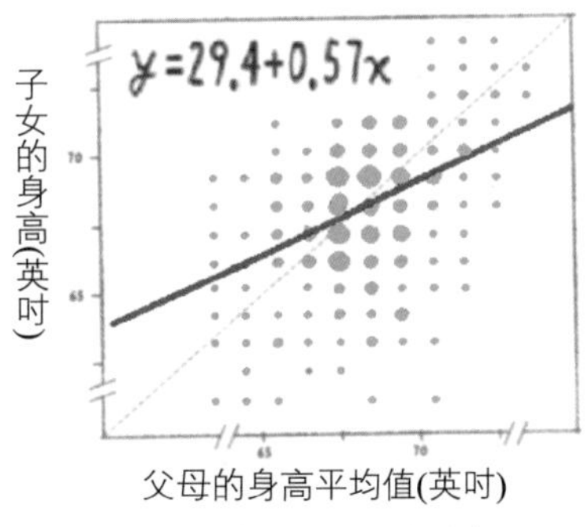

图11.1　身高一元回归分析

湖北省体育科学研究所，进行了研究校正：

儿子身高 =(56.699+0.419×父身高+0.265×母身高)±3cm

女儿身高 =(40.089+0.306×父身高+0.431×母身高)±3cm

相关分析是，检验两个变量之间是否有“线性相关性”以及相关的程度。相关性并“不显示因果关系”，从相关分析，我们并不知道两个变量是，X 变量影响Y变量，或者*Y*变量影响*X*变量；也有可能第三个变量影响这两个变量，造成它们之间的相关。

实际上，回归分析也不能“证明”或检验“因果”关系。

回归分析与相关分析的比较如表11.1所示。

表11.1　回归分析与相关分析的比较

| 回归分析 | 相关分析 |
|---|---|
| 相同点：检验两变量“线性”关系 | 相同点：检验两变量“线性”关系 |
| *X*是控制变量(自变量)，*Y*是随机变量(因变量)，<br>*X*，*Y*先预设因果关系 | *X*是随机变量，*Y*是随机变量<br>*X*，*Y*没预设也无检验因果关系 |
| 对每个已知的$X_i$，*Y*是正态分布，实际应记作$Y_{X_i}$，简记作$Y_i \sim N(\beta_0+\beta_1 X_i,\sigma^2)$ | 对每个已知的$X_i$，*Y*是正态分布<br>对每个 已知的$Y_i$，*X*是正态分布 |
| 每个$Y_i$的正态分布的期望值是在一条直线上 | *X*，*Y*的联合分布是双变量正态分布 |
| $X_i$的方差是 0<br>$Y_i$有相同的方差$\sigma^2$ | $X_i$有相同的方差$\sigma_X^2$<br>$Y_i$有相同的方差$\sigma_Y^2$ |

续表

| 回归分析 | 相关分析 |
|---|---|
| $S_{XX}$ 可视为常数<br>$S_{XY}$，$S_{YY}$ 是随机变量 | $X$，$Y$ 有相关系数 $\rho$<br>$S_{XX}$，$S_{XY}$，$S_{YY}$ 是随机变量 |
| 主要参数 $\beta_0,\beta_1,\sigma^2$ | 主要参数 $\rho$ |

图11.1是不符合回归分析假定条件的情况。回归分析与相关分析的$X$，$Y$ 变量关系图，分别在图11.2 和图11.3。

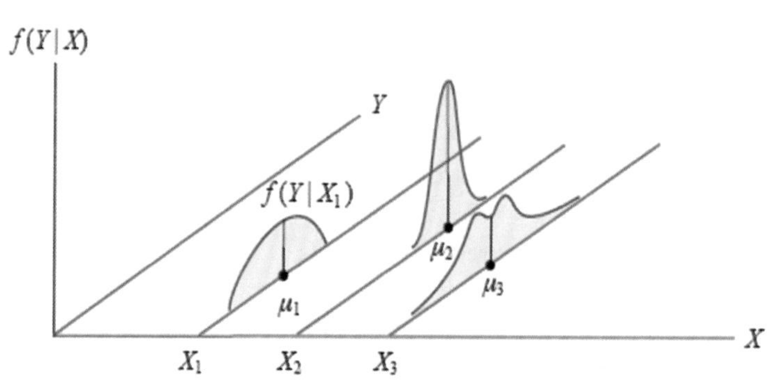


图11.2　X 是自变量，Y 是因变量，但是无直线关系，也不是正态分布

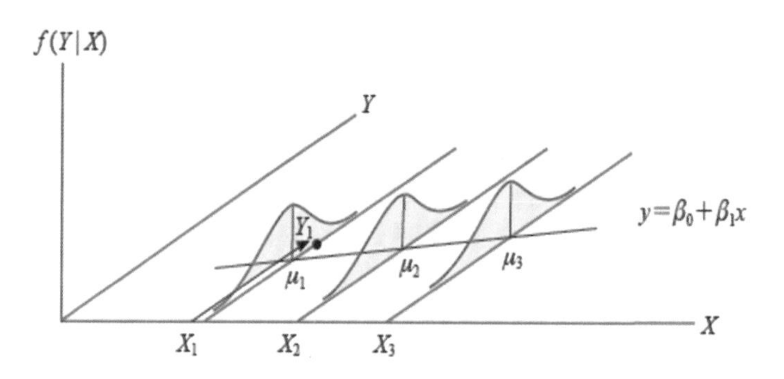


图11.3　一元直线回归的$X$，$Y$变量关系图

# 11.2 数学符号与关系式

在本章，我们将用到一些平方和的符号与关系式，为了方便查阅，我们将它们集中在这节。请注意，以下 $x$ 或 $x_i$ 是常数值，而 $y$ 或 $y_i$ 代表因变量值。如果改为大写 $Y$ 或 $Y_i$ 则代表随机变量。例如 $S_{xy}$ 为一个估计值，是一个实数值；$S_{xy}$ 成为一个估计量，是一个随机变量。

$$Y_i = \beta_0 + \beta_1 x_i + \varepsilon_i \quad i = 1, \dots, n$$

$$S_{xy} = \sum_{i=1}^{n}(x_i - \overline{x})(y_i - \overline{y}) = \sum_{i=1}^{n} x_i y_i - n\,\overline{x}\,\overline{y}$$

$$\mathrm{Cov}(X, Y) = \frac{S_{xy}}{n-1}$$

$$S_{xx} = \sum_{i=1}^{n}(x_i - \overline{x})^2 = \sum_{i=1}^{n} x_i^2 - n\overline{x}^2，\quad S_x^2 = \frac{S_{xx}}{n-1}$$

$$S_{yy} = \sum_{i=1}^{n}(y_i - \overline{y})^2 = \sum_{i=1}^{n} y_i^2 - n\overline{y}^2，\quad S_y^2 = \frac{S_{yy}}{n-1}$$

$$\hat{\beta}_1 = b_1 = \frac{S_{xy}}{S_{xx}} = \frac{\mathrm{Cov}(X, Y)}{S_x^2}$$

$$\hat{\beta}_0 = b_0 = \overline{y} - b_1\overline{x}$$

$$\hat{y}_i = b_0 + b_1 x_i$$

$$\begin{aligned}
\mathrm{SS_E} &= \sum_{i=1}^{n}(y_i - \hat{y}_i)^2 = \sum_{i=1}^{n}(y_i - b_0 - b_1 x_i)^2 = \sum_{i=1}^{n}(y_i - \overline{y} - b_1\overline{x} - b_1 x_i)^2 \\
&= \sum_{i=1}^{n}(y_i - \overline{y})^2 - 2b_1\sum_{i=1}^{n}(y_i - \overline{y})(x_i - \overline{x}) + b_i^2 S_{xx} = S_{yy} - 2b_1 S_{xy} + b_1^2 S_{xx} \\
&= S_{yy} - b_1 S_{xy} = S_{yy} - b_1^2 S_{xx} = (1 - r^2)\mathrm{SS_T}
\end{aligned}$$

$$\mathrm{SS_R} = \sum_{i=1}^{n}(\hat{y}_i - \overline{y})^2 = b_1 S_{xy} = r^2\mathrm{SS_T}$$

$$\mathrm{MS_E} = \frac{1}{n-2}\sum_{i=1}^{n}(y_i - \hat{y}_i)^2 = \frac{\mathrm{SS_E}}{n-2}$$

$$\mathrm{SS_T} = \sum_{i=1}^{n}(y_i - \overline{y})^2 = \mathrm{SS_E} + \mathrm{SS_R} = S_{yy}$$

$$\hat{\sigma} = \sqrt{\frac{\mathrm{SS_E}}{n-2}}$$

$$r = \frac{S_{xy}}{\sqrt{S_{xx}S_{yy}}} = b_1\sqrt{\frac{S_{xx}}{S_{yy}}} = \frac{\sum(x_i - \overline{x})(y_i - \overline{y})}{\sqrt{(\sum(x_i - \overline{x})^2)(\sum(y_i - \overline{y})^2)}}$$

$$r^2 = \frac{S_{xy}^2}{S_{xx}S_{yy}} = \frac{\mathrm{SS_R}}{\mathrm{SS_T}} = 1 - \frac{\mathrm{SS_E}}{\mathrm{SS_T}}$$

# 11.3 一元线性回归分析参数的点估计

一元线性回归分析的数学模型：

$$Y_i = \beta_0 + \beta_1 x_i + \varepsilon_i \quad i = 1,\ldots,n$$

假定条件是：

- $\beta_0, \beta_1$ 为未知参数。
- $x_i$ 是人为选择变量，控制变量，自变量，常数，没有误差。
- $\varepsilon_i$ 是误差项，随机变量，独立，期望值为 0，方差未知但相同。

$$E(\varepsilon_i) = 0\text{，}\ V(\varepsilon_i) = \sigma^2\text{，}\ \mathrm{Cov}(\varepsilon_i, \varepsilon_j) = 0 \quad i \neq j$$

- $Y_i$ 是随机变量，独立，期望值为 $\beta_0 + \beta_1 x_i$，方差未知但相同。

$$E(Y_i) = \beta_0 + \beta_1 x_i\text{，}\ V(Y_i) = \sigma^2\text{，}\ \mathrm{Cov}(Y_i, Y_j) = 0 \ i \neq j$$

我们注意到以上假定并未提到 $\varepsilon_i$ 和 $Y_i$ 是正态分布，因为我们目前只要对 $\beta_0$ 和 $\beta_1$ 作点估计，等到作区间估计和检验时就需要正态分布的假定。

$\beta_0$ 和 $\beta_1$ 的点估计，是利用**最小二乘法**(least squares method)。这是使误差的平方和最小的估计值。令 $b_0$ 和 $b_1$ 分别是 $\beta_0$ 和 $\beta_1$ 的点估计。$b_0$ 和 $b_1$ 是 $\beta_0$ 和 $\beta_1$ 的无偏估计量，$E(b_0) = \beta_0$，$E(b_1) = \beta_1$。请见图11.4。误差项的平方和是：

$$\mathrm{SS_E} = \sum_{i=1}^{n} (y_i - b_0 - b_1 x_i)^2$$

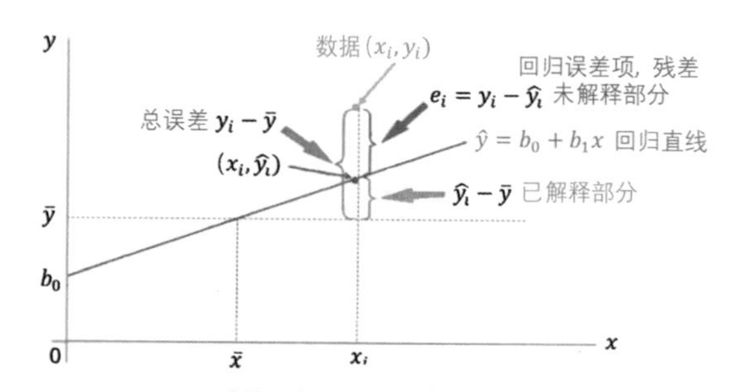


图11.4　直线回归：误差项(残差)平方和最小

要使误差项的平方和最小，$\mathrm{SS_E}$ 分别对 $b_0$ 和 $b_1$ 作微分。

$$\frac{\partial \mathrm{SS_E}}{\partial b_0} = -2\sum_{i=1}^{n}(y_i - b_0 - b_1 x_i)\text{，}\quad \frac{\partial \mathrm{SS_E}}{\partial b_1} = -2\sum_{i=1}^{n} x_i (y_i - b_0 - b_1 x_i)$$

令上述两个式子为 0，得到下列**正态**(或**正规**)**方程**(Normal equations)：

$$\sum_{i=1}^{n} y_i = n b_0 + b_1 \sum_{i=1}^{n} x_i\text{，}\quad \sum_{i=1}^{n} x_i y_i = b_0 \sum_{i=1}^{n} x_i + b_1 \sum_{i=1}^{n} x_i^2$$

解上述联立方程：

$$\hat{\beta}_1 = b_1 = \frac{\sum_{i=1}^{n} x_i y_i - n\bar{x}\bar{y}}{\sum_{i=1}^{n} x_i^2 - n\bar{x}^2} = \frac{S_{xy}}{S_{xx}}, \quad \hat{\beta}_0 = b_0 = \bar{y} - b_1\bar{x}$$

因为 $Y_i \sim N(\beta_0 + \beta_1 x_i, \sigma^2)$，令 $\text{MS}_\text{E}$ 为 $\sigma^2$ 的点估计。$\text{MS}_\text{E}$ 是 $\sigma^2$ 的不偏点估计量。

$$\hat{\sigma}^2 = \text{MS}_\text{E} = \frac{1}{n-2}\sum_{i=1}^{n}(y_i - \hat{y}_i)^2 = \frac{\text{SS}_\text{E}}{n-2}$$

$\sqrt{\text{MS}_\text{E}} = \sqrt{\hat{\sigma}^2} = \hat{\sigma}$ 是 $\sigma$ 的点估计值，称作**回归标准误差**。

请注意：点估计值 $b_0$，$\sigma$ 的单位和 $Y_i$ 的单位相同；$b_1$ 的单位是 $Y_i$ 的单位除以 $X_i$ 的单位；相关系数 $r$ 没有单位(无名数)。例如：$Y_i$ 的单位从公斤改为公克(乘以1000)，$X_i$ 的单位从公尺改为公分(乘以100)，则回归直线截距 $b_0$ 和 $\sigma$ 改为乘以1000，回归直线斜率 $b_1$ 改为乘以10(=1000/100)；相关系数 $r$ 没有改变，检验直线相关的 $p$ 值也是不变。

点估计值 $b_0$，$b_1$ 的公式来自解正态方程，多元回归的正态方程如下：

(1) 多元回归方程 $Y_i = \beta_0 + \beta_1 x_{1i} + \beta_2 x_{2i} + \cdots + \beta_k x_{ki} + \varepsilon_i$，去除 $\varepsilon_i$，$Y_i$ 改为 $y_i$，$\beta_j$ 改为 $b_j$。

(2) 两边加 $\sum$ $\Rightarrow$ $\sum y_i = \sum b_0 + \sum b_1 x_{1i} + \sum b_2 x_{2i} + \cdots + \sum b_k x_{ki}$。

(3) 上式两边分别乘以 $x_{1i}, x_{2i}, \cdots, x_{ki}$，得到正态方程如下：

$$\begin{aligned}
&\Sigma y_i = nb_0 + b_1 \Sigma x_{1i} + b_2 \Sigma x_{2i} + \cdots + b_k \Sigma x_{ki} \\
&\Sigma x_{1i} y_i = b_0 \Sigma x_{1i} + b_1 \Sigma x^2{}_{1i} + b_2 \Sigma x_{1i} x_{2i} \cdots + b_k \Sigma x_{1i} x_{ki} \\
&\Sigma x_{2i} y_i = b_0 \Sigma x_{2i} + b_1 \Sigma x^2{}_{1i} + b_2 \Sigma x_{1i} x_{2i} \cdots + b_k \Sigma x_{1i} x_{ki} \\
&\quad \vdots \qquad\qquad\qquad \vdots \qquad\qquad \vdots \qquad\qquad\qquad \vdots \\
&\Sigma x_{ki} y_i = b_0 \Sigma x_{ki} + b_1 \Sigma x_{1i} x_{ki} + b_2 \Sigma x_{2i} x_{ki} \cdots + b_k \Sigma x_{2i} x_{ki}
\end{aligned}$$

(4) 上述 $k$+1 联立方程，可以，解出 $k$+1 **未知数** $b_0, b_1, \cdots, b_k$。

**用矩阵来表示**：

$$y = \begin{pmatrix} y_1 \\ y_2 \\ \vdots \\ y_n \end{pmatrix} \quad X = \begin{pmatrix} 1 & x_{11} & \cdots & x_{1k} \\ 1 & x_{21} & \cdots & x_{2k} \\ \vdots & \vdots & \ddots & \vdots \\ 1 & x_{n1} & \cdots & x_{nk} \end{pmatrix} \quad X^T = \begin{pmatrix} 1 & 1 & \cdots & 1 \\ x_{11} & x_{21} & \cdots & x_{n1} \\ \vdots & \vdots & \ddots & \vdots \\ x_{1k} & x_{2k} & \cdots & x_{nk} \end{pmatrix} \quad b = \begin{pmatrix} b_0 \\ b_1 \\ \vdots \\ b_k \end{pmatrix}$$

$y$ 是 $n$×1 的矩阵，$X$是 $n$×($k$+1)的矩阵，$X^T$ 是 $X$ 的转置矩阵是($k$+1)× $n$ 的矩阵，$b$是($k$+1)×1 的矩阵。

$\beta$的点估计$b$，也是利用最小二乘法，求得正态方程：

$$X^T Y = X^T X b$$

所以$\beta$的估计量$b$是：

$$b = (X^T X)^{-1} X^T Y$$

矩阵的计算很麻烦，尤其是逆矩阵的计算，可利用《中文统计》的逆矩阵功能。《中文统计》的一元与多元线性回归，可以计算多元回归的回归系数。

最小二乘法 → $SS_E$ 最小→ 正态方程→ 回归直线方程→ $SS_T = SS_R + SS_E$

所以 $SS_T = SS_R + SS_E$ 并非都成立，只有在最小二乘法的回归模式才成立。

当然，在方差分析(ANOVA)也成立，因为方差分析是回归模式的一个特例。

**例题11.1** 见下载资料。

# 11.4 相关分析

相关分析是，描述两个变量之间的“线性相关性”的程度。假定$X$，$Y$ 是两个随机变量，定义**总体相关系数**(population correlation coefficient) $\rho$：

$$\rho = \frac{E[(X-\mu_X)(Y-\mu_Y)]}{\sigma_X\sigma_Y} = \frac{\text{Cov}(X,Y)}{\sigma_X\sigma_Y}$$

双变量正态分布的总体相关系数如图11.5所示。

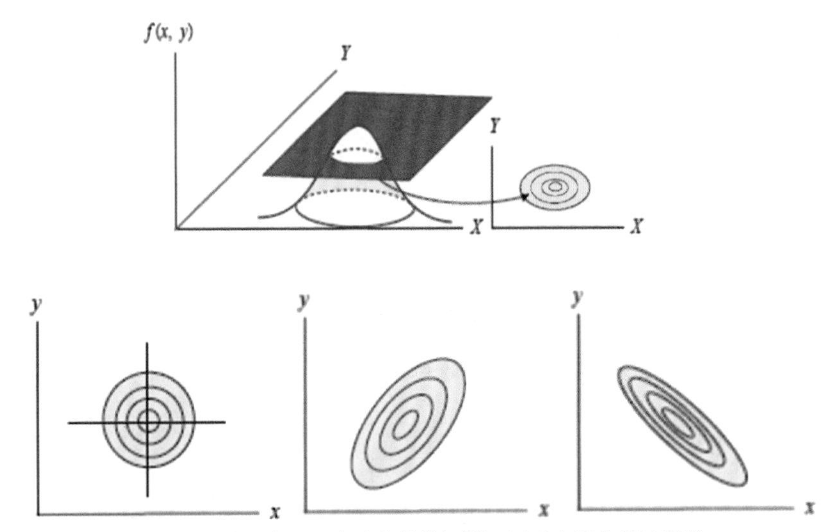


图11.5 从双变量正态分布的横切面可以看出总体相关系数

$X$，$Y$两个随机变量的相关系数 $\rho_{XY}$ 的性质如下：

- $\rho_{XY} = \rho_{YX}$ 因此若没有其他随机变量，则可以省略下标XY，$\rho_{XY} = \rho$。
- 随机变量 $a+bX$ 与 $Y$ 的相关系数 $\rho_{a+bX,Y}$，等于$b$的正负号乘以 $\rho_{XY}$。
- $\rho_{XY} = 0 \Rightarrow$ $X$，$Y$ 没有直线关系，但不表示$X$，$Y$是独立的，$X$，$Y$可能有曲线关系。
- 若$X$，$Y$独立，则 $\rho_{XY} = 0$。

- $\rho_{XY} = \pm 1 \Leftrightarrow$ $X$，$Y$是完全线性函数关系。
- $\rho_{XY} \to 1$，则$X$，$Y$的直线关系越强，但不表示$X$，$Y$有因果关系(例如回归关系)。

通常总体随机变量的相关系数是很难计算的，$\rho$ 是未知参数，所以用样本数据计算。

$X$，$Y$两个随机变量的**样本相关系数**(sample correlation coefficient) $r$，是总体相关系数 $\rho$ 的估计值：

$$r = \frac{\left[\sum_{i=1}^{n}(x_i - \bar{x})(y_i - \bar{y})\right]\left(\frac{1}{n-1}\right)}{\sqrt{\frac{\sum_{i=1}^{n}(x_i - \bar{x})^2}{n-1}}\sqrt{\frac{\sum_{i=1}^{n}(y_i - \bar{y})^2}{n-1}}} = \frac{S_{xy}}{\sqrt{S_{xx}S_{yy}}}$$

样本相关系数有下列性质：

- $-1 \leqslant r \leqslant 1$，$r$ 是 $\rho$ 的最大概似估计量，但是它不是 $\rho$ 的无偏估计量。$r$是两个随机变量的直线相关程度。
- 若 $r=1$，则 $X$，$Y$变量完全符合成正比的“直线相关”($\beta_1$ 为正数)。所有的样本点都在一条直线上。
- 若 $r=0$，则 $X$，$Y$ 变量完全无“直线相关”($\beta_1 = 0$)。但可能有二次相关。
- 若 $r=-1$，则 $X$，$Y$ 变量完全符合成反比的“直线相关”($\beta_1$ 为负数)。
- $r$ 的正负号表示 $X$，$Y$的正相关与负相关。
- $|r|$($r$的绝对值)越大，直线关系越强。
- $r$ 的大小和回归直线的斜率无关，只有其正负号和回归直线斜率的正负号相同。

图11.6(b)，(i)，(j)是相同的样本相关系数，不同的回归直线斜率。

总体的相关系数分类如图11.7所示。

**判定系数** $r^2$ (coefficient of determination)是 $r$ 的平方。

$$r^2 = \frac{S_{xy}^2}{S_{xx}S_{yy}} = \frac{SS_R}{SS_T} = 1 - \frac{SS_E}{SS_T}$$

$$SS_E = \sum_{i=1}^{n}(y_i - \hat{y}_i)^2,\quad SS_R = \sum_{i=1}^{n}(\hat{y}_i - \bar{y})^2,\quad SS_T = \sum_{i=1}^{n}(y_i - \bar{y})^2$$

$$SS_T = SS_R + SS_T = r^2 SS_T + (1 - r^2)SS_T$$

判定系数 $r^2$ 是表示“回归模型可以解释因变量与自变量的关系”占总变异的百分比。所以判定系数越接近1，则表示回归模型越可以表达因变量与自变量的关系。

调整的判定系数：

$$r_{adj}^2 = 1 - (1 - r^2)\frac{n-1}{n-2}$$

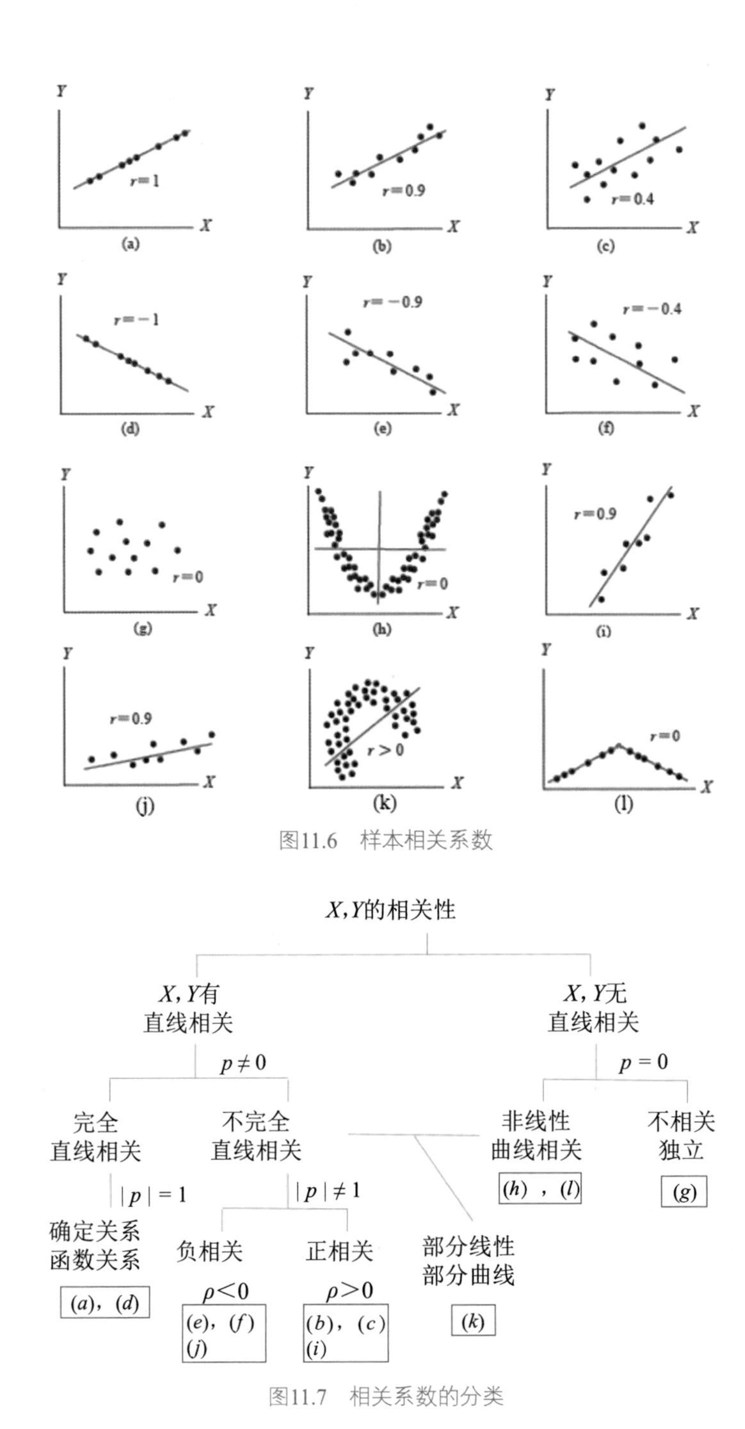


图11.6　样本相关系数

图11.7　相关系数的分类

例题11.2　见下载资料。

# 11.5 检验自变量与因变量是否线性相关

检验自变量与因变量是否直线相关，可以检验模型中的 $\beta_1$ 是否等于 0。如果 $\beta_1$ 等于0，则 $Y_i$和 $x_i$ 之间就没有直线关系。所以下列两个检验的结果是相同的。

回归分析检验：$\begin{cases} H_0:\beta_1=0 \\ H_1:\beta_1\neq 0 \end{cases}$；相关分析检验：$\begin{cases} H_0:\rho=0 \\ H_1:\rho\neq 0 \end{cases}$。

以上检验所需要的假定条件，除了回归分析的原来的假定以外，还要加上正态分布的假定，即：$\varepsilon_i \sim N(0,\sigma^2)$。

要检验 $H_0:\beta_1=0$，有$t$分布和$F$分布两种，$F$检验是方差分析。检验$H_0:\rho=0$ 是利用$t$分布。

(1) 利用$t$分布检验$H_0:\beta_1=0$：计算 $t=b_1\sqrt{S_{xx}}/\sqrt{\text{MS}_\text{E}}$

若 $|t|\geqslant t_{\alpha/2}(n-2)$，则拒绝 $H_0$。

(2) 利用方差分析$F$分布检验 $H_0:\beta_1=0$：

回归分析将**总变异**(total variation)分成：**已解释变异**(explained variation)与**未解释变异**(unexplained variation)两部分。“解释”什么？解释回归模型是否“显著”。如果已解释变异很大，而未解释变异相对很小，则表示自变量$X$有足够的能力解释因变量$Y$，直线回归的模型成立，应该拒绝$H_0$。如果未解释变异很大，而已解释变异相对很小，则表示自变量$X$ 解释因变量$Y$ 的能力还不够，直线回归的模型不成立，应该接受 $H_0$。一元回归的方差的分析如表11.2所示。

表11.2 一元回归的方差分析

| 变异来源 | 自由度 | 平方和 | 平均平方和 | $F$ 比值 |
|---|---|---|---|---|
| 回归模型<br>(已解释变异) | 1 | $\text{SS}_\text{R}$ | $\text{MS}_\text{R}=\text{SS}_\text{R}$ | $F=\dfrac{\text{MS}_\text{R}}{\text{MS}_\text{E}}$ |
| 误差<br>(未解释变异) | $n-2$ | $\text{SS}_\text{E}$ | $\text{MS}_\text{E}=\dfrac{\text{SS}_\text{E}}{n-2}$ | |
| 总和 | $n-1$ | $\text{SS}_\text{T}$ | | |

若 $F\geqslant F_\alpha(1,n-2)$，则拒绝 $H_0$，即自变量与因变量有显著关系。

(3) 利用$t$分布检验 $H_0:\rho=0$：

计算 $t=\dfrac{r\sqrt{n-2}}{\sqrt{1-r^2}}$ ，$r$ 是样本相关系数。

若 $|t|\geqslant t_{\alpha/2}(n-2)$ ，则拒绝 $H_0$。

以上三种检验的结果完全相同，因为

$$\frac{b_1\sqrt{S_{xx}}}{\sqrt{\text{MS}_\text{E}}}=\frac{r\sqrt{n-2}}{\sqrt{1-r^2}},\quad \left(\frac{b_1\sqrt{S_{xx}}}{\sqrt{\text{MS}_\text{E}}}\right)^2=\frac{\text{MS}_\text{R}}{\text{MS}_\text{E}},\quad [t_{\alpha/2}(n-2)]^2=F_\alpha(1,n-2)$$

**例题11.3** 例题11.1，汽车引擎汽缸大小与每加仑汽油的里程数的关系。

$$\text{检验：}\begin{cases}H_0:\beta_1=0\\H_1:\beta_1\neq 0\end{cases}\text{以及}\begin{cases}H_0:\rho=0\\H_1:\rho\neq 0\end{cases}$$

如果检验的显著性水平是0.05，问检验的结果如何？

(1) 利用$t$分布检验 $H_0:\beta_1=0$：

$$t=\frac{b_1\sqrt{S_{xx}}}{\sqrt{\text{MS}_\text{E}}}=\frac{-0.1347\sqrt{1575.5}}{\sqrt{9.0475}}=-1.7775$$

因为 $|t|=1.7775<t_{0.025}(6)=2.447$，所以接受$H_0$。

(2) 利用方差分析$F$分布检验 $H_0:\beta_1=0$：

一元回归分析的方差分析表如表11.3所示。

**表11.3 一元回归分析的方差分析**

| 变异来源 | 自由度 | 平方和 | 平均平方和 | $F$ 比值 |
|---|---|---|---|---|
| Source | df | SS | MS | $F$-ratio |
| 回归模型 | 1 | $\text{SS}_\text{R}=28.5901$ | $\text{MS}_\text{R}=28.5901$ | $F=3.16$ |
| 误差 | 6 | $\text{SS}_\text{E}=54.2849$ | $\text{MS}_\text{E}=9.0475$ | |
| 总和 | 7 | $\text{SS}_\text{T}=82.8750$ | | |

因为 $F=3.16<F_{0.05}(1,6)=5.99$，所以接受 $H_0$，即自变量与因变量没有显著关系。

(3) 利用$t$分布检验 $H_0:\rho=0$：

$$t=\frac{r\sqrt{n-2}}{\sqrt{1-r^2}}=\frac{-0.5874\sqrt{8-2}}{\sqrt{1-(-0.5874)^2}}=-1.778$$

因为 $|t|=1.778<t_{0.025}(6)=2.447$，所以接受$H_0$。

**请注意**：检验值 $t$是样本量 $n$ 的函数，当 $n$相当大时，$t$也会变得很大。所以只要$r\neq 0$，当样本量很大时，都会有显著的直线相关性。

# 11.6 回归与相关分析参数的区间估计与检验

一元线性回归分析的数学模型：

$$Y_i=\beta_0+\beta_1x_i+\varepsilon_i\quad i=1,\ldots,n,\quad \varepsilon\sim N(0,\sigma^2)$$

从本节以后检验所需要的假设条件，除了回归分析的原来的四个假设以外，还要加上正态分布的假设，即：$\varepsilon_i\sim N(0,\sigma^2)$。

### 11.6.1 方差的区间估计

回归模型中的方差 $\sigma^2$ 是未知参数，其估计很重要，因为后续的估计和检验，都要用到方差 $\sigma^2$ 的估计值。

回归模型中 $Y_i$ 与 $\varepsilon_i$ 的共同方差 $\sigma^2$ 的点估计(无偏估计量)是 $\mathrm{MS_E}$。

$$\mathrm{MS_E}=\frac{1}{n-2}\sum_{i=1}^{n}(y_i-\hat{y}_i)^2=\frac{\mathrm{SS_E}}{n-2}$$

方差 $\sigma^2$ 的 $1-\alpha$ 置信区间： $\dfrac{\mathrm{SS_E}}{\chi^2_{\alpha/2}(n-2)}\leqslant\sigma^2\leqslant\dfrac{\mathrm{SS_E}}{\chi^2_{1-\alpha/2}(n-2)}$

**例题11.4** 见下载资料。

一元线性回归与相关分析的有关分布如表11.4所示。

**表11.4 一元线性回归的参数估计量与有关分布**

| 参数 | 估计量 | 有关分布 |
|---|---|---|
| $\beta_0$ | $b_0$ | $\sqrt{\dfrac{nS_{xx}}{\mathrm{MS_E}\sum_i x_i^2}}(b_0-\beta_0)\sim t(n-2)$ |
| $\beta_1$ | $b_1$ | $\sqrt{\dfrac{S_{xx}}{\mathrm{MS_E}}}(b_1-\beta_1)\sim t(n-2)$ |
| $\beta_0+\beta_1x_p$ | $b_0+b_1x_p$ | $\dfrac{b_0+b_1x_p-\beta_0-\beta_1x_p}{\sqrt{\mathrm{MS_E}\left[\dfrac{1}{n}+\dfrac{(x_p-\bar{x})^2}{S_{xx}}\right]}}=t(n-2)$ |
| $y_p$ | $b_0+b_1x_p$ | $\dfrac{y_p-b_0-b_1x_p}{\sqrt{\mathrm{MS_E}\left[1+\dfrac{1}{n}+\dfrac{(x_p-\bar{x})^2}{S_{xx}}\right]}}\sim t(n-2)$ |
| $\sigma^2$ | $\dfrac{\mathrm{SS_E}}{n-2}$ | $\dfrac{\mathrm{SS_E}}{\sigma^2}\sim\chi^2(n-2)$ |
| $\rho$ | $r$ | $\dfrac{r\sqrt{n-2}}{\sqrt{1-r^2}}\sim t(n-2)$ (当 $\rho$ 接近 0) |

### 11.6.2 回归系数$\beta_0$的区间估计与检验

回归参数 $\beta_0$ 的估计量 $b_0$，是一个随机变量，根据以上假设，$b_0$ 是服从正态分布，$b_0\sim N(\beta_0,\dfrac{\sigma^2\sum_i x_i^2}{n(\sum_i x_i^2-n\bar{x}^2)})$。在回归分析中，$\beta_0$，$\sigma^2$ 为未知参数；$\sum x_i^2$，$S_{xx}$ 为已知常数。

（1）令 $S_{b_0}^2=\dfrac{\mathrm{SS_E}}{n-2}\left[\dfrac{\sum_i x_i^2}{nS_{xx}}\right]=\mathrm{MS_E}\left(\dfrac{\sum_i x_i^2}{nS_{xx}}\right)$，$\sqrt{\dfrac{nS_{xx}}{\mathrm{MS_E}\sum_i x_i^2}}(b_0-\beta_0)\sim t(n-2)$，

$S_{b_0}=\sqrt{\mathrm{MS_E}\left(\dfrac{\sum_i x_i^2}{nS_{xx}}\right)}$。

(2) $\beta_0$ 的区间估计，$\beta_0$ 的 $1-\alpha$ 置信区间：$b_0-t_{\alpha/2}(n-2)S_{b_0}\leqslant\beta_0\leqslant b_0+t_{\alpha/2}(n-2)S_{b_0}$。

(3) $\beta_0$ 的检验：双尾：$\begin{cases}H_0^{\mathrm{I}}:\beta_0=c\\H_1^{\mathrm{I}}:\beta_0\neq c\end{cases}$；左尾：$\begin{cases}H_0^{\mathrm{II}}:\beta_0\geqslant c\\H_1^{\mathrm{II}}:\beta_0<c\end{cases}$；右尾：$\begin{cases}H_0^{\mathrm{III}}:\beta_0\leqslant c\\H_1^{\mathrm{III}}:\beta_0>c\end{cases}$。

(4)计算检验值 $t=\dfrac{b_0-c}{S_{b_0}}$：

若 $|t|\geqslant t_{\alpha/2}(n-2)$，则拒绝 $H_0^{\mathrm{I}}$；若 $t<-t_\alpha(n-2)$，则拒绝 $H_0^{\mathrm{II}}$；

若 $t>t_\alpha(n-2)$，则拒绝 $H_0^{\mathrm{III}}$。

### 11.6.3 回归系数$\beta_1$的区间估计与检验

回归参数 $\beta_1$ 的估计量 $b_1$，是一个随机变量，根据上述假设，$b_1$ 服从正态分布，$b_1\sim N(\beta_1,\dfrac{\sigma^2}{\sum_i x_i^2-n\bar{x}^2})$。

(1) 令 $S_{b_1}^2=\dfrac{\mathrm{SS_E}}{(n-2)(\sum_i x_i^2-n\bar{x}^2)}=\dfrac{\mathrm{MS_E}}{S_{xx}}$ $\sqrt{\dfrac{S_{xx}}{\mathrm{MS_E}}}(b_1-\beta_1)\sim t(n-2)$

$S_{b_1}=\sqrt{\dfrac{\mathrm{MS_E}}{S_{xx}}}=\sqrt{\dfrac{\mathrm{MS_E}}{\sum_i x_i^2-n\bar{x}^2}}$。

(2) $\beta_1$ 的区间估计，$\beta_1$ 的 $1-\alpha$ 置信区间：

$b_1-t_{\alpha/2}(n-2)S_{b_1}\leqslant\beta_1\leqslant b_1+t_{\alpha/2}(n-2)S_{b_1}$

(3) $\beta_1$ 的检验：双尾：$\begin{cases}H_0^{\mathrm{I}}:\beta_1=c\\H_1^{\mathrm{I}}:\beta_1\neq c\end{cases}$；左尾：$\begin{cases}H_0^{\mathrm{II}}:\beta_1\geqslant c\\H_1^{\mathrm{II}}:\beta_1<c\end{cases}$；右尾：$\begin{cases}H_0^{\mathrm{III}}:\beta_1\leqslant c\\H_1^{\mathrm{III}}:\beta_1>c\end{cases}$。

(4) 计算检验值 $t=\dfrac{b_1-c}{S_{b_1}}$：

若 $|t|\geqslant t_{\alpha/2}(n-2)$，则拒绝 $H_0^{\mathrm{I}}$；若 $t<-t_\alpha(n-2)$，则拒绝 $H_0^{\mathrm{II}}$；若 $t>t_\alpha(n-2)$，则拒绝 $H_0^{\mathrm{III}}$。

### 11.6.4 回归系数$\beta_1$的区间估计与检验

$b_1$ 的方差的讨论：

$$V(b_1)=\frac{\sigma^2}{(\sum_i x_i^2-n\bar{x}^2)}=\frac{\sigma^2}{(n-1)[\sum_i(x_i-\bar{x})^2/(n-1)]}=\frac{\sigma^2}{(n-1)S_x^2}$$

以上 $S_x^2=\dfrac{\sum_i(x_i-\bar{x})^2}{(n-1)}$ 是自变量 $x_i$ 的方差。

要使 $\beta_1$ 的估计量 $b_1$ 越准确，就要减小 $V(b_1)$。要减小 $V(b_1)$，有下列三种方法：

- 减小 $\sigma$，即减小因变量 $Y_i$ 的变异程度。
- 增加样本量 $n$。
- 增加 $S_x^2$，即自变量 $x_i$ 的方差，因为 $x$ 是控制变量，所以它的方差是可以控制，只要扩大 $x$ 的范围，如图11.8和图11.9所示。

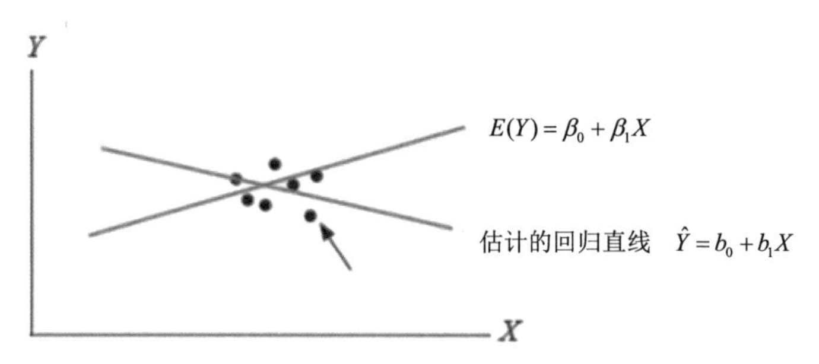


图11.8　因为 $x_i$ 的方差小，所以 $\beta_1$ 的估计不准确

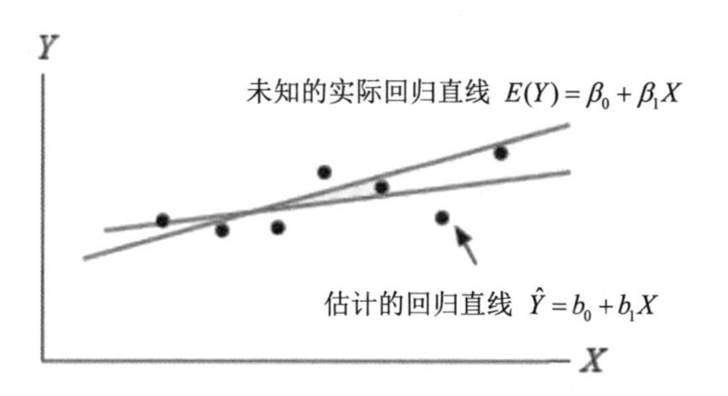


图11.9　因为 $x_i$ 的方差大，所以 $\beta_1$ 的估计较准确

**例题11.5**　见下载资料。

## 11.6.5　相关系数的区间估计与检验

两个随机变量的样本相关系数 $r$，是总体相关系数 $\rho$ 的估计量(或估计值，符号相同)。

$r$ 是 $\rho$ 的最大概似估计量，但是它不是 $\rho$ 的无偏估计量。

- 当 $\rho$ 接近 +1，$r$ 的分布是左偏分布。$\rho$ 的置信区间并非以 $r$ 为中心左右对称，而是 $r$ 的右边(大于的部分)较小，$r$ 的左边(小于的部分)较大。
- 当 $\rho$ 接近 −1，$r$ 的分布是右偏分布。$\rho$ 的置信区间并非以 $r$ 为中心左右对称，而是 $r$ 的右边(大于的部分)较大，$r$ 的左边(小于的部分)较小。
- 当 $\rho$ 等于 0，$r$ 的分布是$t$分布，自由度 $n-2$。$\rho$ 的置信区间，是以 $r$ 为中心左右对称。

$\rho$ 的 $1-\alpha$ 置信区间计算，要经过 Fisher 转换，其计算步骤如下：

(1) 计算样本相关系数 $r$。

(2) 计算Fisher 转换 $Z_r=\frac{1}{2}\log_e(\frac{1+r}{1-r})$。

(3) $l=Z_r-z_{\frac{\alpha}{2}}\frac{1}{\sqrt{n-3}}$， $u=Z_r+z_{\frac{\alpha}{2}}\frac{1}{\sqrt{n-3}}$。

(4) $\frac{e^{2l}-1}{e^{2l}+1}\leqslant\rho\leqslant\frac{e^{2u}-1}{e^{2u}+1}$。

例题11.6　见下载资料。

## 11.6.6　因变量期望值的区间估计

(1) 对某个特定值 $x_p$， $y_p$ 期望值 $\mu_{y_p}=\beta_0+\beta_1x_p$ 的估计量 $\hat{y}_p=b_0+b_1x_p$ 是一个随机变量。

(2) 根据上述假设，$\hat{y}_p$ 服从正态分布：

$$\hat{y}_p\sim N(\beta_0+\beta_1x_p,\sigma^2\left[\frac{1}{n}+\frac{(x_p-\bar{x})^2}{(\sum_i x_i^2-n\bar{x}^2)}\right])$$

(3) 令 $S_{\hat{y}_p}^2=\frac{\mathrm{SS_E}}{(n-2)}\left[\frac{1}{n}+\frac{(x_p-\bar{x})^2}{S_{xx}}\right]$， $S_{\hat{y}_p}=\sqrt{\mathrm{MS_E}\left[\frac{1}{n}+\frac{(x_p-\bar{x})^2}{S_{xx}}\right]}$。

(4) $\mu_{y_p}=E(\hat{y}_p)$ 的区间估计，$\mu_{y_p}$ 的 $1-\alpha$ 置信区间：

$$\hat{y}_p-t_{\frac{\alpha}{2},n-2}S_{\hat{y}_p}\leqslant\mu_{y_p}\leqslant\hat{y}_p+t_{\frac{\alpha}{2},n-2}S_{\hat{y}_p}$$

(5) $\mu_{y_p}$ 的检验：$\begin{cases}H_0^{\mathrm{I}}:\mu_{y_p}=c\\H_1^{\mathrm{I}}:\mu_{y_p}\neq c\end{cases}$； $\begin{cases}H_0^{\mathrm{II}}:\mu_{y_p}\geqslant c\\H_1^{\mathrm{II}}:\mu_{y_p}<c\end{cases}$； $\begin{cases}H_0^{\mathrm{III}}:\mu_{y_p}\leqslant c\\H_1^{\mathrm{III}}:\mu_{y_p}>c\end{cases}$。

(6) 计算检验值 $t=\frac{\hat{y}_p-c}{S_{\hat{y}_p}}$：

若 $|t|\geqslant t_{\frac{\alpha}{2},n-2}$，则拒绝 $H_0^{\mathrm{I}}$； 若 $t<-t_{\alpha,n-2}$，则拒绝 $H_0^{\mathrm{II}}$ ；若 $t>t_{\alpha,n-2}$ ，则拒绝 $H_0^{\mathrm{III}}$。

预测值 $\hat{y}_p$ 的抽样分布如图11.10所示。

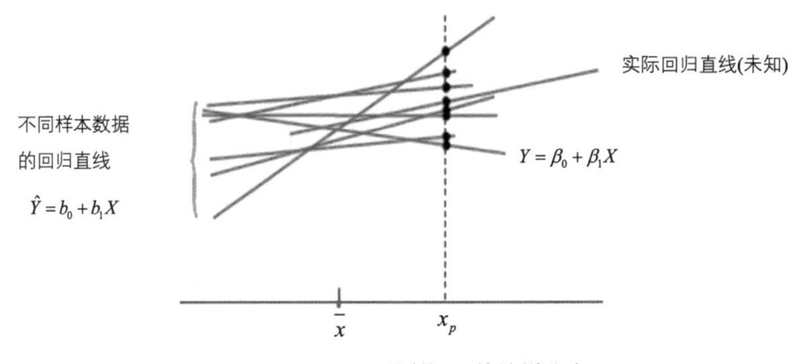


图11.10　预测值 $\hat{y}_p$ 的抽样分布

## 11.6.7 因变量的预测区间

对于某个特定值 $x_p$，上一节是求“$y_p$期望值”的置信区间，现在我们要计算“实际 $y_p$”的置信区间，$y_p$并非参数，所以称它的置信区间为**预测区间**(prediction interval)，预测区间与期望值的置信区间关系如图11.11所示。

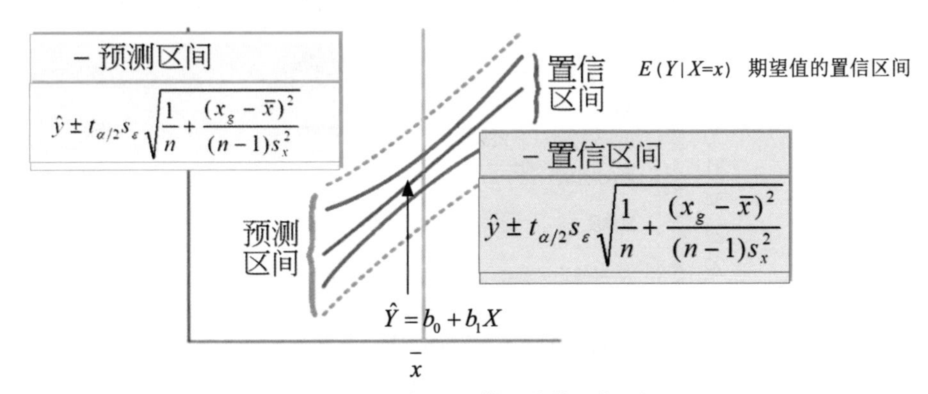


图11.11　预测区间与期望值的置信区间

(1) 因为 $Y_p \sim N(\beta_0+\beta_1 x_p,\sigma^2)$，但$\beta_0$，$\beta_1$ 未知，所以我们要利用$b_0+b_1x_p$，而

$$b_0+b_1x_p \sim N(\beta_0+\beta_1x_p,\sigma^2\left[\frac{1}{n}+\frac{(x_p-\bar{x})^2}{S_{xx}}\right])$$

(2) $Y_p$ 与 $b_0+b_1x_p$独立，所以：

$$Y_p-b_0-b_1x_p \sim N\left(0,\sigma^2\left[1+\frac{1}{n}+\frac{(x_p-\bar{x})^2}{S_{xx}}\right]\right)$$

(3) 令 $S_{y_p-\hat{y}_p}^2=\frac{\mathrm{SS_E}}{(n-2)}\left[1+\frac{1}{n}+\frac{(x_p-\bar{x})^2}{S_{xx}}\right]$，$S_{y_p-\hat{y}_p}=\sqrt{\mathrm{MS_E}\left[1+\frac{1}{n}+\frac{(x_p-\bar{x})^2}{S_{xx}}\right]}$。

(4) 对于某个特定值 $x_p$，未知数 $y_p$ 的 $1-\alpha$预测区间：

$$b_0+b_1x_p-t_{\alpha/2}(n-2)S_{y_p-\hat{y}_p} \leqslant y_p \leqslant b_0+b_1x_p+t_{\alpha/2}(n-2)S_{y_p-\hat{y}_p}$$

(5) $y_p$的检验：双尾：$\begin{cases}H_0^{\mathrm{I}}:y_p=c\\H_1^{\mathrm{I}}:y_p\neq c\end{cases}$；左尾：$\begin{cases}H_0^{\mathrm{II}}:y_p\geqslant c\\H_1^{\mathrm{II}}:y_p<c\end{cases}$；右尾：$\begin{cases}H_0^{\mathrm{III}}:y_p\leqslant c\\H_1^{\mathrm{III}}:y_p>c\end{cases}$。

(6) 计算检验值 $t=\frac{b_0+b_1x_p-c}{S_{y_p-\hat{y}_p}}$：

若 $|t|\geqslant t_{\alpha/2}(n-2)$，则拒绝 $H_0^{\mathrm{I}}$；若 $t<-t_{\alpha}(n-2)$，则拒绝 $H_0^{\mathrm{II}}$；若 $t>t_{\alpha}(n-2)$，则拒绝 $H_0^{\mathrm{III}}$。

# 11.7 《中文统计》应用

## 一元线性回归(例题11.1)

例题11.1的一元线性回归在《中文统计》中的应用步骤如图11.12和图11.13所示。

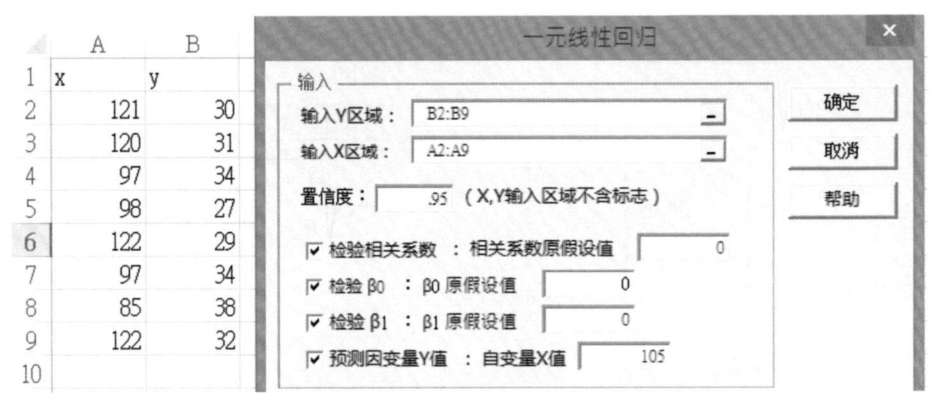


图11.12 一元线性回归输入值

一元线性回归 Simple Regression:

| X | Y | 预测值 | 残差 |
|---|---|---|---|
| 121 | 30 | 30.09 | -0.08997 |
| 120 | 31 | 30.2247 | 0.77531 |
| 97 | 34 | 33.3232 | 0.67677 |
| 98 | 27 | 33.1885 | -6.18851 |
| 122 | 29 | 29.9553 | -0.95525 |
| 97 | 34 | 33.3232 | 0.67677 |
| 85 | 38 | 34.9399 | 3.06014 |
| 122 | 32 | 29.9553 | 2.04475 |

回归直线

Y= 46.391 -0.1347 X

| | |
|---|---|
| 判定系数 r2 | 0.34503 |
| 样本相关系数 r | -0.58739 |
| 标准误差 s | 3.00779 |

Pearson 相关系数

| 置信度 | 95% |
|---|---|

检验 H0：ρ

检验H0：ρ（≠0

方差分析表 ANOVA

| 来源 | df | SS | MS | F值 | p值 |
|---|---|---|---|---|---|
| 回归 | 1 | 28.5941 | 28.5941 | 3.16069 | 0.12575 |
| 误差 | 6 | 54.2809 | 9.04681 | | |
| 总计 | 7 | 82.875 | | | |

图11.13 一元线性回归结果

## 11.8 R语言应用

```
> # R例11.1
> if(!require(ggplot2)){install.packages("ggplot2")} ; library(ggplot2)
> if(!require(magrittr)){install.packages("magrittr")};library(magrittr)
> data <- read.csv("C:/1Stat/StatData/Chap11_1.csv",header=T)
                        #读入 Chap11_1.csv
> cor(data$X,data$Y)# 相关系数
[1] -0.5873902
> model <- lm(Y ~ X,data = data); model # 一元线性回归模型
> model$coefficients ; model$residuals    # 回归系数与残差
(Intercept) X
46.3909870 -0.1347191
> b1 <- model$coefficients[1] ; b2 <- model$coefficients[2]
> data %>% ggplot(aes(x = X,y = Y))+ geom_point()+
geom_abline(intercept = b1,slope = b2,col = "red")
                        # 模型绘图 + 置信区间
> predict(model,newdata = data.frame(X = 125),interval = "confidence")
                        # 置信区间估计
fit lwr upr
1 29.55109 25.42784 33.67435
> predict(model,newdata = data.frame(X = 125),interval = "predict")
                        # 预测区间估计
fit lwr upr
1 29.55109 21.11499 37.9872
> range <- data.frame(X = seq(85,122,1))
                        # 绘图: 置信区间估计与预测区间估计
> pred <- predict(model,newdata = range,interval = "p")
> colnames(pred)<- c("p_fit","p_lwr","p_upr")
> conf <- predict(model,newdata = range,interval = "c")
> colnames(conf)<- c("c_fit","c_lwr","c_upr")
> bounds <- cbind(range,conf,pred)
> plot1 <- data %>% ggplot(aes(x = X,y = Y))+ geom_point()+geom_
abline(intercept = b1,slope = b2)+ geom_point()+ geom_smooth(method = "lm")
> plot1 <- plot1 + geom_line(data = bounds,aes(y = c_lwr),linetype =
"dashed")+geom_line(data = bounds,aes(y = c_upr),linetype = "dashed")
> plot1 <- plot1 + geom_line(data = bounds,aes(y = p_lwr),color =
" red")+geom_line(data = bounds,aes(y = p_upr),color = " red"); plot1
> model$fit ; plot(model,which = 1)# 预测值与残图差
```

```
> summary(model); aov(model)        # 模型方差分析
```

代码运行结果如图11.14和图11.15所示。

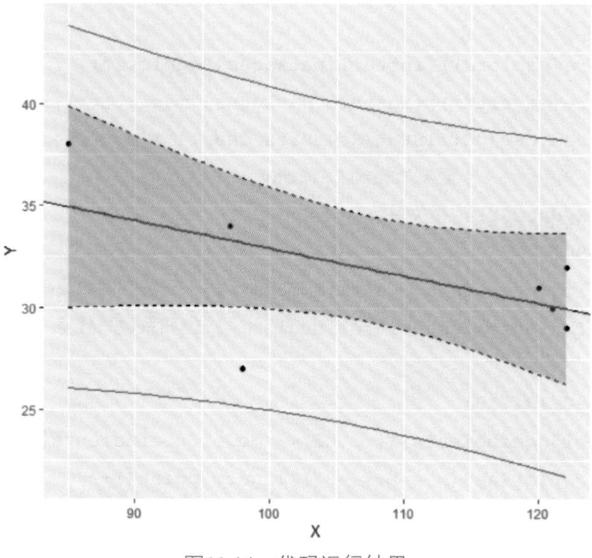


图11.14　代码运行结果

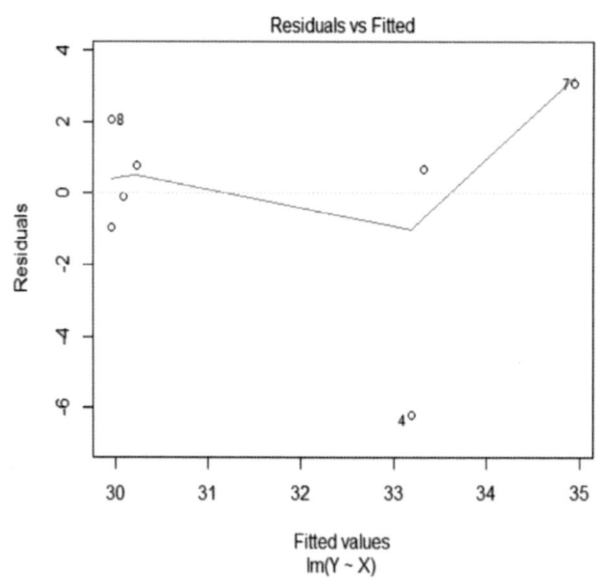


图11.15　代码运行结果

# 11.9 本章流程图

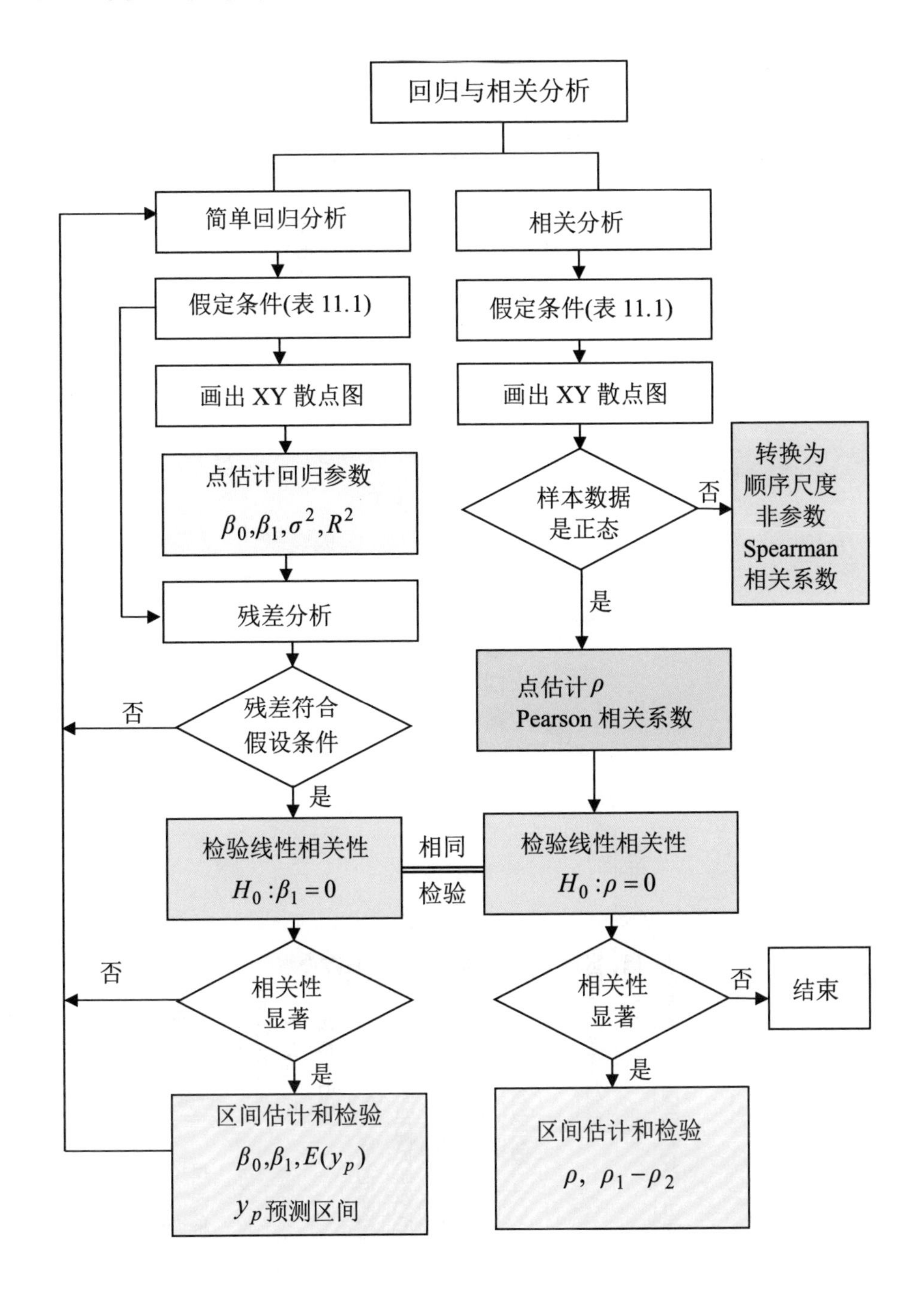

回归与相关分析
简单回归分析
相关分析
假定条件(表 11.1)
假定条件(表 11.1)
画出 XY 散点图
画出 XY 散点图
点估计回归参数
$\beta_0,\beta_1,\sigma^2,R^2$
样本数据
是正态
否
转换为
顺序尺度
非参数
Spearman
相关系数
是
残差分析
点估计 $\rho$
Pearson 相关系数
否
残差符合
假设条件
是
检验线性相关性
$H_0:\beta_1=0$
相同
检验
检验线性相关性
$H_0:\rho=0$
否
相关性
显著
相关性
显著
否
结束
是
是
区间估计和检验
$\beta_0,\beta_1,E(y_p)$
$y_p$ 预测区间
区间估计和检验
$\rho$，$\rho_1-\rho_2$

# 11.10 本章思维导图

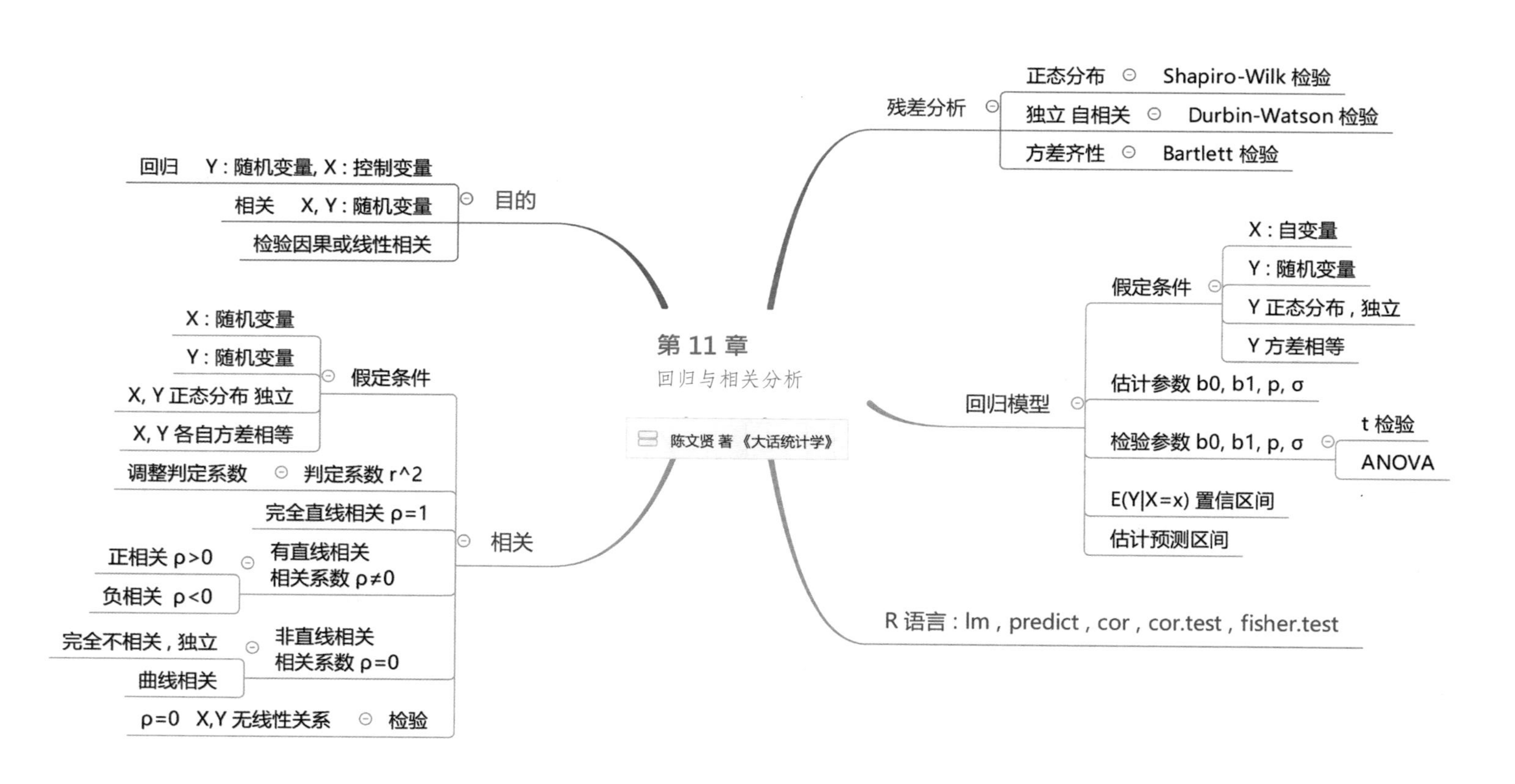

第 11 章
回归与相关分析
陈文贤 著《大话统计学》
目的
回归 Y：随机变量, X：控制变量
相关 X, Y：随机变量
检验因果或线性相关
相关
假定条件
X：随机变量
Y：随机变量
X, Y 正态分布 独立
X, Y 各自方差相等
调整判定系数
判定系数 r^2
完全直线相关 ρ=1
有直线相关
相关系数 ρ≠0
正相关 ρ>0
负相关 ρ<0
非直线相关
相关系数 ρ=0
完全不相关，独立
曲线相关
ρ=0 X,Y 无线性关系
检验
残差分析
正态分布
Shapiro-Wilk 检验
独立 自相关
Durbin-Watson 检验
方差齐性
Bartlett 检验
回归模型
假定条件
X：自变量
Y：随机变量
Y 正态分布，独立
Y 方差相等
估计参数 b0, b1, p, σ
检验参数 b0, b1, p, σ
t 检验
ANOVA
E(Y|X=x) 置信区间
估计预测区间
R 语言：lm，predict，cor，cor.test，fisher.test

## 11.11 习题

1. 已知9 组(x，y)值如表11.5所示。

表11.5　自变量和因变量数据

| 自变量 x | 1 | 1 | 1 | 2 | 3 | 3 | 4 | 5 | 5 |
|---|---|---|---|---|---|---|---|---|---|
| 因变量 y | 9 | 7 | 8 | 10 | 15 | 12 | 19 | 24 | 21 |

(1) 绘出散布图。

(2) 计算 $\bar{x}$，$\bar{y}$，$S_{xx}$，$S_{yy}$，$S_{xy}$。

(3) 求最小平方的直线回归的方程式，并在散布图中绘出此直线。

(4) 以估计的回归直线，解释 $y$ 变异的百分比是多少？

(5) 求对应于 $x=3$ 时，预测值 $y$。

(6) 计算样本相关系数。因变量与自变量的相关性是否显著？

(7) 检验回归模式的直线关系。

(8) 求残差平方和，绘出残差散布图，进行残差分析。

(9) 估计误差变异数，计算 $MS_E$。

(10) 求回归直线之斜率 $\beta_1$ 的 90% 置信区间。

(11) 求回归直线之截距 $\beta_0$ 的 90% 置信区间。

(12) 求对应于 $x=4$ 时，因变量 $y$ 的期望值的90% 置信区间。

(13) 求对应于 $x=6$ 时，因变量 $y$ 的 90% 预测区间。

2. 已知因变量 $x$ 与自变量 $y$ 的样本数据如下：$n=20$，$\sum x=160$，$\sum y=240$，$\sum x^2=1536$，$\sum xy=1832$，$\sum y^2=2965$。

(1) 求最小平方回归直线方程式。

(2) $x$ 与 $y$ 之间的样本相关系数是多少？

(3) 因变量 $x$ 与自变量 $y$ 的相关性是否显著？

其他习题请下载。

# 第12章 分类数据分析

道生一，一生二，二生三，三生万物。

——老子《道德经》

方以类聚，物以群分，吉凶生矣。
(引申为：物以类聚，人以群分。)

——《易经·系辞上》

于是神造出野兽，各从其类；牲畜，各从其类；地上一切昆虫，各从其类。

——《圣经·创世纪》

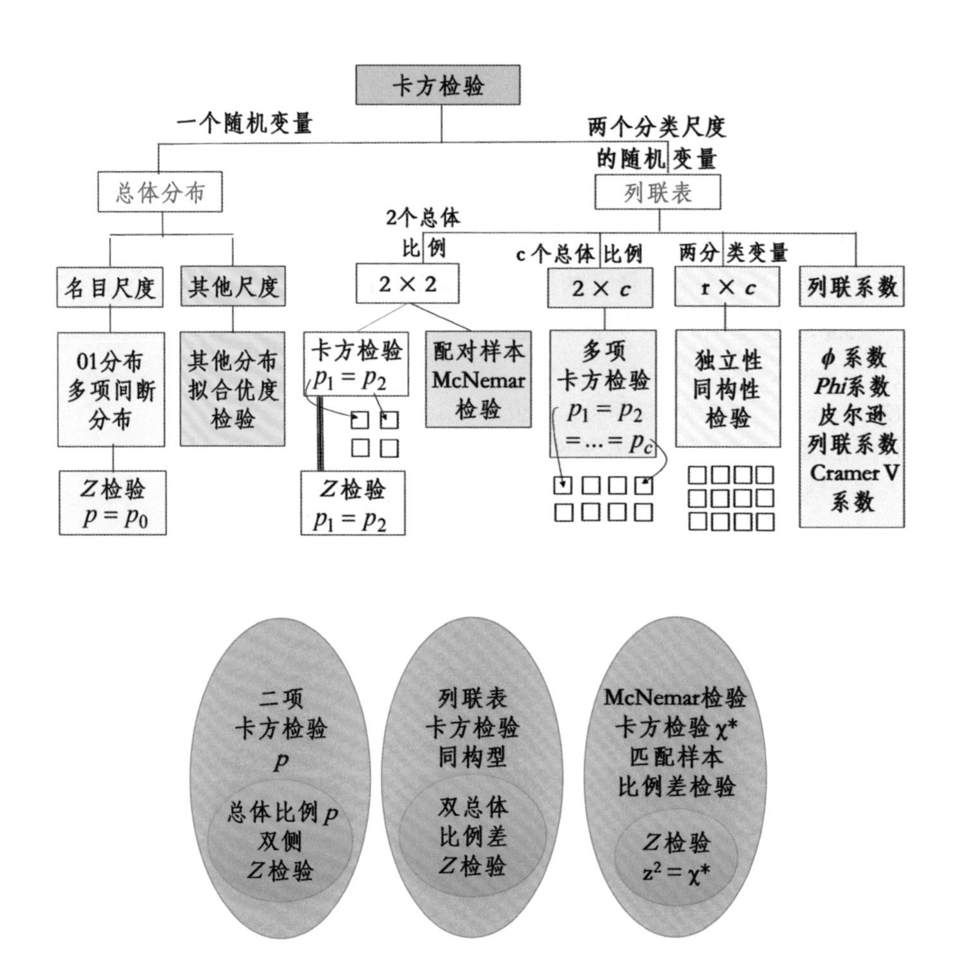

# 12.1 卡方检验

分类数据分析是利用**卡方分布**(chi-square distribution)作为检验的根据，称为**卡方检验**(chi-squqre test)。在第10章10.8节单总体(正态分布)检验方差，用到了卡方分布。

卡方分布定义于所有大于等于0的正实数，其参数是自由度 $n$，它是右偏型分布。

在本章的分类数据分析是，以卡方分布，应用在下列两种检验：

- 一个总体随机变量的概率分布是否服从某个分布？(拟合优度检验)
- 一个总体两个名目(分类)尺度的随机变量是否独立？(独立性检验)

卡方检验：样本值($O$)减理论值($E$)的平方除以理论值($E$)，加以总和：

$$\chi^2=\sum\frac{(O-E)^2}{E}=\sum\frac{(\text{样本值}-\text{理论值})^2}{\text{理论值}}$$

样本值和理论值都是正整数(计算次数)。理论值是：根据原假设成立，在总样本量目(或列联表的边际总和)之下，理论上应该出现的次数。然后，再和卡方临界值比较，决定检验结果。其中要注意卡方分布的自由度。

# 12.2 多项分布卡方检验

**多项分布卡方检验**(multinomial chi-square test)，是检验样本数据是否服从，某一特定的离散概率分布，即5.1.1节的任意离散型概率分布，二项分布正态检验与多项分布卡方检验比较如图12.1和图12.2所示。

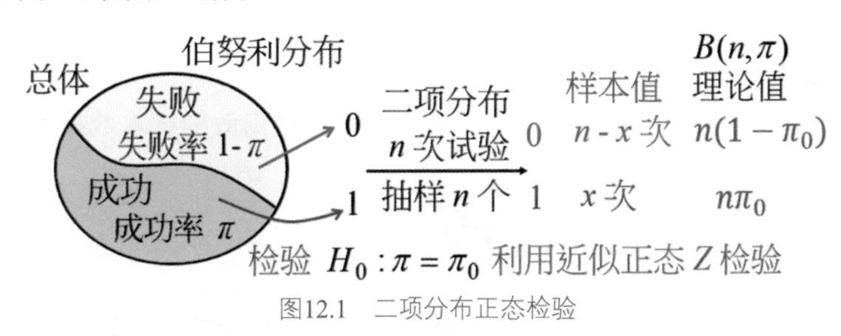


图12.1　二项分布正态检验

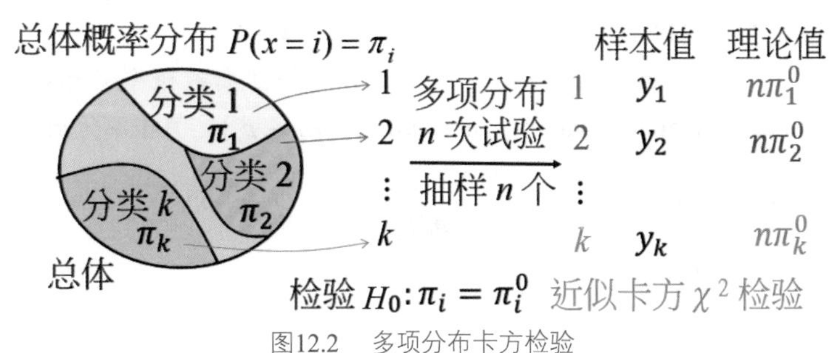


图12.2　多项分布卡方检验

二项分布的检验 $\sum\frac{(\text{样本值}-\text{理论值})^2}{\text{理论值}}=\frac{(x-n\pi)^2}{n\pi(1-\pi)}$，是总体比例检验值z*的平方，而 $\chi_\alpha^2(1)=(z_{\alpha/2})^2$，所以二项分布的总体比例检验是多项分布卡检验的特例。

### 1.多项分布卡方检验的假设条件

- 总体随机变量的值域为：$\{1,2,\cdots,k\}$，即随机变量只出现在：$1,2,\cdots,k$，其概率分别为：$\pi_1,\pi_2,\cdots,\pi_k$，是未知参数。$\sum\pi_i=1$。
- $X_1,X_2,\cdots,X_n$ 为总体随机变量的随机抽样。
- 利用抽样的样本数据，检验：$\begin{cases}H_0:\pi_1=\pi_1^0,\pi_2=\pi_2^0,\cdots,\pi_k=\pi_k^0\\H_1:\text{以上至少有一个为不等式}\end{cases}$

### 2.检验步骤

(1) 对于 $i=1,2,\cdots,k$，$Y_i$ = 所有随机抽样 $\{X_1,X_2,\cdots,X_n\}$ 中出现i的次数。

对于 $i=1,2,\cdots,k$，计算 $y_i$ = 所有样本数据 $\{x_1,x_2,\cdots,x_n\}$ 中出现i的次数，$y_i$ =抽样出现的次数。

(2) $\sum_{i=1}^{k}y_i=n$ = 样本的总数。令 $e_i=n\pi_i^0=n$ 个样本出现i的期望值，$e_i$ = 是理论出现的次数(理论值)。$y_i$ = 是抽样出现的次数(样本值)。

(3) $K=\sum_{i=1}^{k}\frac{(Y_i-e_i)^2}{e_i}$ 是一个检验 $H_0$ 的统计量。

(4) $k^*=\sum_{i=1}^{k}\frac{(y_i-e_i)^2}{e_i}=\sum_{i=1}^{k}\frac{(y_i-n\pi_i^0)^2}{n\pi_i^0}=\frac{1}{n}\sum_{i=1}^{k}\frac{y_i^2}{\pi_i^0}-n$ = 检验 $H_0$ 的统计值。

(5) 以上 $K$ 的分布近似卡方分布，利用卡方检验。

(6) 若 $k^*\geqslant\chi_\alpha^2(k-1)$，则拒绝 $H_0$。

(7) p值 $=P\{\chi^2(k-1)\geqslant k^*\}$，若p值 $\leqslant\alpha$，则拒绝 $H_0$。

### 3.注意事项

- 当样本量 $n\leqslant25$，以连续的卡方分布，来近似离散的样本数据，要作连续性修正：

$$k^*=\sum_{i=1}^{k}\frac{(|y_i-e_i|-0.5)^2}{e_i}$$

- 有的统计学者建议，每组(即每个i)的期望值(即 $e_i=n\pi_i^0$)，要大于5。如果有小于5的组，就要和它邻近的组合并(k的数目减 1，$k=k-1$)。
- $Y_i=n$ 次抽样中出现i的次数。$Y_1,Y_2,\cdots,Y_k$ 的联合离散概率分布称为“多项分布”(multinomial distribution)，记作 $B(n,p_1,p_2,\cdots,p_k)$，其概率分布函数为：

$$P(Y_1=n_1,Y_2=n_2,\cdots,Y_k=n_k)=\frac{n!}{n_1!n_2!\cdots n_k!}p_1^{n_1}p_2^{n_2}\cdots p_k^{n_k}\quad\sum_{i=1}^{k}n_i=n$$

当 $k=2$ 即为二项分布。

例题12.1　见下载资料。

## 12.3 拟合优度检验，分布的参数已知

拟合优度检验(chi-square goodness-of-fit test)，是检验样本数据是否服从，某一特定的概率分布 $F$。$F$ 可以是连续型概率分布，但是要将其定义域分为 $k$ 个区间。

$F$ 是表示一般的分布，而不是 $F$ 分布 $F(m, n)$。

### 1.拟合优度检验的假设条件

- 总体随机变量为$X$，其值域分成：$(A_1, A_2, \cdots, A_k)$ 等互斥且周延的 $k$ 组。如果$X$为离散型分布，则 $A_i$ 可能是整数；如果 $X$为连续型分布，则 $A_i$ 是实数区间。
- 计算概率分布$F$，计算 $P(X \in A_i) = P(A_i)$ 为 $A_i$ 出现的概率。
- $X_1, X_2, \cdots, X_n$ 为总体随机变量的随机抽样。
- 利用抽样的样本数据，检验：

$$\begin{cases} H_0: \text{总体符合（服从）概率分布 } \boldsymbol{F} \\ H_1: \text{总体不符合（服从）概率分布 } \boldsymbol{F} \end{cases}$$

### 2.检验步骤

(1) 对于 $i = 1, 2, \cdots, k$，计算 $Y_i$ = 所有随机抽样 $\{X_1, X_2, \cdots, X_n\}$ 中出现 $A_i$ 的次数。

对于 $i = 1, 2, \cdots, k$，计算 $y_i$ = 所有样本数据 $x_1, x_2, \cdots, x_n$ 中出现 $A_i$ 的次数，$y_i$ = 抽样出现的次数。

(2) $\sum_{i=1}^{k} y_i = n$ = 样本的总次数。

(3) 令 $P(A_i)$ 为 $A_i$ 出现的概率。$e_i = nP(A_i) = n$ 个样本出现 $A_i$ 的期望值。$e_i$ = 理论出现的次数。

(4) $K = \sum_{i=1}^{k} \frac{(Y_i - e_i)^2}{e_i}$ 是一个检验 $H_0$ 的统计量。

(5) 计算 $k^* = \sum_{i=1}^{k} \frac{(y_i - e_i)^2}{e_i} = \sum_{i=1}^{k} \frac{(y_i - nP(A_i))^2}{nP(A_i)}$ = 检验 $H_0$ 的统计值。

(6) 以上$K$的分布近似卡方分布，利用卡方检验。

(7) 若 $k^* \geqslant \chi_\alpha^2(k-1)\}$，则拒绝 $H_0$。

(8) $p$值 $= P\{\chi^2(k-1) \geqslant k^*\}$，若$p$值$\leqslant \alpha$，则拒绝 $H_0$。

例题12.2　一个推销员每天访问5家，记录每天推销成功的家数。表12.1是100天当中有多少天推销成功的家数：

表12.1　推销成功的数据

| 推销成功家数 | 0 | 1 | 2 | 3 | 4 | 5 |
|---|---|---|---|---|---|---|
| 出现天数 | 15 | 21 | 40 | 14 | 6 | 4 |

市场营销专家认为这个推销员每天推销成功的家数，应该是二项分布$B(5, 0.35)$。

检验：$\begin{cases} H_0: \text{每天推销成功的家数，是二项分配 } B(5, 0.35) \\ H_1: \text{上述不成立} \end{cases}$

如果检验的显著性水平是0.05，问检验的结果如何？

**解答：**计算二项分布$B(5，0.35)$的概率如表12.2所示。

表12.2 二项分布概率

| $y$ | $P(y)$ | $e = 100P(y)$ |
|---|---|---|
| 0 | 0.1160 | 11.60 |
| 1 | 0.3124 | 31.24 |
| 2 | 0.3364 | 33.64 |
| 3 | 0.1812 | 18.12 |
| 4 | 0.0487 | 4.87 |
| 5 | 0.0053 | 0.53 |

因为$y = 5$的期望值小于1，所以要和$y = 4$合并为一组，参数如表12.3所示。

表12.3 拟合优度检验参数

| $A_i$ | $y_i$ | $e_i$ | $y_i - e_i$ | $(y_i - e_i)^2$ | $(y_i - e_i)^2 / e_i$ |
|---|---|---|---|---|---|
| 0 | 15 | 11.60 | 3.40 | 11.5600 | 0.9966 |
| 1 | 21 | 31.24 | -10.24 | 104.8576 | 3.3565 |
| 2 | 40 | 33.64 | 6.36 | 40.4496 | 1.2024 |
| 3 | 14 | 18.12 | -4.12 | 16.9744 | 0.9368 |
| 4，5 | 10 | 5.40 | 4.60 | 21.1600 | 3.9185 |
| | | | | | 10.4108 |

因为 $k^* = 10.4108 > \chi^2_{0.05,4} = 9.488$，所以拒绝$H_0$，$p$值$= 0.034$。

# 12.4 拟合优度检验，分布的参数未知

拟合优度检验，是检验样本数据是否服从，某一特定的概率分布$F$，其参数未知。

### 1.拟合优度检验的假设条件

- 总体随机变量为$X$，其值域分成：$\{A_1, A_2, \cdots, A_k\}$等$k$组。但是总体的概率分布参数未知。
- 概率分布$F$，$P(X \in A_i) = P(A_i)$为$A_i$出现的概率，因为$F$的参数未知，所以$P(A_i)$暂时还未知。
- $X_1, X_2, \cdots, X_n$为总体随机变量的随机抽样。
- 利用抽样的样本数据，检验：$\begin{cases} H_0: \text{总体符合(服从)概率分布 } F \\ H_1: \text{总体不符合(服从)概率分布 } F \end{cases}$

### 2.检验步骤

(1) 将样本数据，对分布$F$的未知参数作点估计，代入概率计算$P(A_i)$。例如泊松分

布，用$\lambda$的点估计 $\bar{x}$ 来计算概率$P(A_i)$。

(2) 对于 $i=1,2,\cdots,k$，$Y_i$= 所有样本数据 $\{X_1,X_2,\cdots,X_n\}$ 中出现$A_i$的次数。

对于$i=1,2,\cdots,k$，计算$y_i$= 所有样本数据 $\{x_1,x_2,\cdots,x_n\}$ 中出现$A_i$的次数，$y_i$=抽样出现的次数。

(3) 计算 $e_i=nP(A_i)$，$e_i$= 理论出现的次数。

(4) $K=\sum_{i=1}^{k}\frac{(Y_i-e_i)^2}{e_i}$ 是一个检验$H_0$的统计量。

(5) 计算 $k^*=\sum_{i=1}^{k}\frac{(y_i-e_i)^2}{e_i}=\sum_{i=1}^{k}\frac{(y_i-nP(A_i))^2}{nP(A_i)}$ = 检验$H_0$的统计值。

(6) 如果概率分布$F$有$m$个参数，因为以估计值代替参数，所以自由度要再减$m$。

(7) 若$k^*\geqslant\chi_{\alpha}^2(k-m-1)$，则拒绝$H_0$。

(8) $p$值$=P\{\chi^2(k-m-1)\geqslant k^*\}$，若$p$值$\leqslant\alpha$，则拒绝$H_0$。

例题12.3　如果每页打字打错字的比率相同。表12.4是100页抽样当中每页错字的数目：

表12.4　错字数目数据

| 每页错字的数目 | 0 | 1 | 2 | 3 | 4 | 5 | 6 |
|---|---|---|---|---|---|---|---|
| 出现页数 | 13 | 24 | 31 | 18 | 11 | 2 | 1 |

统计学者认为每页错字数目，应该是泊松分布 Pois($\lambda$)，$\lambda$未知。

检验：$\begin{cases}H_0:每页错字数目服从泊松分布\quad \text{Pois}(\lambda)\\H_1:上述不成立\end{cases}$

如果检验的显著性水平是0.05，问检验的结果如何？

**解答**：上述100页抽样数据，每页平均错字是2个字。(24+2×31+3×18+4×11+5×2+6×1)/100=2。

计算泊松分布 Pois(2) 的概率如表12.5所示。

表12.5　泊松分布的概率

| $Y$ | $P(y)$ | $e=100P(y)$ |
|---|---|---|
| 0 | 0.1353 | 13.53 |
| 1 | 0.2707 | 27.07 |
| 2 | 0.2707 | 27.07 |
| 3 | 0.1804 | 18.04 |
| 4 | 0.0902 | 9.02 |
| 5 | 0.0361 | 3.61 |
| 6 | 0.0120 | 1.20 |
| >6 | 0.0045 | 0.45 |

因为$y$ = 5，6，> 6三组的$e_i$都小于5，所以将5，6和大于6合并为一组，如表12.6所示。

表12.6　合并后的泊松概率

| $A_i$ | $y_i$ | $P(A_i)$ | $e_i$ |
|---|---|---|---|
| 0 | 13 | 0.1353 | 13.53 |
| 1 | 24 | 0.2707 | 27.07 |
| 2 | 31 | 0.2707 | 27.07 |
| 3 | 18 | 0.1804 | 18.04 |
| 4 | 11 | 0.0902 | 9.02 |
| >4 | 3 | 0.0527 | 5.26 |

因为 $k^* = 2.35 < \chi^2_{0.05}(4) = 9.488$，所以接受 $H_0$，$p$ 值 = 0.67。

例题12.4　统计学的50位学生的成绩如下：85，72，69，88，56，61，68，80，77，72，81，93，66，87，79，67，83，90，66，78，76，85，82，88，89，63，65，88，90，60，63，62，87，56，72，68，83，87，90，92，95，66，63，57，64，76，62，70，80，90。请检验是否服从正态分布？显著性水平 0.05。

**解答**：原假设正态分布的平均数和标准差未知，利用样本数据，平均数 75.74，标准差11.487。

将正态分布的实数定义域分为四组如表12.7所示。

表12.7　正态分布的实数定义域

| 标准常态区间 | 成绩分数区间 | 概率 | 期望次数$e_i$ | 观察观察$y_i$ |
|---|---|---|---|---|
| $Z \leqslant -1$ | (−∞，64.25) | 0.1587 | 7.94 | 11 |
| $-1 < Z \leqslant 0$ | (64.25，75.74) | 0.3413 | 17.07 | 12 |
| $0 < Z \leqslant 1$ | (75.74，87.23) | 0.3413 | 17.07 | 16 |
| $Z \geqslant 1$ | (87.23，+∞) | 0.1587 | 7.94 | 11 |

$$k^* = \sum_{i=1}^{k} \frac{(y_i - e_i)^2}{e_i} = \frac{(11-7.94)^2}{7.94} + \frac{(12-17.07)^2}{17.07} + \frac{(16-17.07)^2}{17.07} + \frac{(11-7.94)^2}{7.94} = 3.94$$

因为 $k^* = 3.94 > \chi^2_{0.05}(1) = 3.8415$，所以拒绝 $H_0$，不是正态分布，$p$ 值 = 0.0471。

卡方分布自由度只有 1，因为 $k-m-1 = 4-2-1 = 1$，两个参数用样本数据。

本例题可用《中文统计》：“分类数据分析” → “正态分布”检验。

# 12.5 卡方检验独立性与同构性

**独立性卡方检验**(chi-square test of independent)，是检验样本数据，在二分类列联表(two-way cross contigency table)中，每个交集事件是否独立。若两分类代表两随机变量，则是检验两者是否独立。

**同构性(齐一性)卡方检验**(chi-square test of homogeneity)，将二分类联立事件表中某一类，视作独立总体，检验这些总体对应另一类中是否有相同的性质(比例)。例如两总体比例相同。

如果是独立性卡方检验，则将一个总体的$N$个随机抽样，分成A，B两大类，$y_{ij}$为其每格的出现数目。检验两种分类是否独立。

独立性检验和同构性检验，计算过程完全相同，检验的卡方分布，自由度也相同，其差别在表12.8说明。

表12.8　独立性检验和同构性检验之比较

| 比较 | 独立性 | 同构性(齐一性) |
|---|---|---|
| 观测数据 | 列联表 | 列联表 |
| 列与行 | 一个总体抽样一组样本(两个变量)栏(列)：分类变量<br>行：分类变量 | 不同总体各抽样一组样本(一个变量)栏(列)：多组总体<br>行：分类变量 |
| 虚无假设 | 两个分类变量是独立的 | 每个总体的分类比例是相同的 |
| 实验设计<br>(调查的设计) | 只能固定本量<br>再计算个分类变量的样本和 | 可以固定列或行的边际和<br>(每个总体的样本量) |
| 例如 | 教育程度和结婚次数<br>性别和收入<br>星座和主修科系(或职业)<br>血型和职业 | 不同地区(总体)的政党(分类)支持度<br>不同教师(总体)的工作满意度 |

例如，教育程度分为：大学以上程度、高中以下程度；结婚次数分为：未婚、结婚一次、结婚两次以上；街头随机抽样500人(总样本量)，调查以后填入列联表。性别当然是男女，收入分为几个范围，虽然可以固定抽样男性或女性的样本量，不过如果用电话随机访问，只要他(她)愿意回答，都列入样本量。

如果是同构性卡方检验，则 $R_i$，$i=1,\cdots,a$ 为第$i$个总体的随机抽样值的数目。如下表，将A类视作不同总体，$y_{ij}$ 为第$i$个总体出现B类$j$组的数目。检验各总体的B类比例是否相同。

二分类列联表，观察数据如表12.9所示。

表12.9　二分类列联表

| | | 分 类 B | | | | |
|---|---|---|---|---|---|---|
| | | 1 | 2 | … | b | 总和 |
| 分 | 1 | $y_{11}$ | $y_{12}$ | … | $y_{1b}$ | $R_1$ |
| 类 | 2 | $y_{21}$ | $y_{22}$ | … | $y_{2b}$ | $R_2$ |
| A | ⋮ | ⋮ | ⋮ | ⋱ | ⋮ | ⋮ |
| | A | $y_{a1}$ | $y_{a2}$ | … | $y_{ab}$ | $R_a$ |
| | 总和 | $C_1$ | $C_2$ | … | $C_b$ | $n$ |

列联表独立性的条件：$y_{ij}\times n=R_i\times C_j$ 或 $y_{ij}=\dfrac{R_iC_j}{n}\ \forall i,j$

独立性卡方检验是，利用抽样的样本数据，检验：

$$\begin{cases} H_0: \text{分类 A 与分类 B 是独立} \\ H_0: \text{分类 A 与分类 B 不是独立} \end{cases}$$

同构性卡方检验是，利用抽样的样本数据，检验：

$$\begin{cases} H_0: \text{A 类每组对 B 类有一致性比例。} \\ H_0: (y_{11}:y_{12}:\cdots:y_{1b}) = (y_{21}:y_{22}:\cdots:y_{2b}) = \cdots = (y_{a1}:y_{a2}:\cdots:y_{ab}) \ \text{(每行有相同比例)} \\ \quad (y_{11}:y_{21}:\cdots:y_{a1}) = (y_{12}:y_{22}:\cdots:y_{a2}) = \cdots = (y_{1b}:y_{2b}:\cdots:y_{ab}) \ \text{(每列有相同比例)} \\ \text{或} \ \dfrac{y_{i1}}{C_1} = \dfrac{y_{i2}}{C_2} = \dfrac{y_{i3}}{C_3} = \cdots = \dfrac{y_{ib}}{C_b}, \quad \dfrac{y_{1i}}{R_1} = \dfrac{y_{2i}}{R_2} = \dfrac{y_{3i}}{R_3} = \cdots = \dfrac{y_{ai}}{R_a} \quad \forall i \\ H_1: \text{以上至少有一组不等式。} \end{cases}$$

表12.10　二分类列联表举例

| 例如检验表12.10中分类A和B的独立和同构性： | | 分类B | | | |
|---|---|---|---|---|---|
| | | 1 | 2 | 3 | 总和 |
| 分类A | 1 | 2 | 3 | 5 | 10 |
| | 2 | 4 | 6 | 10 | 20 |
| | 3 | 6 | 9 | 15 | 30 |
| | 总和 | 12 | 18 | 30 | 60 |

独立性：2×60=12×10，3×60=18×10，5×60=30×10，4×60=12×20，…，15×60=30×30。

同构性：2:3:5 = 4:6:10 = 6:9:15，2:4:6 = 3:6:9 = 5:10:15。

2/12=3/18=5/30，4/12=6/18=10/30，6/12=9/18=15/30。

2/10=4/20=6/30，3/10=6/20=9/30，5/10=10/20=15/30。

所以，上述列联表，分类A与分类B是独立的，有同构性。

独立性与同构性卡方检验的方法步骤都相同。

检验步骤：$R_i$=第$i$行总和，$C_j$=第$j$列总和。

(1) 计算 $R_i = \sum_{j=1}^{b} y_{ij}$，$C_j = \sum_{i=1}^{a} y_{ij}$，$n = \sum_{i=1}^{a}\sum_{j=1}^{b} y_{ij}$，$e_{ij} = \dfrac{R_i C_j}{n}$。

(2) $K = \sum_{i=1}^{a}\sum_{j=1}^{b} \dfrac{(Y_{ij} - e_{ij})^2}{e_{ij}} = \sum_{i=1}^{a}\sum_{j=1}^{b} \dfrac{Y_{ij}^2}{e_{ij}} - n$ 是一个检验 $H_0$ 的统计量。

(3) 计算 $k^* = \sum_{i=1}^{a}\sum_{j=1}^{b} \dfrac{(y_{ij} - e_{ij})^2}{e_{ij}} = \sum_{i=1}^{a}\sum_{j=1}^{b} \dfrac{y_{ij}^2}{e_{ij}} - n$ = 检验 $H_0$ 的统计值。

(4) 若 $k^* \geqslant \chi_\alpha^2((a-1)\times(b-1))$，则拒绝 $H_0$。

如果 $k^*$ 大到一定程度，表示样本数据和独立性的差异程度够大，显著的非独立，有相关。

(5) 有关自由度的说明：一个三角形的三个角总和是180度(固定的)，所以两个角已知就决定第三个角，于是自由度是2。一个列联表，每列总和与每行总和固定，则 $(a-1)(b-1)$ 个格子观察值已知，就可以决定其他所有格子的观察值。例如：一个2×3的二分类事件表，如果$y_{11}$与$y_{12}$已知，则其他值可以由每行每列之和算出，所以只有2个自由度。

例题12.5　1912年泰坦尼克号撞上冰山而沉没，乘客和组员共2223人，死亡1517人，其中不同“性别”(因)的死亡率(果)是否有显著差异；不同“身份(旅客等级或组员)”的“死亡率”，是否有显著差异？显著性水平是0.05。(表12.11中的因果关系不是统计推论，是研究者判断)

表12.11　乘客和组员存活情况

| 因＼果 | 头等舱 | | 二等舱 | | 三等舱 | | 组员(船员服务生) | | 总和 | |
|---|---|---|---|---|---|---|---|---|---|---|
| | 男 | 女 | 男 | 女 | 男 | 女 | 男 | 女 | 男 | 女 |
| 存活 | 54 | 145 | 15 | 104 | 69 | 105 | 194 | 20 | 332 | 374 |
| | 199 | | 119 | | 174 | | 214 | | 706 | |
| 死亡 | 119 | 11 | 142 | 24 | 417 | 119 | 682 | 3 | 1360 | 157 |
| | 130 | | 166 | | 536 | | 685 | | 1517 | |
| 总合 | 173 | 156 | 167 | 128 | 486 | 224 | 876 | 23 | 1692 | 531 |
| | 329 | | 285 | | 710 | | 899 | | 2223 | |

**解答**：身份和存活率的独立性检验：$H_0$:身份和存活率是独立的

$$k^* = \sum_{i=1}^{a}\sum_{j=1}^{b}\frac{y_{ij}^2}{e_{ij}} - n = \frac{2223(199)^2}{(329)(706)} + \frac{2223(119)^2}{(285)(706)} + \frac{2223(174)^2}{(710)(706)} + \frac{2223(214)^2}{(899)(706)} + \frac{2223(130)^2}{(329)(1517)}$$

$$+\frac{2223(166)^2}{(285)(1517)} + \frac{2223(536)^2}{(710)(1517)} + \frac{2223(685)^2}{(899)(1517)} - 2223 = 181.89$$

$k^* = 181.89 \geqslant \chi^2_{0.05}(3) = 7.8147$，$p$ 值$=0$，拒绝 $H_0$，有显著的相关。

性别和存活率的独立性检验：$H_0$:有显著的相关

$$k^* = \sum_{i=1}^{a}\sum_{j=1}^{b}\frac{y_{ij}^2}{e_{ij}} - n = \frac{2223(332)^2}{(1692)(706)} + \frac{2223(374)^2}{(531)(706)} + \frac{2223(1360)^2}{(1692)(1517)} + \frac{2223(157)^2}{(531)(1517)} - 2223 = 481.467$$

$k^* = 481.467 \geqslant \chi^2_{0.05}(1) = 3.8415$，$p$ 值$=0$，拒绝$H_0$，有显著的相关。

例题12.6　表12.12是某一大学，教员(分成：教授，副教授，助理教授，讲师四类)对工作满意的程度(分成：满意，普通，不满意三种)。

表12.12　大学教员的工作满意程度

| | | 分类B | | | | |
|---|---|---|---|---|---|---|
| | | 讲师 | 助理教授 | 副教授 | 教授 | 总和 |
| 分类A | 满意 | 40 | 60 | 52 | 63 | 215 |
| | 普通 | 78 | 87 | 82 | 88 | 335 |
| | 不满意 | 57 | 63 | 66 | 64 | 250 |
| | 总和 | 175 | 210 | 200 | 215 | 800 |

独立性检验：$\begin{cases} H_0: \text{教员分类与工作满意程度是独立} \\ H_1: \text{教员分类与工作满意程度不是独立} \end{cases}$

同构性检验：$\begin{cases} H_0:\text{四类教员对工作满意程度有一致性的比率} \\ H_1:\text{四类教员对工作满意程度没有一致性的比率} \end{cases}$

如果检验的显著性水平是0.05，问检验的结果如何？

**解答**：计算：$R_i=\sum_{j=1}^{b} y_{ij}$，$C_j=\sum_{i=1}^{a} y_{ij}$，$n=\sum_{i=1}^{a}\sum_{j=1}^{b} y_{ij}$，$e_{ij}=\dfrac{R_i C_j}{n}$，如表12.13所示。

表12.13　检验参数

| (i，j) | $y_{ij}$ | $e_{ij}$ | $y_{ij}^2/e_{ij}$ | (i，j) | $y_{ij}$ | $e_{ij}$ | $y_{ij}^2/e_{ij}$ |
|---|---|---|---|---|---|---|---|
| (1，1) | 40 | 47.03 | 34.0208 | (1，2) | 60 | 56.44 | 63.7846 |
| (1，3) | 52 | 53.75 | 50.3070 | (1，4) | 63 | 57.78 | 68.6916 |
| (2，1) | 48 | 73.28 | 83.0240 | (2，2) | 87 | 87.94 | 86.0700 |
| (2，3) | 82 | 83.75 | 80.2866 | (2，4) | 88 | 90.03 | 86.0518 |
| (3，1) | 57 | 54.69 | 59.4076 | (3，2) | 63 | 65.62 | 60.4846 |
| (3，3) | 66 | 62.50 | 69.6960 | (3，4) | 64 | 67.19 | 60.9615 |

$$k^*=\sum_{i=1}^{a}\sum_{j=1}^{b}\frac{y_{ij}^2}{e_{ij}}-n=802.7501-800=2.75$$

因为 $k^*=2.75<\chi_{0.05}^2(6)=12.592$，所以接受 $H_0$，$p$ 值 $=0.8394$。

# 12.6 中位数卡方检验

二分类独立性卡方检验可以用于：检验“独立两组样本”是否有相同的中位数(或分布)。这种检验方法称作“中位数(卡方)检验”(median test)。

首先将两组样本合起来，计算“共同中位数”。计算各组样本数据，大于“共同中位数”的数目以及小于“共同中位数”的数目，如表12.14所示。

表12.14　中位数卡方检验计算过程

| 独立样本 | 样本Ⅰ | 样本Ⅱ | 总和 |
|---|---|---|---|
| 大于共同中位数的样本量 | $a$ | $b$ | $a+b$ |
| 小于共同中位数的样本量 | $c$ | $d$ | $c+d$ |
| 总和 | $a+c$ | $b+d$ | $n=a+b+c+d$ |

计算 $k^*=\dfrac{a^2}{(a+b)(a+c)/n}+\dfrac{b^2}{(a+b)(b+d)/n}+\dfrac{c^2}{(c+d)(a+c)/n}+\dfrac{d^2}{(c+d)(b+d)/n}-n$

经过代数运算后 $k^*=\dfrac{n(ad-bc)^2}{(a+b)(c+d)(a+c)(b+d)}$，若 $k^*\geqslant\chi_{\alpha,1}^2$，则拒绝 $H_0$。

例题12.7　见下载资料。

# 12.7 两总体独立样本比例检验

二分类联立事件表，如果每个分类都分成两类，如表12.15所示。

表12.15　二分类联立事件表

| | | B类 | | 总和 |
|---|---|---|---|---|
| | | B1 | B2 | |
| A | A1 | $a$ | $b$ | $a+b$ |
| 类 | A2 | $c$ | $d$ | $c+d$ |
| 总和 | | $a+c$ | $b+d$ | $n=a+b+c+d$ |

同构型卡方检验是，利用抽样的样本数据，检验：

$$\begin{cases} H_0: \text{分类 } \mathbf{B} \text{ 的两组样本对于分类 } \mathbf{A} \text{ 有相同比例} \\ H_1: \text{分类 } \mathbf{B} \text{ 的两组样本对于分类 } \mathbf{A} \text{ 没有相同比例} \end{cases}$$

计算 $k^* = \dfrac{n(ad-bc)^2}{(a+b)(c+d)(a+c)(b+d)}$，若 $k^* \geqslant \chi^2_{\alpha,1}$，则拒绝 $H_0$。

这个问题和第9.8节双总体比例检验的问题相同，其检验结果是否一致？

令B分类为双总体：B1总体中A1的比例为 $p_1$，B2总体中A1的比例为 $p_2$。

检验：$H_0: p_1 = p_2$

根据样本数据：$\hat{p}_1 = \dfrac{a}{a+c}$，$\hat{p}_2 = \dfrac{b}{b+d}$，$n_1 = a+c$，$n_2 = b+d$

$$z^* = (\hat{p}_1 - \hat{p}_2) \Big/ \sqrt{\left(\frac{n_1\hat{p}_1 + n_2\hat{p}_2}{n_1+n_2}\right)\left(1 - \frac{n_1\hat{p}_1 + n_2\hat{p}_2}{n_1+n_2}\right)\left(\frac{1}{n_1} + \frac{1}{n_2}\right)}$$

经过代数运算：$(z^*)^2 = k^* = \dfrac{n(ad-bc)^2}{(a+b)(c+d)(a+c)(b+d)}$，$(z_{\alpha/2})^2 = \chi^2_{\alpha,1}$

例题12.8　见下载资料。

# 12.8 McNemar检验-两总体配对样本比例检验

McNemar检验是，检验“配对”(相依)样本，是否有相同比例。名目(分类)尺度的配对样本，和区间尺度的配对样本相同，第一个分类(总体)变量的样本和第二个分类(总体)变量的样本，是配对相依的，譬如时间上的前后或其他相依关系，如表12.16所示。

表12.16　配对样本

| 配对样本 | | 甲总体 | | |
|---|---|---|---|---|
| | | A | B | 总和 |
| 乙总体 | A | $a$ | $b$ | $a+b$ |
| | B | $c$ | $d$ | $c+d$ |
| 总和 | | $a+c$ | $b+d$ | $n=a+b+c+d$ |

**注意**：两组配对样本对应相同分类。

$$\begin{cases} H_0: \text{前后两组成对样本对于}A,B\text{ 两类有相同比例} \\ H_1: \text{前后两组成对样本对于}A,B\text{ 两类没有相同比例} \end{cases}$$

检验步骤：

计算 $\chi^* = \dfrac{(b-c)^2}{b+c}$ 或修正为 $\chi^* = \dfrac{(|b-c|-1)^2}{b+c}$ ，若 $\chi^* \geqslant \chi^2_{\alpha,1}$，则拒绝 $H_0$。

例题12.9　见下载资料。

# 12.9《中文统计》应用

## 12.9.1　McNemar检验——两总体配对样本比例检验(例题12.9)

例题12.9的McNemar检验在《中文统计》应用中实现如图12.3。

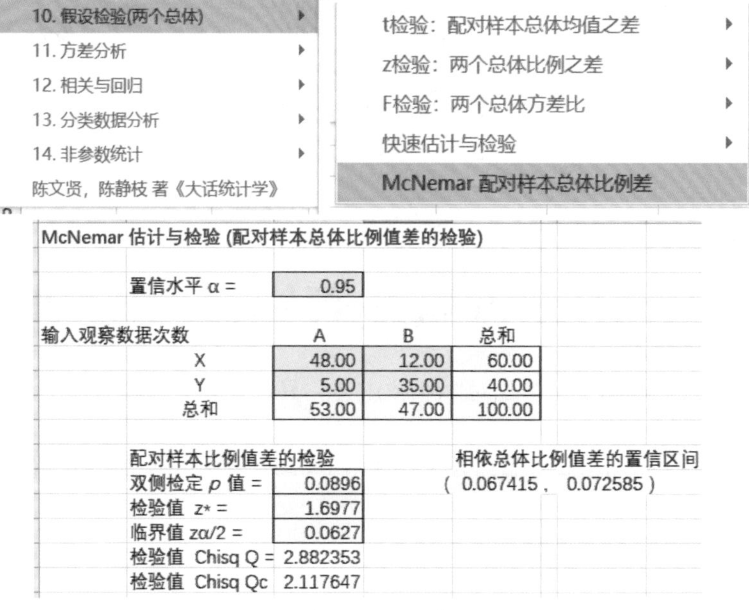


图12.3　McNemar检验

## 12.9.2 拟合优度检验(例题12.3)

例题12.3的拟合优度检验在《中文统计》应用中实现如图12.4。

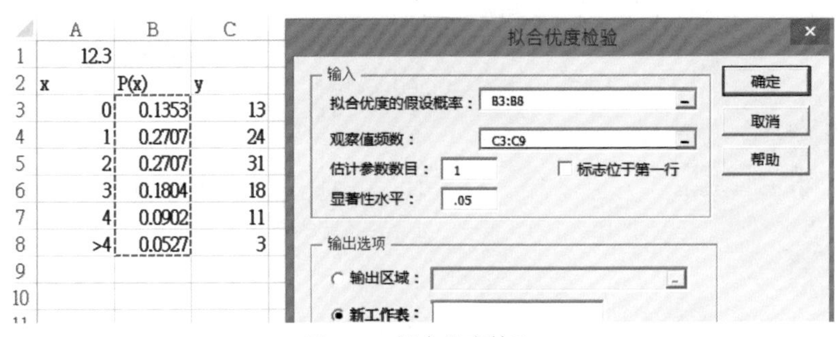

| | A | B | C |
|---|---|---|---|
| 1 | 12.3 | | |
| 2 | x | P(x) | y |
| 3 | 0 | 0.1353 | 13 |
| 4 | 1 | 0.2707 | 24 |
| 5 | 2 | 0.2707 | 31 |
| 6 | 3 | 0.1804 | 18 |
| 7 | 4 | 0.0902 | 11 |
| 8 | >4 | 0.0527 | 3 |



图12.4　拟合优度检验

## 12.9.3 列联表——独立性检验(例题12.5)

例题12.5的列联表——独立性检验的《中文统计》应用的实践如图12.5和图12.6所示。

| | A | B | C | D | E |
|---|---|---|---|---|---|
| 1 | | 头等 | 二等 | 三等 | 组员 |
| 2 | 活 | 199 | 119 | 174 | 214 |
| 3 | 死 | 130 | 166 | 536 | 685 |

列联表 - 独立性检验
输入
输入区域： A1:E3
标记位于第一行
显著性水平(α)： .05

图12.5　独立性检验数据

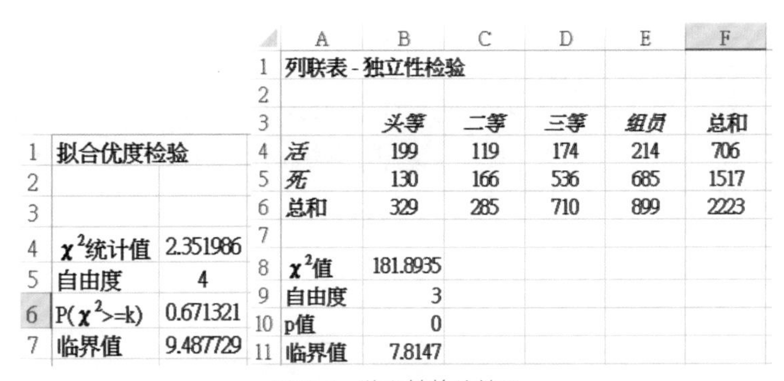

| | A | B |
|---|---|---|
| 1 | 拟合优度检验 | |
| 2 | | |
| 3 | | |
| 4 | $\chi^2$统计值 | 2.351986 |
| 5 | 自由度 | 4 |
| 6 | P($\chi^2$>=k) | 0.671321 |
| 7 | 临界值 | 9.487729 |

| | A | B | C | D | E | F |
|---|---|---|---|---|---|---|
| 1 | 列联表 - 独立性检验 | | | | | |
| 2 | | | | | | |
| 3 | | 头等 | 二等 | 三等 | 组员 | 总和 |
| 4 | 活 | 199 | 119 | 174 | 214 | 706 |
| 5 | 死 | 130 | 166 | 536 | 685 | 1517 |
| 6 | 总和 | 329 | 285 | 710 | 899 | 2223 |
| 7 | | | | | | |
| 8 | $\chi^2$值 | 181.8935 | | | | |
| 9 | 自由度 | 3 | | | | |
| 10 | p值 | 0 | | | | |
| 11 | 临界值 | 7.8147 | | | | |

图12.6　独立性检验结果

## 12.9.4 列联表—— 独立性检验(原始数据)

列联表——独立性检验的原始数据如图12.7所示。

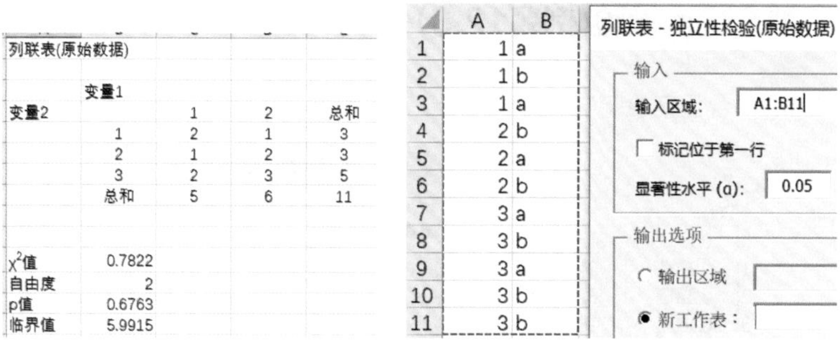

列联表(原始数据)

| | 变量1 | | |
|---|---|---|---|
| 变量2 | 1 | 2 | 总和 |
| 1 | 2 | 1 | 3 |
| 2 | 1 | 2 | 3 |
| 3 | 2 | 3 | 5 |
| 总和 | 5 | 6 | 11 |

| | |
|---|---|
| $\chi^2$值 | 0.7822 |
| 自由度 | 2 |
| p值 | 0.6763 |
| 临界值 | 5.9915 |

| | A | B |
|---|---|---|
| 1 | 1 | a |
| 2 | 1 | b |
| 3 | 1 | a |
| 4 | 2 | b |
| 5 | 2 | a |
| 6 | 2 | b |
| 7 | 3 | a |
| 8 | 3 | b |
| 9 | 3 | a |
| 10 | 3 | b |
| 11 | 3 | b |

列联表 - 独立性检验(原始数据)
输入
输入区域: A1:B11
标记位于第一行
显著性水平 (α): 0.05
输出选项
输出区域
新工作表:

图12.7　列联表——独立性检验的原始数据

# 12.10 R语言应用

```
> # 读入CSV 数据
> data <- read.csv("https://goo.gl/j6lRXD"); str(data)
> table(data$treatment,data$improvement)
improved not-improved
not-treated 26 29
treated 35 15
> chisq.test(data$treatment,data$improvement,correct=FALSE)
Pearson’s Chi-squared test
data: data$treatment and data$improvement
X-squared = 5.5569,df = 1,p-value = 0.01841
> # Chap12_2,
> Y <- c(13,24,31,18,11,3)
> P <- c(0.1353,0.2707,0.2707,0.1804,0.0902,0.0527)
> k <- chisq.test(Y,p=P); k       # 卡方检验
Chi-squared test for given probabilities
data: Y
X-squared = 2.352,df = 5,p-value = 0.7986
> x <- k$statistic
> pchisq(x,4,lower.tail = FALSE)# 自由度减 1 的 p 值
X-squared
0.671321
> # Chap12_4
> M <- as.table(rbind(c(199,119,174,214),c(130,166,536,685)))
> dimnames(M)<- list(Survived = c("Yes","No"),Class =
c("1st","2nd","3rd","Crew"))
```

```
>(ChiSq <- chisq.test(M))         # 卡方检验
Pearson's Chi-squared test
data: M
X-squared = 181.89,df = 3,p-value < 2.2e-16
> # Chap12_9
> x<-matrix(c(48,5,12,35),nrow = 2,dimnames = list("A公司" = c("Yes","No"),"B公司" = c("Yes","No"))); x
B公司
A公司 Yes No
Yes 48 12
No 5 35
> mcnemar.test(x)                  # 修正 卡方检验值 Qc
McNemar's Chi-squared test with continuity correction
McNemar's chi-squared = 2.1176,df = 1,p-value = 0.1456
> mcnemar.test(x,correct=F)        # 未修正 卡方检验值 Q
McNemar's Chi-squared test
McNemar's chi-squared = 2.8824,df = 1,p-value = 0.08956
> # Chap12_10
> if(!require(gplots)){install.packages("gplots")} ; library(gplots)
> if(!require(graphics)){install.packages("graphics")};library(graphics)
> if(!require(vcd)){install.packages("vcd")} ; library(vcd)
> if(!require(corrplot)){install.packages("corrplot")};library(corrplot)
> if(!require(profvis)){install.packages("profvis")} ; library(profvis)
> data = read.delim("C:/1Stat/StatData/Chap12_10.txt",row.names = 1)
> tab <- as.table(as.matrix(data)); tab  # 转成表格
> balloonplot(t(tab),main ="家庭分工项目 列联表 气球图",xlab ="家庭",ylab="项目",label = FALSE,show.margins = FALSE)# 列联表 气球图
> mosaicplot(tab,shade=T,las=2,main="马赛克图",ylab ="家庭",xlab="项目")
> assoc(tab,shade = TRUE,las=3,ylab ="家庭",xlab="项目")
> chisq <- chisq.test(tab); chisq
Pearson's Chi-squared test
data: tab
X-squared = 1944.5,df = 36,p-value < 2.2e-16
> chisq$observed                   # 样本观察值
> round(chisq$expected,2)          # 理论期望值
> round(chisq$residuals,3)         # 残差 =(观察值 - 期望值)/ sqrt(期望值)
> corrplot(chisq$residuals,is.cor = FALSE) # 卡方残差相关图
# 残差相关图 : 残差正相关是"蓝色",圆圈越大 ,表示相关性越强
# 例如 : 丈夫和工作项目"修理"有强的正相关
# 残差负相关是"红色",圆圈越大 ,表示负相关性(排斥)越强
```

```
# 例如 : 妻子和工作项目"修理"有排斥的负相关
```

代码运行后的输出结果如图12.8和图12.9所示。

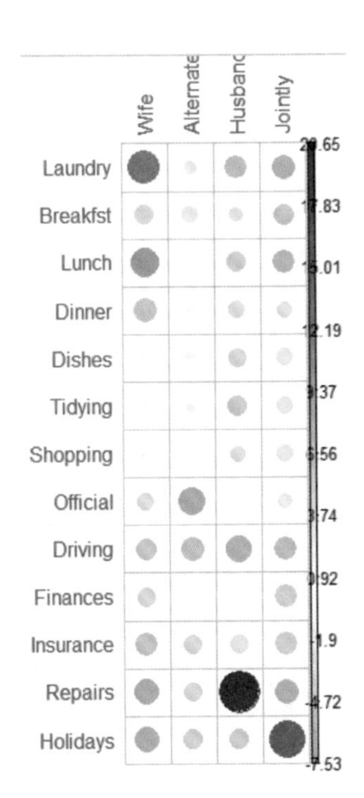


图12.8 代码输出图表

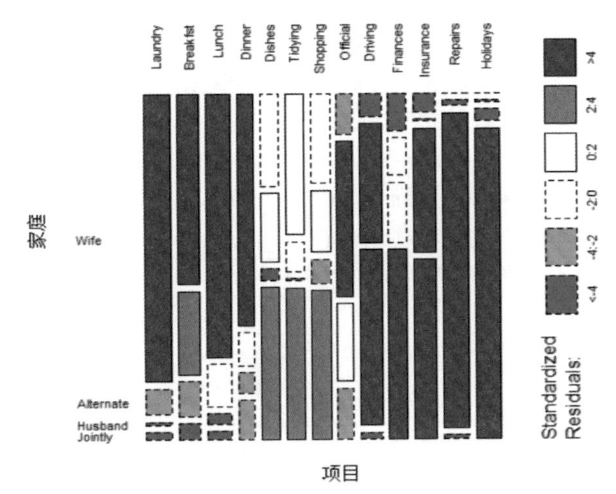


图12.9 代码输出图表

# 12.11 本章流程图

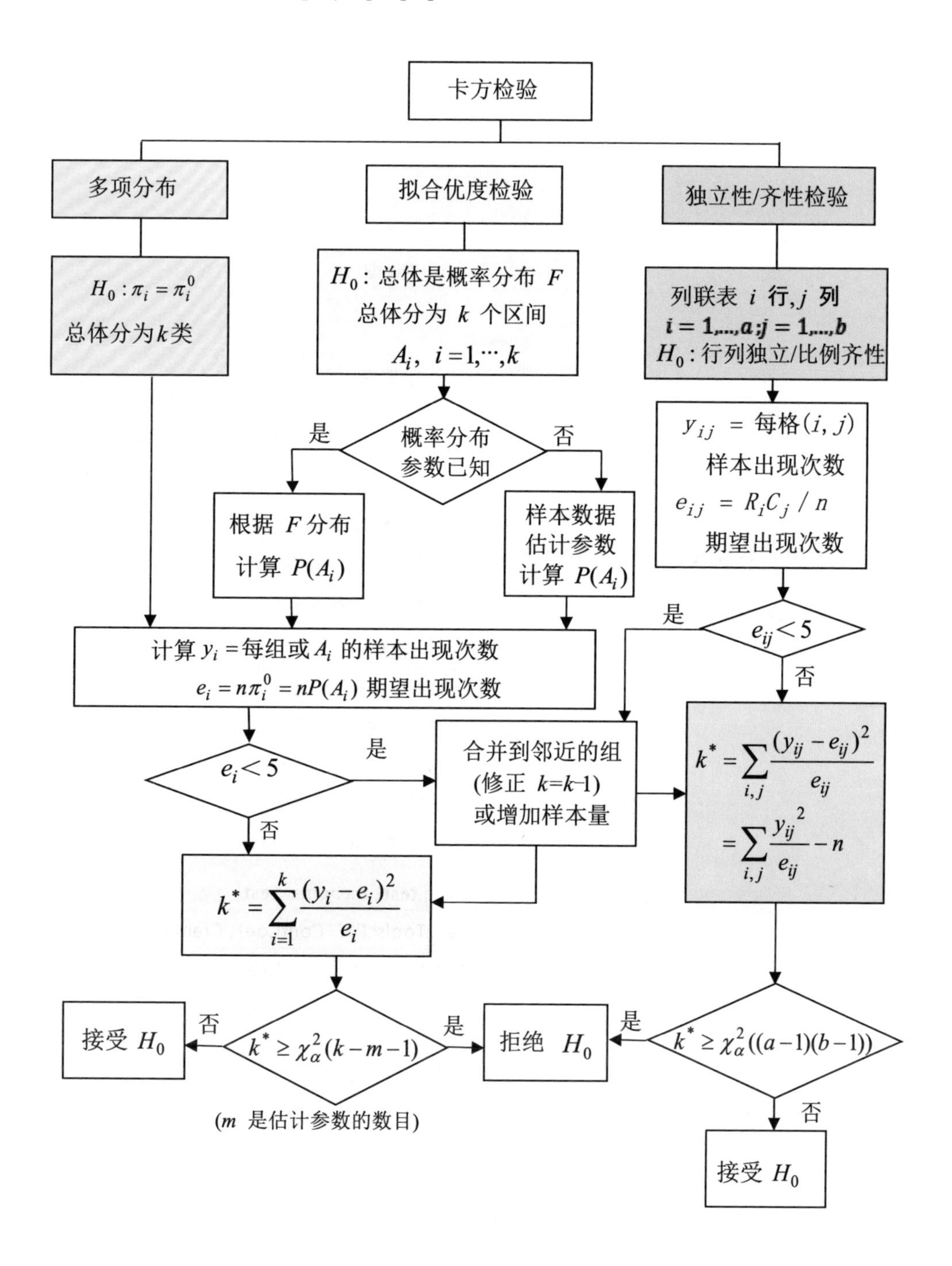

卡方检验
多项分布
拟合优度检验
独立性/齐性检验
$H_0: \pi_i = \pi_i^0$
总体分为$k$类
$H_0$: 总体是概率分布 $F$
总体分为 $k$ 个区间
$A_i$, $i=1,\cdots,k$
列联表 $i$ 行,$j$ 列
$i=1,\ldots,a; j=1,\ldots,b$
$H_0$: 行列独立/比例齐性
是
概率分布
参数已知
否
$y_{ij}$ = 每格$(i,j)$
样本出现次数
$e_{ij} = R_i C_j / n$
期望出现次数
根据 $F$ 分布
计算 $P(A_i)$
样本数据
估计参数
计算 $P(A_i)$
是
$e_{ij} < 5$
否
计算 $y_i$ = 每组或 $A_i$ 的样本出现次数
$e_i = n\pi_i^0 = nP(A_i)$ 期望出现次数
$e_i < 5$
是
合并到邻近的组
(修正 $k=k-1$)
或增加样本量
$k^* = \sum_{i,j} \frac{(y_{ij}-e_{ij})^2}{e_{ij}} = \sum_{i,j} \frac{y_{ij}^2}{e_{ij}} - n$
否
$k^* = \sum_{i=1}^{k} \frac{(y_i - e_i)^2}{e_i}$
接受 $H_0$
否
$k^* \geq \chi_\alpha^2(k-m-1)$
是
拒绝 $H_0$
是
$k^* \geq \chi_\alpha^2((a-1)(b-1))$
否
接受 $H_0$
($m$ 是估计参数的数目)

# 12.12 本章思维导图

第 12 章 分类数据分析

陈文贤 著《大话统计学》

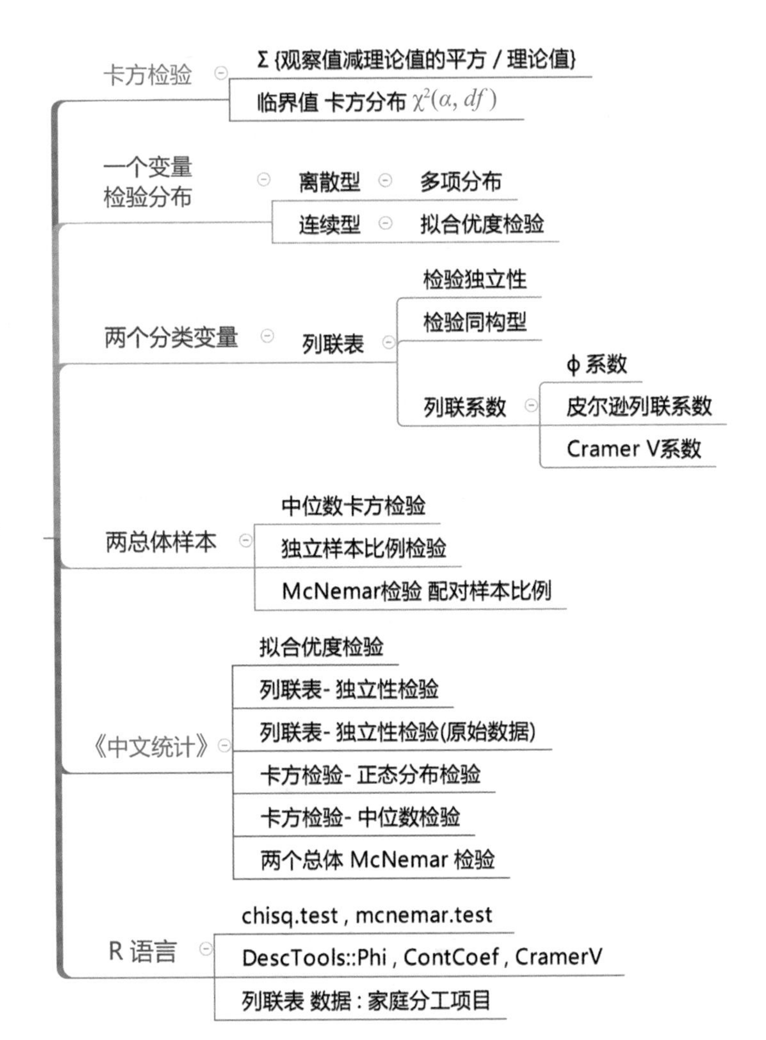

## 12.13 习题

1. 一颗骰子掷1000次，出现点数和次数如下：

1点：158；2点：172；3点：164；4点：181；5 点：160；6点：165。检验这颗骰子是否公平，显著水平0.05。

2. 下列数据是连续25个产品的质量水平：

100，110，122，132，99，96，88，75，45，211，154，143，161，142，99，111，105，133，142，150，153，121，126，117，155。

检验这个样本数据是正态分布，平均数124，标准差33。

3. 问卷调查全国军人对面米食的喜好情形。随机抽取435位军人，并依祖籍的区域分类，所得的数据如表12.17所示。

表12.17　军人对面米食偏好数据

| 地区 | 偏好米食人数 | 回答人数 |
|---|---|---|
| 南部 | 65 | 118 |
| 北部 | 59 | 135 |
| 中部 | 48 | 90 |
| 西部 | 43 | 92 |

以 $\alpha = 0.05$，偏好米食的习惯，与地区是否有显著的差异？

4. 心理学家测验白领阶级和蓝领阶级的工作态度，四个蓝领阶级的分数是：23，18，22，21。五个白领阶级的分数是：23，28，25，24，26。检验这两个阶级的工作态度是否有差异，显著水平0.05。

其他习题请下载。

# 第13章 非参数统计分析

无、名天地之始；有、名天地之母。常无，欲以观其妙；常有，欲以观其徼。

有之以为利，无之以为用。 —— 老子《道德经》

见山是山，见水是水。 —— 宋《五灯会元》

荀汰其芜杂，存其菁英。 —— 《四库全书·经部卷六》

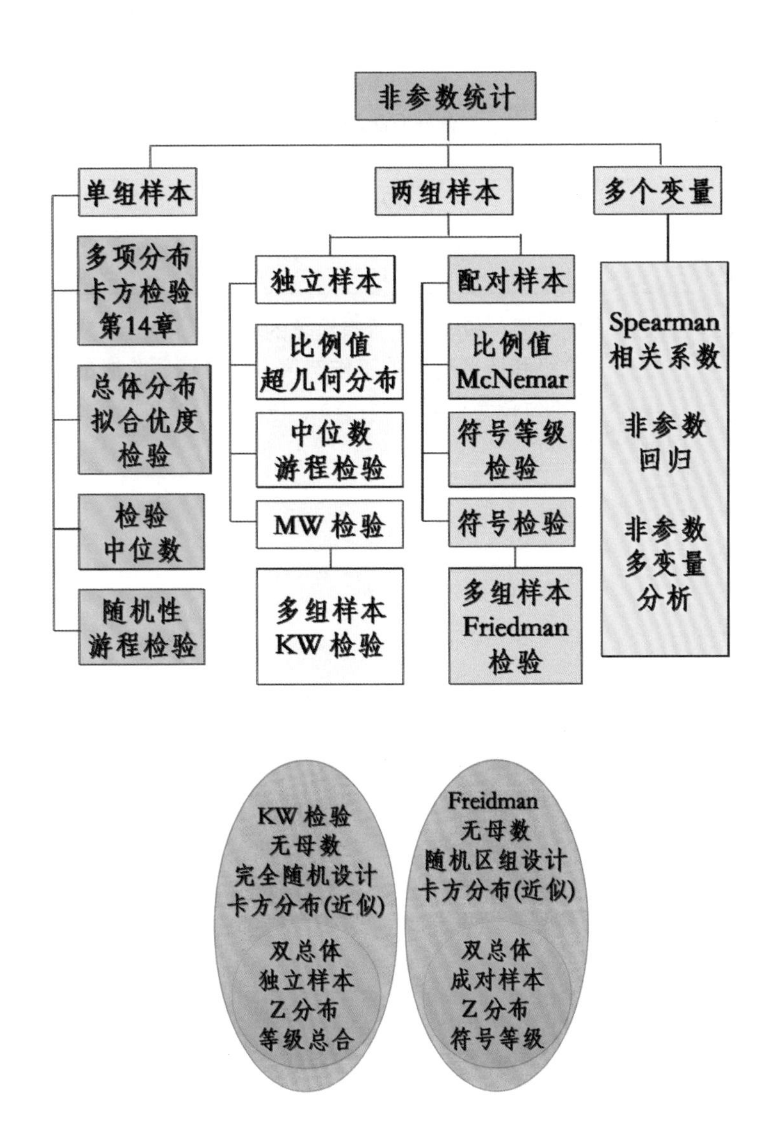

## 13.1 非参数统计分析

在前面数章：假设检验，方差分析，回归分析等有关的检验中，都假定总体的分布是正态分布。但是如果这个假定稍微不符(总体的分布相差正态不远)，或者样本量很大，上述检验的结果，仍然可以信赖，这种特性称作**稳健性**或**鲁棒性**(robust)。如果总体分布，相差正态分布太多且样本量不大，则以上的检验就不适用。

有些统计推论不需要总体是正态分布的假定，这种推论我们称之为**无分布方法**(distribution-free methods)。例如游程检验(run test)和符号检验(sign test)是无分布方法。

有些统计推断与参数无关(parameter，例如：$\mu$，$\sigma$，$p$)，这种推论我们称之为**无参数方法**(nonparametric methods)。例如：卡方独立性检验和游程检验是无参数方法。

我们定义"**非参数检验**"(nonparametric testing)是，包括："无分布方法"与"无参数方法"。所以，卡方检验的独立性检验，也算非参数统计，在前一章有过介绍。

"非参数检验"对比"参数检验"有下列优点：①假定条件较少，不需要对总体有太多的假定条件；②计算较少，通常比较数据的秩，没有太多的计算；③适合小样本的研究；④可以处理计数值的间断型数据，即分类与顺序尺度数据。适合分类尺度资料的非参数统计有：卡方检验，游程检验等；适合顺序尺度数据的非参数统计有：符号检验，符号秩检验，Kolmogorov检验，Mann-Whitney检验，KW检验等。

非参数检验的缺点是：①检验力较(参数统计)差，偏向于接受原假设；②将数据(从区间尺度)转换为顺序尺度，浪费数据的尺度与收集；③每种检验法的统计量都要不同的概率表(大样本才能近似正态)，缺乏通用的概率表(如$z$表，$t$表)。本书将部分检验利用递归方程式导出其统计量的分布，但是要利用计算机计算；④尚无可以检验有交互影响的二因子方差分析的非参数方法，参数统计与非参数统计的比较如表13.1所示。

非参数统计检验总体的分布，多以"中位数"为主要参数，而参数统计是以"平均数"为主要参数。到底平均数估计和中位数估计的差别如何？兹说明如下：

- 中位数有一个好处是，它不受极端值的影响，譬如有一组样本数据，记录者或受访者将其中之一的数据写成10倍，中位数可能不受影响，平均数就受影响很大。如果随机抽样的样本包含有极大值或极小值，不管是否由于非抽样误差的数据收集错误，或实际存在于总体，检验中位数可能比检验平均数来得恰当。换言之，如果总体的分布有长而厚的尾巴，很有可能出现极大值或极小值，则中位数估计或检验比较合适。
- 平均数估计值可以用来估计总和。例如：估计每个推销员的平均销售量，乘以推销员的人数，则可以得到总销售量的估计。但是中位数估计值不可能用来估计总体的总和。不过，如果总体是顺序尺度或区间尺度，则总体总和的估计是无意义的(例如：每月总温度)。所以若是只要找出总体的中心点，不必用来估计总体的总和，而且总体不是正态分布，则利用中位数估计值。

检验总体分布有三个因素：**位置**(location)、**分散**(spread)、**形态**(shap)，位置是集中趋势、分散是离差量数、形态是形态量数，如果原假设是检验总体分布(单总体或多总体)，拒绝 $H_0$ 表示三个因素至少有一个不相等。表13.2的因果关系、独立或相关，不是检验的目的或结果，是默认的样本设计(抽样或实验设计)。统计学无法确认因果关系，何者为因，何者为果，由研究者诠释。

表13.1　参数统计和非参数统计方法的比较

| 比较 | 有参数统计 | 非参数统计 |
|---|---|---|
| 目的 | 估计检验：平均数、方差、<br>比例值、回归系数、相关系数 | 检验(没有区间估计)：中位数、总体分布、适合度、随机性、独立性 |
| 假设条件 | 正态分布或样本数大于30 | 非正态分布且样本数小于30 |
| 资料尺度 | 比率、区间尺度(平均数)、分类尺度(比例值)；很少有顺序尺度 | 以顺序尺度为主、分类尺度(游程检验)：比率、区间尺度(降至顺序尺度) |
| 特点 | (1) 计算多，区间尺度没浪费<br>(2) 假定条件多，检验力较佳<br>(3) 数据可以加减：总和、差<br>(4) 标准机率分配：$Z$，$t$，$X^2$，$F$<br>(5) 有回归、完整多因子ANOVA | (1) 顺序尺度，管理问题的问卷<br>(2) 适合小样本<br>(3) 统计量概率分布，有不同查表、函数式、仿真、或用正态近似<br>(4) 不受极端值影响<br>(5) 检验力差，偏向接受$H_0$ |

表13.2　统计检验的因果关系

| 因果关系<br>样本独立<br>或相关<br>统计方法 | | 一个变量 | 两个变量：一个变量(果) | | | | 多个变数 |
|---|---|---|---|---|---|---|---|
| | | 单总体 | 另一个分类的独立变量(因) | | | | |
| | | 无因果关系 | 独立双总体 | 独立多总体 | 配对双样本 | 多区组样本 | |
| 有参数统计 | 检验平均数 | $Z$ test<br>$t$ test | $Z$ test<br>$t$ test | ANOVA | $t$ test | 随机集区设计 | 回归相关分析<br>多因子ANOVA<br>多变量分析 |
| | 二项比例值 | $Z$ test | $Z$ test | $X^2$ test | McNeamr test | | |
| | 检验方差 | $X^2$ test | $F$ test | Hartley<br>Bartlett | | | |
| 无参数统计 | 检验中位数 | 符号检验<br>符号等级检验 | $X^2$ test<br>游程检验<br>Winlcoxon (MWU) | KW test | 符号检验<br>符号等级 | Friedman | Spearman |
| | 二项比例值 | 二项<br>$F$ test | 超几何 | | | | |
| | 多项比例值 | 卡方 | 卡方<br>中位数 | | | | |
| | 随机性 | 游程检验 | | | | | |
| | 总体分布<br>Location<br>Spread<br>Shap | 卡方检验<br>Kolmo.<br>Lillief.<br>检验 | MWU<br>检验 | | | | |

参数统计和非参数统计的问题和方法的比较，如图13.1所示。

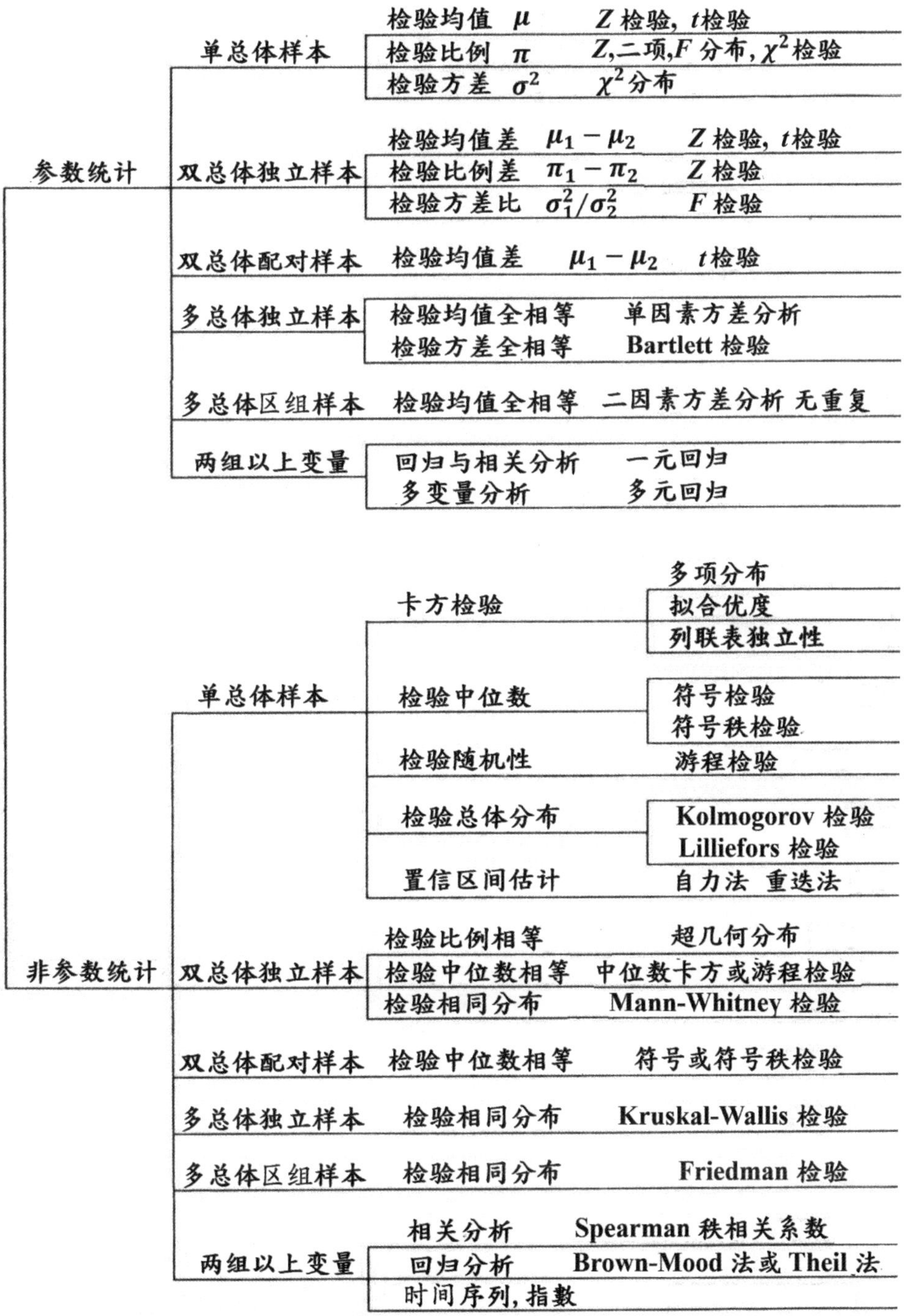

- 参数统计
  - 单总体样本
    - 检验均值 $\mu$ — $Z$ 检验，$t$ 检验
    - 检验比例 $\pi$ — $Z$,二项,$F$ 分布,$\chi^2$ 检验
    - 检验方差 $\sigma^2$ — $\chi^2$ 分布
  - 双总体独立样本
    - 检验均值差 $\mu_1-\mu_2$ — $Z$ 检验，$t$ 检验
    - 检验比例差 $\pi_1-\pi_2$ — $Z$ 检验
    - 检验方差比 $\sigma_1^2/\sigma_2^2$ — $F$ 检验
  - 双总体配对样本
    - 检验均值差 $\mu_1-\mu_2$ — $t$ 检验
  - 多总体独立样本
    - 检验均值全相等 — 单因素方差分析
    - 检验方差全相等 — Bartlett 检验
  - 多总体区组样本
    - 检验均值全相等 — 二因素方差分析 无重复
  - 两组以上变量
    - 回归与相关分析 — 一元回归
    - 多变量分析 — 多元回归
- 非参数统计
  - 单总体样本
    - 卡方检验 — 多项分布；拟合优度；列联表独立性
    - 检验中位数 — 符号检验；符号秩检验
    - 检验随机性 — 游程检验
    - 检验总体分布 — Kolmogorov 检验；Lilliefors 检验
    - 置信区间估计 — 自力法 重选法
  - 双总体独立样本
    - 检验比例相等 — 超几何分布
    - 检验中位数相等 — 中位数卡方或游程检验
    - 检验相同分布 — Mann-Whitney 检验
  - 双总体配对样本
    - 检验中位数相等 — 符号或符号秩检验
  - 多总体独立样本
    - 检验相同分布 — Kruskal-Wallis 检验
  - 多总体区组样本
    - 检验相同分布 — Friedman 检验
  - 两组以上变量
    - 相关分析 — Spearman 秩相关系数
    - 回归分析 — Brown-Mood 法或 Theil 法
    - 时间序列，指数

图13.1 参数统计和非参数统计

# 13.2 符号检验

符号检验(sign test)，是检验总体中位数是否等于某假定值。如果是两组相依样本，符号检验可以检验其中位数是否相等。

## 13.2.1 检验单总体中位数

### 1.符号检验的假定条件

- $X_1, X_2, \cdots, X_n$ 为总体随机变量的随机抽样。
- 定义总体中位数为 $M$，$F(M) = P(X_i \leqslant M) = 0.5$ 。$M_0$ 为假定的中位数。
- 检验：

双侧 $\begin{cases} H_0^{\mathrm{I}}: M = M_0 \\ H_1^{\mathrm{I}}: M \neq M_0 \end{cases}$ 左侧 $\begin{cases} H_0^{\mathrm{II}}: M \geqslant M_0 \\ H_1^{\mathrm{II}}: M < M_0 \end{cases}$ 右侧 $\begin{cases} H_0^{\mathrm{III}}: M \leqslant M_0 \\ H_1^{\mathrm{III}}: M > M_0 \end{cases}$

- 假如 $p$ 为总体资料中小于M的比例。所以上述检验相当于比例检验：

双侧 $\begin{cases} H_0^{\mathrm{I}}: p = 0.5 \\ H_1^{\mathrm{I}}: p \neq 0.5 \end{cases}$ 左侧 $\begin{cases} H_0^{\mathrm{II}}: p \geqslant 0.5 \\ H_1^{\mathrm{II}}: p < 0.5 \end{cases}$ 右侧 $\begin{cases} H_0^{\mathrm{III}}: p \leqslant 0.5 \\ H_1^{\mathrm{III}}: p > 0.5 \end{cases}$

### 2.检验步骤

如表13.3所示。

(1) 如果样本数据 $\{x_1, x_2, \cdots, x_n\}$ 中有等于 $M_0$ 的数据，则样本删除这些等于 $M_0$ 的资料。样本量$n$改为新的样本量。

(2) 计算 $x_-^* =$ 所有样本数据 $\{x_1, x_2, \cdots, x_n\}$ 中小于 $M_0$ 的数目。

计算 $x_+^* =$ 所有样本数据 $\{x_1, x_2, \cdots, x_n\}$ 中大于 $M_0$ 的数目。

(3) 检验值 $v^* = \min\{x_-^*, x_+^*\} =$ 双侧检验 $H_0^{\mathrm{I}}$ 的统计值。

$v^* = x_-^* =$ 左侧检验 $H_0^{\mathrm{II}}$ 的统计值。 $v^* = x_+^* =$ 右侧检验 $H_0^{\mathrm{III}}$ 的统计值。

(4) 利用二项分布 $P\{B(n, 0.5) \leqslant v^*\} = \sum_{i=0}^{v^*} \binom{n}{i} (0.5)^n$

双侧检验 $H_0^{\mathrm{I}}$，$p$值 $= 2P\{B(n, 0.5) \leqslant v^*\}$ 。

左侧检验 $H_0^{\mathrm{II}}$，$p$值 $= P\{B(n, 0.5) \leqslant v^*\}$ 。

右侧检验 $H_0^{\mathrm{III}}$，$p$值$= P\{B(n, 0.5) \geqslant v^*\}$ 。

如果 $p$值 $\leqslant \alpha$，则拒绝$H_0$。

(5) 利用正态分布近似，若 $n \geqslant 10$ ，则 $B(n, 0.5)$ 服从近似正态分布 $N(0.5n, 0.25n)$：

$$z^* = \frac{2v^* - n}{\sqrt{n}} \text{或连续性修正} \begin{cases} z^* = \dfrac{(v^* + 0.5) - 0.5n}{0.5\sqrt{n}} & v^* < 0.5n \\ z^* = \dfrac{(v^* - 0.5) - 0.5n}{0.5\sqrt{n}} & v^* > 0.5n \end{cases} \quad (13.1)$$

双侧检验 $H_0^{\mathrm{I}}$，$p$值 $= 2P\left\{Z \geqslant \left|z^*\right|\right\}$。

左侧检验 $H_0^{\mathrm{II}}$，$p$值 $= P\left\{Z \leqslant z^*\right\}$。右侧检验 $H_0^{\mathrm{III}}$，$p$值 $= P\left\{Z \geqslant z^*\right\}$。

如果 $p$值 $\leqslant \alpha$，则拒绝$H_0$。

**例题13.1** 某大医院抽样20个病人，挂号及等候的时间(分钟)如下：

22，30，31，40，37，25，29，14，30，17，23，32，20，40，28，26，33，25，34，21

假设中位数为 M。

检验：$\begin{cases} H_0: M \leqslant 25 \\ H_1: M > 25 \end{cases}$

如果检验的显著水平是0.05，问检验的结果如何？

**解答**：20个数据有2个等于25，所以去掉这2个数据。$n = 18$。

$x_-^* = 6$，$x_+^* = 18 - 6 = 12$，$v^* = 12$

$p$值 $= P\left\{B(n,0.5) \geqslant v^*\right\} = P\left\{B(18,0.5) \geqslant 12\right\} = 1 - P\left\{B(18,0.5) \leqslant 11\right\} = 1 - 0.881 = 0.119$

检验结果：接受$H_0$，中位数小于25。

利用近似正态分布：$z^* = \dfrac{2v^* - n}{\sqrt{n}} = \dfrac{2 \times 12 - 18}{\sqrt{18}} = 1.4142$　　$P(Z \geqslant 1.4142) = 0.079$

$$z^* = \frac{\left(v^* - 0.5\right) - 0.5n}{0.5\sqrt{n}} = \frac{(12 - 0.5) - 0.5 \times 18}{0.5\sqrt{18}} = 1.1735 \qquad P(Z \geqslant 1.1735) = 0.1203$$

经过连续性修正，$p$值较近似。

表13.3　符号检验步骤

| 检验方法 | 双侧检验<br>$H_0: M = M_0$<br>$H_1: M \neq M_0$ | 左侧检验<br>$H_0: M \geqslant M_0$<br>$H_1: M < M_0$ | 右侧检验<br>$H_0: M \leqslant M_0$<br>$H_1: M > M_0$ |
|---|---|---|---|
| 二项分布 | $v^* = \min\left\{x_-^*, x_+^*\right\}$<br>$p$值$= 2P\left\{B(n,0.5) \leqslant v^*\right\}$<br>若$p$值$< \alpha$，则拒绝 $H_0$ | $v^* = x_+^*$<br>$p$值$= P\left\{B(n,0.5) \leqslant v^*\right\}$<br>若$p$值$< \alpha$，则拒绝 $H_0$ | $v^* = x_+^*$<br>$p$值$= P\left\{B(n,0.5) \geqslant v^*\right\}$<br>若$p$值$< \alpha$，则拒绝 $H_0$ |
| 正态分布(近似) | $z^*$ 定义在公式(13.1)<br>$p$值$= 2P\left\{Z \geqslant \left|z^*\right|\right\}$<br>若$p$值$< \alpha$，则拒绝 $H_0$ | $z^*$ 定义在公式(13.1)<br>$p$值$= P\left\{Z \leqslant z^*\right\}$<br>若$p$值$< \alpha$，则拒绝 $H_0$ | $z^*$ 定义在公式(13.1)<br>$p$值$= P\left\{Z \geqslant z^*\right\}$<br>若$p$值$< \alpha$，则拒绝 $H_0$ |

## 13.2.2　检验双总体配对样本

两组配对或相依样本，符号检验可以检验其中位数是否相等：

检验步骤：

(1) 如果样本数据 $\{x_1, x_2, \cdots, x_n\}$ 与样本数据 $\{y_1, y_2, \cdots, y_n\}$ 是“配对/相依性”样本。

(2) 计算 $d_i = x_i - y_i$，如果样本数据 $\{d_1, d_2, \cdots, d_n\}$ 中有等于0的数据，则样本删除这些

$d_i = 0$ 的资料。样本量n改为新的样本量目。

(3)计算 $x_-^* =$ 所有数据 $\{d_1, d_2, \cdots, d_n\}$ 中小于0的数目。

计算 $x_+^* =$ 所有样本数据 $\{d_1, d_2, \cdots, d_n\}$ 中大于0的数目。

(4)令 $M_0 = 0$，以下步骤同符号检验步骤第 4 步。

例题13.2　见下载资料。

# 13.3 符号秩检验

**符号秩检验**(sign rank test，又称为Wilcoxon test)，检验总体中位数，而其分布有对称性。虽然要求条件比符号检验多一个对称性，但是其检验能力较“符号检验”更强。所以如果知道总体分布有对称性，则应该采用Wilcoxon test。但是比起检验平均数的“$t$检验”，符号秩检验的检验能力稍差，不过$t$检验需要总体是正态分布的假定。如果是两组相依样本，符号秩Wilcoxon检验可以检验其中位数是否相等。

## 13.3.1　检验单总体中位数

### 1.符号秩Wilcoxon检验的假定条件

- $X_1, X_2, \cdots, X_n$ 为总体随机变量的随机抽样，其分布是对称型(symmetric)，累积概率分布为$F$。
- 定义总体中位数为 $M$，$F(M) = P(X_i \leqslant M) = 0.5$，$M_0$ 为假定的中位数。
- 检验：双侧$\begin{cases} H_0^{\text{I}}: M = M_0 \\ H_1^{\text{I}}: M \neq M_0 \end{cases}$　左侧$\begin{cases} H_0^{\text{II}}: M \geqslant M_0 \\ H_1^{\text{II}}: M < M_0 \end{cases}$　右侧$\begin{cases} H_0^{\text{III}}: M \leqslant M_0 \\ H_1^{\text{III}}: M > M_0 \end{cases}$

### 2.检验步骤

如表13.4所示。

(1) 令 $y_i = x_i - M_0 =$ 所有样本数据 $\{x_1, x_2, \cdots, x_n\}$ 减去 $M_0$。

(2) 如果有 $y_i = 0$，则不计算顺序，样本量减1。

(3) 将 $y_i$ 取绝对值 $|y_i|$，然后按大小，由小到大排列顺序。绝对值最小的**秩或等级**(rank)为1，最大者的顺序为 $n$。如果绝对值相等，顺序取其平均数，例如两个绝对值相等，则两个的顺序为原有顺序相加除以2。

(4) 统计量 $X_-^* =$ 所有随机抽样 $\{X_1, X_2, \cdots, X_n\}$ 中，小于 $M_0$ 的顺序加起来。

计算统计值 $x_-^* =$ 所有样本数据 $\{x_1, x_2, \cdots, x_n\}$ 中，小于 $M_0$ 的顺序加起来。

统计量 $X_+^* =$ 所有随机抽样 $\{X_1, X_2, \cdots, X_n\}$ 中，大于 $M_0$ 的顺序加起来。

计算统计值 $x_+^* =$ 所有样本数据 $\{x_1, x_2, \cdots, x_n\}$ 中，大于 $M_0$ 的顺序加起来。

(5) $V = \min\{X_-^*, X_+^*\} =$ 双侧检验的统计量。 $v^* = \min\{x_-^*, x_+^*\} =$ 双侧检验的统计值。

$V = X_+^* =$ 左侧与右侧检验的统计量。 $v^* = x_+^* =$ 左侧与右侧检验的统计值。

(6) 双侧检验 $H_0^{\mathrm{I}}$，$p$值 $= 2P\{V \leqslant v^*\}$。 左侧检验 $H_0^{\mathrm{II}}$，$p$值 $= P\{V \leqslant v^*\}$。

右侧检验 $H_0^{\mathrm{III}}$，$p$值 $= P\{V \geqslant v^*\}$。 若 $p$值 $\leqslant \alpha$，则拒绝 $H_0$。

(7) $V$的分布可利用递归方程式(recursive equations)求得。请见下载补充教材。

(8) 利用查表A7，得 $T_{\mathrm{L}}$，$T_{\mathrm{U}}$。双侧检验，若 $v^* \leqslant T_{\mathrm{L}}$ 或 $v^* \geqslant T_{\mathrm{U}}$，则拒绝 $H_0$。

左侧检验，若 $v^* \leqslant T_{\mathrm{L}}$，则拒绝$H_0$。 右侧检验，若 $v^* \geqslant T_{\mathrm{U}}$，则拒绝$H_0$。

(9) 利用正态分布(近似)。当 $n \geqslant 15$，则 $V$服从近似正态分布，平均数 $\mu$，方差 $\sigma^2$。

$$V \sim N(\mu, \sigma^2),\quad \mu = \frac{n(n+1)}{4},\quad \sigma^2 = \frac{n(n+1)(2n+1)}{24},\quad z^* = \frac{x_+^* - \mu}{\sigma} \tag{13.2}$$

双侧检验 $H_0^{\mathrm{I}}$，$p$值 $= 2P\{Z \geqslant |z^*|\}$。左侧检验 $H_0^{\mathrm{II}}$，$p$值 $= P\{Z \leqslant z^*\}$。

右侧检验 $H_0^{\mathrm{III}}$，$p$值 $= P\{Z \geqslant z^*\}$。 若 $p$值 $\leqslant \alpha$，则拒绝$H_0$。

表13.4　符号秩Wilcoxon检验步骤

| 检验方法 | 双侧检验<br>$H_0: M = M_0$<br>$H_1: M \neq M_0$ | 左侧检验<br>$H_0: M \geqslant M_0$<br>$H_1: M < M_0$ | 右侧检验<br>$H_0: M \leqslant M_0$<br>$H_1: M > M_0$ |
|---|---|---|---|
| 递归方程式 | 参见下载补充课程 | 参见下载补充课程 | 参见下载补充课程 |
| 正态分布<br>(近似) | $z^* = \frac{x_+^* - \mu}{\sigma}$ 公式(13.2)<br>$p$值$= 2P\{Z \geqslant \lvert z^* \rvert\}$<br>若$p$值$< \alpha$，则拒绝 $H_0$ | $z^* = \frac{x_+^* - \mu}{\sigma}$<br>$p$值$= P\{Z \leqslant z^*\}$<br>若$p$值$< \alpha$，则拒绝 $H_0$ | $z^* = \frac{x_+^* - \mu}{\sigma}$<br>$p$值$= P\{Z \geqslant z^*\}$<br>若$p$值$< \alpha$，则拒绝 $H_0$ |
| 查表法 | $t^* = \min\{x_-^*, x_+^*\}$<br>查表A7，得 $T_{\mathrm{L}}$，$T_{\mathrm{U}}$。<br>若 $v^* \leqslant T_{\mathrm{L}}$ 或 $v^* \geqslant T_{\mathrm{U}}$，<br>则拒绝 $H_0$ | $t^* = \min\{x_-^*, x_+^*\}$<br>查表A7，得 $T_{\mathrm{L}}$<br>若 $v^* \leqslant T_{\mathrm{L}}$，则拒绝 $H_0$ | $t^* = \max\{x_-^*, x_+^*\}$<br>查表A7，得 $T_{\mathrm{U}}$<br>若 $v^* \geqslant T_{\mathrm{U}}$，则拒绝 $H_0$ |

例题13.3　见下载资料。

## 13.3.2　检验双总体配对样本

两组配对/相依样本，符号秩检验可以检验其中位数是否相等，检验步骤：

(1) 如果样本数据 $\{x_1, x_2, \cdots, x_n\}$ 与样本数据 $\{y_1, y_2, \cdots, y_n\}$ 是“配对/相依性”样本。

(2) 计算 $d_i = x_i - y_i$，如果样本数据 $\{d_1, d_2, \cdots, d_n\}$ 中有等于0的数据，则样本删除这些 $d_i = 0$ 的资料。样本量$n$ 改为新的样本量目。

(3) 计算 $x_-^* =$ 所有数据 $\{x_1, x_2, \cdots, x_n\}$ 中，小于0的数目。

计算 $x_+^* =$ 所有样本数据 $\{x_1, x_2, \cdots, x_n\}$ 中，大于0的数目。

(4) 令 $M_0 = 0$，以下步骤同符号秩Wilcoxon 检验步骤第(5)步。

# 13.4 游程检验，检验随机性

**游程检验**(Run test)是，检验样本数据是否有随机性，因为在统计检验，不管是参数检验或非参数统计，通常需要样本数据具有随机性。游程检验也可以检验两组独立样本，是否有相同的分布。

## 13.4.1 检验单总体样本数据随机性

### 1.游程检验的假定条件

- $X_1, X_2, \cdots, X_n$ 为总体随机变量的随机抽样。其数据的出现是有顺序的。即 $X_i$ 出现在 $X_{i-1}$ 之后，在 $X_{i+1}$ 之前。样本数据不具有随机性
- $X_i$ 数据可以是二分类的分类尺度，也可以是顺序尺度，区间尺度，或比率尺度。
- 检验：$\begin{cases} H_0: \text{样本数据具有随机性} \\ H_1: \text{样本数据不具有随机性} \end{cases}$
- 定义数据中连续的1或0为一个**游程**(run)。即连续的1前后为0，则为一个游程。如果只有一个1前后为0，也算一游程。

例如：A BBB A BBB AA BB A B AA，是9个游程。

++++−−−−+++−−−++，16个资料有5个游程。

- 如果“游程”的数目太少或太多，表示数据有规则性，没有随机性。

例如：−−−−−−−−++++++++，16个资料只有2个游程。

+−+−+−+−+−+−+−+−，16个资料有16个游程。

检验法则是：游程的数目在一个区间 [L，U]，则接受 $H_0$。

### 2.检验步骤

如表13.5所示。

(1) 将数据转换为0或1，或是二分类的符号，例如：正负号(+，-)。可以将数据减去平均数或中位数后，小于等于0者为0(或−)，大于0者为1(或+)。

(2) 令$m$为0(或−)的个数，$n$为1(或+)的个数。

(3) $R$ = 随机变量的游程的数目，为检验 $H_0$ 的统计量。

$r^*$ = 样本数据的游程的数目，为检验 $H_0$ 的统计值。

(4) 利用$R$的分布，$R$的分布如下：

$$P\{R=2k\} = 2\frac{\binom{m-1}{k-1}\binom{n-1}{k-1}}{\binom{m+n}{m}} \quad P\{R=2k+1\} = \frac{\left[\binom{m-1}{k-1}\binom{n-1}{k}+\binom{m-1}{k}\binom{n-1}{k-1}\right]}{\binom{m+n}{m}} \tag{13.3}$$

$p$值 $= 2\min\left(P\{R \leqslant r^*\},\ P\{R \geqslant r^*\}\right)$。若 $p$值 $\leqslant \alpha$，则拒绝$H_0$。

(5) 利用查表A10得$L_r$，$U_r$ 若 $r^* \leqslant L_r$ 或 $r^* \geqslant U_r$，则拒绝$H_0$。

(6)利用查表A11得 $P(R\leqslant r^*)$，$p$值$=2\min\left(P\left\{R\leqslant r^*\right\},\ P\left\{R\geqslant r^*\right\}\right)$

$p$值$=2\min\left(P\left\{R\leqslant r^*\right\},\ 1-P\left\{R\leqslant r^*\right\}\right)$。若$p$值$\leqslant\alpha$，则拒绝$H_0$。

(7)利用正态分布，当 $n\geqslant 10,\ m\geqslant 10$，则$R$近似正态分布，平均数$\mu$，方差$\sigma^2$。

$$R\sim N\left(\mu,\sigma^2\right),\quad \mu=\frac{2mn+n+m}{n+m},\quad \sigma^2=\frac{2nm\left(2nm-n-m\right)}{\left(n+m\right)^2\left(n+m-1\right)} \tag{13.4}$$

计算 $z^*=\dfrac{r^*-\mu}{\sigma}$，$p$值$=2P\left\{Z\geqslant\left|z^*\right|\right\}$，若$p$值$\leqslant\alpha$，则拒绝 $H_0$。

表13.5　游程检验步骤

| 利用$R$的分布(用计算机) | 正态分布 | 查表法 |
| --- | --- | --- |
| $r^*$= 游程的数目<br>$P\left(R=i\right)$的分布公式(13.3)<br>$p$值$=2\min\left(P\left\{R\leqslant r^*\right\},P\left\{R\geqslant r^*\right\}\right)$ | $r^*$=游程的数目<br>$z^*=\dfrac{r^*-\mu}{\sigma}$<br>公式(13.4) | $r^*$=游程的数目<br>查表A10得$L_r$，$U_r$<br>若 $r^*\leqslant L_r$或 $r^*\geqslant U_r$，则拒绝$H_0$<br>查表A11得 $P(R\leqslant r^*)$<br>$p$值$=2\min\left(P\left\{R\leqslant r^*\right\},P\left\{R\geqslant r^*\right\}\right)$ |

例题13.4　见下载资料。

### 13.4.2　检验双总体独立样本

游程检验检验两组独立样本，是否有相同的分布：

**1.假定条件**

- $X_1,X_2,\cdots,X_m$ 与 $Y_1,Y_2,\cdots,Y_n$ 为两组随机抽样，分别有总体累积概率分布 $F_X$ 与 $F_Y$。
- 检验：$\begin{cases}H_0:F_X=F_Y\\ H_A:F_X\neq F_Y\end{cases}$

**2.检验步骤**

(1) 将两组样本数据混合，从小到大排列顺序。

(2) 在排好顺序的数据上，若 $x_i$，则记作+；若 $y_i$，则记作−。

(3) $r^*$ = 样本数据的游程的数目，为检验$H0$的统计值。

(4) 以下步骤同上述游程检验步骤第(4)步。

## 13.5 Mann-Whitney检验

双样本检验相同分布，是检验两个“独立样本”的分布是否相等。检验的方法有很多，在本书介绍的检验方法有：

- 正态总体“$t$检验”，在第 11.3到 11.5节介绍，参数统计；
- 中位数(卡方)检验，在第14.6节介绍；
- 游程检验，在第13.4节介绍；
- **秩和检验**(Wilcoxon rank-sum test或Mann-Whitney U test)，本节介绍。

秩和检验的检验能力较前两者强，但是较$t$检验弱。秩和检验的要求条件是两总体的概率分布形状相同，即方差相同。秩和检验以下称为Mann-Whitney检验(因为Wilcoxon检验已经命名为符号秩检验)。

## 13.5.1 Mann-Whitney检验

### 1. Mann-Whitney检验的假定条件

$X_1,X_2,\cdots,X_n$ 与 $Y_1,Y_2,\cdots,Y_m$ 为两组独立随机抽样，$n\leqslant m$，其概率分布分别是$F$与$G$，而且方差相等。检验：

双侧$\begin{cases} H_0^{\mathrm{I}}: F=G: M_x-M_y=d_0 \\ H_1^{\mathrm{I}}: F\neq G: M_x-M_y\neq d_0 \end{cases}$ 左侧$\begin{cases} H_0^{\mathrm{II}}: M_x-M_y\geqslant d_0 \\ H_1^{\mathrm{II}}: M_x-M_y< d_0 \end{cases}$ 右侧$\begin{cases} H_0^{\mathrm{III}}: M_x-M_y\leqslant d_0 \\ H_1^{\mathrm{III}}: M_x-M_y> d_0 \end{cases}$

### 2.检验步骤

如表13.6所示。

(1) 所有随机抽样 $\{X_1-d_0,X_2-d_0,\cdots,X_n-d_0,Y_1,Y_2,\cdots Y_m\}$ 合并，按大小顺序，由小到大排列。所有样本数据 $\{x_1-d_0,x_2-d_0,\cdots,x_n-d_0,y_1,y_2,\cdots y_m\}$ 合并，按大小顺序，由小到大排列($m\geqslant n$)。

(2) 令 $R_i=X_i-d_0$ 的排列顺序(随机变量)：$T=\sum_{i=1}^{n}R_i$。

计算 $r_i=x_i-d_0$ 的排列顺序；$t^*=\sum_{i=1}^{n}r_i$ = 检验 $H_0^{\mathrm{I}}$，$H_0^{\mathrm{II}}$，$H_0^{\mathrm{III}}$ 的统计值。

(3) 双侧检验 $H_0^{\mathrm{I}}$，$p$值 $=2\min\left(P\{T\leqslant t^*\},P\{T\geqslant t^*\}\right)$。

$p$值 $=2\min\left(P\{T\leqslant t^*\},1-P\{T<t^*\}\right)=2\min\left(P\{T\leqslant t^*\},1-P\{T\leqslant t^*-1\}\right)$

左侧检验 $H_0^{\mathrm{II}}$，$p$值 $=P\{T\leqslant t^*\}$。右侧检验 $H_0^{\mathrm{III}}$，$p$值 $=P\{T\geqslant t^*\}$。

若$p$值$\leqslant\alpha$，则拒绝$H_0$。

(4) T的分布可利用递归方程式(recursive equations)求得，请见电子补充教材。

(5) 秩和检验(Wilcoxon rank sum test)：查表A8，得到 $T_{\mathrm{L}}$，$T_{\mathrm{U}}$。

若 $T_{\mathrm{L}}<t^*<T_{\mathrm{U}}$，则接受 $H_0$。

(6) MW U分布(MW U test)：查表A9，得 $u_\alpha$。

计算 $u_1=mn+\dfrac{n(n+1)}{2}-t^*$，$u_2=mn+\dfrac{m(m+1)}{2}-s^*$，$u=\min\{u_1,u_2\}$，

若 $u\leqslant u_\alpha$，则拒绝$H_0$。

(7) 正态分布：当 $n,m\geqslant 15$，则$T$近似正态分布，平均数$\mu$，方差$\sigma^2$。

$$T \sim N(\mu,\sigma^2)，\ \mu = \frac{n(n+m+1)}{2}，\ \sigma^2 = \frac{nm(n+m+1)}{12} \tag{13.5}$$

计算 $z^* = \frac{t^* - \mu}{\sigma}$，双侧检验 $H_0^{\mathrm{I}}$，$p$值 = $2P\{Z \geqslant |z^*|\}$。

左侧检验 $H_0^{\mathrm{II}}$，$p$值 = $P\{Z \leqslant z^*\}$。右侧检验 $H_0^{\mathrm{III}}$，$p$值 = $P\{Z \geqslant z^*\}$。

若$p$值$\leqslant\alpha$，则拒绝$H_0$。

(8) 双侧检验 $H_0^{\mathrm{I}}$，可利用模拟的方法，计算$p$值，请见补充教材。

表13.6　Mann-Whitney检验步骤

| 检验方法 | 双侧<br>$H_0: M_x = M_y$<br>$H_1: M_x \neq M_y$ | 左侧<br>$H_0: M_x \geqslant M_y$<br>$H_1: M_x < M_y$ | 右侧<br>$H_0: M_x \leqslant M_y$<br>$H_1: M_x > M_y$ |
|---|---|---|---|
| 递归方程式 | 补充教材 | 补充教材 | 补充教材 |
| 正态分布<br>(近似) | $z^* = \frac{t^* - \mu}{\sigma}$ 公式(13.5)<br>$p$值 = $2P\{Z \geqslant \lvert z^* \rvert\}$<br>若$p$值$<\alpha$，则拒绝$H_0$ | $z^* = \frac{t^* - \mu}{\sigma}$<br>$p$值 = $P\{Z \leqslant z^*\}$<br>若$p$值$<\alpha$，则拒绝$H_0$ | $z^* = \frac{t^* - \mu}{\sigma}$<br>$p$值 = $P\{Z \geqslant z^*\}$<br>若$p$值$<\alpha$，则拒绝$H_0$ |
| 查表法 | 秩和检验查表A8<br>MW U检验查表A9 | 秩和检验查表A8<br>MW U检验查表A9 | 秩和检验查表A8<br>MW U检验查表A9 |
| 模拟法 | 补充教材 | 补充教材 | 补充教材 |

例题13.5　见下载资料。

# 13.6 Kruskal-Wallis检验

Kruskal-Wallis检验(简称KW检验)是检验两个以上总体独立样本是否有相同的中位数或分布。它和方差分析的假定相同，但是不同的是KW检验不需要正态分布的假定条件。KW检验是双样本秩和检验的扩大到两组以上样本。

## 1. KW检验的假定条件

如图13.2所示。

- 总体数据是连续型的分布。
- k组(总体或处理)的“独立”样本。
- 每组样本的样本量是 $n_i$，$i = 1, \cdots, k$。
- 总共的样本量 $N = \sum n_i$。
- 样本数据是：

$x_{ij}$，$i = 1,2,\cdots,k$，$j = 1,2,\cdots,n_i$

($i$ 是总体编号，$j$ 是样本编号)。

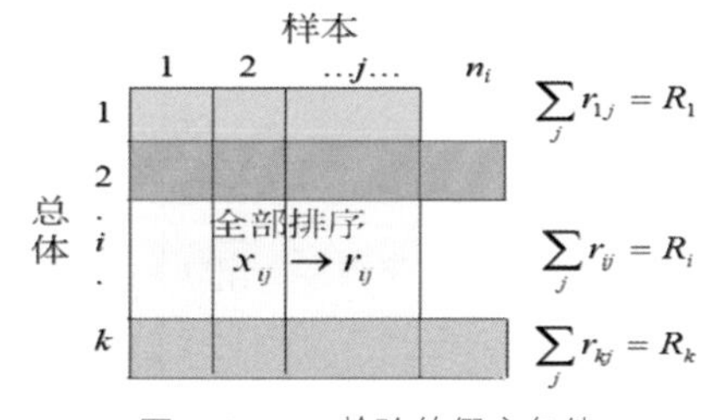


图13.2　KW检验的假定条件

- 检验的假设是 $H_0: M_1 = M_2 = \cdots = M_k$($k$ 个总体有相同的中位数或分布)。

### 2.检验步骤

(1) 将 $x_{ij}$ “全部”按照大小，由小到大排列。

(2) $r_{ij}=x_{ij}$ 在所有$N$个数据的排序，1是最小，$N$是最大，相同大小，排序取平均。

(3) $R_i=\sum_{j=1}^{n_i} r_{ij}$， $\bar{R}_i=\frac{R_i}{n_i}$ [$R_i$是第i组(总体)样本数据之排序的总和]。

(4) 检验值 $H=\frac{12}{N(N+1)}\sum_{i=1}^{k} n_i\left(\bar{R}_i-\frac{N+1}{2}\right)^2=\frac{12}{N(N+1)}\sum_{i=1}^{k}\left(\frac{R_i^2}{n_i}\right)-3(N+1)$ (13.6)

(5) 若 $H\geqslant\chi^2_{\alpha,(k-1)}$，则拒绝 $H_0$。

例题13.6 见下载资料。

## 13.7 Friedman检验

Friedman 检验是检验两个以上总体的相依(区组，配对)样本的平均数是否全部相等。它和方差分析的随机区组设计的假定相同，但是不同的是Friedman 检验不需要正态分布的假定条件。Friedman 检验是将双样本符号检验扩大到两组以上样本。

### 1. Friedman 检验的假定条件

如图13.3所示。

- 总体数据是连续型的分布。
- $k$组($k$个总体或处理)的“相依”样本。
- 每组样本的样本量相等是 $n$。
- 总共的样本量 $N=\sum n=kn$。
- 样本数据是：

$x_{ij},\quad i=1,2,\cdots,n,\quad j=1,2,\cdots,k$

($i$ 是集区编号，$j$ 是总体编号)。

- 检验的假设是 $H_0:M_1=M_2=\cdots=M_k$。

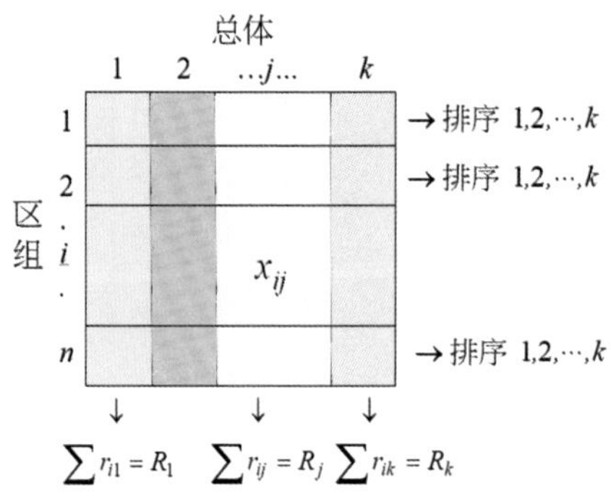


图13.3 Friedman检验的假定条件

**2.检验步骤**

(1) 将 $x_{ij}$ 在“每个集区 $i$”按照大小，由小到大排列。

(2) $R_{ij}=x_{ij}$ 在第$i$个集区数据的排序，1是最小，$k$是最大，相同大小，排序取平均。

(3) $R_j=\sum_{i=1}^{n}R_{ij}=$ 在第$j$组(总体)样本数据之排序的总和。

(4) 检验值 $H=\dfrac{12}{nk(k+1)}\sum_{j=1}^{k}R_j^2-3n(k+1)$。 (13.7)

(5) 若 $H\geqslant\chi_\alpha^2(k-1)$，则拒绝$H_0$。

**例题13.7** 见下载资料。

# 13.8 Spearman秩相关系数

Spearman秩相关系数(Speraman's rank correlation coefficient)，相对于相关分析的相关系数，只是它不需要总体正态分布的假定条件，同时它适用于顺序尺度的数据。

## 13.8.1 Spearman秩相关系数的假设

Spearman秩相关系数的假设：变量$X$与变量$Y$无线性相关性。

- $X_1,X_2,\cdots,X_n$ 与 $Y_1,Y_2,\cdots,Y_n$ 为两组相依随机抽样。
- 检验：$\begin{cases}H_0:\text{变量 }X\text{ 与变量 }Y\text{ 无线性相关性}\\H_1:\text{变量 }X\text{ 与变量 }Y\text{ 有线性相关性}\end{cases}$

## 13.8.2 Spearman秩相关系数的计算

(1) 样本数据 $\{x_1,x_2,\cdots,x_n\}$，按大小顺序，由小到大排列。

样本数据 $\{y_1,y_2,\cdots,y_n\}$，按大小顺序，由小到大排列。

(2) $r_i=x_i$ 的排列顺序；$s_i=y_i$ 的排列顺序；$d_i=r_i-s_i$。

(3) 以 $r_i$ 和 $s_i$ 计算相关系数：

$$r_{sp}=\frac{S_{rs}}{\sqrt{S_{rr}S_{ss}}}=\frac{\sum\left(r_i-\frac{n+1}{2}\right)\left(s_i-\frac{n+1}{2}\right)}{n\left(n^2-1\right)/12}=\frac{12\left[\sum r_is_i-n\left(\frac{n+1}{2}\right)^2\right]}{n\left(n^2-1\right)} \tag{13.8}$$

(4) 如果 $x_i$ 数据没有相等，而且 $y_i$ 资料也没有相等，则 $r_{sp}=1-\dfrac{6\sum d_i^2}{n\left(n^2-1\right)}$。

(5) 如果 $x_i$ 没有相同的值且 $y_i$ 没有相同的值，则以上两个$r_{sp}$的公式相等。因为 $x_i$ 没

有相同的值且 $y_i$ 没有相同的值，则 $\sum d^2$ 的最小值是0，即 $x_i$ 与 $y_i$ 有相同的秩；

$\sum d^2$ 的最大值是 $n(n^2-1)/3$，即 $x_i$ 与 $y_i$ 有相反的秩。所谓 $x_i$ 与 $y_i$ 有相反的秩，即 $x_1$ 是最小，$y_1$ 是最大；$x_2$ 是第二小，$y_2$ 是第二大；以此类推，$x_n$ 是最大，$y_n$ 是最小。所以：

$$0 \leqslant \sum d^2 \leqslant \frac{n(n^2-1)}{3}, \quad -1 \leqslant r_{sp} \leqslant 1$$

(6) 如果 $x_i$ 有相同的值或 $y_i$ 有相同的值，则以上两个 $r_{sp}$ 的公式并不相等，但是因为第二个公式计算比较简单，所以常用第二个公式计算Spearman秩相关系数。

$$r_{sp} = 1 - \frac{6\sum d_i^2}{n(n^2-1)} \tag{13.9}$$

### 13.8.3 检验Spearman秩相关系数

检验：$\begin{cases} H_0: \rho_s = 0 & \text{变量 } X \text{ 与变量 } Y \text{ 无线性相关性} \\ H_A: \rho_s \neq 0 & \text{变量 } X \text{ 与变量 } Y \text{ 有线性相关性} \end{cases}$

检验步骤：

(1) 计算 $r_{sp}$。

(2) 查表A12，双侧检验 $\alpha$，得到 $r_\alpha$。

若 $r_{sp} > r_\alpha$ 或 $r_{sp} < -r_\alpha$，则拒绝$H_0$。

(3) 利用正态分布：若 $n \geqslant 10$，则在原假设之下，$r_{sp}$ 的分布近似正态分布，平均数为0，标准差为 $\sigma_{r_{sp}} = \frac{1}{\sqrt{n-1}}$。检验值 $z^*$：$z^* = \frac{r_{sp}-0}{1/\sqrt{n-1}} = r_{sp}\sqrt{n-1}$。若 $|z^*| \geqslant z_{\frac{\alpha}{2}}$，则拒绝 $H_0$。

例题13.8　学生能力测验分成数学和语文两部分。抽样10个学生的能力测验分数如表13.7所示。

表13.7　学生能力测验分数

| 学生 | 1 | 2 | 3 | 4 | 5 | 6 | 7 | 8 | 9 | 10 |
|---|---|---|---|---|---|---|---|---|---|---|
| 数学分数 | 425 | 358 | 515 | 672 | 378 | 397 | 715 | 638 | 478 | 350 |
| 语文分数 | 535 | 375 | 500 | 550 | 414 | 435 | 750 | 515 | 482 | 410 |

计算Spearman等级相关系数。检定学生能力测验检验数学和语文两部分分数是否有相关性，如果检定的显著性水平是0.05，问检验的结果如何？

**解答：**以 $r_i$ 当作变量 $x_i$，以 $s_i$ 当作变量 $y_i$，如表13.8所示。

表13.8 测验分数排序

| 学生 | 1 | 2 | 3 | 4 | 5 | 6 | 7 | 8 | 9 | 10 |
|---|---|---|---|---|---|---|---|---|---|---|
| 数学分数排序 $r_i$ | 5 | 2 | 7 | 9 | 3 | 4 | 10 | 8 | 6 | 1 |
| 语文分数排序 $s_i$ | 8 | 1 | 6 | 9 | 3 | 4 | 10 | 7 | 5 | 2 |
| $d_i$ | -3 | 1 | 1 | 0 | 0 | 0 | 0 | 1 | 1 | -1 |

$$S_{xy}=\sum_{i=1}^{n}x_iy_i-n\overline{xy}=378-10(5.5)(5.5)=75.5，\quad S_{xx}=\sum_{i=1}^{n}x_i^2-n\overline{x}^2=385-10(5.5)^2=82.5，$$

$$S_{xy}=\sum_{i=1}^{n}y^2{}_i-nx\overline{y}^2=385-10(5.5)^2=82.5，\quad r_{sp}=\frac{S_{rs}}{\sqrt{S_{rr}S_{ss}}}=\frac{75.5}{\sqrt{(82.5)(82.5)}}=0.91515，$$

$$r_{sp}=1-\frac{6\sum d_i^2}{n\left(n^2-1\right)}=1-\frac{6(14)}{10(100-1)}=0.91515$$

$x_i$ 数据没有相等，而且 $y_i$ 数据也没有相等，所以两个 $r_{sp}$ 计算结果相同。

检验：$\begin{cases}H_0:\rho_s=0 & \text{变量 } X \text{ 与变量 } Y \text{ 无线性相关性}\\ H_A:\rho_s\neq 0 & \text{变量 } X \text{ 与变量 } Y \text{ 有线性相关性}\end{cases}$

$z^*=r_{sp}\sqrt{n-1}=(0.91515)\sqrt{10-1}=2.75$

因为 $|z^*|=2.75\geqslant z_{0.025}=1.96$，所以拒绝 $H_0$。$p$值$=0.0058$。

查表A12：$r_\alpha=0.648,\ r_{sp}>r_\alpha$，所以拒绝 $H_0$。

例题13.9 见下载资料。

# 13.9 《中文统计》应用

## 13.9.1 符号检验——两组配对样本(例题13.2)

例题13.2的《中文统计》应用实现如图13.4和图13.5所示。

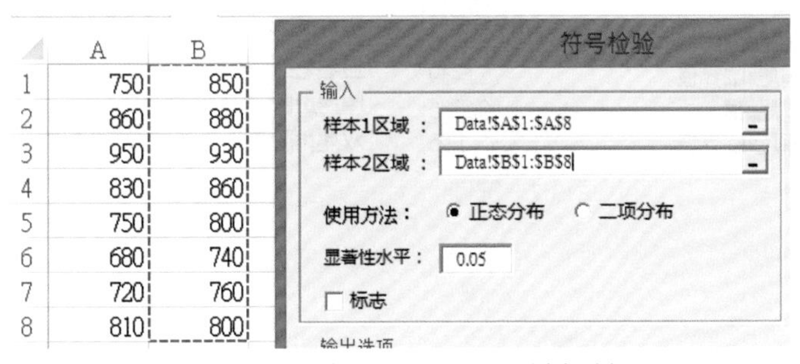


图13.4 符号检验——两组配对样本数据

| | A | B | C | D |
|---|---|---|---|---|
| 1 | 符号检验 正态分布 | | | |
| 2 | | | | |
| 3 | | | | |
| 4 | 大于零的样本个数 | | | 2 |
| 5 | 小于零的样本个数 | | | 6 |
| 6 | 等于零的样本个数 | | | 0 |
| 7 | 显著性水平 | | | 0.05 |
| 8 | z值 | | | 1.06066 |
| 9 | 单尾p值 | | | 0.1444 |
| 10 | 单尾z临界值 | | | 1.6449 |
| 11 | 双尾p值 | | | 0.2888 |
| 12 | 双尾z临界值 | | | 1.96 |

| | A | B | C | D |
|---|---|---|---|---|
| 1 | 符号检验 二项分配 | | | |
| 2 | | | | |
| 3 | | | | |
| 4 | 大于零的样本个数 | | | 2 |
| 5 | 小于零的样本个数 | | | 6 |
| 6 | 等于零的样本个数 | | | 0 |
| 7 | 显著性水平 | | | 0.05 |
| 8 | 单尾p值 | | | 0.1445 |
| 9 | 双尾p值 | | | 0.289 |

图13.5　符号检验——两组配对样本结果

## 13.9.2　符号检验——单组样本(例题13.1)

例题13.1的《中文统计》应用实现如图13.6和图13.7所示。

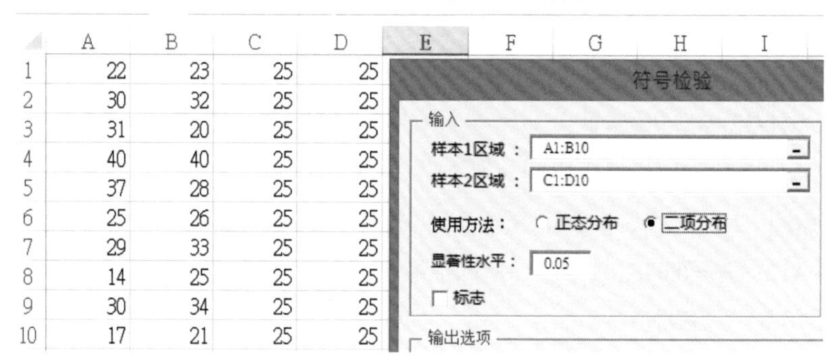

| | A | B | C | D |
|---|---|---|---|---|
| 1 | 22 | 23 | 25 | 25 |
| 2 | 30 | 32 | 25 | 25 |
| 3 | 31 | 20 | 25 | 25 |
| 4 | 40 | 40 | 25 | 25 |
| 5 | 37 | 28 | 25 | 25 |
| 6 | 25 | 26 | 25 | 25 |
| 7 | 29 | 33 | 25 | 25 |
| 8 | 14 | 25 | 25 | 25 |
| 9 | 30 | 34 | 25 | 25 |
| 10 | 17 | 21 | 25 | 25 |



图13.6　符号检验——单组样本数据

| | A | B | C | D |
|---|---|---|---|---|
| 1 | 符号检验 正态分布 | | | |
| 2 | | | | |
| 3 | | | | |
| 4 | 大于零的样本个数 | | | 12 |
| 5 | 小于零的样本个数 | | | 6 |
| 6 | 等于零的样本个数 | | | 2 |
| 7 | 显著性水平 | | | 0.05 |
| 8 | z值 | | | 1.178511 |
| 9 | 单尾p值 | | | 0.1193 |
| 10 | 单尾z临界值 | | | 1.6449 |
| 11 | 双尾p值 | | | 0.2386 |
| 12 | 双尾z临界值 | | | 1.96 |

| | A | B | C | D |
|---|---|---|---|---|
| 1 | 符号检验 二项分配 | | | |
| 2 | | | | |
| 3 | | | | |
| 4 | 大于零的样本个数 | | | 12 |
| 5 | 小于零的样本个数 | | | 6 |
| 6 | 等于零的样本个数 | | | 2 |
| 7 | 显著性水平 | | | 0.05 |
| 8 | 单尾p值 | | | 0.1189 |
| 9 | 双尾p值 | | | 0.2378 |

图13.7　符号检验——单组样本输出

## 13.9.3　游程检验(例题13.4)

例题13.4的《中文统计》应用实现如图13.8所示。

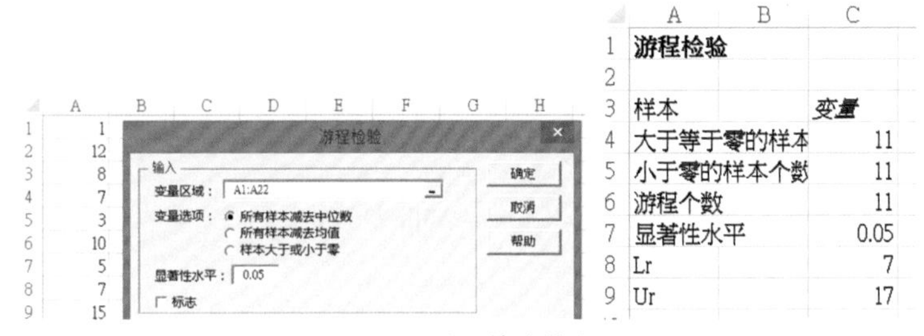


图13.8　游程检验输出

## 13.9.4　Mann-Whitney 秩和检验(例题13.5)

例题13.5的《中文统计》应用实现如图13.9所示。

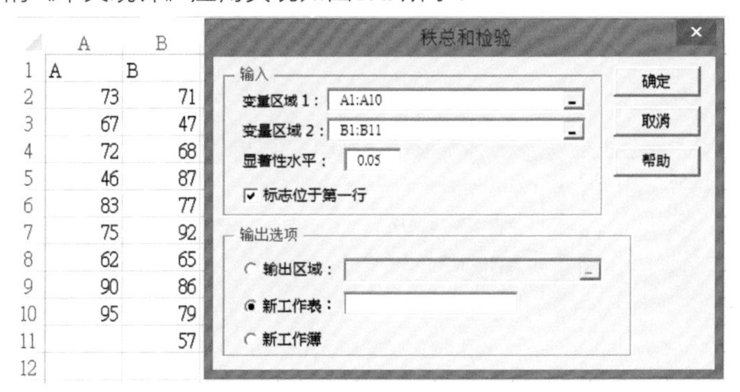


图13.9　Mann-Whitney秩和检验

## 13.9.5　Kruskal-Wallis检验(例题13.6)

例题13.6的《中文统计》应用实现如图13.10和图13.11所示。

| | A | B | C | D |
|---|---|---|---|---|
| 1 | 秩总和检验 | | | |
| 2 | | | | |
| 3 | | | 秩总和 | 样本数 |
| 4 | *秩总和检验* | | 91 | 9 |
| 5 | | | 99 | 10 |
| 6 | 显著性水平 | | 0.05 | |
| 7 | z值 | | 0.0816 | |
| 8 | 单侧p值 | | 0.4675 | |
| 9 | 单侧z临界值 | | 1.6449 | |
| 10 | 双侧p值 | | 0.9349 | |
| 11 | 双侧z临界值 | | 1.96 | |

| | A | B | C |
|---|---|---|---|
| 1 | KruskalWallis检验 | | |
| 2 | | | |
| 3 | 组 | 秩总和 | 样本数 |
| 4 | *第1组* | 96.5 | 7 |
| 5 | *第2组* | 105 | 8 |
| 6 | *第3组* | 74.5 | 8 |
| 7 | | | |
| 8 | 显著性水平 | | 0.05 |
| 9 | KW统计值H | | 1.9615 |
| 10 | 自由度 | | 2 |
| 11 | p值 | | 0.375 |
| 12 | $\chi^2$临界值 | | 5.9915 |

图13.10　Kruskal-Wallis检验的输出

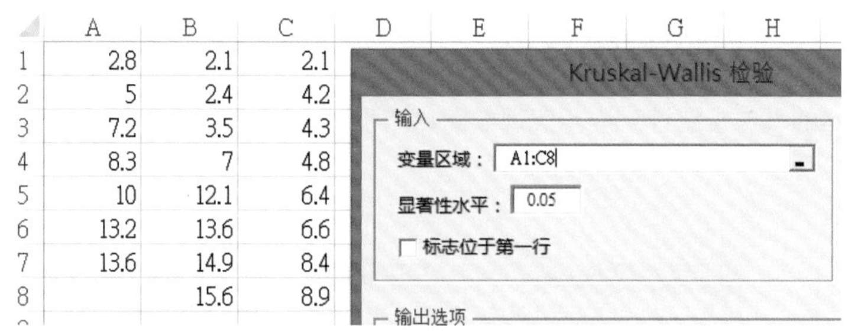


图13.11　Kruskan-Wallis检验的数据

## 13.9.6　Friedman 检验(例题13.7)

例题13.7的《中文统计》应用实现如图13.12所示。

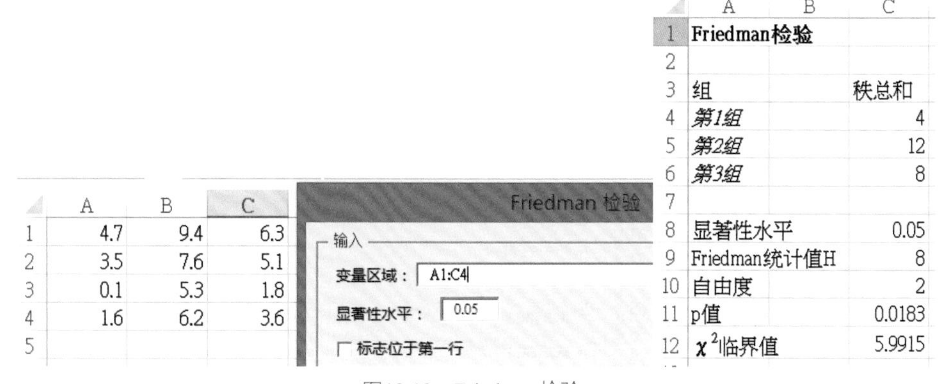


图13.12　Friedman检验

## 13.9.7　Spearman秩相关系数(例题13.8)

例题13.8的《中文统计》应用实现如图13.13所示。

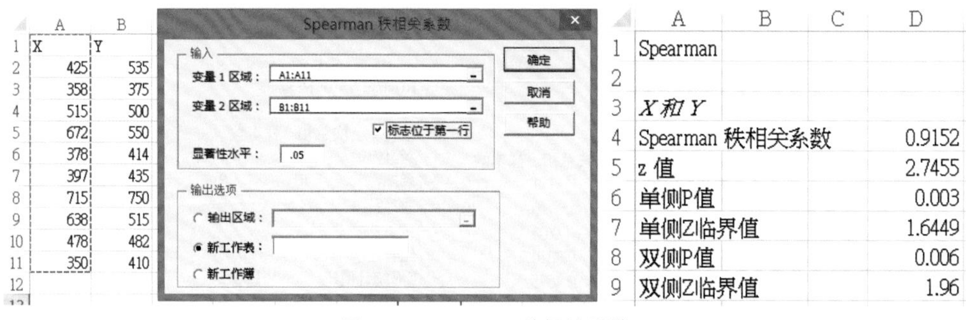


图13.13　Spearman秩相关系数

# 13.10 R语言应用

```
> if(!require(BSDA)){install.packages("BSDA")}; library(BSDA)
> if(!require(snpar)){install.packages("snpar")}; library(snpar)
> if(!require(randtests)){install.packages("randtests")}; library
(randtests)
> if(!require(PairedData)){install.packages("PairedData")}; library
(PairedData)
> if(!require(DescTools)){install.packages("DescTools")}; library
(DescTools)
> if(!require(devtools)){install.packages("devtools")}; library
(devtools); par(mfrow=c(1,1))
> if(!require(tidyverse)){install.packages("tidyverse")}; library
(tidyverse)
> if(!require(rstatix)){install.packages("rstatix")}; library(rstatix)
> if(!require(ggpubr)){install.packages("ggpubr")}; library(ggpubr)
> if(!require(dplyr)){install.packages("dplyr")}; library(dplyr)
> # 符号检验 Sign test例题13.1
> x <- c(22,30,31,40,37,25,29,14,30,17,23,32,20,40,28,26,33,25,34,21)
> options(digits = 4); median(x)
[1] 28.5
> SIGN.test(x,md = 25,alternative = "greater")
One-sample Sign-Test
data: x
s = 12,p-value = 0.1
> # 符号检验 Sign test例题13.2
> x <- c(750,860,950,830,750,680,720,810)
> y <- c(850,880,930,860,800,740,760,800)
> z <- x - y ; SIGN.test(z,md = 0,alternative = "two.sided")
> SIGN.test(x,y,alternative = "two.sided")        # 符号检验
Dependent-samples Sign-Test
data: x and y
S = 2,p-value = 0.3
> binom.test(2,8)                                  # 二项分布检验
Exact binomial test
data: 2 and 8
number of successes = 2,number of trials = 8,p-value = 0.3
> # 秩和检验 Wilcoxon rank sum test例题13.3
```

```
> x<- c(100,94,95,81,103,97,90,102,91,98,88,87)
> wilcox.test(x,mu=90,alternative = "two.sided")# 秩和检验
Wilcoxon signed rank test with continuity correction
data: x
V = 53,p-value = 0.08
> # 游程检验 Run test例题13.4
> x <- c(1,12,8,7,3,10,5,7,15,12,9,18,12,17,1,7,18,6,14,11,5,2)
> runs.test(x); RunsTest(x); RunsTest(x > median(x))
Runs Test
data: x
statistic = -0.44,runs = 11,n1 = 11,n2 = 11,n = 22,p-value = 0.7
Runs Test for Randomness
data: x
runs = 11,m = 11,n = 11,p-value = 0.8
Runs Test for Randomness
data: x > median(x)
runs = 11,m = 11,n = 11,p-value = 0.8
alternative hypothesis: true number of runs is not equal the expected
number
> plot((x < median(x))- 0.5,type="s",ylim=c(-1,1))+ abline(h=0)
> RunsTest(x,exact=TRUE)  # 游程检验 R分布
Runs Test for Randomness
data: x
runs = 11,m = 11,n = 11,p-value = 0.8
> RunsTest(x,exact=FALSE) # 游程检验 正态分布
Runs Test for Randomness
data: x
z = -0.22,runs = 11,m = 11,n = 11,p-value = 0.8
> # 游程检验 Run test例题13.5
> A <- c(73,67,72,46,83,75,62,90,95); B <- c(71,47,68,87,77,92,65,86,
79,57)
> RunsTest(A,B,exact=TRUE)  # 游程检验 R分布
Wald-Wolfowitz Runs Test
data: A and B
runs = 13,m = 9,n = 10,p-value = 0.2
> RunsTest(A,B,exact=FALSE) # 游程检验 正态分布
Wald-Wolfowitz Runs Test
data: A and B
z = 0.96,runs = 13,m = 9,n = 10,p-value = 0.3
```

```
> # 秩和检验 Wilcoxon rank sum test例题13.5
> wilcox.test(A,B,alternative = "two.sided")# 秩和检验
Wilcoxon rank sum exact test
data: A and B
W = 46,p-value = 1
> # KW 检验 Kruskal-Wallis test例题13.6
> data <- read.csv("C:/1Stat/StatData/Chap13_6.csv",head=T); data
> options(digits = 4); as.factor(data$Control); summary(data$Y)
> group_by(data,Control)%>% summarise( count = n(),mean = mean(Y),sd =
sd(Y),median = median(Y),IQR = IQR(Y))
> ggboxplot(data,x = "Control",y = "Y",color = "Control",palette = c
("#00AFBB","#E7B800","#FC4E07"),order = c("A","B","C"),main = "例题13.6",ylab
= "Y",xlab = "Control")
> ggline(data,x = "Control",y = "Y",add = c("mean_se","jitter"),order =
c("A","B","C"),ylab = "Y",xlab = "Control",main = "例题13.6")
> kruskal.test(Y ~ Control,data = data)
Kruskal-Wallis rank sum test
data: Y by Control
Kruskal-Wallis chi-squared = 2,df = 2,p-value = 0.4
> pairwise.wilcox.test(data$Y,data$Control,p.adjust.method = "BH")
> # Spearman 相关系数 例题13.8
> X <- c(425,358,515,672,378,397,715,638,478,350)
> Y <- c(535,375,500,550,414,435,750,515,482,410)
> cor(X,Y,method = "pearson"); cor(X,Y,method = "kendall")
[1] 0.8412
[1] 0.8222
> cor(X,Y,method = "spearman"); cor.test(X,Y,method="spearman")
[1] 0.9152
Spearman’s rank correlation rho
data: X and Y
S = 14,p-value = 5e-04
> shapiro.test(X); shapiro.test(Y) # 检验 X,Y 是否正态分布
Shapiro-Wilk normality test
data: X
W = 0.88,p-value = 0.1
Shapiro-Wilk normality test
data: Y
W = 0.87,p-value = 0.1
> # Friedman检验 Friedman test例题13.7
```

```
> Times <- matrix(c(4.7,9.4,6.3,3.5,7.6,5.1,0.1,5.3,1.8,1.6,6.2,3.6),
+ nrow = 4,byrow = TRUE,dimnames = list(1 :4,c("A","B","C")))
> friedman.test(Times)
Friedman rank sum test
data: Times
Friedman chi-squared = 8,df = 2,p-value = 0.02
> # Spearman 相关系数 例题13.9
> X <- c(2.7,4.1,3.5,2.7,2.2,3.9,2.2,2.2,3.5,2.2)
> Y <- c( 28,19,22 ,30,26,19,38 ,40,26,45)
> cor(X,Y,method = "spearman")
[1] -0.8549
> # 综合检验 例题13.10
> data <- read.csv("C:/1Stat/StatData/Chap13_10.csv",header=T)
> data <- data %>% gather(key = "time",value = "score", t1,t2,t3) %>%
convert_as_factor(id,time)
> data %>% group_by(time)%>% get_summary_stats(score,type = "common")
> ggboxplot(data,x = "time",y = "score",add = "jitter",color = "time",
palette = c("blue","red","purple"),main = "例题13.10" )
> # 以下三个检验调用library(stats)
> kruskal.test(score ~ time,data = data)       # KW 检验 Kruskal-Wallis test
Kruskal-Wallis rank sum test
data: score by time
Kruskal-Wallis chi-squared = 25,df = 2,p-value = 5e-06
> pairwise.wilcox.test(x=data$score,g=data$time,p.adjust.method = "BH")
> friedman.test(score ~ time |id,data = data)# Friedman 检验
Friedman rank sum test
data: score and time and id
Friedman chi-squared = 18,df = 2,p-value = 1e-04
> # 以下三个检验调用library(rstatix)
> res.fried <- data %>% friedman_test(score ~ time |id); res.fried
                                                # Friedman 检验
.y. n statistic df p method
1 score 10 18.2 2 0.000112 Friedman test
> pwc <- data %>% wilcox_test(score ~ time,paired = TRUE,p.adjust.method
="bonferroni"); pwc                              # Wilcoxon test 符号秩检验
> data %>% sign_test(score ~ time,p.adjust.method = "bonferroni")
                                                # Sign test 符号检验
> pwc <- pwc %>% add_xy_position(x = "time")
> ggboxplot(data,x = "time",y = "score",add = "point",color =
"time",palette =c("blue","red","purple" ,main = "例题13.10"))+ stat_pvalue_
```

```
manual(pwc,hide.ns =TRUE)+ labs( subtitle = get_test_label(res.fried,detailed
= TRUE),caption =get_pwc_label(pwc))
```

代码输出如图13.14、图13.15、图13.16以及图13.17所示。

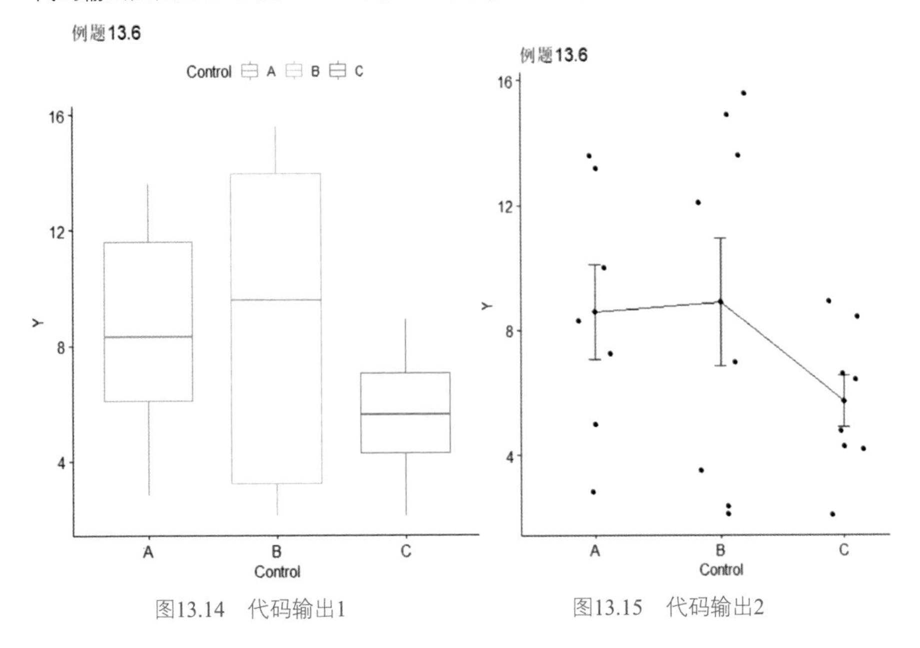


图13.14　代码输出1　　　　图13.15　代码输出2

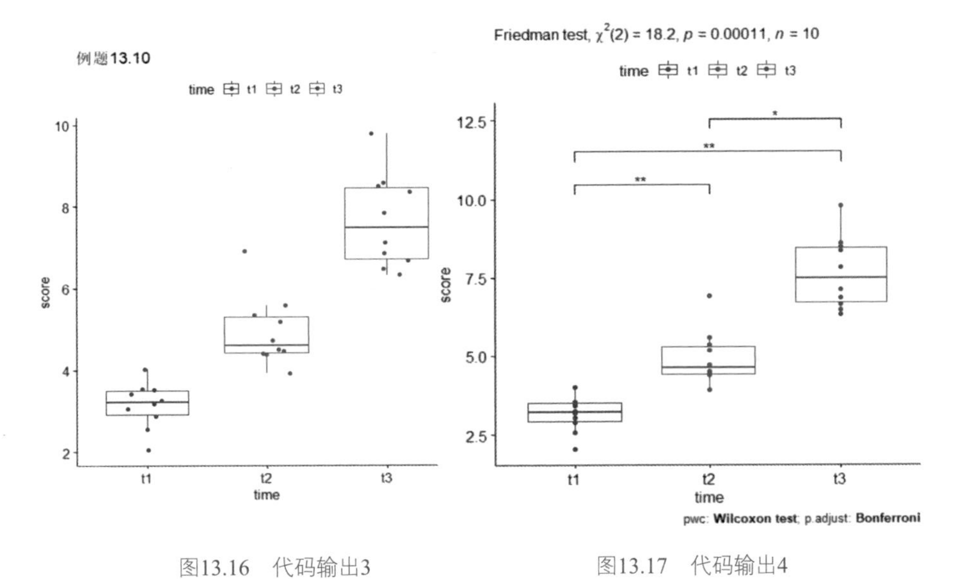


图13.16　代码输出3　　　　图13.17　代码输出4

# 13.11 本章流程图

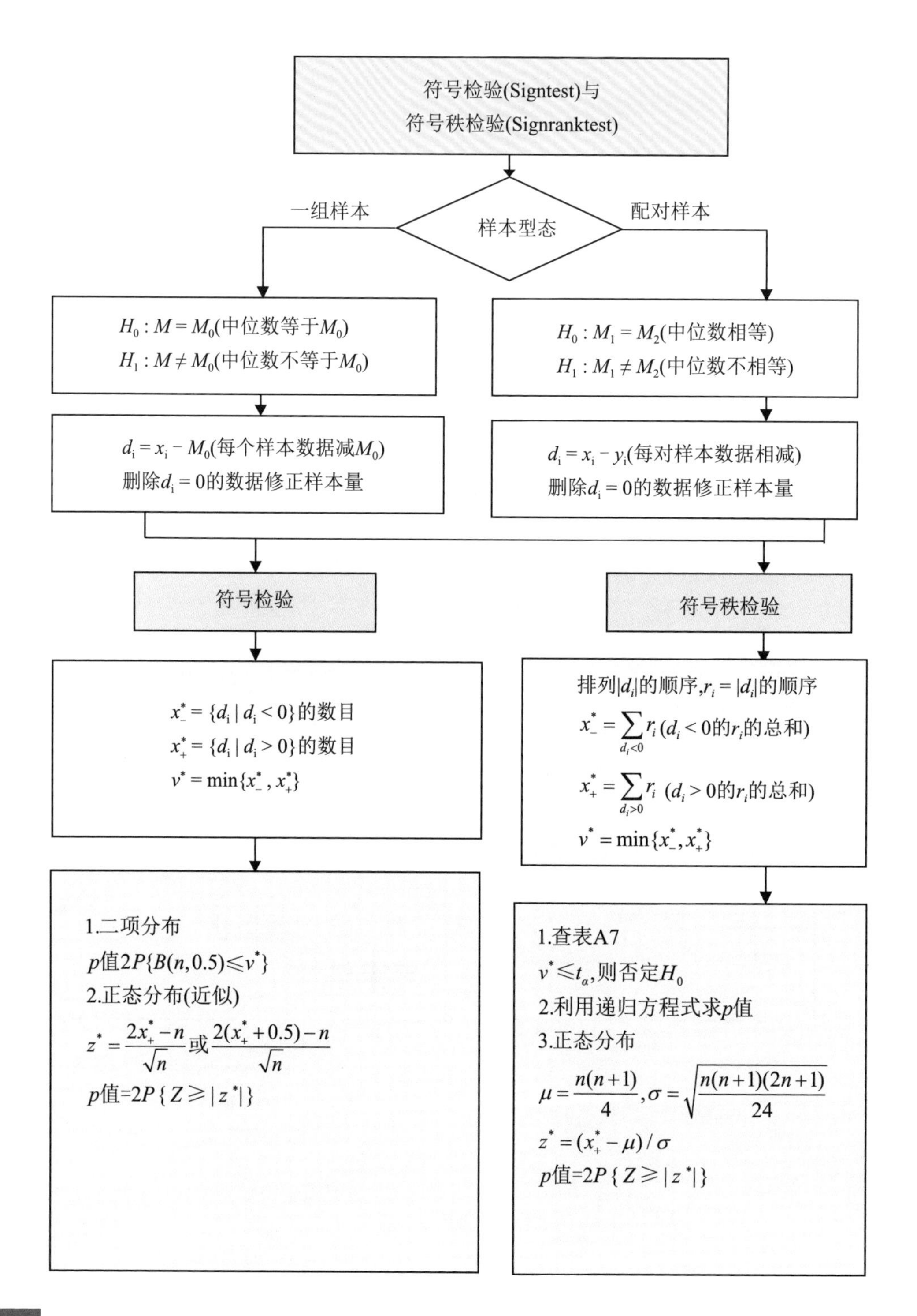

符号检验(Signtest)与
符号秩检验(Signranktest)
样本型态
一组样本
配对样本
$H_0: M = M_0$(中位数等于$M_0$)
$H_1: M \neq M_0$(中位数不等于$M_0$)
$H_0: M_1 = M_2$(中位数相等)
$H_1: M_1 \neq M_2$(中位数不相等)
$d_i = x_i - M_0$(每个样本数据减$M_0$)
删除$d_i = 0$的数据修正样本量
$d_i = x_i - y_i$(每对样本数据相减)
删除$d_i = 0$的数据修正样本量
符号检验
符号秩检验
$x_-^* = \{d_i \mid d_i < 0\}$的数目
$x_+^* = \{d_i \mid d_i > 0\}$的数目
$v^* = \min\{x_-^*, x_+^*\}$
排列$|d_i|$的顺序,$r_i = |d_i|$的顺序
$x_-^* = \sum_{d_i<0} r_i$ ($d_i < 0$的$r_i$的总和)
$x_+^* = \sum_{d_i>0} r_i$ ($d_i > 0$的$r_i$的总和)
$v^* = \min\{x_-^*, x_+^*\}$
1.二项分布
$p$值$2P\{B(n,0.5) \leqslant v^*\}$
2.正态分布(近似)
$z^* = \frac{2x_+^* - n}{\sqrt{n}}$或$\frac{2(x_+^* + 0.5) - n}{\sqrt{n}}$
$p$值=$2P\{Z \geqslant |z^*|\}$
1.查表A7
$v^* \leqslant t_\alpha$,则否定$H_0$
2.利用递归方程式求$p$值
3.正态分布
$\mu = \frac{n(n+1)}{4}, \sigma = \sqrt{\frac{n(n+1)(2n+1)}{24}}$
$z^* = (x_+^* - \mu)/\sigma$
$p$值=$2P\{Z \geqslant |z^*|\}$

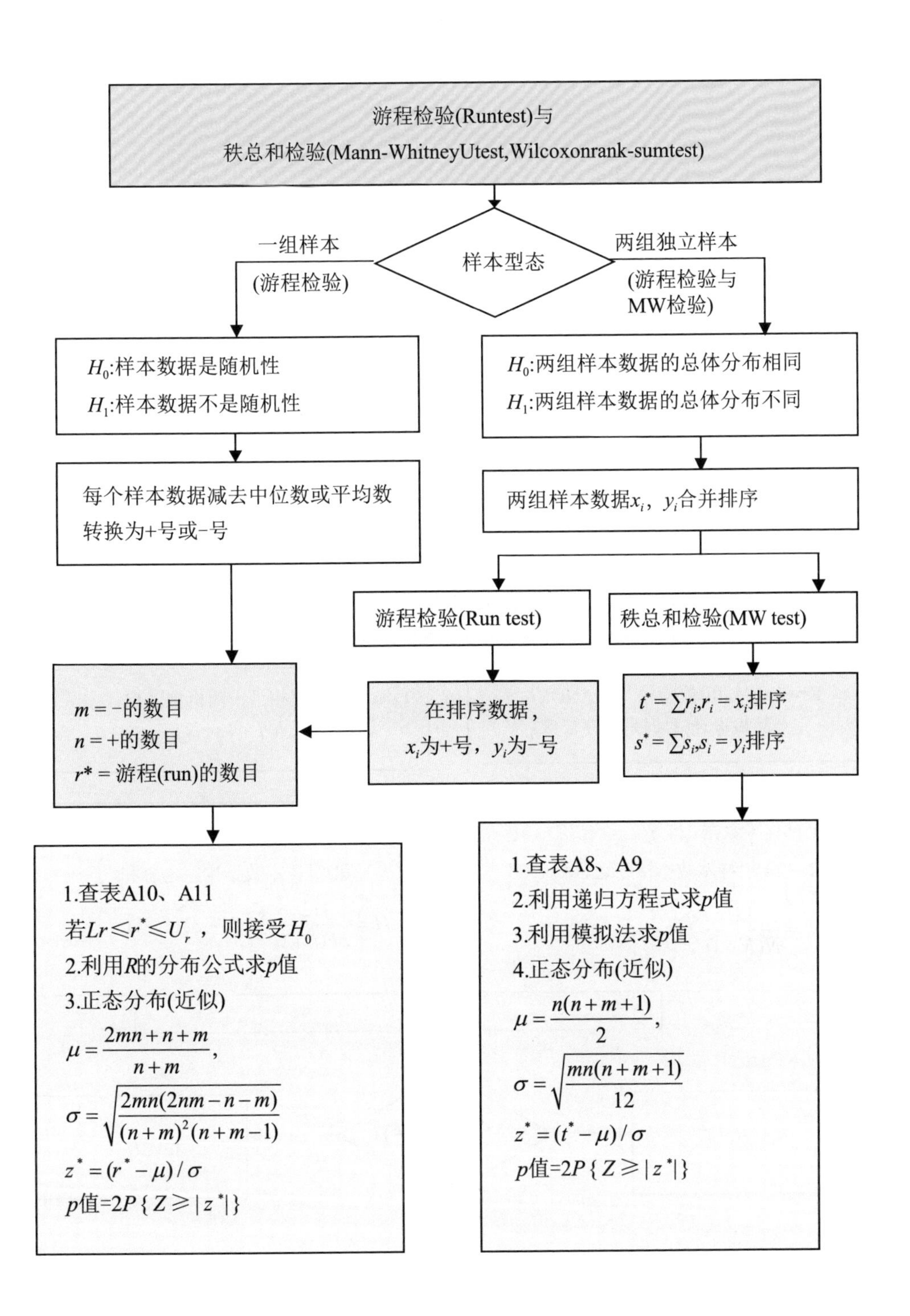
游程检验(Runtest)与
秩总和检验(Mann-WhitneyUtest,Wilcoxonrank-sumtest)
样本型态
一组样本
(游程检验)
两组独立样本
(游程检验与
MW检验)
$H_0$:样本数据是随机性
$H_1$:样本数据不是随机性
$H_0$:两组样本数据的总体分布相同
$H_1$:两组样本数据的总体分布不同
每个样本数据减去中位数或平均数
转换为+号或−号
两组样本数据$x_i$，$y_i$合并排序
游程检验(Run test)
秩总和检验(MW test)
$m=$−的数目
$n=$+的数目
$r*=$游程(run)的数目
在排序数据，
$x_i$为+号，$y_i$为−号
$t^*=\sum r_i, r_i=x_i$排序
$s^*=\sum s_i, s_i=y_i$排序
1.查表A10、A11
若$Lr \leqslant r^* \leqslant U_r$，则接受$H_0$
2.利用$R$的分布公式求$p$值
3.正态分布(近似)
$\mu=\frac{2mn+n+m}{n+m}$,
$\sigma=\sqrt{\frac{2mn(2nm-n-m)}{(n+m)^2(n+m-1)}}$
$z^*=(r^*-\mu)/\sigma$
$p$值=$2P\{Z \geqslant |z^*|\}$
1.查表A8、A9
2.利用递归方程式求$p$值
3.利用模拟法求$p$值
4.正态分布(近似)
$\mu=\frac{n(n+m+1)}{2}$,
$\sigma=\sqrt{\frac{mn(n+m+1)}{12}}$
$z^*=(t^*-\mu)/\sigma$
$p$值=$2P\{Z \geqslant |z^*|\}$

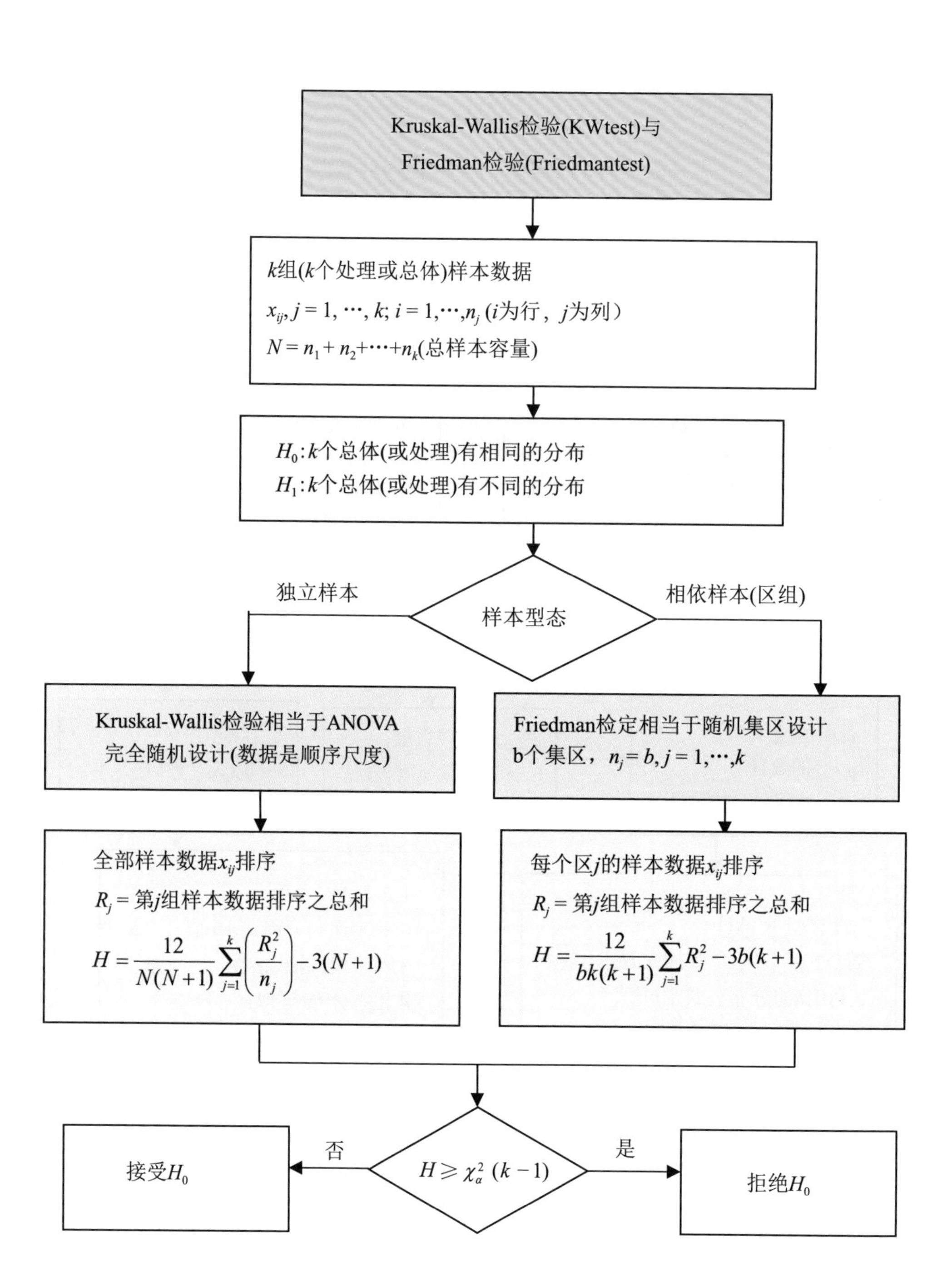
Kruskal-Wallis检验(KWtest)与
Friedman检验(Friedmantest)
$k$组($k$个处理或总体)样本数据
$x_{ij}, j=1,\cdots,k; i=1,\cdots,n_j$ ($i$为行，$j$为列)
$N=n_1+n_2+\cdots+n_k$(总样本容量)
$H_0$: $k$个总体(或处理)有相同的分布
$H_1$: $k$个总体(或处理)有不同的分布
独立样本
样本型态
相依样本(区组)
Kruskal-Wallis检验相当于ANOVA
完全随机设计(数据是顺序尺度)
Friedman检定相当于随机集区设计
b个集区，$n_j=b, j=1,\cdots,k$
全部样本数据$x_{ij}$排序
$R_j$ = 第$j$组样本数据排序之总和
$H=\frac{12}{N(N+1)}\sum_{j=1}^{k}\left(\frac{R_j^2}{n_j}\right)-3(N+1)$
每个区$j$的样本数据$x_{ij}$排序
$R_j$ = 第$j$组样本数据排序之总和
$H=\frac{12}{bk(k+1)}\sum_{j=1}^{k}R_j^2-3b(k+1)$
否
$H \geqslant \chi_\alpha^2(k-1)$
是
接受$H_0$
拒绝$H_0$

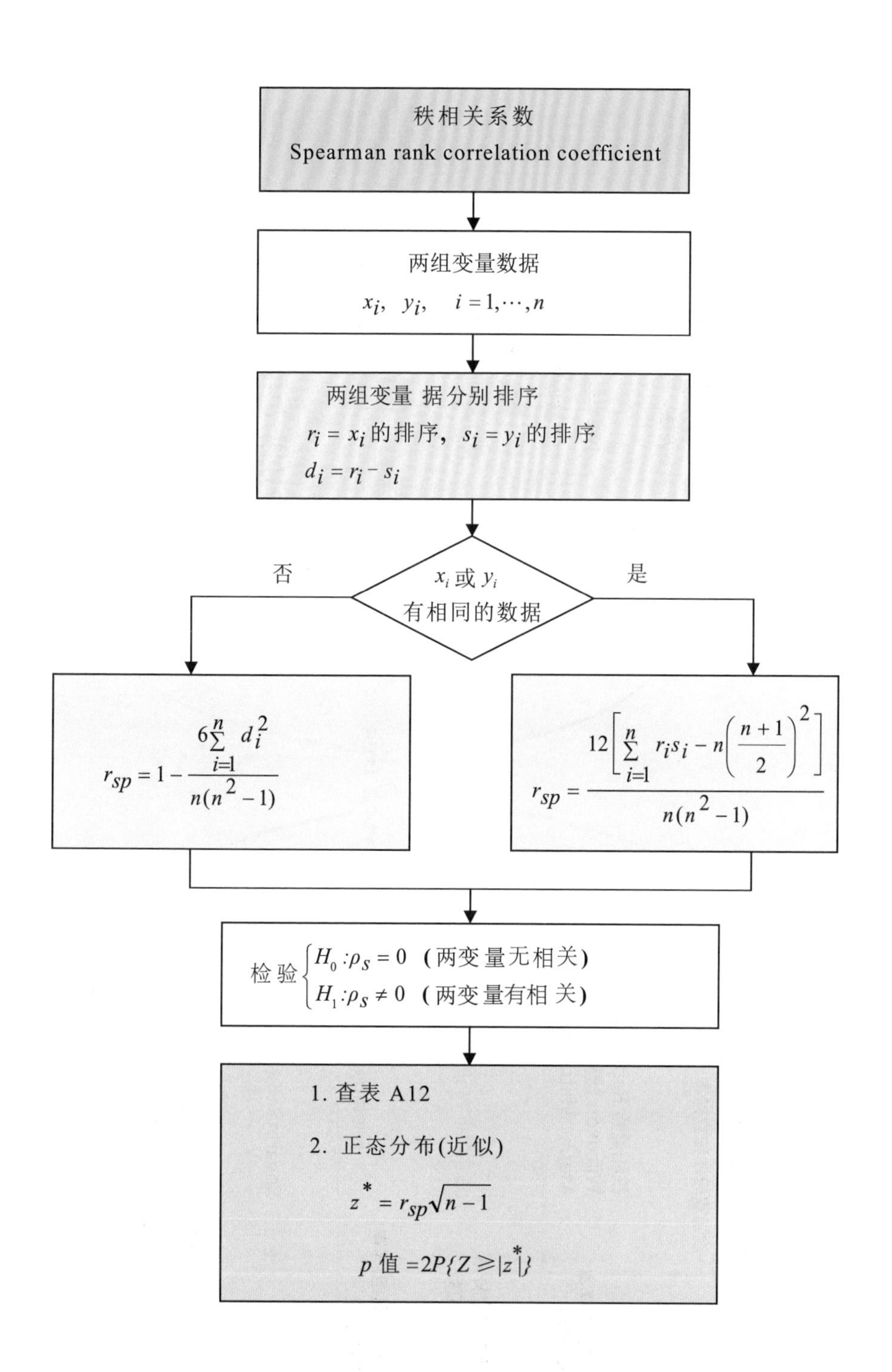
秩相关系数
Spearman rank correlation coefficient
两组变量数据
$x_i$, $y_i$, $i=1,\cdots,n$
两组变量 据分别排序
$r_i = x_i$的排序，$s_i = y_i$的排序
$d_i = r_i - s_i$
否
$x_i$或$y_i$
有相同的数据
是
$r_{sp} = 1 - \frac{6\sum_{i=1}^{n} d_i^2}{n(n^2-1)}$
$r_{sp} = \frac{12\left[\sum_{i=1}^{n} r_i s_i - n\left(\frac{n+1}{2}\right)^2\right]}{n(n^2-1)}$
检验$\begin{cases} H_0: \rho_S = 0 \\ H_1: \rho_S \neq 0 \end{cases}$
(两变量无相关)
(两变量有相关)
1. 查表 A12
2. 正态分布(近似)
$z^* = r_{sp}\sqrt{n-1}$
$p$值$=2P\{Z \geqslant |z^*|\}$

## 13.12 本章思维导图

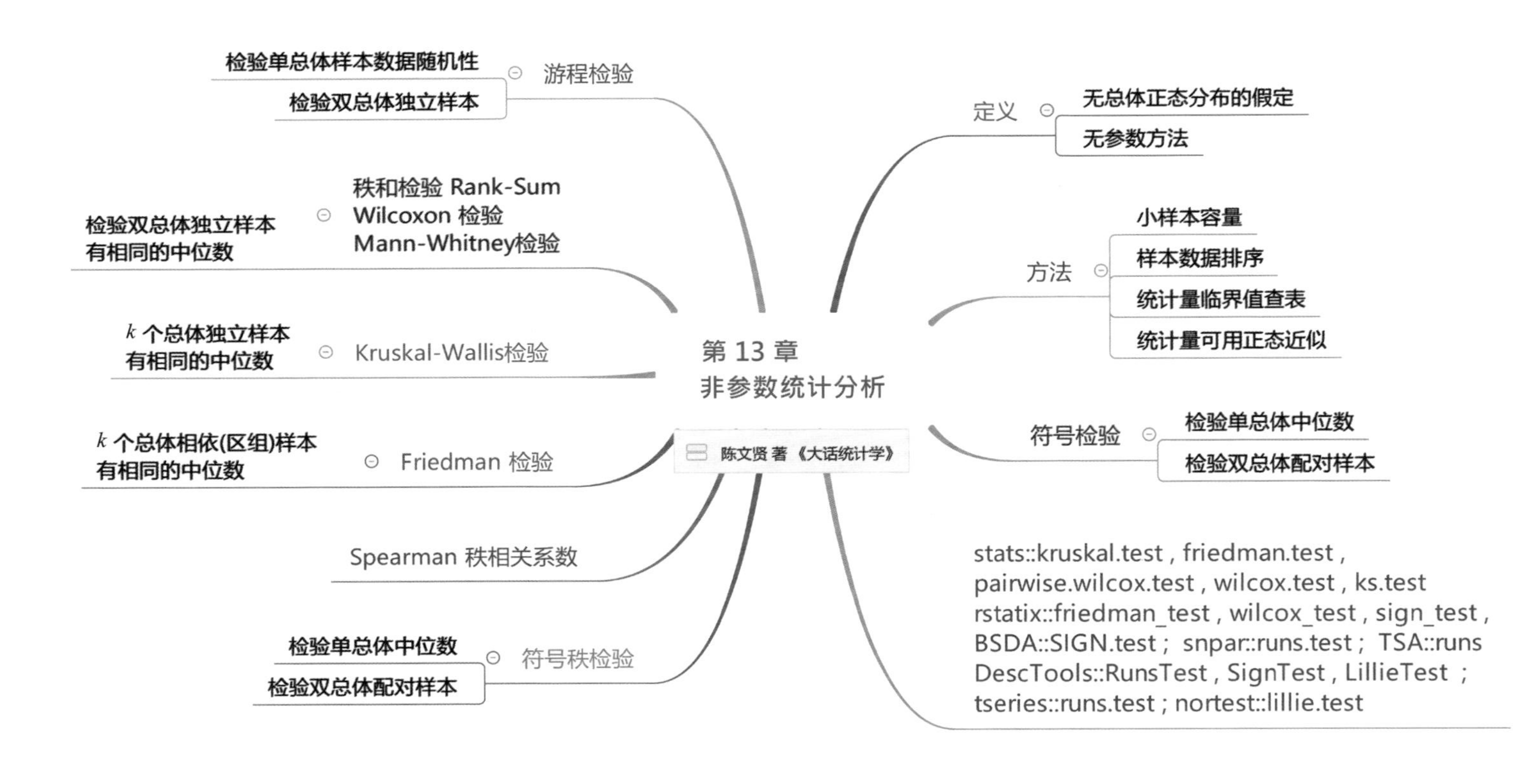
第 13 章
非参数统计分析
陈文贤 著 《大话统计学》
定义
无总体正态分布的假定
无参数方法
方法
小样本容量
样本数据排序
统计量临界值查表
统计量可用正态近似
符号检验
检验单总体中位数
检验双总体配对样本
stats::kruskal.test , friedman.test ,
pairwise.wilcox.test , wilcox.test , ks.test
rstatix::friedman_test , wilcox_test , sign_test ,
BSDA::SIGN.test ; snpar::runs.test ; TSA::runs
DescTools::RunsTest , SignTest , LillieTest ;
tseries::runs.test ; nortest::lillie.test
游程检验
检验单总体样本数据随机性
检验双总体独立样本
秩和检验 Rank-Sum
Wilcoxon 检验
Mann-Whitney检验
检验双总体独立样本
有相同的中位数
Kruskal-Wallis检验
k 个总体独立样本
有相同的中位数
Friedman 检验
k 个总体相依(区组)样本
有相同的中位数
Spearman 秩相关系数
符号秩检验
检验单总体中位数
检验双总体配对样本

## 13.13 习题

1. 给大学生一篇文章，测验其记忆的能力，分数是1到99分，中位数是50分。现在一班抽样15个学生，有10个学生分数是50分以上，有5个学生分数是50分以下。以 $\alpha = 0.05$，检验这一班学生记忆力超过水平。

2. 10个减肥计划者，开始与结束的体重(英磅)如表13.9所示。

表13.9　减肥体重数据

| 开始时体重 | 183 | 144 | 151 | 163 | 155 | 159 | 178 | 184 | 142 | 137 |
|---|---|---|---|---|---|---|---|---|---|---|
| 结束时体重 | 177 | 145 | 145 | 162 | 151 | 163 | 173 | 185 | 139 | 138 |

利用符号检验或符号等级检验，检验这个减肥计划是否有效，显著水平0.05。

3. 心理学家测验白领阶层和蓝领阶层的工作态度，四个蓝领阶层的分数是：23，18，22，21。五个白领阶层的分数是：23，28，25，24，26。检验这两个阶层的工作态度没有差异，显著水平0.05。分别利用(1)中位数卡方检验，(2)连检验，(3)等级总和检验，(4)$t$检验。

4. 一个新药物测试18个病人，40天后血压的变化如下：

−5，−1，+2，+8，−25，+1，+5，−12，−16，−9，−8，−18，−5，−22，+4，−21，−15，−11

利用符号检验或符号等级检验，检验这个药物对血压是否有影响，显著水平0.05。

5. 连续生产50个产品，有11个故障。故障品出现的次序是，第8个，以及第12，13，14，31，32，37，38，40，41，42个。检验这个样本数据出现故障品是否具有随机性。

6. 下列数据是连续25个产品的质量水平：

100，110，122，132，99，96，88，75，45，211，154，143，161，
142，99，111，105，133，142，150，153，121，126，117，155

(1) 检验这个样本数据具有随机性。

(2) 检验这个样本数据是正态分布，平均数124，标准差33。

其他习题请下载。

# 第14章 时间序列

人无远虑，必有近忧。 ——《论语·卫灵公》

数往者顺，知来者逆，是故易逆数也。 ——《易传·说卦》

千金难买早知道，万般无奈想不到。 ——俗语

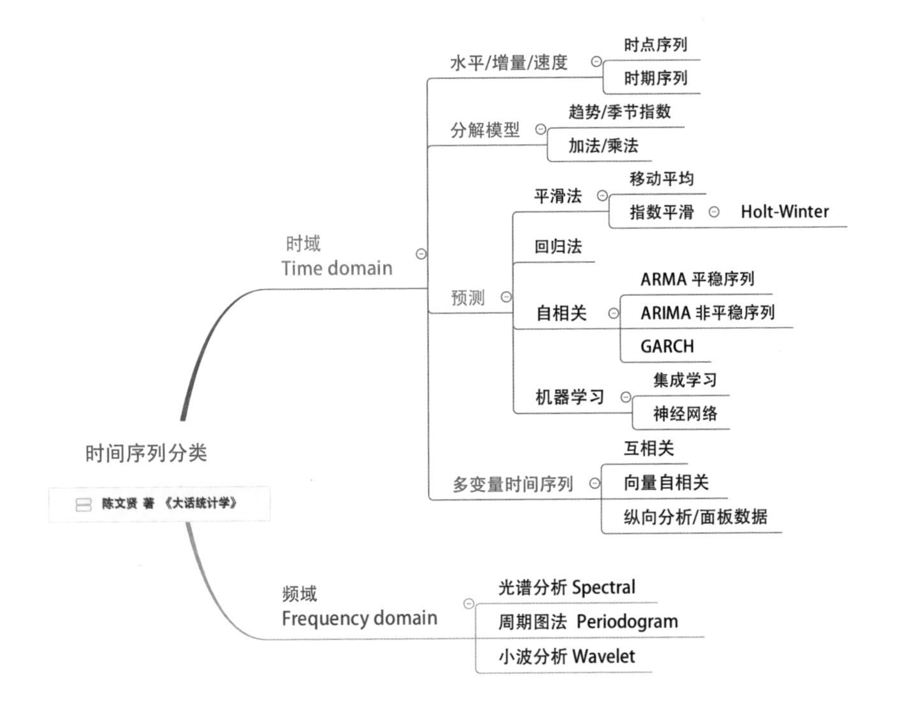


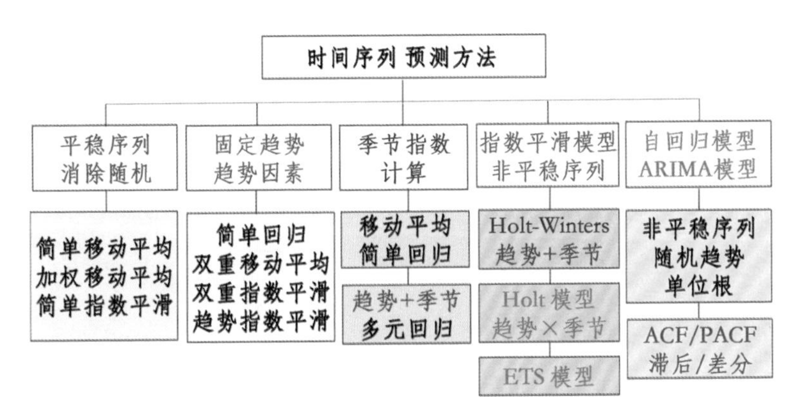

# 14.1 时间序列的分类

预测的主要目的是预估未来的现象，减少不确定的风险，作为计划与决策的基础。因此，预测方法越可靠，则计划结果越佳。

**时间序列**(Time series)是过去时间的观察值(或称实际值)的数据。时间序列是一个变量在连续相等间隔(如每日，每周，每月)的时间内的观察记录。时间序列根据观察值的形式，比照指标的分类：总量指标、相对指标、平均指标，时间序列的分类可以分为：绝对数时间序列、相对数时间序列、平均数时间序列。

## 14.1.1 绝对数时间序列

绝对数指标按时间顺序排列的序列，可分为时期序列和时点序列，如图14.1所示。

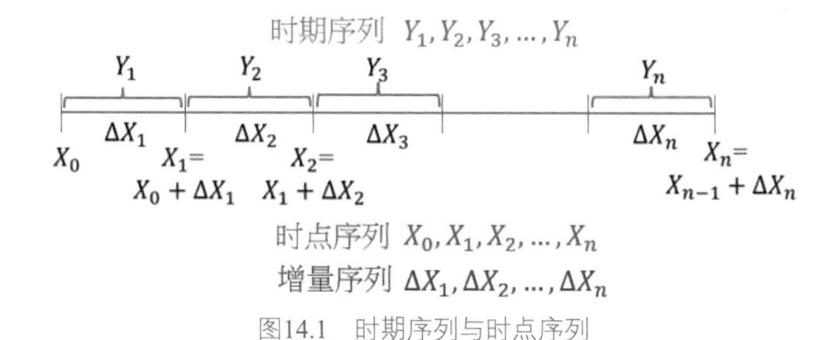


图14.1 时期序列与时点序列

**1. 时期序列**

时期序列是反映在某一段时间的“总量”或结果，是累积这段时期的活动总量，例如：年国内生产总值是累积一年(时期)的生产(活动)总值。时期序列的观察值是可以相加的，而成为更长的时期。时期序列的观察值应该是时期越长，观察值越大，例如：“年生产量”的时期序列数值，一定大于“季生产量”的时期序列数值。但是，“年盈余总获利”的数值，不一定大于“季盈余总获利”的数值。因为，有可能某些季的盈余是亏损的(负数)。

**2. 时点序列**

时点序列是反映在某一个时间点的“水平”，例如：年底总人口数。股价K线图是时点序列，其日线(每日股价)包括当日的：开盘价、收盘价、最高价、最低价，如图14.2所示。时点序列的观察值通常是不可以相加的，只是股票价格的移动平均线，是先相加再平均。

## 14.1.2 相对数时间序列

相对数指标按时间顺序排列的序列，例如：人均生产总量是相对数时间序列，14.2.1节的发展速度是相对数时间序列。第4章指数(动态相对指针)的时间序列是相对数时间序列。相对数时间序列通常是不可以相加的。

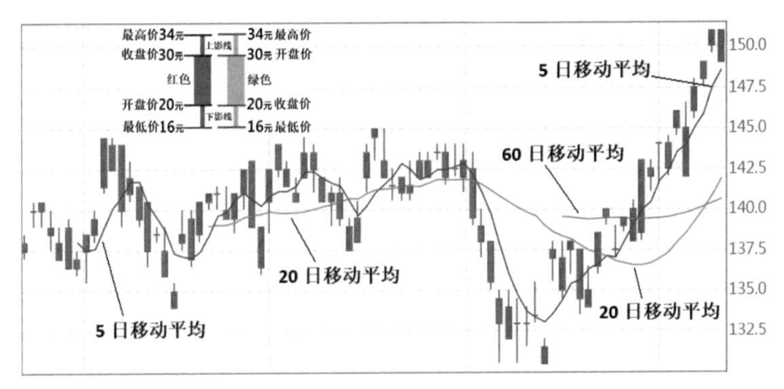


图14.2 股价K线图和移动平均线

### 14.1.3 平均数时间序列

平均数指标按时间顺序排列的序列，例如：平均工资序列。

## 14.2 水平分析与速度分析

### 14.2.1 水平分析

水平分析主要是计算平均发展水平，适用于绝对数、相对数和平均数序列，如图14.3所示。

### 14.2.2 速度分析

时间序列速度分析适用于“时期序列”的观察值数据 $Y_1,Y_2,Y_3,\cdots,Y_n$。

**1. 发展速度**

(1) 同比发展速度：和去年同期对比 $R_{i-12}^{i}=\dfrac{Y_i}{Y_{i-12}}$。

(2) 环比发展速度：和上一期对比 $R_{i-1}^{i}=\dfrac{Y_i}{Y_{i-1}}$。

环比发展速度是第4章指数，个体指数的环比指数。

(3) 定基发展速度：和基期对比 $R_0^i=\dfrac{Y_i}{Y_0}$。

定基发展速度是第4章指数，个体指数的定基指数。

环比×环比×…×环比 = 定基： $\prod\limits_{i=1}^{n}R_{i-1}^{i}=R_0^n$，$\prod\limits_{i=1}^{n}\dfrac{Y_i}{Y_{i-1}}=\dfrac{Y_n}{Y_0}$。

定基÷定基＝环比：$\dfrac{R_0^i}{R_0^{i-1}}=R_{i-1}^i,\dfrac{Y_i}{Y_0}\div\dfrac{Y_{i-1}}{Y_0}=\dfrac{Y_i}{Y_{i-1}}$。

## 2. 增长速度

(1)同比增长速度＝同比发展速度-1：$G_{i-12}^i=R_{i-12}^i-1$。

(2)环比增长速度＝环比发展速度-1：$G_{i-1}^i=R_{i-1}^i-1$。

(3)定基增长速度＝定基发展速度-1：$G_0^i=R_0^i-1$。

## 3. 平均发展速度

$$\bar{R}=\sqrt[n]{\prod_{i=1}^{n}\frac{Y_i}{Y_{i-1}}}=\sqrt[n]{\frac{Y_1}{Y_0}\times\frac{Y_2}{Y_1}\times\cdots\times\frac{Y_n}{Y_{n-1}}}=\sqrt[n]{\frac{Y_n}{Y_0}}$$

## 4. 平均增长速度

$$\bar{P}=\bar{R}-1$$

以上式子关系整理如图14.3所示。$Y_1,Y_2,Y_3,\cdots,Y_n$ 改为 $a_1,a_2,a_3,\cdots,a_n$：

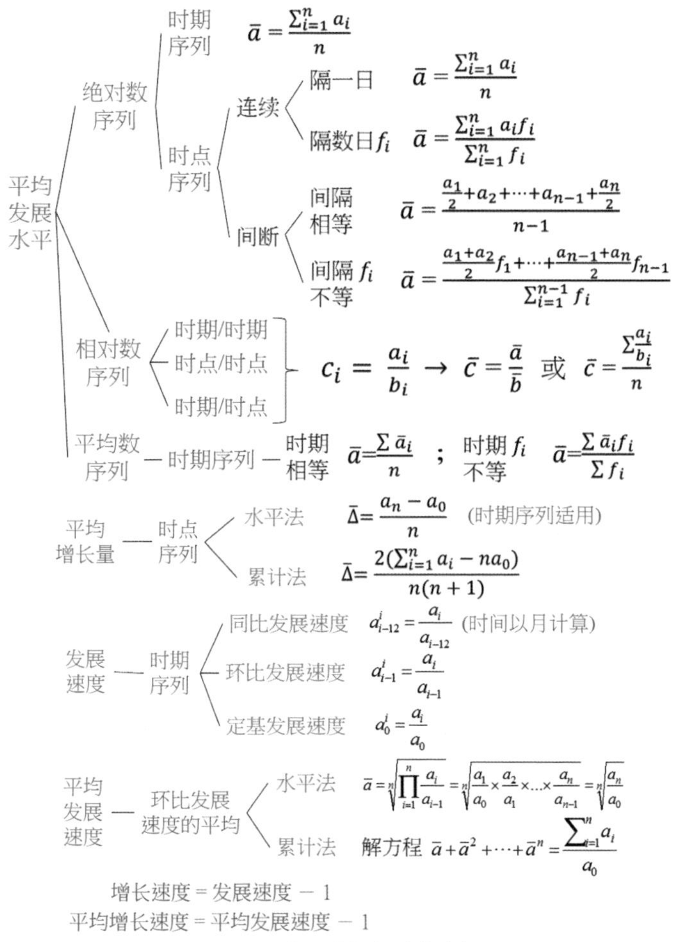

平均发展水平
- 绝对数序列
  - 时期序列　$\bar{a}=\frac{\sum_{i=1}^{n}a_i}{n}$
  - 时点序列
    - 连续
      - 隔一日　$\bar{a}=\frac{\sum_{i=1}^{n}a_i}{n}$
      - 隔数日$f_i$　$\bar{a}=\frac{\sum_{i=1}^{n}a_if_i}{\sum_{i=1}^{n}f_i}$
    - 间断
      - 间隔相等　$\bar{a}=\frac{\frac{a_1}{2}+a_2+\cdots+a_{n-1}+\frac{a_n}{2}}{n-1}$
      - 间隔$f_i$不等　$\bar{a}=\frac{\frac{a_1+a_2}{2}f_1+\cdots+\frac{a_{n-1}+a_n}{2}f_{n-1}}{\sum_{i=1}^{n-1}f_i}$
- 相对数序列
  - 时期/时期
  - 时点/时点
  - 时期/时点

  $c_i=\frac{a_i}{b_i}\rightarrow\bar{c}=\frac{\bar{a}}{\bar{b}}$ 或 $\bar{c}=\frac{\sum\frac{a_i}{b_i}}{n}$
- 平均数序列 — 时期序列 — 时期相等　$\bar{a}=\frac{\sum\bar{a}_i}{n}$；时期$f_i$不等　$\bar{a}=\frac{\sum\bar{a}_if_i}{\sum f_i}$

平均增长量 — 时点序列
- 水平法　$\bar{\Delta}=\frac{a_n-a_0}{n}$　(时期序列适用)
- 累计法　$\bar{\Delta}=\frac{2(\sum_{i=1}^{n}a_i-na_0)}{n(n+1)}$

发展速度 — 时期序列
- 同比发展速度　$a_{i-12}^i=\frac{a_i}{a_{i-12}}$　(时间以月计算)
- 环比发展速度　$a_{i-1}^i=\frac{a_i}{a_{i-1}}$
- 定基发展速度　$a_0^i=\frac{a_i}{a_0}$

平均发展速度 — 环比发展速度的平均
- 水平法　$\bar{a}=\sqrt[n]{\prod_{i=1}^{n}\frac{a_i}{a_{i-1}}}=\sqrt[n]{\frac{a_1}{a_0}\times\frac{a_2}{a_1}\times\ldots\times\frac{a_n}{a_{n-1}}}=\sqrt[n]{\frac{a_n}{a_0}}$
- 累计法　解方程 $\bar{a}+\bar{a}^2+\cdots+\bar{a}^n=\frac{\sum_{i=1}^{n}a_i}{a_0}$

增长速度＝发展速度 － 1

平均增长速度＝平均发展速度 － 1

图14.3　水平分析与速度分析

**例题14.1** 水平分析与速度分析（下载）。

## 14.3 时间序列构成因素

从本节开始，以下时间序列分析，适用在绝对数的“时期序列”。

在时间序列分析，历史数据可以分解成六个成分：

(1) **水平**(levels)：表示时间序列有固定的数值。

(2) **趋势**(trends)：表示时间序列有斜率的上升或下降。

(3) **季节变动**(seasonal variations)：周期性的变化，通常是每年一个周期，因为气候、季节、假期等因素而有周期性。例如下列产品的需求会有季节变化：冷气机、冰淇淋、毛衣、教科书、卡片等。

(4) **循环变动**(cyclical variations)：是一种长时期的振动或摆动，其间隔均在一年以上，通常是经济活动影响企业扩张或萎缩的循环，例如：经济景气，萧条或低迷等循环变动。

(5) **转捩变动**(turning point variations)：是时间序列的突然变化。

(6) **随机变动**(random variations)：表示相邻两个数值的干扰，余数或误差。

以上各种成分可能有几项会加在一起，不过应该都会有随机变化。图14.4是六个成分，图14.5是一些时间序列的形态。

时间序列的指针符号为 $T$、$S$、$C$、$I$ 分别表示趋势、季节、循环和随机，时间序列分析模型包含下列两种模型：

(1) **加法模型**(additive trend seasonal)：季节的振幅并不跟着销售额增加而变大，如图14.5，其关系式是：

$$Y = T + S + C + I$$

销售需求 = 趋势因素 + 季节因素 + 循环变动 + 随机变动

(2) **乘法模型**(multiplicative trend seasonal)：根据销售额增加，季节的振幅也摆动越大，如图14.6，其关系式是：

$$Y = T \times S \times C \times I$$

销售需求 = 趋势因素×季节因素×循环变动×随机变动

平均法可以消除随机变动的影响。

循环变动可以视为较长期的季节因素，所以时间序列分析，除了随机变动，只考虑趋势因素和季节因素的相加和相乘模型。

季节指数分析要介绍的是有季节的指数和趋势分析，即趋势加季节指数的时间序列如图14.6和图14.7所示。本章14.6节和14.7节将分别介绍，相加模型和相乘模型的预测方法。

一般时间序列分析多采用相乘模型。

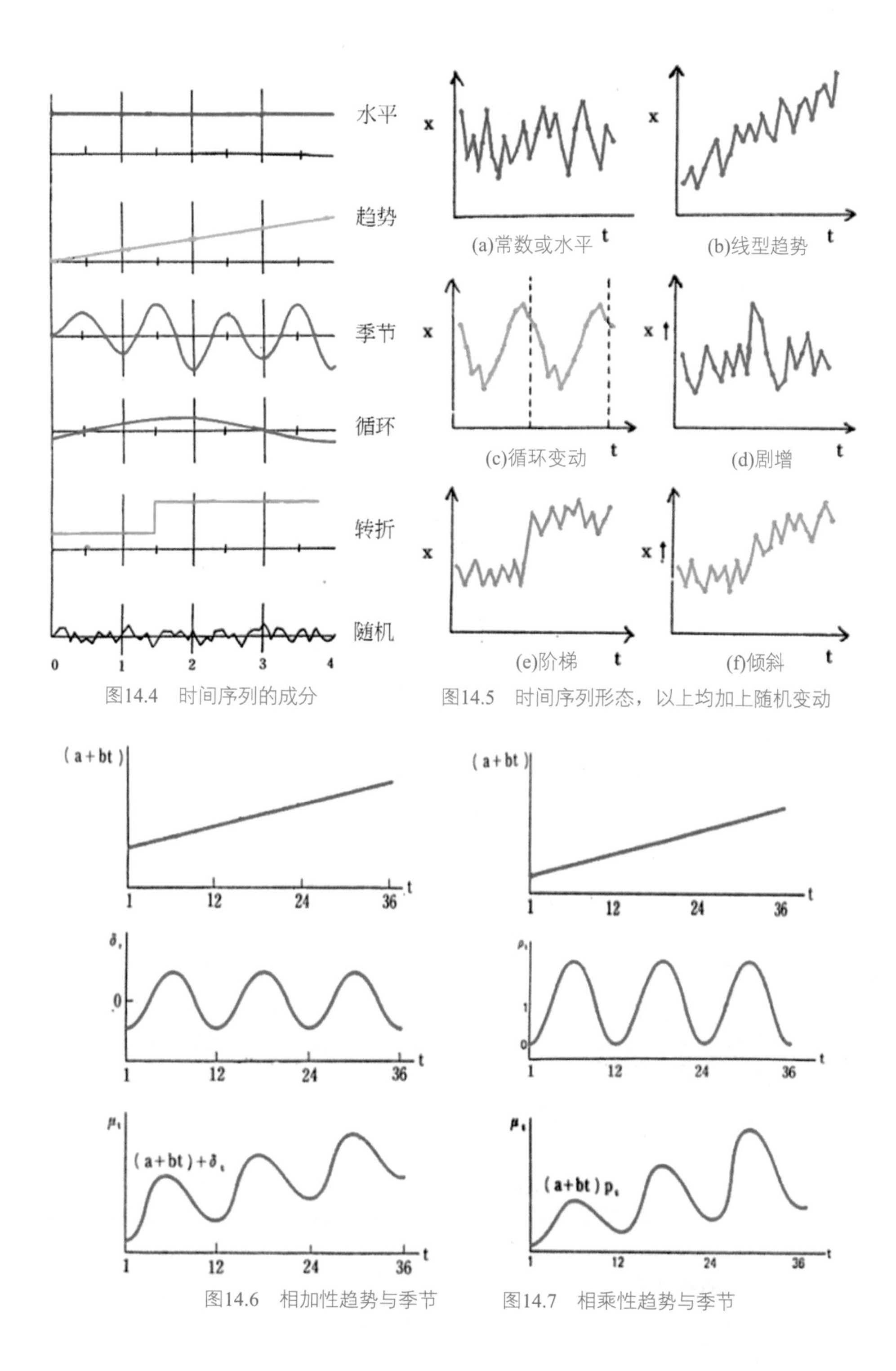


图14.4　时间序列的成分

图14.5　时间序列形态，以上均加上随机变动

图14.6　相加性趋势与季节

图14.7　相乘性趋势与季节

# 14.4 平稳型序列预测

平稳型序列是只有水平和随机变动，预测主要是消除随机变动。预测方法有：简单移动平均法、加权移动平均法、简单指数平滑法。

## 14.4.1 简单移动平均法

**简单移动平均法**(simple moving average)是将最近$k$期的实际值加以平均，来预测下一期的实际值。股票价格预测的技术分析之一，就是利用不同期数的移动平均数。

股价的移动平均线，简称均线，就是将$k$天的收盘价总和再除以$k$，得到第$k$天的算术平均线数值。 5日均线是过去5天收盘价的平均值，又称为周线(5天交易)；20日均线又称月线，是多头股票的防守点。短期均线在长期均线之上的话，就是一种多头走势，反之则是空头走势之一。但是，股价序列是时点序列，移动平均的均线，适合买卖股票的技术分析，不适合下列的预测方法。

移动平均的目的是要包括足够的期数来消除随机变化。但是期数也不要太多，如此可使过去不重要的信息不必计算，同时也不需要保留太多的记录。到底要选择多少期($k$)来作平均呢？这要利用经验与实际状况来决定。

移动平均的计算是根据时间移动，每次计算则加上一个最新纪录，同时减少一个最旧纪录，如图14.8所示。以数学公式表示是：

$$F_t = \frac{Y_{t-n} + Y_{t-n+1} + \cdots + Y_{t-2} + Y_{t-1}}{n} = \frac{1}{n}\sum_{i=i}^{n} Y_{t-i} = F_{t-1} + \frac{Y_{t-1} - Y_{t-n-1}}{n}$$

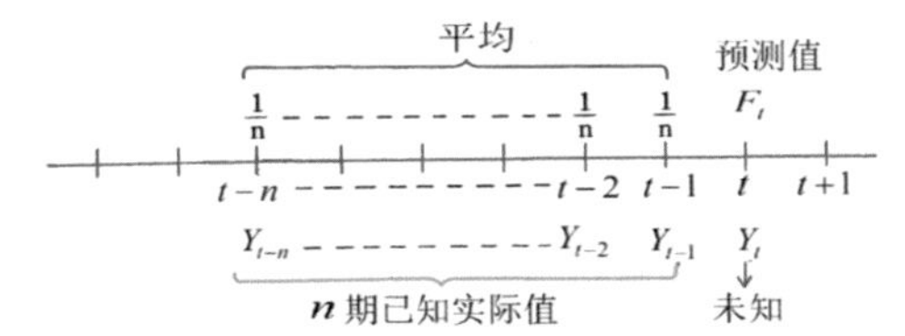


图14.8 简单移动平均法计算

其中：$Y_i$ = 第$i$期已知实际值。

$F_t$ = 第$t$期预测值。

决定移动平均的期数$n$要视实际状况而定。如果期数$n$越大，则预测值越平稳，但是对趋势的预测会越落后(所谓落后是，如果趋势是上升，则预测值偏低；如果趋势是下降，则预测值偏高)。如果期数$n$越小，则对趋势之预测的落后会越小，但是对随机变化的结果越不平稳。

如果要利用简单移动平均的话，那么期数$n$可以选择小一点。如果时间序列的随机变化大，则期数$n$的选择可以选大一点。较适当的$n$的决定，可以利用本章14.9节预测误差，找出使预测误差最小的$n$。

总之，简单移动平均可以消除随机成分(使误差减小)，而且可以表示趋势(虽然会有一些落后)，但是不能解决季节变化。

例题14.2　简单移动平均法。

## 14.4.2　加权移动平均法

如果时间序列有趋势成分，则简单移动平均取期数$n$小一点，会使趋势不致落后太多，但是却失去了早期的实际值。

为了解决这个问题，加权移动平均分别给予$n$期实际值不同的权数，再加以平均。通常越近期实际值的权数越大，越早期实际值的权数越小。简单移动平均是每期的权数均相同。加权移动平均(weighted moving average)的公式表示如下：

$$F_t = (W_{t-n}Y_{t-n} + W_{t-n+1}Y_{t-n+1} + \cdots + W_{t-2}Y_{t-2} + W_{t-1}Y_{t-1})/(\sum_{i=1}^{n} W_{t-i}) = \sum_{i=i}^{n} W_{t-i}Y_{t-i} \Big/ \sum_{i=i}^{n} W_{t-i}$$

其中：$Y_t$ = 第$t$期的实际值。

$F_t$ = 第$t$期的预测值。

$W_t$ = 第$t$期的权数 $W_{t-n} \leqslant W_{t-n+1} \leqslant \cdots \leqslant W_{t\text{-}2} \leqslant W_{t\text{-}1}$。

## 14.4.3　简单指数平滑法

在移动平均法中，最大的缺点是，要保留相当多的历史数据，每次新数据加入，才能丢掉最老的资料。指数平滑法最大的优点是，每次做预测时，只需要上一期的真实值与预测值。所以指数平滑法也许是较合逻辑且容易使用的方法。

指数平滑法可能是所有预测方法中最常被使用的方法，被广泛地应用于批发、零售与服务业的存货管理以及生产预测。

**简单指数平滑**(simple exponential smoothing)只需要三个数据作预测：上期实际值，上期预测值以及**平滑常数** $\alpha$(smoothing constant)。平滑常数决定平滑的程度，以及反映实际值与预测值之差。平滑常数越小，则预测值越平滑；平滑常数越大，则越反映实际值与预测值之差。平滑常数的决定，在于产品的需求特性及管理者的感觉判断。例如，生产标准产品而有相当稳定的需求，则平滑常数可以很小。如果产品需求是相当成长或高度变动，则可能需要较高的平滑常数。一般 $\alpha$介于0.01与0.3之间，而 $\alpha = 0.1$ 是合理的平滑常数。

简单指数平滑的模型是：

$$F_t = F_{t-1} + \alpha(Y_{t-1} - F_{t-1}) = \alpha Y_{t-1} + (1-\alpha)F_{t-1}$$

其中：$F_t$ = 第$t$期的预测值。

$F_{t-1}$ = 第 $t-1$ 期的预测值。

$Y_{t-1}$ = 第 $t-1$ 期的实际值。

$\alpha$ = 平滑常数 $0 \leqslant \alpha \leqslant 1$ 。

$F_{t+1} = \alpha Y_t + \alpha(1-\alpha)Y_{t-1} + \alpha(1-\alpha)^2 Y_{t-2} + \cdots + \alpha(1-\alpha)^{t-1}Y_1 + (1-\alpha)^t F_0$。

所以，简单指数平滑法是一种加权移动平均，越接近$t$ 期的权数越大。

起始预测值是先找$n$个值作平均：

$$F_0 = \sum Y_i / n$$

简单指数平滑的步骤是：

(1) 决定平滑常数 $\alpha$。

(2) 假设有$T$个实际值，从这当中找最初的$n$个数作平均，令

$$F_{n+1} = F\text{起始值}$$

(3) $F_{n+2} = \alpha Y_{n+1} + (1-\alpha)F_{n+1}$。

(4) 依此求到 $F_{T+1} = \alpha Y_T + (1-\alpha)F_T$。

(5) $T$期以后的预测值均等于 $F_{T+1}$ 即 $F_{T+k} = F_{T+1}$。

**例题14.3** 简单指数平滑。

# 14.5 趋势型序列预测

趋势型序列有趋势因素和随机变动，预测方法有：双重移动平均、一元线性回归、双重指数平滑、趋势指数平滑。

## 14.5.1 双重移动平均

**双重移动平均**(double moving average)是简单移动平均的扩充，主要用于有趋势的时间序列。双重移动平均有两个移动平均值 $M_t$ 与 $M_t^{(2)}$。假设目前是在第$t$期，已知实际值 $Y_t$。

$$M_t = (Y_{t-n+1} + \cdots + Y_{t-1} + Y_t)/n = M_{t-1} + (Y_t - Y_{t-n})/n \ , \quad t \geqslant k$$

$$M_t^{(2)} = (M_{t-n+1} + \cdots + M_{t-1} + M_t)/n = M_{t-1}^{(2)} + (M_t - M_{t-n})/n \ , \quad t \geqslant 2k-1$$

$$a_t = 2M_t - M_t^{(2)}$$

$$b_t = 2(M_t - M_t^{(2)})/(n-1)$$

所以第$t+k$ 期的预测值 $F_{t+k}$，$k \geqslant 1$。

$$F_{t+k} = a_t + b_t \times k$$

其中：$Y_t$ = 已知实际值。

$F_{t+k}$ = 第$t+k$期预测值。

$M_t$ = 简单移动平均值。

$M_t^{(2)}$ = 二次移动平均值。

$a_t$ = 趋势直线常数。

$b_t$ = 趋势直线斜率。

所以简单移动平均与加权移动平均只能预测下一期的值(如果要预测第$t+k$期，则 $F_{t+k} = F_{t+1}$，$k \geqslant 1$)；而双重移动平均可以预测以后数期的值，如图14.9所示。

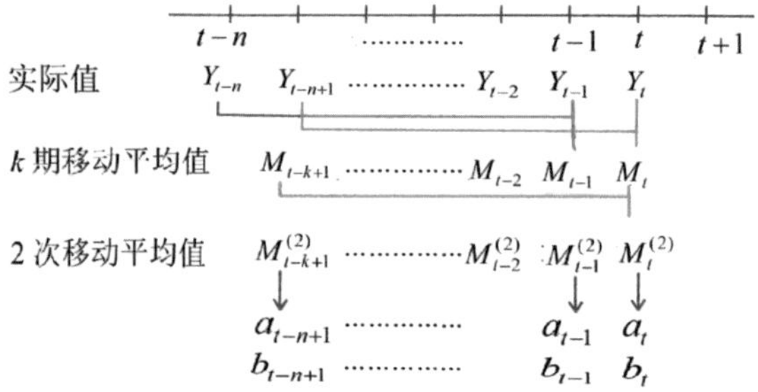

$t-n$ ………… $t-1$ $t$ $t+1$

实际值 $Y_{t-n}$ $Y_{t-n+1}$ ………… $Y_{t-2}$ $Y_{t-1}$ $Y_t$

$k$ 期移动平均值 $M_{t-k+1}$ ………… $M_{t-2}$ $M_{t-1}$ $M_t$

2 次移动平均值 $M_{t-k+1}^{(2)}$ ………… $M_{t-2}^{(2)}$ $M_{t-1}^{(2)}$ $M_t^{(2)}$

$a_{t-n+1}$ ………… $a_{t-1}$ $a_t$

$b_{t-n+1}$ ………… $b_{t-1}$ $b_t$

图14.9　双重移动平均之计算

**例题14.4**　双重移动平均。

## 14.5.2　一元线性回归

**一元线性回归**(simple linear regression)又称方程拟合法，一元的意思是指有一个自变量，线性的意思是因变量和自变量，存在线性关系。时间序列法的线性回归和因果关系法的回归分析(请见第13章)是相同的，只是这里的线性回归不用其他外在独立变量，而是用时间当作独立变量。换言之，我们是假设，要预测的销售量与时间有线性的关系。

$$\hat{Y}_t = a + bt \quad t = 1，2，\cdots，n$$

$$b = \left(n\sum_{t=1}^{n} tY_t - \sum_{t=1}^{n} t \sum_{t=1}^{n} Y_t\right) \Bigg/ \left(n\sum_{t=1}^{n} t^2 - \left(\sum_{t=1}^{n} t\right)^2\right), \quad a = \left(\sum_{t=1}^{n} Y_t - b\sum_{t=1}^{n} t\right) \Big/ n$$

$$F_t = a + bt, \quad S^2 = \left(\sum_{t=1}^{n} Y_t^2 - a\sum_{t=1}^{n} Y_t - b\sum_{t=1}^{n} tY_t\right) \Big/ (n-2)$$

$$r^2 = \left(n\sum_{t=1}^{n} tY_t - \sum_{t=1}^{n} t \sum_{t=1}^{n} Y_t\right)^2 \Bigg/ \left[\left(n\sum_{t=1}^{n} t^2 - \left(\sum_{t=1}^{n} t\right)^2\right)\left(n\sum_{t=1}^{n} Y_t^2 - \left(\sum_{t=1}^{n} Y_t\right)^2\right)\right]$$

其中：$Y_t$ = 第$t$期的实际值。

$\hat{Y}_t$ = 第$t$期的回归预测值。

$a$ = 回归直线的估计常数。

$b$ = 回归直线的估计斜率。

$F_t = a + bt$ = 第$t$期的预测值。

$S$ = 回归预测值的标准差。

$r$ = 回归相关系数。

若 $0.9 \leqslant r \leqslant 1$，则实际值和时间有很高的相关；若 $0.7 \leqslant r \leqslant 0.89$，则是高相关；若 $0.4 \leqslant r \leqslant 0.69$，则有中度相关；若 $0.2 \leqslant r \leqslant 039$，则是低相关；若 $0 \leqslant r \leqslant 0.19$，则有很低的相关。相关性越高，则预测值越准确。

利用标准差，可以计算预测范围。即 $Y_t$ 有68%的概率在 $F_t \pm S$ 之内；$Y_t$ 有95%的概率在 $F_t \pm 2S$ 之内。

**例题14.5**　一元线性回归。

### 14.5.3 双重指数平滑

**双重指数平滑**(double exponential smoothing)，以直线方程式 $f(t)=a+bt$ 来做预测。现在我们要利用过去预测值与实际值来估计$a$ 和 $b$。

$$S_t=\alpha Y_t+(1-\alpha)S_{t-1} \qquad S_t^{(2)}=\alpha S_t+(1-\alpha)S_{t-1}^{(2)}$$

$$a_t=2S_t-S_t^{(2)} \qquad b_t=\frac{\alpha}{1-\alpha}(S_t-S_t^{(2)})$$

$$F_{t+k}=a_t+b_t\times k$$

其中，$S_t$ = 第$t$期简单指数平滑值。

$S_t^{(2)}$ = 第 $t$ 期二次指数平滑值。

$Y_t$ = 第$t$期的实际值。

$\alpha$ = 平滑常数 $0\leqslant\alpha\leqslant1$ 。

$a_t$ = 第$t$期趋势直线常数。

$b_t$ = 第$t$期趋势直线斜率。

$F_{t+k}$ = 第$t+k$期的预测值。

双重指数平滑的步骤是：

(1) 决定平滑系数 $\alpha$。

(2) 假设有 $T$ 个实际值，从这当中找最初 $n$ 个值作直线回归。

$Y_t=a+bt$，得到估计值 $a_0$ 和 $b_0$。

$$S_0=a_0-\left(\frac{1-\alpha}{\alpha}\right)b_0 \qquad S_0^{(2)}=a_0-2\left(\frac{1-\alpha}{\alpha}\right)b_0$$

(3) 计算

$$S_{n+1}=\alpha Y_{n+1}+(1-\alpha)S_0 \qquad S_{n+1}^{(2)}=\alpha S_{n+1}+(1-\alpha)S_0^{(2)}$$

$$a_{n+1}=2S_{n+1}-S_{n+1}^{(2)} \qquad b_{n+1}=\frac{\alpha}{1-\alpha}(S_{n+1}-S_{n+1}^{(2)})$$

$$F_{n+2}=a_{n+1}+b_{n+1}$$

(4) 以此类推，求 $S_T$，$S_T^{(2)}$，$a_T$，$b_T$， 则 $F_{T+1}=a_T+b_T$。

(5) $T$ 以后的预测值为 $F_{T+k}=a_T+b_T\times k$。

### 14.5.4 趋势指数平滑

**趋势指数平滑**(trend exponential smoothing)，是将趋势线加到时间序列数据中一起考虑。而趋势线的估计方法则是考虑每个过去上升或下滑的增量或减量，并以最近的时间序列数据做计算最近一期趋势的依据。

以趋势指数平滑来作预测，必须利用过去预测值与实际值来估计趋势线和平滑曲线。首先预测**估计趋势值**(estimated trend)：

$$\mathrm{LT}_t=\alpha(Y_t-Y_{t-1})+(1-\alpha)(F_t-F_{t-1})$$

$$ET_{t+1} = \beta(LT_t) + (1-\beta)(ET_t)$$

其中，$LT_t$ = 第$t$期的最近趋势值。

$ET_t$ = 第$t$期的估计趋势值。

$\alpha$ = 平滑常数，$0 \leqslant \alpha \leqslant 1$。

$\beta$ = 趋势平滑常数，$0 \leqslant \beta \leqslant 1$。

$Y_t$ = 第$t$期的实际值。

$F_t$ = 第$t$期的预测值。

从这个计算公式来看，估计趋势值(estimated trend)是在计算过去最近一期与过去最近二期间的上升或下滑的增量或减量，用其与本期估计趋势值来估计下一期的趋势，其概念与指数平滑的概念类似，只是将原用于时间序列数据的方法再应用于趋势的计算。

必须注意的是以趋势指数平滑法来预测，使用者得先给定两个值介于0到1之间的指数，一为平滑常数$\alpha$，另一为趋势平滑常数$\beta$，顾名思义，$\alpha$的用法与指数平滑的用法类似，而$\beta$则是用于预测估计趋势值。

计算估计趋势值(ET)之后，就可以用趋势指数平滑法来计算未来的预测值($F_t$)：

$$F_{t+1} = \alpha Y_t + (1-\alpha)F_t + ET_{t+1}$$

其中，$ET_{t+1}$ = 第$t$+1期之估计趋势值。

$\alpha$ = 平滑常数，$0 \leqslant \alpha \leqslant 1$。

$Y_t$ = 第$t$期的实际值。

$F_t$ = 第$t$期的预测值。

未来一期预测值的算法与指数平滑一样，但是最后加入估计趋势值，除可以将未来趋势考虑进去外，也可解决指数平滑只能预测出过去一期中间值的问题。

但是这个方法的运用得当与否，取决于起始值的设定。起始值的设定是先找最初的真实值($Y_0$)、预测值($F_0$)与估计趋势值($ET_1$)，通常会设定为：

$Y_0 = Y_1$ 或 $\bar{Y}_t$，$F_0 = Y_0$

$ET_1 = 1$ 或 $\sum(Y_t - Y_{t-1})/(n-1)$，如果总共有$n$期数据。

因此第一期的预测值($F_1$)：$F_1 = Y_0 + ET_1$。

由于趋势指数平滑法考虑未来趋势，如果总共有$n$期数据，当预测未来第$k$期之后的预测值($F_{n+k}$)就可以用以下方式进行计算：

$$F_{n+k} = \alpha Y_n + (1-\alpha)F_n + k(ET_{n+1})$$

趋势指数平滑法的步骤是：

如表14.1所示。

(1) 决定最初值($Y_0$)，估计趋势值($ET_1$)，平滑常数$\alpha$，趋势平滑常数$\beta$。

(2) 计算第一期的预测值 $F_1 = Y_0 + ET_1$。

(3) 假设有$n$个实际值，计算第二期估计趋势值($ET_2$)：

$$LT_t = \alpha(Y_t - Y_{t-1}) + (1-\alpha)(F_t - F_{t-1})$$

$$ET_{t+1} = \beta(LT_t) + (1-\beta)(ET_t)$$

用趋势指数平滑法来计算未来的预测值($F_t$)：

$$F_{t+1} = \alpha Y_t + (1-\alpha)F_t + \mathrm{ET}_{t+1}$$

(4)以此类推，将未来$n$−2期之估计趋势值($\mathrm{ET}_t$)与预测值($F_t$)。

(5)$n$期以后的第$k$期预测值为 $F_{n+k} = \alpha Y_n + (1-\alpha)F_n + k(\mathrm{ET}_{n+1})$

表14.1　趋势指数平滑法计算步骤

| t | $Y_t$ | $\mathrm{ET}_t$ | $F_t$ | $\mathrm{LT}_t$ |
|---|---|---|---|---|
| 0 | $Y_0$ | | $F_0$ | |
| 1 | $Y_1$ | $\mathrm{ET}_1$ | $F_1 = Y_0 + \mathrm{ET}_1$ | $\alpha(Y_1 - Y_0) + (1-\alpha)(F_1 - F_0)$ |
| 2 | $Y_2$ | $\beta(\mathrm{LT}_1) + (1-\beta)(\mathrm{ET}_1)$ | $\alpha Y_1 + (1-\alpha)F_1 + \mathrm{ET}_2$ | $\alpha(Y_2 - Y_1) + (1-\alpha)(F_2 - F_1)$ |
| … | … | ……… | ……… | ……… |
| n | $Y_n$ | $\beta(\mathrm{LT}_{n-1}) + (1-\beta)(\mathrm{ET}_{n-1})$ | $\alpha Y_{n-1} + (1-\alpha)F_{n-1} + \mathrm{ET}_n$ | $\alpha(Y_n - Y_{n-1}) + (1-\alpha)(F_n - F_{n-1})$ |
| n+1 | | $\beta(\mathrm{LT}_n) + (1-\beta)(\mathrm{ET}_n)$ | $\alpha Y_n + (1-\alpha)F_n + \mathrm{ET}_{n+1}$ | |

例题14.6　趋势指数平滑。

# 14.6 季节指数分析

季节性指数计算(seasonal index analysis)有两种方法：中央移动平均法(centered moving averages)和趋势方程拟合法或一元线性回归法(simple linear regression)。如图14.10所示。

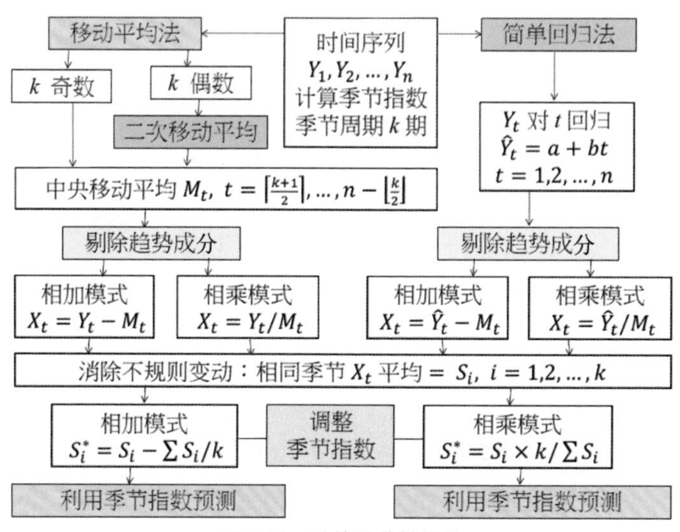

图14.10　计算季节性指数

### 14.6.1 中央移动平均法计算季节性指数

利用**中央移动平均法**(centered moving averages)分解时间序列，是找出时间序列中的趋势及季节系数(或循环系数)。

假设时间序列是 $\{Y_1,Y_2,Y_3,\cdots,Y_n\}$ ，其计算步骤如下：

(1) 利用观察法找出季节的周期长度(或循环的周期长度)$k$。

(2) 以$k$ 期计算移动平均。

若 $k$ 是奇数且 $t>(k-1)/2$,　　$t=(k+1)/2,\cdots,n-(k-1)/2$

$M_t=(Y_{t-(k-1)/2}+Y_{t-(k-3)/2}+\cdots+Y_{t-1}+Y_t+Y_{t+1}+\cdots+Y_{t+(k-3)/2}+Y_{t+(k-1)/2})/k$

如果 $k$ 为偶数，则相邻两个移动平均再取平均。

二次移动平均：第一次以$k$ 期计算移动平均，第二次以2期计算移动平均。

若 $k$ 是偶数且 $t>k/2,t=k/2+1,\cdots,n-k/2$

$$M_t=(Y_{t-k/2}+2Y_{t-k/2+1}+\cdots+2Y_{t-1}+2Y_t+2Y_{t+1}+\cdots+2Y_{t+k/2-1}+Y_{t+k/2})/2k$$

例如：$k=5$，则 $M_t=(Y_{t-2}+Y_{t-1}+Y_t+Y_{t+1}+Y_{t+2})/5,\quad t>2,\quad t=3,\cdots,n-2$

$$M_3=(Y_1+Y_2+Y_3+Y_4+Y_5)/5$$

例如：$k=4$，则 $M_t=(Y_{t-2}+2Y_{t-1}+2Y_t+2Y_{t+1}+Y_{t+2})/8,\quad t>2,\quad t=3,\cdots,n-2$

$$M_{2.5}=(Y_1+Y_2+Y_3+Y_4)/4,\ M_{3.5}=(Y_2+Y_3+Y_4+Y_5)/4\quad\Rightarrow$$
$$M_3=(M_{2.5}+M_{3.5})/2=(Y_1+2Y_2+2Y_3+2Y_4+Y_5)/8$$

请注意，趋势成分与预测的移动平均公式不同，例如以三期作移动平均即 $k=3$：

作预测的简单移动平均公式：$F_5=(Y_2+Y_3+Y_4)/3$

双重移动平均公式：$M_5=(Y_3+Y_4+Y_5)/3$

计算趋势与季节成分的中央移动平均公式：$M_5=(Y_4+Y_5+Y_6)/3$

(3) 移动平均 $M_t$为趋势系数，$t=\lceil(k+1)/2\rceil,\cdots,n-\lfloor k/2\rfloor$。

$\lceil x\rceil$是大于等于$x$的最小整数，即$x$若有大于0的小数，则去掉小数，整数加 1。

$\lfloor x\rfloor$是小于等于$x$的最大整数，即$x$若有大于0的小数，则去掉小数，保留整数。

例如：若 $n=15$，$k=4$，则 $M_t$, $t=3,\cdots,13$。若 $n=18$，$k=9$，则 $M_t$, $t=5,\cdots,14$。

(4) 季节系数：如果是相加性模式，则 $X_t=Y_t-M_t$，$t=\lceil(k+1)/2\rceil,\cdots,n-\lfloor k/2\rfloor$。

(5) 季节系数：如果是相乘性模式，则 $X_t=Y_t/M_t$，$t=\lceil(k+1)/2\rceil,\cdots,n-\lfloor k/2\rfloor$。

(6) 季节指数：同一季的 $X_t$ 取平均数为季节指数，依照其所属之季节，分别算出平均值 $S_i$。

(7) 调整季节指数：将此平均值$S_i$做正规化，

相加性模式，将每个$S_i$减去$S_i$的平均值：$S_i^*=S_i-\sum_{i=1}^k S_i/k$，因此 $\sum_{i=1}^k S_i^*=0$；

相乘性模式，将每个$S_i$乘$k$除以$S_i$总合：$S_i^*=S_i\times k/\sum_{i=1}^k S_i$，因此 $\sum_{i=1}^k S_i^*=k$。

(8) 利用季节指数，进行预测，请见14.7节及14.8节。

**例题14.7**　以中央移动平均法计算季节指数。

## 14.6.2 趋势方程拟合法

趋势方程拟合法就是直线回归法，计算季节性指数时，是将直线回归法所做出的直线当成是时间序列比较的基准，也就是如同中央移动平均法所做出的长期趋势值。

计算直线回归线时，以原始时间序列数据当成因变量，时间则为自变量，计算出直线回归线值之后就可以开始计算季节性指数，并以此指数做未来时间序列预测，其步骤与之前以中央移动平均法计算季节性指数的步骤相同，如下：

(1) 以时间序列数据 $Y_t$ 为因变量，时间 $t$ 为自变量，计算直线回归线，$\hat{Y}_t = a + bt$。

(2) 计算季节系数：如果是相加性模式，则 $X_t = Y_t - \hat{Y}_t$，$t = 1,2,\cdots,n$。

(3) 计算季节系数：如果是相乘性模式，则 $X_t = Y_t / \hat{Y}_t$，$t = 1,2,\cdots,n$。

(4) 季节指数：同一季的 $X_t$ 取平均数为季节指数，依照其所属之季节，分别算出平均值 $S_i = \sum_{j=1}^{a} X_{i+jk} / a, \quad i = 1,\cdots,k$。

(5) 调整季节指数：将此平均值 $S_i$ 做正规化(normalization)，

相加性模式，将每个 $S_i$ 减去 $S_i$ 的平均值：$S_i^* = S_i - \sum_{i=1}^{k} S_i / k$，因此 $\sum_{i=1}^{k} S_i^* = 0$；

相乘性模式，将每个 $S_i$ 乘 $k$ 除以 $S_i$ 总合：$S_i^* = S_i \times k / \sum_{i=1}^{k} S_i$，因此 $\sum_{i=1}^{k} S_i^* = k$。

例题14.8　趋势方程拟合法。

得到季节指数以后，就可以进行时间序列的预测。分别有趋势加季节的相加模式和趋势乘季节的相乘模式，如图14.11所示，在14.7节和14.8节中进行说明。

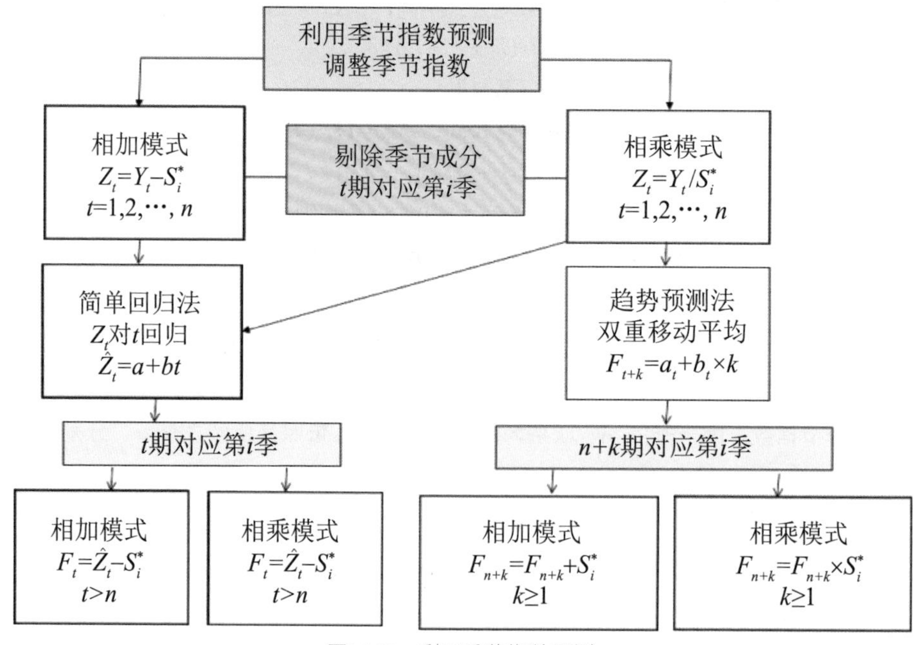


图14.11　利用季节指数预测

# 14.7 时间序列预测方法：趋势加季节

## 14.7.1 相加性季节指数

(1) 将时间序列值减去相对应之季节性指数$S_i^*$，计算出每期去除季节性因素后之时间序列数据，$Z_t = Y_t - S_i^*$。

(2) 以一元线性回归做长期趋势分析，其中以去除季节性因素后之时间序列数据$Z_t$为因变量，以$t$为自变量，回归直线为$\hat{Z}_t = a + b\,t$。

(3) 以上一步骤之结果做未来趋势预测，并加上或乘上相对应之季节性指数$S_i^*$。

$F_t = \hat{Z}_t + S_i^* = (a+bt) + S_i^*$ 或 $F_t = \hat{Z}_t \times S_i^* = (a+bt) \times S_i^*$，$t > n$ ($t$ 对应第$i$季)。

例题14.9　相加性季节指数。

## 14.7.2 利用多元回归方法

相加性季节性趋势分析模型，其关系式是：销售需求 = 趋势 + 季节因素。以直线回归法计算分析季节性因素时，是将季节当成为一自变量与时间这个自变量共同成为直线回归模型的一部分。但是季节本身并不是一个实数数据，因此在直线回归模型中就必须以一个0-1变量的方式出现。

计算直线回归线时，将原始时间序列数据当成因变量，时间则为自变量，且加上所有的季节性为自变量，再计算出直线回归线，之后并以此直线回归线做未来时间序列预测，其步骤如下：

假设时间序列是$\{Y_1, Y_2, Y_3, \cdots, Y_n\}$，利用回归方法来寻找趋势及季节系数。

趋势与季节的相加性模式，其回归方程式如下：

$$Y_t = b_0 + b_1 t + b_2 Q_1 + b_3 Q_2 + b_4 Q_3 + \varepsilon_t$$

其中：$Y_t$ = 已知$n$ 期时间序列观察值。

$b_0$ = 水平系数及第 1 季的季节系数。

$b_1$ = 趋势系数。

$b_2, b_3, b_4$ = 第1，2，3季的季节系数。

$\varepsilon_t$ = 残差项，实际值与预测值之差。

$Q_i$ = 第$i$季的季节变量，$i$= 1，2，3。

$Q_i = 1$ 若 $Y_t$是在第$i$季，$i$= 1，2，3；$Q_i = 0$ 若 $Y_t$不是在第$i$季，$i$= 1，2，3。

若资料是在第4季，则 $Q_1 = Q_2 = Q_3 = 0$。

$Q_i$是虚拟变量(dummy variable)，$Q_i$为分类尺度，当有$k$类(例如4 季)，则只要 $k$–1 个虚拟变量。

$Y_t$ 对 $t$，$Q_1$，$Q_2$，$Q_3$ 多元回归，得到回归方程：

$$\hat{Y}_t = b_0 + b_1 t + b_2 Q_1 + b_3 Q_2 + b_4 Q_3$$

对于$n$期以后的未知值 $Y_t$, $t>n$，其预测值 $F_t$, $t>n$：

$$F_t=\hat{Y}_t=b_0+b_1t+b_2Q_1+b_3Q_2+b_4Q_3$$

利用回归方法分解时间序列，是找出时间序列中的趋势及季节系数。

**例题14.10** 多元回归方法。

# 14.8 时间序列预测方法：趋势乘季节

## 14.8.1 季节指数预测

季节指数预测的计算步骤：

(1) 将时间序列值除以相对应之季节性指数 $S_i^*$，计算出每期去除季节性因素后之时间序列数据，$Z_t=Y_t/S_i^*$。

(2) 以去除季节性因素后之时间序列数据做长期趋势分析，如一元线性回归：

$$\hat{Z}_t=a+b\,t$$

双重移动平均法 $F_{t+k}=a_t+b_t\times k$

(3) 以上一步骤之结果做未来趋势预测，并乘上相对应之季节性指数 $S_i^*$。

$$F_t=\hat{Z}_t\times S_i^*=(a+bt)\times S_i^*,\quad t>n\ (t\text{ 对应第}i\text{季})$$

双重移动平均法预测 $F_{n+k}=F_{n+k}\times S_i^*$

**例题14.11** 季节指数预测。

## 14.8.2 季节指数平滑

**季节指数平滑法**(seasonal exponential smoothing)要介绍的是有趋势和季节的指数平滑，也就是Winters 法(Winters'model)。

Winters 法是假设趋势与季节相乘性效果，需要三个平滑常数 $(\alpha,\beta,\gamma)$。建议平滑常数 $\alpha=0.2,\beta=0.05,\gamma=0.1$。假设 $L$是季节循环周期，例如以月计算，则 $L$=12；以季计算，则 $L$=4。

$$a_t=\alpha\left(\frac{Y_t}{c_{t-L}}\right)+(1-\alpha)(a_{t-1}+b_{t-1})\qquad b_t=\beta(a_t+a_{t-1})+(1-\beta)b_{t-1}$$

$$c_t=\gamma\left(\frac{Y_t}{a_t}\right)+(1-\gamma)c_{t-L}\qquad F_{t+k}=(a_t+b_tk)c_{t+k-L}$$

其中：$a_t$ = 第 $t$ 期趋势直线估计值。　　$b_t$ = 第 $t$ 期趋势直线斜率。

$c_t$ = 第 $t$ 期季节系数。　　$\alpha,\beta,\gamma$ = 平滑常数。

$Y_t$ = 第 $t$ 期的实际值。　　$F_{t+k}$ = 第 $t$+$k$ 期的预测值。

# 14.9 预测误差

本章所讨论的时间序列预测方法适合各种状况，但是这些方法并没有真正的优劣势存在，也没有任何的方法特别准确，使用时由于有《中文统计》或其他软件辅助，都可以很快地算出结果。因此建议针对每个问题用各种方法测试，使用以下所讨论的误差计算方法，比较看哪个方法较为准确，再选用该方法做预测用。

## 14.9.1 误差来源

误差的来源有许多种，如图14.12所示，通常的来源是由过去资料统计出来的。例如，利用回归分析，我们可以得到统计误差，也就是回归直线与实际值之距离平方的平均，从统计误差可以得到预测上下限的范围。但是当我们实际预测未来时，有可能又超出这个预测范围，因为预测范围只是根据过去资料计算的，并不能完全说明未来的结果。所以，实际误差可能超出预测模型所估计的统计误差。

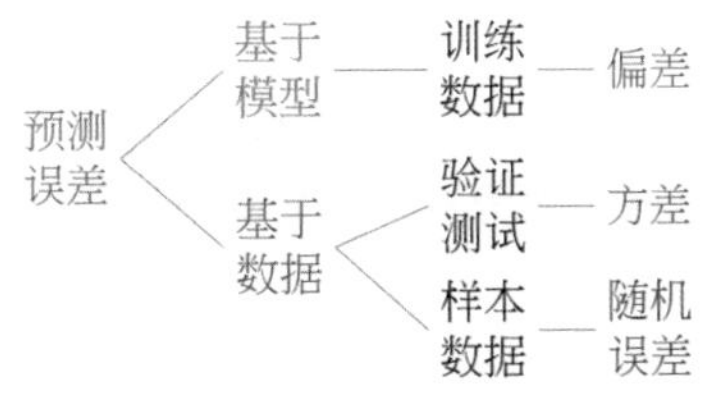


图14.12　预测误差的分类

误差可以分成**偏差**(bias)及**随机**(random)。偏差是因为错误运用模型所致。偏差的来源有：没有包括适当的变量，变量间使用错误的关系，利用错误的趋势线，以及没有利用趋势与季节因素等。非抽样误差针对数据，偏差是基于模型。

随机误差是因为数据本身的随机性所造成的误差，而非使用模型的误差。假如我们用一个很复杂的模型，可能将偏差降到很小，但是这并不是较那些一元而偏差高的模型更好。

因为复杂模型还是有随机误差存在，而且复杂模型花费的时间与成本更多，同时，复杂的数学并不见得被管理者所接受。

## 14.9.2 误差的衡量

在时间序列法或焦点预测，我们不但预测未来值，同时对过去实际值也计算其预测值。误差的衡量皆是以预测值与实际值做比较。以下是几种衡量误差与公式。首先我们定义符号：

$Y_i$ = 第 $i$ 期的实际值 $i=1,\cdots,n$ 。

$F_i$ = 第 $i$ 期的预测值 $i=1,\cdots,n$ 。

$n$= 已知 $n$ 期的实际值与预测值。

**1. 平均误差(Mean Error，ME)**

ME 是实际值与预测值之差，然后加以平均。

$$\mathrm{ME}=\sum_{i=1}^{n}(Y_i-F_i)\Big/n$$

因为预测误差的数值 $(Y_i-F_i)$ 可能有正值有负值，相加结果会抵消误差，所以ME可能会低估预测的误差。

**2. 平均绝对差(Mean Absolute Deviation， MAD)**

MAD 是实际值与预测值之差的绝对值，然后加以平均。

$$\mathrm{MAD}=\sum_{i=1}^{n}|Y_i-F_i|\Big/n$$

MAD 是最常见的预测误差衡量，因为我们可以从MAD 计算预测的上下限，以及计算追查信号 TS。当预测是正态分布时，MAD 与标准差之关系是：

$$1\text{ 个标准差}=\sqrt{\pi/2}\times\mathrm{MAD}\cong 1.25\ \mathrm{MAD}$$

所以利用统计方法，预测值 ±3 个标准差(或±3.75 MAD)之内，实际值应该有99.7%的概率会落在这个范围之内。

**3. 均方误差(Mean Squared Error，MSE)**

MSE 是实际值与预测值之差的平方和，然后加以平均。

$$\mathrm{MSE}=\sum_{i=1}^{n}(Y_i-F_i)^2\Big/n$$

虽然MSE 类似统计的变异数(variance)，但是并不适合作为预测误差的衡量。因为MSE 对误差是采取平方计算，所以对于误差较大的，惩罚也较大。因此，MSE 只能作为一个参考的指标。

MSE 之运用和MAD 相同，不过计算标准差，只要取MSE 的平方根即可。

**4. 平均绝对百分比误差(Mean Absolute Percentage Error，MAPE)**

MAD 或MSE的单位和实际值与预测值相同，所以对于数值大或变动大的时间序列，MAD 与MSE 也相对很大，比较没有客观的取舍标准，所以利用MAPE可能较客观。

平均百分比误差(Mean Percentage Error，MPE)：

$$\mathrm{MPE}=\sum_{i=1}^{\mathrm{n}}(Y_i-F_i)/Y_i\Big/n\times 100\%$$

$$\mathrm{MAPE}=\sum_{i=1}^{\mathrm{n}}|(Y_i-F_i)/Y_i|\Big/n\times 100\%$$

**5. 追查信号(Tracking Signal，TS)**

追查信号是利用MAD来计算。

$$\mathrm{TS}=\sum_{i=1}^{n}(Y_i-F_i)\Big/\mathrm{MAD}$$

若TS 是正数，表示预测值是低估；若TS 是负数，表示预测值是高估。TS 超过某个标准，则要追查预测方法是否需要修改。至于TS 的标准如何决定，则要视预测项目之种类(如物料管理ABC 分类，A 类物料的价值高，TS 范围小，以便时常追查)，也要看作计划或作预测的人员的时间(若没有时间追查，则TS 范围大些)。

# 14.10 指数平滑模型 Holt Winter models

指数平滑模型霍尔特-温特模型(Holt-Winters)主要是利用指数平滑法，让模型参数适应非平稳序列的变化，并对未来趋势进行短期预报，是时间序列分析和预报方法，分为加法模型和乘法模型。该方法对含有线性趋势和周期波动的非平稳序列适用，Holt-Winters 方法在Holt模型基础上引入了 Winters 周期项(也叫季节项)。

## 14.10.1 Holt-Winters 模型

以下模型(T，S)：T是趋势，S是季节，N是无加法或乘法，A是有加法，M是有乘法。

- (N，N)模型：简单指数平滑(simple exponential smoothing model)

$$\hat{y}_{t+h} = L_t$$

$$L_t = \alpha y_t + (1-\alpha)L_{t-1}$$

- (A，N)模型：Holt加法模型(Holt’s additive Method)

$$\hat{y}_{t+h} = L_t + hT_t$$

$$L_t = \alpha y_t + (1-\alpha)(L_{t-1} + T_{t-1})$$

$$T_t = \beta(L_t - L_{t-1}) + (1-\beta)T_{t-1}$$

- (M，N)模型：Holt乘法模型(Holt’s multiplicative Method)

$$\hat{y}_{t+h} = L_t \times hT_t$$

$$L_t = \alpha y_t + (1-\alpha)(L_{t-1} \times T_{t-1})$$

$$T_t = \beta(L_t \div L_{t-1}) + (1-\beta)T_{t-1}$$

- (Ad，N)模型：Holt趋势阻尼(衰减)模型(Holt’s Damped Model)

$$\hat{y}_{t+h} = L_t + (\varnothing + \varnothing^2 + \ldots + \varnothing^h)T_t$$

$$L_t = \alpha y_t + (1-\alpha)(L_{t-1} + \varnothing T_{t-1})$$

$$T_t = \beta(L_t - L_{t-1}) + (1-\beta)\varnothing T_{t-1}$$

- (A，A)模型：Holt-Winters季节加法模型 (Holt-Winters Seasonal Method)

$$\hat{y}_{t+h} = L_t + hT_t + S_{t+h-m(k+1)}$$

$$L_t = \alpha(y_t - S_{t-m}) + (1-\alpha)(L_{t-1} + T_{t-1})$$

$$T_t = \beta(L_t - L_{t-1}) + (1-\beta)T_{t-1}$$

$$S_t = \gamma(y_t - L_{t-1} - T_{t-1}) + (1-\gamma)S_{t-m}$$

- (A，M)模型：Holt季节乘法模型(Holts Method)

$$\hat{y}_{t+h} = (L_t + hT_t) \times S_{t+h-m(k+1)}$$

$$L_t = \alpha(y_t \div S_{t-m}) + (1-\alpha)(L_{t-1} + T_{t-1})$$

$$T_t = \beta(L_t - L_{t-1}) + (1-\beta)T_{t-1}$$

$$S_t = \gamma(y_t \div (L_{t-1} + T_{t-1})) + (1-\gamma)S_{t-m}$$

- ($A_d$，M)模型：Holt-Winters趋势阻尼(衰减)季节乘法模型(Holt-Winter's Seasonal Method with Damped Trend)

$$\hat{y}_{t+h} = [L_t + (\varnothing + \varnothing^2 + \ldots + \varnothing^h)T_t] \times S_{t+h-m(k+1)}$$

$$L_t = \alpha(y_t\text{¡}\div S_{t-m}) + (1-\alpha)(L_{t-1} + \varnothing T_{t-1})$$

$$T_t = \beta(L_t - L_{t-1}) + (1-\beta)\varnothing T_{t-1}$$

$$S_t = \gamma(y_t\text{¡Â}(L_{t-1} + \varnothing T_{t-1})) + (1-\gamma)S_{t-m}$$

其中，$y_t$ = 时间序列 $t$期的实际值； $\hat{y}_{t+?h}$ = 时间序列 $t+h$ 期的预测值；
$L_t$ = $t$期的平均水平； $T_t$ = $t$期的增长趋势； $S_t$ = $t$期的季节系数；
$\alpha$= 水平平滑参数； $\beta$ = 趋势平滑参数； $\gamma$ = 季节平滑参数；
$\varnothing$ = 阻尼参数； $m$ = 季节频率； $k$ =$(h-1)/m$ 的整数部分

## 14.10.2 ETS模型

创新的指数平滑状态空间模型(innovations state space models for exponential smoothing)，ETS代表误差，趋势，季节(Error，Trend，Seasonal)或者指数平滑(ExponenTial Smoothing)。

误差类Error type = {A，M，Z}，趋势类Trend type = {N，A，M，Z}，季节类Seasonal type = {N，A，M}。

其中，“N”=none 表示 “无”，“A”=additive 表示 “加法”，“M”=multiplicative 表示 “乘法”，“Z”=automatically selected 表示 “自动选择”。例如，“ANN” 表示 “加法误差的简单指数平滑”模型，“MAM” 表示 “乘法误差的Holt-Winters乘法季节” 模型，”ZZZ” 表示 “全部自动选择”。

- ETS(A，N，N)模型：

$$\hat{y}_{t+h} = L_t$$

$$y_t = L_{t-1} + \varepsilon_t$$

$$L_t = L_{t-1} + \alpha\varepsilon_t \quad \varepsilon_t \sim N(0,\sigma^2)$$

- ETS(M，N，N)模型：

$$y_t = L_{t-1}\left(1+\varepsilon_t\right)$$

$$L_t = L_{t-1}(1+\alpha\varepsilon_t) \quad \varepsilon_t \sim N(0,\sigma^2)$$

- ETS(A，A，A)模型：Holt-Winters additive method with additive errors

$$\hat{y}_{t+h} = L_t + hT_t + S_{t+h-m(k+1)}$$

$$y_t = L_{t-1} + T_{t-1} + S_{t-m} + \varepsilon_t$$

$$L_t = L_{t-1} + T_{t-1} + \alpha\varepsilon_t$$

$$T_t = T_{t-1} + \beta\varepsilon_t$$

$$S_t = S_{t-m} + \gamma\varepsilon_t \quad \varepsilon_t \sim N(0,\sigma^2)$$

R语言的 ETS 函数：

```
> forecast :: ets(y ,model = "ZZZ",damped ,alpha ,beta ,gamma,
phi ,… )
```

R语言 forecast::ets()函数与ses()函数，holt()函数和hw()函数不同，ets()函数不会生成预测值，而是估计模型参数值并返回有关拟合模型的信息。默认情况下，它使用AICc来选择适当的模型，但也可以选择其他信息准则，指数平滑模型与ETS模型的R语言函数如表14.2所示。

表14.2　指数平滑模型与 ETS模型的 R 语言函数

| 指数平滑模型<br>R::forecast函数 | | 季节因素<br>无N | 加法A | 乘法M |
|---|---|---|---|---|
| 趋势因素 | 无N | (N,N)模型　15.4.3节<br>ses(),ets(y,"ANN") | (N,A)模型<br>ets(y,"ANA")<br>ets(y,"MNA") | (N,M)模型<br>ets(y,"MNM") |
| | 加法A | (AN)模型 15.5.4节<br>holt(),ets(y,"ANN")<br>ets(y,"MAN") | (A,A)模型<br>Holt Winters(y,)<br>ets("AAA","MAA") | (A,M)模型 15.8.3节<br>HoltWinters(y,)<br>ets("MAM") |
| | 阻尼加法$A_d$ | (Ad,N)模型ets("ANN")<br>holt(,damped=T)<br>ets("MNN",damped=T) | (Ad,A)模型 hw()<br>ets(y,"AAA")<br>ets("MAA",damped) | (Ad,M)模型<br>ets("MAM",damped) |
| | 乘法M | (M,N)模型ets("AMN")<br>aTSA::Holt()<br>ets(y,"MMN") | (M,A)模型<br>ets(y,"AMA")<br>ets(y,"MMA") | (M,M)模型<br>ets("MMM") |

### 14.10.3 评价模型的信息准则

- 赤池信息量准则AIC定义

其中，$k$是参数的数量，$L$是概似函数，$n$为观察数，RSS为残差平方和。

$$\text{AIC} = 2k + 2ln(\text{RSS}/n)$$

- 改正的赤池信息量准则AICc定义

$$\text{AICc} = \text{AIIC} + \frac{k(k+1)}{T-k}$$

当$n$增加时，AICc收敛成AIC，所以AICc可以应用在任何样本大小的情况。

- 贝叶斯信息准则BIC定义

$$\text{BIC} = \text{AIIC} + k[log(T) - 2]$$

AIC越小，模型越好，考虑的模型应是AIC值最小的模型。

## 14.11 自回归模型 Box-Jenkins(ARIMA) models

### 14.11.1 自回归名词定义

1. 平稳序列

**平稳序列**(stationary time series)有**严平稳**(strictly stationary)序列和**弱平稳**(weakly stationary)序列。严平稳序列是时间序列的联合概率分布函数，不因时间变动而有所变动。弱平稳序列是：①时间序列的平均值和方差不会因时间而变动。② 时间序列前后期(延迟)的相关系数是相同且固定的。通常平稳序列是弱平稳序列。

定义时间序列满足下列条件，称为平稳序列：

(1) $E(y_t) = E(y_{t-s}) = \mu_y$。

(2) $V(y_t) = V(y_{t-s}) = \sigma_y^2$。

(3) $\text{Cov}(y_t, y_{t-s}) = \text{Cov}(y_{t-j}, y_{t-j-s}) = \gamma_s$。 w

以上式子对所有 $t$，$t$-$s$，$t$-$j$，$t$-$j$-$s$ 都成立。

2. 白噪音

**白噪音**(white noise，WN)序列$y_t$ 是：

(1) $E(y_t) = E(y_{t-s}) = 0$。

(2) $V(y_t) = V(y_{t-s}) = \sigma_y^2$。

(3) $\text{Cov}(y_t, y_{t-s}) = \text{Cov}(y_{t-j}, y_{t-j-s}) = 0$。

白噪音是一个平稳序列。

### 3. 随机游走

**随机游走**(random walk)序列$y_t$ 是：

$y_t = y_{t-1} + \epsilon_t, \epsilon_t \sim WN\left(0, \sigma^2\right)$，$\epsilon_t$是白噪音。

### 4. 单位根检验

**单位根检验**(unit root test)是检验平稳序列的问题。时间序列 $Y_t, t = 1, 2, \cdots$，若 $Y_t = \rho Y_{t-1} + \epsilon_t$，其中，$\epsilon_t$ 为一平稳序列(白噪音)。若 $\rho = 1$，则生成一个随机游走序列，时间序列存在一个单位根，随机游走序列是一种最简单的单位根过程。当 $\rho < 1$ 时，$Y_t$ 为平稳序列。而当$\rho > 1$ 时，$Y_t$ 为非平稳过程，经过差分后仍然为非平稳过程。

### 5. 随机趋势

**固定趋势**(trend stationary)是当期数据 $Y_t$ 与 $Y_{t+s}$ 的期望值并不相等，序列也并非平稳，但是时间序列只要将固定趋势项去除，就得到平稳时间序列，如 14.5节。

**随机趋势**(stochastic trend)：有飘移(drift)的随机游走：

$$y_t = \delta + y_{t-1} + \epsilon_t, \epsilon_t \sim WN\left(0, \sigma^2\right)$$

因为外生冲击(飘移)会造成序列的永久改变，检验随机趋势的方法，是观察时间序列数据有没有单位根，只要拥有单位根，就具有随机趋势。

随机趋势 ←→ 单位根 ←→ 非平稳序列

### 6. R 语言的单位根检验

单位根检验有：ADP检验(atugmented dickey-fuller test)，PP检验(phillips-perron test)，KPSS检验(Kwiatkowski，Phillips，Schmidt，Shin test)。

(1) ADF，PP检验

$H_0$:时间序列 $Y_t$ 有单位根，非平稳序列。

$H_1$:时间序列 $Y_t$ 没有单位根，平稳序列。

若要结果是平稳序列，ADF检验结果应该是$p$值$< 0.05$，拒绝原假设。

(2) KPSS检验

$H_0$:时间序列 $Y_t$ 没有单位根，平稳序列。

$H_1$:时间序列 $Y_t$ 有单位根，非平稳序列。

如果要得到的结果是平稳序列，则我们不要拒绝原假设，所以KPSS检验结果，应该是$p$值$> 0.05$，无法拒绝原假设。

R 语言的单位根检验：

```
> tseries::adf.test()
> tseries::kpss.test(x,null = "Level")
> fUnitRoots::unitrootTest; fUnitRoots::adfTest
> urca::ur.kpss()
> aTSA::pp.test()
```

如果单位根检验是非平稳序列，则进行差分。

### 7. 滞后算子差分算子

**滞后算子**(backshift operator，B)或**延迟算子** (lag operator，L)，我们采用L：

$$By_t = y_{t-1}, B^2 y_t = y_{t-2}，\text{或} \; Ly_t = y_{t-1}, L^2 y_t = y_{t-2}, L^k y_t = y_{t-k}$$

**差分**(difference) 是计算相邻观测值之间的差值。

**差分算子**(difference operator，∇) 是处理序列平稳化：

$$\nabla y_t = y_t - y_{t-1} = (1-L) y_t, \nabla^d y_t = (1-L)^d y_t$$

随机游走经过差分，成为白噪音平稳序列：

$$y_t = y_{t-1} + \epsilon_t, \epsilon_t \sim WN(0, \sigma^2)$$

$$y_t - y_{t-1} = y_{t-1} + \epsilon_t - y_{t-1}$$

$$\nabla y_t = y_{t-1} + \epsilon_t - y_{t-1} = \epsilon_t$$

R 语言的差分函数：

```
> base::diff(y,differences = 2) # 二阶差分
> forecast::ndiffs()
> urca::ur.df(x,type = "trend",selectlags = c("AIC"))
```

对数变换的变换方法可用于平稳化时间序列。差分则可以通过去除时间序列中的一些变化特征来平稳化它的均值，并因此消除(或减小)时间序列的趋势和季节性。

### 8. 自相关和偏自相关

**自相关函数**(autocorrelation function，ACF)和**偏自相关函数**(partial autocorrelation function，PACF)用于测量当前序列值和过去序列值之间的相关性，并指示预测将来值时最有用的过去序列值，识别非平稳时间序列。 对于一个平稳时间序列，自相关系数(ACF)会快速地下降到接近 0 的水平，然而非平稳时间序列的自相关系数会下降地比较缓慢，ACF和PACF对比如表14.3所示。

偏自相关函数用来度量暂时调整所有其他较短滞后的项($y_{t-1}, y_{t-2}, \ldots, y_{t-k-1}$)之后，时间序列中以 $k$ 个时间单位($y_t$和 $y_{t-k}$)分隔的观测值之间的相关性。

结合使用自相关函数和偏自相关函数来确定 ARIMA 模型。在偏自相关函数上查找下面的模式。检查每个滞后处的峰值以确定它们是否显著，显著的峰值将超出显着限，这表明该滞后的相关不等于零。

第 $k$ 时间差之自相关函数 (ACF) 是相距 $k$ 个时间间隔的序列值之间的相关性。

$$\text{ACF}(k): r_k = \frac{\sum_{i=1}^{n-k} (Y_i - \bar{Y})(Y_{i+k} - \bar{Y})}{\sum_{i=1}^{n} (Y_i - \bar{Y})^2}$$

偏自相关函数(PACF)是在移除 $Y_{t-1}, \cdots, Y_{t-k+1}$ 的线性相关下，两观测值 $(Y_t, Y_{t-k})$ 的线性相关程度。

$$\text{PACF}(k): \frac{Cov(Y_t, Y_{t-k} \mid Y_{t-1}, \cdots, Y_{t-k+1})}{\sqrt{Var(Y_t \mid Y_{t-1}, \cdots, Y_{t-k+1}) Var(Y_{t-k} \mid Y_{t-1}, \cdots, Y_{t-k+1})}}$$

偏自相关函数(PACF)，当延迟为 $k$ 时，是相距 $k$ 个时间间隔的序列值之间的相关性，同时考虑了间隔之间的值。

**9. 截尾和拖尾**

**截尾**(cut off)是指时间序列的自相关函数(ACF)或偏自相关函数(PACF)在某阶后均为0的性质(比如AR的PACF)。在大于某个常数$k$期后快速趋于0为$k$阶截尾。

**拖尾**(tails off gradually)是ACF或PACF并不在某阶后均为0的性质(比如AR的ACF)。拖尾是始终有非零取值，不会在$k$大于某个常数后就恒等于零(或在0附近随机波动)。

平稳化处理后，若偏自相关函数是截尾的，而自相关函数是拖尾的，则建立AR模型；若偏自相关函数是拖尾的，而自相关函数是截尾的，则建立MA模型；若偏自相关函数和自相关函数均是拖尾的，则序列适合ARMA模型。

## 14.11.2 Box-Jenkins模型 ARIMA

自回归Autoregressive(AR)：序列值和过去值的回归。

移动平均Moving Average(MA)：$t$ 期误差项和过去误差项的回归，这里的移动平均和14.4.1节及14.5.1节的移动平均是不相同的。

整合Integrated(I)：序列的AR + MA模型及$d$阶差分的流程，转换为平稳序列。

**1. 自回归模型(Autoregressive model，AR)，序列值和过去值的回归**

$$\mathrm{AR}(p): X_t = c + \sum_{i=1}^{p} \phi_i X_{t-i} + \epsilon_i$$

其中：$c$是常数项或飘移(drift)；$\phi_i$ 是自回归参数，$\epsilon_t \sim WN(0,\sigma^2)$ 是随机误差；$X$的当期值等于 $t$ 个前期值的线性组合，加常数项，加随机误差。

自回归方法的优点是所需资料不多，可用自身变量数列来进行预测。但是这种方法受到一定的限制：必须具有自相关关系。如果自相关系数小于0.5，则不宜采用，否则预测结果极不准确。

自回归只能适用于预测与自身前期相关的经济现象以及受自身历史因素影响较大的经济现象，对于受社会因素影响较大的经济现象，不宜采用自回归，而应改采用可纳入其他变量的向量自回归模型。

**2. 移动平均模型(Moving average model，MA)，序列值和过去误差项的回归**

$$\mathrm{MA}(q): X_t = \mu + \sum_{i=1}^{q} \theta_i \epsilon_{t-i} + \epsilon_t$$

其中：$\mu$ 是序列的均值，$\theta_i$ 是移动平均参数，$\epsilon_{t-i}$ 是 白噪声。

移动平均MA($q$)过程产生滞后(lag)时间为$q$的时间序列。移动平均过程是先前预测的残留偏差的时间序列的自回归模型。移动平均模型是根据最近预测的错误修正未来的预测。MA($q$)过程的ACF与最近的滞后值之间的关系显示出强烈的相关性，然后急剧下降到低或者无相关性。PACF图会显示其与滞后(lag)的关系，以及滞后(lag)之前的相关。

**3. 自回归移动平均模型(Autoregressive moving average model，ARMA)**

$$\mathrm{ARMA}(p,q): X_t = c + \sum_{i=1}^{p} \phi_i X_{t-i} + \sum_{i=1}^{q} \theta_i \epsilon_{t-i} + \epsilon_t$$

ARMA模型由两部分组成：AR代表$p$阶自回归过程，MA代表$q$阶移动平均过程。

**4. 自回归整合移动平均模型(Autoregressive Integrated moving average model，ARIMA)**

$$\text{ARIMA}(p,d,q):\left(1-\sum_{i=1}^{p}\phi_i L^i\right)(1-L)^d X_t=\left(1+\sum_{i=1}^{q}\theta_i L^i\right)\epsilon_t$$

其中：$\epsilon_i$ 是 白噪声；$\phi_i$ 是自回归参数；$\theta_i$ 是移动平均参数；$d$ 是差分；$L$ 是滞后算子或延迟算子。ARIMA又称为差分整合移动平均自回归模型。

**5. 季节ARIMA模型(Seasonal ARIMA model，SARIMA)**

$\text{ARIMA}:(p,d,q)$ 非季节部分 $(P,D,Q)_m$ 季节部分，$m$是年季节期数

$$\text{ARIMA}(p,d,q)(P,D,Q)_m:\left(1-\sum_{i=1}^{p}\phi_i L^i\right)\left(1-\sum_{i=1}^{P}\varnothing_i L^{im}\right)(1-L)^d(1-L^m)^D X_t$$

$$=\left(1+\sum_{i=1}^{q}\theta_i L^i\right)\left(1+\sum_{i=1}^{Q}\vartheta_i L^{im}\right)\epsilon_t$$

其中：$\epsilon_i$ 是 白噪声；$\phi_i$ 是自回归参数；$\theta_i$ 是移动平均参数；$d$ 是差分；$L$ 是滞后算子或延迟算子。$\varnothing_i$ 是季节自回归参数；$\vartheta_i$ 是季节移动平均参数；$D$ 是季节差分；$m$是年季节期数。例如：

$$\text{ARIMA}(1,1,1)(1,1,1)_4:(1-\phi_1 L)(1-\varnothing_1 L^4)(1-L)(1-L^4)X_t=(1+\theta_1 L)(1+\vartheta_1 L^4)\epsilon_t$$

## 14.11.3 ARIMA模型选择

ARIMA模型选择步骤如图14.13所示。

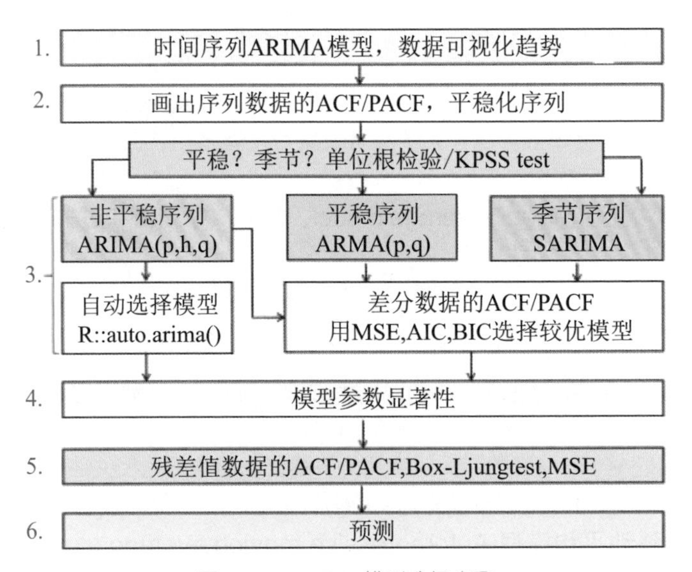


图14.13　ARIMA模型选择步骤

表14.3　ARIMA模型的 ACF与PACF

| ARIMA模型 | ACF | PACF |
|---|---|---|
| 白噪音=ARIMA(0,0,0) | 全为0 | 全为0 |
| AR(1)=ARIMA(0,0,0)，$\varphi_1>0$ | 拖尾(递减) | 1期后截尾 |
| AR(1)=ARIMA(0,0,0)，$\varphi_1>0$ | 正负震荡衰减 | 1期后截尾 |
| AR(1)，$\varphi_1=1$ or $\varphi_1=-1$ | 随机游走 | |
| AR(1)，$\varphi_1=1$ or $\varphi_1=-1$ | 趋势 非平稳序列 | |
| AR($p$)=ARIMA($p$,0,0) | 拖尾(指数递减) | $p$期后截尾 |
| MA(1)=ARIMA(0,0,1)，$\theta_1>0$ | 正峰1期后截尾 | 拖尾(递减) |
| MA(1)=ARIMA(0,0,1)，$\theta_1>0$ | 负峰1期后截尾 | 拖尾(递减) |
| MA($q$)=ARIMA(0,0,$q$) | $q$期后截尾 | 拖尾(指数递减) |
| ARMA(1,1)＝ARIMA(1,0,1) | 拖尾(递减) | 拖尾(递减) |
| ARMA($p$,$q$)=ARIMA($p$,0,$q$) | $q$期后拖尾(指数递减) | $p$期后拖尾(指数递减) |
| ARIMA(0,1,0) 随机游走 $x(t)=x(t-1)+w(t)$，with $w(t)\sim N(0,1)$ | | |

(1) 根据时间序列的散点图、自相关函数(ACF)和偏自相关函数图(PACF)，识别其平稳性。初步判断 ARMA($p$, $q$)之落后期数 $p$ ，$q$。

(2) 对非平稳的时间序列数据进行平稳化处理，直到处理后的自相关函数和偏自相关函数的数值非显著非零。

(3) 根据所识别出来的特征建立相应的时间序列模型。平稳化处理后，若偏自相关函数是截尾的，而自相关函数是拖尾的，则建立AR模型；若偏自相关函数是拖尾的，而自相关函数是截尾的，则建立MA模型；若偏自相关函数和自相关函数均是拖尾的，则序列适合ARMA模型。

(4) 参数估计，检验是否具有统计意义。以 OLS 做初步的估计，并检查估计系数是否显著，删去不显著的落后期数。使用AIC 或 BIC 准则，来选择最适合的模型。或使用R语言的forecast::auto.arima**得到最优ARIMA模型**。

(5) 假设检验，判断残差序列是否为白噪声序列。

(6) 利用已通过检验的模型进行预测。

参考如表14.4所示。

表14.4　ETS模型与ARIMA模型对照表

| ETS模型 | ARIMA模型 | PACF |
|---|---|---|
| ETS(A,N,N) | ARIMA(0,1,1) | $\theta_1=\alpha-1$ |
| ETS(A,A,N) | ARIMA(0,2,2) | $\theta_1=\alpha+\beta-2$，$\theta_2=1-\alpha$ |
| ETS(A,$A_d$,N) | ARIMA(1,1,2) | $\varphi_1=\varphi$，$\theta_1=\alpha+\varphi\beta-1-\varphi$，$\theta_2=(1-\alpha)\varphi$ |
| ETS(A,N,A) | ARIMA(0,0,m)(0,1,0)m | |
| ETS(A,A,A) | ARIMA(0,1,m+1)(0,1,0)m | |
| ETS(A,$A_d$,A) | ARIMA(1,0,m+1)(0,1,0)m | |

# 14.12《中文统计》应用

## 14.12.1 简单移动平均法(例题14.2)

例题14.2的《中文统计》应用实现如图14.14和图14.15所示。

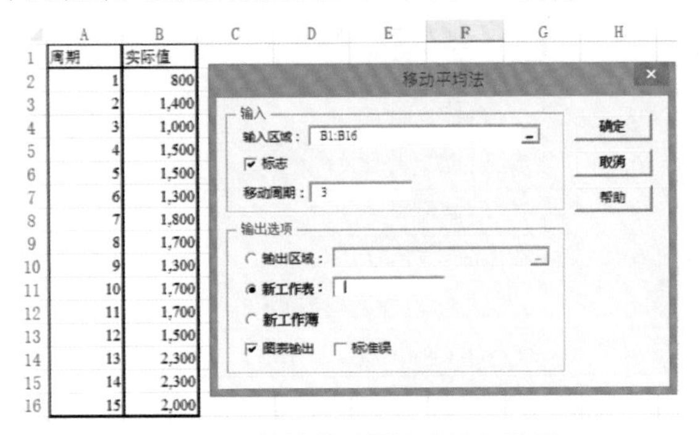


图14.14 简单移动平均法输入数据

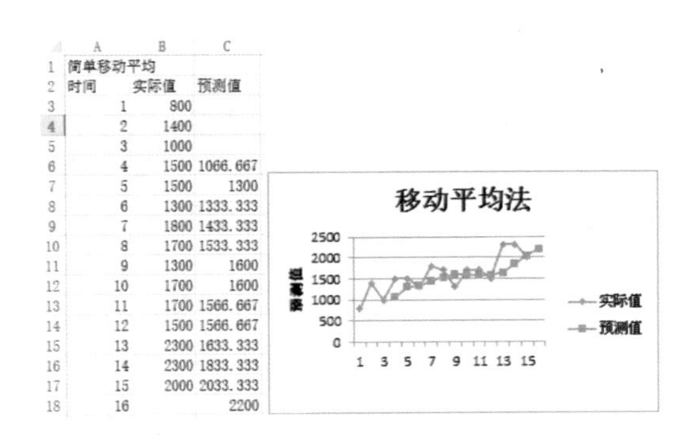


图14.15 简单移动平均法输出结果

## 14.12.2 简单指数平滑(例题14.3)

例题14.3的《中文统计》应用实现如图14.16所示。

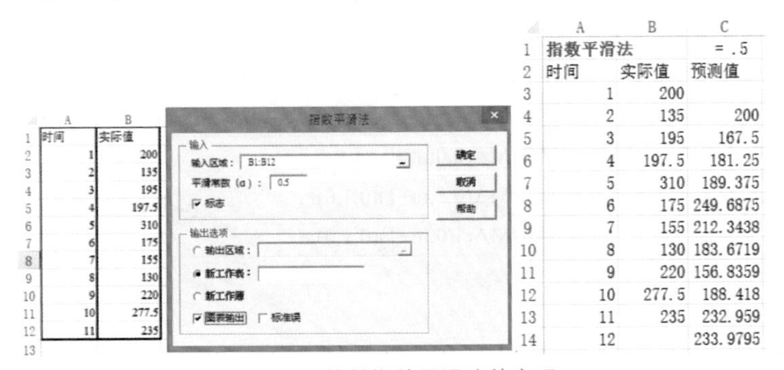


图14.16 简单指数平滑法的实现

## 14.12.3 趋势指数平滑(例题14.6)

例题14.6的《中文统计》学应用如图14.17、图14.18、图14.19以及图14.20所示。

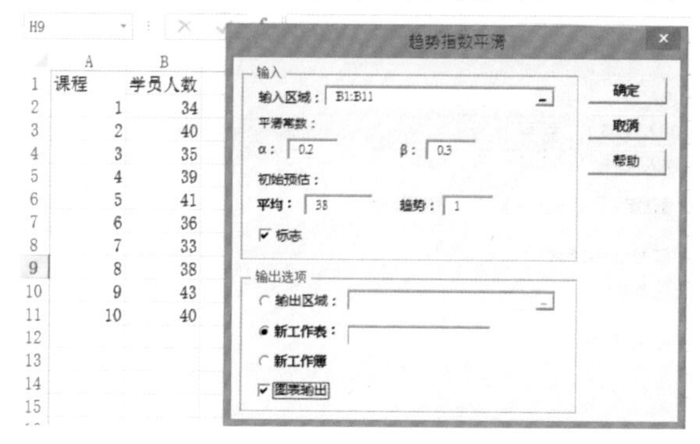

| 课程 | 学员人数 |
|---|---|
| 1 | 34 |
| 2 | 40 |
| 3 | 35 |
| 4 | 39 |
| 5 | 41 |
| 6 | 36 |
| 7 | 33 |
| 8 | 38 |
| 9 | 43 |
| 10 | 40 |



图14.17 趋势指数平滑的数据输入

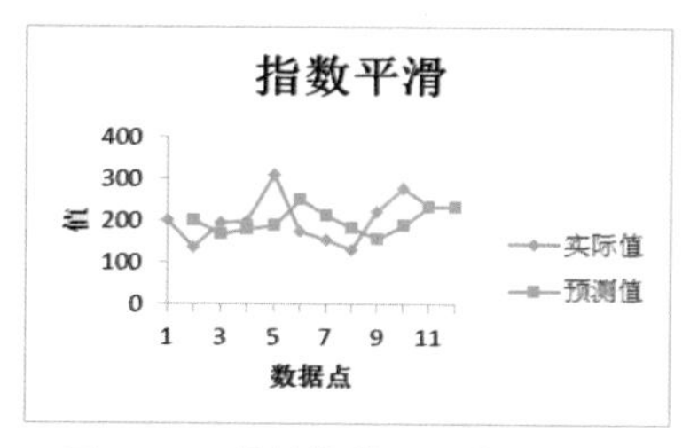



图14.18 趋势指数平滑的输出结果

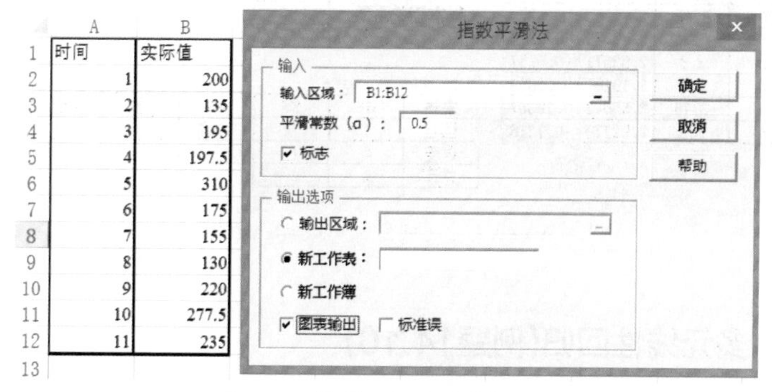

| 时间 | 实际值 |
|---|---|
| 1 | 200 |
| 2 | 135 |
| 3 | 195 |
| 4 | 197.5 |
| 5 | 310 |
| 6 | 175 |
| 7 | 155 |
| 8 | 130 |
| 9 | 220 |
| 10 | 277.5 |
| 11 | 235 |



图14.19 指数平滑法的数据输入

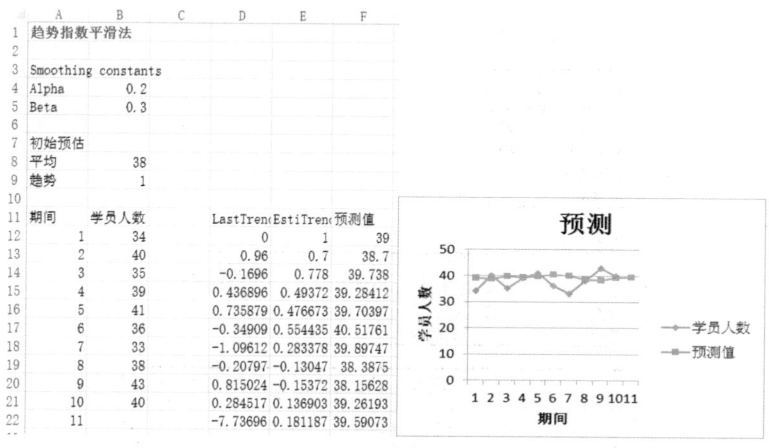

| 趋势指数平滑法 | | | | | |
|---|---|---|---|---|---|
| | | | | | |
| Smoothing constants | | | | | |
| Alpha | 0.2 | | | | |
| Beta | 0.3 | | | | |
| | | | | | |
| 初始预估 | | | | | |
| 平均 | 38 | | | | |
| 趋势 | 1 | | | | |
| | | | | | |
| 期间 | 学员人数 | | LastTren | EstiTren | 预测值 |
| 1 | 34 | | 0 | 1 | 39 |
| 2 | 40 | | 0.96 | 0.7 | 38.7 |
| 3 | 35 | | -0.1696 | 0.778 | 39.738 |
| 4 | 39 | | 0.436896 | 0.49372 | 39.28412 |
| 5 | 41 | | 0.735879 | 0.476673 | 39.70397 |
| 6 | 36 | | -0.34909 | 0.554435 | 40.51761 |
| 7 | 33 | | -1.09612 | 0.283378 | 39.89747 |
| 8 | 38 | | -0.20797 | -0.13047 | 38.3875 |
| 9 | 43 | | 0.815024 | -0.15372 | 38.15628 |
| 10 | 40 | | 0.284517 | 0.136903 | 39.26193 |
| 11 | | | -7.73696 | 0.181187 | 39.59073 |



图14.20 指数平滑法的预测输出

## 14.12.4 一元线性回归(例题14.5)

例题14.5的《中文统计》应用实现如图14.21和图14.22所示。

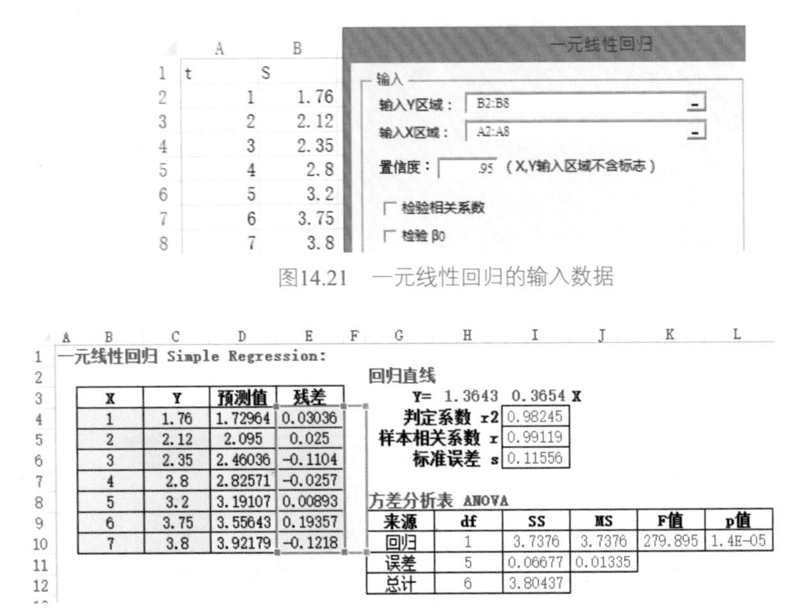

| t | S |
|---|---|
| 1 | 1.76 |
| 2 | 2.12 |
| 3 | 2.35 |
| 4 | 2.8 |
| 5 | 3.2 |
| 6 | 3.75 |
| 7 | 3.8 |



图14.21 一元线性回归的输入数据

一元线性回归 Simple Regression:

| X | Y | 预测值 | 残差 |
|---|---|---|---|
| 1 | 1.76 | 1.72964 | 0.03036 |
| 2 | 2.12 | 2.095 | 0.025 |
| 3 | 2.35 | 2.46036 | -0.1104 |
| 4 | 2.8 | 2.82571 | -0.0257 |
| 5 | 3.2 | 3.19107 | 0.00893 |
| 6 | 3.75 | 3.55643 | 0.19357 |
| 7 | 3.8 | 3.92179 | -0.1218 |

回归直线

Y= 1.3643 0.3654 X

判定系数 r2 0.98245

样本相关系数 r 0.99119

标准误差 s 0.11556

方差分析表 ANOVA

| 来源 | df | SS | MS | F值 | p值 |
|---|---|---|---|---|---|
| 回归 | 1 | 3.7376 | 3.7376 | 279.895 | 1.4E-05 |
| 误差 | 5 | 0.06677 | 0.01335 | | |
| 总计 | 6 | 3.80437 | | | |

图14.22 一元线性回归的输出结果

## 14.12.5 多元线性回归(例题14.10)

例题14.10的《中文统计》应用实现如图14.23和图14.24所示。

SUMMARY OUTPUT

| 回归统计 | |
|---|---|
| Multiple R | 0.943022 |
| R Square | 0.88929 |
| Adjusted R | 0.859767 |
| 标准误差 | 0.03806 |
| 观测值 | 20 |

方差分析

| | df | SS | MS | F | ignificance F |
|---|---|---|---|---|---|
| 回归分析 | 4 | 0.174531 | 0.043633 | 30.12217 | 5.2E-07 |
| 残差 | 15 | 0.021728 | 0.001449 | | |
| 总计 | 19 | 0.196259 | | | |

| | Coefficients | 标准误差 | t Stat | P-value | Lower 95% | Upper 95% |
|---|---|---|---|---|---|---|
| Intercept | 0.559588 | 0.02374 | 23.57193 | 2.88E-13 | 0.508988 | 0.610187 |
| t | 0.005038 | 0.001504 | 3.348434 | 0.004399 | 0.001831 | 0.008244 |
| Q1 | 0.003513 | 0.02449 | 0.143423 | 0.887865 | -0.04869 | 0.055713 |
| Q2 | 0.139275 | 0.024258 | 5.74134 | 3.9E-05 | 0.08757 | 0.19098 |
| Q3 | 0.205238 | 0.024118 | 8.509752 | 3.99E-07 | 0.153831 | 0.256644 |

图14.23 多元线性回归的输出结果

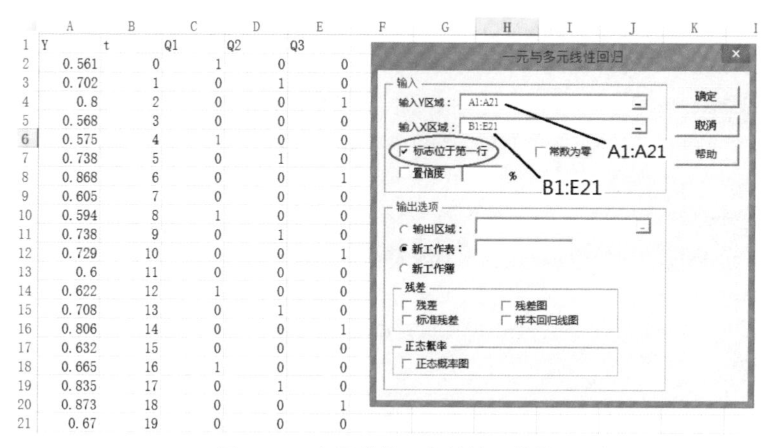

| Y | t | Q1 | Q2 | Q3 |
|---|---|---|---|---|
| 0.561 | 0 | 1 | 0 | 0 |
| 0.702 | 1 | 0 | 1 | 0 |
| 0.8 | 2 | 0 | 0 | 1 |
| 0.568 | 3 | 0 | 0 | 0 |
| 0.575 | 4 | 1 | 0 | 0 |
| 0.738 | 5 | 0 | 1 | 0 |
| 0.868 | 6 | 0 | 0 | 1 |
| 0.605 | 7 | 0 | 0 | 0 |
| 0.594 | 8 | 1 | 0 | 0 |
| 0.738 | 9 | 0 | 1 | 0 |
| 0.729 | 10 | 0 | 0 | 1 |
| 0.6 | 11 | 0 | 0 | 0 |
| 0.622 | 12 | 1 | 0 | 0 |
| 0.708 | 13 | 0 | 1 | 0 |
| 0.806 | 14 | 0 | 0 | 1 |
| 0.632 | 15 | 0 | 0 | 0 |
| 0.665 | 16 | 1 | 0 | 0 |
| 0.835 | 17 | 0 | 1 | 0 |
| 0.873 | 18 | 0 | 0 | 1 |
| 0.67 | 19 | 0 | 0 | 0 |



图14.24　多元线性回归的输入数据

## 14.12.6　季节指数(例题14.7，14.8)

例题14.7和例题14.8中的季节指数的《中文统计》应用的实现如图14.25所示。

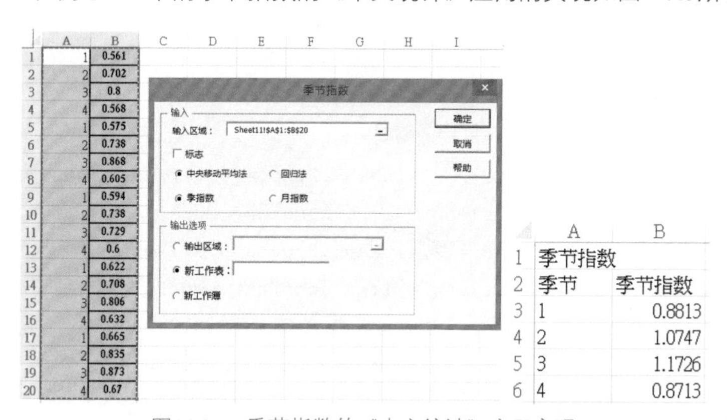

| A | B |
|---|---|
| 1 | 0.561 |
| 2 | 0.702 |
| 3 | 0.8 |
| 4 | 0.568 |
| 1 | 0.575 |
| 2 | 0.738 |
| 3 | 0.868 |
| 4 | 0.605 |
| 1 | 0.594 |
| 2 | 0.738 |
| 3 | 0.729 |
| 4 | 0.6 |
| 1 | 0.622 |
| 2 | 0.708 |
| 3 | 0.806 |
| 4 | 0.632 |
| 1 | 0.665 |
| 2 | 0.835 |
| 3 | 0.873 |
| 4 | 0.67 |



| 季节指数 | |
|---|---|
| 季节 | 季节指数 |
| 1 | 0.8813 |
| 2 | 1.0747 |
| 3 | 1.1726 |
| 4 | 0.8713 |

图14.25　季节指数的《中文统计》应用实现

# 14.13 R语言应用

```
> if(!require(aTSA)){install.packages("aTSA")} ; library(aTSA)
> if(!require(fma)){install.packages("fma")} ; library(fma)
> if(!require(astsa)){install.packages("astsa")} ; library(astsa)
> if(!require(tseries)){install.packages("tseries")} ; library(tseries)
> if(!require(ggplot2)){install.packages("ggplot2")} ; library(ggplot2)
```

```
> if(!require(TSA)){install.packages("TSA")} ; library(TSA)
> if(!require(forecast)){install.packages("forecast")}; library(forecast)
> # R例3.2
> x <- c(800,1400,1000,1500,1500,1300,1800,1700,1300,1700,1700,1500,2300,
2300,2000)
> y <- ts(x)           # ts 时间序列格式
> ma <- MA(y,nlag =1,)# aTSA::MA 移动平均 n = 2*nlag+1 # 只能作奇数期移动平均
> ma$estimate
> dma <- MA(ma$estimate,nlag =1); dma #-双重移动平均
> # R例3.3
> x <- c(200,135,195,197.5,310,175,155,130,220,277.5,235)
> y <- ts(x)           # ts 时间序列格式
> es <- expsmooth(y,alpha=0.5)# trend = 1: a constant model
> plot(y,type = "b"); lines(es$estimate,col = 2)
> expsmooth(y,trend = 2,alpha=0.5)
                       # trend = 2: a linear model 双重指数平滑
> expsmooth(y,trend = 3,alpha=0.5)
                       # trend = 3: a quadratic model
> # R例3.6
> x <- c(34,40,35,39.41,36,33,38,43,40); y <- ts(x)
                       # ts 时间序列格式
> es <- expsmooth(y,trend = 1,alpha=0.2,beta=0.3); es
                       # trend = 1: a constant model
> es <- expsmooth(y,trend = 2,alpha=0.2,beta=0.3); es
                       # trend = 1: a constant model
> es <- expsmooth(y,trend = 3,alpha=0.2,beta=0.3); es
                       # trend = 1: a constant model
> # R例3.6
> x <- c(34,40,35,39.41,36,33,38,43,40); y <- ts(x)# ts 时间序列格式
> ses(y,h=1,alpha=0.2,beta=0.3,lambda="auto")
> fc <- ses(y,h=1,alpha=0.2); round(accuracy(fc),2)
> autoplot(fc)+ autolayer(fitted(fc),series="Fitted")
```

代码输出图形如图14.26和图14.27所示。

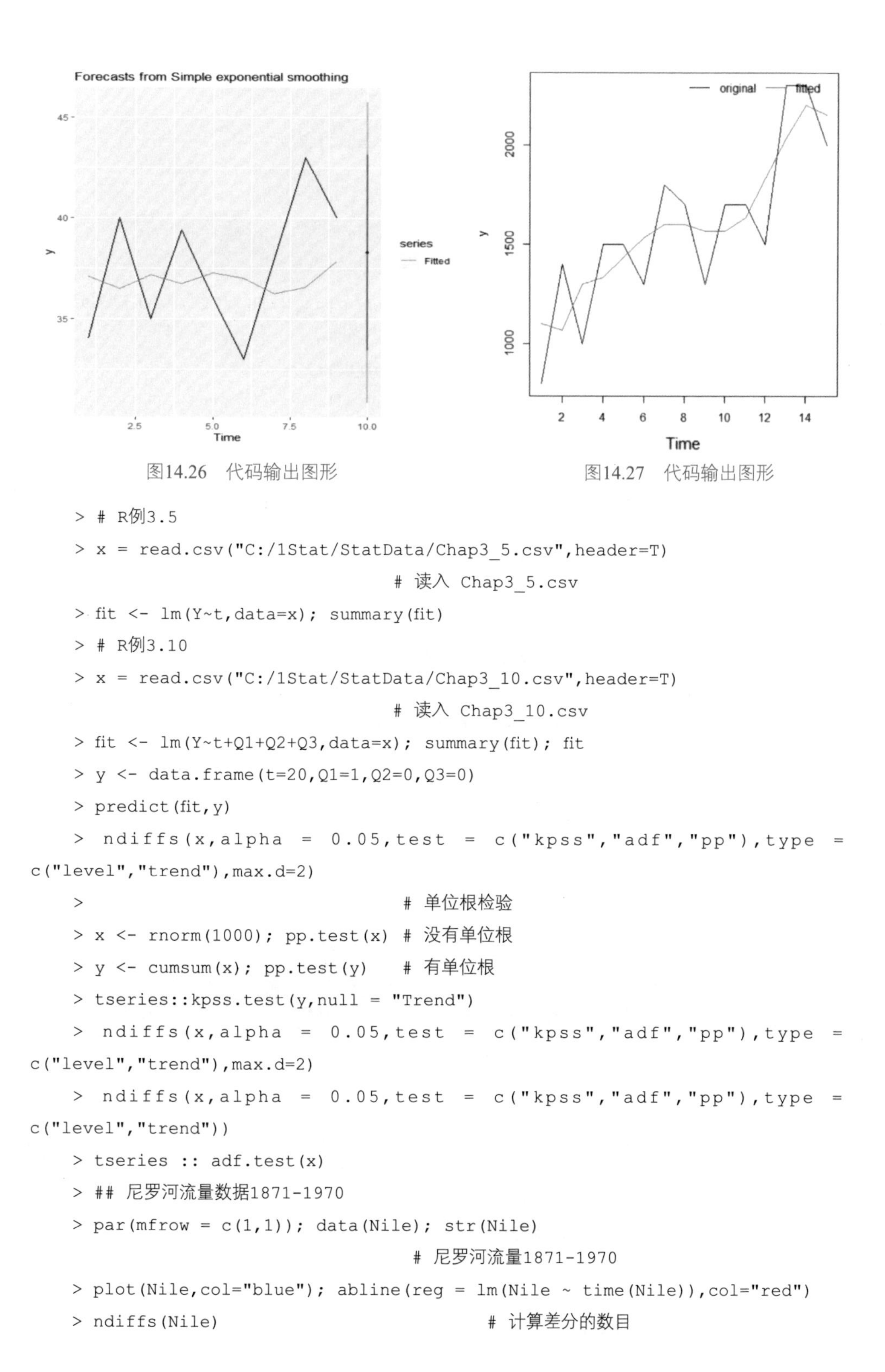


图14.26　代码输出图形

图14.27　代码输出图形

```
> # R例3.5
> x = read.csv("C:/1Stat/StatData/Chap3_5.csv",header=T)
                                        # 读入 Chap3_5.csv
> fit <- lm(Y~t,data=x); summary(fit)
> # R例3.10
> x = read.csv("C:/1Stat/StatData/Chap3_10.csv",header=T)
                                        # 读入 Chap3_10.csv
> fit <- lm(Y~t+Q1+Q2+Q3,data=x); summary(fit); fit
> y <- data.frame(t=20,Q1=1,Q2=0,Q3=0)
> predict(fit,y)
> ndiffs(x,alpha = 0.05,test = c("kpss","adf","pp"),type = c("level","trend"),max.d=2)
>                                        # 单位根检验
> x <- rnorm(1000); pp.test(x) # 没有单位根
> y <- cumsum(x); pp.test(y)   # 有单位根
> tseries::kpss.test(y,null = "Trend")
> ndiffs(x,alpha = 0.05,test = c("kpss","adf","pp"),type = c("level","trend"),max.d=2)
> ndiffs(x,alpha = 0.05,test = c("kpss","adf","pp"),type = c("level","trend"))
> tseries :: adf.test(x)
> ## 尼罗河流量数据1871-1970
> par(mfrow = c(1,1)); data(Nile); str(Nile)
                                        # 尼罗河流量1871-1970
> plot(Nile,col="blue"); abline(reg = lm(Nile ~ time(Nile)),col="red")
> ndiffs(Nile)                          # 计算差分的数目
```

```
> Nile_diff <- diff(Nile,lag = 1); par(mfrow = c(2,2)); plot(Nile);
acf(Nile); pacf(Nile)
> ar(Nile)                              # AR(2)模型
> cpgram(ar(Nile)$resid)
> par(mfrow = c(1,1)); arima(Nile,c(2,0,0))
> Box.test(Nile_diff,type = "Ljung-Box")
> par(mfrow = c(2,2))
> plot(Nile,main= '差分前',col="blue"); plot(Nile_diff,main='差分后',
col="blue")
> abline(reg = lm(Nile_diff ~ time(Nile_diff)))
> acf(Nile_diff,main = '差分后acf' ,col="red")
> pacf(Nile_diff,main = '差分后pacf',col="red")
> par(mfrow = c(1,1))
> Nile.arima <- arima(Nile_diff,order = c(0,1,1),method = "ML")
> Nile.pre <- forecast(Nile.arima,h = 10)# 预测
> plot(Nile.pre); Nile.arima
> qqnorm(Nile.arima$residuals)
> qqline(Nile.arima$residuals)          # 残差正态性检验法
> shapiro.test(Nile.arima$residuals)    # 残差相关性
> Box.test(Nile.arima$residuals,type = "Ljung-Box")
> par(mfrow = c(1,2)); plot.ts(Nile.arima$residuals)
> abline(reg = lm(Nile.arima$residuals ~ time(Nile.arima$residuals)))
> acf(Nile.arima$residuals)
> # 航空旅客数据 AirPassengers
> lx <- log(AirPassengers)
> par(mai = c(0.9,0.9,0.1,0.1),omi = c(0,0,0,0))
> plot.ts(lx,las = 1,ylab = "")
> ma(lx,5)                              # 移动平均
> ggAcf(lx)+ ggtitle( ‘’ )
> air_decompose <- decompose(AirPassengers,type = "multiplicative")
> plot(air_decompose)# 时间数据分解成分
> seas_2 <- decompose(lx)$seasonal     #季节成分
> par(mai = c(0.9,0.9,0.1,0.1),omi = c(0,0,0,0))
> plot.ts(seas_2,las = 1,ylab = "")
> ee <- decompose(lx)$random
> decomp <- decompose(lx); decomp ; plot(decomp)
> # Holt-winters 指数平滑模型
> airpass                          ## 航空旅客数据 airpass = AirPassengers
> autoplot(airpass)
> ses5 <- ses(airpass,h=5)
```

```
> accuracy(ses5)
> autoplot(ses5)+ autolayer(fitted(ses5),series = "Fitted")
> holt5 <- holt(airpass,h=5)
> autoplot(holt5)+ autolayer(fitted(holt5),series = "Fitted")
> holt5damped <- holt(airpass,damped = TRUE,phi = 0.9,h = 15)
> autoplot(holt5damped)+ autolayer(fitted(holt5damped),series = "Fitted")
> hw1 <- hw(airpass,seasonal = "additive")
> hw2 <- hw(airpass,seasonal = "multiplicative")
> auto.arima(airpass)
> ndiffs(airpass,alpha=0.05,test=c("kpss","adf","pp"),type =
c("level","trend"),max.d=2)
> air_decompose <- decompose(AirPassengers,type = "multiplicative")
> plot(air_decompose)
> airpass.hw <- HoltWinters(airpass)
> plot(airpass.hw,col = "blue",col.predicted = "red")
> airpass.hw$SSE ; airpass.hw$alpha ; airpass.hw$beta ; airpass.hw$gamma
> airpass.forecast <- forecast(airpass.hw,h=20)
> plot(airpass.forecast)
> airpass.arima <- auto.arima(airpass)# 自动化 ARIMA
> summary(airpass.arima)
> airpass.forecast <- forecast(airpass.arima,h=10)# 预测10期后
> plot(airpass.forecast)                # 预测图
> sarima(log(AirPassengers),p=0,d=1,q=1,P=0,D=1,Q=1,S=12)
>(model <- sarima(log(AirPassengers),0,1,1,0,1,1,12))
> summary(model$fit)      # 模型综述
> plot(resid(model$fit)) # 残差图
> sarima(log(AirPassengers),0,1,1,0,1,1,12,details=T)$BIC
                        # sarima模型的BIC
> autoplot(forecast(model))
> model <- ets(airpass,model="AAA")
> model <- ets(airpass,model="MMM")
> autoplot(forecast(model)); summary(model)
> summary(model); checkresiduals(model)
```

代码输出图形如图14.28、图14.29、图14.30、图14.31、图14.32以及图14.33所示。

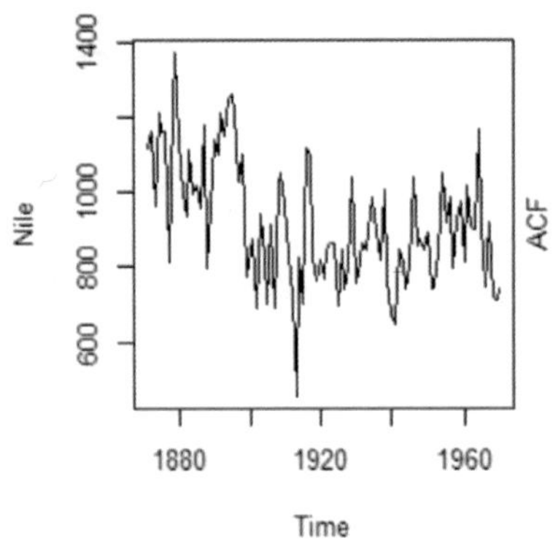


图14.28　代码输出图形(1)

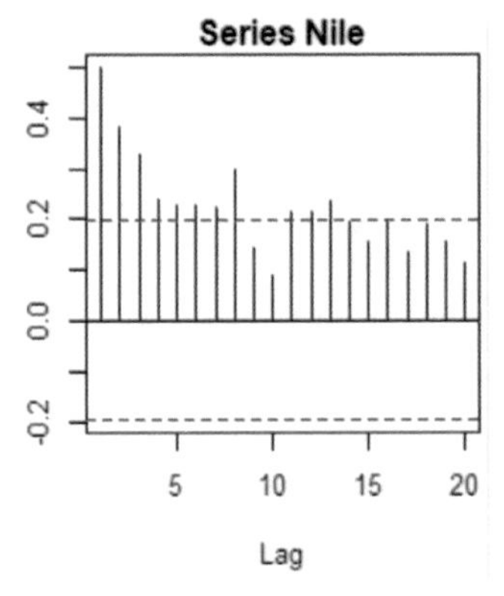


图14.29　代码输出图形(2)

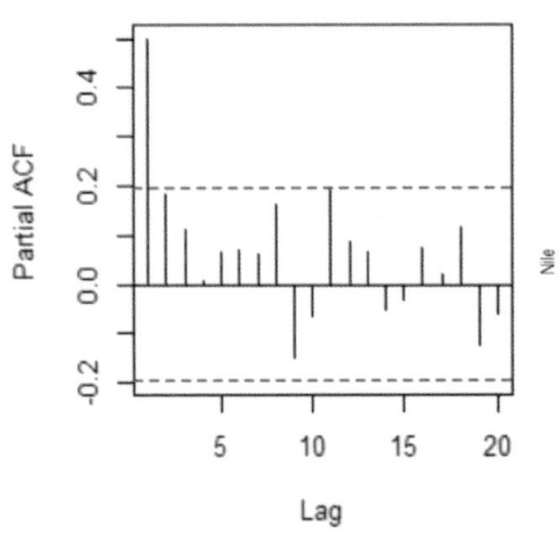


图14.30　代码输出图形(3)

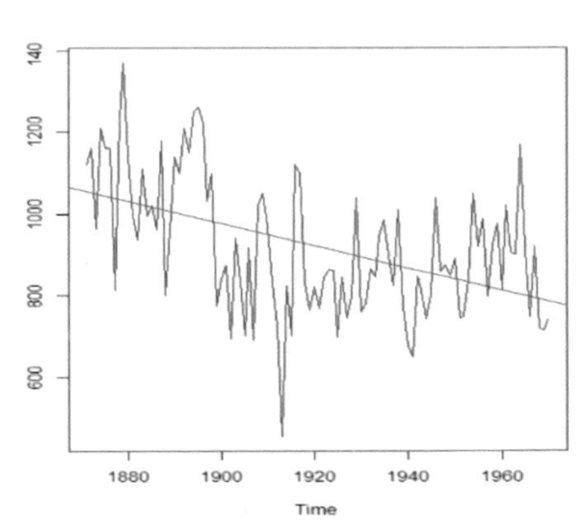


图14.31　代码输出图形(4)

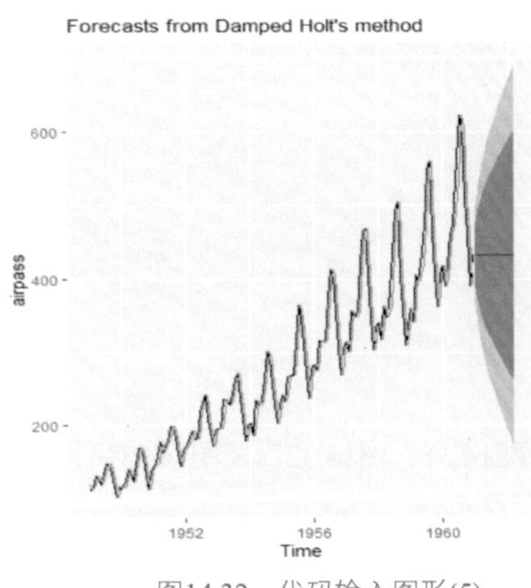


图14.32　代码输入图形(5)

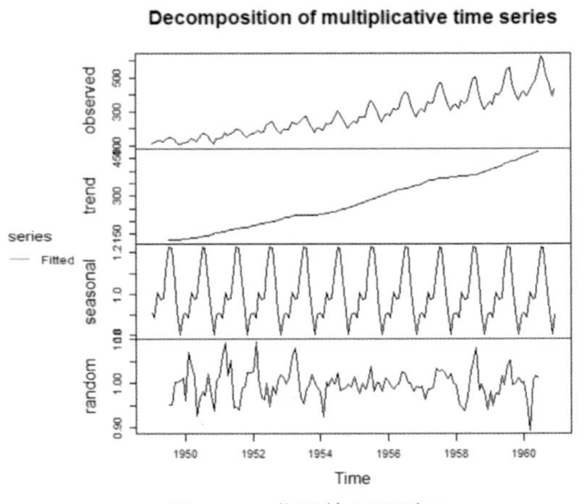


图14.33　代码输入图形(6)

## 14.14 本章流程图

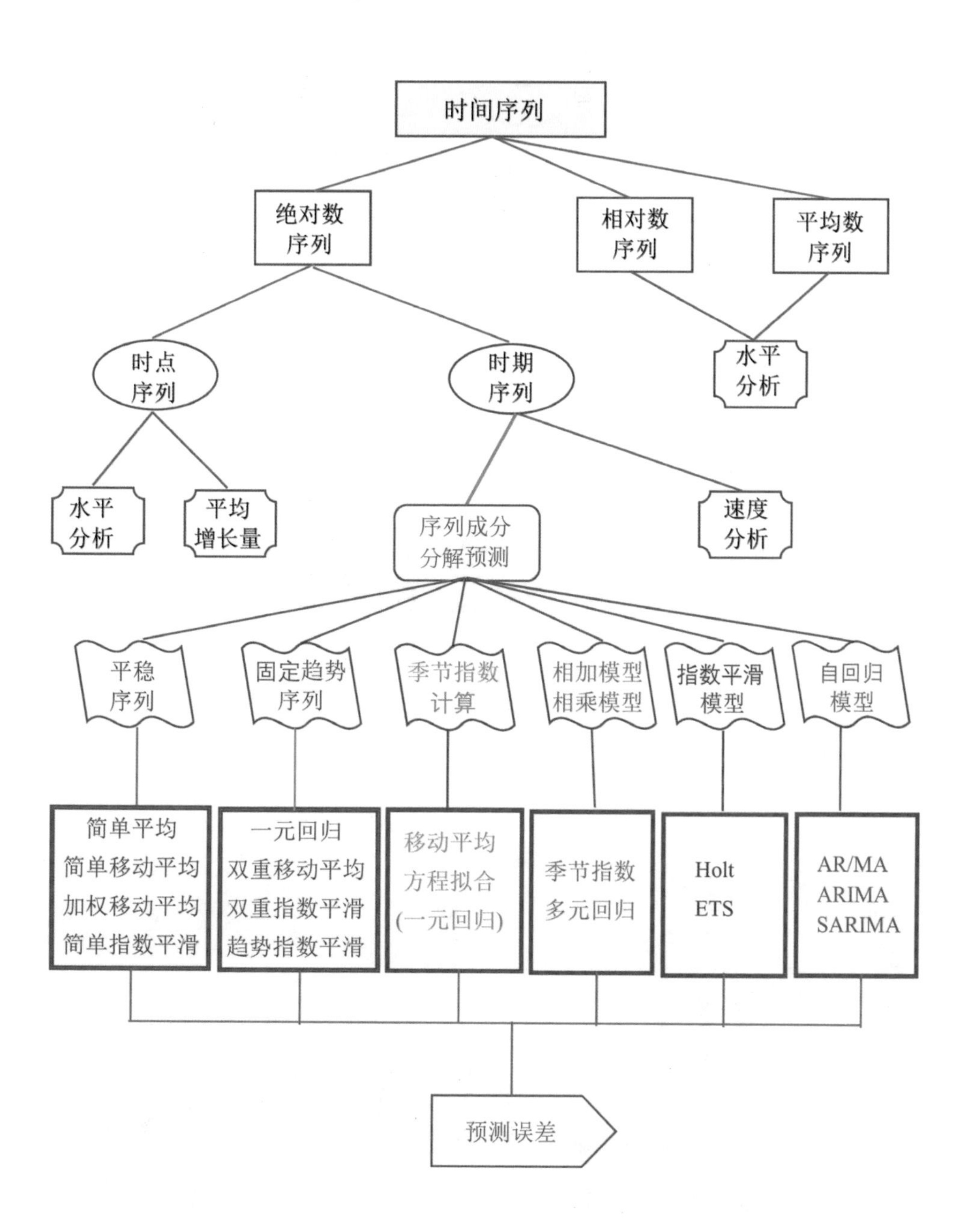

时间序列
绝对数序列
相对数序列
平均数序列
时点序列
时期序列
水平分析
水平分析
平均增长量
序列成分分解预测
速度分析
平稳序列
固定趋势序列
季节指数计算
相加模型相乘模型
指数平滑模型
自回归模型
简单平均
简单移动平均
加权移动平均
简单指数平滑
一元回归
双重移动平均
双重指数平滑
趋势指数平滑
移动平均
方程拟合
(一元回归)
季节指数
多元回归
Holt
ETS
AR/MA
ARIMA
SARIMA
预测误差

# 14.15 本章思维导图

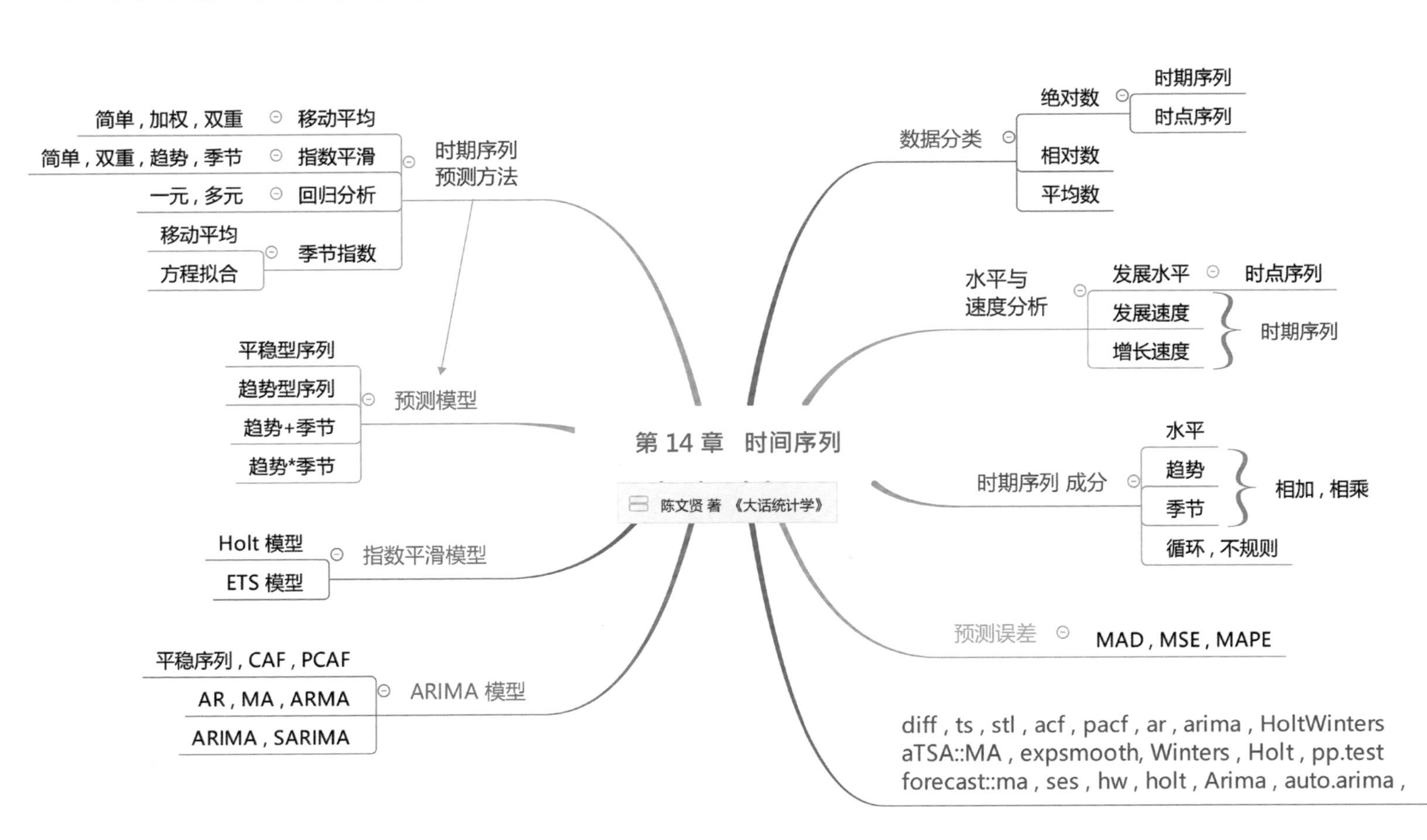

第 14 章 时间序列
陈文贤 著 《大话统计学》
数据分类
绝对数
时期序列
时点序列
相对数
平均数
水平与
速度分析
发展水平
时点序列
发展速度
增长速度
时期序列
时期序列 成分
水平
趋势
季节
相加，相乘
循环，不规则
预测误差
MAD，MSE，MAPE
diff，ts，stl，acf，pacf，ar，arima，HoltWinters
aTSA::MA，expsmooth, Winters，Holt，pp.test
forecast::ma，ses，hw，holt，Arima，auto.arima，
时期序列
预测方法
简单，加权，双重
移动平均
简单，双重，趋势，季节
指数平滑
一元，多元
回归分析
移动平均
方程拟合
季节指数
预测模型
平稳型序列
趋势型序列
趋势+季节
趋势*季节
指数平滑模型
Holt 模型
ETS 模型
ARIMA 模型
平稳序列，CAF，PCAF
AR，MA，ARMA
ARIMA，SARIMA

## 14.16 习题

1. 时间序列数据如表14.5。

表14.5 时间序列数据

| $t$ | 实际值 | $T$ | 实际值 | $t$ | 实际值 |
|---|---|---|---|---|---|
| 1 | 546 | 5 | 647 | 9 | 736 |
| 2 | 528 | 6 | 594 | 10 | 724 |
| 3 | 530 | 7 | 665 | 11 | 813 |
| 4 | 508 | 8 | 630 | 12 | — |

(1) 利用简单移动平均，预测第12期数据，$n = 4$，并计算预测误差。

(2) 利用简单指数平滑，预测第12期数据，将最初3个值作为始值，$\alpha$=0.1，并计算预测误差。

2.表14.6为过去八年某酿酒厂所售出其旗下代表品牌酒的箱数。

表14.6 品牌酒销量数据

| 年 | 2001 | 2002 | 2003 | 2004 | 2005 | 2006 | 2007 | 2008 |
|---|---|---|---|---|---|---|---|---|
| 箱数 | 270 | 356 | 398 | 456 | 358 | 500 | 410 | 376 |

请回答以下问题：

(1) 请用三期移动平均计算预测值(过去5年与未来1年销售)。

(2) 请用 $\alpha = 0.9$的指数平滑法计算预测值(过去8年与未来1年销售)。

(3) 请用 $\alpha = 0.9$，$\beta = 0.8$，$F_0 = 390$ 与 $\mathrm{ET}_0 = 50$的趋势指数平滑法计算预测值(过去8年与未来1年销售)。

(4) 请用MAD、MSE与MAPE比较(1)、(2)与(3)之结果，请问哪一个较正确？

3.表14.7中为前10期数据，试利用直线回归，预测第11期数据。

表14.7 前10期数据

| 时间 | 1 | 2 | 3 | 4 | 5 | 6 | 7 | 8 | 9 | 10 |
|---|---|---|---|---|---|---|---|---|---|---|
| 实际值 | 430 | 446 | 464 | 480 | 498 | 514 | 532 | 548 | 570 | 591 |

4.表14.8为某个人计算机供货商从2005至2008年的每季销售计算机金额(以百万元计)。

表14.8 计算机每季销售金额

| 季/年 | 2005 | 2006 | 2007 | 2008 |
|---|---|---|---|---|
| 1 | 60 | 65 | 68 | 74 |
| 2 | 75 | 83 | 85 | 90 |
| 3 | 93 | 98 | 102 | 106 |
| 4 | 62 | 69 | 71 | 75 |

请回答以下问题：

(1) 请以四季中央移动平均法计算季节指数。

(2) 请用上题计算的季节性指数将销售金额去除季节性后算出简单线性回归线。

(3) 请用上题计算的季节性指数与简单线性回归线，预测2009年每季的销售金额。

其他习题请下载。

# 第15章 统计指数

物有本末，事有始终，知所先后，则近道矣。

——《大学》

求则得之，舍则失之，是求有益于得也，求在我者也。

——《孟子·尽心篇》

凡事预则立，不预则废。言前言，则不殆；事前定，则不困；行前定，则不疚。

——《中庸·哀公问政篇》

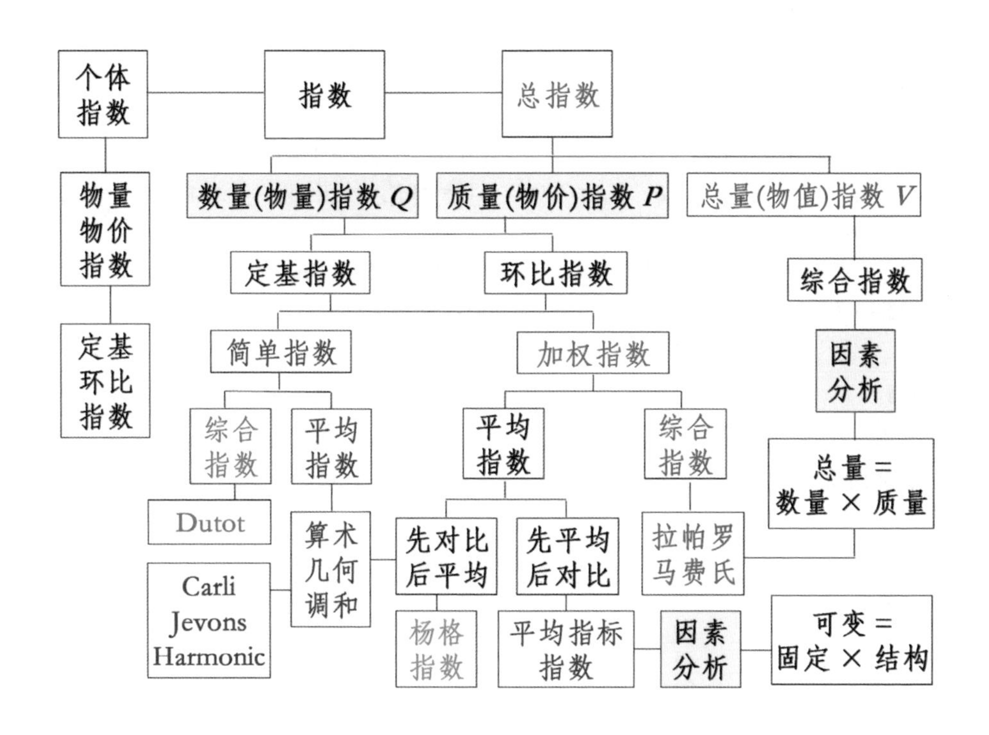

# 15.1 指数的意义与分类

**指数**(index number)的主要功能是计算某一经济活动，在不同时间(例如：物价指数、股价指数)或不同地点(例如：生活指数、生产量指数)，比较而得到的相对数值，以表示变动的程度。

指数表示不同时间(或同时间不同地点)的经济活动的变化。因为许多工商数据的计量单位不同(食物就有不同的单位，还有进出口的产品等)，不能加以比较。指数的另一个功能是，综合不同单位的数据，加以统计比较。例如：趸售物价指数(wholesale price index)，工业生产指数(industrial production index)等。

物价指数是最常用的指数，它显示货币的购买力，可以用以计算币值的变动，表示实质所得，应用于薪资调整，企业的资产重估等方面。

比较两个数量，必须以某一个数量为基础，此基础数量称作基数(基期指数 ，base)，基数所在的时间称作**基期**(base period)。**报告期**(given period)是要计算指数的时期。

从指数数列(不同时间对基期的指数)，有时可以看出经济活动的长期趋势，季节变动或循环变化。请见图15.1。

所以，指数有下列性质：

- 综合性：指数通常以多种项目做综合、平均或加权计算，所以有综合变动的结果。
- 代表性：指数并非以全部项目做计算，而是挑选重要的部分项目做代表计算。
- 相对性：指数所表示的变动，是相对的变动。
- 平均性：指数通常是以平均方法产生，其变动是多种项目(商品)的平均变动。

指标是：数量、价格、平均指标等，是有单位的。指数是相对数，是没有单位的。

指数的分类，以不同的方式分类，有下列六种分类：

## 15.1.1 以商品的数目分类

- **个体指数**(individual index)：表示单项事物或商品变动的相对数，例如：一种产品的个体产量指数，或一种商品的个体价格指数。
- **总指数**(all index)：表示多项事物或商品变动的相对数，例如：零售物价总指数、工业产品产量总指数、商品销售量总指数。编制时通常将商品的价格保持不变，当作权数。本章的统计指数主要是以总指数。

个体指数与总体指数比较如表15.1所示。

表15.1　个体指数与总指数的比较

<table>
<tr><th colspan="2" rowspan="2">指数名称</th><th colspan="4">输入数据Input</th></tr>
<tr><th>基期</th><th>报告期</th><th>商品数目</th><th>数据</th></tr>
<tr><td colspan="2">个体指数</td><td>1个</td><td>n个</td><td>1个</td><td>一个变量：数量或价格(质量)<br>时间序列→发展速度</td></tr>
<tr><td rowspan="2">总指数</td><td>简单指数</td><td>1个</td><td>1个</td><td>多个</td><td>一个变量：数量或价格(质量)</td></tr>
<tr><td>加权指数</td><td>1个</td><td>1个</td><td>多个</td><td>两个变量：数量和价格(质量)</td></tr>
</table>

## 15.1.2 以指数的用途分类

- **物价指数**(price index，*P*)：表示商品价格的变动程度，编制时通常将商品的数量保持不变，当作权数。例如：趸售物价指数、消费者物价指数、工资指数、股价指数等。物价指数以*P*为符号。
- **物量指数**(quantity index，*Q*)：表示商品数量的变动程度，编制时通常将商品的价格保持不变，当作权数。例如：工业生产指数、进出口贸易量指数等。物量指数以*Q*为符号。
- **物值指数**(value index)，总量指数(total quantity index)或称总成本指数(total cost index)：表示商品价格与数量相乘的变动程度，编制该指数通常没有权数。例如：总销售额指数、进出口贸易值指数等。物值指数以*V*为符号。

## 15.1.3 以指数的性质分类

- **质量指数**(qualitative index)：质量指数是反映质量指标变动程度的相对数，例如：价格指数、成本指数等。因为质量指标是经济现象的相对水平或平均水平，单位价格、单位成本、单位工资、单位股价、劳动生产率等，所以物价指数视作质量指数。

以时间序列的观点来看，质量指标是时点数列。

- **数量指数**(quantitative index)：数量指数是反映数量指标变动程度的相对数，例如：产量指数、销售量指数等。数量指标通常采用商品实物的计量的单位，配合质量指标计价的单位。

以时间序列的观点来看，数量指标是时期数列。

- **总量指数**(total quantity index)或称**总成本指数**(total cost index)：总量指数是反映总金额或总成本指标变动程度的相对数，表示商品价格与数量相乘的变动程度，例如：销售额指数、营业额指数等。以时间序列的观点来看，总量指标是时期数列。

总量＝数量 × 质量。数量指标和质量指标的区别是相对的，例如：

原材料支出总额＝产量 × 单耗 × 单位原材料价格

“单耗”是每单位产量消耗原材料的单位，单耗指标对产量指标来说是质量指标，单耗指标对单位原材料价格来说是数量指标。所以本章指数，较常用物价指数和物量指数来称呼。

## 15.1.4 以有无加权分类

- **简单指数**(simple index)：没有用权数计算的指数。
- **加权指数**(weighted index)：以各项目的重要性的数值为权数，所计算的指数。例如：加权物价指数是以“项目的数量”(简称物量)为权数；加权物量指数是以“项目的价格”(简称物价)为权数；加权价比平均指数是以“项目的值(价乘以量)”(简称物值)为权数。

## 15.1.5 以计算方式分类

- **综合指数**(aggregate index)：先求平均(算术平均)，再算比率(与基期相比)的指数。
- **平均指数**(average index)：先算比率(价比、量比)，再求平均(算术平均、几何平均、调和平均)的指数。

## 15.1.6 以基期之不同分类

- **定基指数**(fixed base index)：以固定基期计算的指数。
- **环比指数**(link index)：以移动基期计算的指数。环比指数是移动基期的指数，以前一期为基期，编算本期的指数。环比指数的计算公式与定基指数相同，只是每期选用的商品项目可能不同。例如：$I_{(t-1)t}$ 是以 $t$-1 期为基期，报告期为 $t$ 期的环比指数；$I_{t(t+1)}$ 是以 $t$ 期为基期，报告期为 $t$+1期的环比指数。但是 $I_{(t-1)t}$ 与 $I_{t(t+1)}$ 计算时所采用的商品项目可能不同。$I_{(t-1)t}$ 是将定基指数公式中的 $p_0$ , $q_0$ 改为 $p_{t-1}$ , $q_{t-1}$ ， $p_1$ , $q_1$ 改为 $p_t$ , $q_t$ ，例如：

  环比拉氏物价指数：$P_{\mathrm{L},(t-1)t}=\dfrac{\sum p_t q_{t-1}}{\sum p_{t-1}q_{t-1}}$
- **链指数或锁指数**(chain index)：环比指数相乘而得的定基指数。链指数是连续期数的环比指数相乘，以 $C_{0t}$ 表示。链指数和定基指数不同的是，考虑每期不同商品和权数。

$$C_{0t}=I_{01}I_{12}I_{23}\cdots I_{(t-1)t}$$

另外指数分类有动静态指数和静态指数(空间指数)，本章指讨论前者。如表15.1所示。总指数的报告期，在本书及《中文统计》，只有一个报告期，实际应用当然扩大到 $n$ 个报告期。

**例题15.1** 假设以三种食品为代表项目，基期是 2010年，当期是 2015年，食品的价格及数量如表15.2。计算各种指数。

表 15.2 商品物价及数量

| 商品名称 | 数量 | | 单价 | | 权数 | | | | 个体指数 | |
|---|---|---|---|---|---|---|---|---|---|---|
| | 基期 $q_0$ | 报告期 $q_1$ | 基期 $p_0$ | 报告期 $p_1$ | $q_0p_0$ | $q_1p_1$ | $q_1p_0$ | $q_0p_1$ | 量比 $q_1/p_0$ | 价比 $q_1/p_0$ |
| 甲 | 50 | 40 | \$22 | \$30 | 1100 | 1200 | 880 | 1500 | 0.8 | 1.36 |
| 乙 | 2 | 3 | \$20 | \$20 | 40 | 60 | 60 | 40 | 1.5 | 1.0 |
| 丙 | 80 | 100 | \$5 | \$6 | 400 | 600 | 500 | 480 | 1.25 | 1.2 |
| ∑ | 132 | 143 | \$47 | \$56 | 1540 | 1860 | 1440 | 2020 | 3.55 | 3.56 |

个体指数的公式。个体指数只有定基指数和环比指数，没有简单指数与加权指数，当然没有综合指数与平均指数。

定基物价指数 $I=\frac{p_1}{p_0}$ ；定基物量指数 $I=\frac{q_1}{q_0}$ 。

环比物价指数 $I=\frac{p_i}{p_{i-1}}$；环比物量指数 $I=\frac{q_i}{q_{i-1}}$ 。

$p_0$= 商品在基期的价格；$p_1$= 商品在报告期的价格。

$q_0$= 商品在基期的数量；$q_1$= 商品在报告期的数量。

# 15.2 总指数的编制

以下各个总指数公式，利用表15.2的数据进行计算。总和 Σ 是针对商品的数目加总。计算公式都有“对比”，(所以才叫指数)，只是和“综合或平均”有先后的关系。

## 15.2.1 简单综合指数 Dutot指数

$$\text{物价指数 } I_{\mathrm{P}}=\frac{\sum_{i=1}^{n}\frac{p_{1i}}{n}}{\sum_{i=1}^{n}\frac{p_{0i}}{n}}=\frac{\sum_{i=1}^{n}p_{1i}}{\sum_{i=1}^{n}p_{0i}}=\frac{\sum p_1}{\sum p_0}=\frac{56}{47}=1.10$$

$$\text{物量指数 } I_{\mathrm{Q}}=\frac{\sum_{i=1}^{n}\frac{q_{1i}}{n}}{\sum_{i=1}^{n}\frac{q_{0i}}{n}}=\frac{\sum_{i=1}^{n}q_{1i}}{\sum_{i=1}^{n}q_{0i}}=\frac{\sum q_1}{\sum q_0}=\frac{143}{132}=1.08$$

$n$ = 商品的数目

$q_{0i}$= 第 $i$ 个商品在基期的数量；$q_{1i}$= 第 $i$ 个商品在报告期的数量。

$p_{0i}$= 第 $i$ 个商品在基期的价格；$p_{1i}$= 第 $i$ 个商品在报告期的价格。

简单综合指数有时没有意义，因为商品的单位不同，价格相加没有意义。

## 15.2.2 简单平均指数

简单算术平均指数 Caeli指数：

$$\text{物价指数 } A=\frac{\sum_{i=1}^{n}\frac{p_{1i}}{p_{0i}}}{n}=\frac{\sum\frac{p_1}{p_0}}{n}=\frac{3.56}{3}=1.19$$

$$物量指数\ A=\frac{\sum_{i=1}^{n}\frac{q_{1i}}{q_{0i}}}{n}=\frac{\sum\frac{q_1}{q_0}}{n}=\frac{3.55}{3}=1.18$$

简单几何平均指数Jevons指数：

$$物价指数\ G=\sqrt[n]{\prod_{i=1}^{n}\left(\frac{p_{1i}}{p_{0i}}\right)}=\sqrt[n]{\prod\frac{p_1}{p_0}}=\sqrt[3]{1.36\times1\times1.2}=1.18$$

$$物量指数\ G=\sqrt[n]{\prod_{i=1}^{n}\left(\frac{q_{1i}}{q_{0i}}\right)}=\sqrt[n]{\prod\frac{q_1}{q_0}}=\sqrt[3]{0.8\times1.5\times1.25}=1.14$$

简单调和平均指数Harmonic指数：

$$物价指数\ H=\frac{n}{\sum_{i=1}^{n}\frac{p_{0i}}{p_{1i}}}=\frac{n}{\sum\frac{p_0}{p_1}}=\frac{3}{\frac{1}{1.36}+\frac{1}{1}+\frac{1}{1.2}}=1.17$$

$$物量指数\ H=\frac{n}{\sum_{i=1}^{n}\frac{q_{0i}}{q_{1i}}}=\frac{n}{\sum\frac{q_0}{q_1}}=\frac{3}{\frac{50}{40}+\frac{2}{3}+\frac{80}{100}}=1.1$$

### 15.2.3 加权综合指数

加权综合指数(物价或物量)有六种公式，分别采用不同的时期的“数量”或“单价”作权数，分子和分母的单位是“数量×单价”即$q\times p$：

- **拉氏指数**(laspeyres index)：以基期的数量$q_0$为权数。

$$物价指数\ P_{\mathrm{L}}=\frac{\sum p_1q_0}{\sum p_0q_0}=\frac{2020}{1540}=1.31$$

$$物量指数\ Q_{\mathrm{L}}=\frac{\sum p_0q_1}{\sum p_0q_0}=\frac{1440}{1540}=0.94$$

- **帕氏指数**(paasche index)：以报告期的数量$q_1$或单价$p_1$为权数。

$$物价指数\ P_{\mathrm{P}}=\frac{\sum p_1q_1}{\sum p_0q_1}=\frac{1860}{1440}=1.29$$

$$物量指数\ Q_{\mathrm{p}}=\frac{\sum p_1q_1}{\sum p_1q_0}=\frac{1860}{2020}=0.92$$

- **罗氏指数**(lowe index)：以基期及报告期以外的固定期($a$期)的数量$q_a$或单价$p_a$为权数。假设三个商品$a$期的数量$q_a$分别是45，2.5，90，单价$p_a$分别是25，20，5.5。

$$物价指数\ P_{\mathrm{Lo}}=\frac{\sum p_1q_a}{\sum p_0q_a}=\frac{30\times45+20\times2.5+6\times90}{22\times45+20\times2.5+5\times90}=\frac{1940}{1490}=1.30$$

$$物量指数\ Q_{\mathrm{Lo}}=\frac{\sum p_aq_1}{\sum p_aq_0}=\frac{40\times25+3\times20+100\times5.5}{50\times25+2\times20+80\times5.5}=\frac{1610}{1730}=0.93$$

- **马氏指数**或称**马埃指数**(Marshall-Edgeworth index)：以基期及报告期的数量的平均 $(q_0+q_1)/2$ 为权数。

$$物价指数\ P_{\mathrm{M}}=\frac{\sum p_1(q_0+q_1)/2}{\sum p_0(q_0+q_1)/2}=\frac{\sum p_1(q_0+q_1)}{\sum p_0(q_0+q_1)}=1.30$$

$$物量指数\ Q_{\mathrm{M}}=\frac{\sum q_1(p_0+p_1)/2}{\sum q_0(p_0+p_1)/2}=\frac{\sum q_1(p_0+p_1)}{\sum q_0(p_0+p_1)}=0.93$$

- **费氏指数**或称**费暄指数**(fisher index)：以拉氏及帕氏两个指数，取几何平均，又称理想指数(ideal index)。

$$物价指数\ P_{\mathrm{F}}=\sqrt{P_L\times P_P}=\sqrt{1.31\times1.29}=1.30$$

$$物量指数\ Q_{\mathrm{F}}=\sqrt{Q_L\times Q_P}=\sqrt{0.94\times0.92}=0.93$$

- **华氏指数**(walsh index)：以基期及报告期的数量的几何平均 $\sqrt{q_0q_1}$ 为权数。

$$物价指数\ P_{\mathrm{Y}}=\frac{\sum p_1\sqrt{q_0q_1}}{\sum p_0\sqrt{q_0q_1}}=\frac{30\sqrt{50\cdot40}+20\sqrt{2\cdot3}+6\sqrt{80\cdot100}}{22\sqrt{50\cdot40}+20\sqrt{2\cdot3}+5\sqrt{80\cdot100}}=\frac{1927.24}{1480.04}=1.30$$

$$物量指数\ Q_{\mathrm{Y}}=\frac{\sum q_1\sqrt{p_0p_1}}{\sum q_0\sqrt{p_0p_1}}=\frac{40\sqrt{22\cdot30}+3\sqrt{20\cdot20}+100\sqrt{5\cdot6}}{50\sqrt{22\cdot30}+2\sqrt{20\cdot20}+80\sqrt{5\cdot6}}=\frac{1635.30}{1762.66}=0.93$$

### 15.2.4 加权平均指数

加权价比平均物价指数，因为价比或量比是没有单位的数值(物价相除)，而分子和分母的单位是“数量×单价”，即$q\times p$，所以要用物值$q\times p$作权数。

加权价比平均物价指数有十二个公式，因为有三种平均方法(算术、几何、调和)，每种平均方法又有四种权数(值权)：$p_0q_0$、$p_0q_1$、$p_1q_0$、$p_1q_1$。

- **加权平均指数**：以固定期$p_0q_0$当权数：

$$物价指数\ P_{\mathrm{A}}=\frac{\sum(\frac{p_1}{p_0})p_0q_0}{\sum p_0q_0}=P_{\mathrm{L}}$$

$$\text{物量指数 } Q_A = \frac{\sum(\frac{q_1}{q_0})p_0 q_0}{\sum p_0 q_0} = Q_L$$

除了上述权数，还可以选其他时期的物值 $p_a q_a$ 作权数；选 $(p_0 q_0 + p_1 q_1)/2$ 作权数；或选几何平均物值 $\sqrt{p_0 q_0 \times p_1 q_1}$ 作权数等。

- **杨格指数**(Young index)：以固定期 $p_a q_a$ 当权数：

假设三个商品a期的数量 $q_a$ 分别是45，2.5，90，单价 $p_a$ 分别是25，20，5.5。

$$\text{物价指数 } P_Y = \frac{\sum(\frac{p_1}{p_0})p_a q_a}{\sum p_a q_a} = \frac{1.36\times45\times25+1\times2.5\times20+1.2\times90\times5.5}{45\times25+2.5\times20+90\times5.5} = \frac{2174}{1670} = 1.3$$

$$\text{物量指数 } Q_Y = \frac{\sum(\frac{q_1}{q_0})p_a q_a}{\sum p_a q_a} = \frac{0.8\times45\times25+1.5\times2.5\times20+1.25\times90\times5.5}{45\times25+2.5\times20+90\times5.5} = 0.95$$

请注意，杨格指数和国内多数统计学书本的公式定义不同，有一些书本将“罗氏指数”的公式定义为“杨格指数”。请参考本书英文参考著作 [2]，[4]，[11]，[12]。

- **加权几何平均指数**：以固定期 $p_0 q_0$ 当权数：

$$P_G = \sqrt[\sum p_0 q_0]{\prod\left(\frac{p_1}{p_0}\right)^{p_0 q_0}}$$

$$\log P_G = \frac{\sum[p_0 q_0(\log p_1 - \log p_0)]}{\sum p_0 q_0}$$

## 15.2.5 物值指数

物值指数没有加权指数，只有简单指数，简单综合指数的公式是：

物值指数 = 当期物值总和 ÷ 基期物值总和

**例题15.2**　$V = \frac{\sum p_1 q_1}{\sum p_0 q_0} = \frac{1860}{1540} = 1.21$。

总指数分类情况如表15.3和表15.4所示。

表15.3　总指数(质量指数)的分类表

| 分类1 | 分类2 | 分类3 | 分类4 | 公式 | 计算方法/指数名称 |
|---|---|---|---|---|---|
| 物价指数<br>质量指数 | 简单指数 | 综合指数 |  | $I_{\mathrm{P}}=\dfrac{\sum p_1}{\sum p_0}$ Dutot | 先综合(不加权)，<br>后对比。<br>简单综合物价指数 |
|  |  | 平均指数 | 算术平均 | $A=\dfrac{\sum \dfrac{p_1}{p_0}}{n}$ Carli | 先对比(个体指数),<br>后算术平均(不加权)。<br>简单算术平均物价指数 |
|  |  |  | 几何平均 | $G=\sqrt[n]{\prod\left(\dfrac{p_1}{p_0}\right)}$ Jevons | 先对比(个体指数),<br>后几何平均(不加权)。<br>简单几何平均物价指数 |
|  |  |  | 调和平均 | $H=\dfrac{n}{\sum \dfrac{p_0}{p_1}}$ Harmonic | 先对比(注意倒数)，<br>后调和平均(不加权)。<br>简单调和平均物价指数 |
|  | 加权指数 | 综合指数<br>以数量<br>$q$<br>加权 | 以基期数量加权 | $P_{\mathrm{L}}=\dfrac{\sum p_1q_0}{\sum p_0q_0}$ Laspeyres | 先综合(加权)，<br>后对比。<br>拉氏物价指数 |
|  |  |  | 以报告期数量加权 | $P_{\mathrm{P}}=\dfrac{\sum p_1q_1}{\sum p_0q_1}$ Paasche | 先综合(加权),<br>后对比。<br>帕氏物价指数 |
|  |  |  | 以两期数量加权 | $P_{\mathrm{M}}=\dfrac{\sum p_1(q_0+q_1)}{\sum p_0(q_0+q_1)}$ | 先综合(加权),<br>后对比。<br>马氏物价指数 |
|  |  |  | 以固定期数量加权 | $P_{\mathrm{LO}}=\dfrac{\sum p_1q_a}{\sum p_0q_a}$ | 先综合(加权),<br>后对比。<br>罗氏物价指数 |
|  |  |  | 以拉氏帕氏几何平均 | $P_{\mathrm{F}}=\sqrt{P_{\mathrm{L}}\times P_{\mathrm{P}}}$ | 费氏物价指数 |
|  |  | 平均指数 | 算术平均<br>以 $pq$<br>加权 | $P_{\mathrm{A}}=\dfrac{\sum(\dfrac{p_1}{p_0})p_0q_0}{\sum p_0q_0}=P_{\mathrm{L}}$ | 先对比(个体指数),<br>后平均(加权算术)。<br>加权算术平均物价指数 |
|  |  |  |  | $P_{\mathrm{Y}}=\dfrac{\sum(\dfrac{p_1}{p_0})p_aq_a}{\sum p_aq_a}$ | 先对比(个体指数),<br>后平均(加权算术)。<br>杨格物价指数 |
|  |  |  | 调和平均 | $P_{\mathrm{H}}=\dfrac{\sum p_0q_0}{\sum(\dfrac{p_0}{p_1})p_0q_0}$ | 先对比(个体指数),<br>后平均(加权调和)。<br>加权调和平均物价指数 |
|  |  |  | 算术平均 | $\dfrac{\bar{p}_1}{\bar{p}_0}=\dfrac{\sum p_1q_1/\sum q_1}{\sum p_0q_0/\sum q_0}$ | 先平均(加权)，<br>后对比。<br>平均指标物价指数 |

表15.4　总指数(数量指数)的分类表

<table>
<tr><th>分类1</th><th>分类2</th><th>分类3</th><th>分类4</th><th>公式</th><th colspan="2">计算方法/指数名称</th></tr>
<tr><td rowspan="11">物量指数<br>数量指数</td><td rowspan="4">简单指数</td><td>综合指数</td><td></td><td>$I_Q=\frac{\sum q_1}{\sum q_0}$　Dutot</td><td colspan="2">先综合(不加权)，<br>后对比。<br>简单综合物量指数</td></tr>
<tr><td rowspan="3">平均指数</td><td>算术平均</td><td>$A=\frac{\sum \frac{q_1}{q_0}}{n}$　Carli</td><td colspan="2">先对比(个体指数)，<br>后算术平均(不加权)。<br>简单算术平均物量指数</td></tr>
<tr><td>几何平均</td><td>$G=\sqrt[n]{\prod\left(\frac{q_1}{q_0}\right)}$　Jevons</td><td colspan="2">先对比(个体指数)，<br>后几何平均(不加权)。<br>简单几何平均物量指数</td></tr>
<tr><td>调和平均</td><td>$H=\frac{n}{\sum \frac{q_0}{q_1}}$　Harmonic</td><td colspan="2">先对比(注意倒数)，<br>后调和平均(不加权)。<br>简单调和平均物量指数</td></tr>
<tr><td rowspan="7">加权指数</td><td rowspan="5">综合指数<br>以物价<br>$p$<br>加权</td><td>以基期价格加权</td><td>$Q_L=\frac{\sum q_1 p_0}{\sum q_0 p_0}$</td><td colspan="2">先综合(加权)，<br>后对比。<br>拉氏物量指数<br>Laspeyres</td></tr>
<tr><td>以报告期价格加权</td><td>$Q_P=\frac{\sum q_1 p_1}{\sum q_0 p_1}$　Paasche</td><td colspan="2">先综合(加权)，<br>后对比。<br>帕氏物量指数</td></tr>
<tr><td>以两期价格加权</td><td>$Q_M=\frac{\sum q_1(p_0+p_1)}{\sum q_0(p_0+p_1)}$</td><td colspan="2">先综合(加权)，<br>后对比。<br>马氏物量指数</td></tr>
<tr><td>以固定期价格加权</td><td>$Q_{Lo}=\frac{\sum q_1 p_a}{\sum q_0 p_a}$</td><td colspan="2">先综合(加权)，<br>后对比。<br>罗氏物量指数</td></tr>
<tr><td>以拉氏帕氏几何平均</td><td>$Q_F=\sqrt{Q_L\times Q_P}$</td><td colspan="2">费氏物量指数</td></tr>
<tr><td rowspan="2">平均指数</td><td>以 $pq$ 加权</td><td>$Q_A=\frac{\sum(\frac{q_1}{q_0})p_0q_0}{\sum p_0q_0}=Q_L$</td><td colspan="2">先对比(个体指数)，<br>后平均(加权)。<br>加权算术平均物量指数</td></tr>
<tr><td>以 $p$ 加权</td><td>$\frac{\bar{q}_1}{\bar{q}_0}=\frac{\sum p_1q_1/\sum p_1}{\sum p_0q_0/\sum p_0}$</td><td>先平均(加权)，<br>后对比。<br>平均指标指数</td><td>可作因素分析</td></tr>
<tr><td rowspan="2">物值(总量)指数</td><td rowspan="2">简单指数</td><td>综合指数</td><td></td><td>$V=\frac{\sum q_1 p_1}{\sum q_0 p_0}$</td><td>先综合(不加权)，<br>后对比。<br>物值总量指数</td><td>可作因素分析</td></tr>
<tr><td>平均指数</td><td></td><td>$\frac{1}{n}\sum\frac{q_1p_1}{q_0p_0}$</td><td colspan="2">先对比，<br>后平均(不加权)。<br>很少使用</td></tr>
</table>

# 15.3 指数的性质

指数的性质介绍：定基指数的特性、指数的测验、基期变动等。

## 15.3.1 定基指数的特性

定基指数的特性如下：

- 简单综合指数，因为物品的计量或计价单位不同(每公斤、每吨、每磅等)，其差别可能影响很大。其他指数不受计价单位的影响。
- 加权综合指数中，帕氏指数的权数是变动的(报告期的量)。拉氏指数与罗氏指数的权数是固定的(基期或某期的量)，所以罗氏指数又称为“变形拉氏指数”。
- 使用不同的计算(平均)公式，而造成指数的不同称作“型偏”(type bias)。
- 使用不同的权数，而造成指数的不同称作“权偏”(weight bias)。
- 简单平均指数，算术平均指数 $A$ 大于几何平均指数 $G$；几何平均指数 $G$ 大于调和平均指数$H$： $A > G > H$ 。简单算术平均指数 $A$的“型偏”是偏大；简单调和平均指数 $H$ 的“型偏”是偏小。
- 加权综合指数，拉氏指数 $P_{\mathrm{L}}, Q_{\mathrm{L}}$ 通常大于费氏指数 $P_{\mathrm{F}}, Q_{\mathrm{F}}$ ；费氏指数 $P_{\mathrm{F}}, Q_{\mathrm{F}}$ 通常大于帕氏指数 $P_{\mathrm{P}}, Q_{\mathrm{P}}$ 。因为拉氏指数的分子是 $\sum p_1 q_0$，即新(报告期)价格乘以旧(基期)数量。但是价格通常是上涨的，根据经济学的理论，价格上涨，则数量降低。所以拉氏权数 $q_0$ 是高估，于是拉氏指数偏高。同理，帕氏指数的权数 $q_1$ 又是偏低，所以氏指数通常是较小，指数的比较如图15.1和表15.5所示。

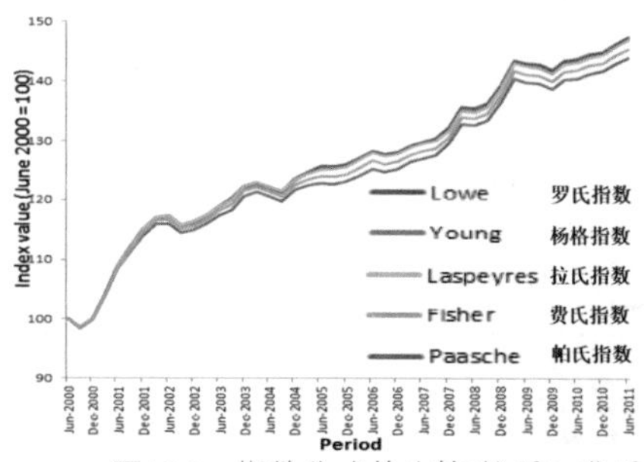


图15.1 指数公式的比较(拉氏≧费氏≧帕氏，罗氏和杨格因固定权数)

表15.5 的指数计算

| | 物价指数 | 物量指数 |
|---|---|---|
| 拉氏指数 | 1.31 | 0.94 |
| 罗氏指数 | 1.30 | 0.93 |
| 杨格指数 | 1.30 | 0.95 |
| 费氏指数 | 1.30 | 0.93 |
| 帕氏指数 | 1.29 | 0.92 |

- 拉氏指数 $L = A_{\mathrm{I}} = H_{\mathrm{III}}$

$A_{\mathrm{I}}$ 是以 $p_0 q_0$ 为权数的加权算数平均指数， $H_{\mathrm{III}}$ 是以 $p_0 q_0$ 为权数的加权调和平均指数。

帕氏指数 $P = A_{\mathrm{II}} = H_{\mathrm{IV}}$ 。

$A_{\mathrm{II}}$ 是以 $p_0 q_1$ 为权数的加权算数平均指数， $H_{\mathrm{IV}}$ 是以 $p_1 q_1$ 为权数的加权调和平均指数。

- 加权平均指数，在相同的值权之下：算术指数大于几何指数；几何指数大于调和指数。

## 15.3.2 指数的测验

定义：$I_{01}$ 为时间 0 为基期，时间 1 为报告期的指数。

指数的测验性质：

- **时间互换测验**(time-reversal test)：

如果相同公式的指数，其基期与报告期互换，而相乘等于1，则该指数满足时间互换测验。

$$I_{01} \times I_{10} = 1$$

$I_{01}$ 是以0 期为基期，报告期为 1 期的指数

$I_{10}$ 是以1 期为基期，报告期为 0 期的指数

例如：以0期为基期，1 期为报告期的拉氏物价指数 $P_{L,01} = \dfrac{\sum p_1 q_0}{\sum p_0 q_0}$；

以1期为基期，0 期为报告期的拉氏物价指数 $P_{L,10} = \dfrac{\sum p_0 q_1}{\sum p_1 q_1}$。

因为 $P_{L,01} \times P_{L,10} \neq 1$，所以，拉氏指数不符合时间互换测验。

以1期为基期，0 期为报告期的帕氏物价指数 $P_{P,10} = \dfrac{\sum p_0 q_0}{\sum p_1 q_0}$。

但是，$P_{L,01} \times P_{P,10} = 1$。

- **因素互换测验**(factor-reversal test)：

若相同公式的物价指数与物量指数，相乘等于物值指数，则该指数满足因素互换测验。

$$P_{01} Q_{01} = V_{01}$$

$P_{01}$ 是以0期为基期，报告期为1期的物价指数。

$Q_{01}$ 是以0期为基期，报告期为1期的物量指数。

$V_{01}$ 是以0期为基期，报告期为1期的物值指数。

例如：拉氏物价指数 $P_L = \dfrac{\sum p_1 q_0}{\sum p_0 q_0}$，拉氏物量指数 $Q_L = \dfrac{\sum q_1 p_0}{\sum q_0 p_0}$，

总值指数 $V = \dfrac{\sum q_1 p_1}{\sum q_0 p_0}$

但是 $P_L \times Q_L \neq V$，拉氏物量指数×拉氏物价指数 ≠ 物值指数，

所以，拉氏指数不符合因素互换测验。

帕氏物价指数 $P_P = \dfrac{\sum p_1 q_1}{\sum p_0 q_1}$，帕氏物量指数 $Q_P = \dfrac{\sum q_1 p_1}{\sum q_0 p_1}$。

同理 $P_P \times Q_P \neq V$，帕氏物量指数×帕氏物价指数 ≠ 物值指数，

所以，帕氏指数也不符合因素互换测验。

不过 $P_{\mathrm{F}} \times Q_{\mathrm{F}} = V$，费氏指数符合因素互换测验。

$Q_{\mathrm{L}} \times P_{\mathrm{P}} = V$，拉氏物量指数×帕氏物价指数 = 物值指数 (因素分析)。

$Q_{\mathrm{P}} \times P_{\mathrm{L}} = V$，帕氏物量指数×拉氏物价指数 = 物值指数 (因素分析)。

- **循环测验**(circular test)：$m$ 期环比指数，则相乘等于 1。

$$I_{01} I_{12} \cdots I_{m-1,m} I_{m0} = 1$$

$I_{st}$ 是以 $s$ 期为基期，报告期为 $t$ 期的指数

- 如果指数公式满足循环测验，一定满足时间互换测验。但是满足时间互换测验，不一定满足循环测验。
- 费氏指数因为满足时间互换测验及因子互换测验，所以称作“理想指数”。
- 指数的测验公式，只是参考的性质，并非选择标准。例如拉氏指数，虽然三个测验都不满足，但是还是常被采用。

介绍指数的测验的目的是：可以多了解指数的定义。

总指数的测验结果如表15.6所示。

表 15.6　总指数的测验结果

| 分类1 | 分类2 | 分类3 | 时间互换 | 因子互换 | 循环测验 |
|---|---|---|---|---|---|
| 简单指数 | 综合指数 | | ○ | × | ○ |
| | 平均指数 | 自述平均 | × | × | × |
| | | 几何平均 | ○ | × | ○ |
| | | 调和平均 | × | × | × |
| 加权指数 | 综合指数 | 拉氏指数 | × | × | × |
| | | 帕氏指数 | × | × | × |
| | | 马氏指数 | ○ | × | × |
| | | 罗氏指数 | ○ | × | ○ |
| | | 费氏指数 | ○ | ○ | × |
| | 平均指数 | 算术平均 | × | × | × |
| | | 调和平均 | × | × | × |
| | | 几何平均 | × | × | × |

## 15.3.3　基期变动

**基期变动**是将旧基期的指数改为新基期的指数。其做法是将新基期的旧指数，除以所有的旧指数，就可转换为新的指数。例如：旧指数是 $I_{0t}, t = 1, 2, \cdots$，以 0 期为基期，现在要改为以 $s$ 期为基期，则新的指数是：

$$I_{st} = \frac{I_{0t}}{I_{0s}}, t = 1, 2, \cdots$$

如果指数公式符合循环测验，则基期变动后，新的指数仍合乎原指数的计算公式。

例如：简单综合指数变动基期后，用上述除法所得的指数，等于用原数据以新基期，利用简单综合指数公式所得的指数。简单几何平均指数与罗氏指数亦符合循环测验。

$$\frac{P_{\mathrm{Lo},0t}}{P_{\mathrm{Lo},0s}}=\frac{\dfrac{\sum p_t q_a}{\sum p_0 q_a}}{\dfrac{\sum p_s q_a}{\sum p_0 q_a}}=\frac{\sum p_t q_a}{\sum p_s q_a}=P_{\mathrm{Lo},st}$$

但是指数公式若不合乎循环测验，则基期变动后，新的指数不合乎原指数的计算公式。例如：拉氏指数 $P_{\mathrm{L}}$ 变动基期后，用上述除法所得的指数，等于罗氏指数 $P_{\mathrm{Lo}}$。

$$\frac{\text{拉氏指数基期0,报告期}t}{\text{拉氏指数基期0,报告期}s}=\frac{P_{\mathrm{L},0t}}{P_{\mathrm{L},0s}}=\frac{\dfrac{\sum p_t q_0}{\sum p_0 q_0}}{\dfrac{\sum p_s q_0}{\sum p_0 q_0}}=\frac{\sum p_t q_0}{\sum p_s q_0}=P_{\mathrm{Lo},st}=\text{罗氏指数基期}s\text{,报告期}t$$

拉氏指数基期变动后，新的指数是以 $s$ 期为基期，但是以 $q_0$ 为权数的罗氏指数。

例题15.3　表15.7 是将基期 1990年1月的指数，转换为基期 2012年1月的指数。

表 15.7　基期变动计算表

| 时间 | 基期1990年1月<br>基期指数100 | 基期2012年1月<br>基期指数100 |
|---|---|---|
| 2011年1月 | 379.7 | 379.7÷394.5×100=96.2 |
| 2011年7月 | 385.8 | 385.8÷394.5×100=97.8 |
| 2012年1月 | 394.5 | 394.5÷394.5×100=100 |
| 2012年7月 | 402.0 | 402.0÷394.5×100=101.9 |
| 2013年1月 | 407.5 | 407.5÷394.5×100=103.3 |
| 2013年7月 | 420.5 | 420.5÷394.5×100=106.6 |

## 15.4 指数体系与因素分析

指数体系是一些相关的指数，在经济的结构上，所形成的数学关系式，即相关指数的加减乘除的等式。

总量指数 = 物量指数 × 物价指数

销售额指数 = 销售量指数 × 销售价格指数

总产值指数 = 产量指数 × 产品价格指数

总成本指数 = 产量指数 × 单位产品成本指数

因素分析是根据指数体系，分析各因素对某一经济指标的影响。

### 15.4.1　总值指数的因素分析

$$\frac{\sum q_1p_1}{\sum q_0p_0}=\frac{\sum q_1p_0}{\sum q_0p_0}\times\frac{\sum q_1p_1}{\sum q_1p_0}=\frac{\sum q_1p_1}{\sum q_0p_1}\times\frac{\sum q_0p_1}{\sum q_0p_0}$$

总值(量)指数 = 拉氏物量指数 × 帕氏物价指数 = 帕氏物量指数 × 拉氏物价指数

前一节提到，拉氏指数和帕氏物价指数不符合因素互换测验，所以：

$$\text{总量指数} \neq \text{拉氏物量指数} \times \text{拉氏物价指数}$$

因素影响差额的关系式：

$$\sum q_1p_1-\sum q_0p_0=(\sum q_1p_0-\sum q_0p_0)+(\sum q_1p_1-\sum q_1p_0)$$

如果是三个以上影响因素$(x,y,z)$，例如：

销售利润额 = 销售量 × 单位销售价格 × 销售利润率

原材料支出总额 = 产量 × 单耗 × 单位原材料价格

因素分析如下：

$$\frac{\sum x_1y_1z_1}{\sum x_0y_0z_0}=\frac{\sum x_1y_0z_0}{\sum x_0y_0z_0}\times\frac{\sum x_1y_1z_0}{\sum x_1y_0z_0}\times\frac{\sum x_1y_1z_1}{\sum x_1y_1z_0}$$

$$\sum x_1y_1z_1-\sum x_0y_0z_0=(\sum x_1y_0z_0-\sum x_0y_0z_0)+(\sum x_1y_1z_0-\sum x_1y_0z_0)+(\sum x_1y_1z_1-\sum x_1y_1z_0)$$

例题15.4　商品的数量和单价数据如表15.8所示，计算各个指数。

表15.8　商品的数量和单价

| 商品名称 | 数量 | | 单价 | | 权数 | | | |
|---|---|---|---|---|---|---|---|---|
| | 基期 $q_0$ | 报告期 $q_1$ | 基期 $p_0$ | 报告期 $p_1$ | $q_0p_0$ | $q_1p_1$ | $q_1p_0$ | $q_0p_1$ |
| 甲 | 50 | 40 | $22 | $30 | 1100 | 1200 | 880 | 1500 |
| 乙 | 2 | 3 | $20 | $20 | 40 | 60 | 60 | 40 |
| 丙 | 80 | 100 | $5 | $6 | 400 | 600 | 500 | 480 |
| Σ | 132 | 143 | $47 | $56 | 1540 | 1860 | 1440 | 2020 |

**解答：**总值指数

$$V=\frac{\sum q_1p_1}{\sum q_0p_0}=\frac{40\times30+3\times20+100\times6}{50\times22+2\times20+80\times5}=\frac{1860}{1540}=1.2078$$

总值增长绝对数 = 1860 – 1540 = 320

拉氏数量指数 $Q_{\mathrm{L}}=\frac{\sum p_0q_1}{\sum p_0q_0}=\frac{1440}{1540}=0.935$

数量增长绝对数 = 1440 – 1540 = – 100

帕氏物价指数 $P_{\mathrm{P}}=\frac{\sum p_1q_1}{\sum p_0q_1}=\frac{1860}{1440}=1.2917$

物价增长绝对数 = 1860 – 1440 = 420

总值(量)指数 1.2078 = 拉氏物量指数0.935 × 帕氏物价指数1.2917

总值增长绝对数 320 = 数量增长绝对数(– 100)+ 物价增长绝对数 420

拉氏物价指数 $P_L = \dfrac{\sum p_1q_0}{\sum p_0q_0} = \dfrac{2020}{1540} = 1.3117$

物价增长绝对数 = 2020 – 1540 = 480

帕氏数量指数 $Q_P = \dfrac{\sum p_1q_1}{\sum p_1q_0} = \dfrac{1860}{2020} = 0.9208$

数量增长绝对数 = 1860 – 2020 = – 160

总量指数1.2078 = 拉氏物量指数1.3117×帕氏物价指数0.9208

总值增长绝对数 320 = 数量增长绝对数(– 160)+ 物价增长绝对数 480

各种增长绝对数的几何表示如图15.2所示。

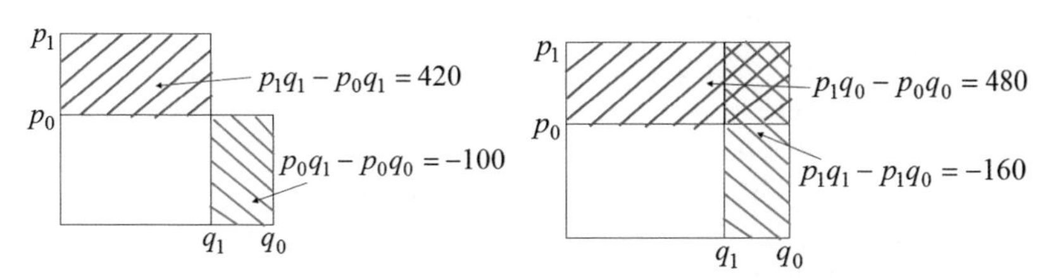


图15.2　各种增长绝对数的几何表示

## 15.4.2　平均指数的因素分析

总平均指标指数 = 组平均数指数 × 结构影响指数

$$\frac{\sum x_1f_1}{\sum f_1} \div \frac{\sum x_0f_0}{\sum f_0} = \left(\frac{\sum x_1f_1}{\sum f_1} \div \frac{\sum x_0f_1}{\sum f_1}\right) \times \left(\frac{\sum x_0f_1}{\sum f_1} \div \frac{\sum x_0f_0}{\sum f_0}\right)$$

总平均指标指数 = $x_0, x_1$ 分别以各自权数$f_0$，$f_1$ 加权平均，再对比。

组平均数指数 = $x_0, x_1$ 以相同权数$f_1$ 加权平均，再对比。

结构影响指数 = $x_0$ 以不同权数$f_0$，$f_1$ 加权平均，再对比。

$$\frac{\bar{q}_1}{\bar{q}_0} = \frac{\sum p_1q_1 / \sum p_1}{\sum p_0q_0 / \sum p_0} = \frac{\sum p_1q_1 / \sum p_1}{\sum p_1q_0 / \sum p_1} \times \frac{\sum p_1q_0 / \sum p_1}{\sum p_0q_0 / \sum p_0}$$

**例题15.5**　同样以表15.2的数据，计算物量加权平均指标，$x_i$是数量$q_i$，权数$f_i$是价格$p_i$。

物量指数以价格作权数，总平均指标指数 $\dfrac{\bar{q}_1}{\bar{q}_0} = \dfrac{\sum p_1q_1 / \sum p_1}{\sum p_0q_0 / \sum p_0} = \dfrac{1860/56}{1540/47} = 1.0137$

组平均数指数 $= \dfrac{\sum p_1q_1 / \sum p_1}{\sum p_1q_0 / \sum p_1} = \dfrac{1860/56}{2020/56} = 0.9208$ (对于相同权数，$q_i$变动的影响)

结构影响指数 $=\frac{\sum p_1q_0/\sum p_1}{\sum p_0q_0/\sum p_0}=\frac{2020/56}{1540/47}=1.10088$（对于相同 $q_i$，权数变动的影响）

总平均指标指数 1.0137 = 组平均数指数 0.9208 × 结构影响指数 1.10088

如果以表15.2的数据，计算物价加权平均指标，$x_i$ 是价格 $p_i$，权数 $f_i$ 是数量 $q_i$

物价指数以数量作权数，总平均指标指数 $\frac{\overline{p}_1}{\overline{p}_0}=\frac{\sum p_1q_1/\sum q_1}{\sum p_0q_0/\sum q_0}=\frac{1860/143}{1540/132}=1.1149$

组平均数指数 $=\frac{\sum p_1q_1/\sum q_1}{\sum p_0q_1/\sum q_1}=\frac{1860/143}{1440/143}=1.29167$（对于相同权数，$p_i$ 变动的影响）

结构影响指数 $=\frac{\sum p_0q_1/\sum q_1}{\sum p_0q_0/\sum q_0}=\frac{1440/143}{1540/132}=0.8631$（对于相同 $p_i$，权数变动的影响）

总平均指标指数 1.1149 = 组平均数指数1.29167 × 结构影响指数0.8631

### 15.4.3 实质所得指数的应用

指数体系不只是用相乘的等式，也可以用相除的等式。

消费者物价指数可以用来表示“购买力”或“实质所得”(real earnings)。购买力指数或“实质所得指数”等于“平均所得指数”除以“消费者物价指数”。

实质所得指数 =平均所得指数 ÷ 消费者物价指数

例题15.6 表15.9 是将基期 1990年的平均所得指数，与基期 1980年的消费者物价指数，同时转换为基期 2010年的指数。然后计算基期为2010年的实质所得指数。

表 15.9 物价指数与实质所得

| 时间 | 平均所得指数 (1990=100) | 消费者物价 (1980=100) | 平均所得指数 (2010=100) | 消费者物价指数 (2010=100) | 实质所得指数 (2010=100) |
|---|---|---|---|---|---|
| 2011 | 335.1 | 152.8 | $\frac{335.1}{335.1}\times100=100$ | $\frac{152.8}{152.8}\times100=100$ | $\frac{100}{100}\times100=100$ |
| 2012 | 351.8 | 162.8 | $\frac{351.8}{335.1}\times100=105.0$ | $\frac{162.8}{152.8}\times100=106.5$ | $\frac{105.0}{106.5}\times100=0.99$ |
| 2013 | 373.2 | 176.8 | $\frac{373.2}{335.1}\times100=111.4$ | $\frac{176.8}{152.8}\times100=115.7$ | $\frac{111.4}{115.7}\times100=0.96$ |
| 2014 | 385.9 | 191.2 | $\frac{385.9}{335.1}\times100=115.2$ | $\frac{191.2}{152.8}\times100=125.1$ | $\frac{115.2}{125.1}\times100=0.92$ |
| 2015 | 394.5 | 206.9 | $\frac{394.5}{335.1}\times100=117.7$ | $\frac{206.9}{152.8}\times100=135.4$ | $\frac{117.7}{135.4}\times100=0.87$ |

# 15.5 指数应用

## 15.5.1 消费者价格指数

消费者价格指数或称居民消费价格指数(consumer price index，CPI)的编制，将居民消费的商品分为八大类，每个大类包括若干个中类，中类包括若干个基本分类，基本分类之下有若干个代表规格品，大约有700个代表规格品。

代表规格品指数的计算是简单综合指数，即报告期的平均价格除以基期的平均价格。基本分类指数的计算是代表规格品环比价格指数的几何平均数。中类指数的计算是基本分类指数的加权平均。大类指数的计算是中类指数的加权平均。消费者价格指数的计算是大类指数的加权平均。权重是根据居民家庭用于各种商品和服务的支出额占支出总额的比重。

## 15.5.2 股价指数

股价指数是用以代表整个股票市场或是某一产业股价水平的一种指标。股价指数系以指数形式来表示股价水平。从某一时点与基期股价指数的相对大小，可得知从基期到该时点，市场上股价变动的幅度。

编算股价指数，必须在全体上市股票中选取部分代表性的“样本”股票，使根据样本所计算得到的股价指数，能充分显示全体股票的变动。

中国台湾证券交易所的“发行量加权股价指数”，是以样本中各种股票的发行量(股本)，当作其股价的权数来计算指数，基本上这个指数是“拉氏链指数”。因为每期(每天)可能有新样本上市，或样本的股本因为新股上市，而可能有变动。

上证综合指数、美国标准普尔 500 股票指数(S&P 500)、纽约证交所综合股票指数和东京证交所综合股票指数的编算方法与发行量加权股价指数一样，只是采样样本、基期和基期指数有所不同。

# 15.6 《中文统计》应用

## 15.6.1 指数计算和因素分析(例题15.4，15.5)

(1) 加权指数选择商品数目，如图15.3所示。

(2) 在绿色单元格输入数据，如图15.4所示。

| 简单指数(数量或物价指数) | 加权指数(3 个商品) | 加权指数(4 个商品) | 加权指数(5 个商品) |
|---|---|---|---|

**加权指数**

商品数目 3

| | 数量 quantities | | 单价 prices | | 权数 | | | | 数量 | 单价 |
|---|---|---|---|---|---|---|---|---|---|---|
| 商品名称 | 基期 $q_0$ | 报告期 $q_1$ | 基期 $p_0$ | 报告期 $p_1$ | 基期 $q_0p_0$ | 报告期 $q_1p_1$ | 假定 $q_1p_0$ | 假定 $q_0p_1$ | 个体指数 | 个体指数 |
| 1 甲 | 50 | 40 | 22 | 30 | 1100 | 1200 | 880 | 1500 | 0.8 | 1.36363636 |
| 2 乙 | 2 | 3 | 20 | 25 | 40 | 75 | 60 | 50 | 1.5 | 1.25 |
| 3 丙 | 80 | 100 | 5 | 6 | 400 | 600 | 500 | 480 | 1.25 | 1.2 |
| Σ | 132 | 143 | 47 | 61 | 1540 | 1875 | 1440 | 2030 | 3.55 | 3.81363636 |

| | 综合指数 | | | | | 平均指数 | | | 平均指标物 |
|---|---|---|---|---|---|---|---|---|---|
| **物量指数** | 拉氏 | 帕氏 | 罗氏 | 马氏 | 费氏 | 算术 | 杨格 | 调和 H | 总平均水平 |
| 数量指数 | 0.9350649 | 0.9236453 | 0.9251179 | 0.9285714 | 0.9293376 | 0.935064935 | 0.93241816 | 0.8944821 | $q_1$ / $q_0$ = |
| | | | | | | | | | 可变构成指 |

| | 综合指数 | | | | | 平均指数 | | | 平均指标物 |
|---|---|---|---|---|---|---|---|---|---|
| **物价指数** | 拉氏 | 帕氏 | 罗氏 | 马氏 | 费氏 | 算术 | 杨格 | 调和 H | 总平均水平 |
| 质量指数 | 1.3181818 | 1.3020833 | 1.3168605 | 1.3104027 | 1.3101078 | 1.318181818 | 1.32061774 | 1.3139932 | $p_1$ / $p_0$ = |
| | | | | | | | | | 可变构成指 |

图15.3　加权指数的数据

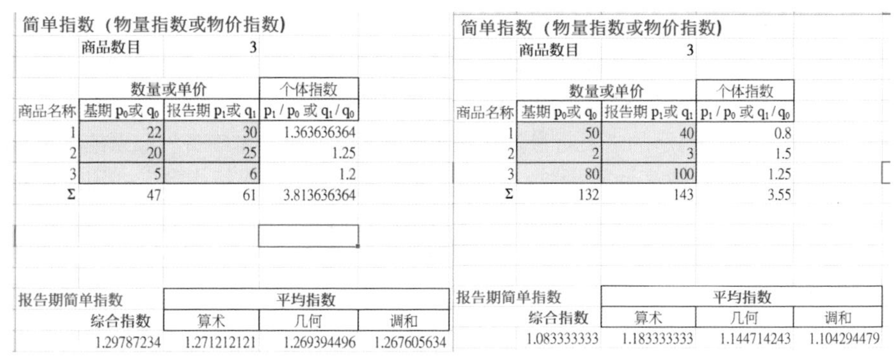

**简单指数（物量指数或物价指数）**

商品数目 3

| | 数量或单价 | | 个体指数 |
|---|---|---|---|
| 商品名称 | 基期 $p_0$或 $q_0$ | 报告期 $p_1$或 $q_1$ | $p_1$ / $p_0$ 或 $q_1$ / $q_0$ |
| 1 | 22 | 30 | 1.363636364 |
| 2 | 20 | 25 | 1.25 |
| 3 | 5 | 6 | 1.2 |
| Σ | 47 | 61 | 3.813636364 |

| 报告期简单指数 | 平均指数 | | |
|---|---|---|---|
| 综合指数 | 算术 | 几何 | 调和 |
| 1.29787234 | 1.271212121 | 1.269394496 | 1.267605634 |

**简单指数（物量指数或物价指数）**

商品数目 3

| | 数量或单价 | | 个体指数 |
|---|---|---|---|
| 商品名称 | 基期 $p_0$或 $q_0$ | 报告期 $p_1$或 $q_1$ | $p_1$ / $p_0$ 或 $q_1$ / $q_0$ |
| 1 | 50 | 40 | 0.8 |
| 2 | 2 | 3 | 1.5 |
| 3 | 80 | 100 | 1.25 |
| Σ | 132 | 143 | 3.55 |

| 报告期简单指数 | 平均指数 | | |
|---|---|---|---|
| 综合指数 | 算术 | 几何 | 调和 |
| 1.083333333 | 1.183333333 | 1.144714243 | 1.104294479 |

图15.4　简单指数计算

# 15.7 R 语言应用

```
> if(!require(IndexNumR)){install.packages("remotes");remotes::install_github("grahamjwhite/IndexNumR")} ; library(IndexNumR)
> index1 <- read.csv("C:/1Stat/StatData/indexdata1.csv",head=T); # index1
> options(digits = 4)
> methods <- c("dutot","carli","jevons","harmonic","laspeyres","paasche","fisher")
```

```
> # 物价指数
> prices <- lapply(methods,function(x){priceIndex(index1,pvar = "prices",
qvar ="quantities",pervar = "time",prodID = "prodID",indexMethod = x,output
= "chained")})
> as.data.frame(prices,col.names = methods)
dutot carli jevons harmonic laspeyres paasche fisher
1 1.000 1.000 1.000 1.000 1.000 1.000 1.000
2 1.298 1.271 1.269 1.268 1.318 1.302 1.310
3 1.319 1.356 1.336 1.316 1.258 1.268 1.263
4 1.149 1.288 1.237 1.183 1.326 1.320 1.323
5 1.213 1.325 1.258 1.190 1.256 1.241 1.248
6 1.213 1.416 1.318 1.222 1.459 1.440 1.449
7 1.213 1.414 1.297 1.186 1.284 1.277 1.280
8 1.489 1.744 1.599 1.462 1.600 1.592 1.596
9 1.468 1.686 1.530 1.384 1.689 1.662 1.675
10 1.574 1.752 1.578 1.417 1.670 1.638 1.654
11 1.319 1.638 1.428 1.241 1.657 1.637 1.647
12 1.319 1.652 1.420 1.219 1.489 1.475 1.482
> # 物量指数
> quantity <- lapply(methods,function(x){quantityIndex(index1,pvar =
"prices",qvar ="quantities",pervar = "time",prodID = "prodID",indexMethod =
x,output = "chained")})
> as.data.frame(quantity,col.names = methods)
dutot carli jevons harmonic laspeyres paasche fisher
1 1.0000 1.000 1.000 1.0000 1.0000 1.0000 1.0000
2 1.0833 1.183 1.145 1.1043 0.9351 0.9236 0.9293
3 0.9394 1.177 1.105 1.0371 0.7680 0.7740 0.7710
4 0.9848 1.427 1.310 1.2005 0.9395 0.9357 0.9376
5 1.0833 1.349 1.191 1.0422 1.0231 1.0106 1.0169
6 1.3182 1.689 1.489 1.3019 1.2403 1.2243 1.2323
7 1.2197 1.873 1.604 1.3668 1.1546 1.1484 1.1515
8 1.1136 1.672 1.430 1.2172 1.0646 1.0592 1.0619
9 0.9773 1.401 1.193 1.0119 0.8851 0.8708 0.8779
10 1.0833 1.398 1.170 0.9739 0.9789 0.9602 0.9695
11 1.3106 1.862 1.533 1.2544 1.1248 1.1115 1.1181
12 1.2576 1.960 1.604 1.3047 1.1184 1.1075 1.1130
```

# 15.8 本章流程图

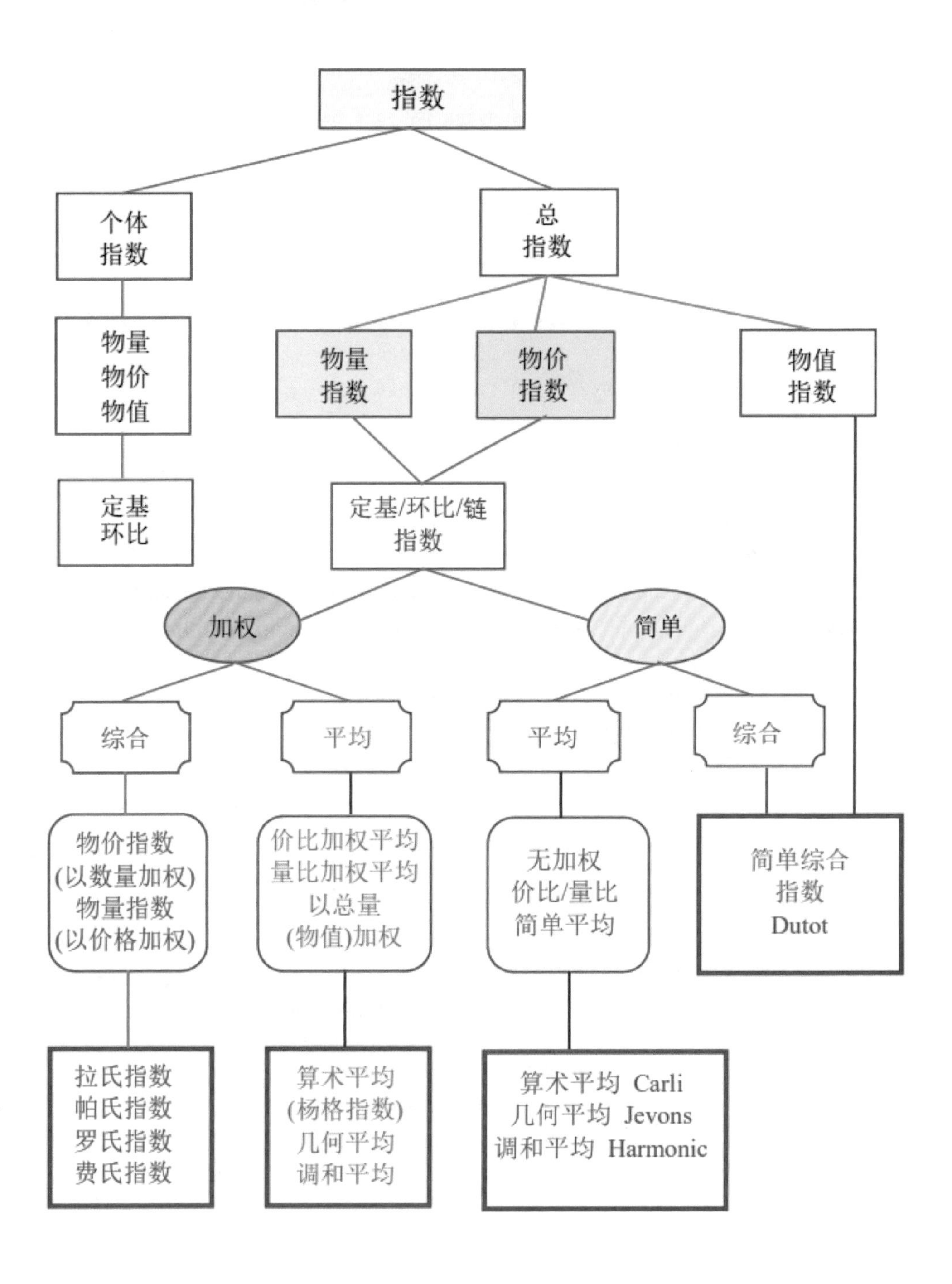

指数
个体
指数
总
指数
物量
物价
物值
定基
环比
物量
指数
物价
指数
物值
指数
定基/环比/链
指数
加权
简单
综合
平均
平均
综合
物价指数
(以数量加权)
物量指数
(以价格加权)
价比加权平均
量比加权平均
以总量
(物值)加权
无加权
价比/量比
简单平均
简单综合
指数
Dutot
拉氏指数
帕氏指数
罗氏指数
费氏指数
算术平均
(杨格指数)
几何平均
调和平均
算术平均 Carli
几何平均 Jevons
调和平均 Harmonic

# 15.9 本章思维导图

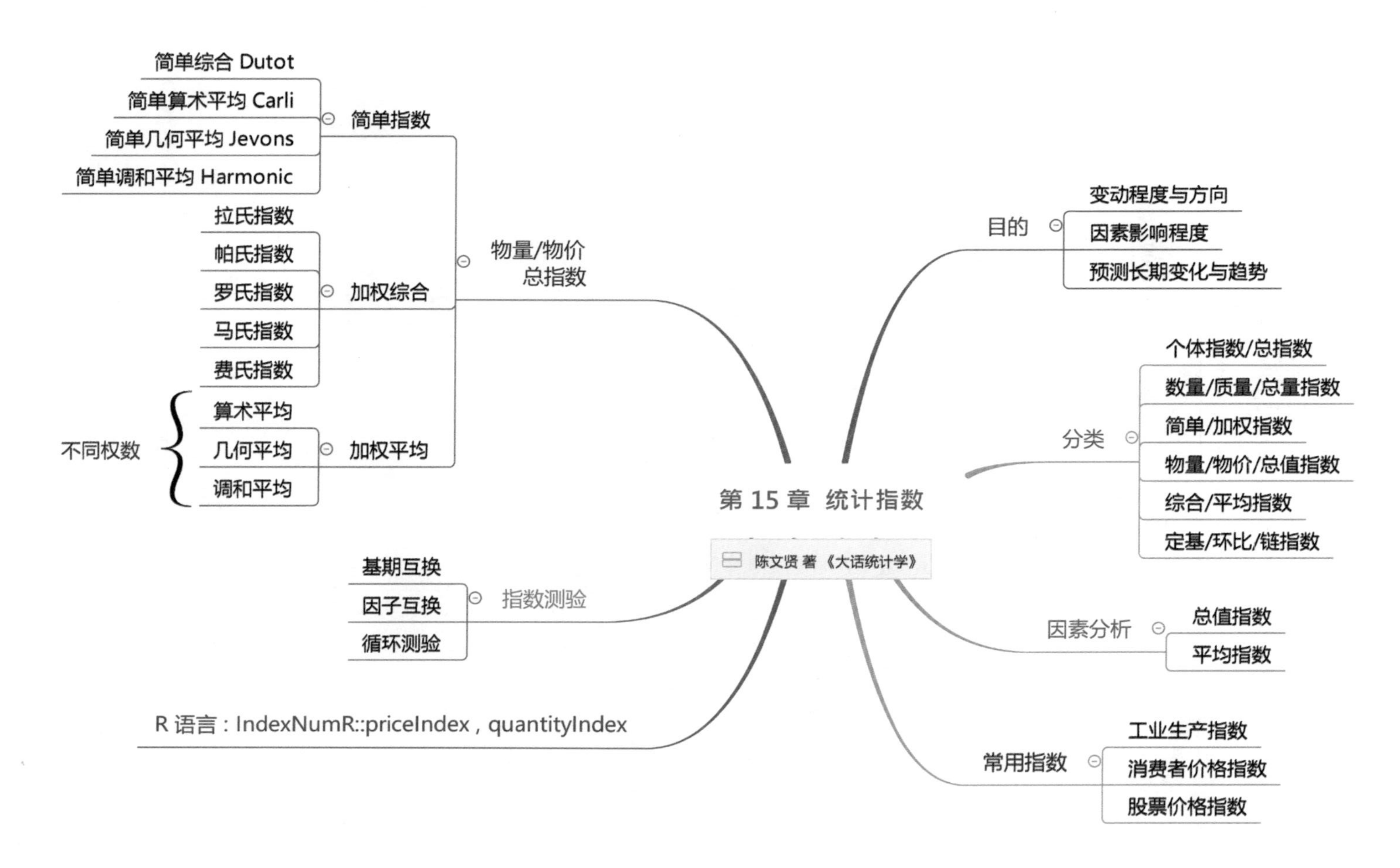

第 15 章 统计指数
陈文贤 著《大话统计学》
目的
变动程度与方向
因素影响程度
预测长期变化与趋势
分类
个体指数/总指数
数量/质量/总量指数
简单/加权指数
物量/物价/总值指数
综合/平均指数
定基/环比/链指数
因素分析
总值指数
平均指数
常用指数
工业生产指数
消费者价格指数
股票价格指数
物量/物价
总指数
简单指数
简单综合 Dutot
简单算术平均 Carli
简单几何平均 Jevons
简单调和平均 Harmonic
加权综合
拉氏指数
帕氏指数
罗氏指数
马氏指数
费氏指数
加权平均
算术平均
几何平均
调和平均
不同权数
指数测验
基期互换
因子互换
循环测验
R 语言：IndexNumR::priceIndex，quantityIndex

# 15.10 习题

1. 五种商品的价格与交易数量如表15.10所示。

表15.10　商品的价格与交易数量

| 商品名称 | 价格 | | | 数量 | | |
|---|---|---|---|---|---|---|
| | 2000 $p_0$ | 2005 $p_1$ | 2010 $p_2$ | 2000 $q_0$ | 2005 $q_1$ | 2010 $q_2$ |
| A | 17.0 | 26.1 | 27.5 | 1357 | 3707 | 3698 |
| B | 19.4 | 21.9 | 30.0 | 2144 | 2734 | 2478 |
| C | 15.2 | 15.8 | 14.5 | 1916 | 2420 | 2276 |
| D | 99.3 | 101.3 | 96.2 | 161 | 202 | 186 |
| E | 12.2 | 13.5 | 11.4 | 1872 | 2018 | 1424 |

(1) 以 2000年为基期，计算2005年及2010年的各种简单物价指数。

(2) 以 2000年为基期，计算2005年及2010年的各种加权物价指数。

(3) 以 2000年为基期，计算2005年及2010年的各种简单物量指数。

(4) 以 2000年为基期，计算2005年及2010年的各种加权物量指数。

(5) 请作因素分析。

其他习题请下载。

# 第16章 总复习

佛祖慧眼观看，见那猴王风车子一般相似，不住只管前进。大圣行时，忽见有五根肉红柱子，撑着一股青气，他道："此间乃尽头路了，这番回去，如来作证，灵霄宫定是我坐也。"又思量说："且住！等我留下些记号，方好与如来说话。"拔下一根毫毛，吹口仙气，叫"变！"变作一管浓墨双毫笔，在那中间柱子上写一行大字云："齐天大圣，到此一游。"

——吴承恩《西游记》

山高月小，水落石出。

——苏轼《后赤壁赋》

收真才于水落石出之后，坐销浮伪之风；察定理于舟行岸移之时，尽黜诡诬之巧。

——陆游《谢台谏启》

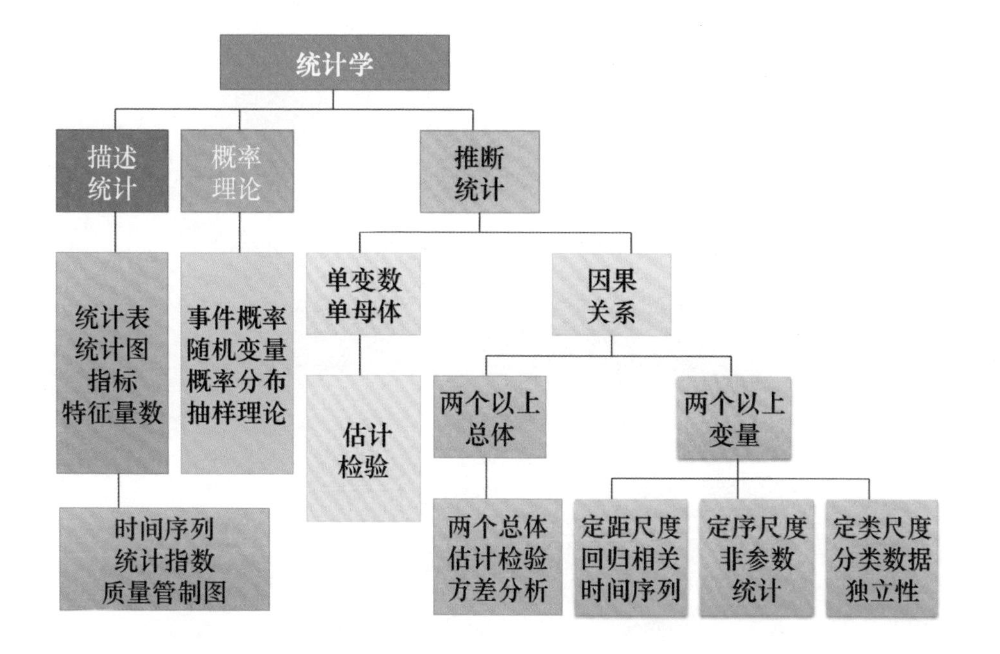

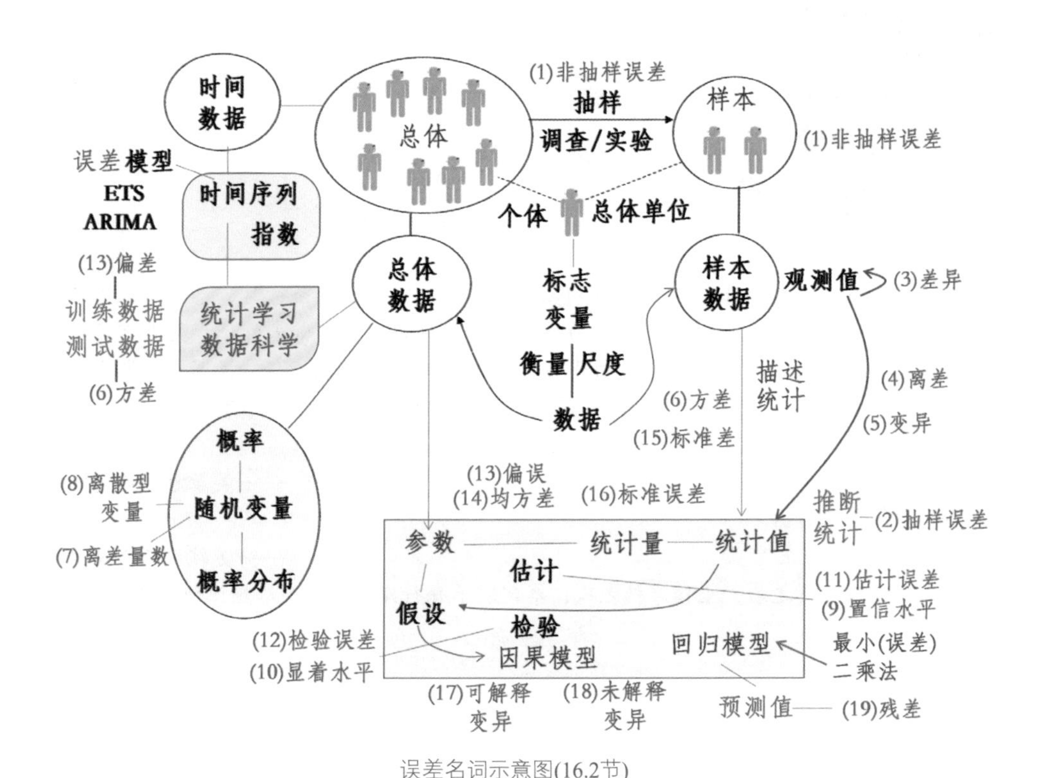


误差名词示意图(16.2节)

# 16.1 统计问题分类

## 16.1.1 统计问题分类

### 1. 一个变量

(1) 一个定距变量：一个总体均值与方差的推断。

- 一个总体均值的推断 – $Z$检验，$t$检验。
- 一个总体方差的推断 – $\chi^2$分布检验。

(2) 一个定序变量。

- 一个总体中位数的推断 – 符号检验，符号秩检验。
- 一个总体分布的推断 – Kolmogorov，Lilliefors检验。

(3) 一个定类变量。

- 一个总体比例的推断 – $Z$检验，二项检验，$F$检验。
- 一个总体多项比例或拟合优度的推断 – 卡方检验。
- 一个总体样本的随机性检验 – 游程检验。

### 2. 两个变量

(1) 两个定类变量。

- 一个定类变量(标志分类总体)，一个定类变量：两个独立总体比例差的推断 – $Z$检验，超几何检验。
- 两个配对总体比例的检验 – McNemar检验。
- 两个定类变量，列联表：分类数据独立性检验 – 卡方检验。

(2) 一个定类变量(标志分类总体)，一个定序变量。

- 两个总体独立样本(定序数据) – 游程检验，Mann-Whitney检验，中位数卡方检验。
- 两个总体配对样本(定序数据)– 中位数检验，符号检验，符号等级检验。
- 多个总体独立样本(定序数据)– KW检验。
- 多个总体配对样本(定序数据) – Friedman检验。

(3) 一个定类变量(标志分类总体)，一个定距变量。

- 两个总体独立样本均值差的推断 – $Z$检验，$t$ 检验。
- 两个总体配对样本均值差的推断 – $t$ 检验。
- 多个总体独立样本均值的推断 – 单因素方差分析。
- 多个总体区组样本均值的推断 – 双因素(不重复)方差分析。
- 两个独立总体方差比的推断 – $F$ 检验。
- 多个独立总体方差相等的检验 – Bartlett检验。
- 因变量是定类变量，自变量是定距变量 – 逻辑回归。

(4) 两个定序变量。

- Spearman秩相关分析。
- 非参数回归。

(5) 两个定距变量。

- 一元回归和相关分析。

(6) 一个时间变量，一个定距变量。

- 时间序列分析。

**3. 三个以上变量**

(1) 多因素方差分析。

(2) 多元回归分析。

(3) 指数(变量：时间、商品、数量、价格)。

(4) 多变量分析。

# 16.2 误差名词说明

## 16.2.1 误差相关名词

有关“误差”的名词及其出现的章节整理如下

(1) 非抽样误差(non-sampling error)：因为取样和记录数据的误差(§ 1.4)。

(2) 抽样误差(sampling error)：因为随机样本产生的误差(§ 1.4)。

(3) 差异(difference)：两个数值(观测值或统计值)之差。

(4) 离差(deviation)：观测值－平均数，差异包括离差(§ 2.7)。

(5) 变异(variation)：离差的平方和(因为离差有正负)(§ 10.2)。

(6) 方差(variance)：离差平方和的平均(除以自由度)= $\sigma^2$ (§ 2.7)。

(7) 离散程度(variability)：数据变化分散的程度，或称离差趋势(§ 2.7)。

(8) 离散变量(discrete variable)：离散型数据的变量，与误差无关(§ 1.7)。

(9) 置信水平(confidence Level)($1-\alpha$)：“估计”结果是“正确”(置信区间包含参数值)的百分比。

(10) 显著性水平 significant Level($\alpha$)：“检验”结果(拒绝原假设)是“错误”的概率上限。

(11) 估计误差：估计值－真实值(参数)= 样本指标与总体指标之差，误差变量(§ 10.2)。

(12) 检验误差(testing error)：假设检验的错误(第一类，第二类错误)(§ 8.1)。

(13) 偏误(bias)：估计量期望值－参数 = $E$(估计量)－参数(§ 7.1)。

(14) 均方误(mean square error)：E(估计量W－参数)$^2$ = MSE(W)(§ 7.1)。

(15) 标准差(standard deviation)：方差的平方根 = σ (§ 2.7)。

(16) 标准误差(standard error)：统计量(如 $X$)的标准差 (§ 7.2)。

(17) 可解释变异：总体分群或变量因果关系模型可以解释的变异(§ 11.2)。

(18) 未解释变异：方差分析或回归模型误差项的均方 = MSE。

(19) 残差(residual)：观测值－预测值(回归模型)(§ 11.3)。

# 16.3 参数与统计量

参数与统计量的对照与计量单位如表16.1所示。

表16.1　参数与统计量的对照与计量单位

| | 总体参数 | 样本统计量 | 计量单位 | 推断统计 |
|---|---|---|---|---|
| 容量 | $N$ | $n$ | 无单位：整数 | |
| (算术)平均数 | $\mu$ | $\bar{x}$ | 定距尺度：$x$的单位 | $z$，$t$分布 |
| 几何平均数 | $G$ | $G$ | 定比尺度的百分比 | |
| 调和平均数 | $H$ | $H$ | 相对单位：速度,单价 | |
| 比例 | $\pi$ | $p$ | 无单位：百分比 | $z$分布 |
| 方差 | $\sigma^2$ | $s^2$ | $x$的单位的平方 | $x^2$分布 |
| 标准差 | $\sigma$ | $s$ | $x$的单位 | |
| 中位数 | $M_e$ | $M_e$ | $x$的单位 | 非参数统计 |
| 百分位数 | $p_k$ | $p_k$ | $x$的单位 | |
| 百分比等级 | $p$ | $p$ | 无单位：百分比 | |
| 全距 极差 | $R$ | $R$ | $x$的单位 | |
| 平均差 | MD | MD | $x$的单位 | |
| 变异系数 | VC | VC | 无单位 | |
| 三阶原点距 | $M'_3$ | $M'_3$ | $x$的单位的三次方 | $t$分布 |
| 四阶原点距 | $M'_3$ | $M'_3$ | $x$的单位的四次方 | |
| 偏度系数 | SK | SK | 无单位 | |
| 峰度系数 | $K$ | $K$ | 无单位 | |
| 相关系数 | $\rho$ | $r$ | 无单位 | |
| 协方差 | $\mathrm{Cov(X,Y)}=\sigma_{XY}$ | $\mathrm{Cov(X,Y)}=q_{XY}$ | $x$单位×$y$单位 | |
| 方差分析均值 | $\mu_i$ | $\bar{y}_i$ | $y$的单位 | $t$分布 |
| 方差分析效果 | $\alpha_i$ | $\bar{y}_i-\bar{\bar{y}}$ | $y$的单位 | $t$分布 |
| 回归分析系数 | $\beta_0$ | $b_0$ | $y$的单位 | $t$分布 |
| 回归分析系数 | $\beta_1$ | $b_1$ | $y$的单位/$x$的单位 | $t$分布 |
| 回归分析系数 | $\sigma^2$ | $\mathrm{MS_E}$ | $y$的单位的平方 | $x^2$分布 |
| 分类数据分析 | $\pi_i$ | $p_i$ | 无单位 | $x^2$分布 |
| 指数 | | $I_p$，$I_q$ | 无单位 | |

## 16.4 统计概念复习

本书的统计概念综合回顾如下：

(1) 统计学将数据(data)加以处理和转换为“更有意义”的信息(information)。通常将统计学分为：描述统计和推断统计。概率理论(包括抽样理论)为推断统计的基础。

(2) 描述统计是描述和摘要总体数据或样本数据；推断统计是以样本数据对总体特性(特征值)的估计和推断。通常将推断统计分为：参数统计与非参数统计。在本书中，我们将推断统计分为：单变量单总体以及因果关系。

(3) 叙述统计计算：集中趋势量数、相对位置量数、离差量数、形态量数、相关量数。而这些量数也是推断统计估计和检验的目的。集中、相对、离差、形态等量数是随机变数概率分布的特征值。

(4) 抽样即收集样本数据的方法有：观察、调查和实验。实验有控制分组、双总体推断(匹配样本)、方差分析、回归分析等，都可能有控制因子(变量)，也就是实验设计。

(5) 抽样总误差包括：抽样误差和非抽样误差。抽样误差来自随机抽样，非抽样误差来自人为错误。抽样误差(置信度、第一类错误、标准误差)是推断统计建立决策准则的根据。非抽样误差会造成“垃圾进、垃圾出”(错误进、错误出)。

(6) 资料衡量尺度有：定比(比率)尺度、定距(区间)尺度、定序(顺序)尺度、定类(分类)尺度。不同类型(衡量尺度)的资料，因为不同的问题(应用统计学的问题请见16.1节)，有不同的统计方法。

(7) 从概率理论、随机变量、概率分布到抽样理论，是统计推断的基础。

(8) 事件的概率计算有：逻辑推导(古典概率)、相对次数和主观判断。

(9) 条件概率说明：两事件的互斥、负面信息、独立、正面信息。

(10) 随机变量是将样本空间对应到实数的函数，使概率理论能定义概率分布函数，并且计算：期望值(平均数)、方差等。

(11) 抽样分布是推断统计的根源。置信区间估计和检验统计量及法则，都是从抽样分布导出来的。所有推断统计的概率叙述(95%置信区间、5%显著水平拒绝原假设)，都是根据抽样分布推导出的。

(12) 中心极限定理：当抽样的样本数相当大时($n > 30$)，抽样平均(统计量)会近似正态分布，其平均数等于总体随机变量的平均数，方差等于总体方差除以 $n$。

(13) 所有的统计推断是根据抽样分布得出。例如：在多少的置信度(概率)，置信区间包括参数；在多少的显著水平(概率)，拒绝原假设。但是我们不能说：有多少的概率，参数会落在置信区间，因为参数是确定值，不会有概率。

(14) 假设检验会有：第一类错误和第二类错误。在固定样本数之下，第一类错误降低会增加第二类错误；第二类错误降低会增加第一类错误。

(15) 假设检验是根据“原假设成立”，计算样本数据检验统计值，如果样本统计值和原假设期望出现值的差距太大，则拒绝原假设。如何判定差距是否太大，决定于显著水平 $\alpha$，即第一类错误的概率。

(16) 降低总体方差或样本方差，可以增加统计检验，显著的结论。

(17) 如果样本数增加，收集数据的成本增加。但是更多(样本)数据，就是更多信息：

- 区间估计的置信区间范围会更小。
- 假设检验(包括双总体平均数或比例值、方差分析、卡方检验、非参数检验)的第一类错误和第二类错误会同时降低。
- 检验的显著性会增加。
- 回归系数的估计会更准确。
- 两变数的相关性会更显著。

(18) 因此，固定显著水平 $\alpha$，如果样本数相当大(注意检验值的分子有 $\sqrt{n}$，会使检验值变大、$p$值变小)，则可以拒绝原假设(参数值等于多少、两总体相等)，即有显著性。《中文统计》的“快速检验”验算。样本数相当大即可直接估计，假设检验则无多大意义。假设检验的目的是：在有限的样本下，利用检验的结果，做出比较明智的决策。统计学的“路灯”，不只是“支持”，而且要在黑夜里(有限样本数目)“照明”。

(19) 分析定距尺度的因(依赖)变量之样本信息，总变异(所有样本数据和总平均数之差的平方和)是固定的，而要从变异来源，检验自(独立)变量(方差分析的总体分类变量或回归分析的控制变量)，是否可以影响因变量。

(20) 观察或调查数据，可能导致冲突的解释，因为未定义的因素可能抵消自变量影响的效应。如果用实验设计可以增加实验或集区因子(例如成对样本)，就是增加“变异来源”，可使检验自变量效应的显著性提高。

(21) 方差分析是回归分析的特例，其自变量是虚变量(0-1变量)。但是方差分析问题不会用回归分析求解，因为模型和计算会更复杂。

(22) 利用有母数统计必须符合一些假定条件(正态、相同方差等)，所以如果不确定符合这些假设条件，则要先检查这些条件是否成立(如回归的残差分析)。

(23) 如果不符合有母数统计的假设条件，则可以利用非参数统计。非参数统计将原始信息转为定序尺度。

(24) 非参数统计利用定序尺度(排列大小)，除了符号检验的统计量是二项分布，其他统计量各有不同(而且不是常用)的概率分布(表)，但是当样本数稍大($n$ >10或15)，则可用正态分布或卡方分布来近似估计。

(25) 非参数统计(总体不是正态分布或没有参数)的步骤 ①将样本数据排列为定序尺度随机变量；②定义定序尺度随机变量的统计量；③确定统计量的概率分布(查表或近似正态)。

(26) 因为 $t$ 分布和 $F$分布的关联性，所以双总体平均数 $t$ 检验是方差分析 $F$ 检验的特例。还有$Z$ 分布和 $\chi^2$ 分布的关联性，双总体比例值 $Z$ 检验是多项间断卡方检验的特例。如图 16.1。

(27) $[t(n)]^2 = F(1,n)$，$[t_{\alpha/2}(n)]^2 = F_\alpha(1,n)$，$(Z)^2 = \chi^2(1)$，$(z_{\alpha/2})^2 = \chi^2_\alpha(1)$。

(28) 有更多的钱➔收集更多的数据(没有非抽样误差、可以做实验设计、符合正态分布)➔得到更多的信息(叙述统计、推断统计)➔抽样更小的标准误➔可以订定更小的显著水平(第一类错误)➔获得更好的决策(显著结论、表10.2的笑脸)。

## 附图A.1　概率分布关联图

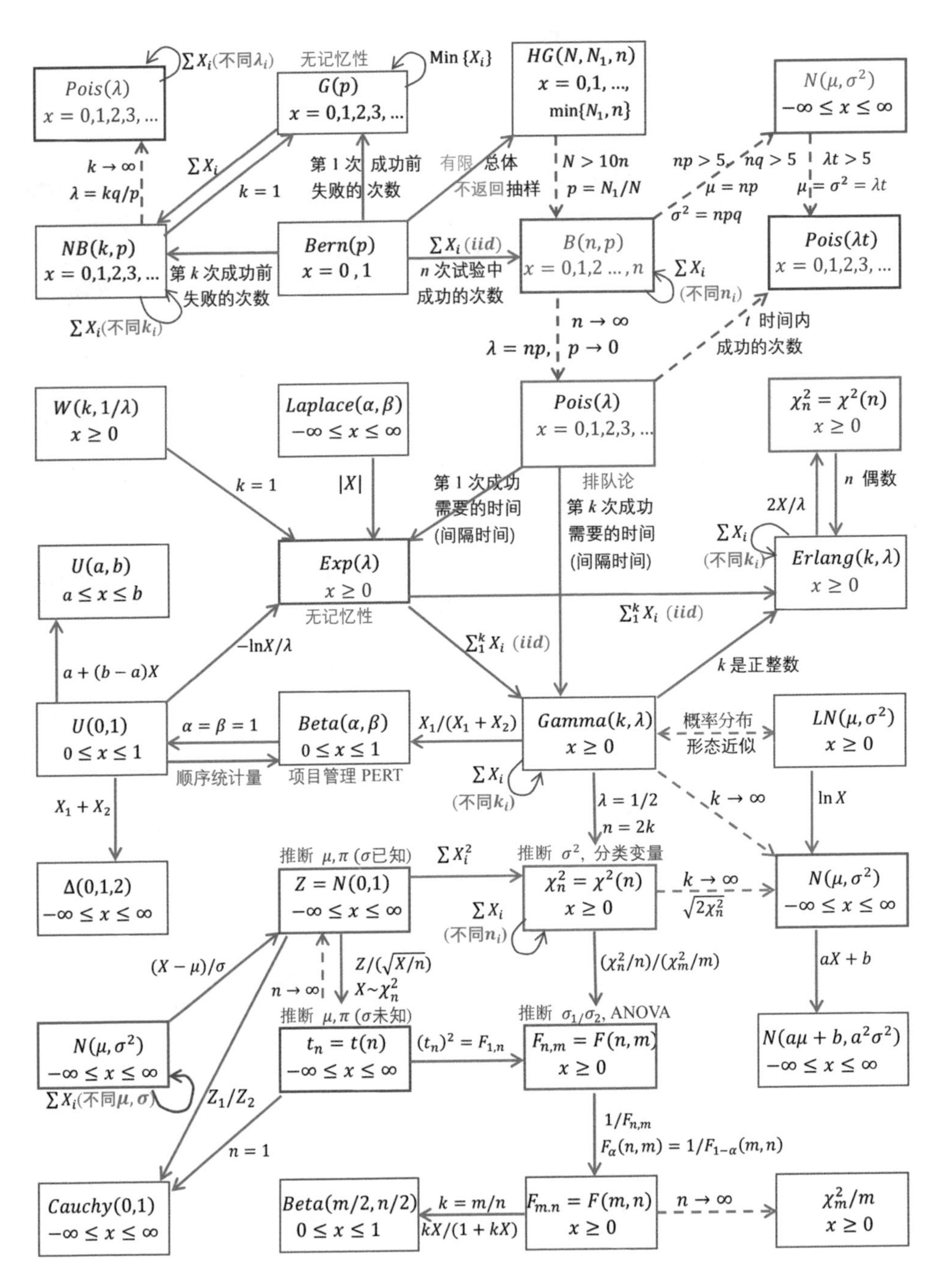


↺ 表示 独立随机变量之线性组合仍为 相同分布。

# 附表A.1　正态分布概率表

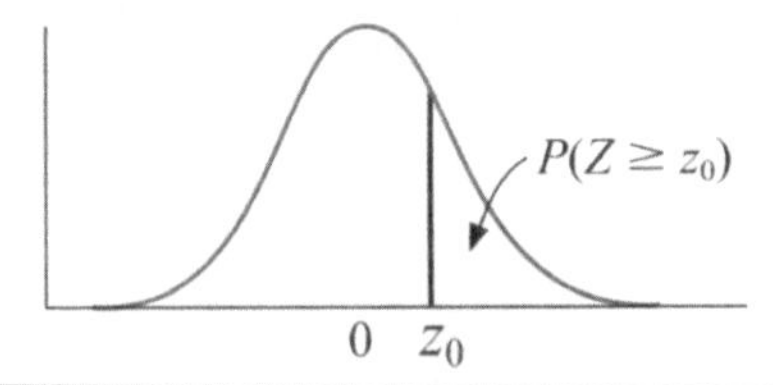


| $z_0$小数第一位 | $z_0$小数第二位 | | | | | | | | | |
|---|---|---|---|---|---|---|---|---|---|---|
| | .00 | .01 | .02 | .03 | .04 | .05 | .06 | .07 | .08 | .09 |
| 0.0 | .500 | .496 | .492 | .488 | .484 | .480 | .476 | .472 | .468 | .464 |
| 0.1 | .460 | .456 | .452 | .448 | .444 | .440 | .436 | .433 | .429 | .425 |
| 0.2 | .421 | .417 | .413 | .409 | .405 | .401 | .397 | .394 | .390 | .386 |
| 0.3 | .382 | .378 | .374 | .371 | .367 | .363 | .359 | .356 | .352 | .348 |
| 0.4 | .345 | .341 | .337 | .334 | .330 | .326 | .323 | .319 | .316 | .312 |
| 0.5 | .309 | .305 | .302 | .298 | .295 | .291 | .288 | .284 | .281 | .278 |
| 0.6 | .274 | .271 | .268 | .264 | .261 | .258 | .255 | .251 | .248 | .245 |
| 0.7 | .242 | .239 | .236 | .233 | .230 | .227 | .224 | .221 | .218 | .215 |
| 0.8 | .212 | .209 | .206 | .203 | .200 | .198 | .195 | .192 | .189 | .187 |
| 0.9 | .184 | .181 | .179 | .176 | .174 | .171 | .169 | .166 | .164 | .161 |
| 1.0 | .159 | .156 | .154 | .152 | .149 | .147 | .145 | .142 | .140 | .138 |
| 1.1 | .136 | .133 | .131 | .129 | .127 | .125 | .123 | .121 | .119 | .117 |
| 1.2 | .115 | .113 | .111 | .109 | .107 | .106 | .104 | .102 | .100 | .099 |
| 1.3 | .097 | .095 | .093 | .092 | .090 | .089 | .087 | .085 | .084 | .082 |
| 1.4 | .081 | .079 | .078 | .076 | .075 | .074 | .072 | .071 | .069 | 0.68 |
| 1.5 | .067 | .066 | .064 | .063 | .062 | .061 | .059 | .058 | .057 | .056 |
| 1.6 | .055 | .054 | .053 | .052 | .051 | .049 | .048 | .047 | .046 | .046 |
| 1.7 | .045 | .044 | .043 | .042 | .041 | .040 | .039 | .038 | .038 | .037 |
| 1.8 | .036 | .035 | .034 | .034 | .033 | .032 | .031 | .031 | .030 | .029 |
| 1.9 | .029 | .028 | .027 | .027 | .026 | .026 | .025 | .024 | .024 | .023 |
| 2.0 | .023 | .022 | .022 | .021 | .021 | .020 | .020 | .019 | .019 | .018 |
| 2.1 | 0.18 | 0.17 | 0.17 | 0.17 | 0.16 | .016 | .015 | .015 | .015 | .014 |
| 2.2 | 0.14 | 0.14 | 0.13 | 0.13 | 0.13 | .012 | .012 | .012 | .011 | .011 |
| 2.3 | 0.11 | 0.10 | 0.10 | 0.10 | 0.10 | .009 | .009 | .009 | .009 | .008 |
| 2.4 | .008 | .008 | .008 | .008 | .007 | .007 | .007 | .007 | .007 | .006 |
| 2.5 | .006 | .006 | .006 | .006 | .006 | .005 | .005 | .005 | .005 | .005 |
| 2.6 | .005 | .005 | .004 | .004 | .004 | .004 | .004 | .004 | .004 | .004 |
| 2.7 | .003 | .003 | .003 | .003 | .003 | .003 | .003 | .003 | .003 | .003 |
| 2.8 | .003 | .002 | .002 | .002 | .002 | .002 | .002 | .002 | .002 | .002 |
| 2.9 | .002 | .002 | .002 | .002 | .002 | .002 | .002 | .001 | .001 | .001 |

| $z_0$整数位 | | $_{-1}228$=.0228，$_{-2}135$=.00135 | | | | | | | | |
|---|---|---|---|---|---|---|---|---|---|---|
| 2. | $_{-1}288$ | $_{-1}179$ | $_{-1}139$ | $_{-1}107$ | $_{-2}820$ | $_{-2}621$ | $_{-2}466$ | $_{-2}347$ | $_{-2}256$ | $_{-2}187$ |
| 3. | $_{-2}135$ | $_{-3}968$ | $_{-3}687$ | $_{-3}483$ | $_{-3}337$ | $_{-3}233$ | $_{-3}159$ | $_{-3}108$ | $_{-4}723$ | $_{-4}481$ |
| 4. | $_{-4}317$ | $_{-4}207$ | $_{-4}133$ | $_{-5}854$ | $_{-5}541$ | $_{-5}340$ | $_{-5}211$ | $_{-5}130$ | $_{-6}793$ | $_{-6}479$ |
| 5. | $_{-6}287$ | $_{-6}170$ | $_{-7}996$ | $_{-7}579$ | $_{-7}333$ | $_{-7}190$ | $_{-7}107$ | $_{-8}599$ | $_{-8}332$ | $_{-8}182$ |
| $z_0$小数第一位 | .0 | .1 | .2 | .3 | .4 | .5 | .6 | .7 | .8 | .9 |

# 参考文献